पंजाब

पुलिस कांस्टेबल

नवीनतम संस्करण अभ्यास किट | **10 टेस्ट्स**
10 मॉक टेस्ट्स

वास्तविक परीक्षा प्रारूप पर आधरित टेस्ट

✓ पूर्णतः संशोधित और अद्यतन
✓ सभी बहुविकल्पीय प्रश्रो का विस्तृत विश्लेषण

शीर्षक	: पंजाब पुलिस कांस्टेबल
लेखक का नाम	: **Mr. Rohit Manglik**
प्रकाशक	: EduGorilla Community Pvt. Ltd.
प्रकाशक का पता	: 12/651 प्रथम तल, अरविन्दो पार्क के सामने, निकट जामा मस्जिद, इंदिरा नगर लखनऊ, उत्तर प्रदेश, 226016, भारत।

कॉपीराइट EduGorilla

अस्वीकरण EduGorilla

Compiled and created by EduGorilla Community Pvt. Ltd

EduGorilla Community Pvt. Ltd. द्वारा मुद्रित

रोहित मांगलिक
सीईओ, **EduGorilla**

प्रिय छात्रों,

एक बहुत ही प्रचलित कहावत है कि "सफलता उन्हीं को मिलती है जो उसके लिए कड़ी मेहनत करते हैं।" लेकिन मैंने लोगों को उनकी परीक्षाओं के लिए दिन-रात एक करके मेहनत करते हुए देखा है, पर फिर भी वे सफल नहीं हो पाते। तो वहीं दूसरी ओर, कुछ लोग बस आधी मेहनत करके परीक्षा में सफलता प्राप्त करते हैं। तो, क्या वे किस्मत वाले हैं? नहीं मेरा मानना है, कि ऐसा इसलिए है क्योंकि वे सिर्फ कड़ी नहीं बल्कि कुशल तरीके से अपनी तैयारी करते हैं। इसी तरह आपको भी अपनी परीक्षाओं की तैयारी के लिए अपनी योजना बनानी चाहिए, ताकि आपकी भी सफलता की संभावना बढ़ सके। तो तैयार हो जाइये **EduGorilla** के साथ अपनी परीक्षा में चयन होने की संभावना को 16 गुना बढ़ाने के लिए।

EduGorilla आपको न केवल कड़ी मेहनत करने में मदद करता है, बल्कि एक स्मार्ट और योजनाबद्ध तरीके से तैयारी करने में भी सहायता प्रदान करता है। **EduGorilla** की तैयारी पैकेज के साथ आप अपने परीक्षा में चयन होने के रास्ते को सहज और मनोरंजक बना सकते हैं। अपनी तैयारी के लिए सही रास्ता खोजना मुश्किल हो सकता है, यदि आप ये नहीं जानते कि आपको किस दिशा में जाना है। चिंता न करें हम आपके साथ खड़े हैं! **EduGorilla** आपकी सफलता में आपका मार्गदर्शक बनेगा। हमारे तैयारी पैकेज के साथ आप रणनीतिक रूप से तैयारी कर, अपनी परीक्षा में सिर्फ एक ही प्रयास में सफल हो सकते हैं।

EduGorilla के तैयारी पैकेज में शामिल हैं-

• टेस्ट सीरीज़   • किताबें

हमारे तैयारी पैकेज को सभी तरह के नये बदलवों, विशेषज्ञों की राय एवं छात्रों के प्रतिक्रिया के अनुसार तैयार किया गया है। जो आपको परीक्षा के प्रत्येक चरण की चयन प्रक्रिया को पार करने के योग्य बनाता है।

हमारी किताबें शिक्षकों और विशेषज्ञों द्वारा आपकी परीक्षा के लिए तैयार की गई हैं, 150+ वर्षों के अनुभव के साथ; ताकि आपको आसान, कुशल और प्रभावी शिक्षण प्रदान किया जा सके। हमारी स्मार्ट किताबें न सिर्फ आपको प्रश्नों के उत्तर देने की समझ देती हैं, अपितु आपके अभ्यास के लिए समान रूप के प्रश्न भी प्रदान करती हैं।

EduGorilla की सक्षम टेस्ट सीरीज आपको वास्तविक अनुभव और आत्मविश्वास प्रदान करती हैं, जिसके माध्यम से आप केवल एक प्रयास में अपनी ऑफलाइन अथवा ऑनलाइन परीक्षा पास कर सकते हैं। वर्तमान में हम 94,000+ मॉक टेस्ट्स और 1,480+ प्रतियोगी एवं शैक्षणिक परीक्षाओं की तैयारी कराते हैं।

अर्थात, **EduGorilla** आपकी तैयारी में आपकी सहायता करने का कोई भी मौका नहीं छोड़ता है और परीक्षा के सभी चरणों को कवर करता है, ताकि परीक्षा की तैयारी के लिए आपको कहीं और भटकना ना पड़े।

हम आपको डिफेन्स, बैंकिंग, टीचिंग और अन्य राष्ट्रीय एवं राज्य स्तरीय परीक्षाओं के लिए सम्पूर्ण तैयारी पैकेज प्रदान करते हैं। अत: इससे कोई फर्क नहीं पड़ता कि आप किस परीक्षा के लिए तैयारी कर रहे हैं, क्योंकि आप सफलता हासिल करेंगे।

आपको परीक्षा की शुभकामनाएं!

रोहित मांगलिक,
संस्थापक और मुख्य कार्यकारी अधिकारी, **EduGorilla**

प्रस्तावना

EduGorilla छात्रों को उनकी परीक्षा में सफल होने के लिए मार्गदर्शन प्रदान करता है। जिसको ध्यान में रखते हुए हमारे कुल 150+ वर्षों का अनुभव रखने वाले प्रतिष्ठित विशेषज्ञों ने कड़े प्रयासों के द्वारा "पंजाब : पुलिस कांस्टेबल" को तैयार किया है। इस किताब के प्रश्नों को हाल ही में परीक्षा के पाठ्यक्रम और पैटर्न में हुए सभी बदलावों को ध्यान में रखकर बनाया गया है। वो प्रश्न जिनकी पंजाब पुलिस कांस्टेबल परीक्षा में आने कि संभवना काफी प्रबल है, उनको इस किताब मे रखा गया है। आप EduGorilla की "पंजाब : पुलिस कांस्टेबल" के माध्यम से अपनी सफलता की संभावना को 16 गुना बढ़ा सकते हैं।

EduGorilla ये अपनी संपूर्ण तैयारी पैकेज के माध्यम से साकार करता है। इस किट में आपको प्रश्न अच्छी तरह अवधारित एवं संरचित रूप मे मिलेंगे जिन्हे आपकी जरूरतों के अनुसार बनाया गया है। इसके माध्यम से आपको स्मार्ट तरीके से परीक्षा के लिए अभ्यास करने में मदद मिलेगी। साथ ही आपको सहायक, समाधान और स्मार्ट उत्तर पत्रिका भी प्रदान की जायेंगी। जिससे आप अपना मूल्यांकन स्वयं कर सकते हैं। आप स्वयं की समीक्षा कर, उन सभी बिन्दुओं पर खुद को बेहतर तरीके से तैयार कर सकते हैं।

EduGorilla आपको अपनी परीक्षा में सफलता दिलाने और आपके लक्ष्य को हासिल करने में आपकी सहायता करने का वादा करता हैं। हम अपने प्रतिभागियों पर पूरा भरोसा करते हैं और उन्हें मेरिट सूची के शीर्ष पर देखते हैं। शीर्ष स्थान की ओर आपका पहला कदम है हमारे साथ तैयारी शुरू करना। EduGorilla की "पंजाब : पुलिस कांस्टेबल" की विशेषताएं कुछ इस प्रकार हैं।

➤ अच्छी तरह से शोध किया हुआ पाठ्यक्रम

➤ उच्च गुणवत्ता

➤ विस्तृत उत्तर और विश्लेषण

➤ स्मार्ट उत्तर पत्रिका

➤ परीक्षा सुसंगत प्रश्न

इस प्रकार EduGorilla आपकी तैयारी को मजबूत और आपको परीक्षा में सफल होने के योग्य बनाता है।

पंजाब पुलिस कांस्टेबल
परीक्षा की योग्यता, परीक्षा पैटर्न, विषय को जानने
के लिए QR कोड को स्कैन करें।

Book ID: 1347

विषय-सूची

General Awareness

1. निम्नलिखित में से कौन सा सही ढंग से मेल नहीं खाता है?
   - (a) संबंधित संविधान का अनुच्छेद - 371 ए, संबंधित राज्य - नागालैंड
   - (b) संबंधित संविधान का अनुच्छेद - 371 बी, संबंधित राज्य - असम
   - (c) संबंधित संविधान का अनुच्छेद - 371 सी, संबंधित राज्य - मेघालय
   - (d) संबंधित संविधान का अनुच्छेद - 371 डी, संबंधित राज्य - आंध्र प्रदेश

2. अनुसूचित जाति और अनुसूचित जनजाति (अत्याचार निवारण) अधिनियम, 1989 की किस धारा के तहत 'आर्थिक बहिष्कार' को परिभाषित किया गया है?
   - (a) धारा 2 (बी)
   - (b) धारा 2 (बीसी)
   - (c) धारा 2 (बीएफ)
   - (d) धारा 2 (बीजी)

3. निम्नलिखित धाराओं में से किस धारा के तहत अनुसूचित जाति और अनुसूचित जनजाति (अत्याचार निवारण) अधिनियम, 1989 एक 'अग्रिम जमानत' निषिद्ध है?
   - (a) धारा 22
   - (b) धारा 20
   - (c) धारा 18
   - (d) धारा 16

4. अनुसूचित जाति और अनुसूचित जनजाति नियम, 1995 के निम्नलिखित में से किस धारा के तहत 'वार्षिक रिपोर्ट के लिए सामग्री' प्रदान की गई है?
   - (a) धारा 18
   - (b) धारा 20
   - (c) धारा 22
   - (d) धारा 24

5. अनुसूचित जाति और अनुसूचित जनजाति (अत्याचार निवारण) अधिनियम, 1989 के तहत, जो कोई भी, एक अनुसूचित जाति या अनुसूचित जनजाति का सदस्य नहीं होने के कारण जादू टोना करने या चुड़ैल होने के आरोप में अनुसूचित जाति या अनुसूचित जनजाति के सदस्य की शारीरिक हानि या मानसिक पीड़ा होती है, का दंड होगा:
   - (a) ऐसे काल के लिए कारावास जिसमें छह महीने से कम की सजा नहीं होगी, लेकिन जो पांच साल और जुर्माना के साथ बढ़ सकता है
   - (b) ऐसे काल के लिए कारावास जिसमें छह महीने से कम की सजा नहीं होगी और जुर्माना होगा
   - (c) एक वर्ष की अवधि के लिए कारावास के साथ जुर्माना
   - (d) जुर्माने के साथ पाँच वर्ष के लिए कारावास होगा

6. बिहार विधान सभा के सत्रों की अध्यक्षता कौन करता है?
   - (a) बिहार के राज्यपाल
   - (b) विधानसभा अध्यक्ष
   - (c) बिहार के मुख्यमंत्री
   - (d) विपक्ष के नेता

7. राज्य मंत्रिपरिषद उत्तरदायी होती है:
   - (a) राज्य विधान सभा के प्रति
   - (b) भारतीय संसद के प्रति
   - (c) राज्यपाल के प्रति
   - (d) राष्ट्रपति के प्रति

8. जहाँ राज्य विधानमंडल का केवल एक सदन होता है, उसे किस नाम से जाना जाता है?
   - (a) राज्य परिषद
   - (b) विधान परिषद
   - (c) लोकसभा
   - (d) विधान सभा

9. भारत के परिसीमन आयोग के अनुसार और भारत के संविधान के अनुच्छेद 333 के अधीन, राज्य विधान सभा के सदस्यों की अधिकतम संख्या कितनी हो सकती है?
   - (a) 450
   - (b) 500
   - (c) 550
   - (d) 600

10. नीति आयोग के वर्तमान सीईओ कौन हैं?
    - (a) राजीव कुमार
    - (b) अरविंद सुब्रमण्यम
    - (c) परमेश्वरन अय्यर
    - (d) नरेंद्र मोदी

11. राष्ट्रीय कृषि विपणन संस्थान (NIAM) कहाँ स्थित है?
    - (a) नई दिल्ली
    - (b) जयपुर
    - (c) हिसार
    - (d) भोपाल

12. निम्नलिखित में से कौन नव निर्मित विकास 'थिंक टैंक' नीति आयोग के विशिष्ट विंग में से नहीं है?
    - (a) अनुसंधान विंग
    - (b) हार्मोनाइजेशन विंग
    - (c) कंसल्टेंसी विंग
    - (d) टीम इंडिया विंग

13. **निर्देश:** विजयनगर साम्राज्य के संदर्भ में निम्नलिखित कथनों पर विचार कीजिये।
    1. विजयनगर शासकों ने वास्तुकला की एक नई शैली का निर्माण किया जिसे द्रविड़ शैली कहा जाता है।
    2. वर्तमान आंध्र प्रदेश में हिंदूपुर के पास लेपाक्षी में, शिव मंदिर की दीवारों पर विजयनगर चित्रों के शानदार उदाहरण हैं।
    3. उनकी राजधानी, विजयनगर, तुंगभद्रा नदी के उत्तरी तट पर स्थित थी।
    ऊपर दिए गए कथनों में से कौन सा सही है/हैं?
    - (a) केवल 1 और 2
    - (b) केवल 1 और 3
    - (c) केवल 2 और 3
    - (d) केवल 2

14. **निर्देश:** भारत में मंदिर वास्तुकला के संदर्भ में निम्नलिखित कथनों पर विचार कीजिये।
    1. देश में मंदिरों के दो व्यापक क्रम ज्ञात हैं - उत्तर में नागरा और दक्षिण में द्रविड़।
    2. द्रविड़ क्रम में दूसरा प्रमुख प्रकार का स्थापत्य रूप है फमसाना।
    ऊपर दिए गए कथनों में से कौन सा सही है/हैं?
    - (a) केवल 1
    - (b) केवल 2
    - (c) 1 और 2 दोनों
    - (d) न तो 1 और न 2

15. कावेरी नदी कौन-से राज्यों से होकर गुजरती है?
    - (a) गुजरात, मध्य प्रदेश, तमिलनाडु
    - (b) कर्नाटक, केरल, तमिलनाडु
    - (c) कर्नाटक, केरल, आन्ध्र प्रदेश
    - (d) मध्य प्रदेश, महाराष्ट्र, तमिलनाडु

16. कोंकण रेल जिन राज्यों से गुजरती है वे है-
    - (a) महाराष्ट्र-गोवा-कर्नाटक
    - (b) महाराष्ट्र-कर्नाटक-केरल
    - (c) महाराष्ट्र-गोवा-केरल
    - (d) महाराष्ट्र-गोवा-कर्नाटक-केरल

17. गारो जनजाति है-
    - (a) असम में
    - (b) मणिपुर में
    - (c) मिजोरम में
    - (d) मेघालय में

18. ताम्रपाषाण चित्रकला के बारे में निम्नलिखित कथनों पर विचार करें।
    1. वे मालवा के मैदानों के बसे हुए कृषि समुदायों के साथ क्षेत्र के गुफावासियों के बीच संबंध को प्रकट करते हैं।
    2. प्राचीनकाल के चित्रों में मौजूद सजीवता और जीवंतता गायब हो गई थी।
    ऊपर दिए गए कथनों में से कौन-सा/से सही है/हैं?
    - (a) केवल 1
    - (b) केवल 2
    - (c) 1 और 2 दोनों
    - (d) न तो 1 और न ही 2

19. भारत में भक्ति आंदोलन के संदर्भ में निम्नलिखित कथनों में से कौन सा सही है?
    - (a) भक्ति संत बौद्ध और जैन विद्यालयों की तपस्या का समर्थन

करते हैं।

(b) निम्बार्क, जिनका जन्म 1017 ईस्वी में दक्षिण भारत के श्री पेरंबुदुर में हुआ था, भक्ति आंदोलन के पहले प्रतिपादक थे।

(c) दोनों (A) और (B)

(d) न तो (A) और न ही (B)

20. सूची-I को सूची-II से सुमेलित कीजिए और नीचे दिए गए कूट से सही उत्तर चुनिए:

	सूची - I		सूची - II
a.	खानकाह	i.	शिष्य
b.	पीर	ii.	उत्तराधिकारी
c.	मुरीद	iii.	शिक्षक
d.	वली	iv.	धर्मशाला

(a) a - iii, b - i, c - ii, d – iv

(b) a - ii, b - iv, c - iii, d – i

(c) a - i, b - ii, c - iv, d – iii

(d) a - iv, b - iii, c- i, d – ii

21. ग्यारहवीं पंचवर्षीय योजना का उद्देश्य है-

(a) निर्धनता का उन्मूलन

(b) समाविष्ट आर्थिक वृद्धि

(c) सामाजिक न्याय के साथ विकास

(d) अल्पसंख्यकों का विकास

22. इन्द्रधनुषीय क्रांति का संबंध है-

(a) हरित क्रांति से

(b) श्वेत क्रान्ति से

(c) नीली क्रान्ति से

(d) इनमें सभी से

23. अप्रैल 2023 में, 10 देशों के 80 अंतरराष्ट्रीय खगोलविदों की एक टीम ने निम्नलिखित में से किस स्पेस टेलीस्कोप का उपयोग करके ज्ञात ब्रह्मांड में 4 सबसे पुरानी आकाशगंगाओं का पता लगाया?

(a) जेम्स वेब स्पेस टेलीस्कोप

(b) केप्लर स्पेस टेलीस्कोप

(c) फर्मी गामा-रे स्पेस टेलीस्कोप

(d) स्पिट्जर स्पेस टेलीस्कोप

24. अप्रैल 2023 में, भारतीय अंतरिक्ष अनुसंधान संगठन ने निम्नलिखित में से किस संचार उपग्रह का पोस्ट मिशन डिस्पोजल ऑपरेशन पूरा किया?

(a) इनसैट-4ई

(b) इनसैट -1 बी

(c) जीसैट-12

(d) जीसैट-31

25. किस शहर में, लॉग9 मैटेरियल्स ने भारत की पहली लिथियम-आयन सेल निर्माण सुविधा का उद्घाटन किया है?

(a) चेन्नई

(b) बेंगलुरु

(c) हैदराबाद

(d) नई दिल्ली

26. 'ट्रोपोस्फेरिक एमिशन मॉनिटरिंग ऑफ पॉल्यूशन इंस्ट्रूमेंट' किस अंतरिक्ष एजेंसी का उपकरण है?

(a) भारतीय अंतरिक्ष अनुसंधान संगठन

(b) राष्ट्रीय वैमानिकी और अंतरिक्ष प्रशासन

(c) यूरोपीय अंतरिक्ष एजेंसी

(d) जापान एयरोस्पेस अन्वेषण एजेंसी

27. इसरो ने किन संस्थानों के साथ मिलकर 'पुन: प्रयोज्य लॉन्च वाहन स्वायत्त लैंडिंग मिशन' का आयोजन किया?

(a) डीआरडीओ और आईएएफ

(b) डीआरडीओ और भेल

(c) डीआरडीओ और एचएएल

(d) डीआरडीओ और बीएआरसी

28. अप्रैल 2023 में भारत की G20 अध्यक्षता के तहत पर्यटन कार्य समूह की दूसरी बैठक किस शहर में आयोजित की गई थी?

(a) गांधीनगर, गुजरात

(b) जोधपुर, राजस्थान

(c) सिलीगुड़ी, पश्चिम बंगाल

(d) मुंबई, महाराष्ट्र

29. अप्रैल 2023 में, केंद्रीय युवा मामलों और खेल मंत्री, अनुराग सिंह ठाकुर ने घोषणा की कि भारतीय खेल प्राधिकरण (SAI) ने खेलो इंडिया स्पोर्ट्स सर्टिफिकेट को डिजिलॉकर के साथ एकीकृत कर दिया है। डिजिलॉकर, डिजिटल इंडिया कार्यक्रम के तहत किस मंत्रालय की प्रमुख पहल है?

(a) गृह मंत्रालय

(b) कौशल विकास और उद्यमिता मंत्रालय

(c) विज्ञान और प्रौद्योगिकी मंत्रालय

(d) इलेक्ट्रॉनिक्स और सूचना प्रौद्योगिकी मंत्रालय

30. जनवरी 2023 में IISc में गणित और कंप्यूटिंग केंद्र स्थापित करने के लिए किस बैंक ने भारतीय विज्ञान संस्थान (IISc), बेंगलुरु, कर्नाटक के साथ एक समझौता ज्ञापन पर हस्ताक्षर किए हैं?

(a) एचडीएफसी बैंक

(b) ऐक्सिस बैंक

(c) यस बैंक

(d) आईसीआईसीआई बैंक

31. बाबासाहेब भीमराव रामजी अंबेडकर की 132वीं जयंती के अवसर पर किस शहर में भारत की सबसे ऊंची 125 फुट ऊंची कांस्य प्रतिमा का अनावरण किया गया?

(a) हैदराबाद

(b) ग्वालियर

(c) मुंबई

(d) जमशेदपुर

32. भारत सरकार की किस नियामक संस्था ने 'नीरज निगम' को नया कार्यकारी निदेशक (ईडी) नियुक्त किया है?

(a) भारतीय रिजर्व बैंक

(b) भारतीय प्रतिभूति और विनिमय बोर्ड

(c) भारतीय बीमा विनियामक और विकास प्राधिकरण

(d) राष्ट्रीय कृषि और ग्रामीण विकास बैंक

33. निम्नलिखित में से किस कंपनी ने ऑनलाइन आधार सेवाओं के भुगतान की प्रक्रिया के लिए यूआईडीएआई (भारतीय विशिष्ट पहचान प्राधिकरण) के साथ भागीदारी की है?

(a) पेटीएम

(b) भारतपे

(c) फोनपे

(d) रेज़रपे सॉफ्टवेयर प्राइवेट लिमिटेड

34. किस अमेरिकी राज्य ने पहली बार "हिंदूफोबिया" और "हिंदू कट्टरता" की निंदा करते हुए एक प्रस्ताव पारित किया?

(a) कैलिफोर्निया

(b) फ्लोरिडा

(c) जॉर्जिया

(d) एरिज़ोना

35. जनवरी 2023 में किस राज्य / केन्द्र शासित प्रदेश ने "100 डेज़ टू बीट प्लास्टिक" अभियान शुरू किया है?

(a) जम्मू और कश्मीर

(b) लद्दाख

(c) गुजरात

(d) दिल्ली

Quantitative Aptitude and Numerical Skills

36. $3889 \div 12.952 - ? = 3854.002$

(a) – 3553.74

(b) 3553.74

(c) – 3453.74

(d) 3457.34

37. $0.002 \times 0.5 = ?$

(a) 0.0001   (b) 0.001
(c) 0.01   (d) 0.1

38. एक व्यक्ति ने 13 वस्तुए 70 रुपये प्रत्येक पर, 15 वस्तुए 60 रुपये प्रत्येक पर और 12 वस्तुए 65 रुपये प्रत्येक पर खरीदी। प्रति वस्तु औसत मूल्य है:

(a) 60.24 रुपये   (b) 64.24 रुपये
(c) 64.75 रुपये   (d) 62.25 रुपये

39. 20 पुस्तकों का औसत मूल्य 14 रुपए है, जबकि इनमें से 18 पुस्तकों का औसत मूल्य 13 रुपए है। बची हुई दो पुस्तकों में से, यदि एक पुस्तक का मूल्य दूसरी का 21.05% है, तो इन दोनों पुस्तकों में प्रत्येक का मूल्य क्या होगा?

(a) 36 रुपए, 10 रुपए   (b) 38 रुपए, 8 रुपए
(c) 40 रुपए, 6 रुपए   (d) 25 रुपए, 21 रुपए

40. $3.\overline{87} - 2.\overline{59} = ?$

(a) 1.20   (b) $1.\overline{2}$
(c) $1.\overline{27}$ (d) $1.\overline{28}$

41. एक भिन्न को जब $\frac{17}{3}$ से जोड़ने पर 4 प्राप्त होता है। तो उक्त भिन्न क्या है?

(a) $-\frac{1}{3}$ (b) $-1\frac{2}{3}$
(c) $\frac{9}{2}$ (d) $\frac{2}{3}$

42. एक कॉलेज में लड़कों की कुल संख्या कॉलेज में लड़कियों की कुल संख्या से 16% अधिक है। उस कॉलेज में लड़कों की कुल संख्या का अनुपात लड़कियों की तुलना में क्या है?

(a) 20 : 27   (b) 29 : 25
(c) 32 : 25   (d) 18 : 19

43. यदि x का 15%, y के 10% के तीन गुना के बराबर है, तो $x : y$ का मान ज्ञात कीजिए।

(a) 2 : 1   (b) 1 : 2
(c) 3 : 2   (d) 2 : 3

44. यदि A का वेतन B से 25% अधिक है, तो B का वेतन A से कितने प्रतिशत कम है?

(a) 25%   (b) 18%
(c) 20%   (d) 15%

45. एक व्यक्ति 26% के लाभ पर एक घड़ी बेचता है। यदि उसने इसे 20% कम पर खरीदा होता और ₹ 81.60 कम में बेचा होता, तो उसे 32% लाभ प्राप्त होता। घड़ी का वास्तविक क्रय मूल्य (₹ में) क्या है?

(a) 400   (b) 480
(c) 450   (d) 360

46. एक वस्तु को इसके अंकित मूल्य पर 6.25% की छूट देने के बाद 600 रुपये में बेची गई थी। यदि छूट की अनुमति नहीं दी जाती तो लाभ 28% होता। वस्तु का क्रय मूल्य क्या है?

(a) 560 रुपये   (b) 520 रुपये
(c) 500 रुपये   (d) 480 रुपये

47. 3 वर्ष के अंत में 20% प्रति वर्ष की दर से 32,000 रुपये पर साधारण ब्याज और चक्रवृद्धि ब्याज में अंतर ज्ञात कीजिये?

(a) 4096   (b) 5490
(c) 7650   (d) 7685

48. रीत ने 12% चक्रवृद्धि ब्याज पर 2 वर्ष के लिए A रुपये की राशि का निवेश किया और कुछ ब्याज प्राप्त की। सोनाली ने 8% साधारण ब्याज पर 3 वर्षों के लिए (A + 1500) रुपये का निवेश किया और रीत को प्राप्त ब्याज के समान ब्याज प्राप्त हुई। रीत द्वारा निवेश की गई राशि ज्ञात कीजिए।

(a) 20000 रुपये   (b) 25000 रुपये
(c) 30000 रुपये   (d) 27500 रुपये

Ques (49-53): दंड आलेख का अध्ययन कीजिए और उस पर आधारित प्रश्नों के उत्तर दीजिए।

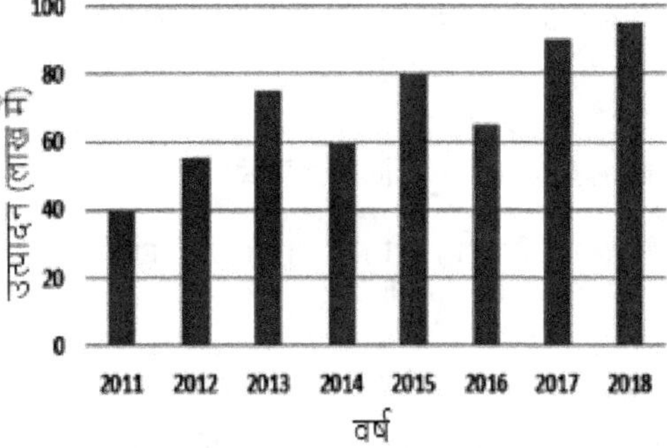

49. पिछले वर्ष की तुलना में किस वर्ष उत्पादन में प्रतिशत वृद्धि सबसे अधिक थी?

(a) 2013   (b) 2012
(c) 2015   (d) 2017

50. दिए गए कितने वर्षों में खिलौनों का उत्पादन दिए गए वर्षों के औसत उत्पादन से अधिक था?

(a) 2   (b) 1
(c) 3   (d) 4

51. 2013 से 2014 तक खिलौनों के उत्पादन में लगभग प्रतिशत गिरावट कितनी थी?

(a) 15%   (b) 10%
(c) 20%   (d) 25%

52. 2015 और 2016 का औसत उत्पादन, निम्नलिखित में से किस वर्षों के युग्म के औसत उत्पादन के बिलकुल बराबर था?

(a) 2014 और 2015   (b) 2016 और 2017
(c) 2012 और 2017   (d) 2014 और 2016

53. 2011 की तुलना में 2018 में खिलौनों के उत्पादन में लगभग प्रतिशत वृद्धि कितनी थी?

(a) 137.5%   (b) 183.33%
(c) 128.35%   (d) 111.11%

54. किसी कार्य को करने के लिए, किसी मजदूर को कुछ दिनों के लिए ₹ 8,500 में नियुक्त किया जाता है, लेकिन कुछ दिनों तक उसकी अनुपस्थिति के कारण, उसे केवल ₹ 6,050 का भुगतान किया जाता है। वह कितने दिनों तक अनुपस्थित रहा?

(a) 49   (b) 45
(c) 44   (d) 42

55. रेणु एक काम को 15 दिनों में करती है। रेणु एवं मीनू एक साथ उसी कार्य को 10 दिनों में कर सकते हैं। यदि उस कार्य के लिए उन्हें 600 रु प्राप्त हुए, तो, रेणु एवं मीनू का क्रमशः लाभ ज्ञात कीजिये।

(a) 400 रु, 200 रु   (b) 300 रु, 300 रु
(c) 500 रु, 100 रु   (d) 350 रु, 150 रु

Mental Ability and Logical Reasoning

56. निम्नलिखित श्रृंखला में प्रश्नवाचक चिह्न (?) के स्थान पर आने वाले शब्द का चयन करें:
BK, FJ, JI, NH, ?, VF

(a) SE   (b) SG
(c) RG   (d) RE

57. निम्नलिखित श्रृंखला में ऐसे कितने T है जिनके तुरंत पहले और बाद में 'E' है?

E T E T T M E E T E T E T E T T E E T T T E E T E T E
T E T T E E T E

(a) 7
(b) 6
(c) 5
(d) 8

58. क्रम a, b, b, c, c, d, d, d, d........ का 29वाँ अक्षर क्या होगा?

(a) f
(b) g
(c) h
(d) i

59. **निर्देश:** निम्नलिखित श्रृंखला में ऐसे कितने T हैं जिनके तुरंत बाद 'IE' है?

E T I E T T M E E E T E I T E T E T T I E E T T I E T I E E E
T E I T E T E T E I T E I E T I E

(a) 4
(b) 7
(c) 6
(d) 5

60. निम्नलिखित शब्दों को एक तार्किक और सार्थक क्रम में व्यवस्थित कीजिए।
1. नीला
2. लाल
3. पीला
4. इंडिगो
5. नारंगी

(a) 4-1-5-2-3
(b) 2-5-3-1-4
(c) 2-5-1-3-4
(d) 4-1-3-2-5

Ques (61-62): निर्देश: निम्नलिखित प्रश्न में दिए गए शब्दों को अर्थपूर्ण क्रम में व्यवस्थित करें और फिर प्रश्न के नीचे दिए गए विकल्पों में से सबसे उपयुक्त अनुक्रम का चयन करें;

61. 1. फर्नीचर 2. लकड़ी 3. पेड़ 4. बढ़ई

(a) 3, 2, 4, 1
(b) 1, 3, 2, 4
(c) 4, 2, 3, 1
(d) 3, 4, 1, 2

62. 1. 60 डिग्री 2. 120 डिग्री 3. 90 डिग्री 4. राउंडर 5. लाइन

(a) 5, 4, 1, 2, 3
(b) 1, 3, 2, 4, 5
(c) 4, 3, 2 ,1, 5
(d) 3, 2, 1, 4, 5

Ques (63-65): निर्देश: निम्नलिखित प्रश्न में, एक कथन और उसके बाद I और II से अंकित दो निष्कर्ष दिए गये हैं। आपको दिए गये कथनों को सत्य मानना है, भले ही वे ज्ञात तथ्यों से अलग प्रतीत होते हों। निर्णय कीजिए कि दिये गये निष्कर्षों में से कौन-सा निष्कर्ष कथन का तार्किक रूप से अनुसरण करता है।

63. **कथन :** रतन टाटा ने भारत के चक्रवात कोष में 2000 डॉलर का दान दिया है।
निष्कर्ष :
I: रतन टाटा एक परोपकारी व्यक्ति हैं।
II: ये दान सरकार को चक्रवात प्रभावित लोगों को भोजन और आश्रय प्रदान करने में मदद करेंगे।

(a) केवल निष्कर्ष I अनुसरण करता है
(b) केवल निष्कर्ष II अनुसरण करता है
(c) I और II दोनों अनुसरण करते हैं
(d) न तो I और न ही II अनुसरण करते हैं

64. **कथन:** वह सब जो चमकता है वह सोना नहीं है।
निष्कर्ष:
I. जो चीजें बाहर से अच्छी लगती हैं, वे शायद अंदर से अच्छी नहीं होतीं।
II. हम दूर से किसी भी चीज़ या किसी व्यक्ति के चमकदार दृष्टिकोण के पीछे के आंतरिक सत्य की कल्पना नहीं कर सकते।

(a) केवल निष्कर्ष II अनुसरण करता है
(b) निष्कर्ष I और II दोनों अनुसरण करते हैं।
(c) केवल निष्कर्ष I अनुसरण करता है

(d) न तो निष्कर्ष I और न ही II अनुसरण करता है

65. **कथन:** आंकड़ों से पता चलता है कि स्नातकोत्तर, स्नातकों की तुलना में 20% अधिक कमाते हैं।
निष्कर्ष:
I. यदि सभी स्नातक, स्नातकोत्तर हो जाते हैं, तो सभी के लिए औसत प्रारंभिक वेतन में 20% की वृद्धि होगी।
II. यदि स्नातकोत्तर का शुल्क, स्नातक के शुल्क के साथ मेल खाता है तो प्रत्येक व्यक्ति स्नातकोत्तर बन जाएगा।

(a) केवल निष्कर्ष I अनुसरण करता है
(b) केवल निष्कर्ष II अनुसरण करता है
(c) दोनों निष्कर्ष अनुसरण करते हैं
(d) कोई अनुसरण नहीं करता है

66. **निर्देश:** उस आकृति की पहचान करें जो पैटर्न को पूरा करती है।

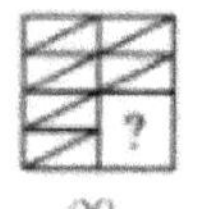    

(a) (1)
(b) (2)
(c) (3)
(d) (4)

67. **निर्देश:** दिए गए चार विकल्पों में से एक आकृति चुनिए, जिसे (?) में रखा गया है।

प्रश्न आकृति:

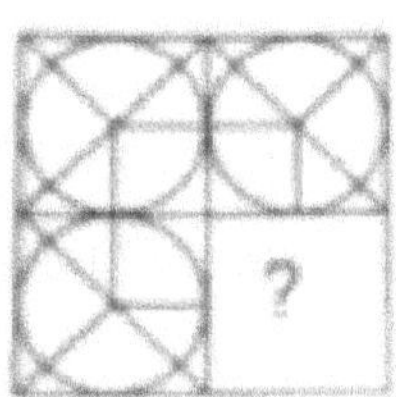

उत्तर आकृति:

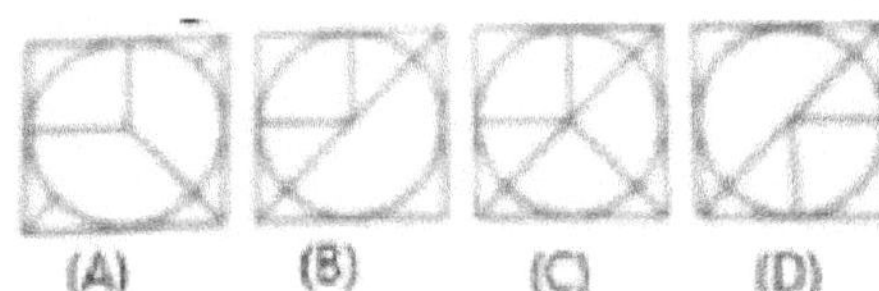

(a) (A)
(b) (B)
(c) (C)
(d) (D)

68. P, Q से 4 वर्ष बड़ा है। Q, R से 7 वर्ष छोटा है। R, S से 5 वर्ष बड़ा है। S, T से 8 वर्ष छोटा है। सबसे छोटा कौन है?

(a) P
(b) Q
(c) R
(d) S

69. उत्तर की ओर उन्मुख छात्रों की एक कतार में, आयशा और अनीशा क्रमशः बाएं और दाएं छोर से 10वें और 8वें स्थान पर खड़ी हैं। यदि एक अन्य छात्र अरिवा, जो बायें छोर से 12वीं है, आयशा और अनीशा के ठीक बीच में है, तो दायें छोर से आयशा का स्थान ज्ञात कीजिये?

(a) 11वें
(b) 12वें
(c) 14वें
(d) 15वें

70. एक कक्षा में रैंक के हिसाब से X का स्थान ऊपर से सातवां और Y का स्थान नीचे से सोलहवां है। यदि वे दोनों अपनी स्थितियां आपस में बदल लेते हैं, तो X ऊपर से इक्कीसवे स्थान पर आ जाता है। अब Y की नीचे से क्या स्थिति होगी ?

(a) 29 वां	(b) 21 वां
(c) 16 वां	(d) 30 वां

71. एक व्यक्ति उत्तर की ओर सम्मुख है। अपने दाईं ओर मुड़ते हुए, वह 25 मीटर चलता है। वह फिर अपनी बाईं ओर मुड़ता है और 30 मीटर चलता है। इसके बाद, वह अपने दाईं ओर 25 मीटर चलता है। वह फिर अपने दाईं ओर मुड़ता है और 55 मीटर चलता है। अंत में, वह दाईं ओर मुड़ता है और 40 मीटर चलता है। वह अपने शुरुआती बिंदु से किस दिशा में है?

(a) दक्षिण पश्चिम   (b) दक्षिण

(c) उत्तर पश्चिम   (d) दक्षिण पूर्व

72. एक व्यक्ति 9 किमी पश्चिम की ओर चलता है; दाएँ मुड़ता है और 12 किमी चलता है। फिर वह 7 किमी प्रारंभिक बिंदु की ओर चलता है और गंतव्य स्थान पर पहुँच जाता है।
वह प्रारंभिक बिंदु से कितनी दूरी पर है?

(a) 8 किमी   (b) 12 किमी

(c) 13 किमी   (d) 10 किमी

73. धरम, मदन को अपने पिता की बहन के पिता के रूप में परिचित कराता हैं। धरम, मदन से कैसे संबंधित है?

(a) दादा   (b) पोता

(c) बेटा   (d) पिता

74. Y, W का भाई है, X, W की पुत्री है, E, Y की बहन है, Z, X का भाई है। Z का चाचा कौन है?

(a) X   (b) E

(c) W   (d) Y

75. एक परिवार में, X और Y भाई-बहन हैं। P के दो बच्चे हैं और वह G का पुत्र है, जो J का ससुर है। J का केवल एक पुत्र है। Y, G की पोती नहीं है।
X, G से किस प्रकार संबंधित है?

(a) पोता   (b) पोती

(c) पुत्र   (d) पुत्री

English Language Skills

Ques (76-80): Direction: Read the passage given below and answer the question that follow by selecting the most appropriate option.

In this floating village in Brazil, there is only one way to travel. Students go to school by boat. Locals go to worship by boat. Taxis arrive by boat. Even the soccer field is often a boat. There are three homemade fields on land, but they are submerged now in the annual flooding of the Black River. If the wooden goal posts had nets, they would be useful this time of year only for catching fish. So, young players and adults improvise. They play soccer at a community centre that has a roof but no walls. They play on the dock of a restaurant. And they play on a parked ferry, a few wearing life jackets to cushion their fall. The high-water mark in the Rio Negro this year was the fifth highest in more than a century of measurements.

As scientists study the impact of deforestation on the Amazon basin, and the cooling and warming of the Pacific Ocean, extreme patterns observed over the last 25 or 30 years raise an important unanswered question : "Are these trends human-induced climate change, or can we explain this with natural variability?"

Villagers said that passing boats sometimes knocked down power lines during periods of exceptionally high water. And while the soccer fields are usually available for about half the year, the land has recently been dry enough for only four or five months of play. "We don't have a place for the children to play," said de Sousa, a shop owner. "They are stuck in the houses, bored." The most adventurous, though, will find a game somewhere.

76. The wooden goal posts had nets that are ______ during floods.

(a) floating around   (b) used as nets

(c) useless   (d) misused

77. "The passing boats sometimes knocked down power lines" suggests that the:

(a) rescue boats are careless

(b) water was charged

(c) the flood levels were high

(d) electric poles had fallen

78. A word that can best replace the word 'improvise' is:

(a) contrive   (b) share

(c) plan   (d) devise

79. In this paragraph, 'to cushion' means to:

(a) separate   (b) protect

(c) pad   (d) abate

80. Identify the correct statement.
Flooding has ______ over a period of time.

(a) remained the same   (b) been increasing

(c) been unpredictable   (d) been decreasing

Ques (81-85): Direction: The question consists of a sentence, the parts of which have been jumbled. These parts have been labelled P, Q, R and S. Given below each sentence are four sequences namely (A), (B), (C) and (D). You are required to rearrange the jumbled parts of the sentence and mark your response accordingly.

81. for yourself the implications of death, (P) / if you do not reflect and understand (Q) / from one preacher to another (R) / you will go endlessly (S)
The correct sequence should be:

(a) SRPQ   (b) QPSR

(c) RSPQ   (d) QRSP

82. for India's future (P) / mathematics and mathematical thinking (Q) / will be very important (R) / it is recognized that (S)
The correct sequence should be:

(a) QRPS   (b) RPSQ

(c) QRSP   (d) SQRP

83. in agriculture and veterinary sciences through (P) / will be enhanced sharply (Q) / programmes integrated with general education (R) / the preparation of professionals (S)
The correct sequence should be:

(a) SRPQ   (b) RQPS

(c) SPRQ   (d) PQRS

84. by which the genetic material of a plant is altered (P) / pests and enhance its nutritional value (Q) / perhaps to make it more resistant to (R) / genetic modification (GM) is the science (S)
The correct sequence should be:

(a) QRPS   (b) SPRQ

(c) RSPQ   (d) RPQS

85. a much wider array of perspectives (P) / the editors of the present work (Q) / the history of social reforms from (R) / argue the need to understand (S)
The correct sequence should be:

(a) QSRP   (b) QPRS

(c) RSQP (d) SQRP

Ques (86-87): Direction : Find the part of the given sentence that has an error in it. If there is no error, choose 'No error'.

86. They left/(A) their luggages/(B) at the station by mistake and went to the home./(C) No error/(D)
    (a) (C) (b) (B)
    (c) (D) (d) (A)

87. Who is the (A) / better of (B) / the two candidates? (C) / No error (D)
    (a) (A) (b) (B)
    (c) (C) (d) (D)

Ques (88-89): Directions: Fill in the blanks in the following sentences with the help of options that follow.

88. My husband _____ play the piano very well because he's a professional pianist.
    (a) might (b) can
    (c) shall (d) may

89. My father was not hungry; ______, he ate a heavy lunch.
    (a) nevertheless (b) further
    (c) besides (d) instead

90. **Direction** : In the question given below FOUR words are given, one of which may be spelt wrong. Find out the word.
    (a) accepted (b) mentioned
    (c) upportunity (d) physician

91. **Direction** : In the question given below FOUR words are given, one of which may be spelt wrong. Find out the word.
    (a) perform (b) perfum
    (c) procedure (d) particular

Ques (92-93): Direction: The question consist of an underlined word followed by four words (A), (B), (C), and (D). Select the option that is opposite in meaning to the underlined word and mark your response accordingly.

92. His writings on the subject are obscure.
    (a) murky (b) vague
    (c) obvious (d) uncertain

93. His frail appearance was considered a merit.
    (a) weak (b) delicate
    (c) sturdy (d) big

94. **Direction:** Out of the following options, select the word that best substitutes the given sentence: "Official prohibition or order to stop something"
    (a) Ban (b) Bane
    (c) Curse (d) Ruin

95. **Directions:** Choose the option that is closest in meaning to the word 'Quagmire'.
    (a) Buffoon (b) A traitor
    (c) An admirer (d) A predicament

Digital Literacy and Awareness

96. मूव कमांड का उपयोग किया जाता है:
    (a) एक या एक से अधिक फ़ाइलों को स्थानांतरित करने के लिए
    (b) निर्देशिकाओं का नाम बदलने के लिए
    (c) (A) और (B) दोनों
    (d) इनमे से कोई भी नहीं

97. एम.एस. एक्सेल में पंक्तियों की संख्या बराबर है:
    (a) 75536 (b) 65536
    (c) 56536 (d) 56563

98. डेटा संचार के लिए फाइबर विद्युत की अपेक्षा _______ पर निर्भर होता है, जो अति उच्च गति के उन इंटरनेट संयोजनों की सुविधाएँ प्रदान करता/ती है जो उच्च बैंडविड्थ संभालने में सक्षम होते हैं।
    (a) विद्युत् (b) प्रकाश
    (c) विद्युत-चुंबकत्व (d) चुंबकत्व

99. निम्नलिखित में से ईमेल एड्रेस का सही प्रारूप है?
    (a) name@website@info
    (b) name@website.info
    (c) www.nameofebsite.com
    (d) name.website.com

100. निम्नलिखित में से कौन वायरलेस कम्युनिकेशन का फंडामेंटल प्रिंसिपल है?
    (a) विद्युतचुंबकीय तरंगे (b) माइक्रोवेव
    (c) (A) और (B) दोनों (d) इनमें से कोई नहीं

// स्मार्ट उत्तर पुस्तिका //

सही उत्तर उन छात्रों का प्रतिशत जिन्होंने प्रश्न का सही उत्तर दिया।

छोड़ दिया उन छात्रों का प्रतिशत जिन्होंने प्रश्न को छोड़ दिया।

प्रश्न संख्या	उत्तर	सही उत्तर / छोड़ दिया	प्रश्न संख्या	उत्तर	सही उत्तर / छोड़ दिया	प्रश्न संख्या	उत्तर	सही उत्तर / छोड़ दिया
1	C	16.47% / 3.78%	2	B	61.82% / 1.32%	3	C	55.38% / 1.31%
4	A	13.64% / 4.09%	5	A	17.05% / 4.94%	6	B	76.31% / 0.0%
7	A	52.41% / 1.12%	8	D	19.9% / 4.26%	9	B	63.3% / 1.5%
10	C	66.16% / 1.95%	11	B	41.95% / 1.72%	12	B	45.07% / 1.63%
13	A	41.38% / 1.41%	14	A	62.04% / 1.53%	15	B	18.82% / 4.07%
16	D	56.29% / 1.85%	17	D	58.01% / 1.53%	18	C	63.47% / 1.89%
19	D	55.96% / 1.66%	20	D	44.38% / 1.56%	21	B	41.07% / 1.32%
22	D	47.9% / 1.79%	23	A	26.4% / 3.49%	24	C	13.34% / 3.1%
25	B	89.3% / 0.0%	26	B	60.88% / 1.21%	27	A	67.66% / 1.17%
28	C	54.87% / 1.78%	29	D	19.45% / 3.4%	30	B	67.89% / 1.77%
31	A	44.64% / 1.59%	32	A	59.19% / 1.05%	33	D	68.78% / 1.73%
34	C	67.0% / 1.38%	35	D	51.5% / 1.47%	36	A	59.46% / 1.11%
37	B	78.83% / 0.0%	38	C	89.26% / 0.0%	39	B	29.51% / 4.88%
40	D	50.94% / 1.52%	41	B	41.67% / 1.34%	42	B	58.39% / 1.55%
43	A	88.21% / 0.0%	44	C	77.41% / 0.0%	45	A	51.96% / 1.04%
46	C	46.25% / 1.63%	47	A	59.13% / 1.99%	48	B	27.39% / 3.19%
49	D	63.63% / 1.72%	50	D	66.05% / 1.57%	51	C	49.12% / 1.15%
52	C	14.34% / 3.67%	53	A	48.51% / 1.7%	54	A	58.51% / 1.56%
55	A	64.67%	56	C	61.59%	57	D	60.25%

No.	Ans	%	No.	Ans	%	No.	Ans	%
		1.6%			1.13%			1.15%
58	D	69.74% / 1.89%	59	D	81.35% / 0.0%	60	B	58.14% / 1.19%
61	A	62.06% / 1.47%	62	A	63.49% / 1.9%	63	C	41.16% / 1.07%
64	B	62.38% / 1.6%	65	D	46.01% / 1.58%	66	D	53.1% / 1.03%
67	C	84.94% / 0.0%	68	B	55.04% / 1.94%	69	B	17.8% / 4.2%
70	D	46.31% / 1.1%	71	D	78.7% / 0.0%	72	A	41.52% / 1.91%
73	A	82.83% / 0.0%	74	D	68.06% / 1.34%	75	B	63.16% / 1.83%
76	C	76.09% / 0.0%	77	C	42.18% / 1.87%	78	A	27.48% / 3.75%
79	C	63.0% / 1.85%	80	D	76.44% / 0.0%	81	B	43.82% / 1.89%
82	D	67.51% / 1.74%	83	B	66.25% / 1.9%	84	B	62.42% / 1.84%
85	A	48.92% / 1.0%	86	B	57.32% / 1.68%	87	A	52.46% / 1.76%
88	B	53.14% / 1.02%	89	A	59.94% / 1.74%	90	C	88.79% / 0.0%
91	B	46.29% / 1.39%	92	C	56.4% / 1.88%	93	C	63.46% / 1.78%
94	A	83.05% / 0.0%	95	D	60.81% / 1.58%	96	A	60.01% / 1.32%
97	B	65.57% / 1.17%	98	B	59.67% / 1.98%	99	B	57.7% / 1.66%
100	A	59.01% / 1.85%						

// संकेत और समाधान //

1(C). अनुच्छेद 371 सी मणिपुर राज्य के संबंध में विशेष प्रावधानों से संबंधित है।
- भारत के संविधान का भाग XXI कुछ राज्यों के लिए विशेष प्रावधानों से संबंधित है।
- प्रावधान अस्थायी, संक्रमणकालीन और विशेष प्रावधान हैं।
- अनुच्छेद 371 - महाराष्ट्र और गुजरात राज्यों के संबंध में विशेष प्रावधान।
- अनुच्छेद 371 ए - नागालैंड राज्य के संबंध में विशेष प्रावधान।
- अनुच्छेद 371 बी - असम राज्य के संबंध में विशेष प्रावधान।
- अनुच्छेद 371 सी - मणिपुर राज्य के संबंध में विशेष प्रावधान।
- अनुच्छेद 371 डी - आंध्र प्रदेश राज्य और तेलंगाना राज्य के संबंध में विशेष प्रावधान।

2(B). धारा 2 (बीसी) अनुसूचित जाति और अनुसूचित जनजाति (अत्याचार निवारण) अधिनियम, 1989 के तहत 'आर्थिक बहिष्कार' को परिभाषित करता है।
इस अधिनियम की धारा 2 (बीसी) के अनुसार, 'आर्थिक बहिष्कार' का अर्थ है :
1. सौदा करने, अन्य व्यक्ति के साथ काम करने या व्यापार करने से इनकार करने या
2. सेवा या संविदात्मक अवसरों, सहित अवसरों से इनकार करने के लिए या
3. इस पद पर कुछ भी करने से इंकार करना, जिस पर सामान्य व्यवसाय में सामान्यतः या
4. पेशेवर संबंधों से बचने के लिए कि एक व्यक्ति किसी अन्य व्यक्ति के साथ संबंध बनाए रखेगा

3(C). अनुसूचित जाति और अनुसूचित जनजाति (अत्याचार निवारण) अधिनियम, 1989 के विकल्पों में दिए गए वर्गों की विस्तृत व्याख्या निम्नानुसार है:

धारा	प्रावधान
धा	1. सद्भाव में की गई कार्रवाई का संरक्षण।
रा 2 2	2. यह कहता है कि यदि कोई इस अधिनियम के तहत अच्छे विश्वास में कुछ करता है, तो वह कानूनी कार्यवाही के लिए उत्तरदायी नहीं होगा।
धारा 20	1. अन्य कानूनों को प्रत्यादिष्ट करने के लिए अधिनियम 2. इस कानून के प्रावधान अन्य कृत्यों में ओवरराइड, असंगत और विरोधाभासी प्रावधानों को शामिल करेंगे।
धारा 18	1. इस अधिनियम के तहत अपराध करने वाले व्यक्तियों पर लागू करने के लिए संहिता की धारा 438 2. इस अधिनियम के तहत व्यक्तिगत अपराध करने वाले को अग्रिम जमानत नहीं देने का प्रावधान है।
धारा 16	1. सामूहिक जुर्माना लगाने की राज्य सरकार की शक्ति 2. नागरिक अधिकारों के संरक्षण अधिनियम, 1955 की धारा 10ए के प्रावधान सामूहिक जुर्माना लगाने और वसूली के उद्देश्य से लागू होंगे।

4(A). ये नियम केंद्र सरकार द्वारा अनुसूचित जाति और अनुसूचित जनजाति (अत्याचार निवारण) अधिनियम, 1989 की धारा 23 की उप-धारा (1) द्वारा प्रदत्त शक्तियों के अभ्यास में बनाए गए थे।
अनुसूचित जाति और अनुसूचित जनजाति नियम, 1995 की धारा 18 की सही व्याख्या इस प्रकार है:

धारा	प्रावधान
धारा 18	1. वार्षिक रिपोर्ट के लिए सामग्री 2. राज्य सरकार 31 मार्च से पहले हर साल केंद्र सरकार को रिपोर्ट भेज देगी कि पिछले साल के दौरान अधिनियम के प्रावधानों को लागू करने के लिए क्या उपाय किए गए हैं।

अत: विकल्प (B) सही है।

5(A). अधिनियम के अध्याय II की धारा 3 के तहत, यह उल्लेख किया जाता है कि जो कोई भी, एक अनुसूचित जाति या अनुसूचित जनजाति का सदस्य नहीं होने के कारण जादू टोना करने या चुड़ैल होने के आरोप में अनुसूचित जाति या अनुसूचित जनजाति के सदस्य की शारीरिक हानि या मानसिक पीड़ा होती है, उसे दंड के रूप में ऐसे काल के लिए कारावास जिसमें छह महीने से कम की सजा नहीं होगी, लेकिन जो पांच साल और जुर्माना के साथ बढ़ सकता है, दिया जाएगा।
इस अधिनियम के अध्याय 4 की धारा 4 के तहत, यह उल्लेख किया गया है कि, जो भी, एक लोक सेवक होने के नाते, लेकिन एसटी/एससी सदस्य नहीं है, कम से कम छह महीने की अवधि के लिए कारावास के साथ दंडनीय होगा, लेकिन जो एक वर्ष तक बढ़ सकता है वह अपने कर्तव्यों की उपेक्षा करेगा।
अध्याय II की धारा 5 में कहा गया है कि अगर किसी व्यक्ति को इस अधिनियम के तहत एक ही अपराध के लिए दूसरी बार दोषी ठहराया जाता है, तो उसे कम से कम एक वर्ष की अवधि के कारावास के साथ दंडनीय किया जाएगा, लेकिन इस अपराध के लिए प्रदान की गई सजा तक बढ़ सकती है।

6(B). बिहार विधानसभा के अध्यक्ष विधानसभा के सत्रों की अध्यक्षता करने और व्यवस्था बनाए रखने के लिए जिम्मेदार होते हैं।

7(A). किसी राज्य की मंत्रिपरिषद राज्य विधान सभा के प्रति उत्तरदायी होती है
- राज्य विधानसभाओं को विधानसभाओं के रूप में भी जाना जाता है। भारत के कई राज्यों के प्रांतीय विधायिका के निचले सदनों को विधान सभाओं के रूप में जाना जाता है।
- केंद्रीय मंत्रिपरिषद सामूहिक रूप से लोकसभा के प्रति उत्तरदायी होती है।

8(D). जहां राज्य विधानमंडल का केवल एक सदन होता है, उसे विधान सभा के रूप में जाना जाता है।
- विधान परिषद ऊपरी सदन होता है जिसे बड़ों के सदन के रूप में भी जाना जाता है।
- विधान सभा निचला सदन है जिसे लोकप्रिय सदन के रूप में

भी जाना जाता है।
- राज्य विधायिका के प्रावधानों को संविधान के भाग VI में अनुच्छेद 168 से 212 में दिया गया है।
- वर्तमान में, भारत में केवल 6 राज्यों में एक द्विसदनीय विधायिका है, वे आंध्र प्रदेश, तेलंगाना, उत्तर प्रदेश, बिहार, महाराष्ट्र और कर्नाटक हैं।

9(B). राज्य की विधान सभा में अधिकतम 500 निर्वाचन क्षेत्र और कम से कम 60 निर्वाचन क्षेत्र हो सकते हैं। इन निर्वाचन क्षेत्रों का प्रतिनिधित्व उन सदस्यों द्वारा किया जाएगा जिन्हें प्रत्यक्ष चुनाव की प्रक्रिया के माध्यम से चुना जाएगा।
- अनुच्छेद 170 के अनुसार, भारत के प्रत्येक राज्य में एक विधान सभा होनी चाहिए।
- हालांकि, ये विधानसभाएं भारतीय संविधान के अनुच्छेद 333 के प्रावधानों के अनुसार होनी चाहिए।

10(C). परमेश्वरन अय्यर को नीति आयोग का सीईओ नियुक्त किया गया है।
जल और स्वच्छता क्षेत्र में 25 से अधिक वर्षों के अनुभव के साथ, श्री अय्यर ने भारत के प्रमुख $20 बिलियन के स्वच्छ भारत मिशन के कार्यान्वयन का नेतृत्व किया, जिसने सफलतापूर्वक 550 मिलियन लोगों को सुरक्षित स्वच्छता तक पहुंच प्रदान की।
अत: विकल्प (C) सही है।

11(B). राष्ट्रीय कृषि विपणन संस्थान (NIAM) जयपुर में स्थित है।
राष्ट्रीय कृषि विपणन संस्थान (NIAM) एक राष्ट्रीय स्तर का संस्थान है, जो कृषि मंत्रालय के कर्मियों की जरूरतों को पूर्ण करने और विशेष प्रशिक्षण, अनुसंधान, परामर्श, तथा भारत और दक्षिण पूर्व एशियाई देशों में कृषि विपणन में शिक्षा पेश करने के लिए 8 अगस्त 1988 को जयपुर, राजस्थान में कृषि मंत्रालय द्वारा स्थापित किया गया है।
अत: विकल्प (B) सही है।

12(B). नेशनल इंस्टीट्यूशन फॉर ट्रांसफॉर्मिंग इंडिया, जिसे नीति आयोग भी कहा जाता है, का गठन 1 जनवरी, 2015 को केंद्रीय मंत्रिमंडल के एक प्रस्ताव के माध्यम से किया गया था। नीति आयोग में रिसर्च विंग, कंसल्टेंसी विंग, टीम इंडिया विंग जैसे कई विशेष विंग शामिल हैं। नीति आयोग केंद्र सरकार के मंत्रालयों और भारत की राज्य सरकारों के साथ घनिष्ठ सहयोग, परामर्श और समन्वय में कार्य करता है।
इसलिए हार्मोनाइजेशन विंग नव निर्मित विकास 'थिंक टैंक' नीति आयोग के विशिष्ट विंग में से नहीं है।
अत: विकल्प (B) सही है।

13(A). विजयनगर शासक महान निर्माता थे। इस अवधि के दौरान, महल, मंदिर, विशाल कक्ष (महामंताप), किले, मीनार, सार्वजनिक भवन, बांध, टंकी और नहरों का निर्माण किया गया था।
विजयनगर शासकों ने वास्तुकला की एक नई शैली का निर्माण किया जिसे द्रविड़ शैली कहा जाता है।
वीरभद्र मंदिर और लेपाक्षी मंदिर में चित्र विजयनगर के चित्रकारों की उत्कृष्टता को दर्शाती है।
वर्तमान आंध्र प्रदेश में हिंदूपुर के पास लेपाक्षी में, शिव मंदिर की दीवारों पर विजयनगर चित्रों के शानदार उदाहरण हैं।
अत: विकल्प (A) सही है।

14(A). नागरा और द्रविड़ शैलियों को विकसित करके, गुप्त कला भविष्य के विकास के लिए काफी गुंजाइश के साथ भारतीय वास्तुकला के इतिहास में एक प्रारंभिक और रचनात्मक युग में प्रवेश करती है।
देश में मंदिरों के दो व्यापक क्रम ज्ञात हैं- उत्तर में नागरा और दक्षिण में द्रविड़।
अत: विकल्प (A) सही है।

15(B). कावेरी नदी दक्षिण-पश्चिमी कर्नाटक राज्य में पश्चिमी घाटों के ब्रह्मगिरी पहाड़ी से निकलती है, कर्नाटक, केरल और तमिलनाडु राज्यों के माध्यम से 475 मील (765 किमी) के लिए दक्षिण-पूर्व दिशा में बहती है, और पूर्वी घाटों की एक बड़ी श्रृंखला में उतरती है।

16(D). कोंकण रेलवे परियोजना चार राज्यों-गोवा, महाराष्ट्र, कर्नाटक एवं केरल के बीच गुजरती है। इस रेल मार्ग पर रत्नागिरी के निकट कारबुडे स्थित सुरंग 6.5 किमी लम्बी है जो विश्व में सबसे लम्बी रेल सुरंग है।

17(D). गारो जनजाति एक स्वदेशी जातीय समूह है जो पूर्वोत्तर भारतीय राज्य मेघालय में गारो हिल्स का मूल निवासी है।

18(C). **ताम्रपाषाण काल:**
- इस अवधि के चित्रों से मालवा के मैदानों के बसे हुए कृषि समुदायों के साथ इस क्षेत्र के गुफावासियों की आवश्यकताओं के संबंध, संपर्क और पारस्परिक आदान-प्रदान का पता चलता है। इसलिए कथन 1 सही है।
- कई बार ताम्रपाषाणकालीन चीनी मिट्टी की चीज़ें और जैसे, रेखा विन्यास वर्ग, जाली शैल चित्रों में सामान्य रूपांकन होते हैं। मृदभांडों और धातु के औजार भी दिखाए गए हैं।
- लेकिन इन चित्रों से प्राचीनकाल के चित्रों की सजीवता और जीवंतता गायब हो गई है। इसलिए कथन 2 सही है।
- इस काल के कलाकारों ने सफेद, पीले, नारंगी, लाल गेरू, बैंगनी, भूरा, हरा और काला के विभिन्न रंगों सहित कई रंगों का प्रयोग किया था।
- इस काल के चित्रों का समूह महाराष्ट्र के नरसिंहगढ़ में है। इन गुफा चित्रों में चित्तीदार हिरणों की खाल को सुखाते हुए दिखाया गया है। हजारों साल पहले, हड़प्पा सभ्यता की मुहरों पर पेंटिंग और चित्र पहले ही प्राप्त हो चुके थे।
- विभिन्न चट्टानों और खनिजों को पीसकर पेंट/रंग बनाए गए थे। वे हेमेटाइट (भारत में गेरू के रूप में जाना जाता है) से लाल रंग बनाया गया था। हरे रंग की एक हरी किस्म के पत्थर से आया है जिसे चैलेडोनी कहा जाता है। सफेद चूना पत्थर से बना हो सकता है।

19(D). **भक्ति आंदोलन:**
- भक्ति आंदोलन का नेतृत्व प्रसिद्ध संतों के एक समूह नयनारों और अलवारों ने किया था। ये संत आत्मसंयम के खिलाफ थे।
- भक्ति संतों ने तर्क दिया कि बौद्ध और जैन विद्यालयों की तपस्या के विपरीत, भगवान के प्रति परम समर्पण ही मोक्ष का एकमात्र तरीका था।
- इसलिए, भक्ति संत बौद्ध और जैन विद्यालयों की तपस्या का विरोध करते हैं। इसलिए, विकल्प (A) का कथन सही नहीं है।
- भक्ति आंदोलन के संतों ने जीवन के सरल और शुद्ध तरीके को बढ़ावा दिया। संतों के अनुसार मुक्ति के लिए तीर्थ यात्रा की आवश्यकता नहीं है। इस आंदोलन के परिणामस्वरूप पूरे देश में सामाजिक सुधार हुए।
- रामानुज, निम्बार्क, माधव, वल्लभाचार्य, रामानंद, चैतन्य, कबीर, गुरु नानक, दादू दयाल, मीरा बाई, तुलसीदास और सूर दास सभी महत्वपूर्ण भक्ति संत थे।
- भक्ति आंदोलन के पहले प्रतिपादक रामानुज का जन्म 1017 ईस्वी में दक्षिण भारत के श्री पेरंबुदूर में हुआ था। इसलिए, विकल्प (B) का कथन सही नहीं है।

20(D). **खानकाह:**
- सूफी उस्ताद अपनी सभाएँ अपने खानकाहों या धर्मशालाओं में आयोजित करते थे।
- इन खानकाहों में शाही परिवार और अभिजात वर्ग के सदस्यों सहित सभी प्रकार के भक्त और आम लोग आते थे।
- उन्होंने आध्यात्मिक मामलों पर चर्चा की, अपनी सांसारिक समस्याओं को हल करने के लिए संतों का आशीर्वाद मांगा या केवल संगीत और नृत्य सत्रों में भाग लिया।

पीर:
- संस्थागत रूप से, सूफियों ने धर्मशाला या खानकाह (फारसी) के आसपास समुदायों को संगठित करना शुरू किया, जो कि शेख (अरबी में), पीर, या मुर्शिद (फारसी में) के रूप में जाने जाने वाले एक शिक्षण गुरु द्वारा नियंत्रित था।

मुरीद:
- एक पीर ने शिष्यों (मुरीदों) को नामांकित किया।
- शिक्षक या पीर और उनके शिष्यों या मुरीदों के बीच की कड़ी सूफी प्रणाली का एक महत्वपूर्ण हिस्सा थी।

वली:
- प्रत्येक पीर अपने कार्य को करने के लिए एक उत्तराधिकारी या वली को मनोनीत करता था।
- वली (बहुवचन औलिया) या ईश्वर का मित्र एक सूफी था जिसने अल्लाह से निकटता का दावा किया, चमत्कार (करमत) करने के लिए उसकी कृपा (बरकत) प्राप्त की।

21(B). 11वीं योजना का विकास लक्ष्य 9% रखा गया था, जबकि पिछले वर्ष यह 10% तक होगा। इस योजना का उद्देश्य समावेशी विकास रखा गया था।

22(D). इंद्रधनुष क्रांति के विभिन्न रंग विभिन्न कृषि पद्धतियों जैसे हरित क्रांति (खाद्यान्न), श्वेत क्रांति (दूध), पीली क्रांति (तिलहन), नीली क्रांति (मत्स्य पालन) का संकेत देते हैं ।

23(A). अप्रैल 2023 में, 10 देशों के 80 अंतरराष्ट्रीय खगोलविदों की एक टीम ने जेम्स वेब स्पेस टेलीस्कोप का उपयोग करके ज्ञात ब्रह्मांड में 4 सबसे पुरानी आकाशगंगाओं का पता लगाया। 4 आकाशगंगाओं के प्रकाश को पृथ्वी से लगभग 15 लाख किलोमीटर दूर स्थित वेब तक पहुंचने में 13.4 बिलियन से अधिक वर्ष लगे।

24(C). भारतीय अंतरिक्ष अनुसंधान संगठन ने संचार उपग्रह **जीसैट 12** का पोस्ट मिशन डिस्पोजल ऑपरेशन पूरा किया। **जीसैट-12** के लिए उपभू ऊंचाई में आवश्यक न्यूनतम वृद्धि 261 किमी होने का अनुमान लगाया गया था।

25(B). अमारा राजा ग्रुप द्वारा समर्थित एक नैनोटेक्नोलॉजी कंपनी **लॉग9** मैटेरियल्स ने कर्नाटक के बेंगलुरु के जक्कुर में अपने परिसर में भारत की पहली लिथियम-आयन सेल निर्माण सुविधा का उद्घाटन किया।

26(B). 'ट्रोपोस्फेरिक एमिशन मॉनिटरिंग ऑफ पॉल्यूशन इंस्ट्रूमेंट' नासा का एक नया उपकरण है जो वैज्ञानिकों को अंतरिक्ष से वायु प्रदूषकों और उनके स्रोतों की निगरानी करने में सक्षम करेगा। इसे 07 अप्रैल 2023 को लॉन्च किया गया था।

27(A). डीआरडीओ और आईएएफ के सहयोग से इसरो द्वारा पुन: प्रयोज्य लॉन्च वाहन स्वायत्त लैंडिंग मिशन आयोजित किया गया था। परीक्षण 2 अप्रैल, 2023 को एरोनॉटिकल टेस्ट रेंज (एटीआर), चित्रदुर्ग, कर्नाटक में आयोजित किया गया था

28(C). पर्यटन कार्य समूह की दूसरी बैठक 1 से 4 अप्रैल, 2023 तक सिलीगुड़ी, दार्जिलिंग जिला, पश्चिम बंगाल में आयोजित की गई थी और इसमें 17 सदस्य देशों, 8 आमंत्रित देशों और 4 अंतर्राष्ट्रीय संगठनों के 56 प्रतिनिधियों ने भाग लिया था।

29(D). केंद्रीय युवा मामले और खेल मंत्री अनुराग सिंह ठाकुर ने घोषणा की कि भारतीय खेल प्राधिकरण (SAI), भारत की शीर्ष राष्ट्रीय खेल संस्था, ने खेलो इंडिया स्पोर्ट्स सर्टिफिकेट को डिजिलॉकर के साथ एकीकृत कर दिया है। डिजिटल इंडिया कार्यक्रम के तहत, डिजिलॉकर इलेक्ट्रॉनिक्स और सूचना प्रौद्योगिकी मंत्रालय की एक प्रमुख पहल है।

30(B). एक्सिस बैंक ने जनवरी 2023 में IISc में गणित और कंप्यूटिंग केंद्र स्थापित करने के लिए भारतीय विज्ञान संस्थान (IISc), बेंगलुरु, कर्नाटक के साथ एक समझौता ज्ञापन पर हस्ताक्षर किए।
1.6 लाख वर्ग फुट में फैले केंद्र में अत्याधुनिक प्रयोगशालाएं और कार्यक्रम होंगे जो 20 IISc विभागों के शिक्षकों और छात्रों को लाभान्वित करेंगे। सालाना केंद्र से 500 से अधिक इंजीनियरों और वैज्ञानिकों को फायदा होगा।
इसके अलावा, यह गणित और कंप्यूटिंग में नए IISc बीटेक कार्यक्रम और गणितीय विज्ञान में चल रहे अंतःविषय पीएचडी कार्यक्रम की भी मेजबानी करेगा।

31(A). 14 अप्रैल 2023 को डॉ. भीमराव रामजी अंबेडकर की 132वीं जयंती के अवसर पर, तेलंगाना के मुख्यमंत्री के. चंद्रशेखर राव ने हैदराबाद, तेलंगाना में बाबासाहेब भीमराव रामजी अंबेडकर की

125 फुट ऊंची कांस्य प्रतिमा का अनावरण किया।

32(A). 3 अप्रैल 2023 को, भारतीय रिजर्व बैंक (RBI) ने नीरज निगम को तत्काल प्रभाव से नया कार्यकारी निदेशक (ED) नियुक्त किया। वह उपभोक्ता शिक्षा और संरक्षण, वित्तीय समावेशन और विकास विभाग, विधि विभाग और सचिव विभाग सहित 4 विभागों के प्रभारी होंगे।

33(D). रेज़रपे सॉफ्टवेयर प्राइवेट लिमिटेड ने ऑनलाइन आधार सेवाओं के लिए भुगतान की प्रक्रिया के लिए यूआईडीएआई (भारतीय विशिष्ट पहचान प्राधिकरण) के साथ भागीदारी की है।

34(C). संयुक्त राज्य अमेरिका (यूएसए) के राज्य जॉर्जिया ने "हिंदूफोबिया" और "हिंदू कट्टरता" की निंदा करते हुए एक प्रस्ताव पारित किया। ऐसा करने वाला जॉर्जिया देश का पहला राज्य बन गया है।

35(D). दिल्ली के उपराज्यपाल, वी के सक्सेना ने दिल्ली के सराय काले खां में बाँसेरा में आयोजित एक कार्यक्रम के दौरान दिल्ली नगर निगम (MCD) के नेतृत्व में एक विषयगत 100-**दिवसीय** अभियान "100 डेज़ टू बीट प्लास्टिक" का शुभारंभ किया। अभियान का उद्देश्य नगर निगम के तहत क्षेत्रों को प्लास्टिक मुक्त बनाना है।
अभियान 22 अप्रैल 2023 को समाप्त होगा, जो अंतर्राष्ट्रीय पृथ्वी दिवस 2023 को चिह्नित करता है। उन्होंने अभियान के शुभंकर - निवारण दादी का भी अनावरण किया।

36(A). दिया गया है:
$$3889 \div 12.952 - ? = 3854.002$$
$$\Rightarrow \frac{3889}{12.952} - ? = 3854.002$$
$$\Rightarrow 300.262 - ? = 3854.002$$
$$\Rightarrow ? = 3854.002 - 300.262$$
$$\Rightarrow ? = -3553.74$$

37(B). दिया गया है:
$$0.002 \times 0.5 = ?$$
अब,
$$0.002 \times 0.5 = ?$$
$$\Rightarrow \frac{(2 \times 5)}{(1000 \times 10)} = ?$$
$$\Rightarrow \frac{10}{10000} = ?$$
$$\Rightarrow ? = 0.001$$

38(C). दिया गया है,
आदमी ने 13 वस्तुएं खरीदी = 70 रुपये प्रत्येक
15 वस्तुएं = 60 रुपये प्रत्येक
12 वस्तुएं = 65 रुपये प्रत्येक
जैसा कि हम जानते हैं,
औसत = अवलोकन का योग/अवलोकन की संख्या
13 वस्तुओं की कीमत = $13 \times 70 = 910$ रुपये
15 वस्तुओं की कीमत = $15 \times 60 = 900$ रुपये
12 वस्तुओं की कीमत $12 \times 65 = 780$
प्रत्येक वस्तु का औसत = $\dfrac{910 + 900 + 780}{40}$
$$= \frac{2590}{40}$$
$$= 64.75 \text{ रुपये}$$

39(B). दिया है:
20 पुस्तकों का औसत मूल्य = 14 रुपए
18 पुस्तकों का औसत मूल्य = 13 रुपए
प्रयुक्त सूत्र:
औसत = पदों का योग/पदों की संख्या
माना शेष 2 पुस्तकों की मूल्य x और y है।
x = 21.05% y
$\Rightarrow$ x = 0.2105y
20 पुस्तकों का औसत मूल्य = 14 रुपए
$\Rightarrow$ 20 पुस्तकों का कुल मूल्य = 14 रुपए × 20 = 280 रुपए
18 पुस्तकों का औसत मूल्य = 13 रुपए
$\Rightarrow$ 18 पुस्तकों का कुल मूल्य = 13 रुपए × 18 = 234 रुपए

कुल मूल्य = 18 पुस्तकों का मूल्य + 2 पुस्तकों का मूल्य

$\Rightarrow 280 = 234 + x + y$

$\Rightarrow 46 = (1 + 0.2105)\, y$

$\Rightarrow y = 38$

$\Rightarrow x = 0.2105y = 0.2105 \times 38$

$\Rightarrow x = 8$

∴ इन दो पुस्तकों में से प्रत्येक का मूल्य क्रमशः 38 रुपए और 8 रुपए है।

40(D). दिया गया है:

$3.\overline{87} - 2.\overline{59}$

$= (3 + 0.\overline{87}) - (2 + 0.\overline{59})$

$= \left(3 + \frac{87}{99}\right) - \left(2 + \frac{59}{99}\right)$

$= 1 + \left(\frac{87}{99} - \frac{59}{99}\right)$

$= 1 + \frac{28}{99}$

$= 1.\overline{28}$

41(B). दिया गया है:

एक भिन्न को जब $\frac{17}{3}$ से जोड़ने पर 4 प्राप्त होता है।

माना कि भिन्न x है।

प्रश्नानुसार,

$x + \frac{17}{3} = 4$

$\Rightarrow x = 4 - \frac{17}{3}$

$\Rightarrow x = \frac{(12-17)}{3}$

$\Rightarrow x = -\frac{5}{3}$

$\Rightarrow x = -1\frac{2}{3}$

∴ भिन्न $-1\frac{2}{3}$ है।

42(B). दिया है:

कॉलेज में लड़कों की कुल संख्या = कॉलेज में लड़कियों की कुल संख्या का 116%

माना कॉलेज में लड़कियों की कुल संख्या 100 है।

लड़कों की कुल संख्या = $\left(\frac{116}{100}\right) \times 100 = 116$

लड़कों और लड़कियों की कुल संख्या का अनुपात = $\frac{116}{100}$ = $29 : 25$

∴ उस कॉलेज में लड़कों की कुल संख्या का अनुपात लड़कियों की तुलना में $29 : 25$ है।

43(A). दिया गया है,

x का 15%, y के 10% के तीन गुना के बराबर है।

$\Rightarrow \left(\frac{15}{100} \times x\right) = \left(3 \times \frac{10}{100} \times y\right)$

$\Rightarrow 15x = 30y$

$\Rightarrow x = 2y$

$\Rightarrow \frac{x}{y} = \frac{2}{1}$

$x : y = 2 : 1$

44(C). माना B की आय $100x$ है।

∴ A की आय = $125x$

$\Rightarrow B$ की आय में कमी $= (125x) - 100x = 25x$

$\Rightarrow B$ की आय में प्रतिशत कमी $= \{(25x)/(125x)\} \times 100 = 20\%$

∴ B का वेतन A से 20% कम है।

45(A). दिया गया है:

लाभ $= 26\%$

नया विक्रय मूल्य = ₹ 81.60

नया लाभ $= 32\%$

प्रयुक्त सूत्र:

विक्रय मूल्य = (क्रय मूल्य)/100 × (100 + लाभ%)

माना क्रय मूल्य x है।

विक्रय मूल्य $= 1.26x$

नया क्रय मूल्य $= 0.8x$

नया विक्रय मूल्य $= 1.26x - 81.60$

$1.26x - 81.60 = \frac{(0.8x)}{100} \times (100 + 32)$

$\Rightarrow x = \frac{81.60}{0.204}$

$\Rightarrow x = 400$

∴ घड़ी का वास्तविक क्रय मूल्य ₹ 400 है।

46(C). दिया है:

विक्रय मूल्य = 600 रुपये

छूट $= 6.25\%$

और लाभ % $= 28\%$

विक्रय मूल्य (SP) $= \{(100 + $ लाभ $\%)/100\} \times$ क्रय मूल्य (CP)

विक्रय मूल्य = अंकित मूल्य - छूट

छूट $= 6.25\% = \left(\frac{625}{10000}\right) = \frac{1}{16}$

माना अंकित मूल्य $16x$ है

और छूट x है

विक्रय मूल्य $= 16x - x = 15x$

प्रश्न के अनुसार, हम प्राप्त करते हैं

$15x = 600$ रुपये

$\Rightarrow x = \frac{600}{15} = 40$ रुपये

अब,

अंकित मूल्य $= 16x = 16 \times 40 = 640$ रुपये

यदि अंकित मूल्य = विक्रय मूल्य

$\Rightarrow$ क्रय मूल्य $\times \left(\frac{128}{100}\right) = 640$

क्रय मूल्य $= 500$ रुपये

∴ वस्तु का क्रय मूल्य 500 रुपये है।

47(A). दिया है:

मूलधन, $(P) = 32,000$ रुपये

दर, $(R) = 20\%$

समय, $(T) = 3$ वर्ष

साधारण ब्याज = (मूलधन × ब्याज दर × समय) /100

चक्रवृद्धि ब्याज के लिए,

मिश्रधन, $(A) = $ मूलधन $(1 + $ ब्याज दर $/100)^{\text{समय}}$

मिश्रधन = मूलधन + चक्रवृद्धि ब्याज

पहले साल के लिए, साधारण ब्याज और चक्रवृद्धि ब्याज बराबर होंगे

साधारण ब्याज के लिए,

साधारण ब्याज = (मूलधन × ब्याज दर × समय) /100

$= \frac{(32,000 \times 20 \times 3)}{100}$

$= 19,200$

चक्रवृद्धि ब्याज के लिए,

राशि, $(A) = $ मूलधन $(1 + $ ब्याज दर $/100)^{\text{समय}}$

$= 32,000 \times \left(1 + \frac{20}{100}\right)^3$

$= 55,296$

चक्रवृद्धि ब्याज = राशि - मूलधन

$= 55,296 - 32,000$

$= 23,296$

अब, $23,296 - 19,200 = 4096$

48(B). प्रश्न के अनुसार,

$A\left(1 + \frac{12}{100}\right)^2 - A = (A + 1500) \times 8\% \times 3$

$A \times \frac{112}{100} \times \frac{112}{100} - A = A \times \frac{24}{100} + 360$

$A \times \frac{12544}{10000} - A - A \times \frac{24}{100} = 360$

$\frac{12544A - 10000A - 2400A}{10000} = 360$

$144A = 3600000$

$A = 25000$

रीत द्वारा निवेश की गई राशि = रु 25000

49(D). 2017 में उत्पादन = 90, 2016 में उत्पादन = 65; 2017 में, उत्पादन में प्रतिशत वृद्धि

$= \left\{ \frac{(90-65)}{65} \right\} \times 100 = 38.46\%$; इसलिए, हम स्पष्ट रूप से देख सकते हैं कि उत्पादन में प्रतिशत वृद्धि वर्ष 2017 में अधिकतम थी।

50(D). खिलौनों का औसत उत्पादन $= \frac{(40+55+75+60+80+65+90+95)}{8} \Rightarrow \frac{560}{8} = 70$; अब हम आलेख में देख सकते हैं कि वर्ष 2013, 2015, 2017 और 2018 में खिलौनों का उत्पादन, खिलौनों के औसत उत्पादन से अधिक है।

51(C). दिया है: वर्ष 2013 में उत्पादन: 75, वर्ष 2014 में उत्पादन: 60; उत्पादन में अंतर: 75 - 60=15 इकाई; अब अभीष्ट प्रतिशत गिरावट: $\frac{15}{75} \times 100 = 20\%$

52(C). 2012 और 2017 का औसत उत्पादन: $\frac{(55+90)}{2} \Rightarrow \frac{145}{2} = 72.5$ इकाई; हम देख सकते हैं कि वर्ष 2015 और 2016 का औसत उत्पादन वर्ष 2012 और 2017 के औसत उत्पादन के बिल्कुल बराबर है जो कि 72.5 इकाई है।

53(A). 2018 में खिलौनों का उत्पादन= 95 लाख; 2011 में खिलौनों का उत्पादन = 40 लाख; उत्पादन में अंतर = 95 - 40 = 55 लाख; अभीष्ट प्रतिशत वृद्धि $= \frac{55}{40} \times 100 \Rightarrow \frac{275}{2} = 137.5\%$

54(A). दिया गया है,
एक मजदूर को निश्चित दिनों के लिए लगाया गया = ₹ 8,500
अनुपस्थिति के कारण उसे भुगतान किया गया = ₹ 6,050
प्रश्न के अनुसार,
एक निश्चित दिनों के लिए लगे हुए मजदूर का अनुपस्थिति के कारण अनुपात, उसे भुगतान किया गया = $(8,500 : 6,050)$
$= 170 : 121$
अब,
जितने दिन वह अनुपस्थित रहे = $170 - 121$
$= 49$ दिन

55(A). दिया है:
रेणु एक काम को 15 दिन में पूरा करती है।
रेणु और मीनू काम को 10 दिन में पूरा करते हैं।
कुल वेतन = 600 रु
गणना:
रेणु एक काम को 15 दिन में पूरा करती है।
∴ एक दिन में रेणु के द्वारा किया गया कार्य का हिस्सा = $\frac{1}{15}$
साथ काम करते हुए कार्य 10 दिन में पूरा किया जाता है।
⇒ एक दिन में दोनों के द्वारा किया गया कार्य का हिस्सा = $\frac{1}{10}$
∴ एक दिन में मीनू के द्वारा किया गया कार्य का हिस्सा = $\frac{1}{10} - \frac{1}{15} = \frac{1}{30}$
दोनों का वेतन उनके कार्य क्षमता के अनुपात में होगा,
रेणु और मीनू के वेतन का अनुपात = $\frac{1}{15} : \frac{1}{30} = 2 : 1$
रेणु का हिस्सा = $600 \times \frac{2}{3} = 400$ रु
मीनू का हिस्सा = 600 – 400 = 200 रु

56(C). दी गई श्रृंखला:

$$B \xrightarrow{+4} F \xrightarrow{+4} J \xrightarrow{+4} N \xrightarrow{+4} R \xrightarrow{+4} V$$

$$K \xrightarrow{-1} J \xrightarrow{-1} I \xrightarrow{-1} H \xrightarrow{-1} G \xrightarrow{-1} F$$

57(D). कथन के अनुसार: T वे दोनों श्रृंखला में 'E' के तुरंत पहले और बाद में हैं, इसका मतलब है कि हमें ETE के ट्रिपल को खोजने की आवश्यकता है।
*ETE*TTMEE*ETETETE*TTEETTEE*ET ETETE*TTEE*ETE*
इसलिए, सही उत्तर '8' है।

58(D). दी गई श्रृंखला:

a , b, b, c, c, c, d, d, d, d, _____?
a का स्थानीय मान 1 है और यह एक बार दिखाई देता है।
b का स्थानीय मान 2 है और यह दो बार दिखाई देता है।
c का स्थानीय मान 3 है और यह तीन बार दिखाई देता है और इसी प्रकार आगे।
इसलिए, श्रृंखला नीचे दर्शाए अनुसार होगी:

a	b	b	c	c	c	d	d	d	d	e	e	e	e	e	f	f	f	f	f	f	g
1	2	3	4	5	6	7	8	9	10	11	12	13	14	15	16	17	18	19	20	21	22

इसलिए , अनुक्रम में 29 वां अक्षर 'h' होगा।

59(D). ET **IE** TT MEEETEITETETT **IE** ETT **IE** T **IE** EE TEITETETEITE IET **IE**
इसलिए कुल 5 ऐसे IE हैं जो श्रृंखला में "T" के तुरंत बाद हैं।

60(B). दिए गए रंगों को उनकी आवृत्ति के बढ़ते क्रम में व्यवस्थित किया गया है। इसलिए, तार्किक और सार्थक क्रम है:
2. लाल
5. नारंगी
3. पीला
1. नीला
4. इंडिगो

61(A). पहला पेड़ काटा जाएगा जिससे हमें लकड़ी मिल सकेगी जो बढ़ई के पास जाएगी जो हमारे लिए फर्नीचर बनाएगा।

62(A). पहले हम एक रेखा खींचेंगे। फिर राउंडर की मदद से हम 60 डिग्री फिर 120 डिग्री और अंत में 90 डिग्री ड्रा कर सकते हैं।

63(C). यान में दी गई जानकारी से, हम यह निष्कर्ष निकाल सकते हैं कि रतन टाटा द्वारा चक्रवात कोष के लिए दान की गई राशि का उपयोग सरकार द्वारा चक्रवात प्रभावित लोगों के कल्याण के लिए किया जाएगा।
एक परोपकारी व्यक्ति वह व्यक्ति होता है जो विशेष रूप से अच्छे कारणों के लिए धन या अन्य संसाधनों का दान करके दूसरों के कल्याण को बढ़ावा देना चाहता है।
इसलिए, ऐसी गतिविधि करके हम यह निष्कर्ष निकाल सकते हैं कि रतन टाटा भी एक परोपकारी व्यक्ति हैं।
इस प्रकार, I और II दोनों अनुसरण करते हैं।
अत: सही विकल्प (C) है।

64(B). हर चमकने वाली चीज सोना नहीं होती, इसका मतलब यह है कि सिर्फ इसलिए कि कोई चीज चमकदार है, उसे सोना नहीं कहा जाएगा। यह कुछ और हो सकता है जो चमकता है। इस प्रकार, चमकने की गुणवत्ता एकमात्र पहलू नहीं है जो किसी पदार्थ को सोने के रूप में चिन्हित करेगा।
इस प्रकार, निष्कर्ष I और II दोनों अनुसरण करते हैं।

65(D). निष्कर्ष:
I. यदि सभी स्नातक, स्नातकोत्तर हो जाते हैं, तो सभी के लिए औसत प्रारंभिक वेतन में 20% की वृद्धि होगी।
कथन में कहा गया है कि आंकड़ों के अनुसार स्नातकोत्तर, स्नातकों की तुलना में 20% अधिक कमाते हैं। लेकिन उस कथन में कहीं भी यह उल्लेख नहीं है कि यदि सभी स्नातक, स्नातकोत्तर हो जाते हैं, तो सभी के औसत प्रारंभिक वेतन में 20% की वृद्धि होगी।
इसलिए, निष्कर्ष I अनुसरण नहीं करता है।
II. यदि स्नातकोत्तर का शुल्क, स्नातक के शुल्क के साथ मेल खाता है तो प्रत्येक व्यक्ति स्नातकोत्तर बन जाएगा।
कथन में स्नातकोत्तर और स्नातक के शुल्क की तुलना के संबंध में कोई आंकड़े नहीं है।
इसलिए, निष्कर्ष II अनुसरण नहीं करता है।
इसलिए, सही उत्तर है "कोई भी निष्कर्ष अनुसर्म नहीं करता है"।

66(D). विकल्प (D) पैटर्न को पूरा करता है।

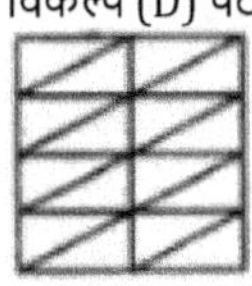

67(C). लुप्त अंक जो आकृति को पूरा करेगा, विकल्प (C) द्वारा दिया गया है, अर्थात,

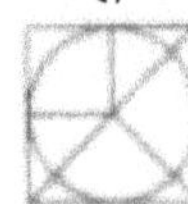

68(B). माना कि T की उम्र 20 वर्ष है।
S की आयु $= 20 - 8 = 12$
R की आयु $= 12 + 5 = 17$ वर्ष
Q की आयु $= 17 - 7 = 10$ वर्ष
P की आयु $= 10 + 4 = 14$ वर्ष
इस प्रकार Q सबसे छोटा है।

69(B). दिया गया है,
उत्तर की ओर उन्मुख छात्रों की एक कतार में, आयशा और अनीशा क्रमशः बाएं और दाएं छोर से 10वें और 8वें स्थान पर खड़ी हैं।

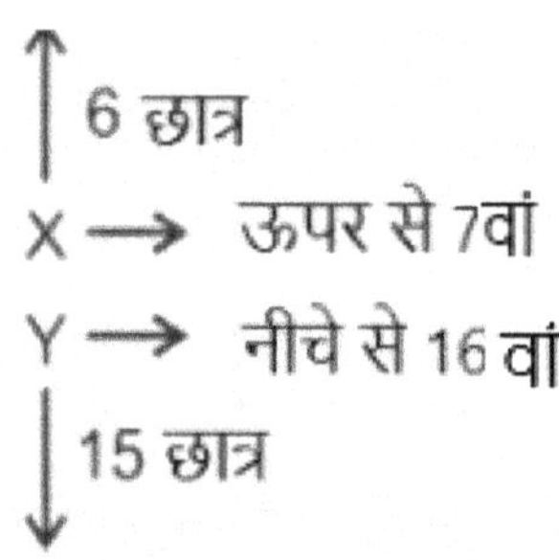

आयशा का दायें छोर से स्थान = 7 + 1 (अनीशा) + 1 + 1 (अरिवा) +1 + 1 = 12
दी गई छवि से यह स्पष्ट है कि आयशा दायें छोर से 12वें स्थान पर है।

70(D). दिया है,
X ऊपर से 7 वें और Y नीचे से 16 वें स्थान पर है।

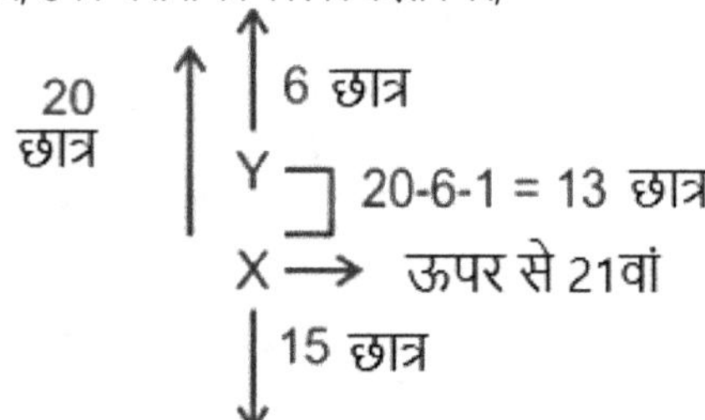

इसका अर्थ है कि यहाँ X के ऊपर 6 छात्र और Y के नीचे 15 छात्र हैं।
अब, उनके स्थानों को परस्पर बदलने पर,

X ऊपर से 21 वें स्थान पर आ जाता है, जिसका अर्थ है कि X के ऊपर 20 छात्र हैं। लेकिन यह स्पष्ट है कि Y के ऊपर 6 छात्र हैं, इसलिए,
X और Y के बीच छात्र $= 20 - 6 - 1(Y) = 14 - 1 = 13$
नीचे से Y का स्थान $= 15 + 1(X) + 13 + 1(Y) = 30$ वां

71(D). व्यक्ति द्वारा तय किया गया मार्ग इस प्रकार है:

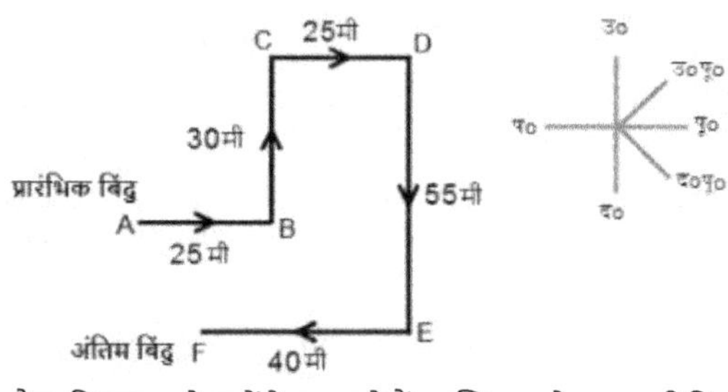

जैसा कि हम आरेख में देख सकते हैं, व्यक्ति अपने शुरुआती बिंदु से दक्षिण पूर्व दिशा में है।

72(A). प्रश्नानुसार,

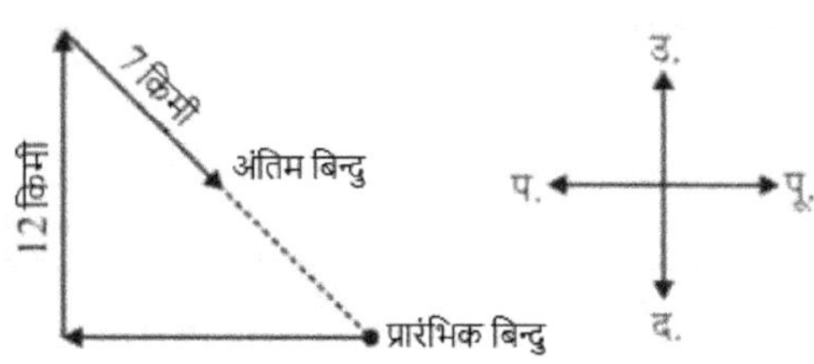

माना प्रारंभिक बिन्दु और अंतिम बिन्दु के बीच की दूरी x किमी है।
इसलिए, $(7 + x)^2 = 12^2 + 9^2$
$\Rightarrow (7 + x)^2 = 144 + 81$
$\Rightarrow (7 + x)^2 = 225$
$\Rightarrow (7 + x)^2 = (15)^2$
$\Rightarrow 7 + x = 15$
$\therefore x = 8$ किमी

73(A). निम्नलिखित प्रतीकों का उपयोग करके वंश-वृक्ष तैयार करने पर:

आरेख में प्रतीक	अर्थ
⬤	महिला
▢	पुरुष
═	शादीशुदा जोड़ा
─	एक माँ की संताने
│	एक पीढ़ी में अंतर

संभावित वंश-वृक्ष आरेख होगा

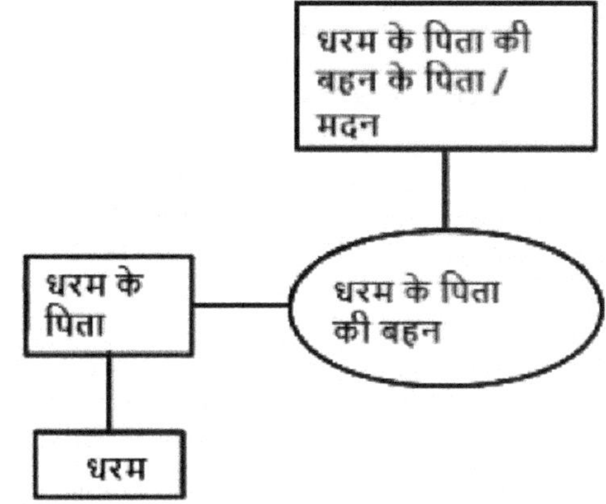

इसलिए, धरम मदन का पोता है।

74(D). दी गयी जानकारी से,

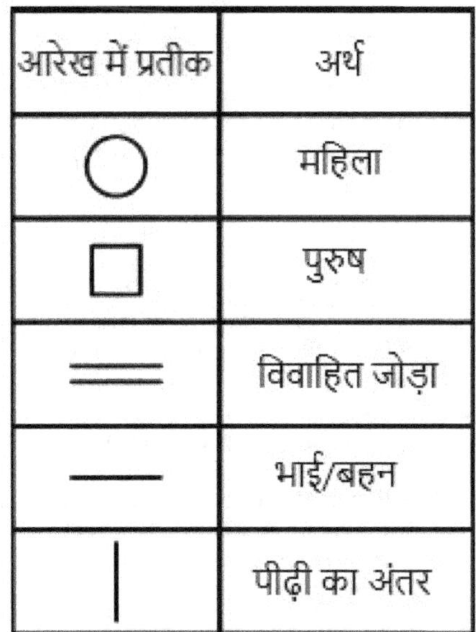

आरेख में प्रतीक	अर्थ
◯	महिला
☐	पुरुष
═	विवाहित जोड़ा
—	भाई/बहन
│	पीढ़ी का अंतर

(1) Y, W का भाई है और X, W की पुत्री है।

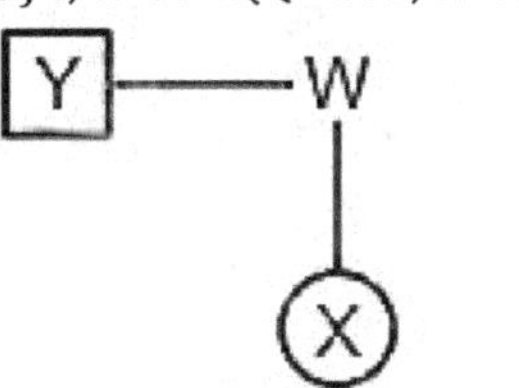

(2) E, Y की बहन है और Z, X का भाई है। इसलिए, अंतिम वंश-वृक्ष निम्न प्रकार होगा:

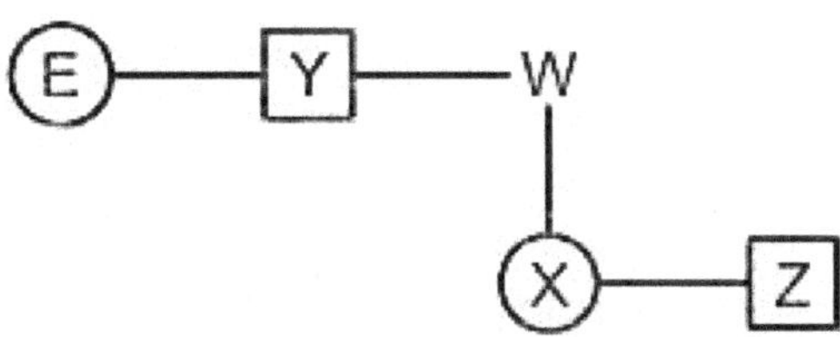

इसलिए, हम देख सकते हैं कि Y, Z का अंकल है।

75(B). वंश चार्ट इस प्रकार है:

आरेख में प्रतीक	अर्थ
◯	महिला
☐	पुरुष
═	विवाहित जोड़ा
—	भाई/बहन
│	पीढ़ी का अंतर

दी गई जानकारी के अनुसार वंश वृक्ष बनाने पर:

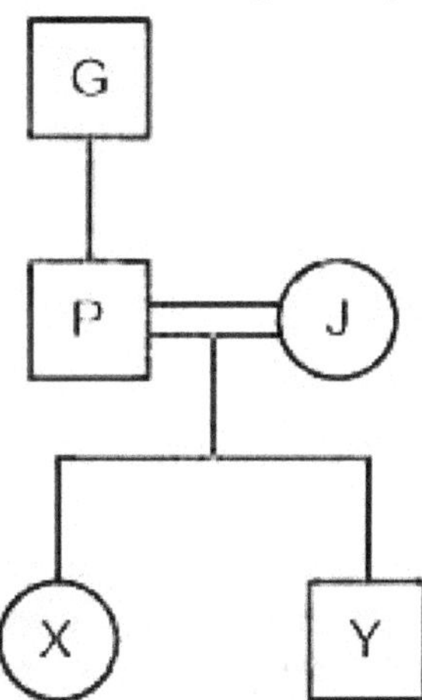

हम देख सकते हैं कि X, G की पोती है।

76(C). According to the passage, the wooden goal posts had nets that are useless during floods.

77(C). According to the passage, "The passing boats sometimes knocked down power lines" suggests that the the flood levels were high.

78(A). A word that can best replace the word 'improvise' is contrive. Contrive means to form, create or make (something) in a skillful or clever way.

79(C). In this paragraph, 'to cushion' means to pad. To pad means to cover or fill something with a soft substance.

80(D). "Flooding has been decreasing over a period of time." is the correct statement.

81(B). The correct sequence is QPSR. "If you do not reflect and understand the implications of death, you will go endlessly from one preacher to another."

82(D). The correct sequence is SQRP. "It is recognized that, mathematics and mathematical thinking will be very important for India's future."

83(B). The correct sequence should be RQPS. "The preparation of professionals in agriculture and veterinary sciences through programmes integrated with general education will be enhanced sharply."

84(B). The correct sequence is SPRQ. "Genetic modification (GM) is the science by which the genetic material of a plant is altered perhaps to make it more resistant to pests and enhance its nutritional value."

85(A). The correct sequence is QSRP. "The editors of the present work argue the need to understand the history of social reforms from a much wider array of perspectives."

86(B). **Correct sentence will be** : They left their luggage at the station by mistake and went to the home.
- In part (B) of the given sentence the use of Noun is wrong.
- Here, we have to use Luggage instead of Luggages, Luggage does not have a plural form.
- Luggage is an uncountable noun and it will take a singular verb, this noun will not take A/An, many, few, number of and plural form.
- Some uncountable nouns are Scenery, Poetry, Advice, Information, Hair, Business, Mischief, Luggage, Baggage, etc.

Example : The mischief committed by him is unpardonable.

87(A). **Correct sentence:** Which is the better of the two candidates?
- The pronoun 'which' is used for non-living things and representing selection.
- For representing selection in a sentence, we have to use which.

Example : Which one of you will come tomorrow? Therefore, the use of 'who' in Part (A) of the sentence should be replaced with 'which' to make it grammatically correct.

88(B). Correct Sentence: My husband can play the piano very well because he's a professional pianist.
Let us explore the options:
- 'Might' is a modal verb most commonly used to express possibility. It is also often used in conditional sentences. 'Might' is also used to make suggestions or requests.
- 'Can' is a modal verb most commonly used to express; ability, opportunity, a request, to grant permission, to show possibility or impossibility.
- 'Shall' is a modal verb used to indicate future action and is often found in suggestions. It is frequently used in promises or voluntary actions.
- 'May' is a modal verb most commonly used to express possibility. It can also be used to give or request permission.

In the given sentence, the ability to play the piano is shown.

89(A). Complete Sentence: My father was not hungry; nevertheless, he ate a heavy lunch.
The given sentence is talking about a father who ate a heavy lunch even though he was not hungry.
Let us explore the given options:
- The adverb 'nevertheless' means in spite of that.
- The adverb 'further' means more; to a greater degree.
- The adverb 'besides' means in addition; as well.
- The adverb 'instead' means as an alternative or substitute.

Conclusion: In spite of the fact that his/her father was not hungry, he ate a heavy lunch.

90(C). The correct spelling is an 'opportunity'.
It means a time or set of circumstances that makes it possible to do something.
Example: It was the perfect opportunity to test her theory.

91(B). The correct spelling is a 'perfume'
It means 'a liquid with a pleasant smell, usually made from oils taken from flowers or spices and often used on the skin'
Example: What perfume are you wearing?

92(C). Obscure means something that is not clear or hidden. The opposite of obscure is obvious, which means something that is clear or easily perceived.

93(C). Frail means weak, fragile or delicate, whereas sturdy means strong, solid or robust. These two words have opposite meanings to each other.

94(A). Ban: an official order that prevents something from happening.
Bane: a cause of continuous trouble or unhappiness.
Curse: magic words that are intended to bring bad luck to someone.
Ruin: the process or state of being spoiled or destroyed.
Therefore, the word that best substitutes the given sentence is 'Ban.'

95(D). Quagmire (noun): An area of soft, wet ground that you sink into if you try to walk on it.
Predicament (noun): An unpleasant situation that is difficult to get out of.
For example:
1. At the end of the game, the pitch was a real quagmire.
2. She is hoping to get a loan from her bank to help her out of her financial predicament.

Therefore, the word Predicament is the most appropriate synonym for Quagmire.

96(A). इसका उपयोग एक या अधिक फ़ाइलों या निर्देशिकाओं को एक स्थान से दूसरे स्थान पर ले जाने के लिए किया जाता है। मूल फ़ाइल हटा दी गई है, और नई फ़ाइल में समान या अलग नाम हो सकता है। कमांड यूनिक्स एमवी कमांड और OpenVOS Move_file और Move_dir कमांड के अनुरूप है।

97(B). एम.एस. एक्सेल में पंक्तियों की संख्या 65536 के बराबर है। 65536 एक्सेल 97 , एक्सेल 2000 , एक्सेल 2002 और एक्सेल 2003 द्वारा समर्थित स्प्रेडशीट पंक्तियों की अधिकतम संख्या है। 65536 पंक्तियों से बड़ी टेक्स्ट फ़ाइलों को एक्सेल के इन संस्करणों में आयात नहीं किया जा सकता है। (एक्सेल 2007, 2010 और 2013 $1,048,576$ पंक्तियों का समर्थन करते हैं 2^{20} ।

98(B). आप्टिकल फाइबर में बिजली का संचार नहीं बल्कि प्रकाश का संचार होता है।

99(B). एक ईमेल एड्रेस का सामान्य प्रारूप स्थानीय-भाग @ डोमेन है, और एक विशिष्ट उदाहरण jsmith@example.com है। एक पते में दो भाग होते हैं। @ प्रतीक (स्थानीय भाग) से पहले का हिस्सा मेलबॉक्स के नाम की पहचान करता है। यह अक्सर प्राप्तकर्ता का उपयोगकर्ता नाम है, जैसे, जेस्मिथ। अत: विकल्प (B) सही है ।

100(A). वायरलेस कम्युनिकेशन का फंडामेंटल प्रिंसिपल विद्युतचुंबकीय तरंगें हैं, क्योंकि हम दो या दो से अधिक बिंदुओं के बीच विद्युत चुम्बकीय तरंगों (वायरलेस) का उपयोग करके सूचना को स्थानांतरित कर सकते हैं जो हस्तांतरण के साधन के रूप में किसी भी इलेक्ट्रॉनिक कंडक्टर का उपयोग माध्यम के रूप में नहीं करते हैं।

General Awareness

1. निम्नलिखित में से कौन सा निकाय संविधान में उल्लेख नहीं करता है/ हैं?
   1. राष्ट्रीय विकास परिषद
   2. योजना आयोग
   3. क्षेत्रीय परिषद
   नीचे दिए गए कोड का उपयोग करके सही उत्तर का चयन कीजिए:
   (a) केवल 1 और 2
   (b) केवल 2
   (c) केवल 1 और 3
   (d) 1, 2 और 3

2. कैबिनेट मिशन, 1946 के बारे में निम्नलिखित कथन पर विचार कीजिए:
   1. इसने संविधान सभा के गठन की सिफारिश की।
   2. इसका उद्देश्य एक सीमा आयोग की स्थापना करना था।
   3. इसने मुस्लिम आबादी के बहुमत के साथ एक संप्रभु पाकिस्तान का निर्माण किया।
   ऊपर दिए गए कथनों में से कौन सा/से सही है/हैं?
   (a) केवल 1
   (b) केवल 1 और 2
   (c) केवल 2 और 3
   (d) केवल 1 और 3

3. निम्नलिखित कथनों पर विचार कीजिए।
   1) 'कानून के समक्ष समानता की अवधारणा' अमेरिकी मूल की है।
   2) 'कानूनों की समान सुरक्षा' की अवधारणा ब्रिटिश संविधान से ली गई है।
   उपर दिए गए में से कौन सा/से गलत है/हैं?
   (a) केवल 1
   (b) केवल 2
   (c) 1 और 2 दोनों
   (d) न तो 1 और न ही 2

4. भारतीय स्वतंत्रता अधिनियम, 1947 के लिए प्रदान किया गया।
   1. यदि भारत और पाकिस्तान दोनों सहमत हों तो एक सामान्य गवर्नर-जनरल।
   2. रियासतें स्वतंत्र रहने या भारत या पाकिस्तान में शामिल होने के लिए।
   3. दोनों प्रभुत्व अपने-अपने देशों का गठन करने के लिए।
   (a) 1 और 2
   (b) 2 और 3
   (c) 1 और 3
   (d) 1, 2 और 3

5. राष्ट्रीय विधिक सेवा प्राधिकरण के संदर्भ में, निम्नलिखित कथनों पर विचार कीजिये:
   1. इसका उद्देश्य समान अवसर के आधार पर समाज के कमजोर वर्गों को मुफ्त और सक्षम कानूनी सेवाएं प्रदान करना है।
   2. यह पूरे देश में कानूनी कार्यक्रमों और योजनाओं को लागू करने के लिए राज्य कानूनी सेवा प्राधिकरणों के लिए दिशानिर्देश जारी करता है।
   ऊपर दिए गए कथनों में से कौन सा सही है/हैं?
   (a) केवल 1
   (b) केवल 2
   (c) 1 और 2 दोनों
   (d) न 1 और न ही 2

6. भारत के राष्ट्रपति के पास ____ के तहत क्षमा करने की शक्ति है।
   (a) अनुच्छेद 72
   (b) अनुच्छेद 73
   (c) अनुच्छेद 74
   (d) अनुच्छेद 76

7. भारत के राष्ट्रपति के लिए चुनाव लड़ने के लिए उम्मीदवार की आयु न्यूनतम ____ वर्ष होनी चाहिए।
   (a) 18
   (b) 25
   (c) 35
   (d) 21

8. निम्नलिखित में से किसने 1965 में पाकिस्तान के साथ युद्ध के दौरान देश के प्रधान मंत्री का पद संभाला था?
   (a) इंदिरा गाँधी
   (b) जवाहरलाल नेहरू
   (c) लाल बहादुर शास्त्री
   (d) राजीव गाँधी

9. सेबी ने इक्विटी शेयरों और परिवर्तनीय वस्तुओं के सार्वजनिक निर्गमों में आवेदन करने वाले व्यक्तिगत निवेशकों के लिए दिशानिर्देश जारी किए। आवेदन राशि के लिए व्यक्ति कितनी राशि तक यूपीआई का उपयोग कर सकते हैं?
   (a) 6 लाख रुपये
   (b) 5 लाख रुपये
   (c) 4 लाख रुपये
   (d) 2 लाख रुपये

10. भारतीय पूंजी बाजार में घोटालों की पुनरावृत्ति को रोकने के लिए, भारत सरकार ने _____ को नियामक शक्तियां सौंपी हैं।
    (a) सेबी
    (b) भारतीय रिजर्व बैंक
    (c) नीति आयोग
    (d) सीबीआई

11. भारतीय रिजर्व बैंक ने भारत के विदेश व्यापार में ________ कोष की मदद की है|
    (a) नाबार्ड द्वारा
    (b) एक्जिम बैंक द्वारा
    (c) आईडीबीआई द्वारा
    (d) भारतीय स्टेट बैंक द्वारा

12. **निर्देश:** भारत के सांस्कृतिक इतिहास के संदर्भ में निम्नलिखित युग्मों पर विचार कीजिये:
    1. सूर्य मंदिर- कोणार्क
    2. दशावतार विष्णु मंदिर- देवगढ़
    3. विश्वनाथ मंदिर-मदुरै
    4. मीनाक्षी मंदिर- महाबलीपुरम
    ऊपर दिया गया कौन-सा/कौन-से युग्म सही तरीके से मेल खाता है/ मेल खाते हैं?
    (a) केवल 1 और 2
    (b) केवल 1, 2 और 4
    (c) केवल 2, 3 और 4
    (d) केवल 3 और 4

13. **निर्देश:** अजंता की गुफाओं के संदर्भ में निम्नलिखित कथनों पर विचार कीजिये।
    1. अजंता पहली शताब्दी ईसा पूर्व और पांचवीं शताब्दी ई की चित्रकारी का एकमात्र जीवित उदाहरण है।
    2. बौद्ध धर्म के महायान संप्रदाय ने अजंता में गुफाओं की खुदाई शुरू की।
    ऊपर दिए गए कथनों में से कौन सा सही है/हैं?
    (a) केवल 1 और 2
    (b) केवल 2
    (c) 1 और 2 दोनों
    (d) न तो 1 और न 2

14. निम्न में से कौन सी फसल कम उपजाऊ और रेतीली मिट्टी पर उगाई जा सकती है?
    (a) टैपिओका
    (b) अरहर
    (c) बाजरा
    (d) कॉफ़ी

15. प्रायद्वीपीय भारत में, प्रवाहित मानसून की हवा की दिशा क्या है?
    (a) दक्षिण-पूर्व से
    (b) दक्षिण-पश्चिम से
    (c) उत्तर से
    (d) दक्षिण से

16. निम्नलिखित नदियों पर विचार कीजिए:
    1. सुवर्णवती
    2. हेमावती
    3. घटप्रभा
    4. भीम
    5. भवानी
    उपरोक्त में से कौन सी कावेरी की सहायक नदियाँ हैं?
    (a) केवल 1, 2 और 3
    (b) केवल 1, 2, और 5
    (c) केवल 2, 3 और 4
    (d) केवल 2, 3 और 5

17. प्रागैतिहासिक गुफा चित्रों के संदर्भ में, निम्नलिखित युग्म पर विचार करें।

काल	लक्षण
1. प्रारंभिक पुरापाषाण	मानवों की पेंटिंग्स नदारद (अनुपस्थित) थीं

| 2. मध्यपाषाण | मानव आकृतियाँ केवल शैलीगत तरीके से चित्रित हैं |
| 3. नवपाषाण | मनुष्य के चित्र हमेशा गतिशील मुद्रा में होते हैं |

उपरोक्त युग्मों में से कौन सा/से युग्म सही है/हैं?

(a) केवल 2
(b) केवल 3
(c) केवल 1 और 3
(d) 1, 2 और 3

18. पारंपरिक हिंदू समाज को एक व्यक्ति के व्यवसाय के आधार पर __________ वर्णों में विभाजित किया गया था?

(a) तीन
(b) चार
(c) पांच
(d) सात

19. निम्नलिखित में से किसने अकाल तख्त साहिब की स्थापना की?

(a) गुरु हरगोबिंद जी
(b) गुरु गोबिंद सिंह
(c) गुरु तेग बहादुर
(d) गुरु अर्जन

20. भारतीय रिजर्व बैंक ने भारत के विदेश व्यापार में धन लगाने में मदद की-

(a) नाबार्ड के द्वारा
(b) एक्जिम बैंक के द्वारा
(c) आई. डी. बी. आई. के द्वारा
(d) स्टेट बैंक ऑफ इण्डिया के द्वारा

21. निम्नलिखित में से सबसे बड़ा एकल साधन कौन-सा है, जिससे भारत में राजस्व कर से सरकार को आय होती है?

(a) उत्पाद शुल्क
(b) सीमा शुल्क
(c) व्यक्तिगत आयकर
(d) निगमित कर

22. डिजीलॉकर के बारे में निम्नलिखित कथनों पर विचार कीजिए।
1. यह इलेक्ट्रॉनिक्स और सूचना प्रौद्योगिकी मंत्रालय द्वारा डिजिटल इंडिया कार्यक्रम के तहत एक पहल है।
2. डिजीलॉकर प्रणाली में जारीकर्ता, अनुरोधकर्ता और निवासी प्रमुख हितधारक हैं।
उपरोक्त कथनों में से कौन सा सही है / हैं?

(a) केवल 1
(b) केवल 2
(c) 1 और 2 दोनों
(d) न तो 1 और न ही 2

23. किस देश ने हाल ही में पांच वर्षों में अपना पहला मानवयुक्त अंतरिक्ष मिशन शुरू किया है?

(a) संयुक्त राज्य अमेरिका
(b) रूस
(c) चीन
(d) भारत

24. निम्नलिखित में से कौन सा नमक और पानी के मिश्रण को अलग करने की प्रक्रिया में सहायक नहीं होगा?

(a) आसवन
(b) उबलना
(c) निस्तारण
(d) छानना

25. सितारों के जन्म का अध्ययन करने के लिए हाल ही में यूरोपीय अंतरिक्ष एजेंसी द्वारा शुरू की गई नई अंतरिक्ष दूरबीन का नाम क्या है?

(a) यूक्लिड
(b) रोजालिंड फ्रैंकलिन
(c) सोलर ऑर्बिटर
(d) जेम्स क्लर्क मैक्सवेल टेलीस्कोप

26. खगोलविदों ने हमारी अपनी गैलेक्सी आकाशगंगा के केंद्र में एक विशालकाय ब्लैक होल के पहले चित्र का अनावरण किया, एक ब्रह्मांडीय पिंड जिसे ______ के नाम से जाना जाता है।

(a) मेसियर 87
(b) सेजीटेरियस A*
(c) सिग्नस X-1
(d) टोन 618

27. किस उद्योगपति को द्विपक्षीय संबंधों को मजबूत करने के लिए 'ऑर्डर ऑफ ऑस्ट्रेलिया' में नियुक्त किया गया?

(a) मुकेश अंबानी
(b) रतन टाटा
(c) गौतम अडानी
(d) आदित्य विक्रम बिड़ला

28. 26 जनवरी 2023 को गणतंत्र दिवस परेड 2023 में निम्नलिखित में से किसने पहली बार झाँकी दिखाई?

(a) केंद्रीय जांच ब्यूरो
(b) अनुसंधान और विश्लेषण विंग
(c) इंटेलिजेंस ब्यूरो
(d) नारकोटिक्स कंट्रोल ब्यूरो

29. हाल ही में ग्रीन बॉन्ड जारी करने वाला देश का पहला नगर कौन बना?

(a) मुंबई
(b) बेंगलुरु
(c) इंदौर
(d) लखनऊ

30. जनवरी 2023 में, भारतीय अंतरिक्ष अनुसंधान संगठन ने निम्नलिखित में से किसके साथ भारतीय अंतरिक्ष तकनीक स्टार्ट-अप की सहायता के लिए एक समझौता ज्ञापन पर हस्ताक्षर किए हैं?

(a) आईबीएम
(b) माइक्रोसॉफ्ट
(c) गूगल
(d) एडोब

31. 5 वें जन औषधि दिवस की थीम क्या है ?

(a) "आपका स्वास्थ्य- जन औषधि के साथ"
(b) "जन औषधि-सबके पास"
(c) "उत्तम औषधि-जन औषधि"
(d) "जन औषधि - सस्ती भी अच्छी भी"

32. निम्नलिखित भारतीय-अमेरिकियों में से किसे हाल ही में संयुक्त राज्य अमेरिका में 'जिला अदालत के पहले न्यायाधीश' के रूप में नियुक्त किया गया है?

(a) रो खन्ना
(b) प्रमिला जयपाल
(c) विवेक मूर्ति
(d) तेजल मेहता

33. केंद्र सरकार ने राष्ट्रीय फसल बीमा पोर्टल (एनसीआईपी) के माध्यम से दावा (Claim) वितरण के लिए कौन सा पोर्टल लांच किया है?

(a) सरस पोर्टल
(b) यूएसओएफ पोर्टल
(c) एमटीसीटीई पोर्टल
(d) डिजिक्लेम पोर्टल

34. चक्रवात गेब्रियल के कारण किस देश ने राष्ट्रीय आपातकाल घोषित किया है?

(a) मलेशिया
(b) न्यूज़ीलैंड
(c) ऑस्ट्रेलिया
(d) इंडोनेशिया

35. मार्च 2023 में, भारत सरकार ने कैप्टिव एम्प्लॉयमेंट पहल शुरू की। पहल निम्नलिखित में से किस वर्ग से सम्बंधित है?

(a) भारत के ग्रामीण युवा
(b) भारत के शहरी युवा
(c) प्रवासी भारतीय
(d) विदेशी

Quantitative Aptitude and Numerical Skills

36. लिखित रूप में ऑपरेशन करें, $(9 + 7) \div 4 \times 5 = ?$

(a) $\frac{187}{7}$
(b) $\frac{16}{20}$
(c) 20
(d) $\frac{4}{5}$

37. मान ज्ञात कीजिए: $2.6 \times 0.91 = ?$

(a) 2.366
(b) 0.2366
(c) 23.66
(d) 236.6

38. 12 संख्याओं का औसत 18.5 है। पहली छः संख्याओं का औसत 16.8 है और अंतिम सात संख्याओं का औसत 17.4 है। यदि छठवीं संख्या को निकाल दिया जाता है, तब शेष 11 संख्याओं का औसत

(एक दशमलव स्थान तक सही) क्या है?
- (a) 20.1
- (b) 17.9
- (c) 18.4
- (d) 18.9

39. X, Y और Z का औसत Y, Z और W के औसत से 22 अधिक है। X और W के बीच अंतर ज्ञात कीजिए?
- (a) 44
- (b) 88
- (c) 22
- (d) 66

40. $7.\overline{135}$ का भिन्नात्मक रूप क्या है?
- (a) $\frac{795}{111}$
- (b) $\frac{793}{111}$
- (c) $\frac{792}{111}$
- (d) $\frac{792}{1000}$

41. $4.\overline{86} - 3.\overline{95}$ का मान ज्ञात करें।
- (a) $0.\overline{89}$
- (b) $0.\overline{90}$
- (c) $0.\overline{91}$
- (d) $0.\overline{92}$

42. यदि $(2a + 3b) : (2b + 3c) : (2c + 3a) = 18 : 14 : 13$ और $a + b + c = 9$ है, तो $\frac{1}{a} : \frac{1}{b} : \frac{1}{c}$ का मान ज्ञात कीजिये।
- (a) $2 : 3 : 6$
- (b) $4 : 3 : 8$
- (c) $4 : 5 : 6$
- (d) $4 : 3 : 6$

43. 4.5 और 0.5 के बीच मध्यानुपाती और 4.5 और 9.0 के बीच तृतीयानुपाती का अनुपात क्या है?
- (a) $2 : 9$
- (b) $3 : 8$
- (c) $1 : 6$
- (d) $1 : 12$

44. 'A', 67% अंक प्राप्त करता है जो उत्तीर्ण अंकों की तुलना में 192 अंक अधिक है, जबकि 'B', 27% अंक प्राप्त करता है, और जो 48 अंकों से फेल हो जाता है। परीक्षा में उत्तीर्ण होने योग्य अंक क्या है?
- (a) 210
- (b) 320
- (c) 440
- (d) 550

45. एक सेल्समैन किसी वस्तु को ऐसी कीमत पर बेचता है जो लागत मूल्य से 30% अधिक है और एक वजन का उपयोग करता है जो कि 20% कम है। उसका कुल लाभ ज्ञात करें।
- (a) 60%
- (b) 62.5%
- (c) 65%
- (d) 50%

46. A कोई वस्तु B को 20% लाभ पर बेचता है, B इसे C को 8% लाभ पर बेचता है। C इसे D को 25% हानि पर बेचता है। यदि A और B के लाभ के बीच का अंतर ₹ 260 है, तो D इसे कितने में खरीदता है?
- (a) ₹ 2,430
- (b) ₹ 2,200
- (c) ₹ 2,268
- (d) ₹ 2,480

47. जब चक्रवृद्धि ब्याज वार्षिक संयोजित होता है, एक राशि प्रति वर्ष निश्चित दर से 2 वर्ष में 6,050 रुपये और 3 वर्ष में 6,655 रुपये हो जाती है। 6,000 रुपये की राशि पर $5\frac{3}{4}$ वर्ष के लिए समान दर पर साधारण ब्याज क्या है?
- (a) 3,450 रुपये
- (b) 3,150 रुपये
- (c) 3,300 रुपये
- (d) 3,200 रुपये

48. एक निश्चित धनराशि 10 वर्षों में साधारण ब्याज पर छह गुना हो जाती है, तो ब्याज की दर ज्ञात कीजिये।
- (a) 10%
- (b) 20%
- (c) 30%
- (d) 50%

49. A किसी काम को 12 दिनों में पूरा कर सकता है। A, B की तुलना में 60% अधिक दक्ष है, तो B उस काम को कितने दिनों में पूरा करेगा?
- (a) $7\frac{1}{2}$ दिनों में
- (b) 8 दिनों में
- (c) $8\frac{1}{2}$ दिनों में
- (d) 7 दिनों में

50. तीन व्यक्ति A, B, और C एक कार्य को 6 दिनों में पूरा करते हैं जिसके

लिए उन्हें 480 रुपये की राशि का भुगतान किया जाता है। यदि A, B और C की दक्षता 4:5:7 के अनुपात में है, तो B की दैनिक आय ज्ञात कीजिए?
- (a) 25 रुपये
- (b) 30 रुपये
- (c) 150 रुपये
- (d) 20 रुपये

Ques (51-55): निर्देश : निम्नलिखित लाइन ग्राफ का अध्ययन कीजिए और दिए गए प्रश्नों के उत्तर दीजिए।

कंपनी X और Y से पिछले कुछ वर्षों में निर्यात (करोड़ में):

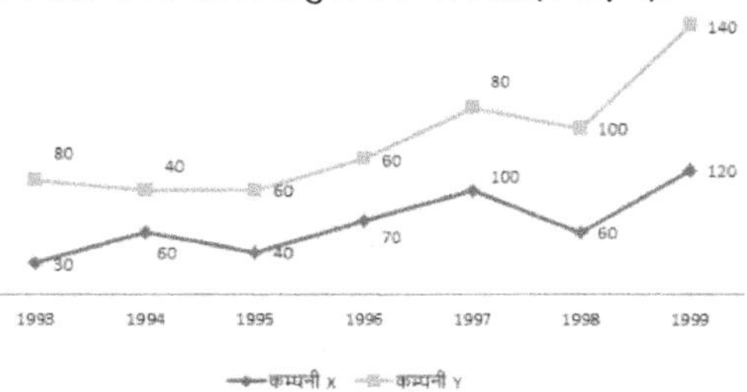

वर्षों से कंपनी Z से निर्यात (करोड़ में):

वर्ष	कंपनी Z से निर्यात (करोड़ में)
1993	60
1994	90
1995	120
1996	90
1997	60
1998	80
1999	100

51. निम्नलिखित में से किस युग्म के लिए तीनों कंपनियों से मिलाकर कुल निर्यात समान है?
- (a) 1995 और 1998
- (b) 1996 और 1998
- (c) 1995 और 1996
- (d) इनमें से कोई नहीं

52. कंपनी Y के लिए दी गई अवधि के दौरान औसत वार्षिक निर्यात कंपनी Z के औसत वार्षिक निर्यात का लगभग कितना प्रतिशत है?
- (a) 87.12%
- (b) 89.64%
- (c) 91.21%
- (d) 93.33%

53. कंपनी X और Y से निर्यात के बीच का अंतर किस वर्ष न्यूनतम था?
- (a) 1994
- (b) 1995
- (c) 1996
- (d) 1997

54. दिए गए कितने वर्षों में, कंपनी Z से निर्यात दिए गए वर्षों में औसत वार्षिक निर्यात से अधिक था?
- (a) 2
- (b) 3
- (c) 4
- (d) 5

55. 1993 में तीन कंपनियों के औसत निर्यात और 1998 में औसत निर्यात के बीच कितना अंतर था?
- (a) 15.33 करोड़ रुपये
- (b) 18.67 करोड़ रुपये
- (c) 23.33 करोड़ रुपये
- (d) 22.17 करोड़ रुपये

Mental Ability and Logical Reasoning

56. निर्देश : प्रश्न में, एक श्रृंखला दी गई है, जिसमें एक पद लुप्त है। दिए गये विकल्पों में से उस सही विकल्प का चयन कीजिये जो श्रृंखला को पूर्ण करेगा।

$XMT, ENA, LOH, SPO, ?$
- (a) ZQV
- (b) YPC
- (c) ZQZ
- (d) YQU

57. निर्देश : अक्षरों के उस संयोजन का चयन करें जो दी गई श्रृंखला में रिक्त स्थानों में क्रमिक रूप से रखे जाने पर श्रृंखला को पूर्ण करेगा।
JL_N_J_PND_NP_DJ_P_D

(a) M, D, P, N, J, N, O   (b) P, M, D, N, J, O, N

(c) P, D, M, J, N, O, N   (d) M, D, N, P, N, J, O

58. एक श्रृंखला दी गई है जिसमें एक पद लुप्त है। दिए गये विकल्पों में से वह सही विकल्प चुनिए, जो श्रृंखला को पूरा करेगा।

O, P, R, U, Y, ?

(a) A   (b) D

(c) Z   (d) C

59. निम्नलिखित श्रृंखला में प्रश्न चिह्न (?) के स्थान पर कौन सा अक्षर आएगा?

J, L, P, V, D, N, ?

(a) Y   (b) Z

(c) W   (d) X

Ques (60-62): निर्देश: निम्नलिखित प्रश्न में, एक कथन और उसके बाद I और II से अंकित दो निष्कर्ष दिए गये हैं। आपको दिए गये कथनों को सत्य मानना है, भले ही वे ज्ञात तथ्यों से अलग प्रतीत होते हों। निर्णय कीजिए कि दिये गये निष्कर्षों में से कौन-सा निष्कर्ष कथन का तार्किक रूप से अनुसरण करता है।

60. कथन: यह संसार न तो अच्छा है और न ही बुरा; हर आदमी अपने लिए एक दुनिया बनाता है।

निष्कर्ष:

I. कुछ लोगों को यह दुनिया बहुत अच्छी लगती है।

II. कुछ लोगों को यह दुनिया बहुत बुरी लगती है।

(a) केवल निष्कर्ष I अनुसरण करता है।

(b) केवल निष्कर्ष I अनुसरण करता है।

(c) या तो I या II अनुसरण करता है।

(d) I और II दोनों अनुसरण करते हैं।

61. कथन : गुणवत्तापूर्ण भोजन महंगा है। फर्नीचर के पुराने हो जाने के कारण रेस्तरां मालिक रेस्तरां का नवीनीकरण कर रहे हैं।

निष्कर्ष:

I. रेस्तरां के भोजन की गुणवत्ता में सुधार होगा।

II. जब उनका फर्नीचर पुराना हो जाए तो सभी रेस्तरां का नवीनीकरण करना पड़ता है।

(a) केवल निष्कर्ष I अनुसरण करता है

(b) केवल निष्कर्ष II अनुसरण करता है

(c) I और II दोनों अनुसरण करते हैं

(d) न तो I और न ही II अनुसरण करता है

62. कथन: वातित पेय स्वास्थ्य के लिए हानिकारक हैं।

निष्कर्ष:

I. वसा की मात्रा में वृद्धि की ओर जाता है।

II. इंसुलिन प्रतिरोध की ओर जाता है।

(a) यदि केवल निष्कर्ष I अनुसरण करता है।

(b) यदि केवल निष्कर्ष II अनुसरण करता है।

(c) यदि या तो I या II अनुसरण करता है।

(d) यदि I और II दोनों अनुसरण करते हैं।

Ques (63-64): निर्देश: उस आकृति की पहचान करें जो आकृति X के पैटर्न को पूरा करती है।

63. 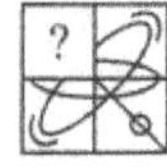    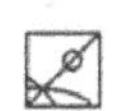

(X)   (1)   (2)   (3)   (4)

(a) (1)   (b) (2)

(c) (3)   (d) (4)

64. 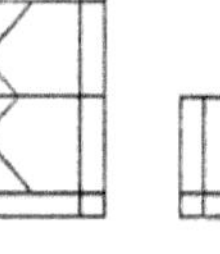 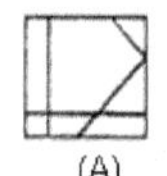 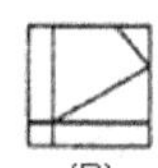 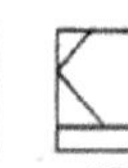 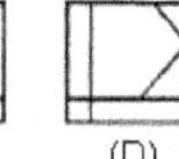

(X)   (A)   (B)   (C)   (D)

(a) (A)   (b) (B)

(c) (C)   (d) (D)

65. एक विद्यालय में पाँच छात्र A, B, C, D और E हैं। 'A' ने 'B' से कम अंक प्राप्त किए हैं। 'C' ने 'D' से कम अंक प्राप्त किए हैं। 'B' ने 'C' से कम अंक प्राप्त किये हैं और 'A' ने 'E' से अधिक अंक प्राप्त किये हैं। इन 5 छात्रों में से किसने अधिक अंक प्राप्त किए हैं?

(a) A   (b) B

(c) C   (d) D

66. 40 छात्रा एक पंक्ति में है तथा उनके मुँह उत्तर की ओर हैं। सोनम से बाएं ओर छठवाँ कैलाश है। यदि सोनम पंक्ति के बाएं सिरे से 30वें स्थान पर है, तो कैलाश का पंक्ति के दांये सिरे से कौन सा स्थान है?

(a) 17 वां   (b) 16 वां

(c) 15 वां   (d) 27 वां

67. P, Q, R, S, और T में, S, R से बड़ा है, लेकिन T जितना बड़ा नहीं है। Q सिर्फ P से बड़ा है। उनमें से सबसे छोटा कौन है?

(a) P   (b) Q

(c) R   (d) S

68. अनीश उत्तर की ओर 100 मीटर चला। इसके बाद उसने यू-टर्न लिया और 100 मीटर चला। अब उसने फिर से यू-टर्न लिया और 102 मीटर चला। यहाँ से वह बाएँ मुड़ा और 93 मीटर चला। अब अनीश किस दिशा के सम्मुख खड़ा है?

(a) पूर्व   (b) पश्चिम

(c) उत्तर   (d) दक्षिण

69. उत्तर-पूर्व उत्तर बन जाता है, तो पश्चिम क्या बन जाएगा?

(a) उत्तर पश्चिम   (b) दक्षिण-पश्चिम

(c) उत्तर-पूर्व   (d) दक्षिण-पूर्व

70. नागेश, सावित्री का भाई है। माधव राव, सावित्री का पति है। अम्मू माधव राव की पुत्री है। अम्मू नागेश से किस प्रकार संबंधित है?

(a) भतीजा/भांजा   (b) बहन

(c) माता   (d) भांजी/भतीजी

71. नाग मणि, नागेश की पत्नी है। वेंकटेश, नाग मणि का ससुर है। राज, वेंकटेश का इकलौता ग्रैंडसन है। राज, नाग मणि से किस प्रकार संबंधित हैं?

(a) पुत्री   (b) पुत्र

(c) भाई   (d) ब्रदर-इन-लॉ

72. यदि A \$ B का अर्थ है A, B की पुत्री है, A # B का अर्थ है A, B का भाई है और यदि A * B का अर्थ है A, B की माता है, तब X \$ Y * N # V का अर्थ क्या है?

(a) X, V की माता है   (b) X, V की पुत्री है

(c) X, V का भाई है   (d) V, X का भाई/बहन है

73. $7^{\frac{1}{7}} \times 7^{\frac{1}{7^2}} \times 7^{\frac{1}{7^3}} \times \ldots \infty$ का मान क्या है?

(a) $7^{\frac{1}{3}}$ (b) $7^{\frac{5}{6}}$

(c) $7^{\frac{1}{6}}$ (d) इनमें से कोई नहीं

74. श्रृंखला $\sqrt{5} + \sqrt{20} + \sqrt{45} + \sqrt{80} + \ldots$ के पहले 20 पदों का योग क्या है?

(a) $300\sqrt{5}$ (b) $200\sqrt{5}$

(c) $210\sqrt{5}$ (d) $420\sqrt{5}$

75. यदि दो समांतर श्रेणियों के nवें पद 3n + 8 और 7n + 15 हैं तब इनके 12वें पदों का अनुपात क्या होगा?

    (a) 4 : 9   (b) 7 : 16

    (c) 3 : 7   (d) 8 : 15

English Language Skills

Ques (76-80): Direction: Read the passage given below and answer the given question by choosing the correct option:

1. The study of handwriting is known as graphology and it has been practiced for hundreds of years. Professional forensic graphologists have worked on many court cases to use handwriting to link suspects with crimes.

2. Handwriting is particularly important legally in the case of signatures and proving whether signatures are real or forged can be pivotal. Graphologists also work to verify whether autographs are real or fake.

3. Some handwriting analysts also study writing samples to determine personality types and some businesses commission this analysis before hiring new employees. The method is even sometimes used to help couples see if they are compatible. According to graphologists, there is very little you can't tell from a persons' handwriting.

4. From psychological conditions like high blood pressure and schizophrenia to personality traits like dominance and aggression . if you write by hand, graphologists can analyse you.

5. Everything from the size of your letters to how closely you space words can reveal intricate details of your personality. In general, the size of your letters can reveal whether you are shy or outgoing Compared to a standard lined sheet of paper, if you write with tiny letters that do not reach the top line, you are likely to have a timid and introverted personality. If you write with large letters that go over the topline, you are likely to be the opposite : outgoing, confident and attention seeking.

6. Studies suggest that people who space words widely like freedom and independence, whereas those choosing to write with small spaces prefer to be among others and do not like to be alone.

76. An attention seeking, confident person writes with:

    (a) cursive letters.   (b) large letters.

    (c) rounded letters.   (d) tiny letters.

77. Read the following statements:

A. Graphology has been practised for thousands of years.

B. A person's handwriting reveals everything about him.

    (a) A is false and B is true.

    (b) Both A and B are true.

    (c) Both A and B are false.

    (d) A is true and B is false.

78. Which one of the following words is similar in meaning to the word, 'verify' (Para-2) as used in the passage ?

    (a) Confirm   (b) Notify

    (c) Discover   (d) Clarify

79. Which one of the following words is opposite in meaning to 'reveal' (Para5) as used in the passage ?

    (a) Repeal   (b) Conceal

    (c) Teal   (d) Blacken

80. Which part of speech is the underlined word in the following sentence ?

Graphologists can verify whether the autographs are real <u>or</u> fake?

    (a) Preposition   (b) Pronoun

    (c) Conjunction   (d) Adverb

Ques (81-85): Direction: Select the segment of the sentence that contains a grammatical error. If there is no error mark 'No error' as your answer.

81. P: speed is a potent reason

Q: the industrial growth at a terrific

R: in a big city

S: of pollution

    (a) QPRS   (b) SPRQ

    (c) QPSR   (d) SPQR

82. P: scientists have

Q: the effects of

R: warned us about

S: climate variation

    (a) PQRS   (b) PRSQ

    (c) PQSR   (d) PRQS

83. P. from Europe to America

Q. in 1993

R. his first voyage

S. Columbus made

    (a) PRQS   (b) SRPQ

    (c) SRQP   (d) QPRS

84. P. attacked by locusts.

Q. crops in many parts

R. Since the earliest days of agriculture,

S. of the world have been

    (a) RQSP   (b) PQSR

    (c) PRQS   (d) PSQR

85. P. a big house

Q. who lived in

R. near the sea

S. Jerry was a tall lady

    (a) PQRS   (b) RPSQ

    (c) SQPR   (d) QPSR

86. Identify the segment in the sentence, which contains the grammatical error.

The actor smiled to me when I entered the room as if she knew me.

    (a) The actor smiled to me

    (b) knew me

    (c) as if she

    (d) when I entered the room

87. Identify the segment in the sentence, which contains the grammatical error.

No matter he tries hard he cannot play the guitar.

    (a) No matter   (b) he tries hard

    (c) he cannot   (d) play the guitar

Ques (88-89): Direction: Complete the sentence by choosing the most appropriate option from those given below:

88. Is there _________ fitness centre near your house?

    (a) an   (b) the

    (c) a   (d) none of these

89. He drove with _________ care and hence was fined by Traffic Police.

    (a) much   (b) little

    (c) all   (d) none of these

90. Choose the correctly spelled word:

(a) Sattellite　　　　(b) Satelite
(c) Sattelite　　　　(d) Satellite

91. Choose the correctly spelled word:
(a) Defence　　　　(b) Defeciency
(c) Deficient　　　　(d) Defensive

Ques (92-93): Direction: From the options given below, choose one that is a correct synonym of the underlined word.

92. She requested him not to <u>abandon</u> her.
(a) Try　　　　(b) Join
(c) Keep up　　　　(d) Forsake

93. The prison conditions in our country are <u>appalling</u>.
(a) Harrowing　　　　(b) Debilitating
(c) Reassuring　　　　(d) Humiliating

94. Give one-word substitution to the following; Life history of a man written by himself is called:
(a) Bibliography　　　　(b) Calligraphy
(c) Biography　　　　(d) Autobiography

95. Direction: Find out the appropriate meaning of the given word:
Etymology
(a) Act oy spying
(b) To free from blame
(c) Likeness of a person
(d) A study of the origin of words

Digital Literacy and Awareness

96. फाइंड और रिप्लेस विकल्प को _________ मेनू के अंतर्गत रखा गया है।
(a) एडिट　　　　(b) इन्सर्ट
(c) व्यू　　　　(d) फाइल

97. 2003 तक Microsoft Office का हिस्सा HTML संपादक क्या था?
(a) वेब पेज　　　　(b) एक्सप्लोरर
(c) फ्रंट पेज　　　　(d) ड्रीम वीवर

98. फ्रीवेयर के दो उदाहरण हैं?
(a) माइक्रोसॉफ्ट वर्ड और गूगल टूलबार
(b) विनज़िप और रिमिक्स
(c) इंस्टेंट मैसेंजर और गूगल टूल बार
(d) शेयर वेयर & फाइल शेयरिंग

99. _____प्रोटोकॉल विभिन्न होस्ट के बीच ई-मेल की सुविधा प्रदान करता है।
(a) TELNET　　　　(b) FTP
(c) HTTPS　　　　(d) SMTP

100. निम्नलिखित में से कौन आम तौर पर सभी उपयोगकर्ता-संबंधित डेटा को स्टोर करता है जो जीएसएम मोबाइल सिस्टम के लिए भी प्रासंगिक है?
(a) वीएलआर　　　　(b) एचएमआर
(c) सीएमआर　　　　(d) सिम

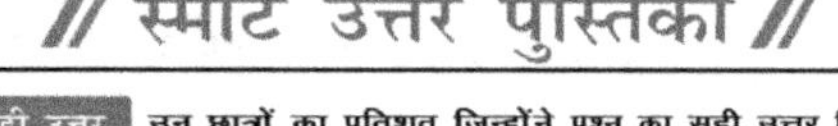

सही उत्तर उन छात्रों का प्रतिशत जिन्होंने प्रश्न का सही उत्तर दिया।

छोड़ दिया उन छात्रों का प्रतिशत जिन्होंने प्रश्न को छोड़ दिया।

प्रश्न संख्या	उत्तर	सही उत्तर / छोड़ दिया	प्रश्न संख्या	उत्तर	सही उत्तर / छोड़ दिया	प्रश्न संख्या	उत्तर	सही उत्तर / छोड़ दिया
1	D	80.88% / 0.0%	2	A	55.74% / 1.97%	3	C	49.7% / 1.89%
4	D	51.93% / 1.06%	5	C	68.45% / 1.29%	6	A	78.28% / 0.0%
7	C	64.12% / 1.15%	8	C	48.38% / 1.87%	9	B	62.5% / 1.06%
10	A	54.47% / 1.28%	11	B	41.64% / 1.69%	12	A	31.41% / 3.98%
13	A	40.01% / 1.46%	14	C	15.53% / 3.56%	15	B	23.53% / 3.01%
16	B	49.95% / 1.03%	17	A	28.46% / 4.75%	18	B	84.26% / 0.0%
19	A	89.96% / 0.0%	20	B	60.77% / 1.82%	21	D	54.51% / 1.2%
22	C	48.22% / 1.24%	23	B	57.29% / 1.17%	24	C	79.52% / 0.0%
25	D	47.94% / 1.34%	26	B	64.67% / 1.41%	27	B	53.87% / 1.86%
28	D	45.37% / 1.4%	29	C	40.31% / 1.83%	30	B	56.49% / 1.6%
31	D	61.35% / 1.5%	32	D	58.93% / 1.71%	33	D	61.13% / 1.28%
34	B	69.08% / 1.35%	35	A	49.63% / 1.63%	36	C	88.04% / 0.0%
37	A	82.47% / 0.0%	38	A	78.03% / 0.0%	39	D	77.22% / 0.0%
40	C	85.47% / 0.0%	41	B	40.48% / 1.21%	42	D	32.61% / 3.34%
43	D	51.8% / 1.3%	44	A	50.24% / 1.68%	45	B	66.5% / 1.23%
46	A	69.29% / 1.09%	47	A	16.25% / 3.49%	48	D	46.42% / 1.94%
49	A	85.4% / 0.0%	50	A	48.35% / 1.28%	51	C	77.86% / 0.0%
52	D	82.14% / 0.0%	53	C	83.49% / 0.0%	54	C	80.8% / 0.0%
55	C	50.38% / 1.06%	56	A	45.69% / 1.95%	57	B	48.91% / 1.94%
58	B	32.57% / 4.21%	59	B	79.05% / 0.0%	60	D	80.49% / 0.0%
61	D	46.95% / 1.64%	62	D	80.35% / 0.0%	63	A	16.61% / 3.2%
64	D	84.48% / 0.0%	65	D	84.93% / 0.0%	66	A	77.33% / 0.0%
67	A	79.54% / 0.0%	68	B	69.95% / 1.28%	69	B	61.12% / 1.68%
70	D	47.8% / 1.81%	71	B	52.84% / 1.46%	72	D	65.63% / 1.5%
73	C	47.07% / 1.68%	74	C	53.89% / 1.16%	75	A	43.43% / 1.15%
76	B	50.53% / 1.37%	77	C	41.43% / 1.26%	78	A	58.86% / 1.69%
79	B	47.69% / 1.74%	80	C	54.58% / 1.76%	81	C	49.5% / 1.61%
82	D	22.5% / 4.54%	83	B	65.44% / 1.22%	84	A	82.46% / 0.0%
85	C	54.54% / 1.17%	86	A	62.24% / 1.94%	87	B	87.58% / 0.0%
88	C	69.17% / 1.82%	89	B	25.09% / 4.45%	90	D	46.57% / 1.24%
91	B	47.51% / 1.01%	92	D	42.55% / 1.64%	93	A	62.77% / 1.29%
94	D	67.01% / 1.55%	95	D	65.14% / 1.25%	96	A	84.66% / 0.0%
97	C	84.84% / 0.0%	98	C	13.46% / 4.9%	99	D	87.16% / 0.0%
100	D	67.64% / 1.52%						

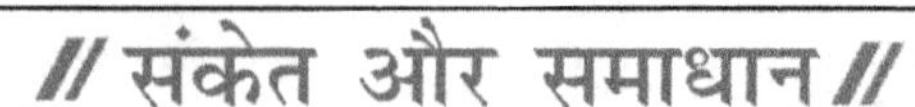

1(D). संवैधानिक निकाय:

1. जिन निकायों / संस्थानों को भारत के संविधान में जगह मिलती है, उन्हें संवैधानिक निकाय कहा जाता है।
2. नीचे उल्लिखित तालिका में संवैधानिक निकायों और उस अनुच्छेद का नाम है जिसमें उनका उल्लेख किया गया है:

संवैधानिक निकाय	अनुच्छेद
1. राज्य के महाधिवक्ता	165
2. भारत का महान्यायवादी	76
3. भारत के नियंत्रक और महालेखा परीक्षक	148
4. निर्वाचन आयोग	324
5. वित्त आयोग	280
6. राष्ट्रीय अनुसूचित जाति आयोग	338
7. राष्ट्रीय अनुसूचित जनजाति आयोग	338-ए
8. भाषाई अल्पसंख्यकों के लिए विशेष अधिकारी	350-बी
9. राज्य लोक सेवा आयोग	315-323
10. संघ लोक सेवा आयोग	315-323

गैर-संवैधानिक निकाय :

- वे संस्थाएँ जिन्हें संविधान में स्थान नहीं मिलता है और संसद के एक अधिनियम को पारित करने के बाद स्थापित की जाती हैं।
- निम्नलिखित गैर-संवैधानिक निकाय हैं:

1. केंद्रीय जांच ब्यूरो
2. केंद्रीय सूचना आयोग
3. केंद्रीय सतर्कता आयोग
4. लोकपाल और लोकायुक्त
5. नीति आयोग
6. राष्ट्रीय विकास परिषद
7. राष्ट्रीय आपदा प्रबंधन प्राधिकरण
8. राष्ट्रीय मानव अधिकार आयोग
9. राष्ट्रीय जांच एजेंसी
10. राज्य मानव अधिकार आयोग

2(A). कैबिनेट मिशन योजना 1946:

19 फरवरी 1946 को, ब्रिटिश पीएम सी. आर. एटली ने कैबिनेट मिशन योजना और भारत से उनके प्रस्थान की योजना की घोषणा की।

मिशन का उद्देश्य:

संविधान तैयार करने की विधि पर एक समझौते को सुरक्षित करना।

भारत की एकता को बरकरार रखना था।

इसने एक पूर्ण पाकिस्तान के लिए संघ की मांग को खारिज कर दिया।

इसलिए, कथन 3 गलत है।

भारत एक संघीय राज्य होगा जिसमें ब्रिटिश भारत प्रांत और रियासत दोनों शामिल होंगे।

विदेशी मामले, रक्षा, संचार मंत्रालय केंद्र सरकार के अधीन होंगे।

प्रांतीय विधानसभाएं प्रत्येक प्रांत के साथ एक संविधान सभा का चुनाव करेंगी जिसे उसकी आबादी के अनुपात में निर्दिष्ट संख्या में सीटें आवंटित की जाएंगी।

इसलिए, कथन 1 सही है।

कांग्रेस पार्टी राज्य सरकारों की तुलना में अधिक शक्तियों के साथ एक मजबूत केंद्र सरकार चाहती थी।

1947 के माउंटबेटन प्लान में सीमा आयोग का गठन प्रस्तावित था।

इसलिए, कथन 2 गलत है।

3(C). समानता का अधिकार:

अनुच्छेद 14 कहता है कि राज्य किसी भी व्यक्ति को कानून के समक्ष समानता या भारत के क्षेत्र के भीतर कानूनों के समान संरक्षण से इनकार नहीं करेगा।

यह प्रावधान सभी व्यक्तियों पर अधिकार प्रदान करता है चाहे वह नागरिक हो या विदेशी।

'कानून के समक्ष समानता की अवधारणा' ब्रिटिश मूल की है।

इसलिए, कथन 1 सही नहीं है।

पहली अवधारणा दर्शाती है:

- किसी व्यक्ति के पक्ष में किसी विशेष विशेषाधिकार का अभाव
- सामान्य कानून अदालतों द्वारा प्रशासित भूमि के सामान्य कानून के लिए सभी व्यक्तियों की समान अधीनता
- कोई भी व्यक्ति (चाहे वह अमीर हो या गरीब, उच्च या निम्न, आधिकारिक या गैर-अधिकारी) कानून से ऊपर है।
- यह एक नकारात्मक अवधारणा है।

'कानूनों के समान संरक्षण' की अवधारणा अमेरिकी संविधान से ली गई है।

इसलिए, कथन 2 सही नहीं है।

दूसरी ओर, दूसरी अवधारणा दर्शाती है।

- समान परिस्थितियों में व्यवहार की समानता, विशेषाधिकारों द्वारा प्रदत्त विशेषाधिकार और देनदारियों दोनों में।
- सभी व्यक्तियों के लिए समान कानूनों के समान अनुप्रयोग जो समान रूप से स्थित हैं।
- बिना किसी भेदभाव के समान व्यवहार किया जाना चाहिए।
- यह एक सकारात्मक अवधारणा है।

हालाँकि, दोनों का उद्देश्य कानूनी स्थिति, अवसर और न्याय की समानता स्थापित करना है।

4(D). भारतीय स्वतंत्रता अधिनियम:

यह 3 जून 1947 के माउंटबेटन प्लान पर आधारित था और 5 जुलाई, 1947 को ब्रिटिश संसद द्वारा पारित किगा गया था।

18 जुलाई, 1947 को इसे शाही स्वीकृति मिली।

इसने दो प्रभुत्व वाले राज्यों को प्रदान किया: भारत और पाकिस्तान। दो प्रभुत्व वाले राज्यों के बीच की सीमा एक सीमा आयोग द्वारा निर्धारित की जानी थी, जिसकी अध्यक्षता सर सिरिल रेडक्लिफ ने की थी।

भारत और पाकिस्तान के दोनों प्रभुत्व ब्रिटिश गवर्नर द्वारा नियुक्त किए जाने के लिए गवर्नर जनरल थे। यह अधिनियम एक सामान्य गवर्नर-जनरल के लिए भी प्रदान किया जाता है यदि दोनों सहमत हैं।

इसलिए, कथन 1 सही है।

रियासतों पर ब्रिटिश क्राउन का अधिकार समाप्त हो गया और वे भारत या पाकिस्तान में शामिल होने या स्वतंत्र रहने के लिए स्वतंत्र थे।

इसलिए, कथन 2 सही है।

दोनों राज्यों की घटक विधानसभाएं अपने-अपने देशों के गठन के लिए स्वतंत्र थीं।

इसलिए, कथन 3 सही है।

5(C). राष्ट्रीय विधिक सेवा प्राधिकरण (NALSA) का गठन कानूनी सेवा प्राधिकरण अधिनियम, 1987 के तहत किया गया है ताकि समाज के कमजोर वर्गों को मुफ्त कानूनी सेवाएं प्रदान की जा सकें और विवादों के सौहार्दपूर्ण निपटारे के लिए लोक अदालतों का आयोजन किया जा सके।

इसलिए कथन 1 सही है।

हर राज्य में, NALSA की नीतियों और निर्देशों को प्रभावी बनाने और लोगों को मुफ्त कानूनी सेवाएं देने और राज्य में लोक अदालतों का संचालन करने के लिए राज्य विधिक सेवा प्राधिकरण का गठन किया गया है।

NALSA पूरे देश में कानूनी कार्यक्रमों और योजनाओं को लागू करने के लिए राज्य कानूनी सेवा प्राधिकरणों के लिए दिशानिर्देश जारी करता है।

इसलिए कथन 2 सही है।

6(A). अनुच्छेद 72 के तहत, भारत के राष्ट्रपति क्षमा प्रदान कर सकते हैं या दोषी व्यक्ति की सजा को कम कर सकते हैं, विशेष रूप से मृत्युदंड से जुड़े मामलों में।

पाँच अलग-अलग प्रकार की क्षमाएँ हैं जो कानून द्वारा अनिवार्य हैं: क्षमा, रूपांतरण, दण्डविराम, राहत और छूट।

- अनुच्छेद 73: संघ की कार्यकारी शक्ति की सीमा।
- अनुच्छेद 74: यह अनुच्छेद मंत्रिपरिषद के लिए प्रदान करता है जो राष्ट्रपति को उनके कार्यों के अभ्यास में सहायता करेगा।
- अनुच्छेद 76: अनुच्छेद 76 भारत के महान्यायवादी से संबंधित है।
- अनुच्छेद 77: भारत सरकार के व्यवसाय का संचालन करता।

7(C). भारत के राष्ट्रपति के लिए चुनाव लड़ने के लिए उम्मीदवार की आयु

न्यूनतम 35 वर्ष होनी चाहिए।
- उन्हें भारत का प्रथम नागरिक भी कहा जाता है।
- वह संसद का एक हिस्सा हैं।
- वह पांच साल की अवधि के लिए पद संभालते हैं।
- उनकी आयु 35 वर्ष की होनी चाहिए।
- उन्हें लोकसभा के सदस्य के रूप में चुने जाने के योग्य होना चाहिए।

8(C). निम्नलिखित में से लाल बहादुर शास्त्री ने 1965 में पाकिस्तान के साथ युद्ध के दौरान देश के प्रधान मंत्री का पद संभाला था।
- पाकिस्तान के साथ 1965 के युद्ध के दौरान देश को गंभीर सूखे का सामना करना पड़ा। तब शास्त्रीजी ने देशवासियों से एक दिन का उपवास करने की अपील की।
- उन्होंने "जय जवान जय किसान" का नारा दिया।
- 11 जनवरी 1966 को ताशकंद में उनका निधन हो गया।
- इंदिरा गाँधी भारत की पहली महिला प्रधानमंत्री थीं।
- जवाहरलाल नेहरू भारत के पहले प्रधानमंत्री थे।

9(B). यूपीआई राशि के लिए सार्वजनिक निर्गम के लिए व्यक्तियों के लिए सेबी दिशा निर्देश:
सेबी ने 01 नवंबर, 2018 को खुदरा व्यक्तियों के लिए "अवरुद्ध राशि (एएसबीए) द्वारा समर्थित आवेदन" के साथ एक अतिरिक्त भुगतान तंत्र के रूप में एकीकृत भुगतान इंटरफेस (यूपीआई) के उपयोग की शुरुआत की।
नेशनल पेमेंट्स कॉर्पोरेशन ऑफ इंडिया (एनपीसीआई) ने 09 दिसंबर, 2021 को यूपीआई में प्रति लेन-देन की सीमा को 2 लाख रुपये से बढ़ाकर 5 लाख रुपये कर दिया है।
एनपीसीआई ने बढ़ी हुई यूपीआई सीमा के साथ आवेदनों के प्रसंस्करण की सुविधा के लिए विभिन्न मध्यस्थों में आवश्यक प्रणालीगत तत्परता की समीक्षा की है और पुष्टि की है कि मार्च 30,2022 तक, स्व-प्रमाणित सिंडिकेट बैंकों (एससीएसबी) / प्रायोजक बैंकों / यूपीआई ऐप के 80% से अधिक ने संचालन किया है। प्रणाली बदल जाती है और एनपीसीएल प्रावधानों का अनुपालन करती है।
तदनुसार, यह निर्णय लिया गया है कि सार्वजनिक निर्गमों में आवेदन करने वाले सभी व्यक्तिगत निवेशक जहां आवेदन राशि 5 लाख तक है, यूपीआई का उपयोग करेंगे और जमा किए गए बोली-सह-आवेदन फॉर्म में अपनी यूपीआई आईडी भी प्रदान करेंगे।

10(A). भारतीय पूंजी बाजार में निवेशकों की सुरक्षा सुनिश्चित करने और पूंजी बाजार घोटालों की पुनरावृत्ति को रोकने के लिए भारतीय प्रतिभूति और विनिमय बोर्ड (सेबी) का गठन 12 अप्रैल, 1988 को एक गैर-सांविधिक संस्थान के रूप में किया गया था। इसे 30 जनवरी, 1992 को एक अध्यादेश द्वारा वैधानिक दर्जा भी दिया गया था। इसका मुख्यालय मुंबई में है। सेबी के पास अब भारतीय पूंजी बाजार को विनियमित करने की वैधानिक शक्तियां हैं। अब किसी भी शेयर बाजार को मान्यता देने का अधिकार भी सेबी को हस्तांतरित कर दिया गया है।

11(B). भारतीय निर्यात-आयात बैंक (एक्ज़िम बैंक) के माध्यम से भारतीय रिजर्व बैंक ने भारत के विदेशी व्यापार में पैसा लगाने में मदद की है। भारतीय निर्यात-आयात बैंक (एक्ज़िम बैंक) की स्थापना 1 जनवरी 1982 को हुई थी। इसका उद्देश्य निर्यातकों और आयातकों को वित्तीय सहायता प्रदान करना है। इसके अलावा, इसे उन सभी वित्तीय संस्थानों के काम के समन्वय का कार्य भी सौंपा गया है जो वस्तुओं और सेवाओं के निर्यात और आयात के लिए वित्त जुटाते हैं। यह न केवल भारत के लिए बल्कि तीसरी दुनिया के देशों के लिए वस्तुओं और सेवाओं के निर्यात और आयात के लिए वित्त की व्यवस्था करता है। इसके विदेशी कार्यालय वाशिंगटन, सिंगापुर, आबिदजान (आइवरी कोस्ट) और बुडापेस्ट (हंगरी), लंदन, यांगून, एडिस अबाबा, जोहान्सबर्ग में स्थापित किए गए हैं।

12(A). कोणार्क सूर्य मंदिर, ओडिशा के पुरी जिले के एक शहर कोणार्क में स्थित है।
दशावतार मंदिर उत्तर प्रदेश के बेतवा नदी घाटी में झांसी से 125 किलोमीटर की दूरी पर उत्तर प्रदेश के देवगढ़ में स्थित 6वीं शताब्दी का विष्णु हिंदू मंदिर है।
मीनाक्षी अम्मन मंदिर, जिसे मिनाक्षी-सुंदरेश्वर मंदिर के नाम से भी जाना जाता है, भारत में सबसे पुराने और महत्वपूर्ण मंदिरों में से एक है। मदुरै शहर में स्थित, मंदिर का एक महान पौराणिक और ऐतिहासिक महत्व है।
विश्वनाथ मंदिर भारत के मध्य प्रदेश में एक हिंदू मंदिर है। यह खजुराहो स्मारकों, यूनेस्को की विश्व धरोहर स्थल के पश्चिमी समूह, के बीच स्थित है।
अत: विकल्प (A) सही है।

13(A). महाराष्ट्र में औरंगाबाद से लगभग 100 किमी उत्तर में अजंता गुफाएँ स्थित हैं।
अजंता में उनतीस गुफाएँ हैं।
इसमें चार चैत्य गुफाएं हैं जो पहले चरण में, अर्थात, दूसरी और पहली शताब्दी ईसा पूर्व (गुफा नं 10 और 9) और बाद की अवस्था, यानी पांचवीं शताब्दी सीई (गुफा नं। 19 और 26)।
बौद्ध धर्म के हीनयान संप्रदाय ने अजंता में गुफाओं की खुदाई शुरू की। इसलिए, कथन 2 सही नहीं है।
अत: विकल्प (A) सही है।

14(C). बाजरा फसल कम उपजाऊ और रेतीली मिट्टी पर उगाई जा सकती है।
इसे मोटे अनाज के रूप में भी जाना जाता है और कम उपजाऊ और रेतीली मिट्टी पर उगाया जा सकता है। यह एक कठोर फसल है जिसे कम वर्षा और उच्च से मध्यम तापमान की आवश्यकता होती है। वे प्रोटीन, फाइबर, विटामिन और खनिजों का भंडार हैं। इनमें ज्वार (सोरघम), रागी (फिंगर बाजरा), कोरा (फॉक्सटेल बाजरा), अर्क (कोडो बाजरा), समा (छोटा बाजरा), बाजरा (मोती बाजरा), चना/बार (प्रोसो बाजरा) और सानवा (बार्नयार्ड बाजरा) शामिल हैं। .

15(B). यह गर्मियों के दौरान हवाओं की दिशा के पूर्ण उलट का कारण बनता है। दक्षिणी हिंद महासागर में उच्च दबाव वाले क्षेत्र से हवा दक्षिण-पूर्व दिशा में चलती है, जो भूमध्य रेखा को पार करती है, और भारतीय उपमहाद्वीप के ऊपर कम दबाव वाले क्षेत्रों की ओर मुड़ जाती है। इन्हें दक्षिण-पश्चिम मानसून हवाओं के रूप में जाना जाता है।

16(B). दिए गए कथनों में से सही उत्तर केवल 1, 2, और 5 है।
कावेरी नदी की घाटी:
- कावेरी नदी की घाटी 87,900 वर्ग किमी के क्षेत्र में फैली हुई है। जो देश के कुल भौगोलिक क्षेत्रफल का लगभग 2.7% है।
- नदी की घाटी तमिलनाडु, कर्नाटक और केरल राज्यों में स्थित है।
- कावेरी नदी कर्नाटक में पश्चिमी घाट में ब्रह्मगिरि श्रृंखला पर तालकावेरी से लगभग 1341 मीटर की ऊंचाई पर निकलती है और बंगाल की खाड़ी में गिरने से पहले लगभग 800 किमी तक बहती है।
- कावेरी में शामिल होने वाली महत्वपूर्ण सहायक नदियाँ हरंगी, हेमावती, काबिनी, सुवर्णावती और भवानी हैं।
घटप्रभा, मालाप्रभा, भीम, तुंगभद्रा और मूसी कृष्णा नदी में शामिल होने वाली सहायक नदियाँ हैं।

17(A). **उच्च पुरापाषाण काल:**
- उच्च पुरापाषाण चरण के चित्र हरे और गहरे लाल रंग में रैखिक प्रतिनिधित्व वाले हैं, विशाल जानवरों की आकृतियों, जैसे कि बाइसन, हाथी, बाघ, गैंडे और सूअर के अलावा छड़ी जैसी मानव आकृतियाँ भी बनायी गई हैं।
- कुछ वाश चित्र हैं लेकिन ज्यादातर वे ज्यामितीय पैटर्न (प्रतिरूप) से भरे हुए हैं। हरे रंग की पेंटिंग (चित्रकारियाँ) नर्तकियों की और लाल शिकारियों की हैं।
- इस अवधि के दौरान मानव आकृतियों को हमेशा अमूर्त रूप में निष्पादित शिकार या नृत्य की गतिशील मुद्रा में चित्रित किया जाता है। इसलिए, युग्म 1 गलत है।
- इन चित्रों की विशेषता उत्तम 'S-आकार की मानव आकृति भी है जो उन गतिविधियों को दर्शाती है जो ऐसी दिखती हैं

जैसे कि वे शिकार, नृत्य और दौड़ रहे हैं।

मध्यपाषाण काल:

- इस अवधि में बड़ी संख्या में चित्रकारी की गई थी।
- इस अवधि के दौरान विषयों की संख्या में वृद्धि हुई है लेकिन चित्र आकार में छोटे हैं।
- शिकार के दृश्य प्रबल होते हैं। शिकार के दृश्यों में लोगों को समूहों में शिकार करते हुए दिखाया गया है, जो काँटेदार भाले, नुकीली बरछी, तीर और धनुष से युक्त हैं। कुछ चित्रों में, इन आदिम पुरुषों को शायद जानवरों को पकड़ने के लिए जाल और फंदा के साथ दिखाया गया है। शिकारियों को साधारण कपड़े और गहने पहने हुए दिखाया गया है। कभी-कभी, पुरुषों को विस्तृत पगड़ी (सम्भवतः) से सजाया गया है, और कभी-कभी मुखौटों के साथ भी चित्रित किया गया है।
- यद्यपि जानवरों को एक प्राकृतिक शैली में चित्रित किया गया था, मनुष्यों को केवल शैलीगत तरीके से चित्रित किया गया था। इसलिए, युग्म 2 सही है।
- पुरुषों, महिलाओं और बच्चों की कुछ तस्वीरें एक प्रकार के पारिवारिक जीवन को दर्शाती हैं। कई रॉक-शेल्टरों (शैलाश्रय) में उंगलियों द्वारा बनाए गए हैंडप्रिंट (हस्तचित्र), मुट्ठी प्रिंट और डॉट्स (बिंदु) पाए जाते हैं।

ताम्रपाषाण काल:

- इस अवधि के चित्र मालवा मैदानों के बसे हुए कृषि समुदायों के साथ इस क्षेत्र के गुफा निवासियों के समूहों की आवश्यकताओं, संपर्क और पारस्परिक आदान-प्रदान को प्रकट करते हैं।
- कई बार ताम्रपाषाण सिरेमिक (मृत्तिका कला) और रॉक पेंटिंग (शैल चित्रों) आम रूपांकनों उदाहरण के लिए, क्रॉस-हैच (आड़ी-तिरछी रेखाओं) किए गए वर्ग, जाली को प्रदर्शित करते हैं।
- इस अवधि में चित्रों को गतिशीलता की कम भावना के लिए पहचाना गया था, चित्र दोहराए जाने वाले संकेत हैं, और मनुष्य और जानवर अधिक से अधिक योजनाबद्ध और शैलीबद्ध होने लगे थे। इसलिए, युग्म 3 गलत है।
- इनका आकार, सामान्यतः, पहले की अवधि की तुलना में कम हो गया है, हालांकि कुछ बड़े चित्र भी हैं।
- शिकार के दृश्य तो हैं, लेकिन एक बड़े समूह के कार्य के रूप में शिकार अनुपस्थित है।

18(B). वर्गीकरण की प्रणाली, वर्ण एक प्रणाली है जो वैदिक समाज में मौजूद थी जिसने समाज को चार वर्गों ब्राह्मणों (पुजारियों), क्षत्रियों में विभाजित किया।
वैदिक काल (सी. 1500-1000 ईसा पूर्व) में प्राचीन भारत में सामाजिक-आर्थिक संकेतकों के आधार पर सामाजिक स्तरीकरण नहीं था; बल्कि, नागरिकों को उनके वर्ण या जातियों के अनुसार वर्गीकृत किया गया था। 'वर्ण' नवजात शिशु की वंशानुगत जड़ों को परिभाषित करता है, यह लोगों के रंग, प्रकार, क्रम या वर्ग को इंगित करता है।

19(A). अकाल तख्त साहिब का अर्थ है शाश्वत सिंहासन। यह अमृतसर में स्वर्ण मंदिर परिसर का भी हिस्सा है। इसकी नींव छठे सिख गुरु, गुरु हरगोबिंद जी ने रखी थी। गुरु हरगोबिन्द साहिब की शिक्षा दीक्षा महान विद्वान् भाई गुरदास की देख-रेख में हुई।

20(B). भारतीय आयात-निर्यात बैंक-एक्जिम बैंक (Exim Bank) की स्थापना 1 जनवरी 1982 ई. को की गई ताकि यह निर्यातकों एवं आयतकों को वित्तीय सहायता उपलब्ध करा सके। इस बैंक की अधिकृत पूँजी अब 400 करोड़ रु है।

21(D). सबसे बड़ा एकल साधन निगमित कर है, जिससे भारत में राजस्व कर से सरकार को आय होती है।

22(C). आईआरडीएआई (भारतीय बीमा नियामक प्राधिकरण) ने 9 फरवरी 2021 के एक परिपत्र में डिजिलॉकर के माध्यम से सभी बीमा कंपनियों को डिजिटल बीमा पॉलिसी जारी करने की सलाह दी है।

- डिजीलॉकर, इलेक्ट्रॉनिक्स और सूचना प्रौद्योगिकी मंत्रालय द्वारा डिजिटल इंडिया कार्यक्रम के तहत एक पहल है जहां नागरिक इन प्रमाणपत्रों के मूल जारीकर्ताओं से डिजिटल

प्रारूप में प्रामाणिक दस्तावेज / प्रमाण पत्र प्राप्त कर सकते हैं। इसलिए, कथन 1 सही है।

- इसका उद्देश्य भौतिक दस्तावेजों के उपयोग को कम करना है और सेवा वितरण की प्रभावशीलता को बढ़ाना है, जिससे ये नागरिकों के लिए परेशानी रहित और अनुकूल बनेंगे।
- परिपत्र में यह भी उल्लेख किया गया है कि बीमा कंपनियों को अपने खुदरा पॉलिसीधारकों को डिजिलॉकर के बारे में सूचित करना चाहिए और इसके उपयोग के बारे में बताना चाहिए।
- बीमा क्षेत्र में, डिजिलॉकर लागत में कमी, पॉलिसी कॉपी प्राप्त नहीं होने, ग्राहक संपर्क, बीमा सेवाओं के समय में सुधार, तेजी से दावा प्रसंस्करण और निपटान, विवादों में कमी, धोखाधड़ी में कमी और सुधार में संबंधित ग्राहकों की शिकायतों को दूर करेगा।
- डिजीलॉकर प्रणाली में प्रमुख हितधारक निम्नलिखित हैं:
  - जारीकर्ता : मानक प्रारूप में व्यक्तियों को ई-दस्तावेज़ जारी करना और उन्हें इलेक्ट्रॉनिक रूप से उपलब्ध कराना जैसे सीबीएसई, रजिस्ट्रार कार्यालय, आयकर विभाग इत्यादि।
  - अनुरोधकर्ता : एक निधान (जैसे विश्वविद्यालय, पासपोर्ट कार्यालय, क्षेत्रीय परिवहन कार्यालय, आदि) के भीतर संग्रहीत एक विशेष ई-दस्तावेज़ के लिए सुरक्षित पहुंच का अनुरोध।
  - निवासी: एक व्यक्ति जो आधार संख्या के आधार पर डिजिटल लॉकर सेवा का उपयोग करता है। इसलिए, कथन 2 सही है।

23(B). 2022 में, रूस ने अंतर्राष्ट्रीय अंतरिक्ष स्टेशन में तीन अंतरिक्ष यात्रियों को भेजकर पांच वर्षों में अपना पहला मानवयुक्त अंतरिक्ष मिशन शुरू किया।

24(C).
- नमक और पानी के मिश्रण को अलग करने के लिए आसवन, उबलना और छानना (विपरीत परासरण) सहायक हैं।
- निस्तारण केवल अघुलनशील ठोस को अलग करती है जो तल पर बसती है; इस प्रकार, इसका उपयोग नमक और पानी के मिश्रण को अलग करने के लिए नहीं किया जा सकता है।

25(D). फरवरी 2022 में, यूरोपीय अंतरिक्ष एजेंसी ने जेम्स क्लर्क मैक्सवेल टेलीस्कोप लॉन्च किया, जिसे हमारी आकाशगंगा में तारों और ग्रहों के जन्म का अध्ययन करने के लिए डिज़ाइन किया गया है।

26(B). खगोलविदों ने हमारी अपनी गैलेक्सी आकाशगंगा के केंद्र में एक विशालकाय ब्लैक होल के पहले चित्र का अनावरण किया, एक ब्रह्मांडीय पिंड जिसे सेजीटेरियस A* के नाम से जाना जाता है। चित्र में स्वयं ब्लैक होल नहीं दिखता है, क्योंकि वह पूरी तरह से काला है, लेकिन फिनोमिना को घेरने वाली चमकती हुई गैस दिखती है, जो कि सूर्य की तुलना में चार मिलियन गुना अधिक विशाल है और एक चमकदार प्रकाश की अंगूठी की तरह दिखती है।

27(B). ऑस्ट्रेलिया-भारत द्विपक्षीय संबंधों, विशेष रूप से व्यापार, निवेश और परोपकार के लिए विशिष्ट सेवा के लिए, भारतीय उद्योगपति और परोपकारी रतन टाटा को ऑर्डर ऑफ ऑस्ट्रेलिया (एओ) के जनरल डिवीजन में मानद अधिकारी के रूप में नियुक्त किया गया है।

28(D). नारकोटिक्स कंट्रोल ब्यूरो ने 26 जनवरी 2023 को गणतंत्र दिवस परेड 2023 में पहली बार झाँकी दिखाई।
पहली बार, 12 महिला सवार सीमा सुरक्षा बल के ऊंट दल का हिस्सा थीं। नौसेना के आईएल-38 को पहली बार और आखिरी बार प्रदर्शित किया गया।
नारकोटिक्स कंट्रोल ब्यूरो:

- यह एक भारतीय केंद्रीय कानून प्रवर्तन और खुफिया एजेंसी है।
- यह गृह मंत्रालय, भारत सरकार के अंतर्गत आता है।
- एजेंसी को नशीली दवाओं की तस्करी और नारकोटिक ड्रग्स

एंड साइकोट्रोपिक सब्सटेंस एक्ट के प्रावधानों के तहत अवैध पदार्थों के उपयोग का काम सौंपा गया है।

29(C). इंदौर नगर निगम ग्रीन बॉन्ड जारी करने वाला देश का पहला नगरीय निकाय बन गया है। इस बॉन्ड के जरिए निगम की 244 करोड़ रुपए जुटाने की योजना है। म्युनिसिपल बॉन्ड शुरू करने वाला पहला भारतीय शहर होने के अलावा, इंदौर पहला शहर भी है जिसने कार्बन ट्रेडिंग के माध्यम से कमाई शुरू की है।

30(B). भारतीय अंतरिक्ष अनुसंधान संगठन और माइक्रोसॉफ्ट ने जनवरी 2023 में भारतीय अंतरिक्ष तकनीक स्टार्ट-अप की मदद के लिए एक समझौता ज्ञापन पर हस्ताक्षर किए। माइक्रोसॉफ्ट अंतरिक्ष इंजीनियरिंग से लेकर क्लाउड टेक्नोलॉजी और मार्केटिंग तक के क्षेत्रों में स्पेस टेक उद्यमियों को परामर्श सहायता प्रदान करेगा। इस समझौता ज्ञापन के माध्यम से, इसरो द्वारा पहचाने गए स्पेस टेक स्टार्टअप्स स्टार्टअप्स फाउंडर्स हब के लिए माइक्रोसॉफ्ट में शामिल होंगे।

31(D). 5 वां जन औषधि दिवस पूरे भारत में " जन औषधि - सस्ती भी अच्छी भी " विषय पर आयोजित किया गया।

32(D). समुदाय पर वास्तविक प्रभाव डालने और लोगों के साथ करुणा के साथ व्यवहार करने का वादा करने वाली भारतीय-अमेरिकी महिला न्यायाधीश तेजल मेहता ने अमेरिकी राज्य मैसाचुसेट्स में एक जिला अदालत के पहले न्यायाधीश के रूप में शपथ ली है।

33(D). केंद्रीय कृषि और किसान कल्याण मंत्री श्री नरेंद्र सिंह तोमर ने प्रधानमंत्री फसल बीमा योजना (पीएमएफबीवाई) के दायरे में राष्ट्रीय फसल बीमा पोर्टल के डिजिटाइज़्ड क्लेम सेटलमेंट मॉड्यूल का शुभारंभ किया।

34(B). न्यूज़ीलैंड सरकार ने इतिहास में सिर्फ तीसरी बार राष्ट्रीय आपातकाल घोषित किया है क्योंकि चक्रवात गैब्रिएल व्यापक बाढ़ का कारण बनता है। 14 फरवरी 2023 को न्यूजीलैंड सरकार ने चक्रवात गेब्रियल के उत्तरी द्वीप पर तबाही मचाने के बाद राष्ट्रीय आपातकाल की घोषणा की।

35(A). मार्च 2023 में, भारती के केंद्रीय ग्रामीण विकास मंत्री ने कैप्टिव एम्प्लॉयमेंट पहल की शुरुआत की, जो दीन दयाल उपाध्याय ग्रामीण कौशल्य योजना (डीडीयू-जीकेवाई) के तहत एक अनूठी पहल है।

36(C). $(9 + 7) \div 4 \times 5 = 16 \div 4 \times 5 = 4 \times 5 = 20$

37(A). मान लीजिए 2.6×0.91, x है। $x = 2.366$

38(A). दिया गया है:
12 संख्याओं का औसत $= 18.5$
12 संख्याओं का योग $= 18.5 \times 12 = 222$
पहली 6 संख्याओं का औसत $= 16.8$
पहली 6 संख्याओं का योग $= 16.8 \times 6 = 100.8$
अंतिम 7 संख्याओं का औसत $= 17.4$
अंतिम 7 संख्याओं का योग $= 17.4 \times 7 = 121.8$
6 वीं संख्या $= 100.8 + 121.8 - 222$
$= 222.6 - 222 = 0.6$
11 संख्याओं का योग $= 222 - 0.6 = 221.4$
11 संख्याओं का औसत $= \frac{221.4}{11} = 20.1$

39(D). दिया है:
X, Y और Z का औसत $= Y, Z$ और W के औसत से 22 अधिक है।
औसत $=$ संख्याओं का योग/कुल संख्याएं
प्रश्न के अनुसार:
$\frac{X+Y+Z}{3} = \frac{Y+Z+W}{3} + 22$
$\Rightarrow X + Y + Z = Y + Z + W + 66$
$\Rightarrow X = W + 66$
$\Rightarrow X - W = 66$

40(C). $\Rightarrow 7.\overline{135} = 7 + 0.135135135\ldots(1)$
$\Rightarrow$ माना, $x = 0.135135135$

1000 से गुणा करें
$\Rightarrow 1000x = 135 + 0.135135$
$\Rightarrow 1000x = 135 + x$
$\Rightarrow 999x = 135$
$\Rightarrow x = \frac{135}{999}$
$\Rightarrow x = \frac{15}{111}$
समीकरण (1) से
$\Rightarrow 7.\overline{135} = 7 + [\frac{15}{111}]$
$= \frac{792}{111}$

41(B). माना, $x = 4.\overline{86}$ ... (1)
$100x = 486.\overline{86}$ ... (2)
समीकरण (1) को समीकरण (2) से घटाने पर,
$99x = 482 \ldots (3)$
माना, $3.\overline{95} = y \ldots (4)$
$100y = 395.\overline{95} \ldots (5)$
समीकरण (4) को समीकरण (5) से घटाने पर,
$99y = 392 \ldots (6)$
समीकरण (3) और समीकरण (6) से,
$x - y = \frac{482 - 392}{99} = 0.\overline{90}$
इसलिए, $4.\overline{86} - 3.\overline{95} = 0.\overline{90}$

42(D). दिया गया है कि:
$(2a + 3b) : (2b + 3c) : (2c + 3a) = 18 : 14 : 13$,
$a + b + c = 9$
गणना:
माना $2a + 3b = 18k$ ---- (i)
$2b + 3c = 14k$ ---- (ii)
और $2c + 3a = 13k$ ---- (iii)
(i), (ii) और (iii) को जोड़ने पर, हमें प्राप्त होता हैं
$5 (a + b + c) = 45k$
$\Rightarrow (a + b + c) = 9k$
लेकिन यह दिया गया है कि, $a + b + c = 9$ ---- (iv)
$9k = 9$
तो, $k = 1$
तो, $2a + 3b = 18$ ---- (v)
तो $+ 3c = 14$ ---- (vi)
$2c + 3a = 13$ ---- (vii)
(V) से $2 \times$ (iv) घटाने पर, हमें प्राप्त होता हैं
$b = 2c$
अब इस मान को समीकरण (vi) में रखने, हमें प्राप्त होता हैं
$2 \times 2c + 3c = 14$
$\Rightarrow 7c = 14$
इसलिए, $c = 2$
इसलिए, $b = 4$
इसलिए, (iv) से
$a = 3$
$\therefore$ आवश्यक अनुपात $= \frac{1}{3} : \frac{1}{4} : \frac{1}{2} = 4 : 3 : 6$.

43(D). माना कि 4.5 और 0.5 के बीच मध्यानुपाती x है, तो
$4.5 : x :: x : 0.5$
$\Rightarrow \frac{4.5}{x} = \frac{x}{0.5}$
$\Rightarrow x^2 = 4.5 \times 0.5 = 2.25$
$\Rightarrow x = \sqrt{2.25}$
$x = 1.5$
माना कि 4.5 और 9 के बीच तृतीयानुपाती y है, तो
$4.5 : 9 :: 9 : y$
$\Rightarrow \frac{4.5}{9} = \frac{9}{y}$
$\Rightarrow y = \frac{(9 \times 9)}{4.5}$
$\Rightarrow y = 18$
$x : y$ का अनुपात $= 1.5 : 18$
$= 1 : 12$

44(A). माना परीक्षा में कुल अधिकतम अंक $= x$
प्रश्नानुसार,
'A' के उत्तीर्ण अंक $= x \times 67\% - 192$
'B' के उत्तीर्ण अंक $= x \times 27\% + 48$
$x \times 67\% - 192 = x \times 27\% + 48$
$x \times 40\% = 240$
$x = \frac{240 \times 100}{40}$
$x = 600$
इसलिए, परीक्षा में उत्तीर्ण होने के लिए अंक
$= 600 \times \frac{67}{100} - 192$
$= 402 - 192$
$= 210$

45(B). मान ले कि ग्राहक ने 1 किलो वस्तु खरीदी थी
ग्राहक द्वारा प्राप्त वास्तविक राशि $= 1 - \left(\frac{20}{100} \times 1\right) = 0.8$
किलोग्राम
मान ले कि 1 किलो की लागत मूल्य 100 रु है
वास्तविक कीमत 80 ग्राम $= 100 \times (0.80) = 80$ रु
नया अंकित मूल्य $= 100 + \left(\frac{30}{100}\right) \times 100 = 130$ रु
ग्राहक द्वारा भुगतान की गई कीमत $= 130$ रु
दुकानदार द्वारा अर्जित लाभ $= 130 - 80 = 50$ रु
लाभ प्रतिशत $= \left(\frac{50}{80}\right) \times 100 = 62.5\%$
अत: विकल्प (B) सही है।

46(A). दिया गया है,
A ने एक वस्तु B को 20% लाभ पर बेची।
B ने उसी वस्तु को C को 8% लाभ पर बेची।
C ने उसी वस्तु को D को 25% हानि पर बेची।
यदि A और B के लाभ के बीच का अंतर 260 रूपए।
जैसा कि हम जानते हैं,
विक्रय मूल्य $(S.P.) = \frac{C.P \times (100 + P\%)}{100}$
विक्रय मूल्य $(S.P.) = \frac{C.P \times (100 - L\%)}{100}$
$P = S.P - C.P$
माना A का क्रय मूल्य $100x$ है।
B का क्रय मूल्य $= A$ का विक्रय मूल्य
$= 100x \times \frac{120}{100} = 120x$
A का लाभ $= 120x - 100x = 20x$
C का क्रय मूल्य $= B$ का विक्रय मूल्य
$= 120x \times \frac{108}{100} = 129.60x$
B का लाभ $- 129.60x - 120x = 9.6x$
A और B के लाभ के बीच अंतर $= 20x - 9.6x = 10.4x$
$\Rightarrow 10.4x = 260$
$\Rightarrow x = 25$
D का क्रय मूल्य $= C$ का विक्रय मूल्य
$= 129.60x \times \frac{75}{100} = 97.20x$
D का क्रय मूल्य $= 97.20 \times 25 = 2430$
$\therefore D$ का क्रय मूल्य 2,430 रूपए है।

47(A). जब चक्रवृद्धि ब्याज वार्षिक संयोजित होता है, एक राशि प्रति वर्ष निश्चित दर से 2 वर्ष में 6,050 रुपये और 3 वर्ष में 6,655 रुपये हो जाती है।
जैसा कि हम जानते हैं,
साधारण ब्याज $= \frac{PNR}{100}$
चक्रवृद्धि ब्याज $= P\left(1 + \frac{R}{100}\right)^N - P$
जहां,
P = मूलधन
R = ब्याज की दर और
N = समय अवधि
तदनुसार,
$6050 = P\left(1 + \frac{R}{100}\right)^2$
और, $6655 = P\left(1 + \frac{R}{100}\right)^3$

भाग देने पर,
$\left(1 + \frac{R}{100}\right) = \frac{6655}{6050}$
$\Rightarrow \frac{R}{100} = \frac{6655}{6050} - 1$
$\Rightarrow \frac{R}{100} = \frac{605}{6050}$
$\Rightarrow R = 10\%$
$5\frac{3}{4}$ वर्ष के लिए समान दर पर 6,000 रुपये की राशि पर
साधारण ब्याज $= 6000 \times \frac{10}{100} \times \frac{23}{4}$
$= 3450$ रुपये
$\therefore$ अभीष्ट साधारण ब्याज 3450 रुपये है।

48(D). दिया है:
धनराशि $= 6P$
समय $= 10$ वर्ष
हम जानते हैं,
$SI = \frac{PRT}{100}$
धनराशि $= SI + P$
जहाँ,
P = मूलधन
R = ब्याज की दर
T = समय अवधि
SI = साधारण ब्याज
माना मूलधन P है
$SI = 6P - P$
$= 5P$
प्रश्नानुसार हमें प्राप्त होता है,
$5P = \frac{P \times R \times 10}{100}$
$\Rightarrow 5 = \frac{R}{10}$
$\Rightarrow R = 50\%$
$\therefore$ ब्याज की दर 50% है।

49(A). दिया गया है,
A और B द्वारा लिए गए समय का अनुपात $= 160 : 100$
तो,
$\Rightarrow \frac{12}{B} = \frac{160}{100}$
$\Rightarrow B = \frac{12 \times 5}{8}$
$\Rightarrow B = \frac{15}{2}$
$\therefore$ B उस काम को $7\frac{1}{2}$ दिनों में पूरा करेगा।

50(A). 6 दिनों में A, B और C द्वारा अर्जित कुल राशि $= 480$ रुपये
उनके द्वारा 1 दिन में अर्जित की गई राशि $= \frac{480}{6} = 80$ रुपये
अर्जित धन की राशि किए गए कार्य की गात्रा के समानुपाती होती है
माना A, B और C द्वारा किया गया कार्य $4x, 5x$ और $7x$ है।
$\therefore$ A, B और C द्वारा मिलकर किया गया कुल कार्य $= 16x$
B द्वारा किया गया कार्य $= 5x$
B की दैनिक आय $= \frac{5x}{16x} \times 80 = 25$ रुपये

51(C). 1993 में,
विभिन्न वर्षों के दौरान तीन कंपनियों X, Y और Z का कुल निर्यात
$= (30 + 80 + 60)$ करोड़ रुपए $= 170$ करोड़ रुपए
1994 में,
विभिन्न वर्षों के दौरान तीन कंपनियों X, Y और Z का कुल निर्यात
$= (60 + 40 + 90)$ करोड़ रुपए $= 190$ करोड़ रुपए
1995 में,
विभिन्न वर्षों के दौरान तीन कंपनियों X, Y और Z का कुल निर्यात
$= (40 + 60 + 120)$ करोड़ रुपए $= 220$ करोड़ रुपए
1996 में,
विभिन्न वर्षों के दौरान तीन कंपनियों X, Y और Z का कुल निर्यात
$= (70 + 60 + 90)$ करोड़ रुपए $= 220$ करोड़ रुपए
1997 में,
विभिन्न वर्षों के दौरान तीन कंपनियों X, Y और Z का कुल निर्यात
$= (100 + 80 + 60)$ करोड़ रुपए $= 240$ करोड़ रुपए

1998 में,
विभिन्न वर्षों के दौरान तीन कंपनियों X, Y और Z का कुल निर्यात
= (60 + 100 + 80) करोड़ रुपए = 240 करोड़ रुपए
1999 में,
विभिन्न वर्षों के दौरान तीन कंपनियों X, Y और Z का कुल निर्यात
= (120 + 140 + 100) करोड़ रुपए = 360 करोड़ रुपए
स्पष्ट रूप से, तीन कंपनियों X, Y और Z का कुल निर्यात वर्ष 1995 और 1996 के दौरान समान है।

52(D). ग्राफ का विश्लेषण: ग्राफ से यह स्पष्ट है कि
वर्ष 1993, 1994, 1995, 1996, 1997, 1998 और 1999 में कंपनी X (करोड़ में) के निर्यात की राशि क्रमशः 30, 60, 40, 70, 100, 60 और 120 है।
वर्ष 1993, 1994, 1995, 1996, 1997, 1998 और 1999 में कंपनी Y (करोड़ में) के निर्यात की राशि क्रमशः 80, 40, 60, 60, 80, 100 और 140 है।
वर्ष 1993, 1994, 1995, 1996, 1997, 1998 और 1999 में कंपनी Z (करोड़ में) के निर्यात की राशि क्रमशः 60, 90, 120, 90, 60, 80 और 100 है।
दी गई अवधि के दौरान कंपनी Y का औसत वार्षिक निर्यात (करोड़ में)

$$= \frac{1}{7} \times (80 + 40 + 60 + 60 + 80 + 100 + 140)$$

$$= \frac{560}{7} = 80$$

दी गई अवधि के दौरान कंपनी Z का औसत वार्षिक निर्यात (करोड़ में)

$$= \frac{1}{7} \times (60 + 90 + 120 + 90 + 60 + 80 + 100)$$

$$= \left(\frac{600}{7}\right)$$

$$\therefore \text{आवश्यक प्रतिशत} = \left[\frac{80}{\frac{600}{7}} \times 100\right]\% \approx 93.33\%$$

53(C). 1993 में,
कंपनियों X और Y से निर्यात के बीच का अंतर = (80 - 30) करोड़ रुपये = 50 करोड़ रुपये
1994 में,
कंपनियों X और Y से निर्यात के बीच का अंतर = (60 - 40) करोड़ रुपये = 20 करोड़ रुपये
1995 में,
कंपनियों X और Y से निर्यात के बीच का अंतर = (60 - 40) करोड़ रुपये = 20 करोड़ रुपये
1996 में,
कंपनियों X और Y से निर्यात के बीच का अंतर = (70 - 60) करोड़ रुपये = 10 करोड़ रुपये
1997 में,
कंपनियों X और Y से निर्यात के बीच का अंतर = (100 - 80) करोड़ रुपये = 20 करोड़ रुपये
1998 में,
कंपनियों X और Y से निर्यात के बीच का अंतर = (100 - 60) करोड़ रुपये = 40 करोड़ रुपये
1999 में,
कंपनियों X और Y से निर्यात के बीच का अंतर = (140 - 120) करोड़ रुपये = 20 करोड़ रुपये
स्पष्ट रूप से, अंतर वर्ष 1996 में न्यूनतम है।

54(C). दी गई अवधि के दौरान कंपनी Z का औसत वार्षिक निर्यात

$$= \frac{1}{7} \times (60 + 90 + 120 + 90 + 60 + 80 + 100)$$

$$= \left(\frac{600}{7}\right) \text{ करोड़ रुपए}$$

=85.71 करोड़ रुपए
ग्राफ के विश्लेषण से कंपनी Z का निर्यात वर्ष 1994, 1995, 1996 और 1999 के दौरान कंपनी Z के औसत वार्षिक निर्यात (अर्थात 85.71 करोड़ रुपये) से अधिक है, अर्थत दिए गए 4 वर्ष के दौरान।

55(C). 1993 में तीन कंपनियों X, Y और Z का औसत निर्यात

$$= \left[\frac{1}{3} \times (30 + 80 + 60)\right] \text{ करोड़ रुपये}$$

$$= \left(\frac{170}{3}\right) \text{ करोड़ रुपये}$$

1998 में तीन कंपनियों X, Y और Z का औसत निर्यात

$$= \left[\frac{1}{3} \times (60 + 100 + 80)\right] \text{ करोड़ रुपये}$$

$$= \left(\frac{240}{3}\right) \text{ करोड़ रुपये}$$

$$\therefore \text{अंतर} = \left[\left(\frac{240}{3}\right) - \left(\frac{170}{3}\right)\right] \text{ करोड़ रुपये}$$

$$= \left(\frac{70}{3}\right) \text{ करोड़ रुपये}$$

$$= 23.33 \text{ करोड़ रुपये}$$

56(A). दी गई श्रृंखला: $XMT, ENA, LOH, SPO, ?$
पैटर्न:
प्रत्येक तत्व के पहले अक्षर के लिए:
$X + 7 = E, E + 7 = L, L + 7 = S, S + 7 = Z$
प्रत्येक तत्व के दूसरे अक्षर के लिए:
$M + 1 = N, N + 1 = O, O + 1 = P, P + 1 = Q$
प्रत्येक तत्व के तीसरे अक्षर के लिए:
$T + 7 = A, A + 7 = H, H + 7 = O, O + 7 = V$
इसलिए, ZQV प्रश्नवाचक चिह्न (?) के स्थान पर आएगा।

57(B). जब श्रृंखला को समान भागों में विभाजित किया जाता है तो एक विशेष स्वरूप खुद को दोहराता है।
यहाँ शब्द के दूसरे अक्षर में +1 की वृद्धि होती है।
L + 1 = M, M + 1 = N, N + 1 = O.
(B) P, M, D, N, J, O, N
J L _ N _ J _ P N D _ N P _ D J _ P _ D
ऊपर दिए गए विकल्प में रिक्त स्थान को अक्षरों/संख्याओं से भरने पर हमें प्राप्त होता है:
J L **P** N M / J **D** P N D / N **N** P J D / J **O** P N D
जब श्रृंखला को समान भागों में विभाजित किया जाता है तो कोई विशेष स्वरूप खुद को नहीं दोहराता है।

58(B). यहाँ अनुसरण किया गया स्वरूप इस प्रकार है,
O + 1 = P
P + 2 = R
R + 3 = U
U + 4 = Y
Y + 5 = D
अतः विकल्प (B) सही है।

59(B). अंग्रेजी वर्णमाला श्रृंखला और उसके स्थानीय मान के अनुसार:

वर्णमाला	A	B	C	D	E	F	G	H	I	J	K	L	M
स्थानीय मान	1	2	3	4	5	6	7	8	9	10	11	12	13
स्थानीय मान	26	25	24	23	22	21	20	19	18	17	16	15	14
वर्णमाला	Z	Y	X	W	V	U	T	S	R	Q	P	O	N

अक्षरों को इस प्रकार व्यवस्थित किया गया है कि J और L के बीच एक अक्षर को छोड़ा गया है, L और P के बीच तीन अक्षरों को छोड़ा गया है, P और V के बीच पाँच अक्षरों को और अंग्रेज़ी वर्णमाला क्रम के अनुसार आगे भी इसी प्रकार से छोड़ा गया है। समान स्वरूप का अनुसरण करने पर, N और अंग्रेज़ी वर्णमाला क्रम के अनुसार अगले अक्षर के बीच ग्यारह अक्षरों को छोड़ा जाएगा।

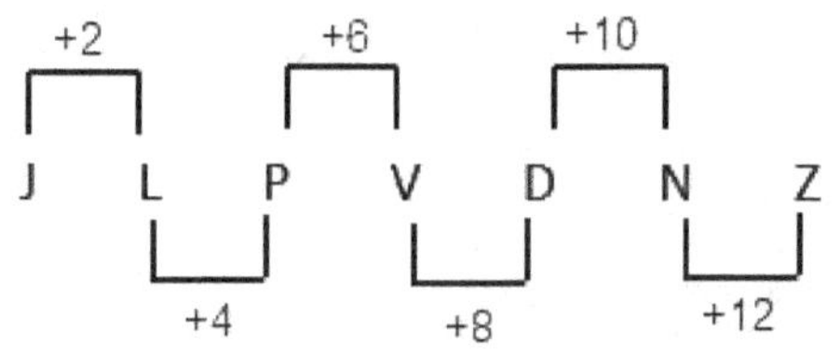

इसलिए, Z श्रृंखला में प्रश्न चिह्न (?) के स्थान पर आएगा।

60(D). कथन में उल्लेख किया गया है कि एक आदमी के लिए दुनिया

वैसी ही है जैसी वह खुद बनाता है। तो, कुछ लोगों को यह अच्छा लग सकता है और कुछ को बहुत बुरा। इस प्रकार, I और II दोनों अनुसरण करते हैं।

61(D). I. रेस्तरां के भोजन की गुणवत्ता में सुधार होगा।
इसका निष्कर्ष नहीं निकाला जा सकता क्योंकि भोजन की गुणवत्ता में सुधार से संबंधित कुछ भी नहीं कहा गया है।
II. जब उनका फर्नीचर पुराना हो जाए तो सभी रेस्तरां का नवीनीकरण करना पड़ता है।
जानकारी में यह नहीं कहा गया है कि सभी रेस्तरां का नवीनीकरण किया जाना है।
इस प्रकार, न तो I और न ही II अनुसरण करता है।
अतः सही विकल्प (D) है।

62(D). दिए गए कथन के अनुसार,
निष्कर्ष I: यह अनुसरण करता है, क्योंकि वातित पेय में अधिक चीनी होती है, जिससे वसा की मात्रा में वृद्धि होती है।
निष्कर्ष II: यह अनुसरण करता है, क्योंकि वातित पेय में अधिक चीनी होती है।
इसलिए, I और II दोनों अनुसरण करते हैं।

63(A). बारीकी से देखने पर, हम देखते हैं कि आकृति (1) पैटर्न को पूरा करती है।

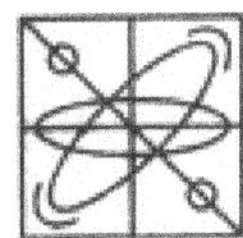

64(D). दी गयी आकृतियों को देखने पर, हम देखते हैं कि आकृति (D) पैटर्न को पूरा करती है।

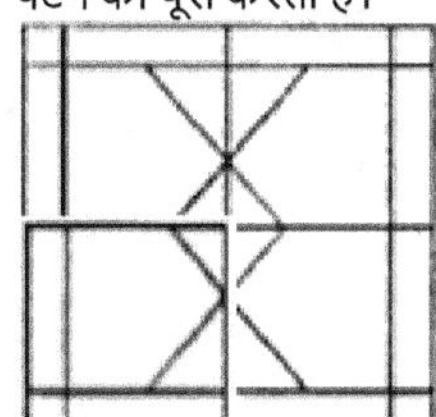

65(D). दी गयी जानकारी :
पांच छात्र: A, B, C, D और E हैं
1) 'A' ने 'B' से कम अंक प्राप्त किए हैं।
$A < B$
2) 'C' ने 'D' से कम अंक प्राप्त किए हैं।
$C < D$
3) 'B' ने 'C' से कम अंक प्राप्त किये और 'A' ने 'E' से अधिक अंक प्राप्त किये हैं।
$B < C$
$E < A$
तीनों कथनों को संयोजित करने पर हमें प्राप्त होता है,
$E < A < B < C < D$

66(A). दिया गया है,
40 छात्रा एक पंक्ति में है तथा उनके मुँह उत्तर की ओर हैं।
सोनम से बाएं ओर छठवाँ कैलाश है।
दी गई जानकारी के अनुसार,

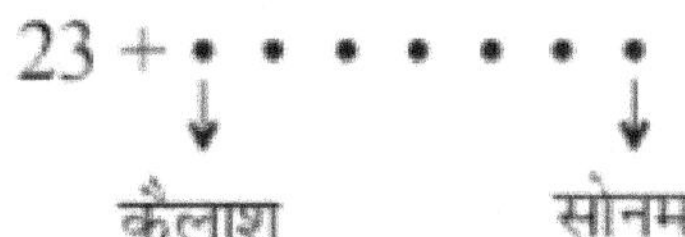

कैलाश का दाएं सिरे से स्थान $= 40 - 23 = 17$ वां

67(A). दिया गया है,
P, Q, R, S, और T में, S, R से बड़ा है, लेकिन T जितना बड़ा नहीं है। Q सिर्फ P से बड़ा है।
दी गई जानकारी के अनुसार,
$T > S > R > Q > P$

$\therefore$ सबसे छोटा P है।

68(B). दी गई जानकारी के अनुसार, हम निम्नलिखित आरेख बना सकते हैं:

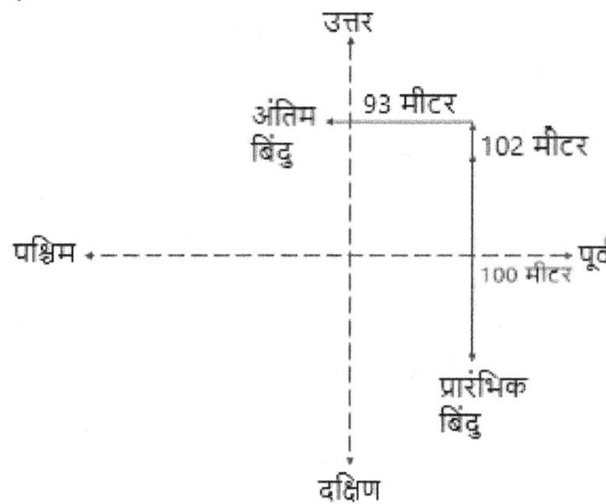

इसलिए, अनीश अब पश्चिम दिशा के सम्मुख खड़ा है।

69(B). चित्र बनाने पर,

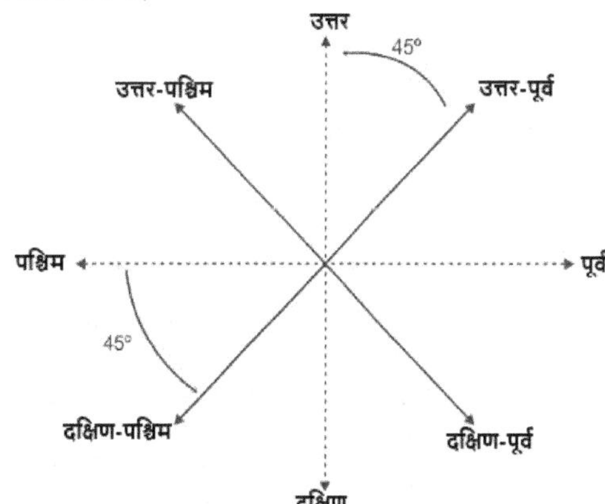

दिशा घड़ी की सुई की विपरीत दिशा में 45° से खिसक गई है।
यदि उत्तर– पूर्व उत्तर बन जाता है, तो पश्चिम दक्षिण – पश्चिम बन जाएगा।

70(D). दी गई जानकारी से:

चित्र में प्रतीक	अर्थ
◯	स्त्री
▢	पुरुष
=	विवाहित जोड़ा
—	भाई/बहन
│	पीढ़ी का अंतर

दी गई जानकारी:

1. नागेश, सावित्री का भाई है।
2. माधव राव, सावित्री का पति है।
3. अम्मू माधव राव की पुत्री है।

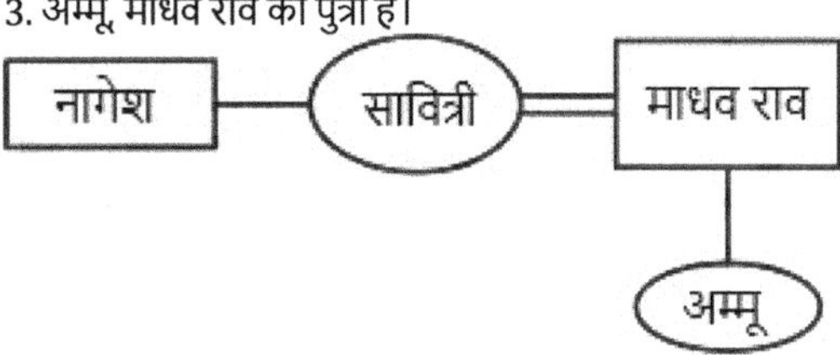

इसलिए, अम्मू नागेश की "भांजी/भतीजी" है।

71(B). दी गई जानकारी से:

चित्र में प्रतीक	अर्थ
◯	स्त्री
▢	पुरुष
═	विवाहित जोड़ा
—	भाई/बहन
│	पीढ़ी का अंतर

दी गई जानकारी:
1. नाग मणि, नागेश की पत्नी है।
2. वेंकटेश, नाग मणि का ससुर है।
3. राज, वेंकटेश का इकलौता ग्रैंडसन है।

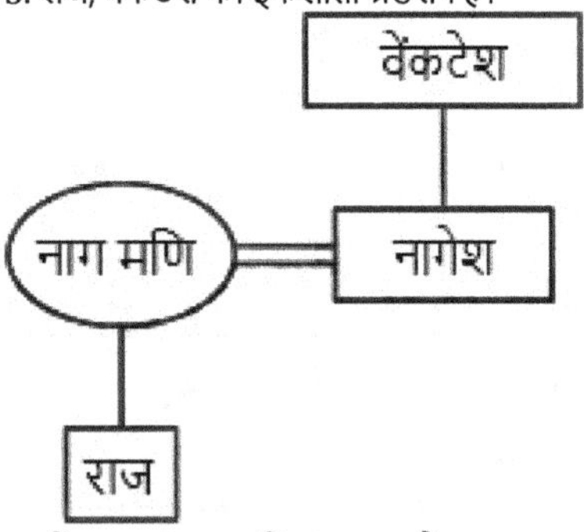

इसलिए, राज, नाग मणि का "पुत्र" है।

72(D). यहाँ अनुसरित तर्क इस प्रकार है:

A है			
प्रतीक	$	*	#
अर्थ	पुत्री	माता	भाई
B का			

X \$ Y * N # V ⇒ X, Y की पुत्री है, Y, N की माता है, N, V का भाई है।
दी गई जानकारी से,

चित्र में प्रतीक	अर्थ
◯	स्त्री
▢	पुरुष
═	विवाहित जोड़ा
—	भाई/बहन
│	पीढ़ी का अंतर

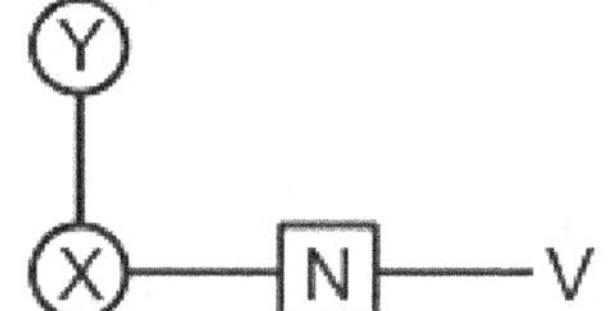

⇒ X, N और V सहोदर हैं और N पुरूष है और X महिला है। V का कोई प्रतीक नहीं है इसका अर्थ है V या तो पुरुष है या महिला है।
इसलिए, V, X का भाई/बहन है।

73(C). a, ar, ar ^{2}, ... एक अनंत गुणोत्तर श्रेणी है तो अनंत गुणोत्तर श्रेणी का योग निम्न द्वारा दिया जाता है:
$$S_\infty = \frac{a}{1-r}, |r| < 1$$
$$7^{\frac{1}{7}} \times 7^{\frac{1}{7^2}} \times 7^{\frac{1}{7^3}} \times \ldots \infty = 7^{\frac{1}{7}+\frac{1}{7^2}+\frac{1}{7^3}+\ldots+\infty}$$
हम जानते हैं कि,
श्रृंखला $\frac{1}{7} + \frac{1}{7^2} + \frac{1}{7^3} + \ldots + \infty$ का पहला पद $a = \frac{1}{7}$ और सामान्य अनुपात $r = \frac{1}{7}$ के साथ एक अनंत गुणोत्तर श्रेणी है।
$$\Rightarrow \frac{1}{7} + \frac{1}{7^2} + \frac{1}{7^3} + \ldots + \infty = \frac{\frac{1}{7}}{1-\frac{1}{7}} = \frac{1}{6}$$
$$\Rightarrow 7^{\frac{1}{7}} \times 7^{\frac{1}{7^2}} \times 7^{\frac{1}{7^3}} \times \ldots \infty = 7^{\frac{1}{6}} \text{ तक}$$

74(C). दी गयी श्रृंखला में पहले 20 पदों के योग को निम्न रूप में लिखा जा सकता है:
$$\sqrt{5} + \sqrt{20} + \sqrt{45} + \sqrt{80} + \ldots$$
$$= \sqrt{5} + 2\sqrt{5} + 3\sqrt{5} + 4\sqrt{5} + \ldots + 20\sqrt{5}$$
$$= \sqrt{5}(1 + 2 + \ldots + 20)$$
1 से n तक के क्रमागत संख्याओं का योग:
$$1 + 2 + 3 + \ldots + n = \frac{n(n+1)}{2}$$
$$= \sqrt{5} \times \frac{20 \times 21}{2}$$
$$= 210\sqrt{5}$$

75(A). दिया गया है,
दो समांतर श्रेणियों के nवें पद 3n + 8 और 7n + 15 हैं।
इसलिए पहली समांतर श्रेणी में 12वां पद:
$$a_n = 3n + 8$$
n= 12 के लिए,
$$a_{12} = 3 \times 12 + 8$$

= 36 + 8 = 44

उसी प्रकार दूसरी समांतर श्रेणी का 12वां पद:

$a_n = 7n + 15$

n= 12 के लिए,

a $_{12}$ = 7 × 12 + 15

= 84 + 15 = 99

∴ आवश्यक अनुपात $= \dfrac{44}{99}$

$= \dfrac{4}{9} = 4 : 9$

76(B). From the given lines of the passage it's clearly stated how confident and attention seeking a person writes. He writes with large letters.

77(C). From the given lines of the passage w e can infer from this line that the first statement of the question is false, since it says thousands instead of hundreds. Second statement is tricky as we cannot locate it exactly. However, if we look at the last line of the 3rd point of the passage it states 'there is very little you can't tell from a person's handwriting'. We can conclude from this line that statement A as well as B is false.

78(A). Verify means make sure, confirm or demonstrate that (something) is true, accurate, or justified; Confirm means establish the truth or correctness of (something previously believed or suspected to be the case). Thus, confirm is the most similar in meaning to verify.

79(B). Reveal means to make known or show something that is surprising or that was previously secret; Conceal means to prevent something from being seen or known about. Thus, conceal is the opposite in meaning to reveal.

80(C). Conjunctions are words that link other words, phrases, or clauses together. 'Or' is a coordinating conjunction used to join two different choices. Thus, 'or' is used as a conjunction in the sentence: Graphologists can verify whether the autographs are real or fake.

81(C). Correct sentence: Industrial growth at a terrific speed is a potent reason of pollution in a big city.
- The sentence should start with the subject Q, industrial growth at a terrific.
- Terrific is an adjective and it should be followed by a noun speed (P).
- P should be followed by S because of the presence of structure: preposition + noun.
- Thus, the correct order is 'QPSR'.

82(D). Correct sentence: Scientists have warned us about the effects of climate variation.
- In this sentence, we can see that there are different parts like Subject, helping verb, main verb, noun + the continuation of the object.
- Therefore, the sequence of words that should be followed is: Subject + helping verb (P) + main verb (R) + noun (Q) + the continuation of the object (S).
- Thus, the correct order is 'PRQS.'

83(B). Correct sentence: Columbus made his first voyage from Europe to America in 1993.
- In this sentence, we can see that there are different parts like Subject, verb, pronoun, preposition with time duration and preposition to denote year.
- Therefore, the sequence of words that should

be followed is: Subject + verb (S) + pronoun (R) + preposition with time duration (P) + preposition to denote year (Q).
- Thus, the correct order is 'SRPQ'.

84(A). The sentence 'R' is independent of any other sentences as it is giving general information about the phrase 'earliest days of agriculture'. Hence, 'R' is the first part of the rearrangement of the given sentences.
The noun 'crops' in many parts is being talked about in the sentence 'Q' refers back to the phrase 'earliest days of agriculture' mentioned in sentence 'R' .Hence, 'Q' follows 'R'.
The phrase 'crops of the world' mentioned in the sentence 'S' is linked with the noun 'crops' in many parts mentioned in the sentence 'Q'. Hence, 'S' follows 'Q'.
The sentence 'P' is the concluding sentence. Hence, 'P' is the last sentence of the rearrangement of the given sentences.
The correct sequence is RQSP. Then the sentence is, Since the earliest days of agriculture, crops in many parts of the world have been attacked by locusts.

85(C). The correct order is: Jerry was a tall lady who lived in a big house near the sea.
- Sentence 'S' comes first as it is independent of any other sentence and introduces the subject which tells 'Jerry', So it will be put in the first place.
- Sentence 'Q' follows 'S' as it talks about, where the tall lady named Mary lived and gives some information about the previous sentence, So it will be put in the second place.
- Sentence 'P' follows 'Q' as it states that, a tall lady named Mary lived in a big house and continuation of the previous sentence, So it will be put in the third place.
- Sentence 'R' follows 'P' as it tells that, a tall lady named Mary lived in a big house which was near the sea, and the conclusion of another aspect of 'smoking of tobacco', so sentence R is the concluding sentence. So it will be put in fourth place.
- Therefore, as per the points mentioned above, we find that the correct order is 'SQPR'.

86(A). The correct preposition, in this case, would be 'at', not 'to'.
We use the preposition 'at' with the verb 'smile'.
'At'- Here it means 'in the direction of somebody/ something'.
Example:
He pointed a gun at the policeman.
He shouted at me.
Therefore, the correct sentence will be: The actor smiled at me when I entered the room as if she knew me.

87(B). We always use how/where/what after 'no matter'.
The verb/adverb comes directly after 'how'.
The correct sentence would be:
"No matter how hard he tries, he cannot play the guitar."

88(C). Correct Sentence: Is there a fitness centre near your house?
In the given sentence, 'fitness centre' is an indefinite singular countable noun. The indefinite article 'a' is grammatically and contextually correct. The indefinite article (a, an) is used before a noun

that is general or when its identity is not known.

89(B). Correct Sentence: He drove with little care and hence was fined by Traffic Police.
The word 'little' is a determiner that can be used with the uncountable noun 'care' and also "little care" shows that he had no care while driving and that's why he was fined."

90(D). The correctly spelled word is Satellite.
A satellite is a moon, planet, or machine that orbits a planet or star. Usually, the word "satellite" refers to a machine that is launched into space and moves around Earth or another body in space.

91(B). The miss-spelled word is defeciency.
The correct word is a deficiency which means the state of not having enough of something; a lack.

92(D). The correct answer is 'Forsake.'
Abandon means 'to leave somebody/something that you are responsible for, usually permanently.'
- Example: The captain gave the order to abandon the ship.
Marked option 'Forsake' means 'to leave a person or a place forever especially when one should stay.'
- Example: Hashim decided to forsake politics for journalism.
It is clear that 'Abandon' and 'Forsake' are similar in meaning.

93(A). The most appropriate synonym of the underlined word "appalling" is 'harrowing.'
The meaning of the word 'Appalling' is causing shock or dismay; horrific; very bad; awful.
Let us discuss the meanings of the given options:
- Harrowing: making people feel very sad or upset; acutely distressing.
- Debilitating: making someone or something physically weak.
- Reassuring: making you feel less worried.
- Humiliating: making you feel ashamed or stupid.

94(D). Life history of a man written by himself is called 'Autobiography'.

95(D). The appropriate meaning of the word "Etymology" is A study of the origin of words.

96(A). फाइंड और रिप्लेस विकल्प को एडिट मेनू के अंतर्गत रखा गया है।
फाइंड एंड रिप्लेस वर्ड में एक फंक्शन है जो हमें टारगेट टेक्स्ट (चाहे वह एक विशेष शब्द हो, फ़ॉर्मेटिंग का प्रकार या वाइल्डकार्ड कैरेक्टर का स्ट्रिंग हो) की खोज करने और इसे किसी और चीज़ से बदलने की अनुमति देता है।

97(C). माइक्रोसॉफ्ट फ्रंट पेज (पूरा नाम माइक्रोसॉफ्ट ऑफिस फ्रंट पेज) ऑपरेटिंग सिस्टम के माइक्रोसॉफ्ट विंडोज़ लाइन के लिए माइक्रोसॉफ्ट से बंद WYSIWYG HTML संपादक और वेबसाइट प्रशासन उपकरण है। यह 1997 से 2003 तक माइक्रोसॉफ्ट ऑफिस सुइट के हिस्से के रूप में ब्रांडेड था।
अत: विकल्प (C) सही है।

98(C). फ्रीवेयर एक सॉफ्टवेयर है जो उपयोग करने के लिए स्वतंत्र है। वाणिज्यिक सॉफ्टवेयर के विपरीत, इसे किसी भी भुगतान या लाइसेंस शुल्क की आवश्यकता नहीं है।
आप कानूनी रूप से इसे डाउनलोड कर सकते हैं और फ्रीवेयर का उपयोग कर सकते हैं जब तक आप इसके लिए बिना भुगतान किये उपयोग करना चाहते हैं।
त्वरित संदेश, गूगल टूलबार, एवरनोट, अवास्त एंटीवायरस फ्रीवेयर के कुछ उदाहरण हैं।

99(D). SMTP (सिंपल मेल ट्रांसफर प्रोटोकॉल) एक टीसीपी / आईपी प्रोटोकॉल है जिसका उपयोग ई-मेल भेजने और प्राप्त करने में किया जाता है। हालाँकि, चूंकि यह संदेश के अंत में संदेशों को कतारबद्ध करने की अपनी क्षमता में सीमित है, इसलिए इसे आमतौर पर दो अन्य प्रोटोकॉल, POP3 या IMAP में से एक के साथ प्रयोग किया जाता है जो उपयोगकर्ता को सर्वर मेलबॉक्स में संदेश सहेजने और उन्हें सर्वर से समय-समय पर डाउनलोड करने देता है। SMTP आमतौर पर इंटरनेट पोर्ट 25 पर काम करने के लिए लागू किया जाता है। कई मेल सर्वर अब विस्तारित सरल मेल ट्रांसफर प्रोटोकॉल (ESMTP) का समर्थन करते हैं, जो मल्टीमीडिया फ़ाइलों को ई-मेल के रूप में वितरित करने की अनुमति देता है।
अत: विकल्प (D) सही है।

100(D). वह उपकरण जो आमतौर पर जीएसएम मोबाइल सिस्टम से संबंधित सभी उपयोगकर्ता-संबंधित डेटा को स्टोर करता है, सिम कार्ड के रूप में जाना जाता है। सिम कार्ड एक तरह का इंटीग्रेटेड सर्किट है जो आईएमएसआई (या इंटरनेशनल मोबाइल सब्सक्राइबर आइडेंटिटी) को सुरक्षित रखता है। इसे एक पोर्टेबल मेमोरी चिप के रूप में भी माना जा सकता है जो उपयोगकर्ताओं को दुनिया भर में जहां सब्सक्राइबर का नेटवर्क उपलब्ध है, फोन कॉल करके संवाद करने में सक्षम बनाता है।

General Awareness

1. निम्न में से किसकी नियुक्ति राज्य का राज्यपाल नहीं करता?
   (a) मुख्यमंत्री
   (b) सदस्य, राज्य लोक सेवा आयोग
   (c) उच्च न्यायालय के न्यायाधीश
   (d) महान्यायवादी

2. एक व्यक्ति पंचायत का चुनाव लड़ सकता है यदि उसने पूर्ण कर ली है:
   (a) 25 वर्ष की आयु   (b) 30 वर्ष की आयु
   (c) 21 वर्ष की आयु   (d) 18 वर्ष की आयु

3. संविधान के किस संशोधन के अन्तर्गत अन्य पिछड़े वर्ग को शिक्षण संस्थाओं में प्रवेश हेतु 27 प्रतिशत का आरक्षण दिया गया है?
   (a) 92वें   (b) 93वें
   (c) 94वें   (d) 96वें

4. निम्न में से कौन सी एक समिति भारत में पंचायत राज व्यवस्था से सम्बन्धित नहीं है?
   (a) दिनेश गोस्वामी समिति   (b) एल.एम. सिंघवी समिति
   (c) सादिक अली समिति   (d) अशोक मेहता समिति

5. संविधान के किस अनुच्छेद के अन्तर्गत शिक्षण संस्थाओं में, जिसमें गैर-सरकारी व गैर-अनुदान प्राप्त भी सम्मिलित हैं, अन्य पिछड़ों, अनुसूचित जाति व अनुसूचित जनजाति हेतु आरक्षण की सुविधा प्रदान की गई है?
   (a) अनुच्छेद 15(4)   (b) अनुच्छेद 15(5)
   (c) अनुच्छेद 16(4)   (d) अनुच्छेद 16(5)

6. बिहार विधान परिषद की संरचना क्या है?
   (a) सदस्य बिहार की जनता द्वारा चुने जाते हैं
   (b) सदस्यों की नियुक्ति बिहार के राज्यपाल द्वारा की जाती है
   (c) सदस्य बिहार विधान सभा द्वारा चुने जाते हैं
   (d) सदस्यों की नियुक्ति भारत के राष्ट्रपति द्वारा की जाती है

7. किस राज्य में विधान परिषद (विधान परिषद) नहीं है?
   (a) कर्नाटक   (b) महाराष्ट्र
   (c) केरल   (d) तेलंगाना

8. किस विधानसभा चुनाव में, राजस्थान विधानसभा के सदस्यों की संख्या 184 से बढ़ाकर 200 कर दी गई थी।
   (a) तीसरे   (b) चौथे
   (c) पांचवें   (d) छठवें

9. निम्नलिखित में से किसे राज्य की विधान सभा को भंग करने का अधिकार है?
   (a) राज्यपाल
   (b) विधान सभा के अध्यक्ष
   (c) मुख्यमंत्री
   (d) उच्च न्यायालय के मुख्य न्यायाधीश

10. 'ग्रैंड इनोवेशन चैलेंज' किसने लॉन्च किया है?
   (a) पीएमओ
   (b) विज्ञान और प्रौद्योगिकी मंत्रालय
   (c) नीति आयोग
   (d) अटल इनोवेशन प्रोग्राम

11. आईसीटी अकादमी ने हाल ही में नीति आयोग से प्रशंसा मिली है और आयोग ने सभी इच्छुक राज्यों में अपने मॉडल को दोहराने का सुझाव दिया है। आईसीटी अकादमी मूल रूप से किस राज्य में शुरू हुई थी?
   (a) महाराष्ट्र   (b) केरल
   (c) कर्नाटक   (d) तमिलनाडु

12. इनमें से कौन सा संस्थान भारत में रेपो रेट और रिवर्स रेपो रेट तय करता है?
   (a) वित्त मंत्रालय
   (b) भारतीय स्टेट बैंक
   (c) भारत के नियंत्रक एवं महालेखा परीक्षक
   (d) भारतीय रिजर्व बैंक

13. चंद्रगुप्त के सलाहकार, कौटिल्य अपने महान ग्रंथ ______ के लिए बहुत प्रसिद्ध हुए।
   (a) कामसूत्र   (b) अभिज्ञान शाकुन्तलम
   (c) अर्थशास्त्र   (d) मनुस्मृति

14. पानीपत का प्रथम युद्ध निम्नलिखित में से किसके बीच लड़ा गया था?
   (a) राणा सांगा और बाबर
   (b) इब्राहिम लोदी और बाबर
   (c) कुतुब खान और राणा सांगा
   (d) अकबर और राणा सांगा

15. सूची-I को सूची-II से सुमेलित कीजिये और सूचियों के नीचे दिये गये कूट का प्रयोग कर सही उत्तर चुनिये:

सूची - I (नदियाँ)	सूची - II (उनकी सहायक नदियाँ)
a. कृष्णा	1. चम्बल
b. ब्रह्मपुत्र	2. इन्द्रावती
c. गोदावरी	3. तिस्ता
d. यमुना	4. भीमा

   (a) a - 4, b - 3, c - 2, d - 1   (b) a - 3, b - 4, c - 1, d - 2
   (c) a - 4, b - 3, c - 1, d - 2   (d) a - 3, b - 4, c - 2, d - 1

16. भूतापीय ऊर्जा पर आधारित मनीकरण बिजली संयंत्र किस राज्य में स्थित है?
   (a) अरुणाचल प्रदेश   (b) हिमाचल प्रदेश
   (c) जम्मू और कश्मीर   (d) उत्तराखण्ड

17. अधोलिखित उच्चावच आकृतियों पर ध्यान दीजिये:
   1. ज़ास्कर पर्वत श्रृंखला
   2. धौलाधर पर्वत श्रृंखला
   3. लद्दाख पर्वत श्रृंखला
   4. कराकोरम पर्वत श्रृंखला
   उपरोक्त उच्चावच आकृतियों का दक्षिण से उत्तर की और बढ़ते हुये सही क्रम बताइये:
   (a) 2, 1, 3, 4   (b) 2, 3, 4, 1,
   (c) 4, 3, 2, 1   (d) 4, 2, 1, 3

18. निम्नलिखित में से किस स्थान पर भित्ति चित्रों के प्रमाण मिल सकते हैं?
   1. विरुपाक्ष मंदिर
   2. कैलाश मंदिर
   3. कांचीपुरम मंदिर
   (a) केवल 1 और 2   (b) केवल 2 और 3
   (c) केवल 1 और 3   (d) 1, 2 और 3

19. कोलम रंगोली के बारे में निम्नलिखित में से कौन सा कथन सही है?
   1. यह तमिलनाडु से सम्बन्धित है।
   2. यह जीवंत कृत्रिम रंगों का उपयोग करता है।

(a) केवल 1   (b) केवल 2
(c) 1 और 2 दोनों   (d) न तो 1 और न ही 2

20. फुलिच ______ राज्य का एक रंगीन त्योहार है।
(a) हिमाचल प्रदेश   (b) उत्तर प्रदेश
(c) मध्य प्रदेश   (d) आंध्र प्रदेश

21. भारत में सबसे महत्वपूर्ण मत्स्य उद्योग क्षेत्र है:
(a) गहरे समुद्र   (b) अपतट में
(c) सांस्कृतिक अन्त: स्थलीय   (d) प्राकृतिक अन्तः स्थलीय

22. 'साएा' का पूर्ण रूप क्या है?
(a) साउथ एशिया प्रिफरेन्शियल ट्रेड एग्रीमेन्ट
(b) सार्क प्रिफरेन्शियल ट्रेड एग्रीमेन्ट
(c) साउथ एशिया प्रिफरेन्शियल ट्रेड एजेन्सी
(d) इनमें से कोई नहीं

23. जेनोट्रांसप्लांटेशन किस क्षेत्र से संबंधित है?
(a) क्रिप्टो-मुद्रा   (b) अंग प्रत्यारोपण
(c) सेमीकंडक्टर निर्माण   (d) जलवायु परिवर्तन

24. भारत का पहला मानव अंतरिक्ष मिशन "गगनयान" किस वर्ष लॉन्च किया जाएगा?
(a) 2022   (b) 2023
(c) 2024   (d) 2025

25. भारतीय अंतरिक्ष अनुसंधान संगठन (ISRO) ने ______________ में वैमानिकी परीक्षण रेंज (ATR) से पुन: प्रयोज्य लॉन्च वाहन स्वायत्त लैंडिंग मिशन (RLV) का सफलतापूर्वक संचालन किया।
(a) तिरुवनंतपुरम   (b) चित्रदुर्ग
(c) कुलशेखरपट्टनम   (d) श्रीहरिकोटा

26. निम्नलिखित कथनों पर विचार कीजिये:
1. अंटार्कटिका में मैत्री और भारती भारत के दो स्थायी अनुसंधान स्टेशन हैं।
2. नेशनल सेंटर फ़ॉर पोलर एंड ओशन रिसर्च (NCPOR) अंटार्कटिका और आर्कटिक में भारत के वैज्ञानिक अभियानों के लिए नोडल एजेंसी है।
ऊपर दिए गए कथनों में से कौन सा सही है/हैं?
(a) केवल 1   (b) केवल 2
(c) 1 और 2 दोनों   (d) न 1 और न ही 2

27. अनुवंशिकी जाँच (जेनेटिक स्क्रीनिंग) ______ है।
(a) किसी व्यक्ति में किसी विशेष जीन की उपस्थिति की जांच करने के लिए डीएनए का विश्लेषण
(b) जनसंख्या में जीन का विश्लेषण
(c) वंशावली विश्लेषण
(d) माता-पिता में बांझपन की जांच

28. हाल ही यूनेस्को ने किस विश्वविद्यालय को दुनिया का पहला जीवित विरासत विश्वविद्यालय घोषित करने का फैसला किया?
(a) विश्वभारती विश्वविद्यालय   (b) काशी हिन्दू विश्वविद्यालय
(c) अलीगढ़ विश्वविद्यालय   (d) इलाहाबाद विश्वविद्यालय

29. अप्रैल 2023 में, कॉर्पोरेट मामलों के मंत्रालय (MCA) ने इंफ्रास्ट्रक्चर लीजिंग एंड फाइनेंशियल सर्विसेज लिमिटेड के चंद्र शेखर राजन के गैर-कार्यकारी अध्यक्ष का कार्यकाल ______ तक बढ़ा दिया।
(a) 30 सितंबर 2023   (b) 31 अगस्त 2023
(c) 30 जून 2023   (d) 31 जुलाई 2023

30. UNFCCC के 27वें कांफ्रेंस ऑफ द पार्टीज (COP) का मेजबान कौन सा देश था?
(a) यूएई   (b) मिस्र
(c) ऑस्ट्रेलिया   (d) ब्राज़ील

31. निम्नलिखित में से किस राज्य ने हाल ही में "मुख्यमंत्री एकल महिला स्वरोजगार योजना" शुरू की है?
(a) उत्तर प्रदेश   (b) राजस्थान
(c) उत्तराखंड   (d) झारखंड

32. किस राज्य ने दक्षता लाने और राज्य के राजस्व की चोरी को रोकने के प्रयास में भौतिक स्टाम्प पेपर को समाप्त करने का निर्णय लिया है?
(a) हरियाणा   (b) पंजाब
(c) राजस्थान   (d) गुजरात

33. हाल ही में क्वाड देशों ने साइबर सुरक्षा के लिए कौन सा अभियान शुरू किया है?
(a) लॉक्ड शील्ड   (b) क्वाड लॉक्ड शील्ड
(c) क्वाड साइबर चैलेंज   (d) साइबर सुरक्षा

34. राष्ट्रीय भूमि मुद्रीकरण निगम (एनएलएमसी) किस मंत्रालय के प्रशासनिक अधिकार क्षेत्र में कार्य करता है?
(a) ग्रामीण विकास मंत्रालय
(b) वाणिज्य और उद्योग मंत्रालय
(c) वित्त मंत्रित्व
(d) गृह मंत्रालय

35. लैंड रोवर वुल्फ प्लेटफार्म के लिए पुर्जों, उपभोग्य सामग्रियों और सहायक उपकरण की आपूर्ति के लिए किस कंपनी ने यूनाइटेड किंगडम रक्षा मंत्रालय से अनुबंध जीता है?
(a) कंटेनर कारपोरेशन ऑफ इंडिया
(b) एजिस लॉजिस्टिक्स लिमिटेड
(c) टीवीएस सप्लाई चेन सॉल्यूशंस
(d) ब्लू डार्ट एक्सप्रेस लिमिटेड

Quantitative Aptitude and Numerical Skills

Ques (36-37): निर्देश : दिए गए व्यंजक को सरल कीजिए।

36. $240 \div 6 + \sqrt{529} \times 17 = ? + 80$ का 150%
(a) 311   (b) 310
(c) 309   (d) 312

37. 75 का 40% + 350 का 32% + 36 ÷ 18 = ?
(a) 244   (b) 104
(c) 204   (d) 144

38. बॉस के वेतन के बिना, औसत वेतन 1000 रुपये कम हो जाता है। यदि 11 कर्मचारियों और बॉस का औसत वेतन 18000 रुपये है, तो बॉस का वेतन क्या होगा?
(a) 30000 रुपये   (b) 27000 रुपये
(c) 36000 रुपये   (d) 29000 रुपये

39. 25 छात्रों के औसत अंक 45 हैं। बाद में अंकों की पुनर्गणना के समय यह पाया गया कि एक छात्र के अंकों को गलत तरीके से 28 के बजाय 82 मान लिया गया है। छात्रों के सही औसत अंक ज्ञात कीजिए।
(a) 42.84   (b) 48.84
(c) 42.20   (d) 47.84

40. यदि 0.090909 लगभग बराबर है $\frac{1}{11}$, तब 0.454545 का अनुमानित मान ______ है।
(a) $\frac{4}{11}$ (b) $\frac{5}{11}$
(c) $\frac{45}{11}$ (d) $\frac{6}{11}$

41. यदि $\sqrt{2025} = 45$, तो $\sqrt{20.25} + \sqrt{0.2025} + \sqrt{0.002025} + \sqrt{0.00002025}$ का योग कितना होगा, 2 दशमलव स्थानों तक?

(a) 5.09 (b) 5.10

(c) 4.68 (d) 4.99

42. दो संख्याएँ 4 : 5 के अनुपात में हैं। यदि पहली संख्या को 50% से बढ़ा दिया जाता है और दूसरी संख्या को 27 से घटा दिया जाता है, तो अनुपात 3 : 4 हो जाता है। संख्याओं का अंतर ज्ञात कीजिए।

(a) 6 (b) 7

(c) 8 (d) 9

43. दो प्रकार के मिश्र धातुओं में 7 : 22 और 21 : 37 के अनुपात में सोने और चांदी होती है। इन मिश्र धातुओं को किस अनुपात में मिश्रित किया जाना चाहिए ताकि एक नया मिश्र धातु प्राप्त हो जिसमें सोने और चांदी का अनुपात 25 : 62 हो?

(a) 13 : 12 (b) 8 : 13

(c) 13 : 8 (d) 6 : 9

44. एक विशेष कक्षा में 100 छात्र हैं 60% छात्र क्रिकेट खेलते हैं 30% छात्र फुटबॉल खेलते हैं और 10% छात्र दोनों खेल खेलते हैं। न तो क्रिकेट और न ही फुटबॉल खेलने वाले छात्रों की सख्या कितनी है?

(a) 25 (b) 20

(c) 18 (d) 15

45. कोई विक्रेता अपनी वस्तु पर क्रय मूल्य से 40% अधिक अंकित करता है। वह 60% वस्तु को अंकित मूल्य पर 10% छूट देकर बेचता है और शेष वस्तु को अंकित मूल्य पर 50% छूट देकर बेचता है। उसका कुल लाभ/हानि प्रतिशत ज्ञात कीजिए।

(a) लाभ 3.6% (b) हानि 2.8%

(c) हानि 3.6% (d) लाभ 2.8%

46. एक व्यक्ति ने एक प्लैटिनम सोना खरीदा और इसे 50,000 रुपये में बेच दिया। यदि उसने 25% का लाभ कमाया, तो उसने प्लैटिनम सोना खरीदने में कितना खर्च किया?

(a) रु. 45,000 (b) रु. 40,000

(c) रु. 42,000 (d) रु. 48,000

47. परिवर्तनीय चक्रवृद्धि ब्याज पर 18, 750 रुपये से 2 साल बाद कुल कमाई क्या है यदि पहले वर्ष के लिए ब्याज की दर 4% है और दूसरे के लिए, यह 8% है?

(a) 1,740 रु. (b) 1,760 रु.

(c) 1,670 रु. (d) 2,320 रु.

48. 800 रुपये पर 2 वर्ष के लिए 4% वार्षिक दर से चक्रवृद्धि ब्याज और साधारण ब्याज के बीच अंतर ज्ञात कीजिए?

(a) 1.67 रुपए (b) 1.38 रुपए

(c) 1.28 रुपए (d) 5.67 रुपए

Ques (49-53): निर्देश: निम्नलिखित बार ग्राफ को ध्यान से पढ़ें और निम्नलिखित प्रश्नों के उत्तर दें।

निम्नलिखित में पहला आवश्यक डेटा पर आईपीएस परीक्षाओं की तैयारी करने वाले छात्रों के प्रतिशत और विभिन्न कॉलेजों में एसएससी परीक्षा की तैयारी करने वाली छात्राओं का प्रतिशत और दूसरा दण्ड आरेख इन कॉलेजों में छात्रों और छात्राओं की संख्या के बीच के अंतर को दर्शाता है।

(नोट: प्रत्येक छात्र दी गई परीक्षाओं में से किसी एक की तैयारी कर रहा है।)

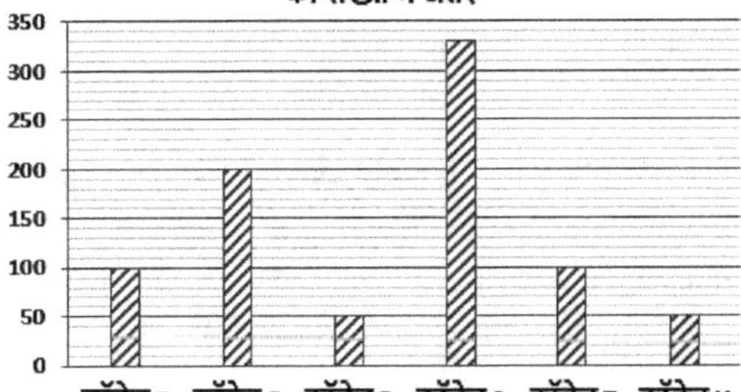

49. कॉलेज Q से आईपीएस की तैयारी करने वाले छात्रों की कुल संख्या, कॉलेज T से परीक्षा की तैयारी करने वाली छात्राओं की कुल संख्या से 32 कम है और कॉलेज के छात्रों की कुल संख्या और कॉलेज T में कुल छात्राओं की संख्या का अनुपात क्रमशः 4: 3 है। कॉलेज Q से छात्रों की कुल संख्या और कॉलेज T से छात्रों की कुल संख्या का संबंधित अनुपात क्या है?

(a) 3 : 2 (b) 1 : 2

(c) 5 : 4 (d) 5 : 3

50. कुल 270 छात्र कॉलेज P से आईपीएस की परीक्षा की तैयारी कर रहे हैं, जो कॉलेज U से एसएससी की परीक्षा की तैयारी करने वाले छात्रों की कुल संख्या से 79 कम हैं। कॉलेज U से आईपीएस की परीक्षा की तैयारी करने वाली छात्राओं की कुल संख्या, कॉलेज P से एसएससी की परीक्षा की तैयारी करने वाले छात्रों की कुल संख्या का लगभग कितने प्रतिशत है? (केवल कॉलेज U में छात्रों की संख्या उसी कॉलेज में छात्राओं की संख्या से कम है)

(a) 77% (b) 79%

(c) 82% (d) 85%

51. कुल 800 और 700 छात्र क्रमशः कॉलेज P और Q में हैं और प्रत्येक कॉलेज में छात्रों की कुल संख्या छात्राओं की तुलना में अधिक है। यदि कॉलेज P और T की छात्राओं की कुल संख्या क्रमशः 7 : 6 के अनुपात में है और कॉलेज Q और S में छात्राओं की कुल संख्या क्रमशः 5 : 6 के अनुपात में है, तो कॉलेज T और S में छात्राओं की कुल संख्या के बीच का अंतर ज्ञात कीजिये।

(a) 0 (b) 200

(c) 150 (d) 100

52. कॉलेज Q और R में छात्रों की कुल संख्या क्रमशः 2: 3 के अनुपात में है और लड़कों की कुल संख्या का योग दोनों गुणवत्ता में 500 है। यदि दोनों कॉलेजों में लड़कियों की संख्या उसी कॉलेज के लड़कों की संख्या से कम है, तो दोनों कॉलेजों के कितने छात्र मिलकर एसएससी परीक्षा की तैयारी कर रहे हैं?

(a) 396 (b) 386

(c) 376 (d) 366

53. यदि क्रमशः कॉलेज T और U की कुल 96 और 186 छात्राएं एसएससी परीक्षाओं की तैयारी कर रही हैं और आप केवल कॉलेज T में कुल छात्रों की संख्या छात्राओं की कुल संख्या से अधिक है, तो कॉलेज U से कॉलेज T में छात्रों की संख्या का संबंधित अनुपात क्या होगा?

(a) 6 : 7 (b) 9 : 10

(c)　3 : 4　　　　(d)　10 : 11

54. मुकेश एवं शिवम किसी कार्य को 2800 रुपये में करने का ठेका लेते हैं। मुकेश इस कार्य को अकेले 14 दिन में तथा शिवम इस कार्य को अकेले 16 दिन में कर सकता है। परंतु वे अपनी सहायता के लिए हर्ष को बुलाते हैं और सम्पूर्ण कार्य 6 दिन में पूरा हो जाता है, तो हर्ष को कितनी धनराशि प्राप्त होगी?

(a)　540 रूपये　　　　(b)　570 रूपये

(c)　560 रूपये　　　　(d)　550 रूपये

55. A, B और C क्रमशः 22 दिन, 40 दिन और 110 दिन में एक कार्य कर सकते हैं। यदि एकांतर दिनों में A को B और C द्वारा सहायता प्रदान की जाती है तो उन दिनों की संख्या ज्ञात कीजिये जिसमे कार्य समाप्त होगा।

(a)　14 दिन　　　　(b)　16 दिन

(c)　18 दिन　　　　(d)　20 दिन

Mental Ability and Logical Reasoning

56. **निर्देश** : विकल्पों में से अक्षरों के उस संयोजन का चयन कीजिए जिसे दी गई अक्षर श्रृंखला में क्रमानुसार रिक्त स्थान पर रखने पर श्रृंखला को पूर्ण करेगा?

a _ cb _ bc _ ab _ b _ bc _ a

(a)　b a b c a b　　　　(b)　a b c a a b

(c)　b c b a a a　　　　(d)　a b a a c a

57. नीचे दिए गए क्रम में प्रश्न चिन्ह (?) के स्थान पर क्या आयेगा?

EFI, CDG, PQT, ?

(a)　UVY　　　　(b)　KMP

(c)　ABG　　　　(d)　MMR

58. निम्नलिखित प्रश्न में दी गई अक्षर श्रृंखला के खाली स्थानों पर क्रम से रखने पर निम्नलिखित में से कौन-सा अक्षर समूह उसे पूरा करेगा?

QST_, QS_R, Q_TR, _STR

(a)　SQTR　　　　(b)　RTSQ

(c)　TRQS　　　　(d)　TSRQ

59. नीचे दिए गए विकल्पों में से सही विकल्प ढूंढ कर श्रृंखला को पूरा करो:

HV, GT, FR, EP, DN,

(a)　KL　　　　(b)　LM

(c)　NO　　　　(d)　CL

60. **निर्देश:** निम्नलिखित शब्दों को शब्दकोश में आने वाले क्रम के अनुसार लिखें –

(1) Bale
(2) Blade
(3) Balls
(4) Balance
(5) Balancing

(a)　24135　　　　(b)　42135

(c)　45132　　　　(d)　54213

61. कुल शब्दों में "TIGER" शब्द में कितने अक्षर एक ही स्थिति में बने रहेंगे, भले ही अक्षर अंग्रेजी वर्णों के आरोही क्रम में सेट किये जाते है?

(a)　4　　　　(b)　3

(c)　2　　　　(d)　इनमे से कोई नहीं

62. निम्नलिखित शब्दों को एक तार्किक और सार्थक क्रम में व्यवस्थित करें।

1. गला
2. मूत्राशय
3. पुतली
4. यकृत
5. कर्णपालि

(a)　5-3-1-2-4　　　　(b)　5-3-1-4-2

(c)　3-5-1-4-2　　　　(d)　3-5-1-2-4

Ques (63-65): निर्देश: निम्नलिखित प्रश्न में, एक कथन और उसके बाद I और II से अंकित दो निष्कर्ष दिए गये हैं। आपको दिए गये कथनों को सत्य मानना है, भले ही वे ज्ञात तथ्यों से अलग प्रतीत होते हों। निर्णय कीजिए कि दिये गये निष्कर्षों में से कौन-सा निष्कर्ष कथन का तार्किक रूप से अनुसरण करता है।

63. **कथन:** जनवरी के महीने में अत्यधिक हिमपात के कारण हिमाचल के ऊपरी हिस्सों में बिजली की आपूर्ति बंद कर दी गई है।

निष्कर्ष:

I. हिमाचल के कुछ हिस्सों में अन्य हिस्सों की तुलना में अधिक बर्फबारी होती है।

II. हिमाचल के ऊपरी हिस्से में जाड़े के मौसम में लोगों को काफी दिक्कतों का सामना करना पड़ता है।

(a)　केवल निष्कर्ष I अनुसरण करता है

(b)　केवल निष्कर्ष II अनुसरण करता है

(c)　न तो I और न ही II अनुसरण करता है

(d)　I और II दोनों अनुसरण करते हैं

64. **कथन:** लगभग 50 प्रतिशत पशु उपोत्पाद - बाल, त्वचा, सींग आदि खाद्य प्रोटीन है। अमेरिकी रसायनज्ञों ने इस प्रोटीन के 45 प्रतिशत को पृथक करने की एक विधि विकसित की है। उन्होंने सोया प्रोटीन को तोड़ने के लिए जापान में विकसित एक एंजाइम का इस्तेमाल किया।

निष्कर्ष:

I. अमेरिकी एंजाइम विकसित नहीं कर पाए हैं।

II. पशु उपोत्पाद प्रोटीन में सोया प्रोटीन के समान संरचना होती है।

(a)　केवल निष्कर्ष I अनुसरण करता है

(b)　केवल निष्कर्ष II अनुसरण करता है

(c)　या तो I या II अनुसरण करता है

(d)　न तो I और न ही II अनुसरण करता है

65. **कथन:** राजन ने कल एक पेंसिल खरीदी थी।

निष्कर्ष:

I: राजन के पास कोई पेंसिल नहीं थी।

II: राजन की बहन ने उसे एक पेंसिल लाने के लिए कहा था।

(a)　केवल निष्कर्ष I अनुसरण करता है

(b)　केवल निष्कर्ष II अनुसरण करता है

(c)　निष्कर्ष I और II दोनों अनुसरण करते हैं

(d)　न तो निष्कर्ष I और न ही II अनुसरण करता है

Ques (66-67): निर्देश: दिए गए चार विकल्पों में से एक आकृति चुनिए, जिसे (?) में रखा गया है।

66.   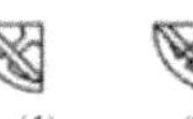  

(a)　(1)　　　　(b)　(2)

(c)　(3)　　　　(d)　(4)

67. **प्रश्न आकृति:**

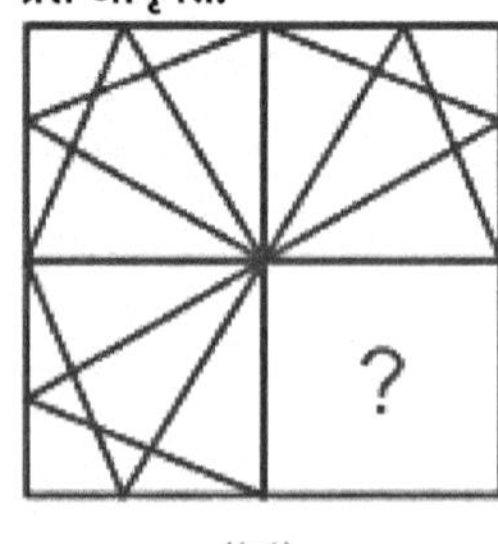

(X)

विकल्प आकृति:

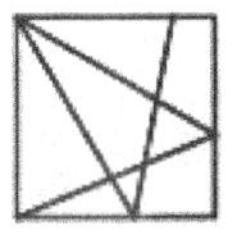 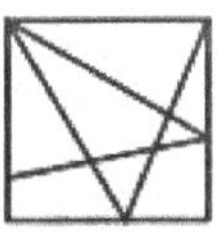 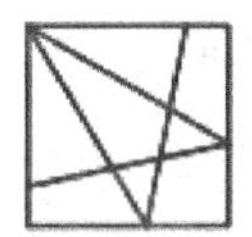 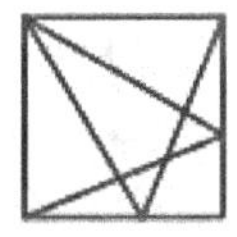

(a) (3) (b) (4)
(c) (1) (d) (2)

68. एक कक्षा में 43 छात्र है। ऊपर से रोहन की रैंक 23वीं है और दीप्ति की रैंक नीचे से 24वीं है। रोहन और दीप्ति के मध्य कितने छात्र हैं।

(a) 3 (b) 2
(c) 5 (d) 6

69. लड़कों की एक पंक्ति में, राहुल का स्थान दायें छोर से 39वां और पंकज का स्थान बाएं छोर से 53वां है। अपने स्थान को आपस में बदलने के बाद, राहुल का स्थान दायें छोर से 64वां हो जाता है। पंक्ति में कितने लड़के हैं?

(a) 118 (b) 117
(c) 116 (d) 120

70. P, Q, R और S अलग-अलग ऊंचाइयों की वस्तुएं हैं। S, P से छोटी नहीं है। P, Q से लंबा है। R, Q से लम्बी नहीं है। निम्नलिखित में से कौन सी वस्तु सबसे छोटी है?

(a) Q (b) R
(c) C (d) D

71. मोहन और अमित अपने दफ़्तर से चलना शुरू करते हैं और विपरीत दिशा में 20 किमी जाते है। मोहन फिर दाएं मुड़कर 20 किमी जाता है। अमित बाएं मुड़कर 15 किमी जाता है। अब वे एक-दूसरे से कितनी दूर हैं?

(a) 16 किमी (b) 40.3 किमी
(c) 22.5 किमी (d) 50 किमी

72. कुछ दूरसंचार टावर S, J, Z, E, N और B को मानचित्र पर आलेखित है। Z, S के 6 किमी उत्तर में है, जो J के 9 किमी पश्चिम में है, जो B के 12 किमी उत्तर में है, जो N के 9 किमी पूर्व में है, जो E के 15 किमी उत्तर में है। E के संबंध में Z कहाँ है?

(a) 33 किमी उत्तर की ओर (b) 33 किमी दक्षिण की ओर
(c) 9 किमी उत्तर की ओर (d) 9 किमी दक्षिण की ओर

73. एक तस्वीर की ओर इशारा करते हुए। बाजपेयी ने कहा, "वह मेरे भाई के पिता की इकलौती पुत्री का पुत्र है।" तस्वीर में दिख रहे व्यक्ति से बाजपेयी का क्या संबंध है?

(a) भतीजा (b) भाई
(c) पिता (d) मामा

74. एक पुरुष की ओर इशारा करते हुए एक महिला ने कहा, "उसकी माँ मेरी माँ की इकलौती बेटी है।" महिला का पुरुष से क्या संबंध है?

(a) माँ (b) दादी
(c) बहन (d) बेटी

75. एक तस्वीर की ओर इशारा करते हुए अंजलि ने कहा, "वह मेरे दादा के इकलौते बेटे का बेटा है।" तस्वीर में दिख रहे व्यक्ति का अंजलि से क्या संबंध है?

(a) भाई (b) चाचा
(c) बेटा (d) डेटा अपर्याप्त है

English Language Skills

Ques (76-80): Direction : Read the passage given below and answer the questions that follow by choosing the correct/most appropriate options:

SYCOPHANCY is one of the oldest professions in the world. Old King Cole was a merry old soul because he could afford to be so. He would have felt choked by his surroundings but for the sycophant who stood by and helped him attain peace of mind. The sycophant may well be called the provider of peace of mind for those in authority. He acts as a shock absorber- even this word is a little ahead of the sense. It would be nearer the mark to say that he acts as a shock repeller. The sycophant is ever watchful and manages to keep his chief from feeling unduly bothered by conscience or common sense. The sycophant's genius lies in showing a feeling that is not his own but his master's. He cannot afford to assume any colour of his own. His survival depends upon his capacity to take on the hue that his master is likely to assume at any given moment. Hamlet points at the sky and asks Polonius: "Do you see yonder cloud that's almost in shape of a camel?"
Polonius: "By the mass, and it's like a camel, indeed."
Hamlet: "Methinks it is like a weasel."
Polonius: "It is backed like a weasel."
Hamlet: "Or like a whale?"
Polonius: "Very like a whale."
I quote this because it seems to me a masterpiece of sycophancy, although Polonius has perhaps other aims, such as wanting to humour a madman, in making himself so agreeable.

76. According to the passage, choose the correct option.
1. A sycophant excels in expressing his own feelings.
2. A sycophant's master understands the important function that the former plays in his life.
3. A sycophant experiences no qualms of conscience in expressing his feelings.
4. A sycophant's master is often idiotic.

(a) 1 (b) 2
(c) 3 (d) 4

77. Choose the correct option from the following:
1. A sycophant's master is often morally upright.
2. A sycophant is rarely himself.
3. A sycophant is an honest, honourable person.
4. A sycophant's survival sometimes depends upon his capacity to be like his master.

(a) 1 (b) 2
(c) 3 (d) 4

78. Read the following two statements:
A. A sycophant is a mirror image of his own master.
B. A sycophant and his master differ in their characters.
1. A is false and B is true.
2. B is false and A is true.
3. Both A and B are true.
4. Both A and B are false.

(a) 1 (b) 2
(c) 3 (d) 4

79. The gist of the passage is that:
1. a sycophant is out and out a self-chosen victim.
2. a sycophant is out and out a clever rogue.
3. a sycophant sometimes tailors his moods to mirror those of his master's.
4. a sycophant and his master have a fragile relationship.

(a) 1 (b) 2
(c) 3 (d) 4

80. Which of the following words has the same meaning as the word "hue" as used in the passage?
1. Cry
2. Reflection
3. Refraction
4. Colour

(a) 1   (b) 2
(c) 3   (d) 4

Ques (81-85): Direction : This question consists of a sentence, parts of which have been jumbled. These parts have been labeled as P, Q, R, and S. You are required to re-arrange the jumbled parts of the sentence and mark your responses.

81. scientists have / (P) the effects of / (Q) warned us about / (R) climate change / (S)
- (a) PQRS
- (b) PRSQ
- (c) PQSR
- (d) PRQS

82. from Europe to America / (P) in 1992 / (Q) his first voyage / (R) Columbus made / (S)
- (a) PRQS
- (b) SRPQ
- (c) SRQP
- (d) QPRS

83. a big house /(P) who lived in /(Q) near the sea /(R) Mary was a tall lady /(S)
- (a) PQRS
- (b) RPSQ
- (c) SQPR
- (d) QPSR

84. in the path of struggle /(P) no external power /(Q) one has to walk alone /(R) helps you /(S)
- (a) PQRS
- (b) QRPS
- (c) SRPQ
- (d) RPQS

85. named Charles Chaplin /(P) was often seen waiting /(Q) about the year 1900, a small, dark-haired boy /(R) outside the back entrances of London theatres /(S)
- (a) PRQS
- (b) QPSR
- (c) RPQS
- (d) SRPQ

Ques (86-87): Direction: The question has a sentence with three parts labelled (a), (b) and (c). Read each sentence to find out whether there is any error in any part. Indicate your response against the corresponding letter, i.e., (a) or (b) or (c). If you find no error, your response should be indicated as (d).

86. Our greatest glory is (a) / not in never falling but in (b) / raising every time we fall (c) / No error (d)
- (a) (a)
- (b) (b)
- (c) (c)
- (d) (d)

87. If you have asked me (a) / for the truth I would have told (b) / you at that time (c) / No error (d).
- (a) (a)
- (b) (b)
- (c) (c)
- (d) (d)

88. Complete the sentence using the correct form of verb in the brackets.
Presidential ______ (assent/ascent) is a must ______ (in/on/for) the new legislation.
- (a) assent, in
- (b) ascent, on
- (c) assent, for
- (d) ascent, in

89. Complete the given sentence using the appropriate pronoun from the following options:
This is the boy ______ scored the highest marks.
- (a) it
- (b) whose
- (c) which
- (d) who

90. Identify the word that is spelt correctly.
- (a) Comittee
- (b) Commitee
- (c) Commmitte
- (d) Committee

91. Identify the word that is spelt correctly.
- (a) Gibberish
- (b) Giberish
- (c) Ggiberrish
- (d) Gibberrish

Ques (92-93): Direction : This consists of a sentence with an underlined word followed by four words. Select the option that is opposite in meaning to the underlined word and mark your response accordingly.

92. His work is praiseworthy .
- (a) Admirable
- (b) Condemnable
- (c) Commendable
- (d) Creditable

93. His deeds had retrograde results.
- (a) Progressive
- (b) Negative
- (c) Retreating
- (d) Reverse

Ques (94-95): Direction : In the question given below out of four alternatives, choose the one which can be substituted for the given word/sentence.

94. A person pretending to be somebody he is not
- (a) Magician
- (b) Rogue
- (c) Liar
- (d) Imposter

95. List of the business or subjects to be considered at a meeting
- (a) Schedule
- (b) Timetable
- (c) Agenda
- (d) Plan

Digital Literacy and Awareness

96. कंप्यूटर मॉनिटर द्वारा प्रदर्शित आउटपुट को कहा जाता है?
- (a) सॉफ्ट कॉपी
- (b) हार्ड कॉपी
- (c) कलर कॉपी
- (d) ड्राइ कॉपी

97. MS-DOS के बारे में निम्नलिखित में से कौन सा कथन सही है?
- (a) यह एक खुला स्रोत (ओपन सोर्स) है।
- (b) यह एक साथ अनेक कार्य कर सकता है।
- (c) इसमें एक आदेश रेखा अंतराफलक (कमांड लाइन इंटरफेस) होता है।
- (d) यह एक से अधिक उपयोगकर्ताओं का समर्थन करता है।

98. वेब पेज लिखने के लिए निम्नलिखित में से किसका उपयोग किया जाता है?
- (a) URL
- (b) FTP
- (c) HTML
- (d) HTTP

99. BMP का पूर्ण रूप क्या है?
- (a) बाइट मैप
- (b) बाइट मैप प्रोसेस
- (c) बिट मैप प्रोसेस
- (d) बिटमैप

100. निम्नलिखित में से किस एक में धीमी और तेज होपिंग का प्रयोग किया जाता है?
- (a) जीएसएम
- (b) जीपीआरएस
- (c) एफएचएसएस
- (d) इनमें से कोई नहीं

// स्मार्ट उत्तर पुस्तिका //

सही उत्तर — उन छात्रों का प्रतिशत जिन्होंने प्रश्न का सही उत्तर दिया।

छोड़ दिया — उन छात्रों का प्रतिशत जिन्होंने प्रश्न को छोड़ दिया।

प्रश्न संख्या	उत्तर	सही उत्तर / छोड़ दिया	प्रश्न संख्या	उत्तर	सही उत्तर / छोड़ दिया	प्रश्न संख्या	उत्तर	सही उत्तर / छोड़ दिया
1	C	81.04% / 0.0%	2	C	87.51% / 0.0%	3	B	57.34% / 2.0%
4	A	63.63% / 1.31%	5	B	69.79% / 1.86%	6	B	69.66% / 1.17%
7	C	78.89% / 0.0%	8	D	62.76% / 1.22%	9	A	56.05% / 1.28%

Q	Ans	%	Q	Ans	%	Q	Ans	%
10	C	44.02% / 1.75%	11	D	55.62% / 1.85%	12	D	46.03% / 1.83%
13	C	20.07% / 3.19%	14	B	48.86% / 1.0%	15	A	50.04% / 1.07%
16	B	47.58% / 1.15%	17	A	21.09% / 3.85%	18	D	12.13% / 3.86%
19	A	17.47% / 3.12%	20	A	21.35% / 4.01%	21	B	62.71% / 1.58%
22	A	61.74% / 1.24%	23	B	82.61% / 0.0%	24	C	40.26% / 1.31%
25	B	50.88% / 1.22%	26	C	43.91% / 1.12%	27	B	58.75% / 1.86%
28	A	49.93% / 1.77%	29	A	65.41% / 1.37%	30	B	58.86% / 1.4%
31	C	55.88% / 1.39%	32	B	76.14% / 0.0%	33	C	65.82% / 1.96%
34	C	55.2% / 1.12%	35	C	56.34% / 1.18%	36	A	63.98% / 1.37%
37	D	48.69% / 1.84%	38	D	63.45% / 1.24%	39	A	68.44% / 1.69%
40	B	82.51% / 0.0%	41	D	69.92% / 1.58%	42	D	27.93% / 3.63%
43	C	29.58% / 4.72%	44	B	42.32% / 1.39%	45	A	68.9% / 1.04%
46	B	55.59% / 1.2%	47	D	86.61% / 0.0%	48	C	52.56% / 1.42%
49	B	62.07% / 1.93%	50	C	41.98% / 1.83%	51	A	45.31% / 1.32%
52	B	43.53% / 1.05%	53	D	54.16% / 1.74%	54	D	31.64% / 3.03%
55	B	20.61% / 3.47%	56	A	64.84% / 1.32%	57	A	44.5% / 1.5%
58	B	76.77% / 0.0%	59	D	27.38% / 4.14%	60	C	78.36% / 0.0%
61	D	51.06% / 1.83%	62	C	58.01% / 1.53%	63	D	85.65% / 0.0%
64	D	12.75% / 3.61%	65	D	59.61% / 1.55%	66	D	44.81% / 1.46%
67	B	40.86% / 1.9%	68	B	64.79% / 1.08%	69	C	60.95% / 1.74%
70	B	76.82% / 0.0%	71	B	55.09% / 1.13%	72	A	47.58% / 1.8%
73	D	85.5% / 0.0%	74	A	80.27% / 0.0%	75	A	64.45% / 1.14%
76	D	40.96% / 1.18%	77	B	17.14% / 4.98%	78	A	19.7% / 3.34%
79	B	68.01% / 1.89%	80	D	46.49% / 1.59%	81	D	55.75% / 1.46%
82	B	59.98% / 1.2%	83	C	41.79% / 1.17%	84	D	63.86% / 1.79%
85	C	48.84% / 1.3%	86	B	50.76% / 1.03%	87	A	53.78% / 1.04%
88	C	69.21% / 1.54%	89	D	58.0% / 1.25%	90	D	43.63% / 1.01%
91	A	52.96% / 1.57%	92	B	49.9% / 1.04%	93	A	47.64% / 1.39%
94	D	68.37% / 1.43%	95	C	82.21% / 0.0%	96	A	88.48% / 0.0%
97	C	12.0% / 3.03%	98	C	40.6% / 1.2%	99	D	20.57% / 3.01%
100	C	65.42% / 1.52%						

// संकेत और समाधान //

1(C). उच्च न्यायालय के न्यायाधीशों की नियुक्ति राज्य के राज्यपाल द्वारा नहीं की जाती है।
- राष्ट्रपति उच्च न्यायालय में न्यायाधीशों की नियुक्ति करता है। राष्ट्रपति उन्हें भारत के मुख्य न्यायाधीश और राज्य के राज्यपाल के परामर्श से नियुक्त करता है। उच्च न्यायालयों का नेतृत्व मुख्य न्यायाधीश करते हैं।

- राज्यपाल राज्य के लिए मुख्यमंत्री और अन्य मंत्रियों और महाधिवक्ता की नियुक्ति करता है।

अत: विकल्प (C) सही है।

2(C). यदि एक व्यक्ति ने 21 वर्ष की आयु पूर्ण कर ली है तो वह पंचायत चुनाव लड़ सकता है।

ग्राम पंचायत के सदस्यों और अध्यक्षों का चुनाव:
- ग्राम, मध्यवर्ती और जिला स्तर पर ग्राम पंचायतों के सभी सदस्य गुप्त मतदान प्रक्रिया द्वारा सीधे जनता द्वारा चुने जाएंगे।
- मध्यवर्ती और जिला स्तर पर पंचायत का अध्यक्ष अप्रत्यक्ष रूप से निर्वाचित सदस्यों द्वारा और उनमें से चुना जाएगा।
- ग्राम स्तर पर पंचायत के अध्यक्ष का चुनाव राज्य विधानमंडल द्वारा निर्धारित तरीके से किया जाएगा।

एक व्यक्ति किसी भी स्तर पर पंचायत में सीट भरने के लिए चुने जाने के लिए तब तक योग्य नहीं होगा जब तक:
- उसका नाम पंचायत के किसी भी निर्वाचन क्षेत्र की मतदाता सूची में आता है।
- उन्होंने 25 वर्ष की आयु (नामांकन दाखिल करने की तिथि पर) का इक्कीसवां वर्ष पूरा कर लिया है।
- अनुसूचित जातियों या अनुसूचित जनजातियों के लिए आरक्षित सीट के मामले में, वह उन जातियों में से किसी का या उन जनजातियों के लिए, जैसा भी मामला हो, सदस्य होता है।
- महिलाओं के लिए आरक्षित सीट के मामले में, ऐसा व्यक्ति एक महिला है।
- वह रिटर्निंग ऑफिसर या राज्य चुनाव आयोग द्वारा अधिकृत किसी अन्य व्यक्ति के समक्ष पहली अनुसूची में इस उद्देश्य के लिए निर्धारित फॉर्म के अनुसार प्रतिज्ञान की शपथ लेता है और सदस्यता लेता है।
- उन्हें इस अधिनियम के किसी अन्य प्रावधान के तहत अयोग्य नहीं ठहराया गया है।

अत: विकल्प (C) सही है।

3(B). 93वें संविधान संशोधन के अन्तर्गत अन्य पिछड़े वर्ग को शिक्षण संस्थानों में प्रवेश में 27 प्रतिशत आरक्षण दिया गया है।

93वां संविधान संशोधन सरकार को "सामाजिक और शैक्षणिक रूप से पिछड़े नागरिकों के किसी भी वर्ग की उन्नति" के लिए विशेष प्रावधान करने की अनुमति देता है, जिसमें सहायता प्राप्त या गैर-सहायता प्राप्त निजी शैक्षणिक संस्थानों में उनका प्रवेश भी शामिल है।
- 93वां संशोधन - यह संशोधन 2006 में किया गया था।
- इसमें शैक्षणिक संस्थानों में अनुसूचित जाति एवं जनजाति एवं अन्य पिछड़ा वर्ग के नागरिकों के प्रवेश के लिए सीटों के आरक्षण की व्यवस्था की गयी है।

4(A). दिनेश गोस्वामी समिति भारत में पंचायत राज व्यवस्था से सम्बन्धित नहीं है।

दिनेश गोस्वामी समिति चुनाव सुधारों से संबंधित थी। इसकी सिफारिशें हैं:
- अयोग्यता को प्रतिबंधित करने के लिए दलबदल विरोधी कानून में संशोधन की आवश्यकता जहां निर्वाचित सदस्य स्वेच्छा से अपनी सदस्यता छोड़ देता है।
- वोटिंग पैटर्न में बदलाव।
- 1981 की जनगणना के आधार पर नया परिसीमन।
- एक उम्मीदवार के लिए 2 से अधिक निर्वाचन क्षेत्र नहीं।
- विधानसभा सीटों के लिए उम्मीदवारों की उम्र 25 से घटाकर 21 कर दी गई है।

अत: विकल्प (A) सही है।

5(B). संविधान के अनुच्छेद 15(5) के अन्तर्गत शिक्षण संस्थाओं में, जिसमें गैर-सरकारी व गैर-अनुदान प्राप्त भी सम्मिलित हैं, अन्य पिछड़ों, अनुसूचित जाति व अनुसूचित जनजाति हेतु आरक्षण की सुविधा प्रदान की गई है।

संविधान (93वां संशोधन) अधिनियम, 2005, विशेष प्रावधानों के माध्यम से नागरिकों, अनुसूचित जातियों और अनुसूचित जनजातियों के सामाजिक और शैक्षिक रूप से पिछड़े वर्गों की शैक्षिक उन्नति को बढ़ावा देने के उद्देश्य से, संविधान के अनुच्छेद

15 में खंड (5) सम्मिलित किया गया। निजी शैक्षणिक संस्थानों सहित सभी शैक्षणिक संस्थानों में इन श्रेणियों से संबंधित छात्रों के प्रवेश से संबंधित, चाहे वह राज्य द्वारा सहायता प्राप्त हो या गैर-सहायता प्राप्त। इस प्रावधान के संदर्भ में, संसद के साथ-साथ राज्य विधानमंडलों को लोगों के कमजोर वर्गों की शैक्षिक उन्नति के लिए उपयुक्त कानून बनाने का अधिकार है।
अत: विकल्प (B) सही है।

6(B). बिहार विधान परिषद सदस्यों से बना है, जिन्हें बिहार के राज्यपाल द्वारा नियुक्त किया जाता है, जिसमें कुछ सीटें विभिन्न श्रेणियों के नागरिकों, जैसे शिक्षकों और स्नातकों के लिए आरक्षित होती हैं।

7(C). विकल्पों में से, केरल में विधान परिषद नहीं है। केरल एक सदनीय विधायिका राज्य है।
वर्तमान में भारत के केवल छह राज्यों में विधान परिषद है।
1. आंध्र प्रदेश
2. बिहार
3. कर्नाटक
4. महाराष्ट्र
5. तेलंगाना
6. उत्तर प्रदेश

8(D). छठवें विधानसभा चुनाव में, राजस्थान विधानसभा के सदस्यों की संख्या 184 से बढ़ाकर 200 कर दी गई।
- प्रथम राजस्थान विधान सभा (1952-57) का उद्घाटन 31 मार्च 1952 को हुआ था।
- इसमें 160 सदस्यों की संख्या थी। 1956 में राजस्थान के साथ तत्कालीन अजमेर राज्य के विलय के बाद इसे बढ़ाकर 190 कर दिया गया था।
- दूसरी (1957–62) और तीसरी (1962–67) विधानसभाओं में 176 की संख्या थी।
- चौथे (1967-72) और पांचवें (1972-77) विधान सभा में 184 सदस्य थे।
- संख्या छठी (1977–80) विधान सभा से 200 हो गई।

9(A). राज्यपाल राज्य विधानमंडल को आहूत कर सकता है और उसका सत्रावसान कर सकता है और राज्य विधान सभा को भंग कर सकता है।
राज्य विधान सभा का चुनाव सीधे जनता द्वारा किया जाता है। विधान सभा के प्रत्येक सदस्य (MLA) को एकल सदस्यीय निर्वाचन क्षेत्रों द्वारा 5 साल के कार्यकाल के लिए सीधे चुना जाता है।

10(C). नीति आयोग ने भारत के सामने प्रमुख विकासात्मक चुनौतियों पर नागरिकों के इनपुट लेने के लिए 'ग्रैंड इनोवेशन चैलेंज' का पहला चरण शुरू किया।
भारत के विकास के लिए नवाचार करने के पहले चरण में नागरिकों को शामिल करने के लिए MyGov पोर्टल पर 'ग्रैंड इनोवेशन चैलेंज' शुरू किया जा रहा है। किसी को पीछे नहीं छोड़ते हुए प्रगति सुनिश्चित करने के लिए टीम इंडिया के रूप में राज्यों और प्रत्येक नागरिक के साथ मिलकर काम करने का विचार है।
सामाजिक क्षेत्र, सबसे कमजोर वर्गों पर ध्यान केंद्रित किया गया है और भारत के विकास के सामने आने वाली चुनौतियों का समाधान करने के लिए विचारों को क्राउड सोर्सिंग में शामिल किया गया है।
ग्रैंड इनोवेशन चैलेंज के पहले चरण में, नीति आयोग देश के विकास के लिए महत्वपूर्ण क्षेत्रों में भारत के सामने आने वाली प्रमुख चुनौतियों पर नागरिकों के विचार जानेगा। विचार यह है कि लोगों से यह पता लगाया जाए कि सामाजिक क्षेत्र के विकास के लिए किन महत्वपूर्ण मुद्दों को संबोधित करने की आवश्यकता है और जिन चुनौतियों से प्राथमिकता के आधार पर निपटने की आवश्यकता है।
दूसरे चरण में, नागरिकों द्वारा सुझाई गई तत्काल चुनौतियों की एक शॉर्टलिस्ट तैयार की जाएगी और लोगों से उपयुक्त तकनीक का उपयोग करके उन्हें संबोधित करने के लिए अभिनव समाधान मांगे जाएंगे।

11(D). कौशल विकास पर नीति आयोग के मुख्यमंत्रियों के उप-समूह की रिपोर्ट, जो पिछले साल सितंबर में जारी की गई थी, ने सुझाव दिया है कि तमिलनाडु की आईसीटी अकादमी देश भर में अपनी गतिविधियों का विस्तार कर सकती है यदि अकादमी को राज्य सरकारों द्वारा अपेक्षित समर्थन दिया जाता है। सम्बंधित। प्रत्येक राज्य में आईसीटी अकादमी मॉडल की नकल करने के बजाय, मौजूदा संगठन इच्छुक राज्यों में अध्याय खोल सकते हैं, यह कहा। कौशल विकास पर ध्यान देने के साथ, तमिलनाडु की आईसीटी अकादमी (आईसीटीएसीटी) ने 18,000 से अधिक शिक्षकों को प्रशिक्षित किया है, 677 कार्यक्रम आयोजित किए हैं, और इसके 13 कॉर्पोरेट भागीदार हैं। यह उद्यमिता विकास भी लेता है। अकादमी के अध्यक्ष लक्ष्मी नारायणन के अनुसार, आईसीटीएसीटी ने तमिलनाडु में कॉलेज में पढ़े-लिखे छात्रों को प्रतिस्पर्धात्मक रूप से पूरे देश में सभी प्रवेश स्तर की भर्ती में से 50 प्रतिशत से थोड़ा अधिक हासिल करने में सक्षम बनाया है। इसने टियर-टू और टियर-थ्री कॉलेज के छात्रों को प्रतिस्पर्धी बना दिया है और उन्हें बड़ी संख्या में आईटी कार्यबल में शामिल होने में सक्षम बनाया है। आईसीटीएसीटी मॉडल नीति आयोग से प्रशंसा के लिए आया है, इसने सिफारिश की है कि इस कार्यक्रम और मॉडल का अन्य राज्यों में विस्तार किया जाए। यह एक राज्य की आवश्यकता और उद्योगों और संबंधित राज्य सरकारों के समर्थन के आधार पर विशिष्ट परियोजनाओं को शुरू करने की योजना बना रहा है। कुछ राज्यों में, यह प्रशिक्षण गतिविधियों को शुरू करने के लिए सरकार के साथ बातचीत कर रहा है। कर्नाटक, तमिलनाडु, आंध्र प्रदेश, तेलंगाना, महाराष्ट्र और पश्चिम बंगाल कुछ ऐसे राज्य हैं जहां आईटी क्षेत्र की उपस्थिति अधिक है।

12(D). भारतीय रिजर्व बैंक (आरबीआई) रेपो या रिवर्स रेपो दर तय करने के लिए जिम्मेदार है। आरबीआई इन दरों को अपनी मौद्रिक नीति के एक हिस्से के रूप में नियंत्रित करता है।
मौद्रिक नीति केंद्रीय बैंक द्वारा बाजार में पैसे की तरलता और आपूर्ति को नियंत्रित करने के लिए उठाए गए कदमों को संदर्भित करती है।
रेपो दर: यह पुनर्खरीद समझौते दर के लिए एक संक्षिप्त शब्द है। यह वह दर है जिस पर आरबीआई अल्पावधि के लिए देश के अन्य बैंकों को पैसा उधार देता है।
रिवर्स रेपो दर: जब बैंक अल्पावधि के लिए अपने अधिशेष धन को आरबीआई के पास जमा करते हैं, तो आरबीआई द्वारा दी जाने वाली दर को रिवर्स रेपो दर कहा जाता है।

13(C). सही उत्तर अर्थशास्त्र है।
अर्थशास्त्र एक पुराना भारतीय उपदेश है, जो कि शासन-कला, आर्थिक नीति और सैन्य रणनीति पर आधारित था, जिसे संस्कृत में लिखा गया है। यह मौर्य काल के इतिहास के बारे में जानने का एक स्रोत है।
- संस्कृत साहित्य पर इसका व्यापक प्रभाव था।
- कौटिल्य, जिसे विष्णुगुप्त और चाणक्य के रूप में भी जाना जाता है, को पारंपरिक रूप से इस रचना के लेखक के रूप में जाना जाता है।
- अर्थशास्त्र शास्त्र धन / पृथ्वी / राजनीति (अर्थ) के विज्ञान (शास्त्र) को दर्शाता है। 'अर्थ' हालांकि थोड़ा व्यापक है और विभिन्न अर्थों के साथ एक सर्वांगीण शब्द है।
- सरल तरीके से, 'अर्थशास्त्र' को 'राजनीति और कूटनीति की कला और विज्ञान' के रूप में समझाया जा सकता है।
- इस ग्रंथ को राज्य, कर, कानून, कूटनीति, सैन्य रणनीति, अर्थशास्त्र, अधिकारी तंत्र आदि के संचालन से संबंधित लगभग हर विषय से निपटने वाली सोलह पुस्तकों में विभाजित किया गया है।
- पुस्तक एक महान कृति है, जिसमें राज्य की वस्तुओं, राजनीति, रणनीति, चयन और कर्मचारियों के प्रशिक्षण, नेतृत्व कौशल, कानूनी प्रणाली, लेखा प्रणाली, कर, राजकोषीय नीतियों, नागरिक नियम, आंतरिक और विदेशी व्यापार आदि जैसे विषयों की एक व्यूह-रचना शामिल है।
- अर्थशास्त्र राज्य के मामलों के आचरण के लिए तर्कसंगत नैतिकता का समर्थन करता है।
- पूरे साम्राज्य में कानून की व्यवस्था और एकरूपता पर जोर

दिया गया है।

इस प्रकार, यह स्पष्ट है कि चंद्रगुप्त के सलाहकार कौटिल्य अपने महान ग्रंथ अर्थशास्त्र के लिए बहुत प्रसिद्ध हुए।

14(B). सही उत्तर इब्राहिम लोदी और बाबर है।

पानीपत का प्रथम युद्ध:

- पानीपत की पहली लड़ाई बाबर और लोदी साम्राज्य की हमलावर ताकतों के बीच लड़ी गई थी, जो 21 अप्रैल 1526 को उत्तर भारत में हुई थी।
- इसने मुगल साम्राज्य की शुरुआत को चिह्नित किया।
- यह बारूद की आग्नेयास्त्रों और फील्ड आर्टिलरी/तोपों से जुड़ी सबसे शुरुआती लड़ाइयों में से एक थी।
- यह लड़ाई 21 अप्रैल को पानीपत के छोटे से गाँव के पास लड़ी गई थी, जो वर्तमान हरियाणा राज्य में है, एक ऐसा क्षेत्र जो 12वीं शताब्दी के बाद से उत्तरी भारत के नियंत्रण के लिए कई निर्णायक लड़ाइयों का स्थल रहा है।
- बाबर द्वारा शुरू की गई नई युद्ध रणनीति तुलुघमा और अरब थे।
- इब्राहिम लोदी की मृत्यु उसके सामंतों और सेनापतियों द्वारा छोड़े गए युद्ध के मैदान में हुई।
- यह अनुमान लगाया गया है कि बाबर की सेना में लगभग 15 हजार पुरुष थे और उसके पास 20 से 24 फील्ड आर्टिलरी थे, जबकि लोदी के पास कम से कम 1000 युद्ध हाथियों के साथ-साथ कुल मिलाकर 30 हजार से 40 हजार आदमी थे।

15(A). नदियों का उद्गम स्थल, उद्गम स्थान और सहायक नदियों का विवरण नीचे दी गई तालिका में दिया गया है:

नदी	स्रोत	मुंह	सहायक नदियों
कृष्णा	महाबलेश्वर, महाराष्ट्र	हमसलादेवी, बंगाल की खाड़ी	घाटप्रभा नदी, मालप्रभा नदी, भीमा नदी, तुंगभद्रा नदी और मुसी नदी।
ब्रह्मपुत्र	हिमालय	गंगा, बंगाल की खाड़ी	तीस्ता नदी, लोहित, दानबा क्, सुबनसिरी नदी
गोदावरी	त्रयंबकेश्वर, महाराष्ट्र	बंगाल की खाड़ी	पूर्णा, कदम, प्राणहिता, इंद्रावती, प्रवर, सिंधपना, मंजीरा, मनेयर, किन्नियासानी
यमुना	यमुनोत्री, चंपसार ग्लेशियर	गंगा, त्रिवेणी संगम	टोंस नदी, हिंडन नदी, केन नदी, बेतवा नदी, चंबल नदी

16(B). भूतापीय ऊर्जा पर आधारित मनीकरण का बिजली संयंत्र हिमाचल प्रदेश राज्य में है।

भूतापीय ऊर्जा उथली जमीन के गर्म पानी और मैग्मा नामक पिघली हुई चट्टान के अत्यधिक उच्च तापमान से कुछ मील या अधिक गहराई में पाई जाने वाली गर्म चट्टान से प्राप्त ऊर्जा है। हिमाचल प्रदेश के मनीकरण में 5 मेगावाट क्षमता का एक प्रायोगिक भूतापीय विद्युत संयंत्र स्थापित किया गया है। मनीकरण हिमाचल प्रदेश के कुल्लू जिले में पार्वती नदी पर पार्वती घाटी में स्थित है।

17(A). इन श्रेणियों का सही दक्षिण से उत्तर की ओर क्रम 2,1, 3, 4 है यानी धौलाधार रेंज, जास्कर रेंज, लद्दाख रेंज और काराकोरम रेंज।

धौलाधार श्रेणी पहाड़ों की लघु हिमालय श्रृंखला का हिस्सा है। यह भारतीय मैदानों से कांगड़ा और मंडी के उत्तर में निकलती है। वे हिमाचल प्रदेश के उत्तर-पश्चिमी छोर पर डलहौजी के पास से शुरू होते हैं और राज्य से होकर हिमाचल प्रदेश के कुल्लू जिले में ब्यास नदी के किनारे के आसपास से गुजरते हैं।

जास्कर श्रेणी कश्मीर राज्य की दक्षिण-पूर्वी सीमाओं से एक विशाल क्षेत्र में फैली हुई है और उत्तर-पश्चिम दिशा में बाल्टिस्तान की पूर्वी सीमा तक फैली हुई है। यह लद्दाख को कश्मीर की घाटियों और चिनाब नदी से अलग करता है।

लद्दाख श्रेणी लेह के उत्तर में स्थित है और ट्रांस-हिमालयन रेंज का एक महत्वपूर्ण हिस्सा है जो तिब्बत में कैलाश श्रेणी के साथ मिल जाती है। लेह के उत्तर-पूर्व में स्थित महत्वपूर्ण दर्रे - खारदुंग ला और डिगर ला हैं।

काराकोरम श्रेणी को कृष्णगिरि के नाम से भी जाना जाता है जो ट्रांस-हिमालय पर्वतमाला की सबसे उत्तरी श्रेणी में स्थित है। यह अफगानिस्तान और चीन के साथ भारत की सीमा बनाती है और भारत और तुर्केस्तान के बीच एक जल क्षेत्र के रूप में कार्य करती है। K2 दुनिया की दूसरी सबसे ऊंची चोटी है और भारतीय क्षेत्र में सबसे ऊंची है।

18(D). भित्ति चित्रकला का एकमात्र रूप है जो वास्तव में 3 डी है। अंडे, जर्दी, तेल, आदि के प्रमुख उपयोग के साथ ड्राईवॉल पर भित्ति चित्र लगाए जाते हैं। भित्ति चित्र मुख्य रूप से बौद्ध, जैन और हिंदू के धार्मिक विषयों को दर्शाते हैं।

एलोरा भित्ति चित्र (कैलाश मंदिर)

- मोटी सीमाओं के साथ आयताकार पैनलों में चित्रित।
- प्रमुख विशेषताएं: सिर के तेज मोड़, हथियारों के चित्रित कोणीय बेंट, तेज अनुमानित नाक, लंबे समय तक खुली आंखें, और करीब अंगों के अवतल वक्र।
- कैलाशनाथ मंदिर (गुफा 16) 34 गुफा मंदिरों में से एक है और मठों को सामूहिक रूप से एलोरा गुफाओं के रूप में जाना जाता है।

कांचीपुरम मंदिर को पल्लव राजा, राजसिम्हा ने संरक्षण दिया था।

हम्पी में विरुपाक्ष मंदिर को विजयनगर राजा द्वारा संरक्षण दिया गया था।

अत: विकल्प (D) सही है।

19(A). कोलम तमिलनाडु में सफेद चावल पाउडर के साथ अपने घरों के प्रवेश द्वार पर महिलाओं द्वारा बनाई गई फर्श की रंगोली है। इसलिए, कथन 1 सही है। यह एक ज्यामितीय रेखा चित्र है जो डॉट्स के ग्रिड पैटर्न के चारों ओर खींचे गए वक्र लूप से बना है। यह महिला हिंदू परिवार के सदस्यों द्वारा व्यापक रूप से प्रचलित है क्योंकि इन्हें घरों में समृद्धि लाने के लिए माना जाता है।

20(A). फुलिच त्योहार हिमाचल प्रदेश के त्योहारों में से एक है, जो सितंबर में आयोजित होता है।

ग्रामीण ड्रम बजाते हैं और इस त्यौहार को बड़े पैमाने पर मनाते हैं और पहाड़ों पर जाकर लदरा के फूलों को इकट्ठा करते हैं। यह त्यौहार किन्नौर में मनाया जाता है, इस त्यौहार का आयोजन उन लोगों को याद करने के लिए किया जाता है जिनका निधन हो चुका है।

यह त्यौहार भाद्रपद (अगस्त और सितंबर) के हिंदू महीने के 16वें दिन, ऊपरी पहाड़ी क्षेत्रों में वन्यफूलों के खिलने का मौसम के अवसर पर मनाया जाता है।

21(B). विस्तृत महाद्वीपीय निमग्नतट, सक्रिय समुद्री धाराएँ तथा बड़ी-बड़ी नदियों द्वारा मछलियों के लिए निरंतर भोज्य पदार्थ लाकर जमा करने के कारण भारत को समृद्ध मत्स्य क्षेत्र होने का लाभ है।

22(A). 'साप्टा' का पूर्ण रूप साउथ एशिया प्रिफरेन्शियल ट्रेड एग्रीमेन्ट है। यह अनुबंधित राज्यों के बीच पारस्परिक व्यापार और आर्थिक सहयोग को बढ़ावा देने और बनाए रखने के लिए स्थापित किया गया है।

23(B). ज़ेनोट्रांसप्लांटेशन को मानव प्राप्तकर्ता में प्रत्यारोपण के रूप में परिभाषित किया जाता है (a) एक गैर-मानव पशु स्रोत से जीवित कोशिकाएं, ऊतक या अंग, या (b) मानव शरीर के तरल पदार्थ, कोशिकाएं, ऊतक या अंग जिनका पूर्व-विवो (बाहर) संपर्क था जीवित अमानवीय पशु कोशिकाओं, ऊतकों या अंगों के साथ।

24(C). केंद्रीय अंतरिक्ष राज्य मंत्री जितेंद्र सिंह के अनुसार, 'गगनयान कार्यक्रम' के तहत भारत का पहला मानव अंतरिक्ष उड़ान मिशन 2024 की चौथी तिमाही में लॉन्च होने वाला है। भारत का पहला मानव अंतरिक्ष मिशन गगनयान 2024 में लॉन्च होने वाला है।

25(B). भारतीय अंतरिक्ष अनुसंधान संगठन (ISRO) ने 2 अप्रैल 2023 को कर्नाटक के चित्रदुर्ग में वैमानिकी परीक्षण रेंज (ATR) से पुन: प्रयोज्य लॉन्च वाहन स्वायत्त लैंडिंग मिशन (RLV) का सफलतापूर्वक संचालन किया।

26(C). अंटार्कटिका में मैत्री और भारती भारत के दो स्थायी अनुसंधान स्टेशन हैं। इसलिए, कथन 1 सही है।
नेशनल सेंटर फ़ॉर पोलर एंड ओशन रिसर्च (NCPOR) अंटार्कटिका और आर्कटिक में भारत के वैज्ञानिक अभियानों के लिए नोडल एजेंसी है। इसलिए, कथन 2 सही है।

27(B). अनुवंशिकी जाँच (जेनेटिक स्क्रीनिंग) जनसंख्या में जीन का विश्लेषण है।
यह एक परिभाषित आबादी में एक विशेष आनुवंशिक रूप वाले व्यक्तियों की व्यवस्थित खोज के लिए रक्त या त्वचा का विश्लेषण करने की एक प्रक्रिया है। यह आधुनिक निवारक दवा के एक महत्वपूर्ण उपकरण के रूप में भी कार्य करता है।

28(A). यूनेस्को ने विश्वभारती विश्वविद्यालय को विश्व विरासत टैग देने की घोषणा की। यह विश्व विरासत विश्व की पहली जीवित धरोहर विश्वविद्यालय बनेगी। विश्वभारती विश्वविद्यालय की स्थापना 1921 में रवींद्रनाथ टैगोर ने की थी। विश्वविद्यालय 1,130 एकड़ भूमि में फैला हुआ है।

29(A). कॉर्पोरेट मामलों के मंत्रालय (एमसीए) ने इंफ्रास्ट्रक्चर लीजिंग एंड फाइनेंशियल सर्विसेज लिमिटेड के गैर-कार्यकारी अध्यक्ष के रूप में चंद्रशेखर राजन का कार्यकाल 30 सितंबर 2023 तक बढ़ा दिया है।

30(B). जलवायु परिवर्तन पर संयुक्त राष्ट्र फ्रेमवर्क कन्वेंशन के पक्षकारों का 27वां सम्मेलन नवंबर 2022 में शर्म अल-शेख, मिस्र में आयोजित किया गया था।
कई वर्षों की चर्चा के बाद, पहली बार जलवायु सम्मेलन के औपचारिक मुख्य एजेंडा में 'नुकसान और क्षति का मुद्दा' शामिल किया गया था। यह जलवायु आपदाओं के कारण पीड़ित गरीब देशों की क्षतिपूर्ति के लिए एक अंतरराष्ट्रीय तंत्र के निर्माण पर चर्चा करने का मार्ग प्रशस्त करेगा।

31(C). उत्तराखंड के मुख्यमंत्री पुष्कर सिंह धामी ने महिला अधिकारिता और सुरक्षा सप्ताह के अंत में राज्य में मुख्यमंत्री एकल महिला स्वरोजगार योजना शुरू करने की घोषणा की है।

32(B). पंजाब सरकार ने दक्षता लाने और राज्य के राजस्व की चोरी को रोकने के प्रयास में भौतिक स्टाम्प पेपरों को समाप्त करने का निर्णय लिया है। पंजाब के राजस्व मंत्री ब्रैम शंकर जिम्पा ने 'ई-स्टांप सुविधा' की शुरुआत की।
इसके बाद किसी भी संप्रदाय का स्टाम्प पेपर अब 'ई-स्टाम्प' के माध्यम से प्राप्त किया जा सकता है जिसमें किसी भी स्टाम्प विक्रेता से या राज्य सरकार द्वारा अधिकृत बैंकों से कम्प्यूटरीकृत प्रिंट-आउट शामिल है।

33(C). भारत, अमेरिका, जापान और ऑस्ट्रेलिया ने क्वाड साइबर चैलेंज अभियान शुरू किया। क्वाड देशों ने इंडो-पैसिफिक और उसके बाहर सुरक्षित और जिम्मेदार साइबर आदतों को अपनाने के लिए इंटरनेट उपयोगकर्ताओं को प्रोत्साहित करने के लिए यह अभियान शुरू किया है। क्वाड ग्रुप देशों भारत, ऑस्ट्रेलिया, जापान और अमेरिका का एक संगठन है।

34(C). वित्त मंत्री ने केंद्रीय बजट 2021 – 22 में इस उद्देश्य के लिए एक विशेष प्रयोजन वाहन स्थापित करने की योजना की घोषणा की थी।
अगस्त, 2021 में, भारत सरकार ने राष्ट्रीय मुद्रीकरण पाइपलाइन (NMP) का शुभारंभ किया।
नई कंपनी की स्थापना वित्त मंत्रालय के प्रशासनिक क्षेत्राधिकार के तहत की जाएगी।
NLMC निजी क्षेत्र के पेशेवरों को उसी तरह नियुक्त करेगी जैसे कि राष्ट्रीय निवेश और इंफ्रास्ट्रक्चर फंड (NIIF) और इन्वेस्ट इंडिया जैसी समान विशिष्ट सरकारी कंपनियों के मामले में नियुक्त करती है।

35(C). टीवीएस सप्लाई चेन सॉल्यूशंस, टीवीएस मोबिलिटी ग्रुप का एक हिस्सा, यूनाइटेड किंगडम मिनिस्ट्री ऑफ डिफेंस से लैंड रोवर वुल्फ प्लेटफॉर्म के लिए पुर्जों, उपभोग्य सामग्रियों और सहायक उपकरण की आपूर्ति के लिए अपने एजेंट, बैबॉक लैंड डिफेंस लिमिटेड के माध्यम से अनुबंध जीता।

36(A). दिया है:
$240 \div 6 + \sqrt{529} \times 17 = ? + 80$ का 150%
गणना:
$240 \div 6 + \sqrt{529} \times 17 = ? + 80$ का 150%
$= 40 + 23 \times 17 = ? + 120$
$= 40 + 391 = ? + 120$
$= 431 - 120 = ?$
$= ? = 311$
∴ का मान ? 311 है।
नोट: 80 का 150% लेने से हल किया जा सकता है
$= 80$ का $(100 + 50)\%$
$= 80 + 40 = 120$

37(D). दिया गया है:
75 का $40\% + 350$ का $32\% + 36 \div 18 = ?$
गणना:
75 का $40\% + 350$ का $32\% + 36 \div 18 = ?$
$\frac{40}{100} \times 75 + \frac{32}{100} \times 350 + 2 = ?$
$\frac{2}{5} \times 75 + \frac{8}{25} \times 350 + 2 = ?$
$30 + 112 + 2 = ?$
$? = 144$

38(D). दिया गया है,
बॉस के बिना, 11 कर्मचारी हैं।
औसत $= 18000 - 1000 = 17000$
11 सदस्यों का कुल वेतन $= 11 \times 17000 = 187000$ रूपये
बॉस के साथ, कुल वेतन 12 लोग $= 12 \times 18000 = 216000$ रूपये
बॉस का वेतन $= 216000 - 187000 = 29000$ रूपये

39(A). दिया गया है,
25 छात्रों के औसत अंक $= 45$
सही मान $= 28$
गलत मान $= 82$
हम जानते हैं कि,
औसत = सभी पदों का योग / कुल पदों की संख्या
25 छात्रों के औसत अंक $= 45$
∴ सभी छात्रों के अंकों का योग $= 45 \times 25 = 1125$
सही औसत ज्ञात करने के लिए हमें गलत मान घटाना होगा और सही मान जोड़ना होगा।
सुधार के बाद अंकों का योग $= (1125 - 82 + 28) = 1071$
∴ सही औसत $= \frac{1071}{25} = 42.84$
छात्रों के सही औसत अंक 42.84 है।

40(B). हमारे पास है, $0.090909 = \frac{1}{11}$
अभी $0.090909 \times 5 = \frac{1}{11} \times 5$
$\Rightarrow 0.454545 = \frac{5}{11}$

41(D). दिया गया है:
$\sqrt{20.25} + \sqrt{0.2025} + \sqrt{0.002025} + \sqrt{0.00002025}$
$= 4.5 + 0.45 + 0.045 + 0.0045$
$= 4.9995$
$= 4.99$

42(D). दिया गया है:
संख्याओं का अनुपात $= 4 : 5$
पहली संख्या संख्या में वृद्धि $= 50\%$
दूसरी संख्या संख्या में कमी $= 27$
प्रयोग की गई अवधारणा:
यदि x को A और B के बीच $a : b$ के अनुपात में वितरित किया

जाए, तो $A = \frac{a}{(a+b)} \times x$ और $B = \frac{b}{(a+b)} \times x$

किसी भी अनुपात को वास्तविक मान में बदलने के लिए, हमें कोई स्थिर मान गुणा करना चाहिए,

माना कि, संख्याएँ क्रमशः $4x$ और $5x$ है

अब, पहली संख्या $= 4x + 4x$ का $50\% = 4x + 2x = 6x$

दूसरी संख्या, संख्या $= 5x - 27$

$\Rightarrow \frac{6x}{(5x-27)} = \frac{3}{4}$

$\Rightarrow 6x \times 4 = (5x - 27) \times 3$

$\Rightarrow 24x = 15x - 81$

$\Rightarrow 9x = 81$

$\Rightarrow x = 9$

$\Rightarrow$ संख्याएँ $9 \times 4 = 36$ और $9 \times 5 = 45$ हैं

संख्याओं का अंतर $= 45 - 36 = 9$

$\therefore$ संख्याओं का अंतर 9 है।

43(C). मिश्र धातु 1 - सोना: चांदी $= 7 : 22$

मिश्र धातु 2 - सोना: चांदी $= 21 : 37$

मान लीजिए कि अनुपात $m : n$ में मिश्रित है

सोना $= \left(\frac{7}{29}\right)m$, चांदी $= \left(\frac{22}{29}\right)m$

सोना $= \left(\frac{21}{59}\right)m$, चांदी $= \left(\frac{37}{58}\right)m$

सोना $= \frac{7m}{29} + \frac{21n}{58} = \frac{(14m+21n)}{58}$

चांदी $= \frac{22m}{29} + \frac{37n}{58} = \frac{(44m+37n)}{58}$

सोना और चांदी $25 : 62$ के अनुपात में मौजूद होगा

$\Rightarrow \frac{(14m+21n)}{(44m+37n)} = \frac{25}{62}$

$\Rightarrow \frac{(14m+21n)}{(44m+37n)} = \frac{25}{62}$

$\Rightarrow (14m + 21n)62 = (44m + 37n)25$

$\Rightarrow 868m + 1302n = 1100m + 925n$

$\Rightarrow 377n = 232m$

$\Rightarrow m : n = 377 : 232$

$\Rightarrow m : n = 13 : 8$

$13 : 8$ वह अनुपात है जिसमें मिश्र धातुओं को मिलाया जाता है ताकि एक नया मिश्र धातु हो जिसमें सोना और चांदी $25 : 62$ के अनुपात में मौजूद हो।

44(B). दिया है:

छात्रों की कुल संख्या $= 100$

विद्यार्थी क्रिकेट खेलते हैं $= 60\%$

विद्यार्थी फुटबॉल खेलते हैं $= 30\%$

विद्यार्थी दोनों खेल खेलते हैं $= 10\%$

माना A और B क्रमशः क्रिकेट और फुटबॉल खेलने वाले छात्रों का प्रतिनिधित्व करते हैं।

मान लीजिए x न तो क्रिकेट और न ही फुटबॉल खेलने वाले विद्यार्थियों का प्रतिशत है।

$\Rightarrow n(A \cap B) = 10$

$\Rightarrow n(A) = 60$

$\Rightarrow n(B) = 30$

अब,

$\Rightarrow n(A) + n(B) + x - n(A \cap B) = 100$

$\Rightarrow 60 + 30 + x - 10 = 100$

$\Rightarrow x = 110 - 90$

$\Rightarrow 20$

$\therefore$ न तो क्रिकेट और न ही फुटबॉल खेलने वाले विद्यार्थियों की संख्या 20 है।

45(A). दिया गया है,

विक्रेता अपनी वस्तु पर क्रय मूल्य से अधिक अंकित करता है $= 40\%$

60% वस्तु को अंकित मूल्य पर छूट देकर बेचता है $= 10\%$

शेष वस्तु को अंकित मूल्य पर छूट देकर बेचता है $= 50\%$

मान ले की क्रय मूल्य 100 रुपये है और वस्तु 100 इकाई है।

अंकित मूल्य $= \frac{100 \times 140}{100}$

अंकित मूल्य $= 140$

कुल वस्तु की कीमत $= 100 \times 100$

$= 10000$

60% वस्तु का विक्रय मूल्य $= \frac{60 \times 100}{100}$

$= 60$

अंकित मूल्य पर 10% की छूट $= \frac{140(100-10)}{100}$

$= 14 \times 9$

विक्रय मूल्य $= 126$

कुल विक्रय मूल्य $= 126 \times 60$

कुल विक्रय मूल्य $= 7560$

40% अन्य सामान, 50% छूट पर बिका:

$= 100 \times \frac{40}{100} \times 140 \times \frac{(100-50)}{100}$

$= 4 \times 14 \times 50$

विक्रय मूल्य $= 2800$

कुल विक्रय मूल्य $= 2800 + 7560$

कुल विक्रय मूल्य $= 10360$

लाभ $= 10360 - 10000$

लाभ $= 360$

लाभ $\% = \frac{360}{10000} \times 100$

लाभ $\% = 3.6\%$

46(B). दिया है:

विक्रय मूल्य $=$ रु. $50,000$

लाभ$\% = 25\%$

उपयोग किया गया सूत्र:

C.P $= (SP \times 100)/(100 + $ लाभ$\%)$

C.P $= \frac{(50000 \times 100)}{125}$

$\Rightarrow$ C.P $= 40,000$

$\therefore$ उसने प्लैटिनम सोना खरीदने में $40,000$ रुपये खर्च किया।

47(D). दिया है:

मूलधन $(P) = 18,750$, दर $r_1 = 4\%$ और $r_2 = 8\%$

हम जानते हैं,

राशि $= P\left(1 + \frac{r_1}{100}\right)\left(1 + \frac{r_2}{100}\right)$

राशि $= 18750\left(1 + \frac{4}{100}\right)\left(1 + \frac{8}{100}\right)$

राशि $= 18,750 \times \frac{104}{100} \times \frac{108}{100}$

राशि $= 21,060$

चक्रवृद्धि ब्याज $=$ राशि $-$ मूलधन

$\Rightarrow 21,060 - 18,750 = 2,310$ रु.

48(C). दिया है,

मूलधन 800 रुपए, समय $= 2$ वर्ष और दर $= 4\%$ वार्षिक

हम जानते हैं,

चक्रवृद्धि ब्याज $= P[1 + r\%]^t - P$

साधारण ब्याज $= \frac{(p \times r \times t)}{100}$

जहां P, r और t क्रमशः मूलधन, दर और समय का प्रतिनिधित्व करते हैं

चक्रवृद्धि ब्याज $= 800(1 + 4\%)^2 - 800$

$\Rightarrow$ चक्रवृद्धि ब्याज $= 865.28 - 800$

$\Rightarrow$ चक्रवृद्धि ब्याज $= 65.28$ रुपए

साधारण ब्याज $= \frac{(800 \times 4 \times 2)}{100}$

चक्रवृद्धि ब्याज $= 64$ रुपए

चक्रवृद्धि ब्याज $-$ साधारण ब्याज $= (65.28 - 64)$ रुपए

$= 1.28$ रुपए

Ques (49-53):

कॉलेज	छात्रों और छात्राओं की संख्या के बीच का अंतर	आईपीएस की तैयारी करने वाले छात्रों का %	एसएससी की तैयारी करने वाली छात्राओं का %
P	100	46%	34%
Q	200	62%	58%
R	50	40%	56%
S	330	30%	30%

| T | 100 | 72% | 48% |
| U | 50 | 56% | 62% |

49(B). माना कि कॉलेज T में छात्र और छात्राओं की कुल संख्या क्रमशः 'y' और 'z' है

तो, $y : z = 4 : 3$

फिर, $y = 100 \times \dfrac{4}{(4-3)} = 400$

तथा, $z = 100 \times \dfrac{3}{(4-3)} = 300$

कॉलेज T से आईपीएस की परीक्षा की तैयारी करने वाली छात्राओं की कुल संख्या =

$(100 - 48)\%$ of $300 = 156$

तो, कॉलेज Q से आईपीएस की परीक्षा की तैयारी करने वाले छात्रों की कुल संख्या =

$156 - 32 = 124$

तो, कॉलेज Q में छात्रों की कुल संख्या =

$124 \times \dfrac{100}{62} = 200$

अतः अनुपात $= 200 : 400 = 1 : 2$

50(C). कॉलेज P में:

माना कि छात्र और छात्राओं की कुल संख्या क्रमशः 'y' और 'z' है।

तो, $270 = y$ का $46\% + z$ का $(100 - 34)\%$

$27000 = 46y + 66z$

$Y = z + 100$

तो, $27000 = 46(z + 100) + 66z$

$Z = 200, y = 300$

तो, कॉलेज P से एसएससी की परीक्षा की तैयारी करने वाले छात्रों की कुल संख्या =

300 का $(100 - 46)\%$

$= 162$

कॉलेज U में:

माना कि छात्र और छात्राओं की कुल संख्या क्रमशः 'y' और 'z' है।

तो, $270 + 79 = y$ का $(100 - 56)\% + z$ 34900 का 62%

$= 44y + 62z$

$Y = z - 50$

तब, $34900 = 44(z - 50) + 62z$

$Z = 350 , y = 300$

तो, कॉलेज U से आईपीएस की परीक्षा की तैयारी करने वाली छात्राओं की कुल संख्या

$= 350$ का $(100 - 62)\% = 133$

अतः, प्रतिशत $= \left(\dfrac{133}{162} \right) \times 100 = 82\%$ (अनुमानित)

51(A). कॉलेज P में छात्रों की कुल संख्या $= = 800$

कॉलेज P में छात्रों की कुल संख्या $= \dfrac{(800-100)}{2} = 350$

तो, कॉलेज T में छात्राओं की कुल संख्या $T = 350 \times \dfrac{6}{7} = 300$

कॉलेज Q में छात्रों की कुल संख्या $Q = 700$

कॉलेज Q में छात्राओं की कुल संख्या $= \dfrac{(700-200)}{2} = 250$

तो, कॉलेज S में छात्राओं की कुल संख्या $= 250 \times \dfrac{6}{5} = 300$

अतः, कॉलेज T और S में छात्राओं की कुल संख्या के बीच अंतर

$= 300 - 300 = 0$

52(B). माना कि कॉलेज Q और R में छात्रों की कुल संख्या क्रमशः $2y$ और $3y$ है।

तो, $2y + 3y = 500 + 500 - 200 - 50$

$Y = 150$

तो, कॉलेज Q में छात्रों की कुल संख्या $= 2 \times 150 = 300$

कॉलेज Q में छात्रों की कुल संख्या $= \dfrac{(300+200)}{2} = 250$

तो, कॉलेज Q में छात्राओं की कुल संख्या $= 300 - 250 = 50$

तथा, कॉलेज R में छात्रों की कुल संख्या $= 3 \times 150 = 450$

कॉलेज R में छात्रों की कुल संख्या $= \dfrac{(450+50)}{2} = 250$

तो, कॉलेज R में छात्रों की कुल संख्या $= 450 – 250 = 20$

अतः, कॉलेज Q और R दोनों से एसएससी की परीक्षा की तैयारी करने वाले छात्रों की कुल संख्या =

250 का $100 – 62)\% + 50$ का $58\% + 250$ का $(100 – 40)\% + 200$ का 56%

$= 386$

53(D). कॉलेज T में:

एसएससी की परीक्षा की तैयारी करने वाली छात्राओं की कुल संख्या $= 96$

तो, छात्राओं की कुल संख्या $= 96 \times \dfrac{100}{48} = 200$

तथा, छात्रों की कुल संख्या $= 300$

तो, छात्रों की कुल संख्या $= 200 + 300 = 500$

कॉलेज U में:

एसएससी की परीक्षा की तैयारी करने वाली छात्राओं की कुल संख्या $= 186$

तो, छात्राओं की कुल संख्या $= 186 \times \dfrac{100}{62} = 300$

तथा, छात्रों की कुल संख्या $= 300 – 50 = 250$

तो, छात्रों की कुल संख्या $= 300 + 250 = 550$

अतः, अनुपात $= 500 : 550 = 10 : 11$

54(D). इस काम में मुकेश को लगा समय $= 14$ दिन

इस काम में शिवम को लगा समय $= 16$ दिन

इस काम में मुकेश, शिवम व हर्ष को लगा समय $= 6$ दिन

माना कि कुल काम $= 14, 16$ और 6 का ल.स.प $= 336$ इकाई

$\Rightarrow$ मुकेश की कार्यक्षमता $= \dfrac{336}{14} = 24$ इकाई/दिन

$\Rightarrow$ शिवम की कार्यक्षमता $= \dfrac{336}{16} = 21$ इकाई/दिन

$\Rightarrow$ मुकेश, शिवम व हर्ष सभी की संयुक्त कार्यक्षमता $= \dfrac{336}{6} = 56$ इकाई/ दिन

$\Rightarrow$ हर्ष की कार्यक्षमता = कुल कार्यक्षमता – मुकेश और शिवम की कार्यक्षमता

$\Rightarrow$ हर्ष की कार्यक्षमता $= 56 - (24 + 21) = 56 – 45 = 11$ इकाई /दिन

56 इकाई हेतु उन्हें प्राप्त राशि $= 2800$ रूपये

$\Rightarrow 1$ इकाई $= 50$ रूपये

$\therefore$ हर्ष का परिश्रमिक $= 11 \times 50 = 550$ रूपये

55(B). दिया गया है:

A द्वारा कार्य पूरा करने में लिया गया समय $= 22$ दिन

B द्वारा कार्य पूरा करने में लिया गया समय $= 40$ दिन

C द्वारा कार्य पूरा करने में लिया गया समय $= 110$ दिन

प्रयुक्त अवधारणा:

किसी के द्वारा कार्य पूरा करने में लिया गया समय x दिन है। फिर, 1 दिन में उसके द्वारा किए गए कार्य का भाग $\dfrac{1}{x}$ है।

गणना:

A द्वारा कार्य पूरा करने में लिया गया समय $= 22$ दिन

तो, 1 दिन में A द्वारा किए गए कार्य का भाग $= \dfrac{1}{22}$

इसी प्रकार हम कह सकते हैं,

1 दिन में B द्वारा किए गए कार्य का भाग $= \dfrac{1}{40}$

1 दिन में C द्वारा किए गए कार्य का भाग $= \dfrac{1}{110}$

अब $(A + B)$ का 1 दिन का कार्य $= \left\{ \left(\dfrac{1}{22}\right) + \left(\dfrac{1}{40}\right) \right\} = \dfrac{31}{440}$

और $(A + C)$ का 1 दिन का कार्य $= \left\{ \left(\dfrac{1}{22}\right) + \left(\dfrac{1}{110}\right) \right\} = \dfrac{6}{110}$

2 दिनों में किया गया कार्य $= \left\{ \left(\dfrac{31}{440}\right) + \left(\dfrac{6}{110}\right) \right\} = \dfrac{55}{440} = \dfrac{1}{8}$

अब, 2 दिनों में $\dfrac{1}{8}$ कार्य किया जाता है

तो, कार्यपूरा करने के लिए आवश्यक कुल समय है $= 8 \times 2 = 16$ दिन

56(A). दी गई श्रृंखला है:

a _ c b _ b c _ a b _ b _ b c _ a

श्रृंखला का प्रतिरूप है:
a **b** cb/ **a** bc **b** /ab **c** b/ **a** bc **b** /a

57(A). पैटर्न यहाँ इस प्रकार है:

E + 1 = F
F + 3 = I
C + 1 = D
D + 3 = G
P + 1 = Q
Q + 3 = T

तो, विकल्प (A) की जांच करके:

U + 1 = V
V + 3 = Y

58(B). अनुसरण किया गया प्रारूप इस प्रकार है,
QST(R) स्वयं को 4 बार दोहराकर एक श्रृंखला बनाता है।
QST(R), QS(T)R, Q(S)TR, (Q)STR

59(D). यहाँ तर्क है:

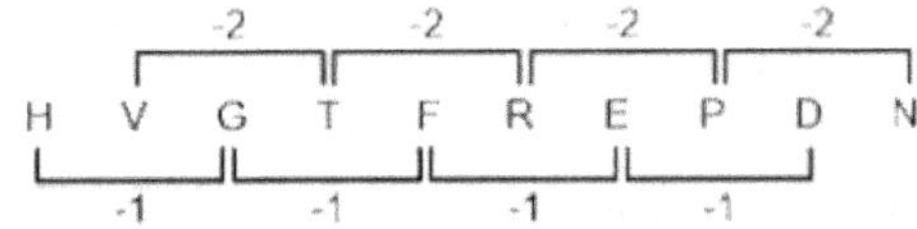

तो अगला पद होगा:

D - 1 = C
N - 2 = L

60(C). (4) Balance, (5) Balancing, (1) Bale, (3) Balls, (2) Blade

61(D). प्रश्न के अनुसार,
TIGER - EGIRT
इसलिए, वर्णमाला में से कोई भी अक्षर एक ही स्थिति में नहीं है।

62(C). तार्किक और सार्थक क्रम है:
3. पुतली
5. कर्णपालि
1. गला
4. यकृत
2. मूत्राशय
दिए गए आदेशों को शरीर के ऊपरी हिस्सों से निचले शरीर के अंगों तक व्यवस्थित किया गया है।

63(D). निष्कर्ष मैं अनुसरण करता हूं क्योंकि बयान में उल्लेख किया गया है कि केवल हिमाचल के ऊपरी हिस्सों में अत्यधिक बर्फबारी के कारण बिजली बंद कर दी गई है, और सभी नहीं हैं। इस प्रकार, हम सुरक्षित रूप से यह निष्कर्ष निकाल सकते हैं कि कुछ भागों में अन्य भागों की तुलना में अधिक हिमपात होता है। और बिजली के बिना लोगों को परेशानी होगी।
इसलिए, I और II दोनों अनुसरण करते हैं।

64(D). अमेरिकी रसायनज्ञों ने जापान में विकसित एक एंजाइम का इस्तेमाल किया, इसका तात्पर्य यह नहीं है कि अमेरिकी एंजाइम विकसित करने में सक्षम नहीं हैं। तो, I अनुसरण नहीं करता है। साथ ही, कथन में पशु द्वारा उत्पाद प्रोटीन और सोया प्रोटीन की संरचना के बारे में कुछ भी नहीं बताया गया है। तो II भी अनुसरण नहीं करता है।

65(D). उपरोक्त जानकारी से, हम यह निष्कर्ष नहीं निकाल सकते हैं कि पहले राजन के पास कोई पेंसिल नहीं थी। इसलिए, निष्कर्ष I अनुसरण नहीं करता है।
इसी तरह, उपरोक्त जानकारी हमारे लिए राजन द्वारा पेंसिल खरीदने के पीछे के कारण को निकालने के लिए पर्याप्त नहीं है।
इसलिए, निष्कर्ष II अनुसरण नहीं करता है।
इसलिए, सही विकल्प "न तो निष्कर्ष I और न ही II अनुसरण करता है"।

66(D). विकल्प (D) पैटर्न को पूरा करता है।

67(B). अपूर्ण पैटर्न को पूरा करना:

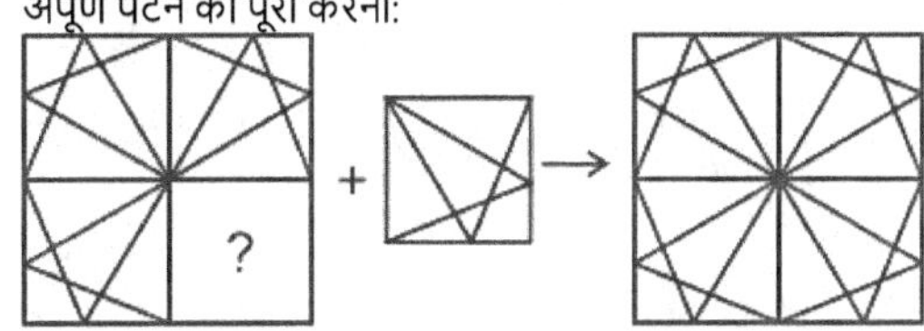

68(B). ऊपर से दीप्ति की रैंक = 43 – 24 + 1 = 20
इसलिए उनके मध्य कुल छात्र = रोहन की स्थिति ऊपर से - दीप्ति की स्थिति ऊपर से - 1
⇒ 23 – 20 – 1 = 2

69(C). राहुल की वर्तमान स्थिति पंकज की पिछली स्थिति के समान है।
इसलिए, लड़कों की संख्या = (बाएं छोर से 53वां + दाएं छोर से 64वां -1) = 116
तो, सही उत्तर 116 है।

70(B). दी गयी जानकारी से हम निष्कर्ष निकाल सकते हैं कि
S > P, P > Q और Q > R
तीनों कथनों को जोड़ने पर हम प्राप्त करते है,
S > P > Q > R

71(B).

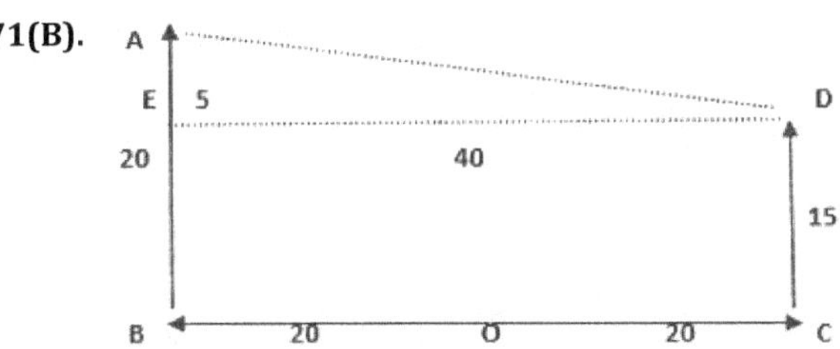

मोहन द्वारा लिया गया रास्ता O – B – A है और अमित द्वारा लिया गया रास्ता O – C – D है।
AE = AB – DC = 5 किमी
DE = 20 + 20 = 40 किमी
$AD = \sqrt{(40^2 + 5^2)}$ पाइथागोरस प्रमेय का प्रयोग करने पर
∴ AD = 40.3 किमी

72(A). दिया है:
दूरसंचार टावर S, J, Z, E, N और B को मानचित्र पर आलेखित है।
दिए गए कथनों के अनुसार दिशा आरेख है,

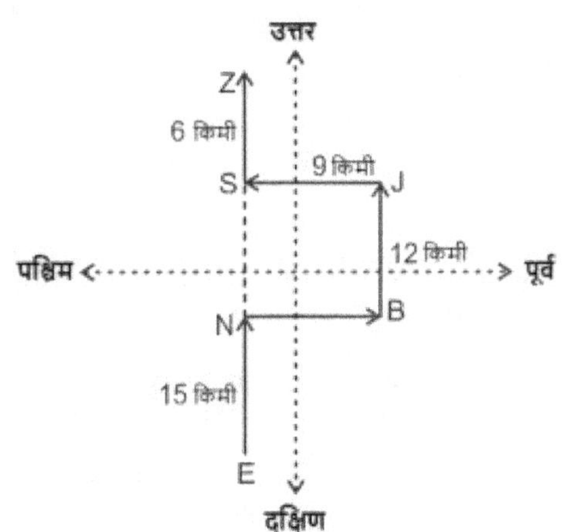

इसलिए, Z, E के उत्तर में है।
Z और E के बीच की दूरी ⇒ 6 + 12 + 15 = 33
इसलिए, सही उत्तर "33 किमी उत्तर की ओर" है।

73(D). तस्वीर में दिख रहा शख्स बाजपेयी की बहन का बेटा है। इसलिए, बाजपेयी तस्वीर में दिख रहे व्यक्ति के मामा हैं।

74(A). मेरी माँ की इकलौती बेटी → मैं।
तो, स्त्री पुरुष की माँ है।

75(A). तस्वीर में दिख रहा आदमी अंजलि के दादा के बेटे का बेटा है, यानी अंजलि के पिता का बेटा। अत: लड़का अंजलि का भाई है।

76(D). According to passage: "The sycophant's genius lies in showing a feeling that is not his own but his master's".
Thus, it can be inferred that sycophant is not expressing his own feelings rather is expressing his master's feelings.
So, statement (A) is false. As statement (A) is false. Thus, it can be inferred that statement (C) is also false as it is interrelated with statement (A).
"Old King Cole was a merry old soul because he could afford to be so. He would have felt choked by his surroundings but for the sycophant who stood by and helped him attain peace of mind".
Thus, it can be inferred that sycophant's master understands the importance of the former in his life.
So, statement (A) is true.
There is no mention in the passage whether sycophant's master is idiotic or not.
So, statement (D) is false.

77(B). "Thus, from the above conversation between Hamlet(master) and Polonius(sycophant), it can be inferred that a sycophant's master isn't often morally upright as he changes his viewpoint every time. So, statement (A) is false.
"The sycophant's genius lies in showing a feeling that is not his own but his master's. He cannot afford to assume any colour of his own". Thus, it can be inferred that a sycophant is rarely himself. So, statement (B) is true.
"The sycophant's genius lies in showing a feeling that is not his own but his master's. He cannot afford to assume any colour of his own". Thus, it can be inferred that sycophant isn't an honest, honourable person. So, statement (C) is false.
"His survival depends upon his capacity to take on the hue that his master is likely to assume at any given moment". Thus, it can be inferred that sycophant's survival doesn't depends upon his capacity to be like his master but on his capacity to take hint from the things which his master is likely to assume anytime. So, statement (D) is false.

78(A). According to the passage:
"I quote this because it seems to me a masterpiece of sycophancy, although Polonius has perhaps other aims, such as wanting to humour a madman, in making himself so agreeable".
Thus, it can be inferred that a sycophant and his master differ in their characters as Polonius(sycophant) wants to do something different from what his master wants.
So, statement (B) is true.
There is no mention in the passage whether a sycophant is a mirror image of his own master or not.
But, it can be inferred from the passage that he isn't a true copy of his master as he accept or agree on the things told by his master as it's his responsibility to do that.
So, statement (A) is false.

79(B). The gist of the passage is that a sycophant is out and out a clever rogue.
- "Old King Cole was a merry old soul because he could afford to be so. He would have felt choked by his surroundings but for the sycophant who stood by and helped him attain peace of mind".
- "The sycophant may well be called the provider of peace of mind for those in authority. He acts as a shock absorber-even this word is a little ahead of the sense. It would be nearer the mark to say that he acts as a shock repeller".
- "The sycophant is ever watchful and manages to keep his chief from feeling unduly bothered by conscience or common-sense".

80(D). Hue means a colour or shade.
For example:- The rich maroon hue was mixed with a ribbon of black.
Colour means the property possessed by an object of producing different sensations on the eye as a result of the way it reflects or emits light.
For example:- She dressed in bright colours.

81(D). Correct sentence: Scientists have warned us about the effects of climate change.
- In this sentence, we can see that there are different parts like Subject, helping verb, main verb, noun + the continuation of the object.
- Therefore, the sequence of words that should be followed is: Subject + helping verb (P) + main verb (R) + noun (Q) + the continuation of the object (S).
- Thus, the correct order is 'PRQS.'

82(B). Correct sentence: Columbus made his first voyage from Europe to America in 1992.
- In this sentence, we can see that there are different parts like Subject, verb, pronoun, preposition with time duration and preposition to denote year.
- Therefore, the sequence of words that should be followed is: Subject + verb (S) + pronoun (R) + preposition with time duration (P) + preposition to denote year (Q).
- Thus, the correct order is 'SRPQ'.

83(C). The correct order is: Mary was a tall lady who lived in a big house near the sea.
- Sentence 'S' comes first as it is independent of any other sentence and introduces the subject which tells 'Mary', So it will be put in the first place.
- Sentence 'Q' follows 'S' as it talks about, where the tall lady named Mary lived and gives some information about the previous sentence, So it will be put in the second place.
- Sentence 'P' follows 'Q' as it states that, a tall lady named Mary lived in a big house and continuation of the previous sentence, So it will be put in the third place.
- Sentence 'R' follows 'P' as it tells that, a tall lady named Mary lived in a big house which was near the sea, and the conclusion of another aspect of 'smoking of tobacco', so sentence R is the concluding sentence. So it will be put in fourth place.
- Therefore, as per the points mentioned above, we find that the correct order is 'SQPR'.

84(D). The correct order is: One has to walk alone in the path of struggle no external power helps you.
- Sentence 'R' comes first as it is independent of

any other sentence and introduces the subject which explains one has to walk alone, So it will be put in the first place.
- Sentence 'P' follows 'R' as it talks about, have to walk alone on the path of struggle and gives some information about the previous sentence, So it will be put in the second place.
- Sentence 'Q' follows 'P' as it states that, what no outside force does on the path of struggle, and continuation of the previous sentence, So it will be put in the third place.
- Sentence 'S' follows 'Q' as it tells that, no outside force can help you, and the conclusion of another aspect of 'one has to walk alone', so sentence S is the concluding sentence. So it will be put in fourth place.
- Therefore, as per the points mentioned above, we find that the correct order is 'RPQS'.

85(C). The correct order is: About the year 1900, a small, dark-haired boy named Charles Chaplin was often seen waiting outside the back entrances of London theatres.
- Sentence 'R' comes first as it is independent of any other sentence and introduces the subject which tells of a short, dark-haired boy from around 1900, So it will be put in the first place.
- Sentence 'P' follows 'R' as it talks about, the name of a little boy whose name was Charles Chaplin, and gives some information about the previous sentence, So it will be put in the second place.
- Sentence 'Q' follows 'P' as it states that, the little boy was often seen waiting somewhere, and continuation of the previous sentence, So it will be put in the third place.
- Sentence 'S' follows 'Q' as it tells that, the little boy was seen waiting outside the back entrance of London cinemas, so sentence S is the concluding sentence. So it will be put in fourth place.
- Therefore, as per the points mentioned above, we find that the correct order is 'RPQS'.

86(B). There is an error in (b). Instead of "raising every time we fall", it should be "rising every time we fall".

87(A). There is an error in part (a). It should be "If you had asked me" instead of "If you have asked me".

88(C). The word 'assent' meaning "an expression of approval" is the most appropriate word for the the first blank. In addition, as the sentence talks of the presidential approval and presents its reasons, the preposition 'for' is the correct option to make the sentence meaningful.

89(D). This is the boy who scored the highest marks. "Who" is a relative pronoun that can be used to fill a blank in a sentence. Relative pronouns are used to link a clause or phrase to a noun or pronoun in a sentence, and "who" is used specifically to refer to people.

90(D). Committee: a group of people appointed for a specific function by a larger group and typically consisting of members of that group.

The correct spelling is 'committee'.

91(A). Gibberish, also called jibber-jabber or gobbledygook, is speech that is (or appears to be) nonsense. It may include speech sounds that are not actual words, or language games, and specialized jargon that seems nonsensical to outsiders.
The correct spelling is 'gibberish'.

92(B). The word Condemnable is the most appropriate word opposite to Praiseworthy.

93(A). The word Progressive is the most appropriate word opposite to Retrograde.

94(D). The meaning of the given words:
- Imposter: a person who pretends to be someone else in order to deceive others.
- Rogue: a dishonest or unprincipled man.
- Liar: a person who tells lies.
- Magician: a person with magical powers.
According to the given sentence 'A person pretending to be somebody he is not', 'Imposter' is the correct word.

95(C). The meaning of the given words:
- Agenda: a list of matters to be discussed at a meeting.
- Timetable: a chart showing the departure and arrival times of trains, buses, or planes.
- Schedule: a plan for carrying out a process or procedure, giving lists of intended events and times.
- Plan: a set of decisions about how to do something in the future
According to the given sentence 'List of the business or subjects to be considered at a meeting', 'Agenda' is the correct word.

96(A). कंप्यूटर के मॉनिटर पर प्रदर्शित आउटपुट को सॉफ्ट कॉपी कहा जाता है। कंप्यूटर का मॉनिटर कंप्यूटर की डिस्प्ले यूनिट है। जैसा कि ऑपरेशन किया जाता है, कंप्यूटर पर सॉफ़्टवेयर फ़ाइलों के माध्यम से किया जाने वाला फ़ंक्शन देखा जाता है।

97(C). माइक्रोसॉफ्ट डिस्क आपरेटिंग सिस्टम एक नॉन ग्राफिकल कमांड लाइन इंटरफेस है।

98(C). वेब पेज का मुख्य तत्व हाइपरटेक्स्ट मार्कअप लैंग्वेज (HTML) में लिखी गई एक या एक से अधिक टेक्स्ट फाइलें हैं। कई वेब पेज भी डायनामिक व्यवहार के लिए जावास्क्रिप्ट कोड का उपयोग करते हैं और प्रस्तुति शब्दार्थ के लिए कैस्केडिंग स्टाइल शीट्स (CSS) कोड का उपयोग करते हैं।

99(D). BMP फ़ाइल प्रारूप, जिसे बिटमैप फ़ाइल इमेज, डिवाइस फ्री बिटमैप (DIB) फ़ाइल प्रारूप और बिटमैप के रूप में भी जाना जाता है, एक रेखापुंज ग्राफिक्स छवि फ़ाइल प्रारूप है, जिसका उपयोग बिटमैप डिजिटल छवियों को संग्रहीत करने के लिए किया जाता है, स्वतंत्र रूप से डिस्प्ले डिवाइस (जैसे ग्राफिक्स एडेप्टर) के रूप में, विशेष रूप से माइक्रोसॉफ्ट विंडोज और OS / 2 ऑपरेटिंग सिस्टम पर।
अत: विकल्प (D) सही है।

100(C). शब्द "एफएचएसएस" का अर्थ फ्रीकेंसी-होपिंग स्प्रेड स्पेक्ट्रम है, जो विभिन्न आवृत्तियों के बीच तेज़ी से बदलती वाहक आवृत्ति के माध्यम से रेडियो संकेतों को प्रसारित करने की एक विधि है और धीमी और तेज़ होपिंग का उपयोग करता है।

General Awareness

1. भारत के संविधान में कुल कितने भाग हैं?
(a) 24   (b) 20
(c) 18   (d) 22

2. भारत में सशस्त्र बलों का सुप्रीम कमांडर कौन है?
(a) राष्ट्रपति   (b) गृहमंत्री
(c) रक्षा मंत्री   (d) प्रधानमंत्री

3. धर्म निरपेक्षता का अर्थ है-
(a) राज्य सरकार सभी धर्म के खिलाफ
(b) राज्य सरकार द्वारा एक धर्म को स्वीकार
(c) राज्य सरकार द्वारा किसी धर्म को स्वीकार नहीं करना
(d) इनमें से कोई नहीं

4. धर्म की स्वतंत्रता का अधिकार किस अधिनियम में है?
(a) 25-28   (b) 14-18
(c) 56   (d) 51

5. गृह मंत्रालय द्वारा जारी आंकड़ों के अनुसार किस देश के लोग भारत की नागरिकता लेने में सबसे आगे रहे?
(a) पाकिस्तान   (b) बांग्लादेश
(c) नेपाल   (d) श्रीलंका

6. प्रधानमंत्री की नियुक्ति कौन करता है?
(a) मंत्रिपरिषद
(b) मुख्यमंत्री
(c) भारत के राष्ट्रपति
(d) संसद के सदस्य और विधान सभा के सदस्य

7. राज्य सभा का पदेन अध्यक्ष कौन होता है?
(a) राज्यसभा में विपक्ष का नेता
(b) अध्यक्ष
(c) भारत का उपराष्ट्रपति
(d) प्रधानमंत्री

8. राष्ट्रपति के महाभियोग की पहल की जा सकती है:
(a) लोकसभा
(b) राज्यसभा
(c) संसद के किसी भी सदन
(d) दोनों सदनों का संयुक्त अधिवेशन

9. निम्नलिखित में से कौन सा कथन सही है?
(a) सेबी का गठन प्रतिभूति (अनुबंध और विनियमन) अधिनियम, 1956 के तहत किया गया है।
(b) सेबी का गठन विभिन्न स्टॉक एक्सचेंजों के निदेशकों में से होता है।
(c) सेबी द्वारा विभिन्न प्रकार के नियम और विनियम जारी करने का उद्देश्य निवेशकों को मौद्रिक लाभ पहुंचाना है।
(d) सेबी की स्थापना का एक उद्देश्य निवेशकों के हितों की रक्षा करना है।

10. नीति आयोग ने में भारत में अटल टिंकरिंग लैब्स (एटीएल) स्थापित करने के लिए किस तकनीकी दिग्गज के साथ भागीदारी की है?
(a) विप्रो   (b) इंटेल इंडिया
(c) इंफोसिस   (d) टीसीएस

11. दिवाला पेशेवर के रूप में पंजीकरण प्रमाण पत्र प्रदान करने के संदर्भ में आवेदक को अपनी आपत्ति संप्रेषित करने के लिए आईबीबीआई के पास उपलब्ध समयावधि क्या है?

(a) आवेदन प्राप्त होने की तिथि से 15 दिनों के भीतर
(b) आवेदन प्राप्त होने की तिथि से 45 दिनों के भीतर
(c) आवेदन प्राप्त होने की तिथि से 30 दिनों के भीतर
(d) आवेदन प्राप्त होने की तिथि से 60 दिनों के भीतर

12. निम्नलिखित में से कौन प्रारंभिक भारतीय पुरातत्व में प्रमुख काल की समयरेखा के अनुसार व्यवस्थित है?
(a) नवपाषाण → मध्यपाषाण → पुरापाषाण → हड़प्पा सभ्यता
(b) पुरापाषाण → मध्यपाषाण → नवपाषाण → हड़प्पा सभ्यता
(c) पुरापाषाण → नवपाषाण → मध्यपाषाण → हड़प्पा सभ्यता
(d) हड़प्पा सभ्यता → पुरापाषाण → मध्यपाषाण → नवपाषाण

13. 15-16वीं शताब्दी के दौरान, वाणिज्यिक व्यापार के लिए हुंडी का आमतौर पर उपयोग किया जाता था। हुंडी किससे संबंधित है?
(a) माल खरीदने के लिए इस्तेमाल की जाने वाली मुद्रा का एक रूप
(b) एक प्रकार का बैंक जो पैसा रखता था
(c) एक बाज़ार जहाँ माल की अदला-बदली की जा सकती है
(d) विनिमय बिल

14. निर्देश: दिए गए विशेषताओं A और B से ऊर्जा के स्रोत की पहचान करें:
A. इस ऊर्जा का 50% से अधिक हमारे देश में ग्रामीण उपयोग करते हैं।
B. खाना पकाने और गर्म करने के उद्देश्यों में इसका व्यापक उपयोग होता है।
(a) कोयला   (b) जलाऊ लकड़ी
(c) बायो गैस   (d) प्राकृतिक गैस

15. भारत में मानसूनी पवनों के लिए कौन-सी स्थिति उत्तरदायी है?
1. विस्तृत भूमि क्षेत्र
2. भारत के तीन ओर समुद्र स्थित है
3. जेट स्ट्रीम का 30° और 40° अक्षांश पेटी में अस्तित्व
(a) केवल 1   (b) केवल 2
(c) 1 और 2   (d) 1, 2 और 3

16. नरोरा परमाणु ऊर्जा केंद्र भारत के निम्नलिखित में से किस राज्य में स्थित है?
(a) गुजरात   (b) उत्तर प्रदेश
(c) कर्नाटक   (d) महाराष्ट्र

17. निम्नलिखित में से कौन छाऊ नृत्य की एक विशेषता है/हैं?
1. छाऊ एक ऐसी शैली है जो विशेष रूप से बिहार, बंगाल और उड़ीसा के त्रिकोणीय क्षेत्र के पुरुषों द्वारा की जाती है।
2. छाऊ मुखौटा कृत्रिम मिट्टी से बना है।
3. छाऊ नर्तक चमकदार शरीर की हलचल करता है चमक से जाना जाता है।
(a) केवल 1 और 2   (b) केवल 2 और 3
(c) केवल 1 और 3   (d) उपरोक्त सभी

18. गरिया पूजा अप्रैल के तीसरे सप्ताह में मनाया जाने वाला त्योहार है। यह त्योहार निम्नलिखित में से किस राज्य से संबंधित है?
(a) मध्य प्रदेश   (b) त्रिपुरा
(c) पंजाब   (d) अरुणाचल प्रदेश

19. जोगी (संत) गीत गाने के लिए _____ यंत्र का उपयोग करते हैं।
(a) शहनाई   (b) बीन
(c) सारंगी   (d) ढोलक

20. भारत सरकार द्वारा व्यवसायिक बैंकों के लिए पूँजी की पर्याप्तता मानक है:

(a) 5%   (b) 6%
(c) 7%   (d) 8%

21. रिज़र्व बैंक ऑफ इण्डिया द्वारा घोषित रोकड़ संचय अनुपात की वर्तमान दर है:
(a) 11%   (b) 10%
(c) 9%   (d) 8%

22. डार्क एनर्जी और डार्क मैटर का अध्ययन करने के लिए 2024 में लॉन्च होने वाले नए स्पेस टेलीस्कोप का नाम क्या है?
(a) जेम्स वेब स्पेस टेलीस्कोप   (b) यूक्लिड
(c) डब्ल्यूफर्स्ट   (d) स्फेरेक्स

23. निम्नलिखित में से कौन से कथन सत्य हैं?
(a) सभी अधातुएँ गैस होती है
(b) सभी अधातुएं अतन्य (तन्य नहीं) होती है
(c) सभी धातुएँ ठोस होती हैं
(d) सभी धातुएँ कठोर होती हैं

24. कौन-सी अधातु कमरे के तापमान पर तरल अवस्था में पाई जाती है?
(a) पारा   (b) आयोडीन
(c) ब्रोमीन   (d) क्लोरीन

25. निम्नलिखित में से कौन-सी एक आधुनिक जैव प्रौद्योगिकी के जन्म को सक्षम करने वाली एक मुख्य तकनीक है?
(a) अनुवांशिक अभियांत्रिकी
(b) रासायनिक अभियांत्रिकी में जीवाणुहीन परिवेश
(c) (A) और (B) दोनों
(d) ना तो (A) और ना ही (B)

26. निम्नलिखित में से कौन सा वह संदर्भ है जिसमें "qubit" शब्द का उल्लेख किया गया है?
(a) क्लाउड सेवाएं
(b) क्वांटम कम्प्यूटिंग
(c) विजिबल लाइट कम्युनिकेशन टेक्नोलॉजीज
(d) वायरलेस संचार प्रौद्योगिकी

27. 3 डी - मुद्रित रॉकेट , जिसे टेरान 1 कहा जाता है , निम्नलिखित में से किस देश से संबंधित है ?
(a) संयुक्त राज्य अमेरिका   (b) चीन
(c) जापान   (d) भारत

28. निशस्त्रीकरण और अप्रसार जागरूकता के लिए अंतर्राष्ट्रीय दिवस निम्नलिखित में से किस तिथि को मनाया जाता है?
(a) 3 मार्च   (b) 5 मार्च
(c) 8 मार्च   (d) 11 मार्च

29. भारत की पहली व्यवहार प्रयोगशाला किस राज्य में स्थापित की जाएगी?
(a) झारखंड   (b) महाराष्ट्र
(c) राजस्थान   (d) कर्नाटक

30. निम्नलिखित में से किस शहर ने विश्व के सबसे लंबे रेलवे प्लेटफॉर्म के लिए गिनीज बुक ऑफ वर्ल्ड रिकॉर्ड में अपना नाम दर्ज कराया है?
(a) गोरखपुर   (b) नागपुर
(c) कोयम्बटूर   (d) हुबली

31. भारत में 'पोषण पखवाड़ा' हर साल किस महीने में मनाया जाता है?
(a) जनवरी   (b) फरवरी
(c) मार्च   (d) अप्रैल

32. निम्नलिखित में से किस संगठन ने हाल ही में क्रिस्प (CRISP) ऐप लॉन्च किया है?

(a) रबड़ बोर्ड   (b) जूट बोर्ड
(c) चाय बोर्ड   (d) कॉफी बोर्ड

33. निम्नलिखित में से कौन सा राष्ट्रीय उद्यान (National Park), गज उत्सव 2023 की मेजबानी करेगा?
(a) दुधवा राष्ट्रीय उद्यान   (b) वाल्मीकि राष्ट्रीय उद्यान
(c) काजीरंगा राष्ट्रीय उद्यान   (d) बांधवगढ़ राष्ट्रीय उद्यान

34. मार्च 2023 में, भारत में नेशनल कंपनी लॉ अपीलेट ट्रिब्यूनल (NCLAT) ने गूगल पर लगाए गए ₹1,337 करोड़ के जुर्माने को बरकरार रखा। जुर्माना निम्नलिखित में से किस निकाय द्वारा लगाया गया था?
(a) भारत का प्रवर्तन निदेशालय
(b) भारतीय प्रतिस्पर्धा आयोग
(c) राष्ट्रीय मानवाधिकार आयोग
(d) राष्ट्रीय माध्यस्थम परिषद

35. योशियो जेम्स योडा का 23 जनवरी 2023 को निधन हो गया। वह एक प्रसिद्ध __________ थे।
(a) डॉक्टर   (b) वकील
(c) अभिनेता   (d) फुटबॉलर

Quantitative Aptitude and Numerical Skills

Ques (36-37): निर्देश: दिए गए व्यंजक को सरल कीजिए।

36. $\left(2^2 \times 2^3\right)^3 \div (512 \div 16)^5 \times (32 \times 64)^4 = (2 \times 2)^{?+3}$
(a) 16   (b) 14
(c) 15   (d) 12

37. $(6)^{7.2} \div (216)^{1.6} \times (1296)^{-0.6} \div (7776)^{-1.2} = (6)^?$
(a) 5   (b) 4
(c) 6   (d) 7

38. 12 संख्याओं का औसत 39 है। अंतिम पांच संख्याओं का औसत 35 है और पहली चार संख्याओं का औसत 40 है। पांचवीं संख्या छठी संख्या से 6 कम और सातवीं संख्या से 5 अधिक है। पांचवीं और छठी संख्या का औसत ज्ञात करें।
(a) 39   (b) 50
(c) 44   (d) 47

39. 25 परीक्षाओं के अंकों का औसत 18 है। पहली 12 परीक्षाओं के अंकों का औसत 14 है और अंतिम 12 परीक्षाओं के लिए 17 है। 13वीं परीक्षा में अंक क्या हैं?
(a) 68   (b) 78
(c) 80   (d) 58

40. निम्न दशमलव संख्याओं को आरोही क्रम में व्यवस्थित करें:
3.6, 3.06, 3.306, 0.306
(a) 3.6, 3.306, 3.06, 0.306   (b) 3.06, 0.306, 3.306, 3.6
(c) 3.6, 3.06, 0.306, 3.306   (d) 0.306, 3.06, 3.306, 3.6

41. 30 प्राप्त करने के लिए 26.67 में क्या जोड़ा जाना चाहिए?
(a) 30   (b) 3.33
(c) 3.99   (d) 4.33

42. मिश्रधातु A और B में तांबे से जस्ते का अनुपात क्रमशः 3 : 4 और 5 : 9 है। A और B को 2 : 3 के अनुपात में लिया जाता है और एक नए मिश्रधातु C को बनाने के लिए पिघलाया जाता है। C में तांबे से जस्ते का अनुपात क्या है?

(a) $8 : 13$ (b) $9 : 11$
(c) $27 : 43$ (d) $3 : 5$

43. A, B और C , $7 : 8 : 6$ के अनुपात में 4200 रुपये को आपस में बाँटते हैं। यदि, तीनों के हिस्से में 200 रुपये जोड़ दिए जाते हैं, तो नया अनुपात क्या है जिसमें वे राशि प्राप्त करेंगे?
(a) $9 : 8 : 7$ (b) $8 : 9 : 7$
(c) $8 : 9 : 8$ (d) $9 : 10 : 8$

44. एक चुनाव में, दो उम्मीदवार अरविंद और मनोज थे। यदि 20% मतों को अमान्य घोषित किया गया और अरविंद को मनोज से 20% अधिक मत मिले। यदि अरविंद 480 मतों से जीता तो मतदान करने वाले व्यक्तियों की कुल संख्या का ज्ञात कीजिये।
(a) 3000   (b) 30000
(c) 2400   (d) 9600

45. एक व्यक्ति ने एक वस्तु का अंकित मूल्य 3200 रुपये रखा है। नकद भुगतान के कारण, उसने वस्तु पर 15% की छूट दी और फिर भी 13.33% का लाभ प्राप्त किया। वस्तु का क्रय मूल्य ज्ञात कीजिये।
(a) 2200 रुपये   (b) 2800 रुपये
(c) 2400 रुपये   (d) 2100 रुपये

46. सुरेश को 15% की हानि हुई, जब उसने अपना कंप्यूटर 17,000 रुपये में बेचा। यदि वह इसे 20,448 रुपये में बेचता है, तो उसका हानि/लाभ प्रतिशत है:
(a) हानि: 1.12%   (b) लाभ : 1.12%
(c) लाभ : 2.24%   (d) हानि: 2.24%

47. एक राशि चक्रवृद्धि ब्याज पर निवेश करने से 2 वर्षों में 1210 रुपये हो जाती है। यदि मूलधन 1000 रुपये है, तो ब्याज दर (% में) क्या है?
(a) 10   (b) 20
(c) 15   (d) 12

48. किसी धनराशि पर 1 वर्ष में 22% प्रति वर्ष और 20% प्रति वर्ष की दर से ब्याज का अंतर 140 रु. है। तब वह धनराशि क्या है?
(a) 8000 रु.   (b) 6000 रु.
(c) 12000 रु.   (d) 7000 रु.

49. A, B और C की दक्षता $5 : 3 : 2$ के अनुपात में है। एक साथ कार्य करते हुए वे एक कार्य को 21 घंटे में कर सकते हैं। B अकेले 40% कार्य कितने घंटों में करेगा?
(a) 28   (b) 24
(c) 21   (d) 35

50. यदि A और B मिलकर किसी कार्य को 20 दिनों में, B और C को 10 दिनों में और C और A को 12 दिनों में पूरा कर सकते हैं, तो A, B, C संयुक्त रूप से उसी कार्य को कितने दिनों में समाप्त कर सकते हैं?
(a) $\frac{7}{60}$ दिन   (b) $8\frac{4}{7}$ दिन
(c) $4\frac{2}{7}$ दिन   (d) 30 दिन

Ques (51-54): निर्देश: ग्राफ को देखें और दिए गए प्रश्नों का उत्तर दें। 5 वर्षों में दो कंपनियों A और B द्वारा संचालित परियोजनाओं की संख्या से संबंधित डेटा।

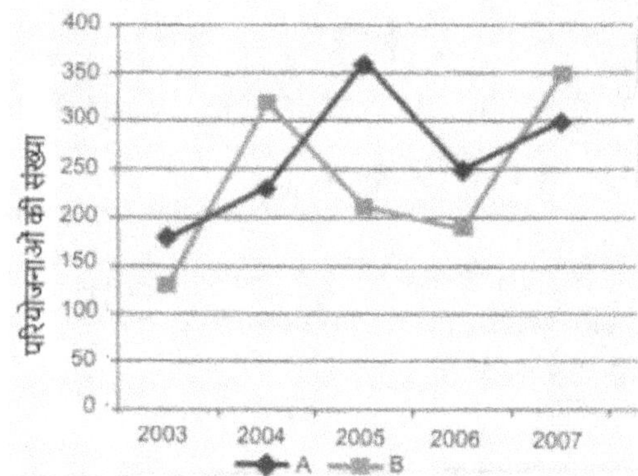

51. कंपनी A द्वारा 2003 और 2004 में एक साथ संभाली गई परियोजनाओं की कुल संख्या और 2005 और 2007 में कंपनी B द्वारा संभाली गई परियोजनाओं की कुल संख्या के बीच का अंतर कितना है?
(a) 120   (b) 150
(c) 130   (d) 170

52. यदि 2007 से 2008 तक कंपनी A द्वारा संचालित परियोजनाओं की संख्या में 20% की वृद्धि हुई और 2008 से 2009 तक 5% की वृद्धि हुई, तो 2009 में कंपनी A द्वारा संचालित परियोजनाओं की संख्या कितनी थी?
(a) 378   (b) 372
(c) 384   (d) 396

53. वर्ष 2004 से वर्ष 2006 तक कंपनी B द्वारा संचालित परियोजनाओं की संख्या में कितने प्रतिशत की कमी आई?
(a) $35\left(\frac{5}{8}\right)$ (b) $30\left(\frac{7}{8}\right)$
(c) $50\left(\frac{3}{8}\right)$ (d) $40\left(\frac{5}{8}\right)$

54. एक कंपनी द्वारा संचालित परियोजनाओं को मोटे तौर पर दो प्रकारों में वर्गीकृत किया जा सकता है: सरकारी परियोजनाएं और गैर-सरकारी परियोजनाएं। यदि 2003 और 2004 में एक ही कंपनी B द्वारा संचालित गैर-सरकारी परियोजनाओं की औसत संख्या 127 है। 2003 और 2004 में एक ही कंपनी द्वारा संभाली गई सरकारी परियोजनाओं की कुल संख्या कितनी है?
(a) 204   (b) 188
(c) 192   (d) 196

55. निर्देश: निम्नलिखित लाइन ग्राफ (रेखा आलेख) का अध्ययन करें जो 2011 से 2016 तक छह वर्षों के दौरान प्रत्येक वर्ष की शुरुआत में स्कूल में शामिल होने और स्कूल छोड़ने वाले छात्रों की संख्या देता है।

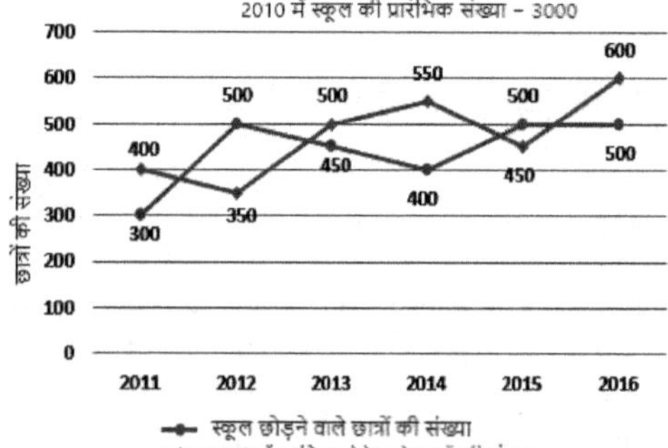

किस वर्ष में, पिछले वर्ष की तुलना में स्कूल छोड़ने वाले छात्रों की संख्या में प्रतिशत वृद्धि/गिरावट अधिकतम है?
(a) 2011   (b) 2012
(c) 2013   (d) 2014

Mental Ability and Logical Reasoning

Ques (56-59): निर्देश: प्रश्न निम्नलिखित चार अक्षर-श्रृंखलाओं पर आधारित हैं। इनका ध्यानपूर्वक अध्ययन कीजिये तथा प्रत्येक स्थिति में नियम को समझने का प्रयत्न कीजिये।
(a) PMKJ, WTRQ, AXVU.
(b) XZDJ, KMQW, FHLR.
(c) NOSB, EFJS, LMOX.
(d) DIFG, UZWX, MROP.
(e) KEIG, SMQO, EYCA.

निम्न प्रश्न में, एक पद दिया गया है जो उपर्युक्त श्रृंखला में से किसी एक से संबंधित है।

56. ज्ञात कीजिये कि यह किस श्रृंखला से संबंधित है:
RSWE

(a) श्रृंखला (a)   (b) श्रृंखला (c)

(c) श्रृंखला (b)   (d) इनमें से कोई भी नहीं

57. ज्ञात कीजिये कि यह किस श्रृंखला से संबंधित है:
JOLM

(a) श्रृंखला (a)   (b) श्रृंखला (b)

(c) श्रृंखला (c)   (d) श्रृंखला (d)

58. ज्ञात कीजिये कि यह किस श्रृंखला से संबंधित है:
QRVE

(a) श्रृंखला (a)   (b) श्रृंखला (b)

(c) श्रृंखला (c)   (d) श्रृंखला (d)

59. ज्ञात कीजिये कि यह किस श्रृंखला से संबंधित है:
IKOU

(a) श्रृंखला (a)   (b) श्रृंखला (b)

(c) श्रृंखला (c)   (d) श्रृंखला (d)

Ques (60-62): निर्देश: निम्नलिखित प्रश्न में, एक कथन और उसके बाद I और II से अंकित दो निष्कर्ष दिए गये हैं। आपको दिए गये कथनों को सत्य मानना है, भले ही वे ज्ञात तथ्यों से अलग प्रतीत होते हों। निर्णय कीजिए कि दिये गये निष्कर्षों में से कौन-सा निष्कर्ष कथन का तार्किक रूप से अनुसरण करता है।

60. कथन:
ऑनलाइन कक्षाएं कोविड -19 महामारी के दौरान बच्चों में स्वास्थ्य के मुद्दों जैसे सिरदर्द, आंखों की समस्याओं और तनाव के लिए अग्रणी हैं क्योंकि वे पहले की तुलना में स्क्रीन पर अधिक समय बिता रहे हैं।
निष्कर्ष:
I. कोविड -19 महामारी के दौरान शिक्षक अपने छात्रों को पढ़ाने के लिए आभासी शिक्षण पद्धति अपना रहे हैं।
II. जो बच्चे ऑनलाइन कक्षाओं में भाग नहीं ले रहे हैं, वे किसी भी स्वास्थ्य मुद्दों का सामना नहीं कर रहे हैं।
(a) केवल निष्कर्ष I अनुसरण करता है
(b) केवल निष्कर्ष II अनुसरण करता है
(c) I और II दोनों निष्कर्ष अनुसरण करते हैं
(d) न तो निष्कर्ष I और न ही II अनुसरण करता है

61. कथन: भारतीय सिनेमा में बदलता समय इस बात का गवाह है कि सितारों (अभिनेताओं) की बड़े बजट की फिल्में खराब प्रदर्शन कर रही हैं और कई छोटे बजट की थीम वाली फिल्में अच्छा कारोबार कर रही हैं।
निष्कर्ष:
(i) छोटे बजट की फिल्में सितारों के चयन को ज्यादा महत्व दिए बिना अपनी कथा सामग्री के कारण बेहद सफल रही हैं।
(ii) बड़े सितारों (अभिनेताओं) के चयन के कारण बड़े बजट की फिल्में बॉक्स ऑफिस पर असफल रही हैं।
(a) केवल निष्कर्ष (i) अनुसरण करता है।
(b) केवल निष्कर्ष (ii) अनुसरण करता है
(c) दोनों निष्कर्ष (i) और (ii) अनुसरण करते हैं
(d) न तो निष्कर्ष (i) और न ही (ii) अनुसरण करता है

62. कथन: भारत के गौरवशाली अतीत का सबसे अच्छा प्रमाण पश्चिम में आयुर्वेदिक दवाओं की बढ़ती लोकप्रियता है।

निष्कर्ष:
I. आयुर्वेदिक दवाएं भारत में लोकप्रिय नहीं हैं।
II. एलोपैथिक दवाएं भारत में अधिक लोकप्रिय हैं।
(a) केवल निष्कर्ष I अनुसरण करता है
(b) केवल निष्कर्ष II अनुसरण करता है
(c) या तो I या II अनुसरण करता है
(d) न तो I और न ही II अनुसरण करता है

63. निर्देश: कौन सी उत्तर आकृति प्रश्न आकृति के पैटर्न को पूरा करेगी?

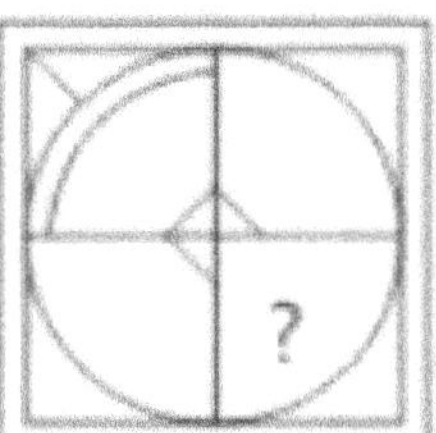

(a)

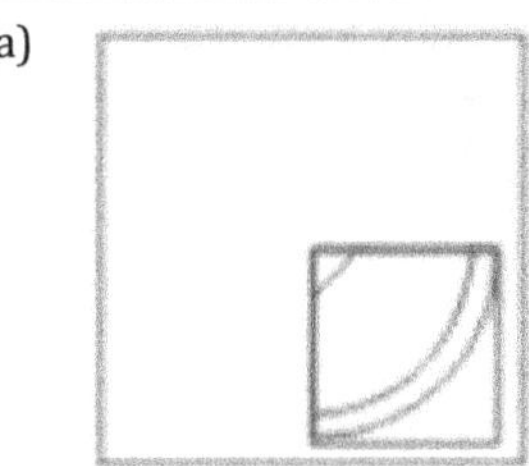

(b)

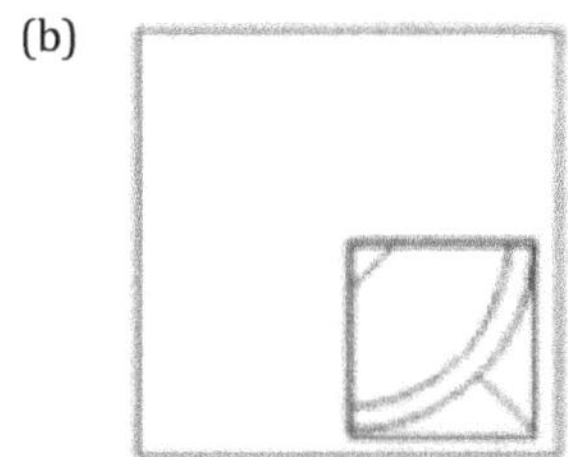

(c)

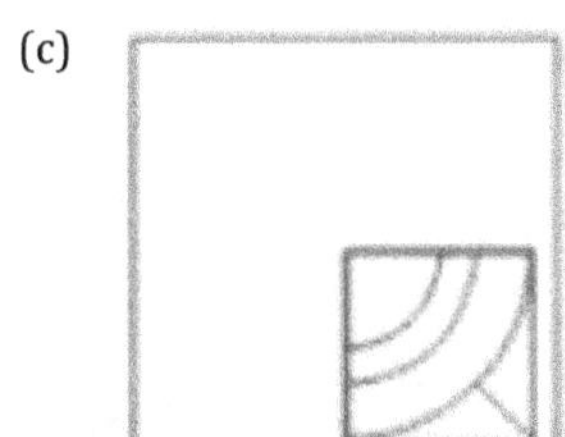

(d)

64. कौन-सी उत्तर आकृति प्रश्न में दिए गये स्वरुप को पूर्ण करेगी?

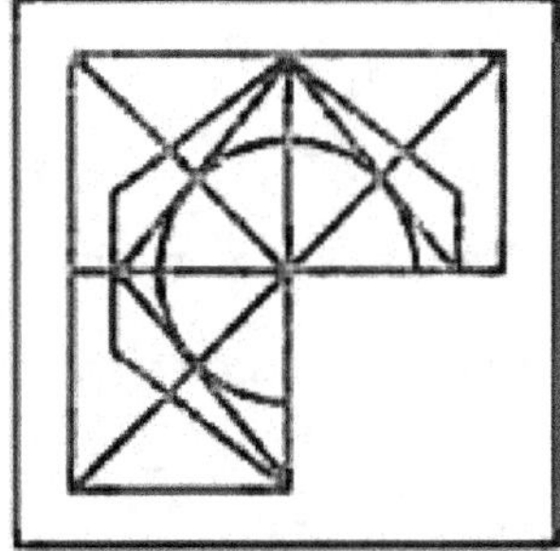

(a)

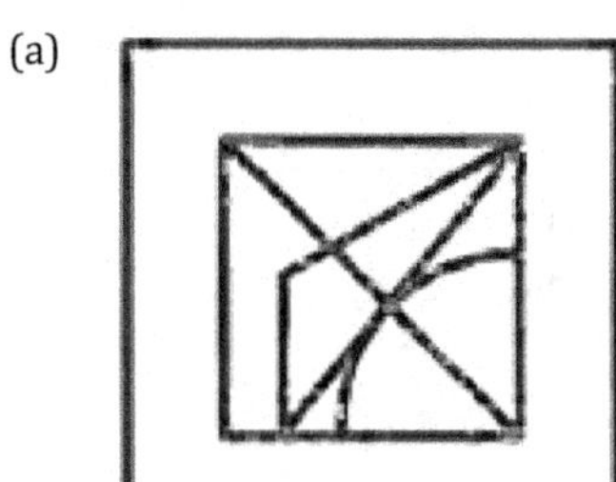

(b)

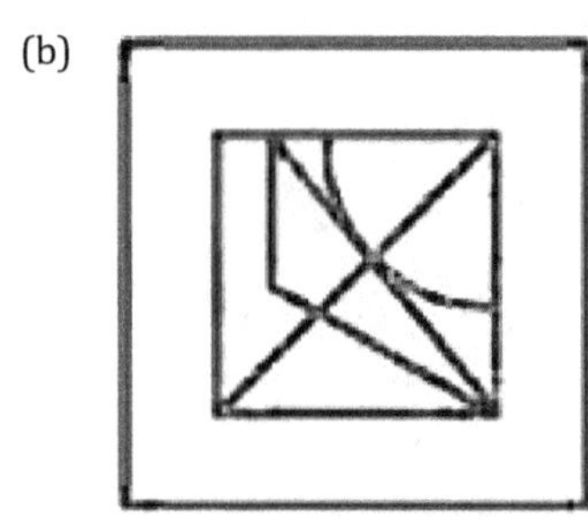

(c)

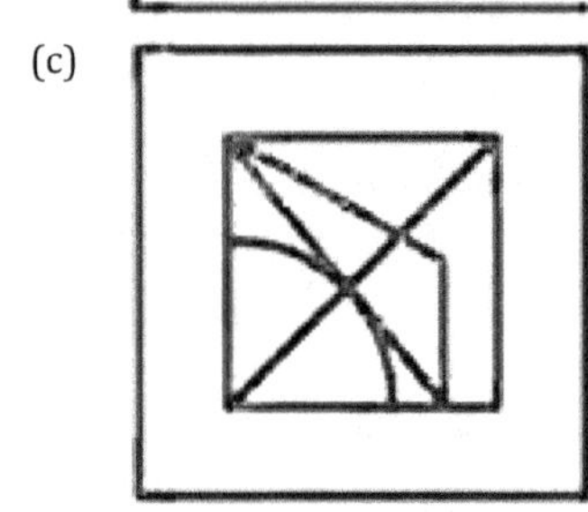

(d)

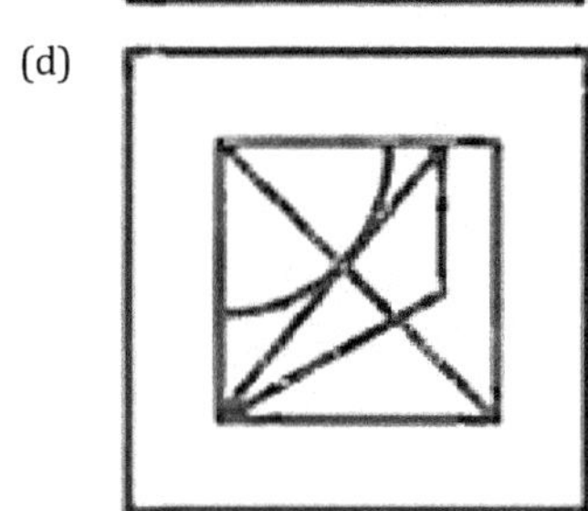

65. सुरेश, कमलेश, मुकेश, अमित और राकेश दोस्त हैं। सुरेश, कमलेश से कद में छोटा है परंतु राकेश से लंबा है। मुकेश सबसे लंबा है। अमित, कमलेश से कद में थोड़ा छोटा है और सुरेश से थोड़ा लंबा है। किस से दो व्यक्ति कद में लंबे हैं और दो व्यक्ति कद में छोटे हैं?

(a) अमित   (b) कमलेश

(c) राकेश   (d) सुरेश

66. कनक शीर्ष से नौवें और एक कक्षा में नीचे से 27 वें स्थान पर है। कक्षा में कितने छात्र हैं?

(a) 34   (b) 37

(c) 36   (d) 35

67. चालिस छात्रों की एक कक्षा में समीर का ऊपर से बारहवां स्थान है। समीर से आठ स्थान नीचे आलोक है। आलोक का अन्त से क्या स्थान है?

(a) 20वाँ   (b) 21वाँ

(c) 22वाँ   (d) 19वाँ

68. निर्देश: निम्नलिखित जानकारी का ध्यानपूर्वक अध्ययन कीजिए तथा नीचे दिए गए प्रश्नों के उत्तर दीजिये।

तैय्यब अपने घर से, रेलवे स्टेशन की ओर 3 किमी उत्तर दिशा की ओर जाता है फिर वह दाएँ मुड़ता है और सिनेमा घर तक पहुंचने के लिए 6 किमी चलता है। फिर वह एक झील तक पहुंचने के लिए 8 किमी दक्षिण दिशा की ओर जाता है और वहां से वह एक बाएं मुड़ता है और अस्पताल पहुंचने के लिए 2 किमी की दूरी तक चलता है। अंत

में वह एक बार फिर से बाएँ मुड़ता है और अपने कार्यालय पहुंचने के लिए 5 किमी तक चलता है।

रेलवे स्टेशन तथा झील के बीच की न्यूनतम दूरी क्या है?

(a) 9 किमी   (b) 5 किमी

(c) 4 किमी   (d) 10 किमी

69. अपने कॉलेज के उत्तर की ओर 100 मीटर जाने पर, पटेल दाएं ओर मुड़ता है और 50 मीटर जाता है। फिर वह दक्षिण की ओर मुड़ता है और अपने घर की ओर 150 मीटर चलता है। अपने कॉलेज तक पहुँचने के लिए उसे अपने घर से किस दिशा में जाना चाहिए ताकि उसे सबसे छोटे रास्ते पर चलना पड़े?

(a) दक्षिण-पूर्व   (b) उत्तर

(c) उत्तर-पूर्व   (d) उत्तर-पश्चिम

70. निम्नलिखित जानकारी सावधानी से पढ़िए और फिर दिए गए प्रश्न का उत्तर दीजिये।

वंशुका की ओर देखते हुए, मानसी ने कहा, "वह मेरे ससुर की बहू है।"

मानसी के पति का वंशुका के पति से क्या सम्बन्ध है?

(a) पिताजी   (b) ससुर

(c) भाई   (d) बेटा

71. यदि A@ R का अर्थ है कि A,B का पुत्र है, अर्थ है कि A, B का भाई है और यदि B का अर्थ है कि A, B की मां है तो P@Q*R#S का क्या अर्थ है?

(a) P, S का भाई है   (b) P, S की बहन है

(c) P, S का पिता है   (d) P, S का पुत्र है

72. यदि P% Q का अर्थ है, P, Q का भाई है: P! Q का अर्थ है, P, Q का पिता है और P * Q का अर्थ है, P, Q का बेटा है, निम्न में से कौन दर्शाता है कि P, S का भाई है?

(a) P*Q!R%S   (b) P!Q*R%S

(c) P*Q%R!S   (d) P!Q%R*S

73. श्रेणी 2, 5, 8, 11, ___ का दो सौवां a $_{200}$ पद ज्ञात कीजिए।

(a) 399   (b) 499

(c) 599   (d) 699

74. श्रेणी 6 + 11 + 16 + ... के n पदों का योग ज्ञात कीजिए।

(a) $\frac{5n^2+7n}{3}$ (b) $\frac{5n^2-7n}{2}$

(c) $\frac{5n^2+7n}{2}$ (d) $\frac{5n^2-7n}{3}$

75. यदि किसी श्रेणी का nवाँ पद $T_n = 3n + 2$, द्वारा दिया जाता है, जहाँ n एक प्राकृत संख्या है, तो $S_n = \sum_{k=1}^{n} T_k =?$ का मान ज्ञात कीजिए।

(a) $\frac{n(n+1)+4}{2}$ (b) $\frac{n(n+1)+2}{2}$

(c) $\frac{n(3n+7)}{2}$ (d) $\frac{3n(n+1)+4}{2}$

English Language Skills

Ques (76-80): Direction: Read the following passage and answer the questions that follow by choosing the correct/most appropriate option.

Savitribai was born on January 3, 1831, in Naigon (presently in Satara district) in British India in a farming family to Khandoji Neveshe Patil and Lakshmi as their eldest daughter. Girls in those days were married off early, so following the prevalent customs, the nine-year-old Savitribai was wedded to 12 years old Jyotirao Phule in 1840.Jyotirao went on to become a thinker, writer, social activist and anti-caste social reformer. He is counted among the leading figures of Maharshtra's social reform movement. Savitribai's education started after her marriage. It was her husband who taught her to read and write after he saw her eagerness to learn and educate herself. She cleared third and fourth year examination from a normal school and became passionate about teaching. She took training at Ms Farar's Institution in Ahmednagar. Jyotirao stood firmly by the side of Savitribai in all her social endeavours. The first indigenously-run school for girls in Pune (at that time Poona) was started by Jyotirao and Savitribai in 1848 when the latter was still in her teens. Although they were ostracized by both family and community for this step, the resolute couple was given shelter by a friend Usman Sheikh and his sister Fatima Sheikh, who also gave the Phule couple place in their premises to start the school. Savitribai became the first teacher of the school. Jyotirao and Savitribai later started schools for children from the Mang and Mahar castes, who were regarded as untouchables. Three Phule schools were in operation in 1852. On November 16 that year, the British government honoured the Phule family for their contributions in the field of education while Savitribai was named the best teacher. That year she also started the Mahila Seva Mandal with the objective of creating awareness among women regarding their rights, dignity and other social issues. She was successful in organising a barbers strike in Mumbai and Pune to oppose the prevailing custom of shaving heads of widows.

76. Jyotirao Phule decided to teach his wife to read and write because:
   1. He wanted her to get a govt. job.
   2. He wanted to show her off as an educated wife.
   3. He wanted her to go abroad for higher studies.
   4. She was very eager to learn and educate herself.
   (a) 1   (b) 2
   (c) 3   (d) 4

77. The British Govt. honoured Jyotirao and Savitribai for:
   1. making people aware of social evils.
   2. helping the poor and the destitute.
   3. for fighting for gender equality.
   4. for their contribution in the field of education.
   (a) 1   (b) 2
   (c) 3   (d) 4

78. What occupation did the family of Savitribai follow?
   1. Sericulture
   2. Pisciculture
   3. Agriculture
   4. Horticulture
   (a) 1   (b) 2
   (c) 3   (d) 4

79. Read the following statements.
   A. Jyotirao Phule was a versatile personality.
   B. Manga and Mahar castes were ill-treated by the upper class people.
   1. A is false and B is true.
   2. B is false and A is true.
   3. Both A and B are false.
   4. Both A and B are true.
   (a) 1   (b) 2
   (c) 3   (d) 4

80. Which word in the passage means the same as 'eagerness'?
   1. keenness
   2. indifference
   3. failure
   4. coarseness
   (a) 1   (b) 2
   (c) 3   (d) 4

Ques (81-84): Direction : In the question given below, rearrange the parts which are labelled P, Q, R and S produce the correct sentence.

81. If you need help
   P : promptly and politely
   Q : ask for attendants
   R : to help our customers
   S : who have instructions
   The Proper sequence should be:
   (a) SQPR   (b) QSRP
   (c) QPSR   (d) SQRP

82. Little
   P : that he had been let down
   Q : stood by all these years
   R : did he realise
   S : by a colleague whom he has
   The Proper sequence should be:
   (a) QSPR   (b) QSRP
   (c) RSQP   (d) RPSQ

83. Reading books
   P : is a habit
   Q : but also enlarges the mind
   R : because it not only increases knowledge
   S : which must be cultivated by everybody
   The Proper sequence should be:
   (a) PQSR   (b) SRPQ
   (c) PSRQ   (d) PQRS

84. The stranger's movements
   P : and the police
   Q : him
   R : arrested
   S : aroused suspicion
   The Proper sequence should be:
   (a) SQPR   (b) RQPS
   (c) SPRQ   (d) RPQS

85. **Directions** : Each of the following items in this section consists of a sentence(s), the parts of which have been jumbled. These parts have been labelled as P, Q, R and S. You are required to rearrange the jumbled parts of the sentence and mark your response accordingly.
   P: I realize that solving the climate change problem
   Q: than solving
   R: will be much harder
   S: the ozone depletion problem
   (a) P R Q S   (b) Q R P S
   (c) S Q R P   (d) P Q R S

86. **Direction:** The following sentence has been divided into parts. One of them may contain a grammatical error. Select the part that contains the error from the given options. If you don't find any error, mark 'No error' as your answer.
   This park is/the largest bird sanctuary/in the state.
   (a) the largest bird sanctuary
   (b) This park is
   (c) No error
   (d) in the State

87. **Direction:** The following sentence has been split into four segments. Identify the segment that contains a grammatical error.
   I asked my friend / where had he / learnt to dance / so well.

(a) where had he   (b) learnt to dance
(c) I asked my friend   (d) so well

88. Fill in the blank with the word that creates the most logical sentence.

_______ our low annual fee, you will receive a 20% discount if you sign up this week.

(a) In spite of   (b) In addition to
(c) Because of   (d) Due to

89. Fill in the blank with appropriate word.
He left the book _______ the telephone.

(a) at   (b) beside
(c) besides   (d) around

90. Select the wrongly spelt word.

(a) Decibel   (b) Decease
(c) Decency   (d) Decieve

91. Direction: Select the wrongly spelt word.

(a) Fastedious   (b) Fashion
(c) Fascination   (d) Fascism

Ques (92-93): Direction : The question consist of an underlined word followed by four words (A), (B), (C), and (D). Select the option that is nearest in meaning to the underlined word and mark your response accordingly.

92. Sheela appeared to be <u>vexed</u>.

(a) clear   (b) calm
(c) displeased   (d) uncomplicated

93. Do not hold any <u>preconception</u> about people.

(a) notion   (b) experiment
(c) great idea   (d) conceit

94. A person who creates maps is known as a:

(a) Cartographer   (b) Planner
(c) Designer   (d) Graph maker

95. Find the word that can substitute ***trend*** .

(a) tendency   (b) aptitude
(c) attitude   (d) unrest

Digital Literacy and Awareness

96. कंप्यूटर निम्नलिखित में से कौन सी भाषा समझता है?

(a) केवल C भाषा   (b) केवल असेंबली भाषा
(c) केवल बाइनरी भाषा   (d) केवल बेसिक

97. लिंक डालने के लिए माइक्रोसॉफ्ट वर्ड में कौन सा शॉर्टकट है?

(a) Ctrl+I   (b) Ctrl+K
(c) Ctrl+U   (d) Ctrl+N

98. एक वेब पेज पर आइकॉन या इमेज जो कि किसी अन्य वेब पेज से संबंधित है, उसे कहा जाता है:

(a) यूआरएल   (b) हाइपरलिंक
(c) प्लग-इन   (d) उपरोक्त कोई भी नहीं

99. निम्नलिखित में से कौन ईमेल पते के यूजर आईडी और डोमेन नाम को अलग करता है?

(a) $ (b) #
(c) @   (d) &

100. FHSS के बारे में निम्नलिखित में से कौन सा कथन सही है?

(a) FHSS नैरोबैंड सिग्नल का एक प्रकार है।
(b) यह 2.4 GHz में 78 फ्रीकेंसी का उपयोग करता है।
(c) इसे फ्रीकेंसी होपिंग स्प्रेड स्पेक्ट्रम के रूप में जाना जाता है।
(d) ये सभी

// स्मार्ट उत्तर पुस्तिका //

सही उत्तर — उन छात्रों का प्रतिशत जिन्होंने प्रश्न का सही उत्तर दिया।

छोड़ दिया — उन छात्रों का प्रतिशत जिन्होंने प्रश्न को छोड़ दिया।

प्रश्न संख्या	उत्तर	सही उत्तर / छोड़ दिया	प्रश्न संख्या	उत्तर	सही उत्तर / छोड़ दिया	प्रश्न संख्या	उत्तर	सही उत्तर / छोड़ दिया
1	D	53.38% / 1.11%	2	A	62.5% / 1.26%	3	C	47.23% / 1.81%
4	A	43.63% / 1.38%	5	A	83.01% / 0.0%	6	C	55.08% / 1.26%
7	C	85.38% / 0.0%	8	C	66.52% / 1.34%	9	D	57.28% / 1.14%
10	B	55.62% / 1.43%	11	B	51.83% / 1.69%	12	B	10.24% / 3.35%
13	D	56.36% / 1.29%	14	B	65.78% / 1.9%	15	D	31.3% / 4.74%
16	B	69.73% / 1.19%	17	C	12.39% / 3.78%	18	B	13.19% / 3.08%
19	C	32.23% / 4.44%	20	D	67.26% / 1.29%	21	B	47.34% / 1.42%
22	B	22.01% / 3.12%	23	B	21.68% / 4.54%	24	C	79.35% / 0.0%
25	C	42.02% / 1.79%	26	C	47.11% / 1.77%	27	A	89.97% / 0.0%
28	B	65.84% / 1.57%	29	C	52.53% / 1.78%	30	D	51.17% / 1.38%
31	C	47.95% / 1.56%	32	A	87.23% / 0.0%	33	C	46.65% / 1.7%
34	B	48.29% / 1.74%	35	C	21.64% / 3.52%	36	B	51.33% / 1.39%
37	C	55.35% / 1.6%	38	D	44.69% / 1.84%	39	B	44.93% / 1.97%
40	D	80.79% / 0.0%	41	B	83.34% / 0.0%	42	C	76.17% / 0.0%
43	B	43.33% / 1.66%	44	A	24.2% / 3.47%	45	C	55.28% / 1.07%
46	C	54.17% / 1.03%	47	A	17.74% / 3.83%	48	D	44.04% / 1.18%
49	A	48.5% / 1.73%	50	B	66.79% / 1.04%	51	B	52.59% / 1.03%
52	A	69.63% / 1.78%	53	D	80.51% / 0.0%	54	D	20.41% / 3.78%
55	C	58.61% / 1.31%	56	D	66.35% / 1.9%	57	D	58.78% / 1.81%
58	C	64.68% / 1.47%	59	B	46.18% / 1.52%	60	A	31.63% / 4.53%
61	A	41.41% / 1.9%	62	D	67.13% / 1.66%	63	B	41.0% / 1.82%
64	D	55.33% / 1.67%	65	A	31.45% / 3.32%	66	D	88.91% / 0.0%
67	B	66.83% / 1.57%	68	D	22.19% / 4.46%	69	D	65.02% / 1.75%
70	C	20.72% / 4.92%	71	A	42.15% / 1.56%	72	A	12.58% / 4.16%
73	C	59.64% / 1.89%	74	C	62.11% / 1.34%	75	C	63.58% / 1.46%
76	D	81.08% / 0.0%	77	D	81.44% / 0.0%	78	C	88.26% / 0.0%
79	D	69.1% / 1.06%	80	A	59.88% / 1.6%	81	B	42.31% / 1.58%
82	D	49.85% / 1.76%	83	C	12.13% / 3.41%	84	C	53.8% / 1.37%
85	A	41.9% / 1.11%	86	C	46.48% / 1.73%	87	A	59.81% / 1.01%

88	B	69.8% 1.6%	89	B	89.8% 0.0%	90	D	32.67% 4.02%
91	A	55.73% 1.38%	92	C	47.63% 1.95%	93	A	49.4% 1.45%
94	A	89.68% 0.0%	95	A	78.8% 0.0%	96	C	85.1% 0.0%
97	B	81.97% 0.0%	98	B	63.85% 1.81%	99	C	84.55% 0.0%
100	D	61.39% 1.29%						

// संकेत और समाधान //

1(D). भारत का संविधान, 26 नवम्बर, 1949 को संविधान सभा द्वारा पारित किया गया तब इसमें कुल 22 भाग, 395 अनुच्छेद तथा 8 अनुसूचियाँ थी। वर्तमान में अनुसूचियों की संख्या बढ़कर 12 हो गयी है तथा अनुच्छेदों की संख्या 450 के लगभग है।

2(A). संविधान के अनुच्छेद 53(2) में उल्लिखित है कि भारत में सशस्त्र बलों का सुप्रीम कमांडर (सर्वोच्च अधिकारी) राष्ट्रपति होगा वह रक्षा बलों के प्रमुखों की नियुक्ति करता है। उसे युद्ध एवं शांति घोषित करने का अधिकार है।

3(C). धर्म निरपेक्षता का अर्थ राज्य सरकार द्वारा किसी धर्म को स्वीकार नहीं करना है। धर्म निरपेक्ष (पंथनिरपेक्ष) शब्द को 42वें संविधान संशोधन द्वारा भारत के प्रस्तावना में शामिल किया गया।

4(A). धर्म की स्वतंत्रता का अधिकार मौलिक अधिकार है, जिसे अनुच्छेद (25-28) में परिभाषित किया गया है। अनुच्छेद 25 अंतःकरण की और धर्म को अबाध रूप में मानने, आचरण करने की स्वतंत्रता। अनुच्छेद 26 धार्मिक कार्यों के प्रबंध की स्वतंत्रता, अनुच्छेद 27 किसी विशिष्ट धर्म की अभिवृद्धि के लिए करों के संदाय के बारे में स्वतंत्रता, अनुच्छेद 28 शिक्षा संस्थानों में धार्मिक शिक्षा या धार्मिक उपासना में उपस्थित होने के बारे में स्वतंत्रता।

5(A). गृह मंत्रालय के वर्ष 2011 के आंकड़ों के अनुसार भारत की नागरिकता प्राप्त करने वाले विभिन्न देशों में पाकिस्तान (1093) सबसे आगे है तथा अन्य देश क्रमशः अफगानिस्तान (316), बांग्लादेश (147) तथा श्रीलंका (53) है।

6(C). अनुच्छेद 75 के अनुसार,
प्रधान मंत्री को राष्ट्रपति द्वारा नियुक्त किया जाता है और अन्य मंत्रियों को प्रधानमंत्री की सलाह पर राष्ट्रपति द्वारा नियुक्त किया जाता है। राष्ट्रपति के प्रसाद पर्यन्त मंत्री पद संभालेंगे। मंत्रिपरिषद सामूहिक रूप से लोकसभा के प्रति उत्तरदायी होती है।
- प्रधानमंत्री वास्तविक कार्यकारी प्राधिकरण है जो वास्तविक कार्यपालिका है। राष्ट्रपति नाममात्र के कार्यकारी प्राधिकारी हैं जो निशित कार्यकारी हैं।
- प्रधानमंत्री संसद के दोनों सदनों में से किसी का सदस्य हो सकता है। प्रधानमंत्री के वेतन और भत्ते संसद द्वारा समय-समय पर निर्धारित किए जाते हैं।

7(C). भारत का उपराष्ट्रपति राज्यसभा का पदेन अध्यक्ष होता है।
- भारत के वर्तमान उपराष्ट्रपति: मुप्पावरापु वैंकैया नायडू
- भारत का उपराष्ट्रपति भारत में दूसरे सर्वोच्च स्थान पर होता है।
- भारतीय संविधान का अनुच्छेद 63 के अनुसार भारत का एक उपराष्ट्रपति होगा।
- उपराष्ट्रपति का चुनाव भारत के एक निर्वाचन मंडल द्वारा किया जाता है।
- उपराष्ट्रपति का कार्यकाल 5 वर्ष का होता है।
- भारत के उपराष्ट्रपति की शक्तियां और कार्य अमेरिका के उपराष्ट्रपति के समान हैं।

8(C). महाभियोग के आरोप संसद के किसी भी सदन में लगाए जा सकते हैं। भारत में राष्ट्रपति को संविधान के उल्लंघन के मामले में ही हटाया जा सकता है। भारतीय संविधान में 'संविधान के उल्लंघन' वाक्यांश का अर्थ नहीं बताया गया है। संविधान के अनुच्छेद 61 में भारत के राष्ट्रपति के महाभियोग का प्रावधान है।

9(D). भारतीय प्रतिभूति और विनिमय बोर्ड (सेबी)-

1. यह भारत में प्रतिभूति बाजार का नियामक है।
2. इसका उद्देश्य प्रतिभूतियों में निवेशकों के हितों की रक्षा करना और उससे जुड़े या उसके प्रासंगिक मामलों के लिए प्रतिभूति बाजार को विनियमित करना है।
3. इसके पास उल्लंघन करने वालों पर जुर्माना और दंड लगाने की क्षमता सहित व्यापक आधिकारिक और प्रवर्तन शक्तियां हैं।
4. यह पहली बार सीमित शक्तियों के साथ 1988 में स्थापित किया गया था लेकिन औपचारिक रूप से अप्रैल 1992 में स्थापित किया गया था।
5. इसने कैपिटल इश्यू के नियंत्रक को हटा दिया, जिसने पूंजी निर्गम (अनुबंध) अधिनियम 1987 के तहत प्रतिभूति बाजारों को विनियमित किया था।
6. इसका मुख्यालय मुंबई में बांद्रा-कुर्ला कॉम्प्लेक्स में है, जिसके क्षेत्रीय कार्यालय हैं
नई दिल्ली, कोलकाता, चेन्नई और अहमदाबाद।
7. सेबी चार्टर के अनुसार, यह 3 प्रमुख समूहों के लिए जिम्मेदार है:
(i) प्रतिभूतियों के जारीकर्ता
(ii) निवेशक
(iii) बाजार बिचौलिए
8. यह अपनी नियामक क्षमता में विनियमों का मसौदा तैयार करता है, अपनी न्यायिक क्षमता में निर्णय पारित करता है, और अपनी लागू करने की क्षमता में दंड लगाने के साथ कपटपूर्ण कदाचार पर जांच करता है।
9. यह एक निदेशक मंडल द्वारा चलाया जाता है जिसमें संसद द्वारा चुने गए अध्यक्ष, 2 वित्त मंत्रालय के अधिकारी, 1 भारतीय रिजर्व बैंक के सदस्य और 5 सदस्य शामिल हैं। संसद द्वारा चुने गए।
इसलिए, सेबी की स्थापना का एक उद्देश्य निवेशकों के हितों की रक्षा करना है।

10(B). नीति आयोग ने में इंटेल इंडिया के साथ भारत में 10 अटल टिंकरिंग लेबोरेटरीज (एटीएल) स्थापित करने के लिए एक स्टेटमेंट ऑफ इंटेंट (एसओआई) पर हस्ताक्षर किए हैं, ताकि युवा नवोन्मेषकों के बीच जिज्ञासा, रचनात्मकता और कल्पना को बढ़ावा दिया जा सके। एटीएल पहल सरकार के प्रमुख कार्यक्रम "अटल इनोवेशन मिशन (एआईएम)" का एक हिस्सा है। एटीएल का उद्देश्य युवाओं के बीच प्रासंगिक कौशल सेट बनाना और प्रौद्योगिकी तक पहुंच प्रदान करना है जो सामाजिक प्रभाव के समाधान बनाने में मदद करेगा। ये प्रयोगशालाएं 500 समुदायों और स्कूलों में भविष्य के लिए नवाचार कौशल और कौशल के साथ 250,000 युवाओं को प्रभावित करने का इरादा रखती हैं। पहल के हिस्से के रूप में, इंटेल इंडिया उद्योग के विशेषज्ञों के माध्यम से विचार, डिजाइन सोच और प्रोटोटाइप कार्यशालाओं की सुविधा प्रदान करेगा और एक नवाचार उत्सव का सह-नेतृत्व करेगा।

11(B). यदि, विनियम 4 के तहत किए गए आवेदन पर विचार करने के बाद, बोर्ड की प्रथम दृष्टया राय है कि पंजीकरण प्रदान या नवीनीकृत नहीं किया जाना चाहिए, या अतिरिक्त शर्तों के साथ प्रदान या नवीनीकृत नहीं किया जाना चाहिए, तो वह इस तरह की राय बनाने के कारणों को सूचित करेगा और देगा आवेदक को यह स्पष्ट करने का अवसर दिया जाता है कि बोर्ड से पत्र प्राप्त होने के पन्द्रह दिनों के भीतर उसका आवेदन क्यों स्वीकार किया जाना चाहिए ताकि वह अंतिम राय बना सके।
(2) उप-विनियम (1) के तहत कमियों को दूर करने, अतिरिक्त दस्तावेज, सूचना या स्पष्टीकरण प्रस्तुत करने, या उपस्थित होने के लिए बोर्ड द्वारा दिए गए समय को छोड़कर, आवेदन प्राप्त होने के 45 दिनों के भीतर आवेदक को संचार किया जाएगा। व्यक्तिगत रूप से, जैसा भी मामला हो।

12(B). सही उत्तर पुरापाषाण → मध्यपाषाण → नवपाषाण → हड़प्पा सभ्यता है।
पुरापाषाण
- 'पुरापाषाण' शब्द ग्रीक शब्द 'पैलियो' से बना है जिसका अर्थ है पुराना और 'लिथिक' अर्थ पत्थर।
- भारत की पुरानी पाषाण युग या पुरापाषाण संस्कृति का विकास प्लेइस्टोसिन काल या हिमयुग में हुआ, जो उस युग

का भूवैज्ञानिक काल है जब पृथ्वी बर्फ से ढकी हुई थी और मौसम इतना ठंडा था कि मनुष्य या पौधे का जीवन जीवित नहीं रह सकता था।

- वे खाद्य संग्रहकर्ता थे, जंगली फल और सब्जियां खाते थे, और शिकार पर रहते थे।
- मानव ने बिना पॉलिश किए, खुरदुरे पत्थरों जैसे हाथ की कुल्हाड़ी, चॉपर, ब्लेड, बरिन और स्क्रेपर्स का इस्तेमाल किया।
- माना जाता है कि भारतीय लोग 'नेग्रिटो' जाति के थे, और खुली हवा, नदी घाटियों, गुफाओं और चट्टानों के आश्रयों में रहते थे।
- ऊपरी पुरापाषाण युग में चित्रकला के रूप में कला के प्रमाण मिलते हैं।

मध्य पाषाण
- मेसोलिथिक शब्द दो ग्रीक शब्दों - मेसो और लिथिक से बना है। ग्रीक में, मेसो का अर्थ है मध्य और लिथिक का अर्थ है पत्थर।
- मेसोलिथिक और नियोलिथिक दोनों चरण होलोसीन युग के हैं। इस युग में, तापमान में वृद्धि हुई, जलवायु गर्म हो गई जिसके परिणामस्वरूप बर्फ पिघल गई और वनस्पतियों और जीवों में भी परिवर्तन आया।
- इस युग के लोग शुरू में शिकार, मछली पकड़ने और भोजन एकत्र करने पर रहते थे लेकिन बाद में उन्होंने पालतू जानवरों और पौधों की खेती भी की, जिससे कृषि का मार्ग प्रशस्त हुआ।
- मध्य पाषाण काल के लोग गुफाओं और खुले मैदानों पर कब्जा करने के साथ-साथ अर्ध-स्थायी बस्तियों में रहते थे।

नवपाषाण
- नियोलिथिक शब्द ग्रीक शब्द नियो से लिया गया है जिसका अर्थ है नया और लिथिक अर्थ पत्थर।
- इसे 'नवपाषाण क्रांति' भी कहा जाता है क्योंकि इसने मनुष्य के सामाजिक और आर्थिक जीवन में कई महत्वपूर्ण परिवर्तन किए।
- नवपाषाण युग में एक व्यक्ति एक खाद्य संग्रहकर्ता से एक खाद्य उत्पादक में बदल जाता था।
- नवपाषाण युग के लोग भूमि पर खेती करते थे और रागी और चना (कुलती) जैसे फल और मक्का उगाते थे।
- नवपाषाण युग के लोग आयताकार या गोलाकार घरों में रहते थे जो मिट्टी और नरकट से बने होते थे।

हड़प्पा की सभ्यता
- भारत का इतिहास सिंधु घाटी सभ्यता (IVC) के जन्म से शुरू होता है, जिसे हड़प्पा सभ्यता के नाम से भी जाना जाता है।
- प्रो. दया राम साहनी हड़प्पा सभ्यता के संस्थापक थे।
- IVC इराक में मेसोपोटामिया के साथ टाइग्रिस नदी के तट पर और प्राचीन मिस्र की सभ्यता नील नदी के तट पर दुनिया की सबसे पुरानी सभ्यताओं में से एक है।
- यह लगभग 2,500 ईसा पूर्व सिंधु घाटी सभ्यता के पश्चिमी भाग में विकसित हुआ, जिसे हड़प्पा सभ्यता के नाम से भी जाना जाता है।
- हड़प्पा के गाँव, जो ज्यादातर बाढ़ के मैदानों के पास स्थित थे, पर्याप्त खाद्यान्न का उत्पादन करते थे।
- गेहूँ, जौ, राई, मटर, तिल, मसूर की दाल और सरसों का उत्पादन किया गया था, बाजरा भी गुजरात के स्थलों से पाया जाता है।

13(D). सही उत्तर विनिमय बिल है।

हुंडी
- हुंडी एक वित्तीय साधन है जिसे मध्यकालीन भारत में व्यापार और क्रेडिट लेनदेन में उपयोग के लिए विकसित किया गया था।
- हुंडी एक लिखित रूप में एक बिना शर्त आदेश है जो एक व्यक्ति द्वारा दूसरे को आदेश में नामित व्यक्ति को एक निश्चित राशि का भुगतान करने का निर्देश देता है।
- अनौपचारिक प्रणाली का हिस्सा होने के कारण हुंडियों की कोई कानूनी स्थिति नहीं है और वे परक्राम्य लिखित अधिनियम, 1881 के अंतर्गत नहीं आते हैं।

- इसे विनिमय बिल के रूप में माना जाता है, इन्हें अक्सर स्वदेशी बैंकरों द्वारा जारी किए गए चेक के समकक्ष के रूप में उपयोग किया जाता था।

14(B). उपरोक्त कथन जलाऊ लकड़ी की विशेषताओं को परिभाषित कर रहे हैं।

जलाऊ लकड़ी:
- यह व्यापक रूप से खाना पकाने और हीटिंग के लिए उपयोग किया जाता है।
- हमारे देश में, ग्रामीणों द्वारा उपयोग की जाने वाली ऊर्जा का पचास प्रतिशत से अधिक जलाऊ लकड़ी से आता है।
- लकड़ी को मानव जाति का ऊर्जा का पहला स्रोत माना जाता है।
- आज भी यह अक्षय ऊर्जा का सबसे महत्वपूर्ण एकल स्रोत है जो वैश्विक कुल प्राथमिक ऊर्जा आपूर्ति का लगभग 6% प्रदान करता है।
- लकड़ी का ईंधन एक ईंधन है, जैसे जलाऊ लकड़ी, लकड़ी का कोयला, चिप्स, चादरें, छर्रे और चूरा।
- आज, लकड़ी को जलाना ठोस ईंधन बायोमास से प्राप्त ऊर्जा का सबसे बड़ा उपयोग है।

15(D). मानसून मूल रूप से मौसमी हवाएं होती हैं जो मौसम में बदलाव के अनुसार अपनी दिशा को उलट देती हैं। वे आवधिक हवाएं हैं। ये ग्रीष्मकाल में समुद्र से भूमि की ओर तथा शीतकाल में भूमि से समुद्र की ओर यात्रा करते हैं। भारत में ग्रीष्मकाल में दक्षिण-पश्चिम मानसूनी हवाएँ और सर्दियों के दौरान उत्तर-पूर्वी मानसूनी हवाएँ आती हैं। दक्षिण-पश्चिम मानसून तिब्बती पठार के ऊपर एक तीव्र निम्न दबाव प्रणाली के बनने के कारण उत्पन्न होता है। उत्तर-पूर्वी मानसून साइबेरियाई और तिब्बती पठारों के ऊपर बने उच्च दाब प्रकोष्ठ के कारण उत्पन्न होता है। इसलिए हम कह सकते हैं कि भारत में मानसूनी हवाओं के लिए विस्तृत भूमि क्षेत्र जिम्मेदार है। इस प्रकार कथन 1 सही है।

भारत में मानसूनी हवाओं के लिए जिम्मेदार कारण निम्नलिखित हैं:
- गर्मी के महीनों के दौरान तिब्बती पठार का तीव्र ताप
- विशाल भूमि क्षेत्र
- दक्षिण हिंद महासागर में स्थायी उच्च दबाव सेल (गर्मियों में मेडागास्कर के पूर्व से उत्तर पूर्व)
- उपोष्णकटिबंधीय जेट स्ट्रीम (STJ)
- ट्रॉपिकल ईस्टरली जेट (अफ्रीकी ईस्टरली जेट)
- अंतर-उष्णकटिबंधीय अभिसरण क्षेत्र
- तिब्बत पर कम दबाव और दक्षिणी हिंद महासागर पर उच्च दबाव की ताकत
- सोमाली जेट
- सोमाली करंट
- वाकर सेल की हिंद महासागर शाखा
- हिंद महासागर द्विध्रुव

भारत दक्षिण में तीन तरफ हिंद महासागर से घिरा है और उत्तर में एक ऊंची और निरंतर पहाड़ी दीवार से घिरा है। भू-भाग की तुलना में जल धीरे-धीरे गर्म या ठंडा होता है। भूमि और समुद्र के इस विभेदक ताप से भारतीय उपमहाद्वीप में और उसके आसपास विभिन्न मौसमों में अलग-अलग वायुदाब क्षेत्र बनते हैं। वायुदाब में अंतर के कारण मानसूनी हवाओं की दिशा उलट जाती है। इसलिए यह भारत में मानसूनी हवाओं के लिए जिम्मेदार है। इसीलिए कथन 2 सही है।

उपोष्णकटिबंधीय जेट जो पृथ्वी के वायुमंडल में 30°-40° अक्षांश पर होता है, ऊष्मीय रूप से संचालित होता है और हैडली परिसंचरण नामक उष्णकटिबंधीय वातावरण के एक बड़े उलट की अवरोही शाखा से जुड़ा होता है। इसलिए यह भारत में मानसूनी हवाओं के लिए जिम्मेदार है। इसीलिए कथन 3 सही है।

16(B). नरोरा परमाणु ऊर्जा केंद्र उत्तर प्रदेश राज्य में स्थित है। यह 220 मेगावाट बिजली का उत्पादन करने में सक्षम है। यह वर्ष 1991 में शुरू किया गया था। इसमें दो दबावयुक्त भारी पानी रिएक्टर हैं जो 220 मेगावाट बिजली का उत्पादन करने में सक्षम हैं।
अतः विकल्प (B) सही है।

17(C). छाऊ एक ऐसी शैली है जो विशेष रूप से त्रिकोणीय क्षेत्र के

पुरुषों द्वारा की जाती है जहां बिहार, बंगाल और उड़ीसा मिलते हैं। इसलिए, कथन 1 सही है। यह भारत का आदिवासी समूह है, जो भुल्ला, संथाल, मुंडा, होस और ओरांस के आदिवासी समूहों के लिए है।

छाऊ मुखौटा: उनके द्वारा इस्तेमाल किए जाने वाले मुखौटे छाऊ की शैली, सराइकेला छाऊ या पुरुलिया छाऊ की शैली के आधार पर भिन्न होते हैं। छाऊ के तीसरे रूप में, मयूरभंज छाऊ, मुखौटे नहीं पहने जाते। छाऊ मुखौटा कुम्हार की मिट्टी (मट्टी घड़ा) से बना होता है, जिसके ऊपर मलमल की परतें चिपकाई जाती हैं, उसके बाद कागज़ (कागज़ चिटानो) बनाया जाता है। इसलिए, कथन 2 गलत है। एक नाजुक लकड़ी की छेनी का उपयोग करके, मुखौटा की विभिन्न विशेषताओं को नाक, आंख, कान, ठोड़ी और होंठ पॉलिश किया जाता है। एक बार जब यह सूख जाता है तो इसे पेस्टल रंगों (कहिजे लेपा) में रंग दिया जाता है। फिर मुखौटा को मिट्टी के मॉडल से अलग किया जाता है और पूरी तरह से धूप में सुखाया जाता है। अंत में, मुखौटे को टिनसेल, मोती, रंगीन कागज और कृत्रिम फूलों की एक उच्च सुशोभित पोशाक पहना जाता है। मुखौटे शरीर के हर मोड़ और मोड़ के साथ अभिव्यक्ति की एक पूरी श्रृंखला प्राप्त करते हैं। विशाल धम्सा डुम और दो ऊर्जावान ढोल वादकों द्वारा गाया जाता है जो नर्तकियों को उत्तेजित और प्रोत्साहित करते हैं। छाऊ नर्तक चमकदार शरीर की हलचल को चमक के रूप में जाना जाता है। इसलिए, कथन 3 सही है।

अत: विकल्प (C) सही है।

18(B). गरिया पूजा अप्रैल के तीसरे सप्ताह में मनाया जाने वाला त्योहार है। यह लोहार त्रिपुरा राज्य से संबंधित है।

इस त्योहार में पशुओं और धन के देवता भगवान गरिया की फूलों और मालाओं से पूजा की जाती है। गरिया पूजा इन सामग्रियों के साथ आयोजित की जाती है: सूती धागा, चावल, मुर्गी का चूजा, चावल की बीयर, शराब, मिट्टी के बर्तन, अंडे और शराब। इसमें देवता के सामने मुर्गी की बलि देने की एक पुरानी परंपरा शामिल है, और भगवान का आशीर्वाद पाने के लिए, भगवान के सामने मुर्गी के खून का छिड़काव किया जाता है।

19(C). जोगी (संत) गीत गाने के लिए सारंगी यंत्र का उपयोग करते हैं। जोगी (संत) गीत गाने के लिए सारंगी वाद्य यंत्र का उपयोग करते हैं। वे जयमल फल्ला जैसे कई गाथागीत गाते हैं। हरियाणा संगीत परंपरा में समृद्ध है और यहां तक कि स्थानों का नाम रागों के नाम पर रखा गया है।

उदाहरण के लिए, चरखी दादरी जिले में नंदयम, सारंगपुर, बिलावला, बूंदाबाना, टोडी, असवेरी, जायसरी, मलकोशना, हिंडोला, भैरवी और गोपी कल्याण नाम के कई गाँव हैं।

20(D). रिजर्व बैंक द्वारा अप्रैल, 1992 ई० में 8 % पूँजी पर्याप्तता मापदण्ड निर्धारित किया गया और तीन वर्षों में से सभी बैंकों को पूरा करने का निर्देश दिया।

21(B). प्रश्न पूछने के समय रिजर्व बैंक ऑफ इण्डिया द्वारा घोषित रोकड़ संचय अनुपात की दर 10% थी। वर्तमान में फरवरी 2023 में रोकड़ संचय अनुपात की दर 4.50% है।

22(B). डार्क एनर्जी और डार्क मैटर का अध्ययन करने के लिए 2024 में लॉन्च होने वाले नए स्पेस टेलीस्कोप को यूक्लिड कहा जाता है। यह मिशन यूरोपीय अंतरिक्ष एजेंसी और नासा के बीच एक सहयोग है और इसका उद्देश्य डार्क मैटर और डार्क एनर्जी के वितरण और विकास को मैप करना है, जिसके बारे में माना जाता है कि यह ब्रह्मांड का अधिकांश हिस्सा है।

23(B). तीनों अवस्थाओं में अधातुएँ विद्यमान होती हैं। अधिकांश गैसें हैं, जैसे नाइट्रोजन और ऑक्सीजन। ब्रोमीन एक द्रव है।

कुछ ठोस होते हैं, जैसे कार्बन और सल्फर। धातुएँ चमकदार, आघातवर्धनीय, नमनीय, ऊष्मा और बिजली की अच्छी सुचालक होती हैं।

अन्य गुणों में निम्न अवस्था शामिल है: धातु पारा के अपवाद के साथ कमरे के तापमान पर ठोस होते हैं, जो कमरे के तापमान पर द्रव होता है (गैलियम गर्म दिनों पर तरल होता है)।

सोडियम और पोटेशियम को छोड़कर सभी धातुएं कठोर होती हैं, जो नरम होती हैं और चाकू से काटी जा सकती हैं।

अधातुएं तन्य नहीं हैं क्योंकि वे भंगुर तत्व हैं।

इसलिए, "सभी अधातुएं अतन्य (तन्य नहीं) होती हैं"।

24(C). ब्रोमीन का प्रतीक Br और उसकी परमाणु संख्या 35 के साथ वह एक रासायनिक तत्व है। यह तीसरा सबसे हल्का हैलोजन है, और कमरे के तापमान पर एक धूसर लाल-भूरा तरल, जो समान रूप से रंगीन गैस बनाने के लिए वाष्पीकरण करता है। इसके गुण क्लोरीन और आयोडीन के बीच मध्यवर्ती होते हैं।

25(C). आधुनिक जैव प्रौद्योगिकी के जन्म को सक्षम करने वाली दो मुख्य तकनीकें इस प्रकार हैं:

अनुवांशिक अभियांत्रिकी: आनुवंशिक सामग्री (DNA और RNA) के रासायनिक प्रक्रिया को बदलने के लिए, इन्हें पोषक जीवों में प्रवेश करवाने और इस प्रकार पोषक जीव के फेनोटाइप को बदलने की तकनीक है।

ये अनुवांशिक अभियांत्रिकी की ऐसी तकनीकें हैं जिसमें पुनः संयोजक DNA का निर्माण, जीन क्लोनिंग का उपयोग और जीन स्थानांतरण सम्मिलित होता है।

रासायनिक अभियांत्रिकी प्रक्रियाओं में जीवाणुहीन (जीवाणु संदूषण-मुक्त) परिवेश का रखरखाव, एंटीबायोटिक दवाओं, टीकों, एंजाइमों आदि जैसे जैव-प्रौद्योगिकीय उत्पादों के निर्माण के लिए बड़ी मात्रा में केवल वांछित माइक्रोब/सुकेंद्रिक कोशिका के विकास को सक्षम बनाता है।

26(C). "qubit" एक क्वांटम बिट है, जो क्वांटम कंप्यूटिंग में बाइनरी डिजिट या क्लासिकल कंप्यूटिंग के बिट का प्रतिरूप है। जिस प्रकार बिट एक कंप्यूटर में सूचना की मूल इकाई है, उसी तरह "qubit" एक क्वांटम कंप्यूटर में सूचना की मूल इकाई है।

27(A). 3डी-मुद्रित रॉकेट, जिसे टेरान 1 कहा जाता है, संयुक्त राज्य अमेरिका का है। इसे कैलिफोर्निया एयरोस्पेस स्टार्टअप रिलेटिविटी स्पेस द्वारा बनाया गया है।

28(B). निरस्त्रीकरण और अप्रसार जागरूकता के लिए अंतर्राष्ट्रीय दिवस 5 मार्च को मनाया जाता है।

29(C). राजस्थान के मुख्यमंत्री अशोक गहलोत ने जयपुर, राजस्थान में भारत की पहली व्यवहार प्रयोगशाला स्थापित करने के लिए 1.22 करोड़ रुपये मंजूर किए हैं।

30(D). हुबली रेलवे प्लेटफॉर्म के उद्घाटन के साथ ही इस शहर ने दुनिया के सबसे लंबे रेलवे प्लेटफॉर्म के लिए गिनीज बुक ऑफ वर्ल्ड रिकॉर्ड्स में अपना नाम दर्ज कराया है।

31(C). हर साल, पोषण पखवाड़ा मार्च के महीने में 15 दिनों के लिए मनाया जाता है। इस वर्ष पोषण पखवाड़ा 2023 का विषय "सभी के लिए पोषण: स्वस्थ भारत की ओर एक साथ" है।

32(A). रबर बोर्ड ने रबर की खेती के बारे में उत्पादकों को सूचित करने और ऑनलाइन समाधान प्रदान करने के लिए एक मोबाइल ऐप CRISP लॉन्च किया है।

33(C). गज उत्सव 2023 का उद्घाटन 9 अप्रैल को असम के काजीरंगा राष्ट्रीय उद्यान में राष्ट्रपति द्रौपदी मुर्मू द्वारा किया जाएगा। यह आयोजन महत्वपूर्ण है क्योंकि काजीरंगा यूनेस्को की विश्व धरोहर स्थल है और दुनिया में बाघों के उच्चतम घनत्व का घर है।

34(B). 2023 में, नेशनल कंपनी लॉ अपीलेट ट्रिब्यूनल (NCLAT) ने भारतीय प्रतिस्पर्धा आयोग (CCI) द्वारा गूगल पर लगाए गए ₹1,337 करोड़ के जुर्माने को बरकरार रखा।

35(C). '60 के दशक के टीवी सिटकॉम मैकहेल्स नेवी' के हर एपिसोड में दिखाई देने वाले जापानी अभिनेता और व्यवसायी योशियो जेम्स योडा का 23 जनवरी 2023 को निधन हो गया।

योशियो जेम्स योडा: वह पंद्रह वर्षों तक हवाई में रहे, जेम्स योडा के नाम से संयुक्त राज्य अमेरिका के नागरिक बन गए, और 1987 तक, इन्वेंटी के सहायक उपाध्यक्ष और वरिष्ठ डिवीजन मैनेजर के पद पर आसीन हुए।

36(B). दिया है:
$$\left(2^2 \times 2^3\right)^3 \div (512 \div 16)^5 \times (32 \times 64)^4 = (2 \times 2)^{?+3}$$
हल करने पर हमें प्राप्त होता है,
$$= \frac{\left(2^5\right)^3}{\left(\frac{512}{16}\right)^5} \times \left(2^5 \times 2^6\right)^4 = \left(2^2\right)^{?+3}$$
$$= \frac{\left(2^{15}\right)}{(2^5)^5} \times \left(2^{44}\right) = \left(2^2\right)^{?+3}$$
$$= \frac{\left(2^{15}\right)}{(2^{25})} \times \left(2^{44}\right) = \left(2^2\right)^{?+3}$$
$$= (2)^{34} = (2)^{(2\times ?\, + 6)}$$
$$= 2 \times ? + 6 = 34$$
$$= 2 \times ? = 28$$
$$\therefore ? = 14$$

37(C). दिया है:
$$(6)^{7.2} \div (216)^{1.6} \times (1296)^{-0.6} \div (7776)^{-1.2} = (6)^?$$
$$(6)^{7.2} \div (6)^{4.8} \times (6)^{-2.4} \div (6)^{-6} = (6)^?$$
BODMAS नियम का पालन करने पर;
$$(6)^{(7.2-4.8)} \times (6)^{(-2.4+6)} = (6)^?$$
$$(6)^? = (6)^{2.4} \times (6)^{3.6}$$
$$(6)^? = (6)^6$$
$$\therefore\ ? = 6$$

38(D). दिया गया है,
12 संख्याओं का औसत $= 39$
अंतिम पाँच संख्याओं का औसत $= 35$
पहली चार संख्याओं का औसत $= 40$
पाँचवीं संख्या, छठी संख्या से 6 कम और सातवीं संख्या से 5 अधिक है।
जैसा कि हम जानते हैं,
योग $=$ औसत $\times$ कुल संख्या
12 संख्याओं का योग $= 12 \times 39 = 468$
अंतिम पाँच संख्या का योग $= 5 \times 35 = 175$
पहली चार संख्याओं का योग $= 4 \times 40 = 160$
पाँचवीं, छठी और सातवीं संख्या का योग
$= (468 - 175 - 160) = 133$
माना, पांचवीं संख्या x है।
तो, छठी संख्या $(x + 6)$ और सातवीं संख्या $(x - 5)$ है।
$$x + (x + 6) + (x - 5) = 133$$
$$\Rightarrow 3x + 1 = 133$$
$$\Rightarrow 3x = 132$$
$$\Rightarrow x = 44$$
पांचवी संख्या 44 है और छठी संख्या $= (44 + 6) = 50$
पाँचवीं और छठी संख्या का औसत $= \frac{(44+50)}{2} = 47$
$\therefore$ पाँचवीं और छठी संख्या का औसत 47 है।

39(B). दिया है:
25 परीक्षाओं का औसत $= 18$
पहली 12 परीक्षाओं का औसत $= 14$
अंतिम 12 परीक्षाओं का औसत $= 17$
औसत $=$ कुल प्रेक्षणों का योग/प्रेक्षणों की संख्या
25 परीक्षाओं का योग $= 25 \times 18 = 450$
$\Rightarrow$ पहली 12 परीक्षाओं का योग $= 12 \times 14 = 168$
$\Rightarrow$ अंतिम 12 परीक्षाओं का योग $= 12 \times 17 = 204$
$\Rightarrow$ 13 वीं परीक्षा में अंक $= 450 - 168 - 204 = 78$
$\therefore$ 13 वीं की परीक्षा में 78 अंक है।

40(D). आरोही क्रम है:
0.306, 3.06, 3.306, 3.6

41(B). माना 26.67 में जोड़ने वाली संख्या 30 प्राप्त करने के लिए x है।
प्रश्न के अनुसार,
$$26.67 + x = 30$$
$$\Rightarrow x = 30 - 26.67$$
$$\Rightarrow x = 03.33$$
इसलिए, 30 प्राप्त करने के लिए 3.33 को 26.67 में जोड़ा जाना चाहिए।

42(C). दिया गया है,
मिश्रधातु A में तांबे से जस्ते का अनुपात $= 3 : 4 \cdots (1)$
$= 3 + 4 = 7$
मिश्रधातु B में तांबे से जस्ते का अनुपात $= 5 : 9 \cdots (2)$
$= 5 + 9 = 14$
हमें एक समान मात्रा बनानी होगी और $2 : 3$ अनुपात में मिश्रधातु A और B लेनी होगी।
समीकरण (1) में 2×2 से गुणा करें और समीकरण (2) में 3 से गुणा करें
मिश्रधातु A में तांबे से जस्ते का अनुपात $= 12 : 16$
मिश्रधातु B में तांबे से जस्ते का अनुपात $= 15 : 27$
मिश्रधातु C में तांबे से जस्ते का अनुपात
$= (12 + 15) : (16 + 27) = 27 : 43$

43(B). A प्राप्त करता है $= \frac{7}{(7+8+6)} \times 4200$
$= 1400$
B प्राप्त करता है $= \frac{8}{(7+8+6)} \times 4200$
$= 1600$
C प्राप्त करता है $= \frac{6}{(7+8+6)} \times 4200$
$= 1200$
फिर प्रत्येक हिस्से में 200 रुपये जोड़ दिए गए,
इसलिए नया अनुपात,
$$\Rightarrow 1400 + 200 = 1600 = A$$
$$\Rightarrow 1600 + 200 = 1800 = B$$
$$\Rightarrow 1200 + 200 = 1400 = C$$
$$\Rightarrow A : B : C = 1600 : 1800 : 1400$$
$\therefore$ A, B और C का अनुपात $8 : 9 : 7$ है।

44(A). दिया है:
अमान्य मत $=$ कुल मतों का 20%
अरविंद 480 मतों से जीता।
और अरविंद को मनोज से 20% अधिक मत मिले।
माना कि कुल मत x है।
अमान्य मत $= x$ का 20% $= 0.2x$
मान्य मत $= x - 0.2x = 0.8x$
अरविंद और मनोज को $0.8x$ मत मिले।
अरविंद को मनोज से 20% अधिक मत मिले।
$\Rightarrow$ अरविन्द को मान्य मतों का 60% और मनोज को मान्य मतों का 40% मिलते हैं।
$\Rightarrow$ अरविंद को मिले मत $= 0.8x \times \frac{60}{100} = 0.48$
$\Rightarrow$ मनोज को मिले मत $= 0.8x - 0.48x = 0.32x$
अरविंद के मत $-$ मनोज के मत $= 480$
$$\Rightarrow 0.48x - 0.32x = 480$$
$$\Rightarrow 0.16x = 480$$
$$\Rightarrow x = 3000$$
$\therefore$ मतदान करने वाले व्यक्तियों की कुल संख्या 3000 है।

45(C). दिया गया है:
अंकित मूल्य $= 3200$ रुपये
छूट % $= 15\%$
लाभ % $= 13.33\% = \left(\frac{40}{3}\right)\%$
प्रयुक्त सूत्र:
$$\frac{CP}{MP} = (100 - \text{छूट} \%)/(100 + \text{लाभ}\%)$$
जहां,
CP $=$ क्रय मूल्य
MP $=$ अंकित मूल्य
$$\Rightarrow \frac{CP}{3200} = \frac{(100-15)}{(100+\frac{40}{3})}$$
$$\Rightarrow \frac{CP}{3200} = \frac{85}{\left[\frac{(300+40)}{3}\right]}$$
$$\Rightarrow \frac{CP}{3200} = \frac{(85 \times 3)}{340}$$

$\Rightarrow CP = \dfrac{(85 \times 3 \times 3200)}{340}$

$\Rightarrow CP = 2400$ रुपये

$\therefore$ वस्तु का क्रय मूल्य 2400 रुपये है।

46(C). दिया है:

विक्रय मूल्य = 17000 रुपये

हानि % = 15%

विक्रय मूल्य = क्रय मूल्य × (100 - हानि %)/100

क्रय मूल्य = $17000 \times \dfrac{100}{85} = 20000$ रुपये

$\therefore$ लाभ प्रतिशत = $\dfrac{(20448 - 20000)}{20000} \times 100 = 2.24\%$

47(A). हम जानते है कि,

$C = P\left[\left(\dfrac{1+r}{100}\right)^n - 1\right]$

$S = P + C$

यहां

$C = $ चक्रवृद्धि ब्याज

$P = $ मूलधन

$r = $ दर

$n = $ अवधि की संख्या

S = n अवधि के बाद की राशि

2 वर्षों में,

$P = 1000$

$S = 1210$

$\Rightarrow P + C = 1210$

$\Rightarrow 1000 + C = 1210$

$\Rightarrow P\left[\left(\dfrac{1+r}{100}\right)^n - 1\right] = 210$

$\Rightarrow 1000 \times \left[\left(\dfrac{1+r}{100}\right)^2 - 1\right] = 210$

$\Rightarrow \left(\dfrac{1+r}{100}\right)^2 - 1 = 0.21$

$\Rightarrow \left(\dfrac{1+r}{100}\right)^2 = 1.21$

$\Rightarrow \dfrac{r}{100} = (1.21)^{\frac{1}{2}} - 1 = 1.1 - 1 = 0.1$

$\Rightarrow r = 10\%$

48(D). साधारण ब्याज के लिए सूत्र:

साधारण ब्याज = $\dfrac{P \times R \times T}{100}$

जहाँ,

$P = $ मूलधन, $R = $ ब्याज दर, $T = $ समय अवधि

माना धनराशि x रु. है।

तब, साधारण ब्याज के सूत्र के अनुसार,

22% प्रति वर्ष के लिए,

साधारण ब्याज $(SI_1) = \dfrac{x \times 22 \times 1}{100}$

और 20% प्रति वर्ष के लिए,

साधारण ब्याज $(SI_2) = \dfrac{x \times 20 \times 1}{100}$

अब, प्रश्नानुसार, 22% प्रति वर्ष और 20% प्रति वर्ष से ब्याज में अंतर 140 रु. है।

$\therefore \dfrac{x \times 22 \times 1}{100} - \dfrac{x \times 20 \times 1}{100} = 140$

$\Rightarrow \dfrac{2 \times x}{100} = 140$

$\Rightarrow 2x = 14000$

$\Rightarrow x = \dfrac{14000}{2}$

$\Rightarrow x = 7000$

$\therefore$ वह धनराशि 7000 रु. है।

49(A). A, B और C की क्षमताएँ $5 : 3 : 2$ के अनुपात में हैं।

कुल कार्य = $(5 + 3 + 2) \times 21 = 210$

कुल कार्य का 40% = $210 \times \dfrac{40}{100} = 84$

कुल कार्य के 40% को B द्वारा पूरा करने में लिया गया समय

= $\dfrac{84}{3} = 28$ घंटे

50(B). $(A + B)'$ का 1 दिन का काम = $\dfrac{1}{20}$

$(B + C)'$ का 1 दिन का काम = $\dfrac{1}{10}$

$(C + A)'$ का 1 दिन का काम = $\dfrac{1}{12}$

तीनों को जोड़ने पर,

$2(A + B + C)'$ का 1 दिन का काम = $\dfrac{1}{20} + \dfrac{1}{10} + \dfrac{1}{12}$

$= \dfrac{3+6+5}{60} = \dfrac{14}{60} = \dfrac{7}{30}$

$(A + B + C)'$ का 1 दिन का काम = $\dfrac{7}{60}$

कार्य पूरा हो जाएगा $\dfrac{60}{7} = 8\dfrac{4}{7}$ दिन।

51(B). 2003 और 2004 में एक साथ कंपनी A द्वारा संचालित परियोजनाओं की संख्या = $180 + 230 = 410$

2005 और 2007 में एक साथ कंपनी B द्वारा संचालित परियोजनाओं की संख्या = $210 + 350 = 560$

अभीष्ट अंतर = $560 - 410 = 150$

52(A). 2008 में कंपनी A द्वारा संचालित परियोजनाओं की संख्या

= 300 का 120%

= $\dfrac{120 \times 300}{100}$

= 360

2009 में कंपनी A द्वारा संचालित परियोजनाओं की संख्या

= 360 का 105%

= $\dfrac{105 \times 360}{100}$

= 378

53(D). वर्ष 2004 में कंपनी B द्वारा संचालित परियोजनाओं की संख्या

= 320

वर्ष 2006 में कंपनी B द्वारा संचालित परियोजनाओं की संख्या

= 190 प्रतिशत में कमी

= $\dfrac{320 - 190}{320} \times 100$

= $\dfrac{1300}{32}$

= $\dfrac{325}{8}$

= $40\dfrac{5}{8}$

54(D). कंपनी B द्वारा संभाली गई गैर-सरकारी परियोजनाओं की औसत संख्या = 127

कंपनी B द्वारा वर्ष 2003 और वर्ष 2004 में संचालित गैर-सरकारी परियोजनाओं की संख्या

= $127 \times 2 = 254$

कंपनी B द्वारा 2003 और 2004 में एक साथ संचालित सरकारी परियोजनाओं की संख्या

= $130 + 320 - 254$

= $450 - 254$

= 196

55(C). साल $2011 - 2012$ में

आवश्यक प्रतिशत = $\dfrac{500 - 300}{300} \times 100$

$\Rightarrow \dfrac{200}{300} \times 100 = 66.6\%$ वृद्धि

Ques (56-59): दी गई प्रत्येक श्रृंखला में नियम निम्नानुसार हैं:

(a) PMKJ, WTRQ, AXVU.

P $\xrightarrow{-3}$ M $\xrightarrow{-2}$ K $\xrightarrow{-1}$ J

W $\xrightarrow{-3}$ T $\xrightarrow{-2}$ R $\xrightarrow{-1}$ Q

A $\xrightarrow{-3}$ X $\xrightarrow{-2}$ V $\xrightarrow{-1}$ U

(b) XZDJ, KMQW, FHLR.

X $\xrightarrow{+2}$ Z $\xrightarrow{+4}$ D $\xrightarrow{+6}$ J

K $\xrightarrow{+2}$ M $\xrightarrow{+4}$ Q $\xrightarrow{+6}$ W

F $\xrightarrow{+2}$ H $\xrightarrow{+4}$ L $\xrightarrow{+6}$ R

(c) NOSB, EFJS, LMOX.

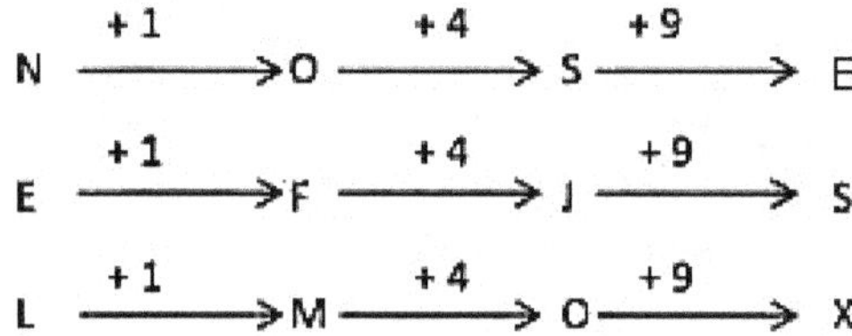

(d) DIFG, UZWX, MROP.

(e) KEIG, SMQO, EYCA.

56(D). दिया गया पद है, "RSWE":

$$R \xrightarrow{+1} S \xrightarrow{+4} W \xrightarrow{+8} E$$

इसलिए, दिया गया पद, दी गयी किसी भी श्रृंखला से संबंधित नहीं है।

57(D). दिया गया शब्द है "JOLM":

$$J \xrightarrow{+5} O \xrightarrow{-3} L \xrightarrow{+1} M$$

इसलिए, दिया गया शब्द श्रृंखला (d) से संबंधित है।

58(C). दिया गया शब्द है "QRVE":

$$Q \xrightarrow{+1} R \xrightarrow{+4} V \xrightarrow{+9} E$$

इसलिए, दिया गया शब्द श्रृंखला (c) से संबंधित है।

59(B). दिया गया शब्द है "IKOU":

$$I \xrightarrow{+2} K \xrightarrow{+4} O \xrightarrow{+6} U$$

इसलिए, दिया गया शब्द श्रृंखला (b) से संबंधित है।

60(A). कथन से यह निश्चित है कि कोविड -19 महामारी के दौरान छात्र सीखने के लिए ऑनलाइन कक्षाएं ले रहे हैं, इसलिए यह इस कथन से निष्कर्ष निकाला जा सकता है कि शिक्षक उन्हें ऑनलाइन मोड के माध्यम से पढ़ा रहे हैं। इस प्रकार, निष्कर्ष I अनुसरण करता है।

कथन ऑनलाइन कक्षाओं के कारण स्क्रीन पर अधिक समय बिताने के कारण बच्चों के स्वास्थ्य के मुद्दों पर जोर देता है, लेकिन उन बच्चों के बारे में कुछ भी उल्लेख नहीं किया जाता है जो ऑनलाइन कक्षाओं में शामिल नहीं होते हैं। इस प्रकार, निष्कर्ष II अनुसरण नहीं करता है।

इसलिए, सही उत्तर है "केवल निष्कर्ष I अनुसरण करता है"।

61(A). दिया गया कथन: भारतीय सिनेमा में बदलता समय इस बात का गवाह है कि सितारों (अभिनेताओं) की बड़े बजट की फिल्में खराब प्रदर्शन कर रही हैं और कई छोटे बजट की थीम वाली फिल्में अच्छा कारोबार कर रही हैं।

निष्कर्ष:

(i) छोटे बजट की फिल्में सितारों के चयन को ज्यादा महत्व दिए बिना अपनी कथा सामग्री के कारण बेहद सफल रही हैं → छोटे बजट की फिल्में स्टार कास्ट पर नहीं बल्कि केवल स्क्रिप्ट और कहानी पर ध्यान केंद्रित करती हैं, जिसे इस पीढ़ी के नए दर्शक पसंद करते हैं और इसलिए यह दिए गए कथन का समर्थन करती है।

(ii) बड़े सितारों (अभिनेताओं) के चयन के कारण बड़े बजट की फिल्में बॉक्स ऑफिस पर असफल रही हैं → यह सत्य नहीं है। बड़े बजट की फिल्में विफल हो जाती हैं क्योंकि वे अभिनेताओं पर अधिक ध्यान केंद्रित करती हैं और फिल्म की पटकथा और सामग्री को वांछित प्राथमिकता नहीं देते हैं। इस प्रकार, यह निष्कर्ष अनुसरण नहीं करता है।

इसलिए, "केवल निष्कर्ष I अनुसरण करता है"।

62(D). भारत में आयुर्वेदिक या एलोपैथिक दवाओं की लोकप्रियता के बारे में कथन में बात नहीं की जा रही है। तो, न तो I और न ही II अनुसरण करता है।

63(B). ध्यान से देखने पर, हम पाते हैं कि विकल्प (B) प्रश्न आकृति के रिक्त स्थान में रखे जाने पर पैटर्न को पूरा करेगा जैसा कि नीचे दिखाया गया है:

64(D). जो आकृति यह पैटर्न को पूर्ण कर सकती है उसका परिपत्र हिस्सा बाएँ शीर्ष कोने पर होना चाहिए। यह आकृति केवल (D) विकल्प में है। यह आकृति को पूर्ण करने पर हमें यह आकृति मिलेगी।

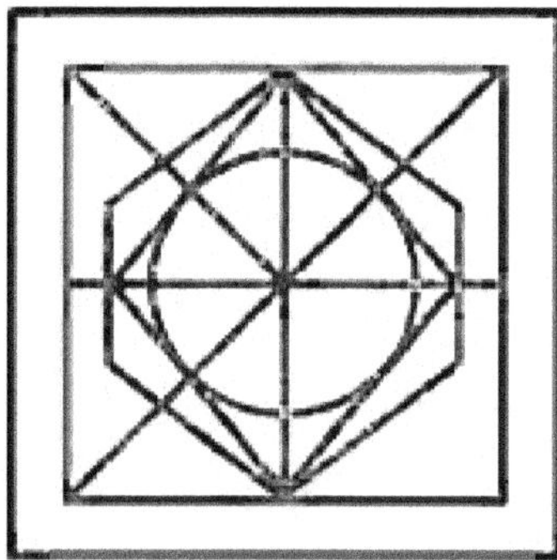

65(A). ऐसे पांच दोस्त हैं जिन्हें हमें एक ऐसे व्यक्ति को खोजने की जरूरत है, जिससे दो व्यक्ति उससे लंबे और छोटे हों।

सुरेश, कमलेश से छोटा और राकेश से लंबा है। जबकि अमित, कमलेश से छोटा और सुरेश से लंबा है।

i) कमलेश > अमित > सुरेश > राकेश।

साथ ही, मुकेश सबसे लंबा है।

ii) मुकेश > कमलेश > अमित > सुरेश > राकेश।

जैसा कि देखा जा सकता है कि अमित वह व्यक्ति है जिससे दो व्यक्ति उससे छोटे और लंबे हैं।

66(D). कनक की स्थिति शीर्ष से = 9 वीं
कनक की स्थिति नीचे से = 27 वीं
कक्षा में छात्रों की कुल संख्या = (शीर्ष से कनक की स्थिति) + (नीचे से कनक की स्थिति) −1
$$= 9 + 27 - 1$$
$$= 36 - 1$$
$$= 35$$
इसलिए, कक्षा में 35 छात्र हैं।

67(B). दिया गया है,
चालीस छात्रों की एक कक्षा में समीर का ऊपर से बारहवां स्थान है। समीर से आठ स्थान नीचे आलोक है।

दी गई जानकारी के अनुसार,

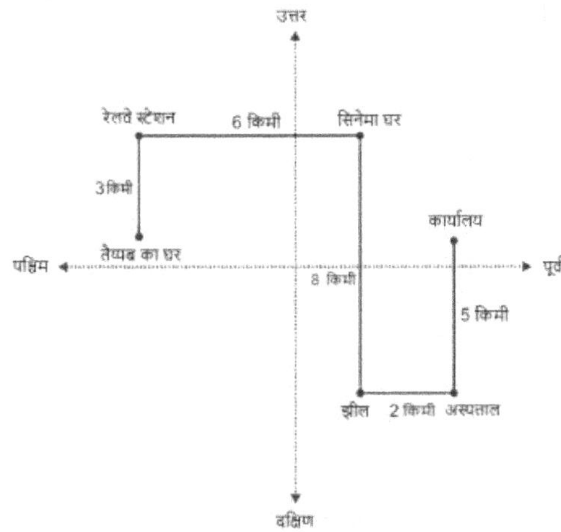

आलोक का अन्त से स्थान = 40 - (11 + 1 + 8)+1=21वाँ

68(D). दी गई जानकारी से विस्थापन नीचे दिखया गया है:

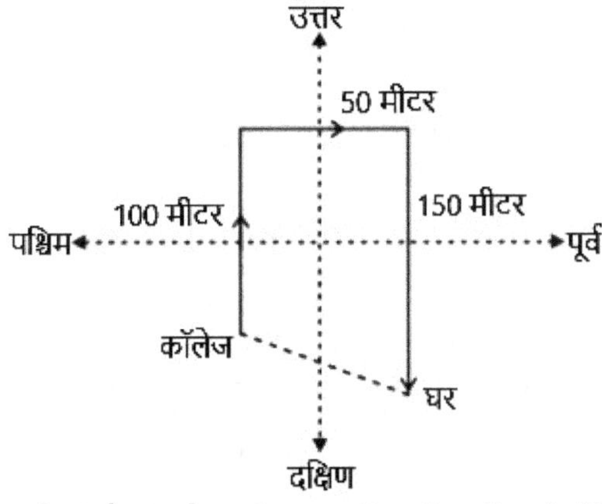

रेलवे स्टेशन और फिल्म थियेटर के बीच की दूरी = 6 किमी
फिल्म थियेटर और झील के बीच की दूरी = 8 किमी
पायथागोरस प्रमेय का उपयोग करके रेलवे स्टेशन तथा झील के बीच की न्यूनतम दूरी 10 किमी है।

69(D). पटेल का स्थानांतरण नीचे आकृति में दिखाया गया है:

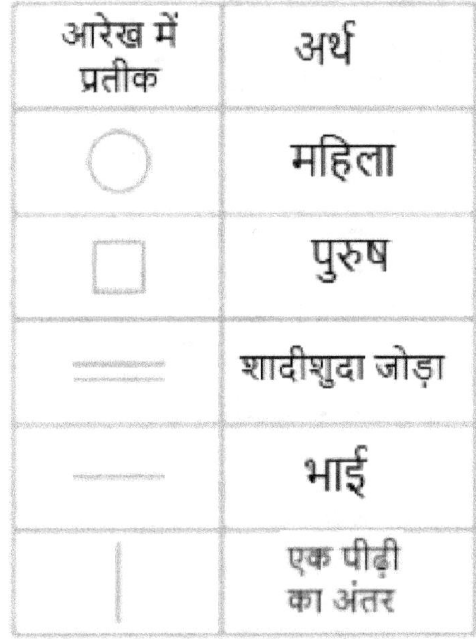

इसलिए, पटेल अपने घर से "उत्तर-पश्चिम" दिशा में सबसे छोटे रास्ते से अपने कॉलेज पहुंचने के लिए आगे बढ़ रहा है।

70(C). दी गई जानकारी से,

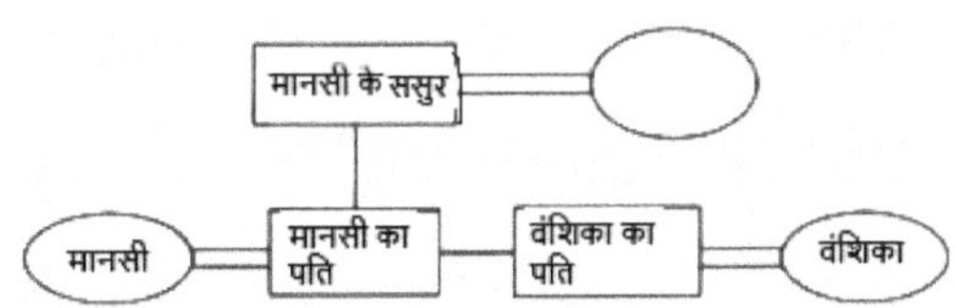

आरेख में प्रतीक	अर्थ
⃝	महिला
☐	पुरुष
═══	शादीशुदा जोड़ा
─ ─ ─	भाई
│	एक पीढ़ी का अंतर

दी गई जानकारी के आधार पर, हम परिवार की वंशावली खींच सकते हैं:

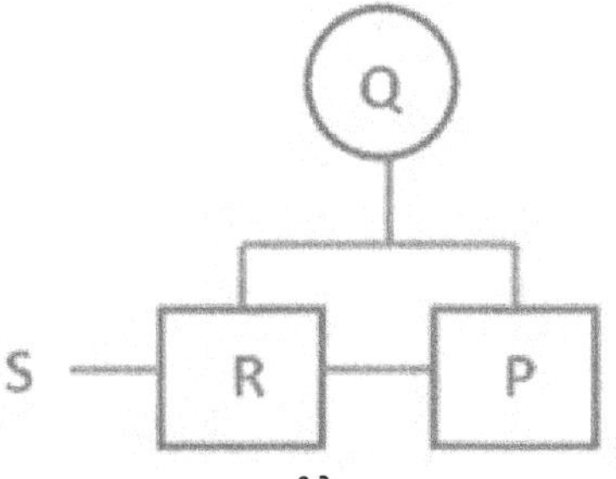

इसलिए, मानसी का पति वंशुका के पति का भाई है।

71(A).

आरेख में प्रतीक	अर्थ
⃝	महिला
☐	पुरुष
═══	विवाहित जोड़ा
───	एक माँ की संतान
│	पीढ़ी का अंतर

अब,
P @ Q* R # S ⇒ P @ Q → P, Q का बेटा है;
Q* R → Q, R की माँ है;
R # S → R, S का भाई है।

इस प्रकार, P, S का भाई है।

72(A).

आरेख में प्रतीक	अर्थ
◯	महिला
▢	पुरुष
═	विवाहित जोड़ा
─	एक माँ की संताने
│	पीढ़ी का अंतर

विकल्प(A)- P * Q ! R % S

P * Q → P, Q का बेटा है; Q ! R → Q, R का पिता है; R% S → R, S का भाई है।

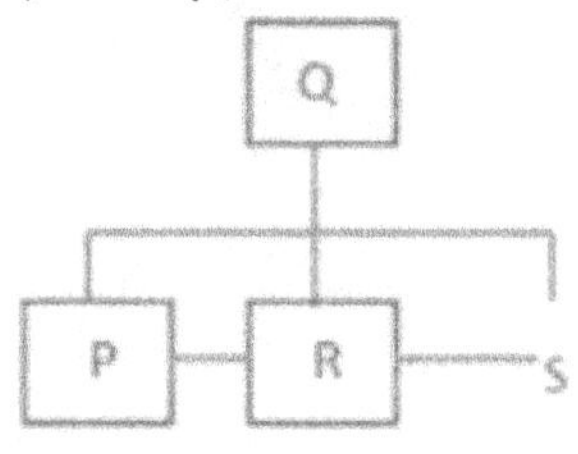

यहाँ, P, S का भाई है।

विकल्प(B)- P ! Q * R % S

P ! Q → P, Q का पिता है; Q * R → Q, R का बेटा है; R% S → R, S का भाई है।

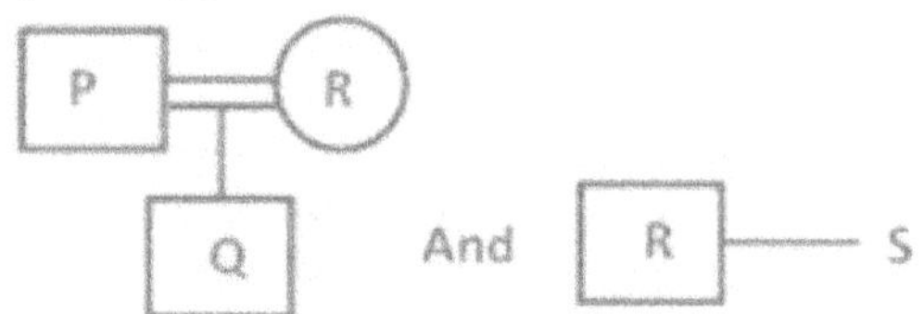

यहां, कोई संबंध स्थापित नहीं किया जा सकता है।

विकल्प(C)- P * Q % R ! S

P * Q → P, Q का बेटा है; Q% R → Q, R का भाई है; R! S → R, S का पिता है।

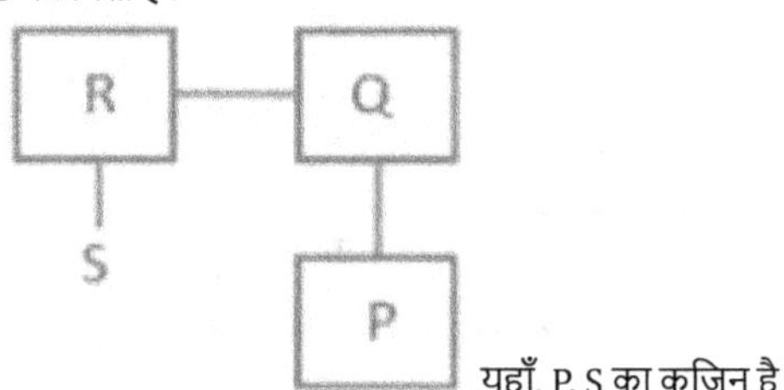

यहाँ, P, S का कजिन है।

विकल्प(D)- P ! Q % R * S

P! Q → P, Q का पिता है; Q% R → Q, R का भाई है; R * S → R, S का बेटा है।

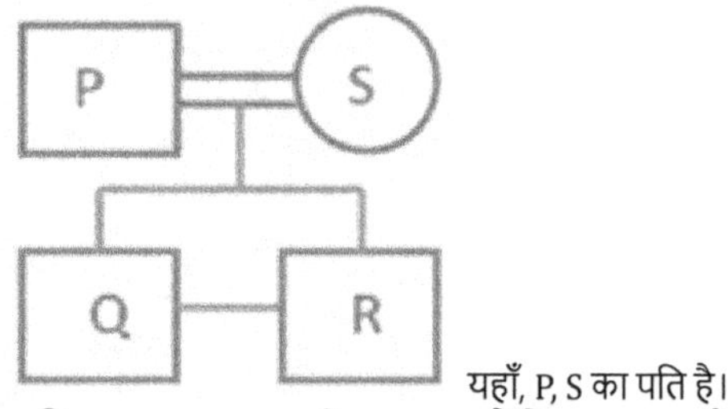

यहाँ, P, S का पति है।

इसलिए, (P * Q! R% S) से पता चलता है कि P, S का भाई है।

73(C). दी गयी श्रेणी,

2, 5, 8, 11, ___

तब,

a = 2

d = 3

हम जानते हैं कि किसी समांतर श्रेणी का nवां पद निम्न दिया गया है:

$a_n = a + (n - 1)d$

$a_{200} = 2 + (200 - 1) \times 3 = 599$

74(C). दी गयी श्रेणी,

6 + 11 + 16 + ...

फिर,

पहला पद, a = 6

सर्वान्तर, d = 11 - 6 = 5

यहां, श्रेणी, का सामान्य पद निम्न दिया गया है:

$a_n = a + (n - 1)d$

$= 6 + (n - 1)5$

$= 5n + 1$

जैसा कि हम जानते हैं कि,

$S_n = \sum a_n$

$\Rightarrow S_n = \sum_{k=1}^{n} a_k = \sum_{k=1}^{n} [5k + 1]$

$\Rightarrow S_n = \frac{5n^2 + 7n}{2}$

75(C). दिया गया है,

श्रृंखला का nवाँ पद, $T_n = 3n + 2$

यहाँ, हमें $S_n = \sum_{k=1}^{n} T_k = ?$ का मान ज्ञात करना है।

श्रृंखला का योग $= S_n = \sum(3n + 2) = \sum 3n + \sum 2$

जैसा कि हम जानते हैं कि,

$1 + 2 + 3 + 4 + \ldots + n = \sum n = \frac{n(n+1)}{2}$

$\Rightarrow S_n = 3 \sum n + \sum 2$

$\Rightarrow S_n = \frac{3n(n+1)}{2} + 2n = \frac{n(3n+7)}{2}$

76(D). According to the passage, "It was her husband(Jyotirao Phule) who taught her(Savitribai) to read and write after he saw her eagerness to learn and educate herself."

Thus, it is concluded that Jyotirao Phule decided to teach his wife to read and write because she was very eager to learn and educate herself.

77(D). According to the passage, "On November 16 that year, the British government honoured the Phule family for their contributions in the field of education while Savitribai was named the best teacher."

Thus, it is concluded that the British Govt. honoured Jyotirao and Savitribai for their contribution in the field of education.

78(C). According to the passage, "Savitribai was born on January 3,1831, in Naigon (presently in Satara district) in British India in a farming family to Khandoji Neveshe Patil and Lakshmi as their eldest daughter."

Thus, it is concluded that the family of Savitribai followed the occupation of agriculture.

79(D). According to the passage, "Jyotirao went on to become a thinker, writer, social activist and anti-caste social reformer."

It can be concluded that statement (A) is true.

According to the passage, "Jyotirao and Savitribai later started schools for children from the Mang and Mahar castes, who were regarded as untouchables."

It can be concluded that statement (B) is true.

80(A). The meaning of the given words:

- Eagerness: enthusiasm to do or to have

something; keenness

- Keenness: the quality of being eager or enthusiastic; eagerness.
- Indifference: lack of interest, concern, or sympathy.
- Failure: lack of success.
- Coarseness: the quality of being rough or harsh.

So, keenness is similar in meaning to the word agerness.

81(B). Here, Part Q will be the first sentence because it fits in the context of the sentence.

- 'Who' is a pronoun used to introduce a clause giving further information about a person or people previously mentioned. For Example - Joan Fontaine plays the mouse who married the playboy.
- Here, 'who' gives further information about the duties of the attendants.
- So, Part S will be the next sentence.
- Then, the next part will contain the duties of the attendants. Therefore, Part R will be the next sentence.
- Lastly, Part P will be used because it contains the qualities of the duties to be performed by the attendants through the use of adverbs i.e. promptly and politely.

Correct Sentence: If you need help ask for attendants who have instructions to help our customers promptly and politely.

82(D). Here, Part R will be the first sentence because 'Little did someone realize is a phrase used for saying that someone does not know/realize that something is true. For Example - Little did I realize I would one day be in charge of the office.

- The next part will start with the conjunction 'that' for introducing a subordinate clause expressing a statement or hypothesis.
- Let down - fail to support or help someone as they had hoped or expected. For Example - If I let him down now, I knew he'd never trust me again.
- So, Part P will be the next sentence.
- Then, the next part will contain the object of the sentence 'a colleague' who failed to help the subject of the sentence 'he' and the object will be preceded by a preposition 'by'. Therefore, Part S will be the next sentence.
- Lastly, Part Q will be used.

Correct Sentence: Little did he realise that he had been let down by a colleague whom he has stood by all these years.

83(C). The first part will be P because the phrases starting with 'but', 'because' and 'which' cannot succeed 'books'.

- The second part will be S because it is further talking about the habit of reading books.
- The third part will be R because it provides the reason for which we should read books.
- Moreover, Not only... but also is a correlative conjunction.
- Correlative conjunctions always come in pairs, and they relate one part of the sentence to the other.
- "Not only... but also" can be used to connect either nouns or clauses. For Example - The war caused not only destruction and death but also generations of hatred between the two communities.

- The car not only is economical but also feels good to drive.
- The fourth part will be Q.

Therefore, the correct sentence is Reading books is a habit which must be cultivated by everybody because it not only increases knowledge but also enlarges the mind.

84(C). The first sentence of the sequence will be S because it is connected to the stranger's movements.

- It is telling about the action happening due to the stranger's movements i.e. aroused suspicion.
- The next part will be P because it is telling about the action that follows the stranger's movements i.e. the police arrested him.
- Thus, R and Q will follow.

Therefore, the correct sequence is The stranger's movements aroused suspicion and the police arrested him.

85(A). The sentence 'P' is independent of any other sentences as it is giving general information about "solving the climate change". Hence, 'P' is the first part.

The future result of the sentence 'P' is described in the sentence 'R'. Hence, 'R' follows 'P'.

The adjective 'harder' in the sentence 'R' is linked with the preposition "than" in the sentence 'Q'. Hence, 'Q' follows 'R'.

The sentence 'S' is concluding the sentence. Hence, 'S' makes the last sentence.

After rearranging the sentences: I realize that solving the climate change problem will be much harder than solving the ozone depletion problem.

86(C). In the given sentence, the subject of the sentence is "this park" and the verb of the sentence is "is", the largest is absolutely correct since we need to use the definite article with the superlative degree of adjective so, the given sentence is absolutely correct.

87(A). The Correct sentence would be- I asked my friend where he had learnt to dance so well.

In the given sentence, the usage of "where had he" is incorrect instead of this we need to use "where he had".

According to grammar, whenever we need to use an interrogative sentence then, we need to use the modal verb before the subject and whenever we need to write a simple sentence then, we need to write a modal verb after the subject.

88(B). Correct Sentence: In addition to our low annual fee, you will receive a 20% discount if you sign up this week.

"In addition to" means- besides; as well as.

"In addition to" is used to mention another item connected with the subject which are discussing.

89(B). Correct Sentence: He left the book beside the telephone.

'Beside' means- at the side of, next to.

Example: Our school was built right beside a river.

90(D). The correct answer is ' deceive '.

' Deceive ': There is no such word in English or we can say that there is some spelling mistake in this word, correct spelling is ' Deceive '

Deceive : to try to make somebody believe something that is not true

Example : If you're no longer engaged, why do you have to deceive him?

91(A). The correct answer is 'fastedious'.
'Fastedious': There is no such word in English or we can say that there is some spelling mistake in this word, correct spelling is 'Fastidious'.
Fastidious : difficult to please; wanting everything to be perfect
Example : he was too fastidious to do anything that might get her dirty.

92(C). The word "vexed" means irritated or annoyed, so the option nearest in meaning would be displeased.

93(A). The nearest meaning to "preconception" is "notion" which means a conception or belief about something.

94(A). The person who makes a map or map is called 'Cartographer'.

95(A). The meaning of the word 'trend' in the passage is 'tendency'.

96(C). कंप्यूटर केवल बाइनरी भाषा को समझता है जो 0s और 1s के रूप में लिखा जाता है। कंप्यूटर डेटा स्टोर करने के लिए बाइनरी का उपयोग करते हैं। न केवल इसलिए कि यह डेटा संग्रहीत करने का एक विश्वसनीय तरीका है, बल्कि कंप्यूटर केवल 1s और 0s को समझते हैं।

97(B).
- **माइक्रोसॉफ्ट वर्ड** माइक्रोसॉफ्ट द्वारा विकसित एक वर्ड प्रोसेसर है ।
- यह **ज़ीनिक्स** सिस्टम के लिए मल्टी-टूल वर्ड नाम के तहत 25 अक्टूबर, 1983 को जारी किया गया था।

- वर्ड के व्यावसायिक संस्करणों को एक स्वसंपूर्ण उत्पाद या **माइक्रोसॉफ्ट** ऑफिस या **विंडोज** RT के घटक के रूप में लाइसेंस प्राप्त होता है ।

शॉर्टकट कीज़ (शब्द)	कार्य
Ctrl + I	चयनित को इटैलिक करने के लिए।
Ctrl + K	लिंक डालने ले लिए।
Ctrl + U	चयनित को रेखांकित करने के लिए।
Ctrl + N	नया / रिक्त दस्तावेज़ खोलने के लिए।

98(B). हाइपरलिंक, या लिंक, डेटा का एक संदर्भ है जिसे पाठक सीधे क्लिक करके या टैप करके अनुसरण कर सकता है। हाइपरलिंक किसी संपूर्ण दस्तावेज़ या किसी दस्तावेज़ के भीतर किसी विशिष्ट तत्व को इंगित करता है। हाइपरटेक्स्ट हाइपरलिंक वाला टेक्स्ट है।

99(C). ई-मेल पते में यूज़र नाम को डोमेन नाम से अलग करने के लिए @ (एट द रेट) प्रतीक का उपयोग किया जाता है। ई-मेल पता userid@domainname.com (उदाहरण: rajiv@hotmail.com) के रूप में है।
अत: विकल्प (C) सही है ।

100(D). शब्द "FHSS" को फ्रीक्वेंसी हॉपिंग स्प्रेड स्पेक्ट्रम के रूप में संदर्भित किया जाता है क्योंकि यह एक प्रकार का नैरोबैंड सिग्नल है जो 2.4 GHz में 78 फ्रीक्वेंसी का उपयोग करता है और फ्रीक्वेंसी होपिंग सिस्टम का उपयोग करता है।

General Awareness

1. सूचना का अधिकार अधिनियम, 2005 की _____ के तहत तीसरे पक्ष की जानकारी के लिए अनुरोध किया जाएगा।
(a) धारा 9   (b) धारा 11
(c) धारा 8   (d) धारा 7

2. भारतीय संविधान का "अनुच्छेद 51A" किससे संबंधित है?
(a) नागरिकता
(b) मौलिक अधिकार
(c) राज्य के नीति निर्देशक तत्व
(d) मौलिक कर्तव्य

3. भारतीय संविधान के निम्नलिखित में से किस अनुच्छेद में 'चुनाव आयोग' के संबंध में प्रावधान हैं?
(a) अनुच्छेद 324   (b) अनुच्छेद 256
(c) अनुच्छेद 315   (d) अनुच्छेद 299

4. "सभी मनुष्य जन्म से ही स्वतंत्र हैं और गरिमा और अधिकारों के मामले में समान हैं"। इसकी प्रत्याभूति (गारंटी) _____ के तहत दी गई थी।
(a) संयुक्त राष्ट्र चार्टर
(b) नागरिक और राजनीतिक अधिकारों पर अंतर्राष्ट्रीय सम्मेलन
(c) मानवाधिकारों का सार्वभौम घोषणा
(d) मानवाधिकार पर यूरोपीय सम्मेलन

5. भारतीय दंड संहिता की धारा 377 को _____ के मामले में LGBT समुदाय की पसंद को अनुचित रूप से प्रतिबंधित करने के लिए निरस्त किया गया था।
(a) नवतेज सिंह जौहर बनाम भारत संघ
(b) मद्रास राज्य बनाम वी.जी. रो
(c) नेशनल काउंसिल फॉर सिविल लिबर्टीज बनाम भारत संघ
(d) इच्छू देवी बनाम भारत संघ

6. निम्नलिखित में से कौन-सी बिहार विधान सभा की शक्ति है?
(a) भारत के संविधान में संशोधन करने के लिए
(b) भारत के राष्ट्रपति पर महाभियोग चलाना
(c) बिहार के मुख्यमंत्री को हटाने के लिए
(d) जनहित के मामलों पर प्रस्ताव पारित करना

7. विधान सभा के सदस्यों (विधायकों) की संख्या के संदर्भ में, भारत की सबसे छोटी विधान सभा कहाँ की है?
(a) दिल्ली   (b) गोवा
(c) सिक्किम   (d) पुडुचेरी

8. मध्य प्रदेश में लोकसभा सीटों की संख्या _____ है।
(a) 27   (b) 28
(c) 29   (d) 30

9. भारत के राष्ट्रपति के महाभियोग की प्रक्रिया _____ है।
(a) न्यायिक प्रक्रिया   (b) अर्द्धन्यायिक प्रक्रिया
(c) विधायी प्रक्रिया   (d) कार्यकारी प्रक्रिया

10. भारतीय रिज़र्व बैंक (आरबीआई) निम्नलिखित में से किस राज्य सरकार के कारोबार का लेन-देन नहीं करता है?
(a) तेलंगाना   (b) सिक्किम
(c) मेघालय   (d) बिहार

11. अगस्त 2021 में, आरबीआई ने बैंकों और व्हाइट लेबल एटीएम ऑपरेटरों के लिए दंड का प्रस्ताव दिया है, यदि उनके एटीएम दस घंटे से अधिक समय तक बिना पुनःपूर्ति के पड़े रहते हैं। कैश-आउट पर प्रति एटीएम कितने रुपए का फ्लैट जुर्माना लगेगा?
(a) 10,000   (b) 15,000
(c) 20,000   (d) 25,000

12. रिज़र्व बैंक के निर्देश के अनुसार, एटीएम के माध्यम से लेनदेन के लिए मुफ्त अनुमेय सीमा से अधिक लेनदेन के लिए, बैंकिंग ग्राहकों को प्रति लेनदेन भुगतान करना होगा जो जनवरी 1, 2022 / से प्रभावी होगा:
(a) ₹35   (b) ₹21
(c) ₹20   (d) इनमे से कोई भी नहीं

13. बंगाल में सतीश चंद्र बसु ने किस संगठन की स्थापना की है?
(a) अभिनव भारत   (b) अनुशीलन समिति
(c) भारत नौजवान सभा   (d) स्वदेश बंधु समिति

14. निम्नलिखित में से कौन सा संगठन क्रांतिकारी गतिविधियों की मदद से भारत को विदेशी गुलामी से मुक्त करने के लिए काम कर रहा था?
1. स्वदेश सेवक होम
2. यूनाइटेड इंडिया हाउस
3. इंडिया हाउस
नीचे से सही कूट का चयन करें।
(a) केवल 1 और 2   (b) केवल 2 और 3
(c) केवल 1 और 3   (d) ये सभी

15. भारतीय मौसम-विज्ञान विभाग के अनुसार, निम्नलिखित में से वृष्टि प्रस्फोट (क्लाउडबर्स्ट) की विशेषता/ विशेषताएँ कौन-सी है/हैं?
1. सीमित भौगोलिक क्षेत्र में, अल्प समयावधि में अत्यधिक वर्षण
2. यह सामान्यतः मानसून अवधि के दौरान होता है और यह आकस्मिक बाढ़ एवं भू-स्खलन को प्रेरित करता है
नीचे दिए गए कूट का प्रयोग कर सही उत्तर चुनिए।
(a) केवल 1   (b) केवल 2
(c) 1 और 2 दोनों   (d) न तो 1 और न ही 2

16. समाचार देखते समय, आप किसी स्थान के बारे में सुनते हैं, जिसके बारे में आपने पहले कभी नहीं सुना। आप उस स्थान के बारे में और अधिक जानना चाहते हैं तथा आप उसे मानचित्र पर ढूँढना चाहते हैं। आपको निम्नलिखित में से किसकी/किनकी आवश्यकता होगी ताकि आप मानचित्र पर उस स्थान का पता लगा सकें?
(a) उस स्थान का केवल अक्षांश
(b) उस स्थान का केवल देशांतर
(c) उस स्थान के देशांतर और अक्षांश दोनों
(d) उस स्थान के अक्षांश, देशांतर और उस स्थान की उच्चता

17. भू-स्खलन के संदर्भ में, निम्नलिखित कथनों में से कौन-से सही हैं?
1. ये वर्षा के दौरान केवल हल्की ढलान पर घटित होते हैं।
2. ये सामान्यतः प्रचुर मृत्तिकावाली मृदा (क्ले-रिच सॉइल) में घटित होते हैं।
3. भूकंप से भू-स्खलन प्रेरित होते हैं।
नीचे दिए गए कूट का प्रयोग कर सही उत्तर चुनिए।
(a) केवल 1 और 2   (b) केवल 1 और 3
(c) केवल 2 और 3   (d) 1,2 और 3

18. नाथ साहित्य का संबंध है:
(a) बंगाली से   (b) असमी से
(c) उड़िया से   (d) मैथिली से

19. 'मलोका' क्या हैं?
(a) एक जनजाति   (b) एक प्रकार का घर
(c) एक वन्य पशु   (d) मलक्का का निवासी

20. मध्य प्रदेश में स्थित भीमबेटका एक _____ है।
(a) पुरापाषाणिक स्थल   (b) नवपाषाणिक स्थल

(c) महापाषाणिक स्थल　　(d) सूक्ष्मपाषाणिक स्थल

21. आर्थिक मंदी के समय, निम्नलिखित में से कौन-सा कदम उठाए जाने की सर्वाधिक संभावना होती है?
- (a) कर की दरों में कटौती के साथ-साथ ब्याज दर में वृद्धि करना
- (b) सार्वजनिक परियोजनाओं पर व्यय में वृद्धि करना
- (c) कर की दरों में वृद्धि के साथ-साथ ब्याज दर में कमी करना
- (d) सार्वजनिक परियोजनाओं पर व्यय में कमी करना

22. भारत में 'शहरी सहकारी बैंकों' के संदर्भ में, निम्नलिखित कथनों पर विचार कीजिए:
1. राज्य सरकारों द्वारा स्थापित स्थानीय मंडलों द्वारा उनका पर्यवेक्षण एवं विनियमन किया जाता है।
2. वे इक्विटी शेयर और अधिमान शेयर जारी कर सकते है।
3. उन्हें वर्ष 1966 में एक संशोधन के द्वारा बैंककारी विनियमन अधिनियम, 1949 के कार्य-क्षेत्र में लाया गया था।
उपर्युक्त कथनों में से कौन-सा/कौन-से सही है/हैं?
- (a) केवल 1
- (b) केवल 2 और 3
- (c) केवल 1 और 3
- (d) 1, 2 और 3

23. कार्बन नैनोट्यूब के संदर्भ में, निम्नलिखित कथनों पर विचार कीजिये
1. उनका उपयोग मानव शरीर में ड्रग्स और एंटीजन के वाहक के रूप में किया जा सकता है।
2. उन्हें मानव शरीर के एक घायल हिस्से के लिए कृत्रिम रक्त केशिकाओं में बनाया जा सकता है।
3. इनका उपयोग जैव रासायनिक सेंसर में किया जा सकता है।
4. कार्बन नैनोट्यूब जैवनिम्नीय होते हैं।
ऊपर दिए गए कौन से कथन सही हैं?
- (a) केवल 1 और 2
- (b) केवल 2, 3 और 4
- (c) केवल 1,3 और 4
- (d) 1, 2, 3 और 4

24. पृथ्वी की निम्न कक्षा (LEO) के विषय में निम्नलिखित कथनों पर विचार कीजिये।
1. यह पृथ्वी केन्द्रित कक्षा है जिसकी ऊँचाई 2,000 किमी या उससे कम है
2. अन्तर्राष्ट्रीय अन्तरिक्ष स्टेशन LEO में परिचालन करता है
3. पृथ्वी की निम्न कक्षा की प्रमुख हानि यह है कि इसमें उपग्रह को स्थापित करने के लिए उच्च मात्रा में ऊर्जा की आवश्यकता होती है
4. जासूस उपग्रह LEO का उपयोग नहीं कर सकते हैं
उपरोक्त कथनों में से कौन-सा/से सही नहीं है/हैं?
- (a) केवल 1 और 2
- (b) 1, 2 और 3
- (c) केवल 3 और 4
- (d) 2, 3 और 4

25. किस संस्थान के शोधकर्ताओं ने 'फिफ्थ-जेनरेशन (5G) माइक्रोवेव एब्जॉर्बर' विकसित किया है?
- (a) आईआईएससी बेंगलुरु
- (b) आईआईटी मद्रास
- (c) केरल विश्वविद्यालय
- (d) आईआईटी बॉम्बे

26. स्वास्थ्य क्षेत्र में नैनो तकनीक के उपयोग के संदर्भ में, निम्नलिखित में से कौन-सा/से कथन सही है/हैं?
1. लक्षित दवा वितरण नैनो तकनीक द्वारा संभव हुई है।
2. नैनो तकनीक, हालांकि, जीन थेरेपी में योगदान नहीं दे सकती क्योंकि इसमें जैव प्रौद्योगिकी के लिए विशिष्ट तरीकों की आवश्यकता होती है।
- (a) केवल 1
- (b) केवल 2
- (c) 1 और 2 दोनों
- (d) ना तो 1 और ना ही 2

27. निम्न में से कौन AI भाषा मॉडल LLaMA लॉन्च करने के लिए तैयार है?
- (a) वीरांगना
- (b) मेटा
- (c) माइक्रोसॉफ्ट
- (d) गूगल

28. किस लघु वित्त बैंक ने अपने ऐप के माध्यम से अपने माइक्रो बैंकिंग ग्राहकों के लिए उद्योग की पहली डिजिटल ऑनबोर्डिंग सुविधा शुरू की है?
- (a) उज्जीवन स्मॉल फाइनेंस बैंक
- (b) एयू स्मॉल फाइनेंस बैंक
- (c) केपिटल स्मॉल फाइनेंस बैंक
- (d) इक्विटास स्मॉल फाइनेंस बैंक

29. केंद्रीय मंत्री नितिन गडकरी ने हाइड्रोजन आधारित उन्नत ईंधन सेल इलेक्ट्रिक वाहन (FCEV) के लिए पायलट परियोजना का उद्घाटन किया है। परियोजना किस मोटर कंपनी द्वारा शुरू की गई है?
- (a) टोयोटा किर्लोस्कर मोटर प्राइवेट लिमिटेड
- (b) हुंडई मोटर लिमिटेड
- (c) टाटा मोटर लिमिटेड
- (d) मारुति सुजुकी लिमिटेड

30. लापता बच्चों को खोजने के लिए किस प्लेटफॉर्म ने अपना नया फीचर ऐप 'अंबर अलर्ट' लॉन्च किया है?
- (a) इंस्टाग्राम
- (b) टिंडर
- (c) गूगल
- (d) व्हाट्सएप

31. किस फोरम ने गरीब देशों का समर्थन करने के लिए "नुकसान और क्षति कोष" लॉन्च किया?
- (a) COP-27
- (b) G-20
- (c) आसियान
- (d) विश्व आर्थिक मंच

32. प्रधान मंत्री नरेंद्र मोदी ने 19 अक्टूबर 2022 को गुजरात के गांधीनगर में 12वें डिफेंस एक्सपो में एक स्वदेशी ट्रेनर विमान एचटीटी -40 का अनावरण किया। विमान _______ द्वारा विकसित किया गया है।
- (a) डसॉल्ट-रिलायंस एयरोस्पेस
- (b) अदानी रक्षा और एयरोस्पेस
- (c) रक्षा अनुसंधान एवं विकास संगठन
- (d) हिंदुस्तान एयरोनॉटिक्स लिमिटेड (एचएएल)

33. मुख्यमंत्री जगन मोहन रेड्डी ने आंध्र प्रदेश की नई राजधानी किसे बनाया?
- (a) विशाखापट्टनम
- (b) अनंतपुर
- (c) नेल्लौर
- (d) विजयनगरम

34. 2022 में ब्रिक्स का अध्यक्ष कौन सा देश है?
- (a) रूस
- (b) भारत
- (c) चीन
- (d) ब्राज़िल

35. तेलिनीलपुरम अंतर्राष्ट्रीय पक्षी अभयारण्य हाल ही में स्पॉट-बिल पेलिकन के लिए चर्चा में है, किस राज्य में स्थित है?
- (a) कर्नाटक
- (b) आंध्र प्रदेश
- (c) ओडिशा
- (d) पश्चिम बंगाल

Quantitative Aptitude and Numerical Skills

36. $34.95 \div 240.016 \div 23.98 = ?$
- (a) 0.006
- (b) 0.012
- (c) 0.056
- (d) 0.004

37. 84 का 128.57% + 48 का 262.5% + 27 का 22.22% है:
- (a) 210
- (b) 220
- (c) 230
- (d) 240

38. 6 के पहले 13 गुणज का माध्य ज्ञात कीजिए।
- (a) 30
- (b) 33
- (c) 36
- (d) 42

39. समूह A के 3 व्यक्तियों का औसत भार 60 किलोग्राम है, समूह B के

2 अन्य व्यक्तियों का औसत भार 70 किलोग्राम है, तो सभी व्यक्तियों का औसत भार ज्ञात कीजिए।

(a) 40 किलोग्राम   (b) 54 किलोग्राम

(c) 64 किलोग्राम   (d) 70 किलोग्राम

40. $0.3\overline{939}$ का साधारण भिन्न है:

(a) $\frac{15}{33}$ (b) $\frac{11}{39}$

(c) $\frac{17}{39}$ (d) $\frac{13}{33}$

41. उचित भिन्न का उदाहरण है:

(a) $\frac{28}{13}$ (b) $\frac{11}{23}$

(c) $\frac{16}{9}$ (d) $\frac{14}{3}$

42. दो लम्ब वृत्तीय बेलनों की त्रिज्याओं का अनुपात 3 : 2 है और उनके आयतन का अनुपात 27 : 16 है। उनकी ऊंचाई का अनुपात क्या है?

(a) 4 : 3   (b) 9 : 8

(c) 3 : 4   (d) 8 : 9

43. जब कक्षा A से 5 बच्चे कक्षा B में प्रवेश करते हैं, तो दोनों कक्षाओं के बच्चों की संख्या समान हो जाती है। यदि कक्षा B से 25 बच्चे, कक्षा A में प्रवेश करते हैं, तो कक्षा A में बच्चों की संख्या, कक्षा B के बच्चों की संख्या से दोगुनी हो जाती है। कक्षा A और B के बच्चों की संख्या का अनुपात ज्ञात कीजिए।

(a) 9 : 8   (b) 19 : 18

(c) 19 : 17   (d) 18 : 17

44. 11 छक्के और 5 बाउंडरी सहित विराट ने 150 रन बनाए। छक्के लगाने के बाद उसके कुल स्कोर का प्रतिशत क्या था?

(a) 62%   (b) 50%

(c) 44%   (d) 39%

45. सुमन ने एक वस्तु को इसके अंकित मूल्य पर 16% छूट देने के बाद 882 रुपये में बेचा। यदि उसने कोई छूट नहीं दी होती, तो उसे क्रय मूल्य पर 20% का फायदा होता। वस्तु का क्रय मूल्य क्या है?

(a) 725   (b) 750

(c) 850   (d) 875

46. X एक मशीन को 10000 रुपये में खरीदता है और Y इसे 5 प्रतिशत कम में खरीदता है। X मशीन को 12000 रुपये में बेचता है और Y इसे 15 प्रतिशत अधिक में बेचता है। Y कितना अधिक लाभ अर्जित करता है?

(a) 2100 रुपये   (b) 2400 रुपये

(c) 1800 रुपये   (d) 2300 रुपये

47. यदि 10000 रु 40% प्रति वर्ष की दर से निवेश किए गए तो तीसरे वर्ष में अर्जित किया गया चक्रवृद्धि ब्याज क्या है?

(a) 8840 रु   (b) 8120 रु

(c) 7430 रु   (d) 7840 रु

48. एक निश्चित राशि पर 15% वार्षिक ब्याज की दर से 2 वर्ष का चक्रवृद्धि ब्याज 3,641 रुपये है, जब ब्याज 8– मासिक रूप से संयोजित होता है। राशि है:

(a) 9,000 रुपये   (b) 9,600 रुपये

(c) 11,000 रुपये   (d) 10,000 रुपये

Ques (49-52): निर्देश: निम्नलिखित बार ग्राफ छह अलग-अलग राज्यों A, B, C, D, E और F में गैर-विद्युतीकृत गांवों का प्रतिशत दिखाता है। ग्राफ का अध्ययन करें और प्रश्न के उत्तर दें।

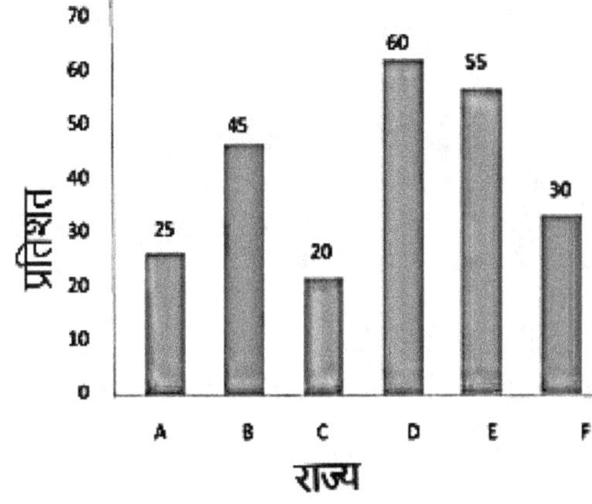

49. विद्युतीकृत गाँव का सर्वाधिक प्रतिशत कौनसे राज्य में है?

(a) B (b) C

(c) D (d) F

50. यदि केंद्र सरकार निम्नतम विद्युतीकरण वाले राज्य से शुरू करके शीघ्र विद्युतीकरण हेतु विज्ञापन देना चाहती है, तो प्राथमिकता के अनुसार कौन सा राज्य चौथे स्थान पर आएगा?

(a) F (b) C

(c) E (d) B

51. कौन से राज्य के विद्युतीकृत गाँवों का प्रतिशत, राज्य D की तुलना में दुगुना है?

(a) F (b) E

(c) A (d) C

52. यदि राज्य A में गाँवों की संख्या राज्य E में गाँवों की संख्या के समान है, तो राज्य A में गैर-विद्युतीकृत गाँवों की संख्या से राज्य E में विद्युतीकृत गाँवों की संख्या का अनुपात कितना है?

(a) 5 : 11   (b) 11 : 5

(c) 9 : 5   (d) 5 : 9

53. निर्देश: 2000 और 2001 में एक प्रकाशन कंपनी की छह शाखाओं - B1, B2, B3, B4, B5 और B6 से पुस्तकों की बिक्री (हजार संख्या में)। ग्राफ का अध्ययन करें और प्रश्न का उत्तर दें।

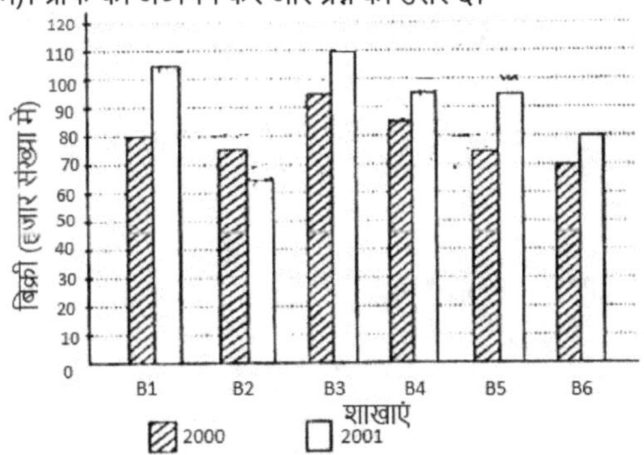

दोनों वर्षों के लिए एक साथ शाखाओं B1, B3 और B5 की कुल बिक्री (हजारों की संख्या में) है:

(a) 250   (b) 310

(c) 435   (d) 560

54. A किसी कार्य को 60 दिन में कर सकता है। वह इस कार्य को 15 दिन तक करता है और फिर अकेले B शेष कार्य को 30 दिन में पूरा करता है। एक साथ कार्य करते हुए A और B, उसी कार्य को कितने दिन में पूरा करेंगे?

(a) 22 दिन   (b) 25 दिन

(c) 20 दिन   (d) 24 दिन

55. तीन नल $A, B,$ और C एक टंकी को क्रमशः 180, 20, और 90 मिनट में भर सकते हैं। यदि सभी नल एक साथ खोले जाते हैं, तो टंकी

कितने मिनट में भर जाएगी?

(a) 15 (b) 25
(c) 30 (d) 35

Mental Ability and Logical Reasoning

Ques (56-59): निर्देश: उस अक्षर-समूह का चयन कीजिए जो निम्नलिखित श्रृंखला में प्रश्न-चिह्न (?) के स्थान पर रखा जा सकता है।

56. qdx, nhs, kln, hpi, ?

(a) efd (b) esd
(c) etd (d) fte

57. DAG, FCI, ? JGM, LIO

(a) HEK (b) IFL
(c) HKE (d) GDJ

58. SAT, VEW, YIZ, ?, EUF

(a) BOC (b) BUK
(c) FIJ (d) COD

59. PROGRESS, QTOGRESS, QTRKRESS, ?, QTRKWKZA

(a) QTRKWKSS (b) QTRKWKTY
(c) QTRKVMSS (d) PRRKWKSS

Ques (60-62): निर्देश: निम्नलिखित प्रश्न में, एक कथन और उसके बाद I और II से अंकित दो निष्कर्ष दिए गये हैं। आपको दिए गये कथनों को सत्य मानना है, भले ही वे ज्ञात तथ्यों से अलग प्रतीत होते हों। निर्णय कीजिए कि दिये गये निष्कर्षों में से कौन-सा निष्कर्ष कथन का तार्किक रूप से अनुसरण करता है।

60. **कथन:** एक घाटे में चल रही कंपनी ने कम कीमत वाली बोली प्रणाली में 5 करोड़ रुपये का अनुबंध जीता है।

निष्कर्ष:

I: कंपनी इस वर्ष लाभ कमाएगी क्योंकि उसने एक बड़ा अनुबंध जीता है।

II: एक कम कीमत वाली बोली प्रणाली उच्च लाभ मार्जिन की कोई गुंजाइश नहीं छोड़ती है।

(a) केवल निष्कर्ष I अनुसरण करता है
(b) केवल निष्कर्ष II अनुसरण करता है
(c) I और II दोनों अनुसरण करते हैं
(d) न तो I और न ही II अनुसरण करता है

61. **कथन:** "क्राफ्ट" रंगों का प्रयोग करें। वे हमारे जीवन में रंग भरते हैं। - एक विज्ञापन।

निष्कर्ष:

I. आकर्षक नारे लोगों को आकर्षित नहीं करते हैं।

II. लोग गहरे रंग पसंद करते हैं।

(a) केवल निष्कर्ष I अनुसरण करता है
(b) केवल निष्कर्ष II अनुसरण करता है
(c) या तो I या II अनुसरण करता है
(d) न तो I और न ही II अनुसरण करता है

62. **कथन:** पवन ऊर्जा का एक अक्षय स्रोत है और एक एयरोजेनरेटर इसे बिजली में परिवर्तित कर सकता है। हालांकि इस क्षेत्र में बहुत कुछ नहीं किया गया है, सर्वेक्षण से पता चलता है कि ऊर्जा के वैकल्पिक स्रोत के रूप में पवन को विकसित करने की अपार संभावनाएं हैं।

निष्कर्ष:

I. पवन द्वारा ऊर्जा तुलनात्मक रूप से नया उभरता हुआ क्षेत्र है।

II. एयरो-जेनरेशन के क्षेत्र में और अधिक खोज करके ऊर्जा संकट से निपटा जा सकता है।

(a) केवल निष्कर्ष I अनुसरण करता है
(b) केवल निष्कर्ष II अनुसरण करता है
(c) या तो I या II अनुसरण करता है
(d) I और II दोनों अनुसरण करते हैं

63. दिए गए पैटर्न को पूरा करने के लिए कौन सी विकल्प आकृति प्रश्न चिह्न (?) को प्रतिस्थापित करेगी?

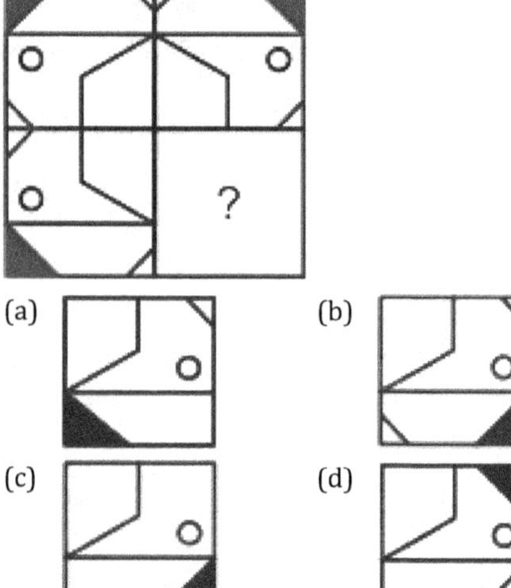

64. **निर्देश:** दिए गए चार विकल्पों में से एक आकृति चुनिए, जिसे (?) में रखा गया है।

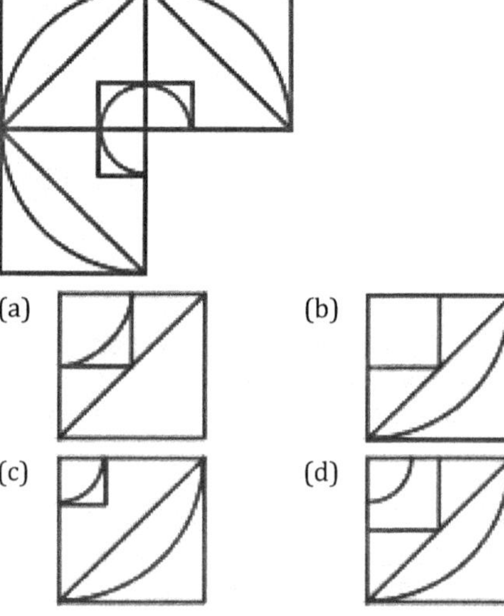

65. पांच मित्र P, Q, R, S और T हैं। S, T से छोटा है लेकिन P से लंबा है। R सबसे लंबा है। Q, T से थोड़ा छोटा है लेकिन S से थोड़ा लंबा है। यदि वे अपनी ऊंचाई के क्रम में खड़े हों तो सबसे छोटा कौन होगा?

(a) S (b) Q
(c) P (d) T

66. A, B, C, D और E में से A, B की अपेक्षा लम्बा है, परन्तु C से छोटा है। B केवल E से लम्बा है। यदि C सबसे लम्बा नहीं है, तो उनको ऊंचाई के क्रम में रखने से बीच में कौन होगा?

(a) A (b) B
(c) C (d) D

67. A, B, C, D और E जिसमें से प्रत्येक की भार अलग-अलग है, D भारी है A और E से और B हल्का है C से। उनमे से सबसे अधिक भारी कौन है?

(a) D (b) B
(c) C (d) आंकड़ें अपर्याप्त

68. प्रणिता उत्तर दिशा में जाती है, और फिर दायीं मुड़ती है दुबारा से दायीं मुड़ती है और फिर बायीं मुड़ती है। अब प्रणिता किस दिशा में जा रही है?

(a) पूर्व (b) पश्चिम
(c) दक्षिण (d) उत्तर

69. समीर उत्तर सम्मुख होकर 50 मीटर चलता है और फिर 270° वामावर्त मुड़ता है तथा और 50 मीटर चलता है। फिर वह दक्षिणावर्त दिशा में 45° मुड़ता है और अन्य 50 मीटर चलता है। वह अब किस दिशा के सम्मुख है?

(a) उत्तर-पूर्व (b) उत्तर-पश्चिम
(c) दक्षिण-पूर्व (d) दक्षिण पश्चिम

70. आठ सदस्यों A, C, P, Q, M, N, G, H वाले एक परिवार में N, G का बेटा है और N का केवल एक बेटा है। Q, N का साला है। M, A की माता है, C, H की इकलौती पोती है, जो P की माता है और G की पत्नी है। C का पिता कौन है?

(a) N (b) H
(c) Q (d) G

71. छ: व्यक्ति A, B, C, D, E और F हैं। C, F की बहन है। B, E के पति का भाई है। D, A का पिता और F का दादा है। समूह में दो पिता, तीन भाई और एक माता है। F, E से किस प्रकार संबंधित है?

(a) पुत्री (b) चाचा
(c) पुत्र (d) पति

72. एक परिवार में तीन पीढ़ियों के छह व्यक्ति - A, B, C, D, E और F हैं। A, D का पति है। E, A की इकलौती संतान है। E और F युगल हैं। F, B की माता है जो C का भतीजा/भांजा है। C, E से किस प्रकार संबंधित है?

(a) भाई
(b) ब्रदर-इन-लॉ
(c) बहन
(d) निर्धारित नहीं किया जा सकता है

73. श्रेणी 1, 5, 9, 13, 17, ... का nवां पद क्या है?

(a) $2n - 1$ (b) $2n + 1$
(c) $4n - 3$ (d) उपरोक्त में से कोई नहीं

74. श्रेणी $3 + 9 + 27 + 81 + ... + 6561$ का योग ज्ञात कीजिए।

(a) $3^8 - 1$ (b) $\dfrac{3(3^8-1)}{2}$
(c) $\dfrac{(3^8-1)}{2}$ (d) उपरोक्त में से कोई नहीं

75. किसी समांतर श्रेणी में पच्चीसवाँ पद पन्द्रहवें पद से 70 अधिक है। तो सार्व अंतर ज्ञात कीजिए।

(a) 6 (b) 8
(c) 7 (d) 5

English Language Skills

Ques (76-80): Direction : Read the autobiographical story given below and answer the question that follows by selecting the correct/most appropriate options.

1. Let me tell you about a young boy who made a model car all on his own. The boy is me. Six years ago when I was just 11 and the car was small and simple but in my imagination it was a high-speed, Formula-1 racing car, speeding along the race track.

2. It was during the summer holidays and workmen were building a new driveway and garage beside our house. While watching the workmen I had an idea. I'd build a car to drive into the garage in celebration of the new addition to our home. I told my mother and drew up complicated plans but I couldn't find the right material. So I gave up and spent a miserable couple of days doing nothing. My mother noticed that I'd stopped working and asked me why. She suggested that maybe I should change my plans to fit the material I had, rather than give up.

3. And that's just what I did. I found pieces of wood in my father's workshop and made my car from anything that was lying around the house. I found a small engine from a toy plane of mine, I added that. The power came from a battery attached with some wire I found in a cupboard.

4. By the time the garage was finished, so was my car. I called my family outside the house, connected the wires, started the engine and placed the car on the driveway. It was fast and I had to run to the garage to rescue it before it crashed into the new door. My family clapped and I smiled proudly. Thanks to my mother, I learnt the value of seeing a project through to its end. Soon I was making plans for my next project: a helicopter!

76. What is the writer trying to suggest in this autobiographical text?

(a) That everyone should try making something
(b) Recommend a type of car that is easy to make
(c) Explain how he learned not to give up on an idea
(d) Give information about where to find good model cars

77. Why did the writer start building the car ?

(a) To show the workers that he could build something too.
(b) To pass time during school holidays.
(c) To give his mother a special present.
(d) To celebrate the family's new garage.

78. What was the writer's age when he wrote this experience?

(a) 17 is correct, 6 is incorrect
(b) 11 is correct, 17 is incorrect
(c) 11 is correct, 6 is incorrect
(d) 17 is incorrect, 11 is correct

79. Which word in para 2 means the opposite of the word 'easy'?

(a) Addition (b) Complicated
(c) Celebration (d) Miserable

80. Which word in para 4 is the synonym for the word 'completed'?

(a) Connected (b) Learned
(c) Crashed (d) Finished

Ques (81-85): Direction : Each of the following items in this section consists of a sentence, the parts of which have been jumbled. These parts have been labelled P, Q, R and S. Given below each sentence are four sequences. You are required to rearrange the jumbled parts of the sentence and mark your response accordingly.

81. propelled by the Industrial Revolution (P)/ Queen Victoria (1837–1901) witnessed (Q)/ Britain under the reign of (R)/ a great leap forward in technological terms(S)

The correct sequence should be:

(a) PQRS (b) QSPR
(c) QSRP (d) RQSP

82. unsatisfactory, and many of her colleagues (P)/ and conditions at her company were (Q)/ Anupama felt that the pay (R)/ seemed to support her (S)

The correct sequence should be:

(a) RPSQ (b) QPSR
(c) RQPS (d) RQSP

83. acupuncture has been practiced in (P)\ China for over 3,000 years (Q)/ conventional medicine (R)/ and today it is widely used alongside (S)

The correct sequence should be:

(a) QPSR   (b) QRPS
(c) PQSR   (d) PQRS

84. expected to fall rapidly as (P)/ this figure is (Q)/ new technology starts being used (R)/ to trace stolen mobiles (S)

The correct sequence should be:

(a) QPRS   (b) PQRS
(c) SRPQ   (d) RPSQ

85. vandalism have been (P)/ damage they've caused (Q)/ made to repair the (R)/ people found guilty of (S)

The correct sequence should be:

(a) SRPQ   (b) SPRQ
(c) PSRQ   (d) RPSQ

Ques (86-87): Direction: Select the segment of the sentence that contains a grammatical error. If there is no error mark 'No error' as your answer.

86. Many a girls have not (A)/ submitted the (B)/ medical form yet. (C)/ No error (D).

(a) (A)   (b) (B)
(c) (C)   (d) (D)

87. The kids write to me(A)/ since time to time letting(B)/ me know of their latest adventures.(C)/ No Error(D).

(a) (A)   (b) (B)
(c) (C)   (d) (D)

88. **Direction:** Fill in the blanks with the correct form of verb given in bracket.

If he had helped me, I ______ (pass)

(a) will pass   (b) will be passed
(c) would have passed   (d) has passed

89. **Direction:** Fill in the blanks with the correct form of verbs given in bracket.

The train had left when we ______ (reach) the station.

(a) Will reach   (b) Has reached
(c) Reached   (d) Will be reaching.

90. **Direction:** In these questions, four words are given out of which only one is mis-spelt. Find that mis-spelt word.

(a) Adversery   (b) Adultery
(c) Advisory   (d) Arbitrary

91. **Direction:** In these questions, four words are given out of which only one is mis-spelt. Find that mis-spelt word.

(a) Impetuous   (b) Ignoble
(c) Ignominious   (d) Idiosyncrasy

Ques (92-93): Direction: The following question consists of a sentence with an underlined word/words followed by four words. Select the option that is the same in meaning as the underlined word/words and mark your response accordingly.

92. It adds a pop of color but definitely isn't too ostentatious to wear during the daytime.

(a) Showy   (b) Tasteful
(c) Quick   (d) Sudden

93. Under the older-fashioned methods of treating physical geography, the prairies were empirically described as level prairies, rolling prairies, and so on.

(a) Intuitively
(b) Verbally

(c) Through written communication
(d) By observation and experiment

94. **Direction:** Select the option that can be used as a one-word substitute for the given group of words.

A person exhibiting excessive worry about one's health

(a) Intellectual   (b) Hypochondriac
(c) Megalomaniac   (d) Expert

95. **Direction:** Select the option that can be used as a one-word substitute for the given group of words.

One who feeds on human flesh

(a) Cannibal   (b) Hedonist
(c) Stoic   (d) Samaritan

Digital Literacy and Awareness

96. निम्नलिखित में से कौन font style नहीं है?

(a) Bold   (b) Italics
(c) Regular   (d) Superscript

97. स्प्रेडशीट एप्लिकेशन कौन सा है जो एमएस ऑफिस सॉफ्टवेयर समूह के साथ आता है?

(a) एमएस वर्ड   (b) एमएस एक्सेल
(c) एमएस पावरपॉइंट   (d) एमएस एक्सेस

98. इंटरनेट पर स्वामित्व है:

(a) IAB   (b) IETE
(c) इंटरनेट NIC   (d) इनमें से कोई भी नहीं

99. निम्नलिखित में से कौन 'सोशल साइट' का उदाहरण नहीं है?

(a) ट्विटर   (b) इंस्टाग्राम
(c) लिंक्डइन   (d) अमेज़न

100. बीएससी निम्नलिखित में से किस श्रेणी के अंतर्गत आता है?

(a) ऑपरेशन   (b) रेडियो
(c) नेटवर्क   (d) मोबाइल

// स्मार्ट उत्तर पुस्तिका //

सही उत्तर उन छात्रों का प्रतिशत जिन्होंने प्रश्न का सही उत्तर दिया।

छोड़ दिया उन छात्रों का प्रतिशत जिन्होंने प्रश्न को छोड़ दिया।

प्रश्न संख्या	उत्तर	सही उत्तर / छोड़ दिया	प्रश्न संख्या	उत्तर	सही उत्तर / छोड़ दिया	प्रश्न संख्या	उत्तर	सही उत्तर / छोड़ दिया
1	B	41.09% / 1.29%	2	D	63.4% / 1.34%	3	A	41.1% / 1.79%
4	C	62.89% / 1.69%	5	A	42.86% / 1.83%	6	D	84.94% / 0.0%
7	D	61.45% / 1.26%	8	C	49.01% / 1.37%	9	B	83.58% / 0.0%
10	B	68.8% / 1.92%	11	A	58.79% / 1.18%	12	B	50.32% / 1.15%
13	B	69.91% / 1.99%	14	D	53.59% / 1.06%	15	C	69.43% / 1.24%
16	C	67.45% / 1.77%	17	C	68.13% / 1.01%	18	A	79.99% / 0.0%
19	B	46.11% / 1.71%	20	A	57.73% / 1.79%	21	B	66.78% / 1.65%
22	B	54.35% / 1.0%	23	D	50.14% / 1.11%	24	C	58.05% / 1.64%
25	C	50.71% / 1.6%	26	A	22.04% / 3.61%	27	B	45.92% / 1.15%
28	A	40.59% / 1.97%	29	A	56.72% / 1.35%	30	A	77.27% / 0.0%
31	A	30.18% / 3.67%	32	D	54.98% / 1.68%	33	A	80.94% / 0.0%

34	C	82.77% 0.0%	35	B	11.96% 3.35%	36	A	50.79% 1.81%
37	D	54.68% 1.96%	38	D	59.97% 1.42%	39	C	88.68% 0.0%
40	D	41.1% 1.78%	41	B	85.67% 0.0%	42	C	50.1% 1.16%
43	C	52.15% 1.65%	44	C	86.34% 0.0%	45	D	41.44% 1.96%
46	D	54.51% 1.79%	47	D	59.69% 1.26%	48	C	48.33% 1.18%
49	B	81.93% 0.0%	50	A	86.83% 0.0%	51	D	83.22% 0.0%
52	D	76.72% 0.0%	53	D	86.72% 0.0%	54	D	45.32% 1.23%
55	A	32.58% 4.85%	56	C	44.47% 1.09%	57	A	23.09% 3.91%
58	A	42.22% 1.72%	59	A	14.96% 4.12%	60	D	63.09% 1.14%
61	D	41.63% 1.66%	62	D	66.17% 1.16%	63	B	52.19% 1.12%
64	C	42.77% 1.32%	65	C	21.44% 3.49%	66	A	50.47% 1.8%
67	D	65.1% 1.68%	68	A	83.13% 0.0%	69	C	62.35% 1.18%
70	C	65.96% 1.33%	71	C	51.45% 1.21%	72	D	65.83% 1.33%
73	C	60.61% 1.54%	74	C	49.92% 1.18%	75	D	52.35% 1.82%
76	C	68.32% 1.29%	77	D	47.8% 1.08%	78	A	65.68% 1.03%
79	B	59.2% 1.29%	80	D	53.72% 1.94%	81	D	69.79% 1.89%
82	C	53.25% 1.8%	83	C	49.01% 1.26%	84	D	78.06% 0.0%
85	B	69.35% 1.1%	86	A	49.78% 1.3%	87	B	55.02% 1.82%
88	C	40.62% 1.07%	89	C	66.05% 1.88%	90	A	46.11% 1.19%
91	A	66.62% 1.68%	92	A	66.0% 1.05%	93	C	64.16% 1.34%
94	D	76.69% 0.0%	95	A	66.21% 1.5%	96	D	58.79% 1.89%
97	B	64.5% 1.46%	98	D	41.09% 1.01%	99	D	52.51% 1.55%
100	B	58.11% 1.85%						

// संकेत और समाधान //

1(B). सूचना का अधिकार अधिनियम, 2005 की धारा 11 के तहत तीसरे पक्ष की जानकारी के लिए अनुरोध किया जाएगा।

इसके अनुसार, यदि कोई लोक सूचना अधिकारी (PIO) किसी तीसरे पक्ष से संबंधित जानकारी या रिकॉर्ड का खुलासा करना चाहता है और जिसे उस तीसरे पक्ष द्वारा गोपनीय माना जाता है, तो PIO अनुरोध प्राप्त होने के 5 दिनों के भीतर, ऐसी जानकारी का खुलासा करने का निर्णय लेने से पहले अनुरोध के ऐसे तीसरे पक्ष को लिखित नोटिस देगा, तीसरे पक्ष को लिखित या मौखिक रूप से प्रस्तुत करने के लिए आमंत्रित करेगा कि जानकारी का खुलासा किया जाना चाहिए या नहीं।

2(D). संविधान के भाग IV A में निहित अनुच्छेद 51 'A' मौलिक कर्तव्यों से संबंधित है।

मौलिक कर्तव्य सोवियत संघ के संविधान से लिए गए हैं। 1976 में अपनाए गए संविधान के 42वें संशोधन द्वारा भारतीय नागरिकों के लिए नागरिकों के मौलिक कर्तव्यों की भी गणना की गई है।

3(A). अनुच्छेद 324 में 'चुनाव आयोग' के संबंध में प्रावधान हैं।
- यह प्रावधान करता है कि संसद, राज्य विधानसभाओं, भारत के राष्ट्रपति के पद और भारत के उपराष्ट्रपति के पद के लिए चुनाव के अधिक्षण, निर्देशन और नियंत्रण की शक्ति चुनाव आयोग में निहित होगी।
- भारत के संविधान के भाग XV में चुनावों पर अनुच्छेद शामिल हैं।

4(C). सभी मनुष्य जन्म से ही स्वतंत्र हैं और गरिमा और अधिकारों के मामले में समान हैं। इसकी गारंटी मानवाधिकारों की सार्वभौम घोषणा के तहत दी गई थी।

वे तर्क और विवेक से संपन्न हैं और उन्हें भाईचारे की भावना से एक दूसरे के प्रति कार्य करना चाहिए।

मानवाधिकारों की सार्वभौम घोषणा (UDHR)
- यह मानव अधिकारों के इतिहास में एक मील का पत्थर दस्तावेज है।
- यह विश्व के सभी क्षेत्रों के विभिन्न कानूनी और सांस्कृतिक पृष्ठभूमि वाले प्रतिनिधियों द्वारा तैयार किया गया है।

5(A). नवतेज सिंह जौहर बनाम भारत संघ के मामले में LGBT समुदाय की पसंद को अनुचित रूप से प्रतिबंधित करने के लिए इसे निरस्त कर दिया गया था।

2009 में, दिल्ली उच्च न्यायालय के समक्ष, नाज़ फाउंडेशन (इंडिया) ट्रस्ट ("नाज़") ने संविधान के अनुच्छेद 14, 15, 19 और 21 का उल्लंघन करने के लिए धारा 377 की संवैधानिकता को चुनौती दी।

6(D). जनहित के मामलों पर प्रस्ताव पारित करने की शक्ति बिहार विधान सभा के पास है। हालाँकि, इसके पास भारत के संविधान में संशोधन करने या भारत के राष्ट्रपति पर महाभियोग चलाने की शक्ति नहीं है।

7(D). पुडुचेरी 'विधान सभा के सदस्यों' (विधायकों) की संख्या के मामले में भारत की सबसे छोटी विधानसभा है। पुडुचेरी विधानसभा में केवल 30 विधानसभा सदस्य (विधायक) हैं।

उत्तर प्रदेश भारत में 'विधान सभा के सदस्यों' (विधायकों) की संख्या के मामले में सबसे बड़ी विधानसभा है, उत्तर प्रदेश विधानसभा में विधान सभा (विधायक) के 403 सदस्य हैं।

8(C). मध्य प्रदेश में लोकसभा सीटों की संख्या 29 है।
- लोकसभा विधायिका का निम्न सदन जाता है।
- इसे "लोकसभा" भी कहा जाता है।
- इस सदन की अवधि 5 वर्ष है।
- मध्य प्रदेश राज्य का गठन 1 नवंबर 1956 को हुआ था।
- मध्य प्रदेश विधान सभा का पहला चुनाव 1957 में हुआ था।
- इस विधानसभा का पिछला चुनाव 28 नवंबर 2018 को हुआ था।
- अगला चुनाव नवंबर 2023 में होगा।

9(B). महाभियोग की प्रक्रिया अर्ध-न्यायिक है, जिसका अर्थ है कि दोनों सदनों में उपस्थित और मतदान करने वाले दो-तिहाई सदस्यों का विशेष बहुमत होना चाहिए और इससे पहले अन्य पक्ष द्वारा एक जांच स्थापित की जाती है।

यह प्रक्रिया संसद के किसी भी सदन में एक विधेयक की शुरुआत के साथ शुरू होती है। भारतीय राष्ट्रपति के महाभियोग की पहल के लिए एकमात्र शर्त 'संविधान का उल्लंघन' है भारत के किसी भी राष्ट्रपति ने अब तक महाभियोग का सामना नहीं किया है।

10(B). भारतीय रिज़र्व बैंक अधिनियम, 1934 की धारा 20 के अंतर्गत केंद्र सरकार की प्राप्तियों और भुगतानों तथा सरकार के लोक ऋण का प्रबंध करने सहित विनिमय, विप्रेषण और अन्य बैंकिंग परिचालनों का उत्तरदायित्व भारतीय रिज़र्व बैंक का है। साथ ही, उक्त अधिनियम की धारा 21 के अनुसार भारतीय रिज़र्व बैंक को भारत सरकार का कारोबार करने का अधिकार है।

उक्त अधिनियम की धारा 21ए के अनुसार राज्य सरकारों के साथ करार कर भारतीय रिज़र्व बैंक राज्य सरकार के लेनदेन करता है। भारतीय रिज़र्व बैंक ने अब तक यह करार सिक्किम सरकार को छोड़कर सभी राज्य सरकारों के साथ किया है। अत: भारतीय रिज़र्व बैंक के पास सरकार के बैंकर के रूप में कार्य करने का अधिकार तथा उत्तरदायित्व दोनों के लिए विधिक

प्रावधान हैं।

11(A). भारतीय रिज़र्व बैंक ने बैंकों और व्हाइट लेबल एटीएम ऑपरेटरों के लिए दंड का प्रस्ताव किया है यदि उनके एटीएम ग्राहकों को सुनिश्चित करने और असुविधा न करने के लिए दस घंटे से अधिक समय तक बिना पुनःपूर्ति के पड़े पाए जाते हैं।
नियामक ने बैंकों और व्हाइट लेबल एटीएम ऑपरेटरों को एटीएम में कैश आउट की न्यूनतम अवधि सुनिश्चित करने का भी निर्देश दिया। कैश-आउट पर रुपये का फ्लैट जुर्माना लगेगा। 10, 000 प्रति एटीएम।

12(B). रिज़र्व बैंक के निर्देश के अनुसार, बैंकिंग ग्राहकों को 1 जनवरी, 2022 से प्रति लेनदेन ₹21 का भुगतान करने की आवश्यकता होगी, जो कि मुफ्त अनुमेय सीमा से अधिक के लेनदेन के लिए है।
इससे पहले, बैंकों को एटीएम के माध्यम से ऐसे लेनदेन के लिए ₹20 चार्ज करने की अनुमति थी। हालांकि, ग्राहक मेट्रो केंद्रों में अन्य बैंक के एटीएम से 3 और गैर-मेट्रो केंद्रों में 5 मुफ्त लेनदेन के लिए पात्र होंगे।

13(B). अनुशीलन समिति एक बंगाली भारतीय संगठन थी जो बीसवीं शताब्दी की पहली तिमाही में अस्तित्व में थी, और क्रांतिकारी हिंसा को भारत में ब्रिटिश शासन को समाप्त करने के साधन के रूप में प्रतिपादित किया। इसकी स्थापना सतीश चंद्र बसु ने की थी। 1902 तक, अनुशीलन समिति की छत्रछाया में कलकत्ता में तीन समाज काम कर रहे थे।

14(D). वैंकूवर में तारक नाथ दास ने मुक्त हिंदुस्तान की शुरुआत की और बहुत ही उग्रवादी राष्ट्रवादी दृष्टिकोण अपनाया।
- जी.डी.कुमार ने लंदन में इंडिया हाउस की तर्ज पर वैंकूवर में "स्वदेश सेवक होम" की स्थापना की।
- "स्वदेश सेवक", एक गुरुमुखी अखबार, सामाजिक सुधार का समर्थन करने के लिए और अंग्रेजों के खिलाफ विद्रोह में भारतीय सैनिकों को बढ़ावा देने के लिए शुरू किया गया था।
- तारक नाथ दास और जी. डी कुमार ने 1910 में सिएटल (यूएसए) में "यूनाइटेड इंडिया हाउस" की स्थापना की।
- इंडिया हाउस ब्रिटेन में भारतीय छात्रों के बीच राष्ट्रवादी विचारों को बढ़ावा देने के लिए खोला गया था (1905-1910 ई.)।

15(C). बादल फटना छोटी अवधि की, एक छोटे से क्षेत्र में तीव्र वर्षा की घटनाएँ हैं। भारत मौसम विज्ञान विभाग (IMD) के अनुसार, यह लगभग 20-30 वर्ग किमी के भौगोलिक क्षेत्र में 100 मिमी / घंटा से अधिक अप्रत्याशित वर्षा के साथ एक मौसम की घटना है। तो, कथन 1 सही है।
भारतीय उपमहाद्वीप में, यह आम तौर पर तब होता है जब एक मानसून बादल हिमालय की तुलना में बंगाल की खाड़ी या अरब सागर से उत्तर की ओर बहता है और मलबे के प्रवाह, अचानक बाढ़, भूस्खलन और जन आंदोलनों को ट्रिगर करता है। तो, कथन 2 सही है।

16(C). ग्रिड लोगों को मानचित्र पर स्थानों का पता लगाने में मदद करता है। छोटे पैमाने के नक्शों पर, ग्रिड अक्सर अक्षांश और देशांतर रेखाओं से बना होता है। भूमध्य रेखा के समानांतर, अक्षांश रेखाएँ दुनिया भर में पूर्व-पश्चिम में चलती हैं, एक काल्पनिक रेखा जो पृथ्वी के मध्य का चक्कर लगाती है। ध्रुव से ध्रुव तक देशांतर रेखाएँ उत्तर-दक्षिण में चलती हैं। अक्षांश और देशांतर ग्लोब पर किसी स्थान के लिए एक पूर्ण स्थान प्रदान करते हैं।
दो प्रकार की काल्पनिक संदर्भ पंक्तियों का उपयोग स्थितियों या बिंदुओं का पता लगाने और सटीक ग्लोब और मानचित्र बनाने के लिए किया जाता है। इन रेखाओं को अक्षांश के समानांतर और देशांतर की मेरिडियन कहा जाता है।

17(C). भूस्खलन को एक ढलान के नीचे चट्टान, मलबे या पृथ्वी के द्रव्यमान की गति के रूप में परिभाषित किया गया है। भूस्खलन "बड़े पैमाने पर बर्बादी" का एक प्रकार है, जो गुरुत्वाकर्षण के प्रत्यक्ष प्रभाव के तहत मिट्टी और चट्टान के किसी भी ढलान की गति को दर्शाता है।
- शब्द "भूस्खलन" ढलान आंदोलन के पांच तरीकों को शामिल

करता है: गिरना, गिरना, फिसलना, फैलाना और प्रवाह। ये आगे भूगर्भिक सामग्री (आधार, मलबे, या पृथ्वी) के प्रकार से उप-विभाजित हैं।
- भूस्खलन इंडोनेशिया में दूसरी सबसे बड़ी प्राकृतिक आपदा है, जो ज्यादातर ज्वालामुखी क्षेत्र में मोटी और मिट्टी से भरपूर मिट्टी में होती है। तो, कथन 2 सही है।
- मलबे का प्रवाह (आमतौर पर मडफ्लो या मडस्लाइड के रूप में जाना जाता है) और रॉकफॉल सामान्य भूस्खलन प्रकारों के उदाहरण हैं।
- लगभग हर भूस्खलन के कई कारण होते हैं। ढलान की गति तब होती है जब ढलान की रचना करने वाली पृथ्वी सामग्री की ताकत से नीचे की ओर (मुख्य रूप से गुरुत्वाकर्षण के कारण) कार्य करने वाले बल ढलान की रचना करते हैं।
- कारणों में ऐसे कारक शामिल हैं जो डाउन-स्लोप बलों के प्रभाव को बढ़ाते हैं और ऐसे कारक जो कम या कम ताकत में योगदान करते हैं।
- वर्षा, हिमपात, जल स्तर में परिवर्तन, जलधारा अपरदन, भूजल में परिवर्तन, भूकंप, ज्वालामुखी गतिविधि, मानवीय गतिविधियों द्वारा अशांति, या इन कारकों के किसी भी संयोजन से पहले से ही ढलानों में भूस्खलन शुरू हो सकता है। अतः, कथन 1 सही नहीं है।
- भूकंप के झटके और अन्य कारक भी पानी के नीचे भूस्खलन को प्रेरित कर सकते हैं। तो, कथन 3 सही है।
- इन भूस्खलनों को पनडुब्बी भूस्खलन कहा जाता है।
- पनडुब्बी भूस्खलन कभी-कभी सुनामी का कारण बनते हैं जो तटीय क्षेत्रों को नुकसान पहुंचाते हैं।

18(A). नाथ साहित्य मध्यकालीन बंगाली साहित्य की एक शाखा है। यह सिद्धों से संबंधित किंवदंतियों और कहानियों पर आधारित थी। कहानियों का उद्देश्य लोगों को पंथ की ओर आकर्षित करना था। नाथ साहित्य में दो शताब्दियों के दोहे हैं। नाथ साहित्य उपदेशात्मक और कथात्मक दो प्रकार का था। गोरक्षनाथ एक प्रतिष्ठित शैव संत थे, जिन्हें नाथ योगी संप्रदाय का संस्थापक माना जाता है।

19(B). 'मलोका' एक प्रकार का घर है।
मलोका एक पुश्तैनी लंबा घर है जिसका उपयोग अमेज़न के स्वदेशी लोगों द्वारा किया जाता है। यह आमतौर पर कोलंबिया और ब्राजील में पाया जाता है। प्रत्येक समुदाय की अपनी विशिष्ट विशेषताओं के साथ एक मलोका होता है। पितृसत्तात्मक संबंधों वाले कई परिवार मलोका में एक साथ रहते हैं। ये मुख्य रूप से लॉन्गहाउस के आसपास विभिन्न डिब्बों में वितरित किए जाते हैं। प्रत्येक मलोका में पुरुषों के लिए और महिलाओं के लिए दो प्रवेश द्वार हैं।
एक मालोका पारंपरिक रूप से दो बगीचों से घिरा हुआ है: भीतरी हिस्से को किचन गार्डन (केले, पपीता, आम और अनानास जैसे बढ़ते पौधे) और मैनिओक (युका) उगाने वाले मैनिओक उद्यान कहा जाता है।

20(A). मध्य प्रदेश में स्थित भीमबेटका एक पुरापाषाणिक स्थल है। भीमबेटका गुफाएँ भारत में सबसे पुरानी-ज्ञात शिला कला है, साथ ही यह सबसे बड़े प्रागैतिहासिक परिसरों में से एक है। पुरापाषाणिक स्थल, भीमबेटका में लगभग 243 गुफाएँ हैं और इसने यूनेस्को की विश्व धरोहर स्थल का सम्मान अर्जित किया है। ये पहाड़ी गुफाएँ पुरापाषाण अवशेषों से भरी हैं, और वे जंगलों, जंगली पौधों, फलों, नदियों और खाड़ियों से भी भरी हुई हैं, इस प्रकार पुरापाषाणिक लोगों के रहने के लिए एक आदर्श स्थान है। भीमबेटका में पुरापाषाण काल के चित्र मिले हैं। यहाँ पाए जाने वाले चित्रों के विषय बहुत विविध हैं, जिनमें उस समय के दैनिक जीवन की सांसारिक घटनाओं से लेकर पवित्र और शाही चित्र तक शामिल हैं।

21(B). सार्वजनिक परियोजनाओं पर व्यय में वृद्धि के कदम आर्थिक मंदी के समय सबसे अधिक उठाए जाने की संभावना है।

22(B). वे राज्य सरकारों द्वारा स्थापित स्थानीय बोर्डों द्वारा पर्यवेक्षण और विनियमित होते हैं। वे इक्विटी शेयर और प्रेफरेंस शेयर जारी कर सकते हैं। इसलिए, कथन 2 सही है। सहकारी बैंकों को

भारतीय रिज़र्व बैंक द्वारा बैंकिंग विनियमन अधिनियम, 1949 और बैंकिंग कानून (सहकारी समितियों के लिए आवेदन) अधिनियम, 1965 के तहत विनियमित किया जाता है। इसलिए, कथन 3 सही है।

23(D). ***कार्बन नैनोट्यूब***

ये बेलनाकार अणु होते हैं जिनमें एकल-परत कार्बन परमाणुओं (ग्रैफीन) की मुड़ी हुई चादरें होती हैं।

एकल-दीवार वाले नैनोट्यूब (1 नैनोमीटर से कम के व्यास के साथ) और बहु-दीवार वाले नैनोट्यूब (100 एनएम से अधिक तक पहुंचने वाले व्यास के साथ) होती हैं।

ये रासायनिक रूप से sp2 बंध के साथ बंधे होते हैं जो आणविक परस्पर क्रिया का एक अत्यंत मजबूत रूप होता है।

वे अधिक-उच्च शक्ति और कम वजन वाली सामग्री विकसित करते हैं जो अत्यधिक प्रवाहकीय विद्युत और थर्मल गुणों को प्राप्त करते हैं।

कार्बन नैनोट्यूब दवा वितरण प्लेटफ़ॉर्म का वादा कर रहे हैं, जिन्हें विभिन्न प्रकार के बायोमोलेक्यूल्स, जैसे कि एंटीबॉडी, प्रोटीन, एंटीजन और डीएनए के साथ क्रियाशील किया जा सकता है।

कार्बन नैनोट्यूब आसानी से कोशिकाओं में प्रवेश कर सकते हैं और औषधीय और चिकित्सीय प्रोफाइल और दवा की प्रभावकारिता में सुधार कर सकते हैं। इसलिए कथन 1 सही है।

जैवप्रौद्योगिकी रक्त-संगत नैनोपदार्थों के उपयोग से नैनोउपकरण बनाने की सुविधा प्रदान करती है, जैसे कि संरचनात्मक प्रत्यारोपण, कृत्रिम रक्त वाहिकाओं, या ड्रग डिलीवरी मैट्रीस जैसे कार्यात्मक उपकरणों सहित कृत्रिम प्रत्यारोपण जैसे जैव चिकित्सा अनुप्रयोगों के लिए ब्लॉक निर्माण। इसलिए कथन 2 सही है।

नासा ने इन-विट्रो विशिष्ट बायोमार्कर हस्ताक्षरों का पता लगाने के लिए अत्यंत उच्च संवेदनशीलता के साथ एक लघु इलेक्ट्रॉनिक प्रौद्योगिकी का सफलतापूर्वक प्रदर्शन किया है, जो निदान उपकरणों में नैनोइलेक्ट्रोड सरणियों के रूप में निहित लंबवत संरेखित कार्बन नैनोट्यूब को शामिल करने पर आधारित है। इसलिए कथन 3 सही है।

यह प्रदर्शित किया गया है कि कार्यात्मक कार्बन नैनोट्यूब को ऑक्सीडेटिव एंजाइम द्वारा नष्ट किया जा सकता है। बैक्टीरिया और कवक सहित कई प्रकार के रोगाणुओं में कार्बन नैनोट्यूब (सीएनटी), ग्रैफीन (जीआरओ), और उनके व्युत्पन्न को नष्ट की क्षमता है। इसलिए कथन 4 सही है।

24(C). पृथ्वी की निम्न कक्षा 2,000 किमी या उससे कम की ऊँचाई को संदर्भित करती है।

LEO में एक उपग्रह जमीन और पानी की सतहों पर गतिविधियों की निगरानी कर सकता है।

पृथ्वी की निम्न कक्षा में उपग्रह को स्थापित करने के लिए सबसे कम ऊर्जा की आवश्यकता होती है। अतः कथन 3 सही नहीं है।

यह उच्च बैंडविड्थ और कम संचार विलंबता प्रदान करता है। LEO में स्थित उपग्रह और अंतरिक्ष स्टेशन, क्रू और सर्विसिंग के लिए अधिक सुलभ होता है।

पृथ्वी अवलोकन उपग्रह और जासूसी उपग्रह LEO का उपयोग करते हैं क्योंकि वे पृथ्वी की सतह को निकट से देखने में सक्षम होते हैं। अतः कथन 4 सही नहीं है।

अन्तर्राष्ट्रीय अन्तरिक्ष स्टेशन पृथ्वी की सतह से लगभग 330 किमी से 420 किमी ऊपर एक LEO में स्थित है।

25(C). केरल विश्वविद्यालय में भौतिकी के एक प्रोफेसर और अनुसंधान विद्वान विभाग ने पांचवीं पीढ़ी (5G) माइक्रोवेव अवशोषक विकसित किए हैं, जिनका उपयोग विद्युत चुम्बकीय विकिरण के खिलाफ एक प्रभावी ढाल के रूप में किया जा सकता है।

इलेक्ट्रोमैग्नेटिक इंटरफेरेंस (ईएमआई) को जीवों के स्वास्थ्य के लिए खतरनाक माना जाता है। यह उच्च अंत इलेक्ट्रॉनिक उपकरणों को भी प्रभावित करता है। उन्होंने उच्च आवृत्ति क्षेत्र में माइक्रोवेव अवशोषण के लिए नई परिरक्षण सामग्री, 'मेयनाइट इलेक्ट्राइड' का उपयोग किया।

26(A). नैनोप्रणाली में बड़े आकार की प्रणाली (जैसे इम्प्लांट या

माइक्रोपार्टिकल्स) से भिन्न जैविक गुण होते हैं जिनका उपयोग ड्रग और जीन थेरेपी में समस्याओं को दूर करने के लिए प्रभावी रूप से किया जा सकता है।

ड्रग थेरेपी में, हम अकुशलता या निरर्थक प्रभावों की समस्याओं का सामना करते हैं; अतः लक्षित दवा चिकित्सा के लिए नैनोप्रणाली विकसित की जा रहे हैं।

इसलिए, कथन 1 सही है।

गैर-वायरल प्रणालियों का उपयोग करते हुए जीन थेरेपी में, मुख्य समस्याएं वायरल वैक्टर की तुलना में अपेक्षाकृत अस्थायी जीन अभिव्यक्ति और कम दक्षता हैं।

अनुसंधान के प्रयासों ने जीन वितरण में अवरोधों को समझने पर ध्यान केंद्रित किया है ताकि गैर-वायरल प्रणालियों को विकसित किया जा सके जो जीन संक्रमण में वायरल प्रणालियों के समान प्रभावी हैं। अतः जीन थेरेपी में नैनोप्रणालियों का भी उपयोग किया जा रहा है।

इसलिए, कथन 2 सही नहीं है।

27(B). LLaMA मेटा द्वारा विकसित एक बड़ा भाषा मॉडल है जो ChatGPT के समान है। मॉडल का मुख्य उद्देश्य अल के क्षेत्र में शोधकर्ताओं की सहायता करना है। LLaMA भाषा मॉडलों का एक संग्रह है जो 7B से लेकर 65B पैरामीटर तक होता है।

28(A). उज्जीवन स्मॉल फाइनेंस बैंक (एसएफबी) ने अपने 'उज्जीवन एसएफबी असिस्टेड' ऐप के माध्यम से अपने माइक्रो बैंकिंग ग्राहकों के लिए उद्योग की पहली डिजिटल ऑनबोर्डिंग सुविधा शुरू की।

उज्जीवन एसएफबी असिस्टेड ऐप पेपरलेस और सुरक्षित तरीके से व्यक्तिगत बैंकिंग लेनदेन के लिए मोबाइल नंबर अपडेट करने की सुविधा प्रदान करता है।

यह एक ओटीपी और बायोमेट्रिक प्रमाणीकरण आधारित प्रक्रिया है।

ग्राहक अपने मोबाइल नंबर को हर छह महीने में एक बार प्लेटफॉर्म के माध्यम से और किसी भी समय लघु वित्त बैंक की किसी भी शाखा में जाकर अपडेट कर सकते हैं।

29(A). केंद्रीय मंत्री नितिन गडकरी ने हाइड्रोजन आधारित उन्नत ईंधन सेल इलेक्ट्रिक वाहन (FCEV) के लिए पायलट परियोजना का उद्घाटन किया है।

इसे टोयोटा किर्लोस्कर मोटर प्राइवेट लिमिटेड ने इंटरनेशनल सेंटर फॉर ऑटोमोटिव टेक्नोलॉजी (आईसीएटी) के साथ लॉन्च किया है।

यह भारत में अपनी तरह की पहली परियोजना होगी जिसका उद्देश्य हाइड्रोजन, एफसीईवी प्रौद्योगिकी के बारे में जागरूकता फैलाना और भारत के लिए हाइड्रोजन आधारित समाज का समर्थन करने के लिए इसके लाभों का प्रसार करना है।

30(A). इंटाग्राग ने लापता बच्चों को खोजने के लिए अपना नया फीचर ऐप 'अंबर अलर्ट' लॉन्च किया है।

इंस्टाग्राम अब लापता बच्चों को ढूंढने में लोगों की मदद करेगा। सोशल मीडिया प्लेटफॉर्म अपने प्लेटफॉर्म पर अंबर अलर्ट लेकर आया है, जिसके इस्तेमाल से लोग अपने क्षेत्र में लापता बच्चों के नोटिस देख और साझा कर सकेंगे। इंस्टाग्राम द्वारा दी गई जानकारी के अनुसार, एम्बर अलर्ट्स जून 1 , 2022 को रोल आउट किया गया। बुधवार और आने वाले हफ्तों में 25 देशों में पूरी तरह से उपलब्ध होगा।

31(A). संयुक्त राष्ट्र जलवायु शिखर सम्मेलन COP-27 में लगभग 200 देशों ने जलवायु प्रभावों से प्रभावित गरीब देशों का समर्थन करने के लिए "नुकसान और क्षति कोष" स्थापित करने पर सहमति व्यक्त की।

'नुकसान और क्षति' का तात्पर्य जलवायु-ईंधन वाले मौसम की चरम सीमाओं या समुद्र के बढ़ते स्तर जैसे प्रभावों से होने वाली लागत से है। यह कोष उस क्षति की लागत को कवर करता है जिससे गरीब देश बच नहीं सकते या उसके अनुकूल नहीं बन सकते।

32(D). 19 अक्टूबर 2022 को पीएम मोदी ने गुजरात के गांधीनगर में 12वें डिफेंस एक्सपो में हिंदुस्तान एयरोनॉटिक्स लिमिटेड

(एचएएल) द्वारा डिजाइन और विकसित एक स्वदेशी ट्रेनर विमान एचटीटी -40 का अनावरण किया। एचटीटी -40 का इस्तेमाल बुनियादी उड़ान प्रशिक्षण, एरोबेटिक्स, इंस्ट्रूमेंट फ्लाइंग और क्लोज फॉर्मेशन फ्लाइट्स के लिए। किया जाएगा। इसमें पायलटों के चेंज-ओवर, हॉट-रीफ्यूलिंग और शॉर्ट-टर्नअराउंड समय जैसी अनूठी विशेषताएं हैं।

33(A). मुख्यमंत्री जगन रेड्डी ने विशाखापट्नम को आंध्र प्रदेश की नई राजधानी बनाने की घोषणा की। क्योंकि इस शहर की कनेक्टिविटी एकदम सही है, जिसमें यह हाईवे, रेल, वायु और जलमार्ग से जुड़ा हुआ है। पहले आंध्र प्रदेश की राजधानी अमरावती थी।

34(C). चीन ने वर्ष 2022 में भारत से ब्रिक्स की अध्यक्षता संभाली। ब्रिक्स 2022 का विषय 'वैश्विक विकास के लिए एक नए युग में उच्च गुणवत्ता वाले ब्रिक्स साझेदारी को बढ़ावा देना' है।
ब्रिक्स साइंस टेक्नोलॉजी इनोवेशन (एसटीआई) संचालन समिति द्वारा कुल 25 कार्यक्रमों की योजना बनाई गई थी, जिनमें से भारत कुल पांच कार्यक्रमों की मेजबानी करेगा। ब्रिक्स पांच उभरती अर्थव्यवस्थाओं का एक समूह है - ब्राजील, रूस, भारत, चीन और दक्षिण अफ्रीका।

35(B). तेलिनीलपुरम अंतर्राष्ट्रीय पक्षी अभयारण्य आंध्र प्रदेश के श्रीकाकुलम जिले में स्थित है। हाल ही में, पक्षी अभयारण्य में प्रवासी स्पॉट-बिल पेलिकन की सामूहिक मौतें हुईं।
सरकारी आंकड़ों के अनुसार, हर साल साइबेरिया, रूस, मलेशिया, हंगरी, सिंगापुर और जर्मनी से विदेशी पक्षियों की लगभग 113 प्रजातियां प्रजनन के लिए इन क्षेत्रों में आती हैं। इस वर्ष, पास के जलाशयों का शिकार करने वाले 100 से अधिक पक्षियों की मृत्यु हो गई है।

36(A). दिया गया है:
$34.95 \div 240.016 \div 23.98 = ?$
अब,
$34.95 \div 240.016 \div 23.98 = ?$
$\Rightarrow \frac{34.95}{240.16} \div 23.98 = ?$
$\Rightarrow \frac{0.14552}{23.98} = ?$
$\Rightarrow ? = 0.006$

37(D). दिया गया है
84 का 128.57% + 48 का 262.5% + 27 का 22.22%
अब,
84 का (100% + 28.57%) + 48 का (200% + 62.5%) + 27 का 22.22%
$\Rightarrow \left(1 + \frac{2}{7}\right)$ का 84 + $\left(2 + \frac{5}{8}\right)$ का 48 + $\frac{2}{9}$ का 27
$\Rightarrow \frac{9}{7} \times 84 + \frac{21}{8} \times 48 + \frac{2}{9} \times 27$
$\Rightarrow 9 \times 12 + 21 \times 6 + 2 \times 3$
$\Rightarrow 108 + 126 + 6$
$\therefore 240$

38(D). **प्रयुक्त सूत्र:**
माध्य = सभी अवलोकन का योग/ अवलोकन की संख्या
6 के पहले 10 गुणज 6, 12, 18, 24, 30, 36, 42, 48, 54, 60, 66, 72, 78 हैं।
अवलोकन का योग = 6 + 12 + 18 + 24 + 30 + 36 + 42 + 48 + 54 + 60 + 66 + 72 + 78
= 546
अवलोकन की संख्या = 13
माध्य = $\frac{546}{13}$
= 42
$\therefore$ 6 के पहले 13 गुणज का माध्य 42 है।

39(C). दिया गया है,
समूह A के 3 व्यक्तियों का औसत भार = 60 किलोग्राम
समूह B के 2 व्यक्तियों का औसत भार = 70 किलोग्राम
हम जानते हैं कि,
औसत = सभी मात्रा का कुल योग / मात्राओं की कुल संख्या

समूह A के लोगों का कुल भार = $60 \times 3 = 180$ किलोग्राम
समूह B के लोगों का कुल भार = $70 \times 2 = 140$ किलोग्राम
कुल भार = $140 + 180 = 320$ किलोग्राम
$\therefore$ सभी व्यक्तियों का औसत भार = $\frac{320}{5} = 64$ किलोग्राम

40(D). दिए गए व्यंजक को इस रूप में भी लिखा जा सकता है
$N = 0.39\overline{39} \ldots$ (i)
समीकरण (i) को दोनों पक्षों में 100 से गुणा करें।
$100N = 39.\overline{39} \ldots$ (ii)
समीकरण (i) को (ii) से घटाने पर
$\Rightarrow 100N - N = 39.\overline{39} - 0.\overline{39}$
$\Rightarrow 99N = 39$
$\Rightarrow N = \frac{39}{99}$
$\Rightarrow N = \frac{13}{33}$

41(B). उचित भिन्न वह भिन्न है जिसमें अंश हर से छोटा होता है, उदाहरण: $\frac{11}{23}$ ।
इसलिए, $\frac{11}{23}$ एक उचित भिन्न है।

42(C). दिया गया:
दो लम्ब वृत्तीय बेलनों की त्रिज्या का अनुपात = 3 : 2
उनके आयतन का अनुपात = 27 : 16
जैसा कि हम जानते हैं,
लम्ब वृत्तीय बेलन का आयतन = $\pi r^2 h$
माना दोनों बेलन की ऊँचाई h_1 और h_2
$\Rightarrow \frac{\pi 3^2 h_1}{\pi 2^2 h_2} = 27 : 16$
$\Rightarrow \frac{9 h_1}{4 h_2} = 27 : 16$
$\Rightarrow 4 h_1 = 3 h_2$
$\Rightarrow h_1 : h_2 = 3 : 4$
$\therefore$ उनकी ऊँचाई का अनुपात है 3 : 4 है।

43(C). दिया गया है,
जब कक्षा A के 5 बच्चे कक्षा B मे शामिल होते हैं, तो दोनों वर्गों के बच्चों की संख्या समान हो जाती है।
B के 25 बच्चे, A मे शामिल होते हैं, तो A में बच्चों की संख्या B के बच्चों की संख्या से दोगुनी हो जाती है।
मान ले की कक्षा A में बच्चों की संख्या 'a' और कक्षा B के 'b' है।
प्रश्न के अनुसार,
कक्षा A से 5 बच्चे कक्षा B में शामिल होते हैं।
$a - 5 = b + 5$
$\Rightarrow a - b = 10 \quad \cdots \cdots (1)$
B के 25 बच्चे, A में शामिल होते हैं, तो A के बच्चों की संख्या, B के बच्चों की संख्या से दोगुनी हो जाती है।
$a + 25 = 2 \times (b - 25)$
$\Rightarrow 2b - a = 75 \quad \cdots \cdots (2)$
समीकरण (1) और समीकरण (2) को जोड़ने पर, हम पाते हैं,
$b = 85$ और $a = 95$
$\therefore A$ में बच्चों की संख्या और B में बच्चों की संख्या का अनुपात 19 : 17 है।

44(C). अभीष्ट प्रतिशत = $\frac{11 \times 6 \times 100}{150} = 44\%$

45(D). दिया गया है:
विक्रय मूल्य = 882 रूपये
छूट = 16%
लाभ = 20%
प्रयुक्त सूत्र:
अंकित मूल्य = विक्रय मूल्य/(100 - छूट%/100)
क्रय मूल्य: अंकित मूल्य = (100 - छूट%) : (100 + लाभ%)
अंकित मूल्य = $\frac{882}{\left[\frac{(100-16)}{100}\right]}$
= 1050 रूपये
प्रश्नानुसार,

नई छूट = 0%
क्रय मूल्य : 1050 = (100 − 0) : (100 + 20)
क्रय मूल्य = 1050 × $\frac{100}{120}$
क्रय मूल्य = 875

46(D). दिया है:
X एक मशीन को 10000 रुपये में खरीदता है और Y इसे 5 प्रतिशत कम में खरीदता है। X मशीन को 12000 रुपये में बेचता है और Y इसे 15 प्रतिशत अधिक में बेचता है।
प्रश्नानुसार हमें प्राप्त होता है,
X मशीन को 10,000 रुपये में खरीदता है।
Y इसे 5% कम में खरीदता है।
$\Rightarrow$ 10,000 रुपये का 5%
$\Rightarrow$ 500 रुपये
अब, X इसे 12,000 रुपये में बेचता है।
Y इसे 15% अधिक में बेचता है।
$\Rightarrow$ 12,000 रुपये का 15%
$\Rightarrow$ 1,800 रुपये
Y द्वारा अर्जित लाभ है,
लाभ = 1,800 रुपये + 500 रुपये
लाभ = 2,300 रुपये
$\therefore$ Y के द्वारा अर्जित लाभ 2,300 रुपये है।

47(D). दिया है:
मूलधन = रु 10000,
दर = 40% प्रति वर्ष
तीसरे वर्ष में अर्जित किया गया चक्रवृद्धि ब्याज = 3 वर्ष के बाद प्राप्त होने वाली राशि − 2 वर्ष के बाद प्राप्त होने वाली राशि।
चक्रवृद्धि ब्याज की स्थिति में:
राशि = $P \times \left(1 + \frac{R}{100}\right)^T$
जहाँ,
P = मूलधन, R = ब्याज की दर तथा T = समय
और
चक्रवृद्धि ब्याज = राशि − मूलधन
सूत्र को लागू करने पर:
2 वर्ष के बाद प्राप्त होने वाली राशि = $10000 \times \left(1 + \frac{40}{100}\right)^2$
= रु 19600
तथा
3 वर्ष के बाद प्राप्त होने वाली राशि = $10000 \times \left(1 + \frac{40}{100}\right)^3$
= रु 27440
$\therefore$ तीसरे वर्ष के लिए ब्याज = 27440 − 19600
= रु 7840

48(C). दिया गया है:
15% वार्षिक ब्याज की दर सो 2 वर्ष का चक्रवृद्धि ब्याज = 3641 रुपये
जैसा कि हम जानते है,
चक्रवृद्धि ब्याज = मिश्रधन − मूलधन
मिश्रधन = मूलधन $\times \left(1 + \frac{r}{100}\right)^n$
8 − मासिक रूप से संयोजित दर = $15\% \times \frac{8}{12}$
= 10%
समय = $\frac{24}{8} = 3$ अवधि
$3641 = P \times \left(1 + \frac{10}{100}\right)^3 − P$
$\Rightarrow 3641 = P \times \frac{1331}{1000} − P$
$\Rightarrow 3641 = P \times \frac{331}{1000}$
$\Rightarrow P = 3641 \times \frac{1000}{331}$
$\Rightarrow P = 11000$
$\therefore$ अभीष्ट राशि 11000 रुपये है।

49(B). राज्य C में कम से कम (20%) गैर-विद्युतीकृत गाँव हैं।
इसलिए, इसमें अधिकतम (80%) विद्युतीकृत गाँव हैं।
अत: विकल्प (B) सही है।

50(A). सरकार की प्राथमिकता के अनुसार विद्युतीकृत राज्यों की रैंक वार सूची
= 100% − गैर-विद्युतीकृत का %
$D(100 − 60 = 40\%)$ − पहला
$E(100 − 55 = 45\%)$ − 2 दूसरा
$B(100 − 45 = 55\%)$ − 3 तीसरा
$F(100 − 30 = 70\%)$ − 4 चौथा
$A(100 − 25 = 75\%)$ − 5 पाँचवा
$C(100 − 20 = 80\%)$ − 6 छठा
तो, F चौथी रैंक पर है।
अत: विकल्प (A) सही है।

51(D). राज्य D में विद्युतीकृत गांवों का प्रतिशत
= 100 − 60 = 40% का 40% दो बार = 80%
राज्य C में विद्युतीकृत गांवों का प्रतिशत
= 100 − 20 = 80% राज्य C आवश्यक राज्य है।
अत: विकल्प (D) सही है।

52(D). माना, गांवों की संख्या x (A और E में समान है)
आवश्यक अनुपात = राज्य में गैर-विद्युतीकृत गाँव A : राज्य में विद्युतीकृत गाँव E
$= \left(x \times \frac{25}{100}\right) : \left(x \times \frac{100−55}{100}\right) = 25 : 45 = 5 : 9$
अत: विकल्प (D) सही है।

53(D). दोनों वर्षों के लिए शाखाओं B1, B3 और B5 की कुल बिक्री (हजार संख्या में)
= (80 + 105) + (95 + 110) + (75 + 95) = 560

54(D). दिया गया है,
A एक कार्य को कर सकता है = 60 दिन
A द्वारा कार्य किये गए दिनों की संख्या = 15 दिन
शेष कार्य को B अकेले पूरा करता है = 30 दिन
जैसा कि हम जानते हैं,
कार्य = दक्षता × समय
A द्वारा कार्य पूरा करने में लिया गया समय = $\left(\frac{60}{15}\right) = 4$ दिन
B द्वारा किए गए कार्यों की संख्या = $\left(1 − \frac{1}{4}\right) = \frac{3}{4}$ दिन
B द्वारा कार्य पूरा करने में लिया गया समय
= $\left(\frac{4}{3} \times 30\right) = 40$ दिन
अब,
60 और 40 का लघुत्तम समापवर्त्य 120 है।
A की दक्षता = $\left(\frac{120}{60}\right) = 2$ इकाई/दिन
B की दक्षता = $\left(\frac{120}{40}\right) = 3$ इकाई/दिन
A और B द्वारा एक कार्य को पूरा करने में लिया गया समय
$= \left[\frac{120}{(2+3)}\right]$
$= \frac{120}{5}$ दिन
$= 24$ दिन

55(A). नल A टंकी को भर सकता है = 180 मिनट
नल A का एक मिनट का कार्य = $\frac{1}{180}$
नल B टंकी को भर सकता है = 20 मिनट
नल B का एक मिनट का कार्य = $\frac{1}{20}$
नल C टंकी को भर सकता है = 90 मिनट
नल C का एक मिनट का कार्य = $\frac{1}{90}$
जब सभी नल एक साथ खोले जाते हैं:
$A + B + C = \left(\frac{1}{180} + \frac{1}{20} + \frac{1}{90}\right) = \frac{(1+9+2)}{180} = \frac{12}{180} = \frac{1}{15}$
$(A + B + C)$ के एक साथ खोले जाने पर पूरी टंकी को 15 मिनट में पूरा भर सकते हैं।

56(C).

अक्षर	A	B	C	D	E	F	G	H	I	J	K	L	M
स्था	1	2	3	4	5	6	7	8	9	1	1	1	1

नीय मान										0	1	2	3
स्था नीय मान	26	25	24	23	22	21	20	19	18	17	16	15	14
अक्षर	Z	Y	X	W	V	U	T	S	R	Q	P	O	N

अनुसरित स्वरूप निम्न प्रकार है,

```
q        d        x
-3|      +4|      -5|
n        h        s
-3|      +4|      -5|
k        l        n
-3|      +4|      -5|
h        p        i
-3|      +4|      -5|
e        t        d
```

इसलिए "etd" सही उत्तर है।

57(A). अक्षरों की वर्णानुक्रमिक स्थिति के अनुसार,

अक्षर	A	B	C	D	E	F	G	H	I	J	K	L	M
स्था नीय मान	1	2	3	4	5	6	7	8	9	10	11	12	13
स्था नीय मान	26	25	24	23	22	21	20	19	18	17	16	15	14
अक्षर	Z	Y	X	W	V	U	T	S	R	Q	P	O	N

यहाँ अनुसरित स्वरूप है,
D + 2 = F; F + 2 = H; H + 2 = J; J + 2 = L
A + 2 = C; C + 2 = E; E + 2 = G; G + 2 = I
G + 2 = I; I + 2 = K; K + 2 = M; M + 2 = O
अत:, "HEK" सही उत्तर है।

58(A).

अक्षर	A	B	C	D	E	F	G	H	I	J	K	L	M
स्था नीय मान	1	2	3	4	5	6	7	8	9	10	11	12	13
स्था नीय मान	26	25	24	23	22	21	20	19	18	17	16	15	14
अक्षर	Z	Y	X	W	V	U	T	S	R	Q	P	O	N

यहाँ अनुसरण किया गया स्वरूप है,
अक्षर 1:
$$S \xrightarrow{+3} V \xrightarrow{+3} Y \xrightarrow{+3} [B] \xrightarrow{+3} E$$

अक्षर 2: स्वरों - A, E, I, O, U का प्रयोग किया गया है
$$A \longrightarrow E \longrightarrow I \longrightarrow [O] \longrightarrow U$$
अक्षर 3:
$$T \xrightarrow{+3} W \xrightarrow{+3} Z \xrightarrow{+3} [C] \xrightarrow{+3} F$$
इसलिए, BOC सही उत्तर है।

59(A). तर्क है:

अक्षर	A	B	C	D	E	F	G	H	I	J	K	L	M
स्थानी य मा न	1	2	3	4	5	6	7	8	9	10	11	12	13
स्थानी य मा न	26	25	24	23	22	21	20	19	18	17	16	15	14
अक्षर	Z	Y	X	W	V	U	T	S	R	Q	P	O	N

```
P    R    O    G    R    E    S    S
+1|  +2|
Q    T    O    G    R    E    S    S
          +3|  +4|
Q    T    R    K    R    E    S    S
                    +5|  +6|
Q    T    R    K    W    K    S    S
                              +7|  +8|
Q    T    R    K    W    K    Z    A
```

इसलिए, 'QTRKWKSS' सही उत्तर है।

60(D). कथन: एक घाटे में चल रही कंपनी ने कम कीमत वाली बोली प्रणाली में 5 करोड़ रुपये का अनुबंध जीता है।
निष्कर्ष I: कंपनी इस वर्ष लाभ कमाएगी क्योंकि उसने एक बड़ा अनुबंध जीता है।
यह निष्कर्ष अनुसरण नहीं करता है क्योंकि दिए गए कथन में लाभ या हानि के बारे में जानकारी नहीं दी गई है।
निष्कर्ष II: एक कम कीमत वाली बोली प्रणाली उच्च लाभ मार्जिन की कोई गुंजाइश नहीं छोड़ती है।
यह निष्कर्ष अनुसरण नहीं करता है क्योंकि दिए गए कथन में लाभ मार्जिन के बारे में जानकारी नहीं दी गई है।
इसलिए, न तो I और न ही II अनुसरण करता है।

61(D). कथन में दिया गया नारा निश्चित रूप से आकर्षक है जो दर्शाता है कि आकर्षक नारे लोगों को आकर्षित करते हैं। इसलिए, निष्कर्ष I पालन नहीं करता है। रंगों के प्रति लोगों की पसंद के बारे में इस कथन से कुछ भी निष्कर्ष नहीं निकाला जा सकता है। इसलिए, निष्कर्ष II भी अनुसरण नहीं करता है।

62(D). वाक्यांश 'इस क्षेत्र में बहुत कुछ नहीं किया गया है' इंगित करता है कि पवन ऊर्जा एक अपेक्षाकृत नया उभरता हुआ क्षेत्र है। तो, I अनुसरण करता है। 'ऊर्जा के वैकल्पिक स्रोत के रूप में पवन के विकास की अपार संभावनाएं' अभिव्यक्ति II को सही साबित करती है।

63(B). जब प्रश्न आकृति को विकल्प (B) में दी गई आकृति के साथ मिला दिया जाता है, तो पूरा पैटर्न इस प्रकार देखा जा सकता है:

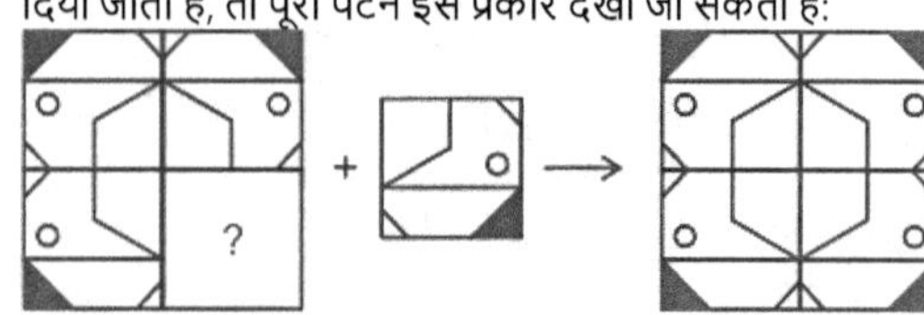

64(C). 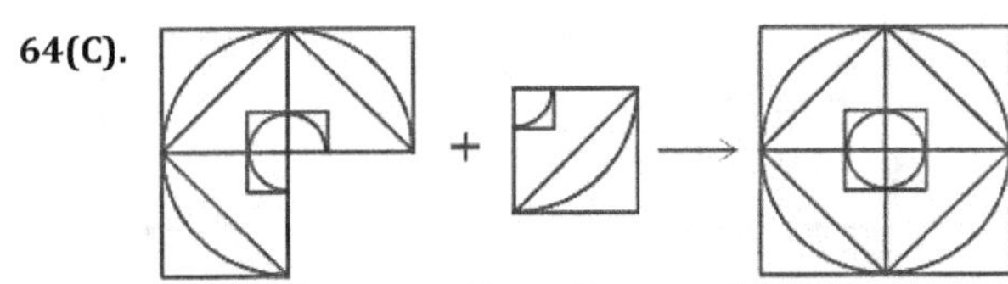

इसलिए, विकल्प (C) की आकृति स्वरूप को पूर्ण करेगी।

65(C). यहाँ अनुसरित तर्क इस प्रकार है:

पांच मित्र P, Q, R, S, और T हैं।

1) S, T से छोटा है लेकिन P से लंबा है

$\Rightarrow$ T > S > P

2) Q, T से थोड़ा छोटा है लेकिन S से थोड़ा लंबा है।

$\Rightarrow$ T > Q > S > P

3) R सबसे लंबा है।

$\Rightarrow$ R > T > Q > S > P

इसलिए पाँच मित्रों का उनकी लम्बाई के अनुसार सही क्रम इस प्रकार है

$\Rightarrow$ R > T > Q > S > P

उपरोक्त व्यवस्था से यह स्पष्ट है कि 'P' सभी में सबसे छोटा है।

66(A). दिया गया है,

A, B, C, D और E में से A, B की अपेक्षा लम्बा है, परन्तु C से छोटा है। B केवल E से लम्बा है। यदि C सबसे लम्बा नहीं है।

दी गई जानकारी के अनुसार,

$D > C > A > B > E$

A बीच में होगा यदि वे ऊंचाई के क्रग गें खड़े हों।

67(D). दिया गया है,

A, B, C, D और E जिसमें से प्रत्येक की भार अलग-अलग है, D भारी है A और E से और B हल्का है C से।

दी गई जानकारी के अनुसार,

$D > A$, E

और $B < C$

इनमें से सबसे भारी ज्ञात नहीं किया जा सकता है।

68(A). आकृति नीचे दी गयी है:

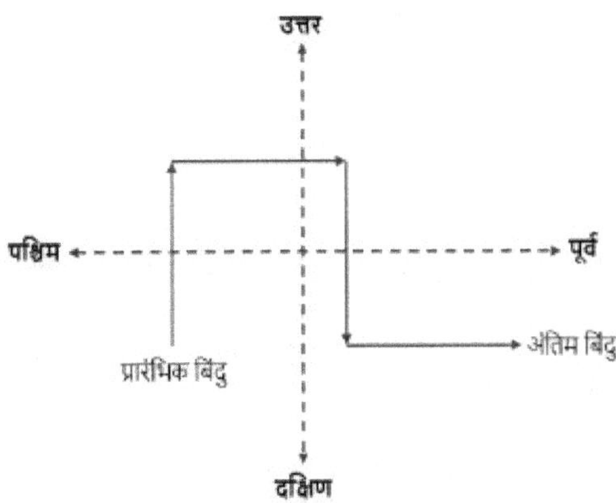

प्रणिता अब पूर्व दिशा में जा रही हैं।

69(C). समीर उत्तर सम्मुख होकर 50 मीटर चलता है और फिर 270° वामावर्त मुड़ता है अर्थात् पूर्व की ओर मुड़ गया और फिर 50 मीटर और चला।

वहां से वह दक्षिणावर्त दिशा में अर्थत् दक्षिण-पूर्व की ओर 45° मुड़ता है और 50 मीटर जाता है।

समीर द्वारा अनुसरण किए गए पथ का नक्शा नीचे दिखाया गया है:

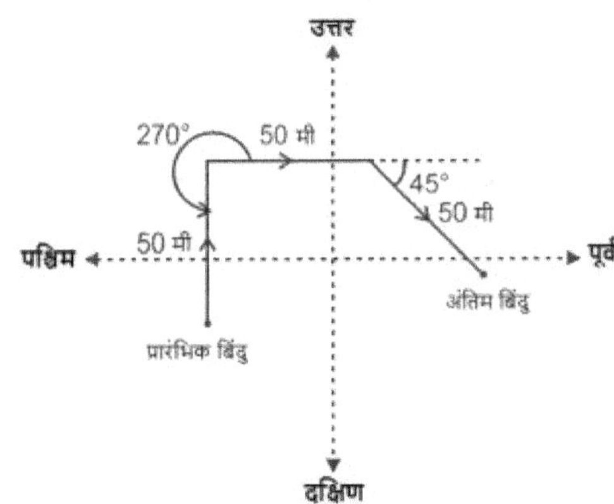

इसलिए, समीर "दक्षिण-पूर्व" दिशा के सम्मुख है।

70(C). दी गई जानकारी से:

चित्र में प्रतीक	अर्थ
◯	स्त्री
▢	पुरुष
═	विवाहित जोड़ा
—	भाई/बहन
│	पीढ़ी का अंतर

आठ सदस्य: A, C, P, Q, M, N, G और H

(1) N, G का पुत्र है और N का केवल एक पुत्र है।

(2) C, H की इकलौती पोती है, जो P की माँ है और G की पत्नी है।

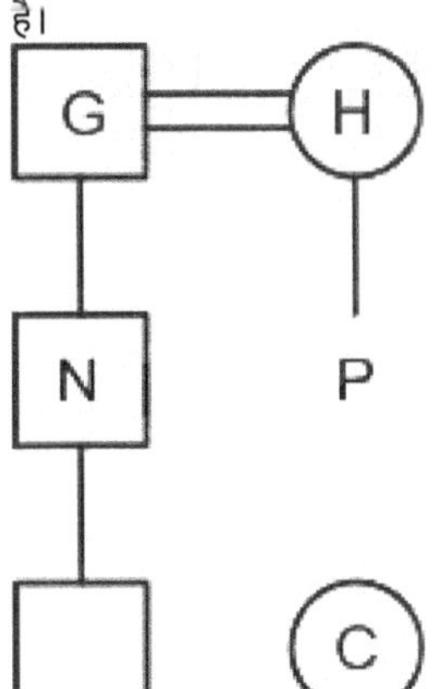

(3) Q, N का साला है (इसका अर्थ है, Q, P का पति है)।

(4) M, A की माता है (इसका अर्थ है, M, N की पत्नी है)। इस प्रकार अंतिम वंश वृक्ष इस प्रकार है:

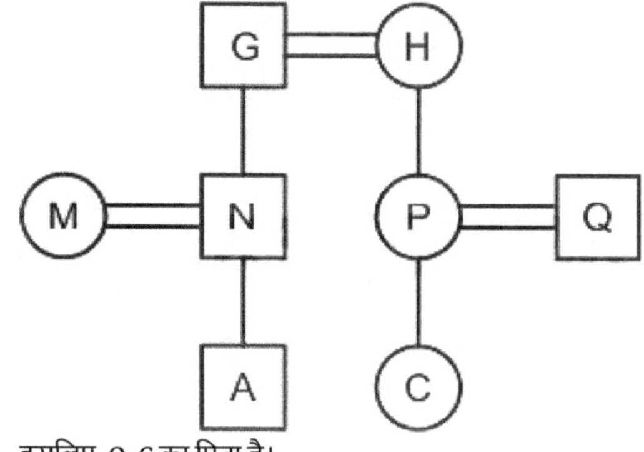

इसलिए, Q, C का पिता है।

71(C). दी गई जानकारी से:

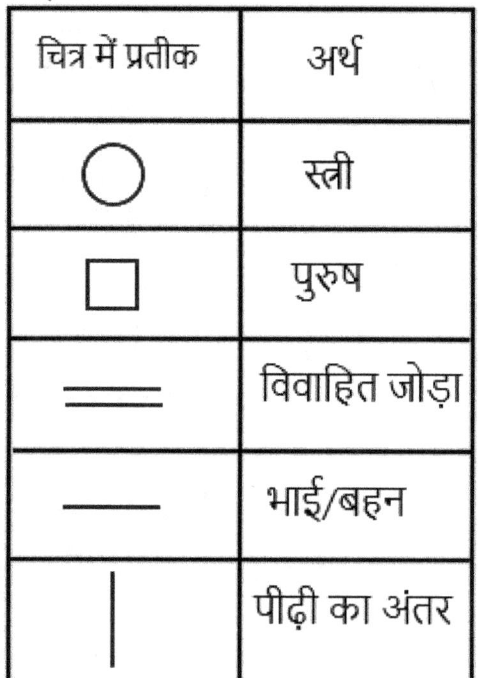

चित्र में प्रतीक	अर्थ
○	स्त्री
□	पुरुष
=	विवाहित जोड़ा
—	भाई/बहन
|	पीढ़ी का अंतर

वंश वृक्ष नीचे दिया गया है:

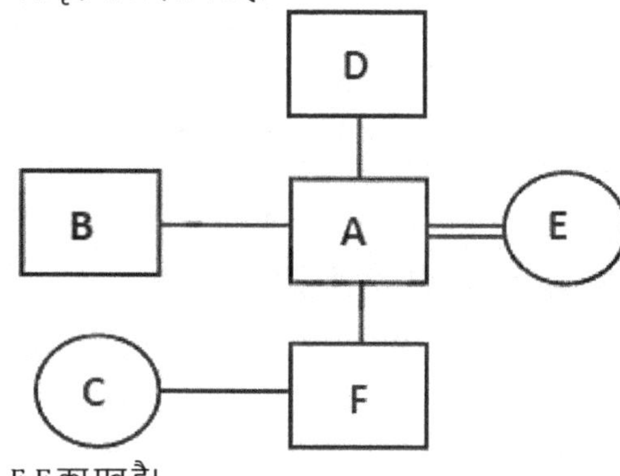

F, E का पुत्र है।

72(D). दी गई जानकारी के अनुसार:

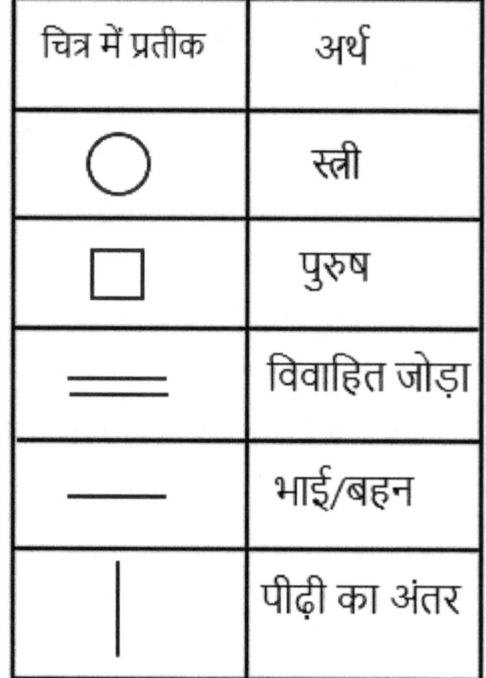

चित्र में प्रतीक	अर्थ
○	स्त्री
□	पुरुष
=	विवाहित जोड़ा
—	भाई/बहन
|	पीढ़ी का अंतर

1) A, D का पति है।
2) E, A की इकलौती संतान है।
3) E और F युगल हैं।
4) F, B की माता है जो C का भतीजा/भांजा है।
C, F का सहोदर होगा क्योंकि E अपने माता-पिता की इकलौती संतान है।

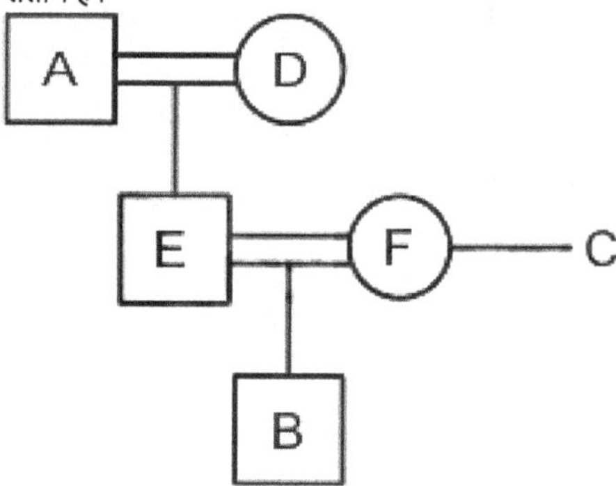

चूँकि C का लिंग अज्ञात है, E के संबंध में C का संबंध निर्धारित नहीं किया जा सकता है।
इसलिए, सही उत्तर निर्धारित नहीं किया जा सकेगा।

73(C). दी गयी श्रेणी,
1, 5, 9, 13, 17, ...
पहले पद और दूसरे पद के बीच का अंतर = 4
दूसरे पद और तीसरे पद के बीच का अंतर = 4
इस प्रकार यह स्पष्ट है कि यह सार्व अंतर 4 के साथ एक समांतर श्रेणी है।
समांतर श्रेणी का nवां पद = a_n
$a_n = a_1 + (n-1)d$
$\Rightarrow a_n = 1 + (n-1)4$
$\Rightarrow a_n = 1 + 4n - 4$
$\Rightarrow a_n = 4n - 3$

74(C). हमें श्रेणी 3 + 9 + 27 + 81 + ... + 6561 का योग ज्ञात करना है।
यहाँ,
$a = 3$
$r = 3$
माना कि, $a_n = 6561$
चूँकि हम जानते हैं कि, एक गुणोत्तर श्रेणी के सामान्य पद को निम्न द्वारा ज्ञात किया गया है:

$a_n = ar^{n-1}$

$\Rightarrow 6561 = (3) \cdot (3)^{n-1}$

$\Rightarrow 3^n = 3^8$

$\therefore n = 8$

चूँकि हम जानते हैं,

गुणोत्तर श्रेणी के n पदों का योग,

$S_n = \dfrac{a(r^n - 1)}{r - 1}$;

जहाँ, $r > 1$

$\therefore S_n = \dfrac{3(3^8 - 1)}{3 - 1}$

$= \dfrac{3(3^8 - 1)}{2}$

अतः विकल्प (B) सही है।

75(C). माना कि समांतर श्रेणी का पहला तत्व 'a' है और सार्व अंतर 'd' है।

$T_{25} = T_{15} + 70$

प्रश्नानुसार,

$T_{25} = T_{15} + 70$

जैसा कि हम जानते हैं,

$a_n = a + (n-1)d$

$\Rightarrow a + (25 - 1)d = a + (15 - 1)d + 70$

$\Rightarrow 24d - 14d = 70$

$\Rightarrow 10d = 70$

$\Rightarrow d = 7$

76(C). The writer is trying to suggest in this autobiographical text that he learned not to give up on an idea and the value of seeing a project through to its end.

77(D). The writer started building the car to celebrate the family's new garage, as mentioned in the text: "I'd build a car to drive into the garage in celebration of the new addition to our home."

78(A). The first sentence in the story says "Six years ago when I was just 11..." which means the writer is currently 17 years old (or older) at the time of writing this experience.

79(B). The opposite of the word 'easy' is ' Complicated '.

80(D). The word in para 4 that is the synonym for the word 'completed' is "finished".

81(D). While arranging the parts of the sentence, we have to find some grammatical or contextual relationships between them. So let's find them out.
- Part R comes first as it is independent of others. In addition, if given the initial position, the sentence will make complete sense after rearrangement, as we will see. We can also see that the subject (Britain) introduced here, has a complement started in this part (under the reign of), which must be completed in the next part. Hence, it will take the first position.
- Part Q follows Part R and completes the complement started in the previous part (Britain under the reign of Queen Victoria (1837–1901) witnessed) and introduces the verb. So it takes second place.
- Part S follows Part Q as a continuation and gives us the object of the verb (...witnessed a great leap forward in technological terms). So it takes third place.
- Part P concludes the sentence with extra information: how the great leap happened (...propelled by the Industrial Revolution).
- Therefore, as per the points mentioned above, we find that the correct order is 'RQSP'.

So, the sentence in the correct order is 'Britain under the reign of Queen Victoria (1837–1901) witnessed a great leap forward in technological terms, propelled by the Industrial Revolution.'

82(C). While arranging the parts of the sentence, we have to find some grammatical or contextual relationships between them. So let's find them out.
- Part R comes first as it is independent of the other parts and introduces the subject, verb, and most of the sentence (Anupama felt that the pay...). So Part R will be put in the first place.
- Part Q follows Part R as it continues the subordinate clause introduced in the previous Part (...that the pay and conditions at her company were...). So Part Q will be put in second place.
- Part P follows Part Q as it states that the pay and conditions at her company were unsatisfactory. It also introduces the next sentence joined by the conjunction 'and' begins mentioning something about many of her colleagues.
- Part S concludes the sentence as it closes the clause introduced in the previous Part (many of her colleagues seemed to support her). So it will take fourth place.
- Therefore, as per the points mentioned above, we find that the correct order is 'RQPS'.

So, the sentence in the correct order is 'Anupama felt that the pay and conditions at her company were unsatisfactory, and many of her colleagues seemed to support her.'

83(C). While arranging the parts of the sentence, we have to find some grammatical or contextual relationships between them. So let's find them out.
- Part P comes first as it is independent of the other parts and introduces the subject of the first clause (Acupuncture has been practiced in...). With the ending preposition 'in': it indicates that there will be the name of the place in the next part. So Part P will be placed in the first place.
- Part Q follows Part P as a continuation and introduces the place where 'acupuncture' has been taking place for over 3000 years. So it will be placed in second place.
- Part S comes next as the second clause, linked to the previous clause with a conjunction, and tells us more about 'acupuncture'. It ends with a preposition 'alongside' which gives us a hint that the next part will have a noun or noun phrase. So it will be placed in third place.
- Part R follows Part S as it gives the object of 'alongside' and tells us what else was being used in China apart from 'acupuncture'.
- Therefore, as per the points mentioned above, we find that the correct order is 'PQSR'.

So, the sentence in the correct order is 'Acupuncture has been practiced in China for over 3,000 years, and today it is widely used alongside conventional medicine.'

84(A). While arranging the parts of the sentence, we have to find some grammatical or contextual relationships between them. So let's find them out.
- Part Q comes first as it is independent of any other parts and introduces the subject (This figure is). So it will be put in the first place.
- Part P follows Part Q as it is the continuation and tells us more about the previous part (...expected to fall rapidly as). So it will take

second place.

- Part R comes next as the continuation of the previous Part and tells us more about how the feat. (This figure is expected to fall rapidly as) previously mentioned will be achieved (as new technology starts being used). So it will be put in third place.
- Part S concludes the sentence as it tells us for what the new technology is being used (to trace stolen mobiles).
- Therefore, as per the points mentioned above, we find that the correct order is 'QPRS'.

So, the sentence in the correct order is 'This figure is expected to fall rapidly as new technology starts being used to trace stolen mobiles.'

85(B). While arranging the parts of the sentence, we have to find some grammatical or contextual relationships between them. So let's find them out.

- Part S comes at the beginning as it is independent of the other parts. It also introduces the subject and the noun is described further by an adjective clause, which continues into the next part. Hence, it will take the first place.
- Part P follows Part S as the continuation of the previous adjective clause. We also see that the given sentence is in passive voice and the verb is introduced after the subject. So it will take second place.
- Part R comes after Part P as a continuation and describes what has been done to the subject (People found guilty of vandalism have been made to repair...).
- Part Q comes at the end as it tells us of what the people have been made to repair.
- Therefore, as per the points mentioned above, we find that the correct order is 'SPRQ'.

So, the sentence in the correct order is 'People found guilty of vandalism have been made to repair the damage they've caused.'

86(A). The correct answer is- 'Many a girls have not' i.e. this part of the sentence has an error.

According to subject-verb agreement, a singular subject takes a singular verb and a plural subject takes a plural verb.

- Example: Ram goes to the temple every day.

The phrase 'many a' is singular and thus, it takes a singular verb, singular noun, and singular pronoun. So, in the given sentence, 'girls have not' should be replaced with 'girl has not'.

Correct sentence: Many a girls has not submitted the medical form yet.

87(B). The correct answer is- ' since time to time letting' i.e. this part of the sentence has an error.

Replace Since by From.

When two time periods are joined by to, we use from before the first one. Right construction is 'from— to'.

- Ex: He lived here from 2012 to 2015.

The correct sentence is: The kids write to me from time to time letting me know of their latest adventures.

88(C). Correct sentence is: If he had helped me, I would have passed.

In the given options the correct option to be filled in the blank is Would have passed.

Given sentence is in Past Tense as it is mentioned the second form of help, ' helped'.

The first person says that 'if he helped', which means the help is not received by the first person and he did not pass.

If the first sentence is in Past Perfect Tense, then the structure will be:

Subject + would + (not) have + Past Participle of the Base Verb + Object.

Example: If you apologized, he would have accepted it.

89(C). In the given options the correct option to be filled in the blank is Reached.

The sentence has two clauses the subordinate clause and the main clause. In the given sentence, the main clause is mentioned in the past perfect tense hence, we need to use the past tense in the subordinate clause as the action of the main clause has happened first.

Let's see an example-

- As soon as I reached the station the train had left. (In the given sentence, the subordinate clause starts with "as soon as" and the main clause with "the station")

90(A). The mis-spelt word is adversery. The correct spelling is Adversary.

Adversary: One's opponent in a contest, conflict, or dispute.

Example: Davis beat his old adversary in the quarter-finals.

91(A). The mis-spelt word is Impetuous. The correct spelling is impetuous.

impetuous: M oving forcefully or rapidly.

Example: An impetuous but controlled flow of water.

92(A). The most appropriate synonym of the given word 'Ostentatious' is 'Showy'.

O stentatious : expensive or noticeable in a way that is intended to impress other people.

- Example: ostentatious gold jewellery.

Showy: having a striking appearance or style, typically by being excessively bright, colourful, or ostentatious.

- Example: Her dress was too showy for such a formal occasion.

93(D). The meaning of the given words:

- Empirically: the word 'Empirically' means by means of observation or experience rather than theory or pure logic.
- By observation and experiment: from the synonym of the given word, we can say that the word 'By observation and experiment' is the same in meaning.
- Intuitively: without conscious reasoning; instinctively.
- Verbally: using spoken rather than written communication; orally.
- Through written communication: the sending of messages, orders or instructions in writing through letters, telegrams, etc.

So, the synonym of the word 'Empirically' is existential.

94(B). A person exhibiting excessive worry about one's health is called hypochondriac.

95(A). One who feeds on human flesh is called 'Cannibal'.

96(D). Superscript font style से संबंधित नहीं है। यह कैरेक्टर नम्बर, लेटर या सिंबल है जो सामान्य प्रकार की रेखा के लिए

थोड़ा निर्धारित होता है। यह आमतौर पर बाकी टेक्स्ट की तुलना में छोटा होता है और आधार रेखा पर विस्तृत दिखाई देता है।

97(B). एमएस एक्सेल स्प्रेडशीट एप्लिकेशन है जो एमएस ऑफिस सॉफ्टवेयर ग्रुप के साथ आता है। एमएस एक्सेल माइक्रोसॉफ्ट द्वारा बनाया गया एक सॉफ्टवेयर प्रोग्राम है जो स्प्रेडशीट का उपयोग संख्याओं और फ़ंक्शंस के साथ संख्याओं और डेटा को व्यवस्थित करने के लिए करता है।
अत: विकल्प (B) सही है।

98(D). वास्तव में इंटरनेट पर किसी का भी स्वामित्व नहीं है, और कोई भी व्यक्ति या संगठन इंटरनेट को पूरी तरह से नियंत्रित नहीं करता है। इंटरनेट एक वास्तविक मूर्त इकाई की तुलना में एक अवधारणा है, और यह एक भौतिक अवसंरचना पर निर्भर करता है जो नेटवर्क को अन्य नेटवर्क से जोड़ता है।

99(D). ट्विटर ने माइक्रोब्लॉगिंग साइट के रूप में कुख्याति प्राप्त की जिसमें सिर्फ 140 अक्षरों तक के पाठ पोस्ट शामिल थे। 2006 में लॉन्च होने के बाद से, इसने उस कैरक्टर सीमा को बढ़ा दिया है और अब एक उपयोगकर्ता को अन्य मीडिया जैसे फ़ोटो और वीडियो साझा करने देता है।
इंस्टाग्राम एक और सोशल मीडिया चैनल है जिसमें विजुअल्स पर भारी जोर दिया गया है। साइट को 2010 में लॉन्च किया गया था और बाद में फेसबुक द्वारा खरीदा गया था।
लिंक्डइन पेशेवर नेटवर्किंग के लिए सबसे लोकप्रिय सोशल मीडिया साइट है। मंच में 700 मिलियन से अधिक पंजीकृत उपयोगकर्ता हैं, प्रत्येक माह लगभग 300 मिलियन सक्रिय हैं।
अत: विकल्प (D) सही है।

100(B). मोबाइल कंप्यूटिंग में, बीएससी का मतलब बेस स्टेशन कंट्रोलर है। यह एक प्रकार का नेटवर्क तत्व है जो कई स्टेशनों को नियंत्रित करता है और उनका निरीक्षण करता है। यह एमएससी (मोबाइल स्विचिंग सेंटर) और सेल साइटों के बीच एक इंटरफेस भी प्रदान करता है। बीएससी रेडियो की श्रेणी में आता है।

General Awareness

1. निम्नलिखित संवैधानिक संशोधनों में से कौन सा एक नया निर्देशक सिद्धांत / सिद्धांतों जोड़ा?

1. 42वां

2. 44वाँ

3. 97वाँ

नीचे दिए गए कोड का उपयोग करके सही उत्तर चुनें।

(a) केवल 1 और 2   (b) केवल 2 और 3

(c) केवल 1 और 3   (d) 1, 2 और 3

2. मौलिक अधिकारों के संदर्भ में निम्नलिखित कथनों पर विचार करें:

1. वे प्रकृति में पवित्र हैं और संशोधित नहीं किया जा सकता है।

2. वे राज्य और निजी व्यक्तियों दोनों के कार्यों के खिलाफ उपलब्ध हैं।

3. वे कार्यकारी और विधानमंडल दोनों के अत्याचार पर जाँच के रूप में कार्य करते हैं।

ऊपर दिए गए कथनों में से कौन सा सही है / हैं?

(a) केवल 1 और 2   (b) केवल 2 और 3

(c) केवल 1 और 3   (d) 1, 2 और 3

3. सरकार की राष्ट्रपति प्रणाली के संदर्भ में निम्नलिखित कथनों पर विचार करें:

1. यहाँ केवल एक ही कार्यकारी है।

2. इस प्रणाली में, राष्ट्रपति राज्य और सरकार दोनों के प्रमुख होते हैं, उदाहरण- संयुक्त राज्य अमेरिका, दक्षिण कोरिया आदि।

3. कार्यपालिका अपनी नीतियों और कृत्यों के लिए विधायिका के लिए जिम्मेदार है, और अपने पद की अवधि के संबंध में संवैधानिक रूप से विधायिका से स्वतंत्र है।

ऊपर दिए गए कथनों में से कौन सा सही है / हैं?

(a) केवल 1 और 2   (b) केवल 2 और 3

(c) केवल 1 और 3   (d) 1, 2 और 3

4. संविधान के प्रस्तावना के संदर्भ में निम्नलिखित कथनों पर विचार करें:

1. प्रस्तावना में कहा गया है कि संविधान भारत के घटक विधानसभा से अपने अधिकार प्राप्त करता है।

2. भारतीय संविधान एक प्रस्तावना के साथ शुरू करने वाला दुनिया का पहला संविधान था।

3. प्रस्तावना संविधान का एक हिस्सा है और संविधान की व्याख्या में स्पष्टता देता है।

ऊपर दिए गए कथनों में से कौन सा सही है / हैं?

(a) केवल 1 और 2   (b) केवल 2 और 3

(c) केवल 2   (d) केवल 3

5. निम्नलिखित कथनों पर विचार कीजिये:

1. भारत सरकार अधिनियम, 1858 द्वारा दोहरे शासन की प्रणाली को समाप्त कर दिया गया।

2. एस पी सिन्हा भारतीय परिषद अधिनियम, 1909 के बाद वायसराय की कार्यकारी परिषद के सदस्य बने।

3. केंद्र में राजतंत्र सरकार द्वारा पेश किया गया था। भारत का अधिनियम 1919।

ऊपर दिए गए कथनों में से कौन सा सही है/हैं?

(a) केवल 2 और 3   (b) केवल 1 और 2

(c) 1, 2 और 3   (d) केवल 1 और 3

6. सर्वसम्मति से चुने गए भारत के पहले राष्ट्रपति कौन हैं?

(a) नीलम संजीव रेड्डी

(b) बाबू राजेंद्र प्रसाद

(c) डॉ. ए.पी.जे. अब्दुल कलाम

(d) प्रणब मुखर्जी

7. भारत के उपराष्ट्रपति को हटाने का प्रस्ताव कहाँ पेश किया जा सकता है?

(a) केवल लोकसभा

(b) केवल राज्यसभा

(c) संसद के दोनों सदनों में से किसी एक में

(d) भारत में आधे राज्य विधानसभाओं के साथ संसद के दोनों सदनों की सहमति से

8. भारत के राष्ट्रपति को किस अनुच्छेद के तहत संविधान के उल्लंघन के लिए महाभियोग लगाया जा सकता है?

(a) अनुच्छेद 52   (b) अनुच्छेद 61

(c) अनुच्छेद 63   (d) अनुच्छेद 57

9. दिवाला और दिवालियापन संहिता, 2016 के संबंध में निम्नलिखित कथनों पर विचार करें:

(I). दिवाला और दिवालियापन संहिता, 2016 को जीएसटी के बाद सबसे बड़ा आर्थिक सुधार माना जाता है।

(II). यह जहां भी संभव हो, दिवालियेपन के व्यवस्थित समाधान के लिए एक बाजार निर्धारित, समयबद्ध तंत्र प्रदान करता है, और जहां भी आवश्यक हो, व्यवस्थित निकास प्रदान करता है।

(III). कोड में राष्ट्रीय कंपनी कानून अपीलीय न्यायाधिकरण (एनसीएलएटी), राष्ट्रीय कंपनी कानून न्यायाधिकरण (एनसीएलटी), ऋण वसूली अपीलीय न्यायाधिकरण (डीआरएटी), ऋण वसूली न्यायाधिकरण (डीआरटी), दिवाला और दिवालियापन बोर्ड ऑफ इंडिया (बोर्ड) शामिल हैं।

निम्नलिखित में से कौन सा/से कथन सही है/हैं?

(a) केवल (I)   (b) (I) और (II)

(c) (II) और (III)   (d) ऊपर के सभी

10. निम्नलिखित में से कौन नीति आयोग की गवर्निंग काउंसिल का हिस्सा नहीं है?

(a) प्रधानमंत्री

(b) राष्ट्रपति

(c) राज्यों के मुख्यमंत्री

(d) केंद्र शासित प्रदेशों के मुख्यमंत्री

11. नीति आयोग निम्नलिखित में से किसके लिए मॉडल अधिनियम लाने के लिए तैयार है:

(a) कृषि भूमि पट्टे पर देना

(b) कृषि बाजार

(c) फसल बीमा और आपदा राहत

(d) ऊपर के सभी

12. मुगल भारत के संदर्भ में, जगदीर और जमींदार के बीच क्या अंतर/ मतभेद हैं?

1. जागीरदार न्यायिक और पुलिस कर्तव्यों के बदले भूमि असाइनमेंट के धारक थे, जबकि ज़मींदार राजस्व संग्रह के अलावा किसी भी कर्तव्य को निभाने के दायित्व के बिना राजस्व अधिकारों के धारक थे।

2. जागीरदारों को भूमि असाइनमेंट वंशानुगत थे और जमींदारों के राजस्व अधिकार वंशानुगत नहीं थे।

नीचे दिए गए कोड का उपयोग करके सही उत्तर चुनिए:

(a) केवल 1   (b) केवल 2

(c) दोनों 1 और 2   (d) न तो 1 और न ही 2

13. निम्नलिखित का मिलान कीजिये:

आंदोलन/संगठन	नेता
1. अखिल भारतीय अस्पृश्यता विरोधी लीग	महात्मा गाँधी
2. अखिल भारतीय किसान सभा	स्वामी सहजानंद सरस्वती
3. आत्म-सम्मान आंदोलन	ई. वी. रामास्वामी नाय

	कर

ऊपर दी गई कौन सी जोड़ी सही ढंग से मेल खाती है/हैं?

(a) केवल 1
(b) केवल 1 और 2
(c) केवल 2 और 3
(d) 1, 2 और 3

14. भाखड़ा नांगल बांध किस नदी पर बनाया गया है?

(a) गंगा
(b) काली
(c) सतलुज
(d) चिनाब

15. कांटेदार झाड़ियाँ पाई जाती हैं:

(a) गर्म और आर्द्र उष्णकटिबंधीय जलवायु
(b) गर्म और शुष्क रेगिस्तानी जलवायु
(c) शीत ध्रुवीय जलवायु
(d) इनमें से कोई नहीं

16. कृष्णापट्टनम बंदरगाह _______ में स्थित है।

(a) ओडिशा
(b) कर्नाटक
(c) केरल
(d) आंध्र प्रदेश

17. 'यक्षगान' _______ राज्य से संबंधित नृत्य है।

(a) हिमाचल प्रदेश
(b) मध्य प्रदेश
(c) आंध्र प्रदेश
(d) कर्नाटक

18. दमयंती जोशी _______ के लिये प्रसिद्ध है।

(a) कथक नर्तक
(b) बंगाली कवि
(c) कर्नाटक गायक
(d) तमिल कलाकार

19. सबसे पुरानी भारतीय स्वर संगीत रचना कौन सी है?

(a) ग़ज़ल
(b) ध्रुपद
(c) ठुमरी
(d) इसमें से कोई भी नहीं

20. निम्नलिखित योजनाओं और कार्यक्रमों को सुमेलित कीजिए:

योजना	कार्यक्रम
A. पहली योजना	1. तीव्र औद्योगीकरण
B. दूसरी योजना	2. सामुदायिक विकास
C. तीसरी योजना	3. बुनियादी उद्योगों का विस्तार
D. चौथी योजना	4. न्यूनतम आवश्यकता कार्यक्रम
E. पाँचवी योजना	5. आत्मनिर्भरता की उपलब्धि और स्थिरता के साथ विकास

नीचे दिए गए कूट से सही उत्तर चुनिए:

(a) A-1, B-2, C-3, D-4, E-5
(b) A-2, B-1, C-4, D-5, E-3
(c) A-2, B-1, C-3, D-4, E-5
(d) A-2, B-1, C-3, D-5, E-4

21. सातवीं योजना में I.R.D.P के तहत अपनाई गई रणनीति थी:

(a) संपूर्ण घरेलू दृष्टिकोण को अपनाना
(b) ग्रामीण दृष्टिकोण को अपनाना
(c) ब्लॉक दृष्टिकोण को अपनाना
(d) जिला दृष्टिकोण को अपनाना

22. निम्नलिखित कथनों पर विचार कीजिये:
1. राष्ट्रीय प्रतिरक्षाविज्ञान संस्थान (National Institute of Immunology) ने वर्ष 2001 में एक एंटीबायोटिक विकसित की, जिसने भारत में खसरा के प्रसार को कम किया।
2. यह वायरस श्वसन भाग को संक्रमित करता है और फिर पूरे शरीर में फैल जाता है।

उपर्युक्त कथनों में से कौन-सा/से सही है/हैं?

(a) केवल 1
(b) केवल 2
(c) 1 और 2 दोनों
(d) न तो 1 और न ही 2

23. नासा ने दिसंबर 2021 में दुनिया का सबसे बड़ा और सबसे शक्तिशाली स्पेस टेलीस्कोप लॉन्च किया। टेलीस्कोप का नाम क्या है?

(a) स्पिट्जर स्पेस टेलीस्कोप
(b) जेम्स वेब स्पेस टेलीस्कोप
(c) हबल स्पेस टेलीस्कोप
(d) एक्सट्रीमली लार्ज टेलीस्कोप

24. सबसे पहला भारतीय दूरसंचार उपग्रह कौन-सा था?

(a) आर्यभट्ट
(b) भास्कर-I
(c) एप्पल
(d) चंद्रयान-I

25. अंतर्राष्ट्रीय अंतरिक्ष स्टेशन (ISS) के बारे में निम्नलिखित कथनों पर विचार कीजिये:
1. अंतर्राष्ट्रीय अंतरिक्ष स्टेशन (ISS) पृथ्वी की निम्न कक्षा में एक मॉड्यूलर स्पेस स्टेशन (रहने योग्य कृत्रिम उपग्रह) है।
2. ISS कार्यक्रम चार भाग लेने वाली अंतरिक्ष एजेंसियों के बीच एक बहु-राष्ट्रीय सहयोगी परियोजना है।

ऊपर दिए गए कथनों में से कौन सा/से सही है/हैं?

(a) केवल 1
(b) केवल 2
(c) दोनों 1 और 2
(d) न तो 1 और न ही 2

26. बेपिकोलंबो के बारे में निम्नलिखित कथनों पर विचार कीजिए।
1. यह यूरोपीय अंतरिक्ष एजेंसी और इसरो के बीच एक संयुक्त प्रयास है।
2. यह बुध का पहला यूरोपीय मिशन है।

उपरोक्त कथनों में से कौन सा सही है/हैं?

(a) केवल 1
(b) केवल 2
(c) 1 और 2 दोनों
(d) न तो 1 और न ही 2

27. जेएसडब्ल्यू एनर्जी की कुटेहर परियोजना ने 240 मेगावाट पनबिजली की आपूर्ति के लिए किस राज्य के साथ बिजली खरीद समझौते (पीपीए) पर हस्ताक्षर किए हैं?

(a) हिमाचल प्रदेश
(b) उत्तराखंड
(c) हरियाणा
(d) राजस्थान

28. अगस्त 2022 में किस भारतीय नौसेना जहाज (INS), अपनी तरह का पहला, समग्र इंडोर शूटिंग रेंज (CISR) का उद्घाटन किया गया?

(a) INS तलवार
(b) INS कर्ण
(c) INS गोदावरी
(d) INS मोरमुगांव

29. 27 साल के प्राकृतिक गैस आपूर्ति सौदे के लिए किस देश ने चीन के साथ साझेदारी की है?

(a) संयुक्त अरब अमीरात
(b) कतर
(c) ईरान
(d) रूस

30. हाल ही में जम्मू-कश्मीर में किस तत्व के निक्षेप पाए गए हैं?

(a) लिथियम
(b) पोटैशियम
(c) मैग्नीशियम
(d) अल्युमीनियम

31. प्रतिकूल मौसम और प्राकृतिक आपदाओं के कारण फसलों को हुए नुकसान की भरपाई के लिए, किस राज्य ने अप्रैल 2022 में मुख्यमंत्री बागवानी बीमा योजना पोर्टल लॉन्च किया है?

(a) उत्तर प्रदेश
(b) तमिलनाडु
(c) गुजरात
(d) हरियाणा

32. हाल ही में किस राज्य के मुख्यमंत्री ने लाडली बहना योजना को लागू करने की घोषणा की?

(a) उत्तर प्रदेश
(b) पंजाब
(c) मध्य प्रदेश
(d) ओडिशा

33. वार्षिक उल्का वर्षा का नाम क्या है, जो जनवरी के दौरान सक्रिय होता है?
    (a) क्वाड्रंटिड्स
    (b) जेमिनिड्स
    (c) लेओनिड्स
    (d) उर्सिड्स

34. 12 फरवरी, 2022 को खबरों में रहे MUSE और HelioSwarm किस अंतरिक्ष एजेंसी से जुड़े हैं?
    (a) इसरो
    (b) जाक्सा
    (c) नासा
    (d) ईएसए

35. 'मानसिक स्वास्थ्य और सामाजिक देखभाल नीति' लॉन्च करने वाला पहला उत्तर-पूर्वी राज्य कौन सा है?
    (a) असम
    (b) सिक्किम
    (c) मणिपुर
    (d) मेघालय

Quantitative Aptitude and Numerical Skills

36. 8 किग्रा 350 ग्राम से 3 किग्रा 178 ग्राम को घटाइए।
    (a) 5 किग्रा 172 ग्राम
    (b) 4 किग्रा 272 ग्राम
    (c) 4 किग्रा 172 ग्राम
    (d) 4 किग्रा 472 ग्राम

37. सरल कीजिये : $\frac{1}{3} + \frac{7}{9} \div \left(\frac{7}{10} \times 1\frac{1}{4}\right)$
    (a) $\frac{7}{9}$
    (b) $1\frac{2}{9}$
    (c) $\frac{17}{9}$
    (d) $1\frac{4}{5}$

38. 6 छात्रों की औसत आयु 11 वर्ष है। यदि 14 और 16 वर्ष के दो और छात्र जुड़ते हैं। उनकी अब औसत आयु क्या होगी?
    (a) 11
    (b) 12
    (c) 13
    (d) 14

39. 3 वर्ष पूर्व पति, पत्नी और उनके बच्चे की औसत आयु 27 वर्ष थी और 5 वर्ष पूर्व पत्नी और बच्चे की औसत आयु 20 वर्ष थी। पति की वर्तमान आयु है:
    (a) 40 वर्ष
    (b) 35 वर्ष
    (c) 45 वर्ष
    (d) 55 वर्ष

40. हल करें: $3.\overline{87} - 2.\overline{59} = ?$
    (a) 1.20
    (b) $1.\overline{2}$
    (c) $1.\overline{27}$
    (d) $1.\overline{28}$

41. निम्न संख्याओं $\frac{2}{7}, \frac{3}{13}, \frac{5}{6}$ का सही अवरोही क्रम है:
    (a) $\frac{5}{6}, \frac{2}{7}, \frac{3}{13}$
    (b) $\frac{3}{13}, \frac{2}{7}, \frac{5}{6}$
    (c) $\frac{5}{6}, \frac{3}{13}, \frac{2}{7}$
    (d) $\frac{2}{7}, \frac{5}{6}, \frac{3}{13}$

42. A और B दो मिश्रधातु हैं जिनमें सोने और तांबे का अनुपात क्रमशः 5:3 और 5:11 है। यदि इन दो मिश्र धातुओं की समान मात्रा को पिघलाकर मिश्र धातु C बना दिया जाए। मिश्र धातु C में सोने और तांबे का अनुपात क्या होगा?
    (a) 25 : 23
    (b) 33 : 25
    (c) 15 : 17
    (d) 17 : 15

43. कुछ राशि को तीन दोस्तों A, B और C के बीच $7 : 8 : 12$ के अनुपात में वितरित किया जाना है। C का हिस्सा, B के हिस्से से 20 अधिक है। B और A के हिस्सों बीच का अंतर ज्ञात कीजिए
    (a) 5
    (b) 12
    (c) 10
    (d) 8

44. किसी कर्मचारी का वेतन पहले 50 प्रतिशत बढ़ता है और उसके बाद 54 प्रतिशत घट जाता है। उनके वेतन में परिवर्तन का कुल प्रतिशत कितना था?
    (a) 4 प्रतिशत वृद्धि
    (b) 31 प्रतिशत कमी
    (c) 31 प्रतिशत वृद्धि
    (d) 4 प्रतिशत कमी

45. किसी वस्तु पर उसके क्रय मूल्य से 25% अधिक मूल्य अंकित किया जाता है। यदि अंकित मूल्य पर $x\%$ की छूट दी जाती है और फिर भी 5.5% का लाभ होता है, तो x का मान ज्ञात कीजिए।
    (a) 13.6
    (b) 15.4
    (c) 15.6
    (d) 16.4

46. ₹ 40 प्रति किलोग्राम कीमत वाली चीनी को ₹ 48 प्रति किलोग्राम कीमत वाली चीनी के साथ किस अनुपात में मिलाना चाहिए, ताकि मिश्रण को ₹ 54 प्रति किलोग्राम की दर से बेचकर 20% का लाभ अर्जित किया जा सके?
    (a) 2 : 3
    (b) 4 : 7
    (c) 3 : 5
    (d) 5 : 8

47. एक धनराशि साधारण ब्याज पर 16 वर्षों में 5 गुना हो जाती है। ब्याज दर क्या है?
    (a) 33.33%
    (b) 25%
    (c) 20%
    (d) 30%

48. एक व्यापारी के पास निवेश करने के लिए 10000 रुपये थे। वह राशि का एक हिस्सा बैंक A में 10% के साधारण ब्याज पर निवेश करता है। शेष राशि को वह बैंक B में 10% के चक्रवृद्धि ब्याज पर निवेश करता है। तीन वर्षों के बाद, बैंक B की राशि बैंक A की राशि से 50% अधिक थी। उसने बैंक A में कितनी राशि निवेश की थी?
    (a) 4278.82 रुपये
    (b) 5943.31 रुपये
    (c) 5721.18 रुपये
    (d) 4056.69 रुपये

49. A, B और C मिलकर एक कार्य को 30 मिनट में पूरा कर सकते हैं। A और B मिलकर उसी कार्य को 50 मिनट में पूरा कर सकते हैं। C अकेले कार्य को कितने मिनट में पूरा कर सकता है?
    (a) 150 मिनट
    (b) 80 मिनट
    (c) 60 मिनट
    (d) 75 मिनट

50. 'A' 30% काम 30 दिनों में करता है और 'B' के साथ मिल कर बचा हुआ काम 20 दिनों में पूरा करता है। अकेले 'B' को अगर पूरा काम करना हो तो कितना समय लगेगा?
    (a) 40
    (b) 80
    (c) 120
    (d) 160

51. **निर्देश:** यह रेखा ग्राफ एक विशिष्ट कंपनी के प्रति कर्मचारी बिक्री को दर्शाता है। इस आरेख का अध्ययन करें और निम्नलिखित प्रश्नों के उत्तर दें।

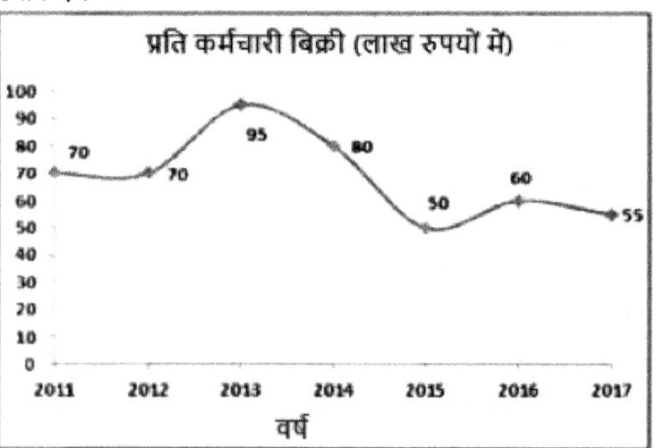

किस वर्ष में पिछले वर्ष की तुलना में प्रति कर्मचारी अधिक बिक्री हुई थी?
    (a) 2014
    (b) 2015
    (c) 2017
    (d) 2016

Ques (52-55): निर्देश : निम्नलिखित लाइन ग्राफ का अध्ययन कीजिए और दिए गए प्रश्नों के उत्तर दीजिए।
4 दुकानों A, B, C और D से 2 प्रकार के पिज्जा बेचने के आंकड़े निम्नलिखित हैं।

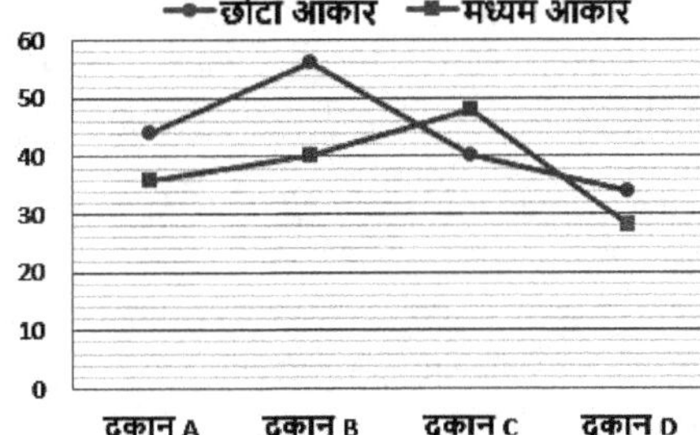

52. दुकान A, B और D से मिलाकर बेचे गए छोटे आकार के पिज्जा की कुल संख्या और दुकान C से बेचे गए पिज्जा की कुल संख्या के बीच का अंतर ज्ञात कीजिए।

(a) 34   (b) 42

(c) 46   (d) 52

53. दुकान D से बेचे गए पिज्जा की कुल संख्या, दुकान A से बेचे गए पिज्जा की कुल संख्या का कितना % है?

(a) 77.5%   (b) 82.5%

(c) 90.75%   (d) 62.5%

54. सभी दुकानों से मिलाकर बेचे गए मध्यम आकार के पिज्जा की कुल संख्या का औसत कितना है?

(a) 40   (b) 44

(c) 44   (d) 38

55. यदि दुकान C से बेचे गए बड़े आकार के पिज्जा की संख्या, छोटे आकार के बेचे गए पिज्जा की संख्या का 20% है, तो दुकान C से बेचे गए पिज्जा की कुल संख्या ज्ञात कीजिए।

(a) 90   (b) 102

(c) 96   (d) 104

Mental Ability and Logical Reasoning

Ques (56-58): निर्देश: प्रश्न नीचे दिये गये वर्ण श्रृंखला पर आधारित है। वर्ण श्रृंखला को ध्यान से पढ़िये और प्रत्येक प्रश्न के लिए नीचे दिये गये चार विकल्पों में से सही विकल्प संख्या को चुनिये।

n o i j o n p t a k t l n o p u j e t b n a p u b

56. इस श्रृंखला में कितनी बार व्यंजन के ठीक पहले तथा ठीक बाद में स्वर आया है?

(a) एक बार   (b) दो बार

(c) तीन बार   (d) चार बार

57. प्रस्तुत श्रृंखला में कितनी बार व्यंजन के ठीक बाद स्वर आया है परंतु व्यंजन के पहले नहीं आया है?

(a) दो बार   (b) एक बार

(c) चार बार   (d) तीन बार

58. श्रृंखला में व्यंजन के कुल कितने वर्णों का प्रयोग किया गया है?

(a) 6   (b) 7

(c) 8   (d) 9

59. अनुक्रम: A, E, I.... में 7 वां अक्षर कौन-सा होगा?

(a) V   (b) W

(c) X   (d) Y

Ques (60-62): निर्देश: निम्नलिखित प्रश्न में, एक कथन और उसके बाद I और II से अंकित दो निष्कर्ष दिए गये हैं। आपको दिए गये कथनों को सत्य मानना है, भले ही वे ज्ञात तथ्यों से अलग प्रतीत होते हों। निर्णय कीजिए कि दिये गये निष्कर्षों में से कौन-सा निष्कर्ष कथन का तार्किक रूप से अनुसरण करता है।

60. कथन : नेशनल एल्युमीनियम कंपनी ने भारत को धातु में कमी की स्थिति से आत्मनिर्भरता की ओर ले आया है।

निष्कर्ष :

I. पहले भारत को एल्युमीनियम का आयात करना पड़ता था।

II. इस गति के साथ, यह जल्द ही विदेशी मुद्रा अर्जक बन सकता है।

(a) केवल निष्कर्ष I अनुसरण करता है

(b) केवल निष्कर्ष II अनुसरण करता है

(c) या तो I या II अनुसरण करता है

(d) I और II दोनों अनुसरण करते हैं

61. कथन: भारत की अर्थव्यवस्था मुख्य रूप से वनों पर निर्भर है।

निष्कर्ष:

I. भारतीय अर्थव्यवस्था में सुधार के लिए पेड़ों को संरक्षित किया जाना चाहिए।

II. भारत आर्थिक स्थिति में सुधार के लिए केवल वनों का रखरखाव चाहता है।

(a) केवल निष्कर्ष I अनुसरण करता है

(b) केवल निष्कर्ष II अनुसरण करता है

(c) या तो I या II अनुसरण करता है

(d) न तो I और न ही II अनुसरण करता है

62. कथन: एक पुस्तकालय पाठकों द्वारा पुस्तकों की देर से वापसी के लिए, वापसी की नियत तारीख के बाद के दिनों के लिए प्रतिदिन 10 रुपये का जुर्माना वसूलता है।

निष्कर्ष:

I. महंगी किताबों के लिए जुर्माना अधिक होगा।

II. सस्ती किताबों पर जुर्माना कम होगा।

(a) केवल निष्कर्ष I अनुसरण करता है

(b) केवल निष्कर्ष II अनुसरण करता है

(c) या तो निष्कर्ष I या फिर निष्कर्ष II अनुसरण करता है

(d) ना तो निष्कर्ष I और ना ही निष्कर्ष II अनुसरण करता है

63. निर्देश : दिए गए पैटर्न (X) को ध्यान से देखें और उस विकल्प का चयन करें जो पैटर्न को पूरा करने के लिए प्रश्न चिह्न (?) को प्रतिस्थापित कर सकता है।

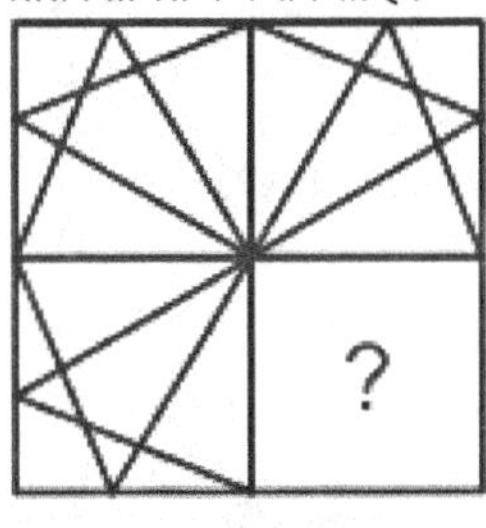

(X)

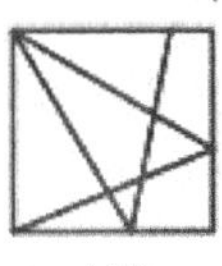
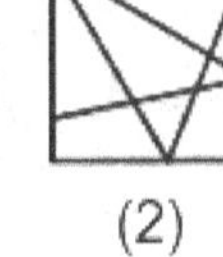
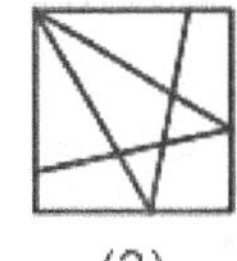
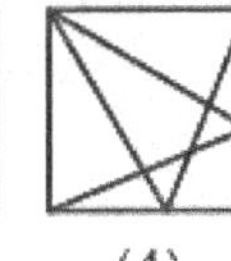

(1)   (2)   (3)   (4)

(a) (3)   (b) (4)

(c) (1)   (d) (2)

64. निर्देश: आकृति श्रृंखला को पूरा करें।

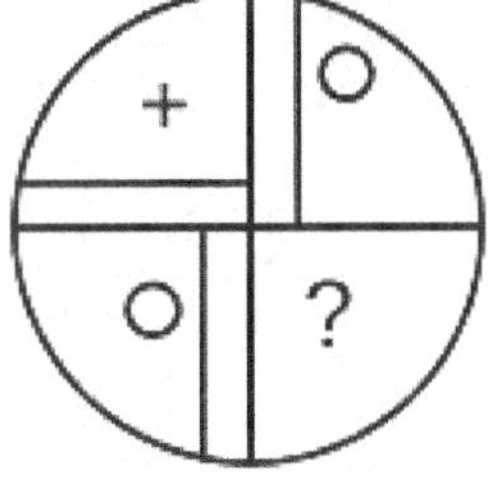

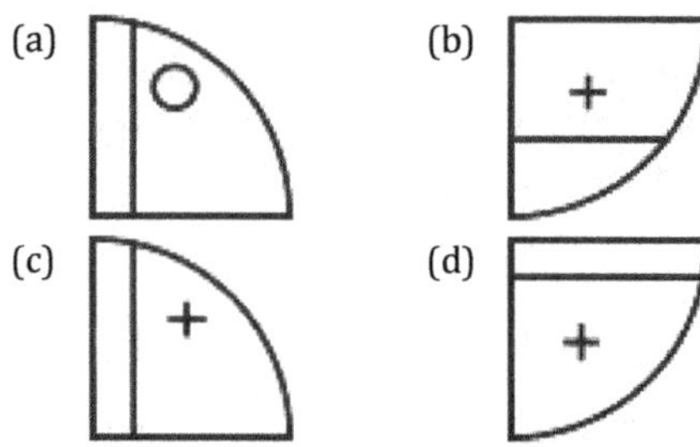

65. लड़कियों की एक कतार में, यदि शिल्पा जो कि बाईं ओर से 8 वें स्थान पर है और रीना जो कि दाईं ओर से 17 वें स्थान पर है आपस में अपना स्थान अदल-बदल कर लेती हैं, तो शिल्पा बाई ओर से 14वें स्थान पर हो जाती है। बताएँ कि इस कतार में कुल कितनी लड़कियाँ हैं?

(a) 38   (b) 28
(c) 30   (d) 25

66. 35 बच्चों की एक कतार में M दायीं ओर से 15 वां है और M और R के बीच 10 बच्चे हैं। कतार में बायीं ओर से R का स्थान कौन सा है?

(a) 15वां

(b) 5वां

(c) 30वां

(d) ज्ञात नही किया जा सकता है

67. क्रमशः 31 छात्रों की कक्षा में मनोज और सचिन शीर्ष से क्रमशः सातवें और ग्यारहवें स्थान पर हैं। कक्षा में नीचे से उनकी संबंधित रैंक क्या होगी?

(a) 20 और 24   (b) 24 और 20
(c) 25 और 21   (d) 26 और 22

68. अनिल ने अपने घर से पूर्व की ओर 6 किमी की यात्रा करने के बाद एहसास हुआ कि उसने गलत दिशा में यात्रा की है। वह फिर मुड़ा और पश्चिम की ओर 12 किमी की यात्रा की, फिर वह दाएं ओर मुड़ा और अपने कार्यालय तक पहुंचने के लिए 8 किमी की यात्रा की। उसके घर से कार्यालय की न्यूनतम दूरी कितनी है?

(a) 20 किमी   (b) 14 किमी
(c) 12 किमी   (d) 10 किमी

69. रसिक उत्तर की ओर 20 मीटर चला । फिर वह दाईं ओर मुड़ा और 30 मीटर चला। फिर वह दाएं मुड़ता है और 35 मीटर चलता है। फिर वह बाएं मुड़ता है और 15 मीटर चलता है। अंत में, वह बाएं मुड़ता है और 15 मीटर चलता है। वह प्रारंभिक स्थिति से किस दिशा में और कितने मीटर की दूरी पर है?

(a) 15 मीटर पश्चिम   (b) 30 मीटर पूर्व
(c) 30 मीटर पश्चिम   (d) 45 मीटर पूर्व

70. D का एक भाई A है। D, C का पुत्र है। B, C का पिता है। संबंध के संदर्भ में A, B का क्या है?

(a) पुत्र   (b) पोता (पौत्र / नाती)
(c) दादा / नाना   (d) भाई

71. यदि P, S और T की माता है, R, T का पुत्र है, U, P का भाई है और Q, R का भाई है, तो P, Q से किस प्रकार संबंधित है?

(a) चाची   (b) ग्रैंडमदर
(c) पुत्री   (d) पुत्री

72. M, V का पिता है V, X की बहन है। X की शादी R से हुई है R, P की बेटी है। P, H की बीवी है। यदि N V की इकलौती संतान है, तब N, M से किस प्रकार संबंधित है?

(a) बेटी

(b) बेटा

(c) भाई

(d) निर्धारित नहीं किया जा सकता

73. उस श्रृंखला का योग ज्ञात कीजिए जिसका nवां पद $(2n-1)^2$ है।

(a) $\dfrac{n\cdot(n-1)\cdot(2n-5)}{6}$ (b) $\dfrac{n\cdot(n-1)\cdot(2n-7)}{6}$
(c) $\dfrac{n\cdot(n+1)\cdot(2n+7)}{6}$ (d) $\dfrac{n\cdot(2n+1)\cdot(2n-1)}{3}$

74. एक गुणोत्तर श्रेणी का पहला पद 27 है और इसका आठवां पद $\dfrac{1}{81}$ है। तो इसके पहले 10 पदों का योग ज्ञात कीजिए।

(a) $\dfrac{27}{2}\cdot\left(1-\dfrac{1}{3^{10}}\right)$ (b) $\dfrac{81}{2}\cdot\left(1-\dfrac{1}{3^{10}}\right)$
(c) $\dfrac{81}{2}\cdot\left(1-\dfrac{1}{3^{9}}\right)$ (d) $\dfrac{27}{2}\cdot\left(1-\dfrac{1}{3^{9}}\right)$

75. एक AP के $(p+q)$ वें और $(p-q)$ वें पदों का योग किसके बराबर है?

(a) $(2p)$वां पद   (b) $(2q)$वां पद
(c) pवें पद के दोगुना   (d) qवें पद के दोगुना

Ques (76-80): Direction: Read the passage given below and answer the questions that follow by selecting the correct/most appropriate options:

The art of Madhubani painting is the traditional style developed in the Mithila region, in the villages around Madhubani, Bihar. Madhubani literally means a forest of honey. This style of painting has been traditionally used by the women of the region, though today men are also involved to meet the demand. The work is done on freshly plastered mud walls. For commercial purposes, it is now being done on paper cloth, etc. The paintings are basically of a religious nature. They are done in the special rooms of their homes (in the Pooja room, ritual area, bridal room), on the main village walls, etc., for ceremonial or ritualistic purposes. The women offer prayers to the city before starting the work. Figures from nature and mythology are adapted to suit their style. The themes and designs widely painted are the worship of Hindu deities such as Krishan, Rama, Shiva, Durga, Lakshmi, Saraswati, Sun and Moon, Tulsi plant, court scenes, wedding scenes and other social events taking place around them.

Floral, animal and bird motifs, geometrical designs are used to fill up all the gaps. There is hardly any empty space in this style. Cotton wrapped around a bamboo stick forms the brush. The colours applied are prepared by the artists. The skill is handed down the generations, and hence the traditional designs and patterns are widely maintained. It is believed that the genesis of Madhubani paintings came about when King Janka asked for paintings to be developed for his daughter Sita's wedding.

76. Madhubani paintings are no longer done exclusively by women on walls:

(a) because cloth is more durable

(b) to meet their widespread demand

(c) as men are better painters

(d) as paper is cheaper

77. Madhubani paintings are essentially of religious nature when they are done:

(a) in the Pooja room

(b) in the bridal room

(c) in the bridal room

(d) using figures from nature

78. These paintings become secular when they depict:

(a) Court scenes

(b)   Worship of Saraswati
(c)   Tulsi plant
(d)   Wedding scenes

79. Madhubani paintings show only:
(a)   A balanced portrayal of all of them
(b)   Hindu deities
(c)   Flowers and plants
(d)   Geometrical designs

80. The art of Madhubani painting is learnt in the:
(a)   Ashrams of Madhubani
(b)   schools of art
(c)   families at home
(d)   homes of renowned artists

Ques (81-85): Direction : Each of the following items in this section consists of a sentence the parts of which have been jumbled. These parts have been labeled P, Q, R, and S. Given below each sentence are four sequences. You are required to re-arrange the jumbled parts of the sentence and select the correct sequence.

81. His uncle for success in life -(P) , always advised his son -(Q), who was a self-made man -(R), to depend on his own efforts -(S)
The proper sequences should be:
(a)   SQPR   (b)   RQSP
(c)   PRSQ   (d)   QPSR

82. The doctor did not like the behavior of the patients -(P), who was very competent in his profession -(Q), when they talked at length -(R), about their problems -(S)
The proper sequence should be:
(a)   RPSQ   (b)   SRPQ
(c)   QPRS   (d)   PRQS

83. from leadership in culture-(P), in military situations and in face-to-face small groups-(Q), leadership has wide range of expressions-(R), to leadership in polities-(S)
The proper sequence should be:
(a)   RSQP   (b)   PQRS
(c)   RPSQ   (d)   SQRP

84. He sat glancing occasionally -(P), peering through the window -(Q), at the figure of the old woman -(R), until he was chilled with the cold -(S)
The proper sequence should be:
(a)   PSRQ   (b)   QRPS
(c)   SPRQ   (d)   PRSQ

85. After the earthquake tremors, the TV showed a haggard man shaking his fist at the sky -(P), clambering over the ruins -(Q), and collapsing with a howl of revolt -(R), of his house and factory -(S)
The proper sequence should be:
(a)   SRQP   (b)   QSPR
(c)   PQRS   (d)   RPSQ

Ques (86-87): Direction: In the following question, the given sentence has four parts marked P, Q, R, and S. Choose the part of the sentence with the error and mark it as your answer. If there is no error, mark 'No error (S)' as your answer.

86. Suresh have never (P) / encouraged nor (Q) /condoned violence. (R) / No error (S)
(a)   P   (b)   Q

(c)   R   (d)   S

87. Throughout the history, (P) /humans have existed side-by-side (Q) / with bacteria and viruses. (R) / No error (S)
(a)   P   (b)   Q
(c)   R   (d)   S

Ques (88-89): Direction : Complete the sentence using the given options.

88. He went on _____ foolishly.
(a)   spoke   (b)   to speaking
(c)   speaking   (d)   speaks

89. She is not interested in _____ sweets.
(a)   eat   (b)   eaten
(c)   eating   (d)   to be eating

90. Identify the word that is spelled correctly.
(a)   Conscientiuous   (b)   Consientious
(c)   Conscientious   (d)   Consceintious

91. Which among the following is the correct spelling according to the dictionary?
(a)   Millenieum   (b)   Milennieum
(c)   Millennium   (d)   Mileniumm

Ques (92-93): Direction : A sentence with an underlined word is given below. Select the most appropriate antonym for the underlined word.

92. Feroza was sure her daughter was **competent** enough to qualify for the finals.
(a)   Capable   (b)   Frugal
(c)   Wise   (d)   Inept

93. Consumer magazines can be **divided** into a number of categories.
(a)   Combined   (b)   Parted
(c)   Split   (d)   Chopped

Ques (94-95): Directions: Choose the alternative which can substituted for the given words/sentences.

94. An act of killing of an ethnic group.
(a)   Homicide   (b)   Patricide
(c)   Genocide   (d)   Suicide

95. Pooja does not know how to read and write. Her friends call her.
(a)   Blind folded   (b)   Dumb
(c)   Invulnerable   (d)   Iliterate

96. निम्न में से कौन सी कंप्यूटर प्रोग्रामिंग भाषा नहीं है?
(a)   C++   (b)   ओब्जेक्टिव -C
(c)   C #   (d)   A @

97. एक सुनिश्चित सेल एड्रेस में पंक्ति नंबर और कॉलम लेबल से पहले _____ संकेत होता है।
(a)   #   (b) $
(c)   %   (d)   &

98. इंटरनेट पर एक कंप्यूटर द्वारा पहचाना जाता है:
(a)   E-mail address   (b)   Street address
(c)   IP address   (d)   इनमे से कोई भी नहीं

99. पहली सोशल मीडिया साइट कब विकसित की गई थी?
- (a) 1984
- (b) 1997
- (c) 1974
- (d) 2004

100. निम्नलिखित में से किस एक में, प्रारंभिक एफएम पुश टू टॉक टेलीफोन सिस्टम का प्रयोग किया गया था?
- (a) हाफ डुप्लेक्स
- (b) फुल डुप्लेक्स
- (c) सिंपल डुप्लेक्स
- (d) इनमें से कोई नहीं

// स्मार्ट उत्तर पुस्तिका //

सही उत्तर उन छात्रों का प्रतिशत जिन्होंने प्रश्न का सही उत्तर दिया।

छोड़ दिया उन छात्रों का प्रतिशत जिन्होंने प्रश्न को छोड़ दिया।

प्रश्न संख्या	उत्तर	सही उत्तर / छोड़ दिया	प्रश्न संख्या	उत्तर	सही उत्तर / छोड़ दिया	प्रश्न संख्या	उत्तर	सही उत्तर / छोड़ दिया
1	D	57.65% / 1.61%	2	B	83.02% / 0.0%	3	A	48.6% / 1.39%
4	D	48.29% / 1.79%	5	B	61.84% / 1.72%	6	A	41.51% / 1.68%
7	B	43.96% / 1.04%	8	B	46.0% / 1.67%	9	D	63.7% / 1.14%
10	B	50.51% / 1.87%	11	A	57.82% / 1.39%	12	D	55.39% / 1.55%
13	D	43.47% / 1.35%	14	C	76.09% / 0.0%	15	B	79.79% / 0.0%
16	D	78.02% / 0.0%	17	D	60.65% / 1.97%	18	A	66.27% / 1.63%
19	B	69.35% / 1.24%	20	D	55.6% / 1.07%	21	A	59.26% / 1.38%
22	B	59.77% / 1.68%	23	B	68.91% / 1.73%	24	C	61.05% / 1.49%
25	A	68.64% / 1.06%	26	B	61.01% / 1.87%	27	C	60.95% / 1.9%
28	B	13.75% / 3.9%	29	B	80.41% / 0.0%	30	A	82.64% / 0.0%
31	D	52.94% / 1.91%	32	C	87.71% / 0.0%	33	A	26.57% / 3.54%
34	C	63.81% / 1.55%	35	D	41.74% / 1.35%	36	A	84.74% / 0.0%
37	B	88.03% / 0.0%	38	B	27.84% / 3.46%	39	A	49.44% / 1.8%
40	D	68.61% / 1.42%	41	A	84.52% / 0.0%	42	C	61.86% / 1.08%
43	A	45.0% / 1.87%	44	B	55.8% / 1.74%	45	C	57.55% / 1.11%
46	C	52.89% / 1.3%	47	B	61.38% / 1.72%	48	D	52.35% / 1.54%
49	D	84.8% / 0.0%	50	A	80.38% / 0.0%	51	D	56.63% / 1.43%
52	C	82.91% / 0.0%	53	A	49.42% / 1.9%	54	D	51.05% / 1.88%
55	C	49.83% / 1.26%	56	D	64.68% / 1.13%	57	D	78.71% / 0.0%
58	B	77.02% / 0.0%	59	D	69.04% / 1.18%	60	D	20.05% / 3.81%
61	A	15.92% / 3.47%	62	D	49.99% / 1.44%	63	B	62.37% / 1.14%
64	D	83.05% / 0.0%	65	C	26.51% / 4.04%	66	D	55.79% / 1.64%
67	C	31.32% / 4.13%	68	D	47.6% / 1.25%	69	D	17.21% / 3.28%
70	B	60.8% / 1.24%	71	B	47.21% / 1.78%	72	B	44.88% / 1.96%
73	D	64.71% / 1.89%	74	B	67.55% / 1.06%	75	C	48.54% / 1.92%
76	B	76.0% / 0.0%	77	A	64.58% / 1.14%	78	A	76.69% / 0.0%
79	A	84.49% / 0.0%	80	C	85.08% / 0.0%	81	B	50.2% / 1.93%
82	C	66.93% / 1.99%	83	C	50.7% / 1.54%	84	C	48.02% / 1.11%
85	B	79.71% / 0.0%	86	A	18.37% / 4.6%	87	A	65.73% / 1.89%
88	C	88.22% / 0.0%	89	C	76.98% / 0.0%	90	C	81.44% / 0.0%
91	C	41.76% / 1.64%	92	D	66.47% / 1.3%	93	A	86.85% / 0.0%
94	C	76.54% / 0.0%	95	D	80.37% / 0.0%	96	D	67.62% / 1.97%
97	B	85.34% / 0.0%	98	C	46.53% / 1.29%	99	B	52.87% / 1.19%
100	A	43.69% / 1.43%						

// संकेत और समाधान //

1(D). 1976 के 42 वें संशोधन अधिनियम ने मूल सूची में चार नए निर्देशक सिद्धांत जोड़े। इसलिये, कथन 1 सही है।

1978 के 44वें संशोधन अधिनियम ने एक निर्देशक सिद्धांत को जोड़ा, जिसमें राज्य को आय, स्थिति, सुविधाओं और अवसरों में असमानताओं को कम करने की आवश्यकता है (अनुच्छेद 38)। इसलिये, कथन 2 सही है।

2011 के 97वें संशोधन अधिनियम ने सहकारी समितियों से संबंधित एक नया निर्देशक सिद्धांत जोड़ा। इसके लिए राज्य को स्वैच्छिक गठन, स्वायत्त कामकाज, लोकतांत्रिक नियंत्रण और सहकारी समितियों के पेशेवर प्रबंधन (अनुच्छेद 43B) को बढ़ावा देने की आवश्यकता है।इसलिये, कथन 3 सही है।

2(B). संविधान संशोधन द्वारा मौलिक अधिकारों में संशोधन किया जा सकता है जब तक कि वे संविधान की मूल संरचना का उल्लंघन नहीं करते हैं और इस प्रकार वे पवित्र नहीं हैं। इसलिये, कथन 1 गलत है।

मौलिक अधिकार राज्य और निजी व्यक्तियों दोनों के कार्यों के खिलाफ उपलब्ध हैं। निजी नागरिक के विरूद्ध कुछ अधिकार जैसे अस्पृश्यता उन्मूलन आदि भी उपलब्ध हैं। इसलिये, कथन 2 सही है।

ये अधिकार कार्यकारी और विधायिका की शक्ति को सीमित करते हैं और इस प्रकार कार्यकारी और विधायिका के अत्याचार को रोकते हैं। इसलिये, कथन 3 सही है।

3(A). एक राष्ट्रपति प्रणाली सरकार की लोकतांत्रिक और गणतंत्र प्रणाली है जहां सरकार का मुखिया एक कार्यकारी शाखा की ओर जाता है जो विधायी शाखा से अलग होता है। सरकार का यह मुखिया ज्यादातर मामलों में राज्य का मुखिया है, जिसे राष्ट्रपति कहा जाता है।

- यहाँ केवल एक कार्यकारी है। इसलिये, कथन 1 सही है।
- इस प्रणाली में, राष्ट्रपति राज्य और सरकार दोनों के प्रमुख होते हैं, उदाहरण- संयुक्त राज्य अमेरिका, दक्षिण कोरिया आदि। इसलिये, कथन 2 सही है।
- कार्यकारी अपनी नीतियों और कृत्यों के लिए विधायिका के प्रति जिम्मेदार नहीं है, और अपने पद की अवधि के संबंध में संवैधानिक रूप से विधायिका से स्वतंत्र है। इसलिये, कथन 3 गलत है।

4(D).
- संविधान भारत के लोगों से अपने अधिकार प्राप्त करता है, न कि संविधान सभा से, इसका उल्लेख संविधान के प्रस्तावना भाग में है।
  इसलिये, कथन 1 गलत है।
- अमेरिकी संविधान पहला था, जिसकी शुरुआत एक प्रस्तावना से हुई थी।
- भारत सहित कई देशों ने इस प्रथा का पालन किया।
  इसलिये, कथन 2 गलत है।
- केशवानंद भारती मामले में, SC ने माना है कि प्रस्तावना संविधान का एक हिस्सा है।
- और अगर संविधान में स्पष्टता की कोई कमी है, तो न्यायपालिका प्रासंगिक प्रावधानों की अपनी व्याख्या में

प्रस्तावना की ओर मुड़ जाती है।
इसलिये, कथन 3 सही है।

5(B). **भारत सरकार अधिनियम, 1858:**
- निदेशक और नियंत्रण बोर्ड को समाप्त कर दिया गया।
- यह पिट्स इंडिया अधिनियम 1784 द्वारा स्थापित किया गया था।
- उनके अधिकार भारतीय सचिव को दिए गए।

इसलिये, कथन 1 सही है।

भारतीय परिषद अधिनियम 1909 (मॉर्ले-मिंटो सुधार):
- वायसराय ने अपनी कार्यकारिणी में एक भारतीय सदस्य के लिए जगह दी।
- एस पी सिन्हा अपनी कार्यकारी परिषद में पहले भारतीय सदस्य बने।

इसलिये, कथन 2 सही है।

भारत सरकार अधिनियम 1919:
- इसने स्पष्ट रूप से केंद्र और प्रांतीय सरकारों के अधिकार क्षेत्र को रेखांकित किया।
- प्रांतों में प्रान्त का परिचय दिया गया।

इसलिये, कथन 3 गलत है।

6(A). सर्वसम्मति से चुने गये भारत के पहले राष्ट्रपति नीलम संजीव रेड्डी थे। वह 1977 के चुनाव में चुने गए थे। रेड्डी 16 अगस्त, 1969 को हुए चुनाव के दौरान राष्ट्रपति भवन की दौड़ में भी हार गए, जब वी.वी. गिरि विजयी रहे।
- राजेंद्र प्रसाद ने लगातार दो कार्यकाल तक पद संभाला। वह सबसे अधिक वर्षों तक राष्ट्रपति के रूप में सेवा करने और सबसे अधिक वोट प्रतिशत हासिल करने का रिकॉर्ड रखते हैं।
- डॉ. ए.पी.जे अब्दुल कलाम ने 2002 से 2007 तक भारत के 11वें राष्ट्रपति के रूप में कार्य किया।

7(B). संविधान के अनुच्छेद 71(1) के अनुसार कार्यालय में रहते हुए राज्यसभा सदस्य के लिए चुनावी कदाचार करने और पात्रता मानदंड को पूरा नहीं करने के लिए सर्वोच्च न्यायालय उपराष्ट्रपति को भी हटा सकता है। अनुच्छेद 71(1) के अनुसार, सर्वोच्च न्यायालय का यह भी कर्तव्य है कि वह उपराष्ट्रपति के आचरण के संबंध में उठाई गई प्रश्नों की जांच करे और संविधान की अवमानना करते पाए जाने पर उपराष्ट्रपति को हटा दे। इसलिए, यह स्पष्ट है कि भारत के उपराष्ट्रपति को हटाने का प्रस्ताव केवल राज्यसभा में ही पेश किया जा सकता है।

8(B). भारत के राष्ट्रपति को अनुच्छेद 61 के तहत संविधान के उल्लंघन के लिए महाभियोग लगाया जा सकता है।
जब एक राष्ट्रपति को संविधान का उल्लंघन करने के लिए महाभियोग लगाया जाता है, तो संसद के किसी भी सदस्य को आरोप का समर्थन करना चाहिए। जब तक सदन की कुल सदस्यता के दो-तिहाई से कम नहीं स्वीकार किया जाता है तब तक इस तरह के किसी भी आरोप को प्राथमिकता नहीं दी जाएगी।
जब या तो संसद का एक सदन आरोप लगाता है, तो दूसरे सदन की जाँच होती है या आरोप की जाँच की जाती है, जिसमें राष्ट्रपति को जाँच के दौरान उपस्थित होने और सेवा करने का अधिकार होता है।
यदि जांच के परिणामस्वरूप कोई प्रस्ताव पारित किया जाता है, तो सदन की कुल सदस्यता का कम से कम दो-तिहाई, जिसमें से आरोप की जांच की गई थी या इसकी जांच की जानी थी, यह घोषणा करते हुए कि राष्ट्रपति के खिलाफ पसंदीदा प्रभार बरकरार रखा गया है, इस तरह के रेजोल्यूशन पर राष्ट्रपति के पद से उस तारीख को बाहर करने का प्रभाव होगा जिस दिन यह प्रस्ताव पारित किया जाता है।

9(D). दिवाला और दिवालियापन संहिता, 2016 को जीएसटी के बाद सबसे बड़ा आर्थिक सुधार माना जाता है। यह जहां भी संभव हो, दिवालियेपन के व्यवस्थित समाधान के लिए एक बाजार निर्धारित, समयबद्ध तंत्र प्रदान करता है, और जहां भी आवश्यक हो, व्यवस्थित निकास प्रदान करता है। कोड में राष्ट्रीय कंपनी कानून अपीलीय न्यायाधिकरण (एनसीएलटी), राष्ट्रीय कंपनी कानून न्यायाधिकरण (एनसीएलटी), ऋण वसूली अपीलीय न्यायाधिकरण

(डीआरएटी), ऋण वसूली न्यायाधिकरण (डीआरटी), भारतीय दिवाला और दिवालियापन बोर्ड (बोर्ड), सूचना उपयोगिताओं को शामिल करते हुए एक पारिस्थितिकी तंत्र की परिकल्पना की गई है। (आईयू), दिवाला पेशेवर (आईपी), दिवाला व्यावसायिक एजेंसियां (आईपीए) और दिवाला व्यावसायिक संस्थाएं (आईपीई) संहिता के कार्यान्वयन के लिए।
सभी संबंधितों के ठोस प्रयासों से, पारिस्थितिकी तंत्र के कुछ प्रमुख तत्वों को स्थापित करने और कॉर्पोरेट दिवाला समाधान और परिसमापन से संबंधित प्रावधानों के संचालन के मामले में काफी प्रगति हुई है। देनदारों और लेनदारों ने समान रूप से संहिता के तहत लेनदेन शुरू कर दिया है।

10(B). भारत के राष्ट्रपति नीति आयोग की गवर्निंग काउंसिल के सदस्य नहीं हैं। नीति आयोग में प्रधानमंत्री, नीति आयोग के उपाध्यक्ष, कुछ कैबिनेट मंत्री, सीईओ, पूर्णकालिक सदस्य, सभी राज्यों और केंद्र शासित प्रदेशों (दिल्ली और पुदुचेरी) के मुख्यमंत्री और अन्य केंद्र शासित प्रदेशों के उपराज्यपाल शामिल हैं।

11(A). कृषि भूमि को पट्टे पर देने के लिए नीति आयोग एक मॉडल अधिनियम का प्रस्ताव करने के लिए तैयार है।
अधिनियम उन राज्यों के लिए है जो कृषि भूमि पट्टे को वैध बनाने की योजना बना रहे हैं। राज्य सरकारों से स्थानीय सामाजिक-राजनीतिक आवश्यकताओं के अनुरूप इसमें सुधार करने की अपेक्षा की जाती है।
भूमि का स्वामित्व सुरक्षित रहेगा और मालिक को वापस कर दिया जाएगा और यदि पट्टे की अवधि पूरी होने से पहले भूमि का पार्सल बेचा जाता है, तो किरायेदारों के अधिकार सुरक्षित रहेंगे। भूमि अभिलेखों में कोई परिवर्तन नहीं किया जायेगा। पट्टे का सत्यापन सरपंच, स्थानीय बैंक अधिकारी या नोटरी के स्तर पर किया जाना प्रस्तावित है। मॉडल अधिनियम का प्रस्ताव है कि किसानों और किसान समूहों को भूमि पट्टे पर देने की अनुमति दी जाए। खाद्य प्रसंस्करण को शामिल करने के लिए 'कृषि भूमि' की परिभाषा को व्यापक बनाने का प्रस्ताव है।
आदर्श अधिनियम आपराधिक कार्यवाही और विशेष न्यायाधिकरण के माध्यम से सहारा देने का सुझाव देकर विवादों के मामले में त्वरित मुकदमेबाजी प्रक्रिया का प्रस्ताव करता है। उम्मीद है कि ग्राम सभा, पंचायत और तहसीलदार के स्तर पर विवाद का निपटारा किया जाएगा।
वर्तमान में, केवल भूमि मालिक ही फसल बीमा योजनाओं या ऋण का लाभ उठा सकते हैं। साथ ही, सूखे और फसल की क्षति के मामले में आपदा राहत केवल मालिकों को प्रदान की जाती है न कि काश्तकारों को।
मॉडल अधिनियम बटाईदारों को ऐसे लाभ और राहत प्राप्त करने में सक्षम बनाएगा। पट्टेदार किसान अपेक्षित उपज के आधार पर फसल ऋण ले सकते हैं।

12(D). जागीरदारी प्रणाली एक प्रशासनिक प्रणाली थी जिसके माध्यम से भू-राजस्व को एक वेतन के बदले में सौंपा जाता था जिसे जागीर कहा जाता था।
- जागीरदारी प्रणाली ने उन बिचौलियों के वंशानुगत अधिकारों को प्रभावित नहीं किया जिन्हें सामूहिक रूप से जमींदारों के रूप में जाना जाता था।
जागीरदारों को भूमि का असाइनमेंट वंशानुगत नहीं था और यह अन्य जागीर के लिए भी हस्तांतरणीय है।
जमींदारों के पास भूमि में अपने वंशानुगत अधिकार थे और भूमि राजस्व इकट्ठा करने का वंशानुगत अधिकार भी था।
न्यायिक और पुलिस कर्तव्यों को स्थानीय रूप से जमींदारों द्वारा किया जाता था और जागीरदार सैन्य सेवाओं के बदले भूमि असाइनमेंट के धारक थे।
मुगल सम्राट ने मनसबदारों को जागीरें आवंटित कीं।
राजस्व संग्रह के लिए मनसबदारों ने अपना समझौता किया।

13(D).
- गांधी द्वारा समाज में छुआछूत के उन्मूलन के लिए सितंबर 1932 में अखिल भारतीय अस्पृश्यता विरोधी लीग की स्थापना की गई थी।
- अखिल भारतीय किसान सभा, एक किसान आंदोलन की स्थापना अप्रैल 1936 में कांग्रेस के लखनऊ अधिवेशन में

स्वामी सहजानंद सरस्वती ने की थी।
- आत्म-सम्मान आंदोलन तमिलनाडु में ई. वी. रामास्वामी नायकर द्वारा 1925 में शुरू किया गया था, जिन्हें 'द्रविड़ आंदोलन का जनक' भी कहा जाता है।
- यह समाज में ब्राह्मणवादी प्रभुत्व के खिलाफ एक आंदोलन था।

14(C). भाखड़ा नांगल बांध सतलुज नदी पर बनाया गया है। यह बांध हिमाचल प्रदेश के बिलासपुर में स्थित है। नेहरू ने बांधों को "पुनरुत्थान भारत के नए मंदिर" के रूप में वर्णित किया। यह एक बहुउद्देशीय परियोजना है।

15(B). कांटेदार झाड़ियों को गर्म और शुष्क रेगिस्तानी जलवायु में मौसमी वर्षा 250 से 500 मिलीमीटर या 50 सेमी से कम होती है। कांटेदार वन गुजरात, राजस्थान, मध्य प्रदेश, छत्तीसगढ़, उत्तर प्रदेश और हरियाणा के अर्ध-शुष्क क्षेत्रों में पाए जाते हैं। इन जंगलों में पाए जाने वाले मुख्य पौधे हैं बबूल, हथेलियां, हँसिया और कैक्टि। पानी के संरक्षण के लिए उपजी पर्याप्त हैं। झाड़ियों ने पानी के नुकसान से बचने के लिए मौसमी रूप से अपने पत्ते बहाए। पत्तियां कांटों में बदल जाती हैं और वाष्पोत्सर्जन को कम करने के लिए छोटी होती हैं।

16(D). कृष्णापट्टनम बंदरगाह आंध्र प्रदेश के नेल्लोर जिले में भारत के पूर्वी तट पर स्थित है, यह एक सदाबहार, गहरे पानी का बंदरगाह है जिसमें 64 मिलियन टन प्रति वर्ष (एमटीपीए) की वर्तमान क्षमता के साथ एक बहु-कार्गो सुविधा है।

17(D). 'यक्षगान' कर्नाटिक राज्य से संबंधित एक नृत्य है।
यक्षगान एक पारंपरिक लोक नृत्य है जो तटीय कर्नाटक जिलों में लोकप्रिय है। यक्षगान को देखे बिना तटीय बेल्ट की यात्रा अधूरी होगी। यह नृत्य, संगीत, गीत, विद्वानों के संवाद और रंगीन वेशभूषा का एक दुर्लभ संयोजन है।

18(A). दमयंती जोशी (5 सितंबर 1928 - 19 सितंबर 2004) कथक नृत्य में एक प्रसिद्ध भारतीय शास्त्रीय नृत्यांगना थीं। वह 1930 के दशक में मैडम मेनका की मंडली में नाचने लगी, जिसने दुनिया के कई हिस्सों की यात्रा की।

19(B). ध्रुपद हिंदुस्तानी शास्त्रीय संगीत में एक मुखर शैली है, जिसे उस संगीत परंपरा में सबसे पुराना कहा जाता है। इसका नाम ध्रुव और पद (पद्य) शब्दों से लिया गया है, जहां कविता (ध्रुव) का एक हिस्सा गीत में टेक के रूप में प्रयोग किया जाता है।

20(D). पंचवर्षीय योजनाएं केंद्रीकृत और एकीकृत राष्ट्रीय आर्थिक कार्यक्रम हैं।
पहली पंचवर्षीय योजना (1951-1956) 1951 में शुरू की गई थी। यह मुख्य रूप से सामुदायिक विकास पर केंद्रित थी, जिसमें कृषि, मछली पकड़ने, वानिकी, खनन आदि जैसे प्राथमिक क्षेत्र का विकास शामिल है।
दूसरी पंचवर्षीय योजना (1956-1961) मुख्य रूप से तेजी से औद्योगिकरण पर केंद्रित थी। इसका दीर्घकालिक आर्थिक विकास था और इसलिए इसने बुनियादी और भारी उद्योगों के विकास को संरक्षण दिया।
तीसरी पंचवर्षीय योजना (1961-1966) मुख्य रूप से बुनियादी उद्योगों के विस्तार पर केंद्रित थी। बुनियादी रणनीति सार्वजनिक क्षेत्र और भारी उद्योगों का विकास थी ताकि एक आत्मनिर्भर विकास प्राप्त किया जा सके।
चौथी पंचवर्षीय योजना (1969-1974) के उद्देश्य आत्मनिर्भरता की उपलब्धि और स्थिरता के साथ विकास और कृषि की विकास दर पर ध्यान केंद्रित करना था।
न्यूनतम आवश्यकता कार्यक्रम पांचवीं पंचवर्षीय योजना (1974-78) के पहले वर्ष में शुरू किया गया था, ताकि कुछ मूलभूत न्यूनतम आवश्यकताएं प्रदान की जा सकें और लोगों के जीवन स्तर में सुधार हो सके।

21(A). सातवीं योजना में I.R.D.P के तहत अपनाई गई रणनीति संपूर्ण घरेलू दृष्टिकोण को अपनानी थी।
एकीकृत ग्रामीण विकास कार्यक्रम (IRDP) के कार्यान्वयन में देखी गई कमियों को देखते हुए, यह सुझाव दिया गया है कि संसाधनों को IRDP से दूर स्थानांतरित करके ग्रामीण रोजगार कार्यक्रमों को अधिक प्राथमिकता दी जानी चाहिए। हालांकि, देश में गरीबी उन्मूलन कार्यक्रमों के संचालन का अनुभव किसी भी तरह से एक समान नहीं है। सामान्य तौर पर, IRDP का प्रदर्शन अपेक्षाकृत विकसित क्षेत्रों में बेहतर रहा है जो बुनियादी ढांचे के साथ अच्छी तरह से उपलब्ध हैं और जहां लाभार्थियों के बीच जागरूकता का स्तर उच्च है।

22(B). खसरा एक बहुत ही संक्रामक रोग है जो मोर्बिलीवायरस (Morbillivirusthus) के जीन्स पैरामिक्सोवायरस के संक्रमण से होता है। वायरस के लिये एंटीबायोटिक विकसित नहीं किया जा सकता है। एंटीबायोटिक वायरस के मामले में काम नहीं करता है। इसलिए, कथन 1 सही नहीं है।
यह वायरस श्वसन भाग को संक्रमित करता है और फिर पूरे शरीर में फैल जाता है। खसरा एक मानवीय रोग है और जानवरों में इसके फैलने के विषय में कोई जानकारी नहीं है। इसलिए, कथन 2 सही है।

23(B). दुनिया का सबसे बड़ा और सबसे शक्तिशाली अंतरिक्ष दूरबीन 25 दिसंबर, 2021 को पहले तारों और आकाश गंगा से प्रकाश के संकेतों का पता लगाने के लिए रॉकेट से प्रक्षेपित हुआ। नासा का जेम्स वेब स्पेस टेलिस्कोप दक्षिण अमेरिका के उत्तरपूर्वी तट पर फ्रेंच गुयाना से एक यूरोपीय एरियन रॉकेट पर सवार करके प्रक्षेपित किया गया।

24(C). भारतीय प्रथम संचार उपग्रह एप्पल है।
एरियन -1 द्वारा सफलतापूर्वक उपग्रह को 19 जून 1981 को फ्रेंच गुयाना से प्रक्षेपित किया गया था। कई संचार प्रयोगों में एप्पल का उपयोग किया गया था।

25(A). अंतर्राष्ट्रीय अंतरिक्ष स्टेशन (ISS) एक माइक्रोग्रैविटी और अंतरिक्ष पर्यावरण अनुसंधान प्रयोगशाला के रूप में कार्य करता है जिसमें खगोल विज्ञान, खगोल विज्ञान, मौसम विज्ञान, भौतिकी और अन्य क्षेत्रों में वैज्ञानिक प्रयोग किए जाते हैं।
अंतर्राष्ट्रीय अंतरिक्ष स्टेशन (ISS) पृथ्वी की निम्न कक्षा में एक मॉड्यूलर स्पेस स्टेशन (रहने योग्य कृत्रिम उपग्रह) है।
ISS कार्यक्रम पांच भाग लेने वाली अंतरिक्ष एजेंसियों के बीच एक बहु-राष्ट्रीय सहयोगी परियोजना है:
- नासा (संयुक्त राज्य अमेरिका),
- रोस्कोसमोस (रूस),
- JAXA (जापान),
- ईएसए (यूरोप),
- सीएसए (कनाडा)

26(B). बेपिकोलंबो यूरोपीय अंतरिक्ष एजेंसी (ईएसए) और जापान एयरोस्पेस एक्सप्लोरेशन एजेंसी (जक्सा) के बीच एक संयुक्त प्रयास है। इसलिए, कथन 1 सही नहीं है।
बेपिकोलंबो मिशन का नाम प्रोफेसर ग्यूसेप (बेपि) कोलंबो (1920-1984), पादुआ, इटली के एक गणितज्ञ और इंजीनियर के विश्वविद्यालय के नाम पर रखा गया है।
प्रोफेसर कोलंबो यह देखने वाला पहला व्यक्ति था कि एक अप्राप्य प्रतिध्वनि बुध की अपनी धुरी पर घूमने की प्रवृत्ति के लिए जिम्मेदार है, जो सूर्य के चारों ओर होने वाले हर दो क्रांतियों के लिए तीन बार घूमता है।
बेपिकोलंबो बुध का पहला यूरोपीय मिशन है। इसलिये, कथन 2 सही है।
मिशन ने एक ही समय में ग्रह और उसके गतिशील वातावरण के पूरक माप करने के लिए दो अंतरिक्ष यान भी भेजे हैं।
मिशन की लागत 1.5 बिलियन अमरीकी डालर आंकी गई है और 2025 तक इसके बुध तक पहुंचने की उम्मीद है।
इसमें दो व्यक्तिगत ऑर्बिटर्स शामिल हैं: ईएसए का मर्करी प्लैनेटरी ऑर्बिटर (एमपीओ) और जेएक्सएए का मर्करी मैग्नेटोस्फेरिक ऑर्बिटर।
2025 में ग्रह के चारों ओर कक्षा में प्रवेश करने से पहले बेपिकोलंबो को पृथ्वी पर नौ गुरुत्वाकर्षण सहायता की जरूरत है, दो शुक्र पर और छह बुध पर।

27(C). जेएसडब्ल्यू एनर्जी की कुटेहर परियोजना ने 240 पनबिजली की आपूर्ति के लिए हरियाणा पावर परचेज सेंटर (एचपीपीसी) के

साथ एक बिजली खरीद समझौते (पीपीए) पर हस्ताक्षर किए हैं। पीपीए 35 वर्षों की अवधि के लिए वैध है जिसे पारस्परिक रूप से सहमत शर्तों पर आगे बढ़ाया जा सकता है।

पीपीए पर ₹ 4.50 /kWh (बस-बार में) के एक स्तरीकृत सीलिंग टैरिफ पर हस्ताक्षर किए गए थे।

पीपीए क्षमता का चयन एचपीपीसी द्वारा जुलाई 2018 में आमंत्रित ब्याज की प्रतिस्पर्धी बोली के माध्यम से किया गया था।

28(B). 18 अगस्त 2022 को INS कर्ण में वाइस एडमिरल बिस्वजीत दासगुप्ता द्वारा अपनी तरह की पहली, समग्र इंडोर शूटिंग रेंज (CISR) का उद्घाटन किया गया।

(CISR) नौसेना में सभी प्राथमिक और द्वितीयक हथियारों के लिए एक अत्याधुनिक, स्व-निहित, 25 मीटर, छह लेन, लाइव फायरिंग रेंज है। INS कर्ण नौसेना में पहला और इस तरह की सुविधा स्थापित करने और उपयोग करने वाली देश की एकमात्र सैन्य इकाई है।

29(B). 27 साल के प्राकृतिक गैस आपूर्ति सौदे के लिए कतर ने चीन के साथ साझेदारी की है। यह अब तक का सबसे लंबा गैस समझौता है जिस पर हस्ताक्षर किया गया है।

राज्य की ऊर्जा कंपनी अपनी नई नॉर्थ फील्ड ईस्ट परियोजना से चीन पेट्रोलियम और केमिकल कॉर्पोरेशन (सिनोपेक) को सालाना चार मिलियन टन तरलीकृत प्राकृतिक गैस भेजेगी।

30(A). 9 फरवरी को भारतीय भूवैज्ञानिक सर्वेक्षण ने घोषणा की कि भारत में पहली बार जम्मू-कश्मीर में लिथियम का भंडार पाया गया है, जो स्टोर अब मिला है, वहां 5.9 मिलियन टन लिथियम होने का सर्वेक्षण किया गया है।

31(D). प्रतिकूल मौसम और प्राकृतिक आपदाओं के कारण फसलों को हुए नुकसान की भरपाई के लिए, हरियाणा ने अप्रैल 2022 में योजना के लिए 10 करोड़ रुपये के प्रारंभिक कोष के साथ मुख्यमंत्री बागवानी बीमा योजना पोर्टल लॉन्च किया है। यह योजना सब्जियों और मसालों के लिए 30,000 रुपये प्रति एकड़ और फलों के लिए 40,000 रुपये प्रति एकड़ की राशि की भरपाई करती है, जिसकी भरपाई किसानों को चार श्रेणियों जैसे 25 प्रतिशत, 50 प्रतिशत, 75 प्रतिशत और 100 प्रति एकड़ के माध्यम से की जाएगी। सर्वेक्षण के आधार पर शत-प्रतिशत किसान का अंशदान बीमित राशि का केवल 5 प्रतिशत यानी सब्जियों और मसालों के लिए 750 रुपये प्रति एकड़ और फलों के लिए 1000 रुपये प्रति एकड़ होगा।

32(C). मध्य प्रदेश के मुख्यमंत्री शिवराज सिंह चौहान ने हाल ही में नर्मदा जयंती के अवसर पर लाडली बहना योजना के कार्यान्वयन की घोषणा की। योजना के तहत 23 से 60 वर्ष की आयु वर्ग की लाभार्थी महिलाओं को एक हजार रुपये प्रतिमाह की सहायता स्वीकृत की गई है।

33(A). सबसे चमकदार वार्षिक उल्का वर्षा में से एक काड्रिंटिड्स 28 दिसंबर से 12 जनवरी तक सक्रिय हैं।

नासा के अनुसार, प्रति घंटे लगभग 80 उल्काओं को देखा जा सकता है, उल्का वेग 41 किलोमीटर प्रति सेकंड है। हालांकि अधिकांश उल्का वर्षा धूमकेतुओं से होती है, काड्रिंटिड्स की उत्पत्ति 2003 EH 1 नामक क्षुद्रग्रह से होती है। उल्का वर्षा का नाम काड्रंस मुरालिस (मुरल चतुर्भुज) के नक्षत्र से मिलता है।

34(C). 12 फरवरी 2022 को खबरों में रहे MUSE और HelioSwarm नासा से जुड़े हुए हैं।

नासा ने मल्टी-स्लिट सोलर एक्सप्लोरर (एमयूएसई) और हेलियोस्वार्म नामक दो नए विज्ञान मिशनों की घोषणा की है। इन दो मिशनों का उद्देश्य सूर्य के कोरोना का अध्ययन करना और सौर हवा के चुंबकीय क्षेत्र को मापना भी है। नासा ने इससे पहले पार्कर सोलर प्रोब द्वारा सूर्य के रास्ते में किए गए नवीनतम अवलोकनों की घोषणा की थी।

35(D). मेघालय 'मानसिक स्वास्थ्य और सामाजिक देखभाल नीति' लॉन्च करने वाला पहला उत्तर-पूर्वी राज्य और भारत का तीसरा राज्य बन गया है।

मेघालय मंत्रिमंडल ने 29 नवंबर 2022 को मेघालय मानसिक स्वास्थ्य और सामाजिक देखभाल नीति को मंजूरी दे दी है। नीति का दृष्टिकोण समग्र मानसिक स्वास्थ्य और कल्याण को बढ़ावा देना और उचित पहुंच और देखभाल के रास्ते की सुविधा प्रदान करना है।

36(A). 8 किग्रा 350 ग्राम में से 3 किग्रा 178 ग्राम घटाने पर = 8 किलो 350 ग्राम - 3 किलो 178 ग्राम = 5 किलो 172 ग्राम

37(B). सरल करने पर $= \frac{1}{3} + \frac{7}{9} \div \left(\frac{7}{10} \times \frac{1}{4}\right)$

$= \frac{1}{3} + \frac{7}{9} \times \left(\frac{40}{35}\right) = \frac{1}{3} + \frac{8}{9} = \frac{11}{3} = 1\frac{2}{9}$

38(B). दिया गया है ,

6 छात्रों की आयु आयु = 11 वर्ष

n संख्याओं का औसत = कुल संख्याओं का योग/ n

नए विद्यार्थियों के जोड़े जाने से पहले की कुल आयु $= 11 \times 6 = 66$

नए विद्यार्थियों के जोड़े जाने के बाद कुल आयु $= 66 + 14 + 16 = 96$

माना उनकी वर्तमान औसत आयु x है।

फिर, प्रश्न के अनुसार,

$x = \frac{96}{8}$

$\Rightarrow x = 12$

$\therefore$ उनकी नई औसत आयु = 12 वर्ष

39(A). दिया है,

3 वर्ष पहले पति, पत्नी और उनके बच्चे की औसत आयु 27 वर्ष थी और 5 वर्ष पहले पत्नी और बच्चे की औसत आयु 20 वर्ष थी।

पति, पत्नी और बच्चे की वर्तमान आयु का योग

$= (27 \times 3 + 3 \times 3)$ वर्ष

$= 90$ वर्ष

पत्नी और बच्चे की वर्तमान आयु का योग

$= (20 \times 2 + 5 \times 2)$ वर्ष

$= 50$ वर्ष

पति की वर्तमान आयु

$= (90 - 50)$ वर्ष

$= 40$ वर्ष

40(D). $3.\overline{87} - 2.\overline{59} = (3 + 0.\overline{87}) - (2 + 0.\overline{59})$

$= \left(3 + \frac{87}{99}\right) - \left(2 + \frac{59}{99}\right)$

$= 1 + \left(\frac{87}{99} - \frac{59}{99}\right)$

$= 1 + \frac{28}{99}$

$= 1.\overline{28}$

41(A). दी गई संख्या $= \frac{2}{7}, \frac{3}{13}, \frac{5}{6}$

7, 13, 6 का लघुत्तम समापवर्त्य = 546

$\frac{2}{7} \times 546 = 156$

$\frac{3}{13} \times 546 = 126$

$\frac{5}{6} \times 546 = 455$

संख्या को अवरोही क्रम में व्यवस्थित करने पर

$= 455 > 156 > 126$

$= \frac{5}{6}, \frac{2}{7}, \frac{3}{13}$

42(C). मिश्र धातु A में सोने और तांबे का अनुपात = 5 : 3

मिश्र धातु B में सोने और तांबे का अनुपात = 5 : 11

मिश्र धातु में सोने की मात्रा $A = \frac{5}{8}$

मिश्र धातु में सोने की मात्रा $B = \frac{5}{16}$

तांबे की मात्रा $A = \frac{3}{8}$

तांबे की मात्रा $B = \frac{11}{16}$

C में सोने की मात्रा,

=(सोने की मात्रा में A+ सोने की मात्रा में B)

$= \frac{5}{8} + \frac{5}{16} = \frac{10+5}{16} = \frac{15}{16}$

C में कॉपर की मात्रा,

= (A में तांबे की मात्रा+B में तांबे की मात्रा)

$= \frac{3}{8} + \frac{11}{16} = \frac{17}{16}$

इसलिए,

C में सोने और तांबे का अनुपात,

$= \frac{15}{16} : \frac{17}{16} = 15 : 17$

43(A). दिया है:

A, B और C के हिस्से का अनुपात $= 7 : 8 : 12$

C का हिस्सा $= 20 + B$ का हिस्सा

अब,

माना A, B और C की राशि क्रमशः $7a, 8a$ और $12a$ है।

$12a = 8a + 20$

$\Rightarrow 4a = 20$

$\Rightarrow a = 5$

B और A के हिस्से में अंतर $= 8a - 7a$

$= 5$

44(B). यदि कर्मचारी का वेतन 100 ₹ है तो,

कर्मचारी का वेतन $= 100 \times \frac{150}{100} \times \frac{46}{100}$

$= 69$

अतः कर्मचारी के वेतन में कमी,

$= (100 - 69)\%$

$= 31\%$ कमी

45(C). दिया गया है,

किसी वस्तु को इसके क्रय मूल्य से 25% ऊपर अंकित किया गया है।

$x\%$ छूट देने के बाद फिर भी 5.5% का लाभ होता है।

माना कि वस्तु का क्रय मूल्य 100 इकाई है।

प्रश्न के अनुसार,

विक्रय मूल्य $= [(100+ $ लाभ $\%) / 100] \times$ क्रय मूल्य

वस्तु का विक्रय मूल्य है

$= \left[\frac{(100+5.5)}{100}\right] \times 100$

$= 105.5$ इकाई

वस्तु का अंकित मूल्य है:

$= [100 + (100 \times 25\%)]$

$= 100 + 25$

$= 125$ इकाई

साथ ही,

वस्तु का विक्रय मूल्य है:

विक्रय मूल्य $= [$ अंकित मूल्य $-($ अंकित मूल्य $\times$ छूट $\%)]$

$= [125 - (125 \times x\%)] = 105.5$

$\Rightarrow 125 - \frac{5x}{4} = 105.5$

$\Rightarrow \frac{5x}{4} = 19.5$

$\Rightarrow x = 19.5 \times \frac{4}{5}$

$\Rightarrow x = 15.6$

$\therefore x$ का अभीष्ट मान 15.6 है।

46(C). दिया गया है,

₹ 40 प्रति किलोग्राम कीमत वाली चीनी को ₹ 48 प्रति किलोग्राम कीमत की चीनी को मिलाया जाता है।

जैसा कि हम जानते हैं,

विक्रय मूल्य $= (100+ $ लाभ $) \times ($ क्रय मूल्य $/100)$

माना संपूर्ण मिश्रण का क्रय मूल्य x रूपए है।

$x = 54 \times \frac{100}{120}$

$\Rightarrow x = 45$ रूपए

अनुपात $= (48 - 45) : (45 - 40)$

$= 3 : 5$

$\therefore$ अनुपात $3 : 5$ है।

47(B). दिया है:

धन का योग 16 वर्षों में स्वयं का 5 गुना हो जाता है

(i) SI $= \frac{PRT}{100}$

जहां P $=$ मूलधन

R $=$ दर

T $=$ समय

(ii) $A = SI + P$

कहाँ, $A = $ राशि

SI $=$ साधारण ब्याज

मान लीजिए कि मूलधन P है।

16 साल के लिए,

SI $= \frac{(P \times R \times 16)}{100}$

$\Rightarrow \frac{16PR}{100}$

A $=$ SI $+$ P

$\Rightarrow 5P = \frac{16PR}{100} + P$

$\Rightarrow 4P = \frac{16PR}{100}$

$\Rightarrow$ R $= \frac{400}{16}$

$\Rightarrow$ R $= 25\%$

$\therefore$ ब्याज की दर 25% है।

48(D). दिया है:

एक व्यापारी के पास निवेश करने के लिए 10000 रुपये थे।

दर $= 10\%$

मान लीजिये:

माना बैंक B में निवेश की गई राशि x रुपये थी।

बैंक A में निवेश की गई राशि $= (10000 - x)$ रुपये

गणना:

बैंक A में तीन वर्षों के बाद राशि $= 1.3 (10000 - x) = 13000 - 1.3x$

बैंक B में तीन वर्षों के बाद राशि $= 1.1^3 x = 1.331x$

$\Rightarrow \frac{1.331x}{13000 - 1.3x} = \frac{3}{2}$

$\Rightarrow 2.662x = 39000 - 3.9x$

$\Rightarrow 2.662x + 3.9x = 39000$

$\Rightarrow 6.562x = 39000$

$\Rightarrow x = \frac{39000}{6.562} = 5943.31$ रुपये

$\therefore$ बैंक A में निवेश की गई राशि $= 10000 - 5943.31 = 4056.69$ रुपये

49(D). $(A + B + C)$ द्वारा 1 मिनट में किया गया कार्य $= \frac{1}{30}$

$(A + B)$ द्वारा 1 मिनट में किया गया कार्य $= \frac{1}{50}$

C अकेले C द्वारा 1 मिनट में किया गया कार्य $= \frac{1}{30} - \frac{1}{50}$

$= \frac{5-3}{150}$

$= \frac{2}{150}$

$= \frac{1}{75}$

C अकेले कार्य को 75 मिनट में पूरा सकता है।

50(A). दिया गया है,

'A' 30% काम 30 दिनों में करता है।

जैसा कि हम जानते है,

दक्षता $=$ कार्य/समय

माना कुल कार्य 100 इकाई है।

फिर, A की दक्षता $= \frac{30}{30} = 1$ इकाई /दिन

फिर वह B को बुलाता है और वे मिलकर बचा हुआ काम 20 दिनों में पूरा करते हैं।

तो, शेष कार्य $= 70$ इकाई

माना B की दक्षता x इकाई/दिन हो, तो

$\frac{70}{(1+x)} = 20$

$\Rightarrow 20 + 20x = 70$

$\Rightarrow 20x = 50$

$\Rightarrow x = 2.5$ इकाई/दिन

$\therefore$ B को अकेले काम करने में समय लगेगा $= \left(\frac{100}{2.5}\right) = 40$ दिन

51(D). पूर्व वर्ष की तुलना में प्रति कर्मचारी द्वारा की गयी बिक्री में वर्ष

2016 में वृद्धि हुई है।
∴ वर्ष 2016 में पूर्व वर्ष की तुलना में प्रति कर्मचारी द्वारा की गयी बिक्री अधिकतम थी।

52(C). दिया गया है,
A द्वारा बेचे गए छोटे पिज्जा = 44
B द्वारा बेचे गए छोटे पिज्जा = 56
D द्वारा बेचे गए छोटे पिज्जा = 34
C द्वारा बेचे गए पिज्जा की कुल संख्या = 88
दुकान A, B और D से मिलाकर बेचे गए छोटे आकार के पिज्जा की कुल संख्या और दुकान C से बेचे गए पिज्जा की कुल संख्या के बीच का अंतर = $(44 + 56 + 34) - 88$
$= 46$
∴ दुकान A, B और D से मिलाकर बेचे गए छोटे आकार के पिज्जा की कुल संख्या और दुकान C से बेचे गए पिज्जा की कुल संख्या के बीच का अंतर 46 है।

53(A). दिया गया है,
दुकान D से बेचे गए पिज्जा की कुल संख्या = 62
दुकान A से बेचे गए पिज्जा की कुल संख्या = 80
आवश्यक प्रतिशत $= 62 \times \dfrac{100}{80}$
$= 77.5$
∴ दुकान D से बेचे गए पिज्जा की कुल संख्या, दुकान A से बेचे गए पिज्जा की कुल संख्या का 77.5% है।

54(D). दिया गया है,
A द्वारा बेचे गए मध्यम पिज्जा की संख्या = 36
B द्वारा बेचे गए मध्यम पिज्जा की संख्या = 40
C द्वारा बेचे गए मध्यम पिज्जा की संख्या = 48
D द्वारा बेचे गए मध्यम पिज्जा की संख्या = 28
जैसा कि हम जानते हैं,
औसत = सभी अवलोकनों का योग / अवलोकनों की संख्या
$= \dfrac{(36+40+48+28)}{4}$
$= \dfrac{152}{4}$
$= 38$
∴ सभी दुकानों से बेचे गए मध्यम आकार के पिज्जा की कुल संख्या का औसत 38 है।

55(C). दिया गया है,
दुकान C से बेचे गए छोटे आकार के पिज्जा की संख्या = 40
दुकान C से बेचे गए बड़े पिज्जा की संख्या $= 40 \times \dfrac{20}{100} = 8$
दुकान C से मध्यम आकार के पिज्जा की संख्या = 48
दुकान C से बेचे गए छोटे आकार के पिज्जा की संख्या = 40
दुकान C से बेचे गए पिज्जा की कुल संख्या
$= 40 + 48 + 8 = 96$
∴ दुकान C से बेचे गए पिज्जा की कुल संख्या 96 है।

56(D). इस श्रृंखला में चार बार व्यंजन के ठीक पहले तथा ठीक बाद में स्वर आया है।
n o i j o n p t a k t I n o p u j e t b n a p u b

57(D). प्रस्तुत श्रृंखला में तीन बार व्यंजन के ठीक बाद स्वर आया है परंतु व्यंजन के पहले नहीं आया है।
n o i j o n **p t** a k t I n o **p u** j e t **b n** a **p u** b

58(B). श्रृंखला में व्यंजन के कुल 7 वर्णों का प्रयोग किया गया है। (n, p, t, k, I, j, b)
n o i j o n p t a k t I n o p u j e t b n a p u b

59(D). अक्षर शृंखला का 7 वाँ अक्षर निम्नवत् होगा:

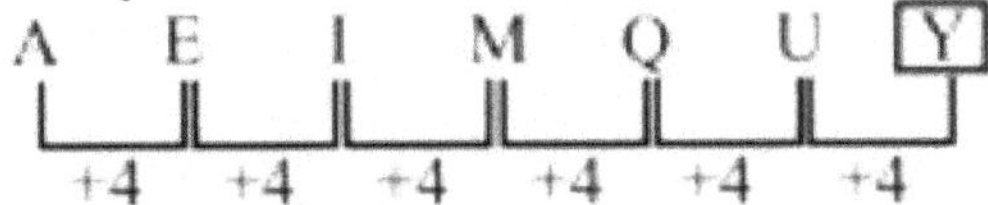

60(D). कथन के अनुसार, नेशनल एल्युमीनियम कंपनी ने भारत को अतीत में कमी की स्थिति से वर्तमान में आत्मनिर्भरता की ओर ले आया है। इसका तात्पर्य है कि पहले भारत को एल्युमिनियम

का आयात करना पड़ता था। इसलिए I अनुसरण करता है। साथ ही यह भी निष्कर्ष निकाला जा सकता है कि यदि उत्पादन इसी दर से बढ़ता है तो भारत भविष्य में इसका निर्यात कर सकता है। इसलिए II भी अनुसरण करता है।

61(A). कथन में उल्लेख किया गया है कि भारत की अर्थव्यवस्था मुख्य रूप से वनों पर निर्भर करती है। इसका तात्पर्य है कि वनों को संरक्षित किया जाना चाहिए। इसलिए I अनुसरण नहीं करता हूँ। लेकिन, केवल वनों के संरक्षण से ही अर्थव्यवस्था में सुधार हो सकता है, यह नहीं कहा जा सकता। इसलिए II अनुसरण नहीं करता है।

62(D). दिया गया कथन है: एक पुस्तकालय पाठकों द्वारा पुस्तकों की देर से वापसी के लिए, वापसी की नियत तारीख के बाद के दिनों के लिए प्रतिदिन 10 रुपये का जुर्माना वसूलता है।
इसका तात्पर्य यह है कि पुस्तक वापस करने की नियत तिथि के बाद प्रत्येक दिन के लिए एक व्यक्ति से 10 रुपये शुल्क लिया जाएगा। उदाहरण के लिए, यदि पुस्तक वापस करने की नियत तारीख महीने की पहली तारीख है और व्यक्ति ने इसे महीने की 5 तारीख को वापस कर दिया है तो इस मामले में व्यक्ति को 40 रुपये का जुर्माना देना होगा क्योंकि उसने पुस्तक को नियत तारिख के 4 दिन के बाद वापस किया है।
निष्कर्ष:
I. महंगी किताबों के लिए जुर्माना अधिक होगा → असत्य (दिए गए कथन के अनुसार पुस्तक की कीमत पर ध्यान दिए बिना एक निश्चित मूल्य का उल्लेख किया गया है।)
II. सस्ती किताबों पर जुर्माना कम होगा। → असत्य (दिए गए कथन के अनुसार पुस्तक की कीमत पर ध्यान दिए बिना एक निश्चित मूल्य का उल्लेख किया गया है।)
इसलिए, "ना तो निष्कर्ष I और ना ही निष्कर्ष II अनुसरण करता है।"

63(B). अपूर्ण पैटर्न को पूरा करने पर:

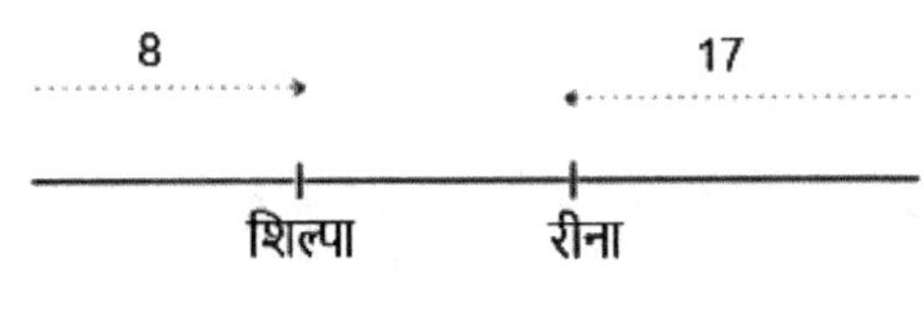

64(D). यहाँ पैटर्न इस प्रकार है:

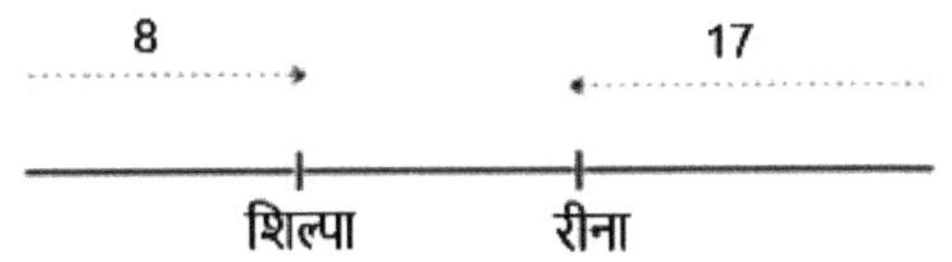

65(C). दिया गया है,
लड़कियों की एक कतार में, यदि शिल्पा जो कि बाईं ओर से 8 वें स्थान पर है और रीना जो कि दाईं ओर से 17 वें स्थान पर है आपस में अपना स्थान अदल-बदल कर लेती हैं, तो शिल्पा बाईं ओर से 14वें स्थान पर हो जाती है।

स्थानांतरण करने पर,

फिर,

शिल्पा की वर्तमान स्थिति = 14
रीना की पूर्व स्थिति = 17
कुल लड़कियों की संख्या = (शिल्पा की वर्तमान स्थिति + रीना की पूर्व स्थिति) – 1
= (1 4 + 1 7) – 1 = 3 0

66(D). दिया गया है,
35 बच्चों की एक कतार में M दायीं ओर से 15 वां है और M और R के बीच 10 बच्चे हैं।
दी गई जानकारी के अनुसार,

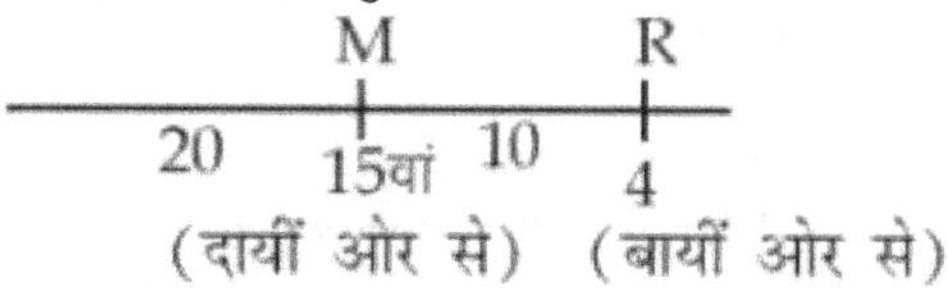

या

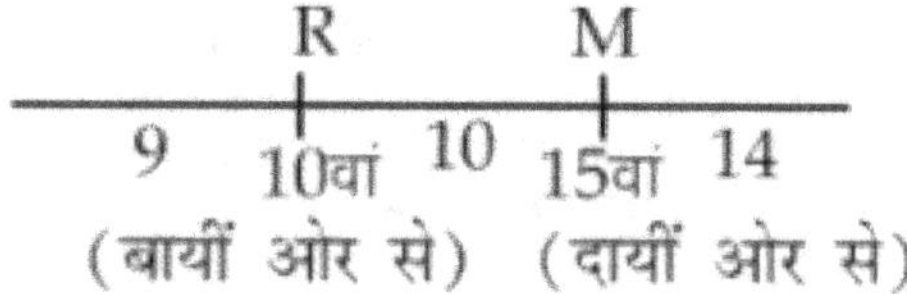

इस प्रकार R की स्थिति ज्ञात नही किया जा सकता है।

67(C). कक्षा में छात्रों की कुल संख्या = 31
ऊपर से मनोज की रैंक सातवीं है।
तो, नीचे से मनोज की रैंक = 31 - 7 + 1
= 24 + 1 = 25 वां
शीर्ष से सचिन की रैंक ग्यारहवीं है।
तो, नीचे से सचिन की रैंक = 31 - 11 + 1
= 20 + 1 = 21 वीं

68(D). दी गई जानकारी को नीचे दर्शाया गया है:

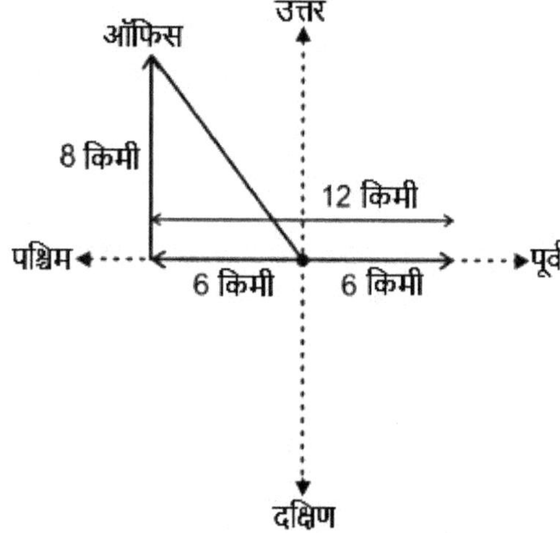

उसके घर से कार्यालय तक की सीधी दूरी $= \sqrt{(6^2 + 8^2)}$
$= \sqrt{(36 + 64)}$
$= \sqrt{100}$
$= 10$ किमी

69(D). प्रश्नानुसार, हम प्रारंभिक स्थिति से दिशा और दूरी का पता लगाने के लिए निम्नलिखित आकृति बनाएंगे।

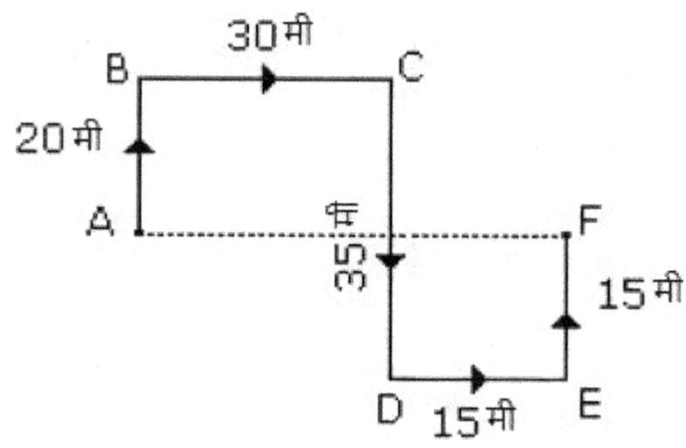

आवश्यक दूरी = AF
= 30 + 15 = 45 मी
उपरोक्त आरेख से, F, A से पूर्व दिशा में है।
इसलिए आवश्यक उत्तर 45 मीटर "पूर्व" है।

70(B). D का एक भाई A है। D, C का पुत्र है। B, C का पिता है।
वंश-वृक्ष नीचे दिया गया है:

आरेख में प्रतीक	अर्थ
◯	महिला
▢	पुरुष
═	विवाहित जोड़ा
─	भाई/बहन
│	पीढ़ी का अंतर

B
│
C
│
D — A

A, B का पोता (पौत्र / नाती) है।
इसलिए, सही उत्तर "पोता (पौत्र / नाती)" है।

71(B). निम्नलिखित चिह्नों का प्रयोग करते हुए वंश वृक्ष आरेख तैयार करने पर

आरेख में प्रतीक	अर्थ
◯	महिला
☐	पुरुष
═══	विवाहित जोड़ा
───	भाई/बहन
│	पीढ़ी का अंतर

एक संभावित वृक्ष आरेख होगा:

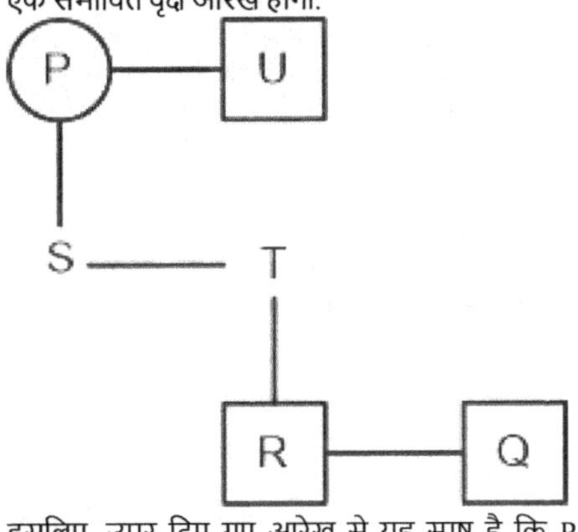

इसलिए, उपर दिए गए आरेख से यह स्पष्ट है कि P, Q की ग्रैंडमदर है।
इसलिए, सही उत्तर ग्रैंडमदर है।

72(D). नीचे दिए गए निर्देशों के अनुसार आरेख बनाते हैं,

आरेख में प्रतीक	अर्थ
◯	महिला
☐	पुरुष
───	शादीशुदा जोड़ा
───	सामभासी
│	एक पीढ़ी का अंतर

आरेख निम्न प्रकार होगा,

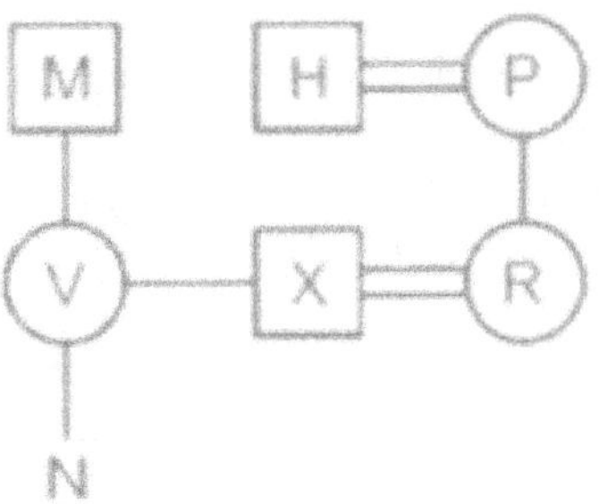

चूँकि हम नहीं जानते हैं कि N पुरुष या महिला है, इसलिए, M के साथ N का संबंध ज्ञात नहीं किया जा सकता है।

73(D). दिया गया है,
$a_n = (2n-1)^2$
जैसा कि हम जानते हैं कि,
$S_n = \sum a_n$
$\Rightarrow S_n = \sum_{k=1}^{n} a_k = \sum_{k=1}^{n} [4k^2 - 4k + 1]$
$\Rightarrow S_n = -4\sum_{k=1}^{n} k + 4\sum_{k=1}^{n} k^2 + \sum_{k=1}^{n} 1$
जैसा कि हम जानते हैं,
$\sum n^2 = \dfrac{n(n+1)(2n+1)}{8}$
$\sum n = \dfrac{n(n+1)}{2}$
$\sum 1 = n\backslash)$
$\Rightarrow S_n = \dfrac{n \cdot (2n+1) \cdot (2n-1)}{3}$

74(B). दिया गया है,
एक गुणोत्तर श्रेणी का पहला पद 27 है और इसका आठवां पद $\dfrac{1}{81}$ है।
a दिए गए गुणोत्तर श्रेणी का पहला पद है और r सार्व अंतर है।
अर्थात् a = 27
चूँकि हम जानते हैं कि, एक गुणोत्तर श्रेणी का सामान्य पद निम्न द्वारा ज्ञात किया गया है:
$a_n = ar^{n-1}$
$\Rightarrow a_8 = a \cdot r^7 = 27 \cdot r^7 = \dfrac{1}{81}$
$\Rightarrow r = \dfrac{1}{3}$
चूँकि हम जानते हैं कि,
$|r| < 1$ के लिये,
$S_n = a\left(\dfrac{1-r^n}{1-r}\right)$
और, $|r| > 1$ के लिये,
$S_n = a\left(\dfrac{r^n-1}{r-1}\right)$
$\Rightarrow S_{10} = 27 \cdot \left(\dfrac{1-\frac{1}{3^{10}}}{1-\frac{1}{3}}\right)$
$= \dfrac{81}{2} \cdot \left(1 - \dfrac{1}{3^{10}}\right)$

75(C). जैसा कि हम जानते हैं कि, समान्तर श्रेणी का n वां पद निम्न द्वारा दिया गया है:
$T_n = a + (n-1) \times d$
जहाँ a = पहला पद और d = सार्व अंतर
$\Rightarrow a_{p+q} = a + (p+q-1) \times d$
$\Rightarrow a_{p-q} = a + (p-q-1) \times d$
समीकरण (1) और (2) को जोड़कर, हम प्राप्त करते हैं
$\Rightarrow a_{p+q} + a_{p-q} = 2a + 2(p-1)d$
$= 2 \times [a + (p-1)d] = 2 \times a_p$

76(B). It is mentioned in above given passage, Madhubani paintings are no longer done exclusively by women to meet their widespread demand.

77(A). It is mentioned in above given passage, the paintings are of religious nature when done in the pooja room.

78(A). The word secular means not connected with religious or spiritual matters. So, the paintings become secular when they depict court scenes.

79(A). It is mentioned in above given passage, Madhubani paintings show only a balanced portrayal of all of them.

80(C). It is mentioned in above given passage, we can conclude that the art of Madhubani was learnt at the homes.

81(B). In the given sentence the only sequence that makes sense is RQSP for the following reasons:
- Starts by stating that his uncle was a self-made man. (R)
- This is soon followed by a meaningful action i.e he always advised his son . (Q)
- The statement states the advice he gave i.e to depend on his own efforts (S)
- And finally, the first statement states the purpose of the given advice i.e for success in life (P) .

Finally, we get the sentence His uncle who was a self-made man (R) always advised his son (Q) to depend on his own efforts (S) for success in life. (P)

82(C). In the given sentence the only sequence that makes sense is QPRS for the following reasons:
- Starts by stating the quality of the doctor ie. he was very competent in his profession (Q) .
- This is soon followed by something he did not like i.e did not like the behavior of his patients (P)
- The next statement elaborates the behavior i.e they talked at length (R)
- And finally, the last statement gives an insight into what they talked i.e about their problems . (S)

Finally, we get The doctor who was very competent in his profession (Q) did no like the behavior of his patients (P) when they talked at length (R) about their problems. (S)

Therefore the correct sequence is QPRS and the only sequence that gives proper meaning to the sentence and So the correct answer.

83(C). In the given sentence the only sequence that makes sense is RPSQ for the following reasons:
- Starts by stating that leadership has wide range of expressions. (R)
- This is soon followed by the first expression i.e form leadership in culture. (P)
- The next statement puts forth the next expression i.e to leadership in polities. (S)
- And finally, the last expression i.e in military situation and in face to face small groups. (Q)

Finally, we get the sentence Leadership has wide range of expressions (R) from leadership in culture (P) to leadership in polities (S) in military situation sand in face-to-face small groups. (Q)

This is the only sequence that gives proper meaning to the sentence and hence the correct answer is RPSQ .

84(C). In the given sentence the only sequence that makes sense is SPRQ for the following reasons:
- Starts by stating how he sat i.e until he was chilled with the cold. (S)
- This is soon followed by the action he did while he was sitting i.e glancing occasionally. (P)
- The next statement tells us what he was glancing at i.e the figure of the old woman. (R)
- And finally, the last statement tells us what the figure of the old woman was doing i.e peering through the window. (Q)

Finally, we get the sentence He sat until he was chilled with cold (S) glancing occasionally (P) at the figure of the old woman (R) peering through the window. (Q)

Therefore the correct sequence is SPRQ as it givens meaning to the sentence and is also the correct answer.

85(B). In the given sentence the only sequence that makes sense is QSPR for the following reasons:
- Starts by stating that the haggard man after the earthquake clambering over the ruins. (Q)
- This is soon followed by the next statement that the ruins were of his house and factory. (S)
- The next statement states the act he did after clambering over the ruins i.e shaking his fist at the sky. (P)
- And finally, the last statement tells us the aftermath of the action i.e he collapsed with a howl of revolt. (R)

Finally, we get the sentence After the earthquake tremors, the TV showed a haggard man clambering over the ruins (Q) of his house and factory (S) shaking his fist at the sky (P) and collapsing with a howl of revolt. (R)

86(A). The given sentence is grammatically incorrect.
- Here, 'Suresh has neither' should be used instead of 'Suresh have never'.
- 'Neither' is used in the negative sense when we are presenting things that aren't true or valid. Neither...nor gives a negative meaning to verbs.
- And we also know that 'Neither' is always followed by 'nor'.
- Hence, 'never' should be replaced with 'neither' to form a grammatically correct sentence.
- We know that 'Suresh' is singular and it should be followed by a singular helping verb. Hence, 'has' should be used instead of 'have'.

87(A). Throughout history, humans have existed side-by-side with bacteria and viruses.
- The given sentence is grammatically incorrect.
- Here, 'Throughout history' should be used instead of 'Throughout the history'.
- In the given sentence usage of 'the' in Part P is grammatically incorrect.
- 'Throughout history' is correct. It means 'through the whole of some specified period or area'.

88(C). According to grammar, 'on' is a preposition, and after the preposition, we need to write a prepositional object and it can be a noun/pronoun/gerund.
- Also, remember that the prepositional object is written just after the preposition.
- In the options given, 'speaking' is the only gerund that is the correct answer.

So the correct sentence is- He went on speaking foolishly.

89(C). According to grammar, 'in' is a preposition and we know that after the preposition we usually use the prepositional object that can be a noun /pronoun/ gerund.

In this case, we need to use a gerund.

So the correct sentence is- She is not interested in eating sweets.

90(C). Conscientious is spelled correctly.
Conscientious: Putting a lot of effort into your work.

91(C). Millennium is the correct spelling according to the dictionary.
Millennium(noun): A period of 1,000 years, or the time when a period of 1,000 years ends.

92(D). The sentence talks about Feroza being sure that her daughter had the necessary skills to qualify for the finals of a certain competition.
Competent: Having the necessary ability, knowledge, and/or skill to do something successfully.
Inept: Not having the required skills.
Thus, it is clear that 'competent' and 'inept' are antonyms.

93(A). Let us see the meaning of divided:
Divided (Verb): separate or be separated into parts
Combined: join or merge to form a single unit or substance.
From the meanings of the given words, we can say that the word 'combined' is the opposite of the meaning of the underlined word 'divided'.

94(C). An act of killing of an ethnic group is called Genocide.
Genocide is an internationally recognized crime where acts are committed with the intent to destroy, in whole or in part, a national, ethnic, racial, or religious group.

95(D). Pooja does not know how to read and write. Her friends call her Illiterate.
Illiterate means having or showing a lack of knowledge about a particular subject.
Example:
1. She is politically illiterate and has never voted in an election.
2. He's illiterate when it comes to computers.

96(D). A @ कंप्यूटर प्रोग्रामिंग भाषा नहीं है ।
प्रोग्रामिंग भाषा:
- प्रोग्रामिंग एक कृत्रिम भाषा है, विशेष रूप से कंप्यूटर के साथ प्रोग्रामिंग भाषाओं का उपयोग किया जाता है।
- इसका उपयोग प्रोग्राम लिखने, एल्गोरिदम को सटीक रूप से व्यक्त करने या मानव संचार के साधन के रूप में भी किया जा सकता है।
- इस समय लगभग 2,500 प्रोग्रामिंग भाषाएं उपलब्ध हैं।
- कुछ प्रोग्रामिंग भाषाएं पास्कल, बेसिक, फोर्ट्रान, C, C++, जावा, जावास्क्रिप्ट, पायथन, लिस्प, ऑब्जेक्टिव - C, C #, आदि हैं।

97(B). एक सुनिश्चित सेल एड्रेस में पंक्ति नंबर और कॉलम लेबल से पहले $ संकेत होता है।
सुनिश्चित सेल एड्रेस में किसी सेल एड्रेस में पंक्ति संख्या और कॉलम नाम से पहले एक डॉलर चिन्ह लगाया जाता है ; जैसे - B3, ऐसे संदर्भ को कहीं नकल करते समय वह बदलता नहीं है।

98(C). इंटरनेट की प्रत्येक मशीन में एक विशिष्ट पहचान संख्या होती है, जिसे IP address कहा जाता है। IP इंटरनेट प्रोटोकॉल के लिए है, जो कि भाषा है जो कंप्यूटर इंटरनेट पर संचार करने के लिए उपयोग करते हैं।

99(B). पहली सोशल मीडिया साइट (1997) में डिवेलप है। पहली सोशल मीडिया साइटों में से एक, SixDegrees.com पर, यह एक प्रोफाइल पेज सेट कर सकता है, कनेक्शन की सूची बना सकता है और नेटवर्क पर संदेश भेज सकता है।

100(A). हाफ डुप्लेक्स में शुरुआती एफएम पुश टू टॉक टेलीफोन सिस्टम का इस्तेमाल किया गया था। हाफ डुप्लेक्स एक प्रकार का संचार है जिसमें सूचना या डेटा दो उपकरणों के बीच आगे और पीछे हो सकता है। इस प्रकार के संचार में, प्रत्येक डिवाइस डेटा भेज और प्राप्त कर सकता है, लेकिन एक समय में केवल एक डिवाइस डेटा संचारित कर सकता है।

General Awareness

1. द्विसदनी प्रणाली निम्नलिखित रूपों में से कौन सी विशेषता है:
   (a) संसदीय प्रणाली
   (b) राष्ट्रपति प्रणाली
   (c) संघवाद
   (d) एकता प्रणाली

2. निम्नलिखित में से किसे लोकतंत्र नहीं माना जाता है?
   (a) अमेरिका
   (b) नॉर्वे
   (c) भारत
   (d) चीन

3. निम्नलिखित में से कौन-सी राष्ट्रपति शासन प्रणाली की विशेषता है?
   (a) यह लोगों की स्वतंत्रता की रक्षा करता है
   (b) यह नीतियों के शीघ्र निष्पादन सुनिश्चित करता है
   (c) तय अवधि सिस्टम को स्थिर करता है
   (d) उपर्युक्त सभी

4. भारत ने एक मजबूत केंद्र के साथ संघीय प्रणाली को कहां से अपनाया?
   (a) संयुक्त राज्य अमेरिका
   (b) कनाडा
   (c) यूनाइटेड किंगडम
   (d) फ्रांस

5. संविधान में निम्नलिखित में से किस निकाय का उल्लेख नहीं है?
   (a) राष्ट्रीय मानवाधिकार आयोग
   (b) राष्ट्रीय अनुसूचित जनजाति आयोग
   (c) वित्त आयोग
   (d) संघ लोक सेवा आयोग

6. _________ कथन बिहार विधान सभा के संबंध में गलत है/हैं?
   (a) बिहार विधान सभा एक स्थायी निकाय नहीं है और विघटन के अधीन है।
   (b) विधान सभा के सदस्य सीधे जनता द्वारा चुने जाते हैं।
   (c) बिहार विधानसभा में कुल 243 सीटें हैं।
   (d) विजय कुमार चौधरी बिहार विधान सभा के वर्तमान अध्यक्ष हैं।

7. विधान परिषद के बारे में गलत कथन का पता लगाएं।
   (a) विधान सभा विधान परिषद के उन्मूलन के लिए एक प्रस्ताव पारित कर सकती है।
   (b) धन विधेयक के मामले में, विधान परिषद इसे अस्वीकार नहीं कर सकती है, लेकिन इसमें कोई संशोधन प्रस्तावित कर सकती है।
   (c) धन विधेयक के अलावा अन्य विधेयक के मामले में विधान परिषद को इसमें देरी करने की शक्ति है और बाद में सदनों की संयुक्त बैठक से गतिरोध का समाधान किया जाता है।
   (d) विधान परिषद को राज्य सभा की तुलना में बहुत कम शक्ति प्रदान की गई है।

8. विधान परिषद के एक तिहाई सदस्य प्रत्येक _____ वर्ष में सेवानिवृत्त होते हैं।
   (a) तीन
   (b) एक
   (c) दो
   (d) चार

9. नवंबर 2020 में किस राज्य की विधानसभा ने सरना कोड पर प्रस्ताव पारित किया?
   (a) मध्य प्रदेश
   (b) बिहार
   (c) छत्तीसगढ़
   (d) झारखंड

10. नीति आयोग द्वारा गठित डिजिटल भुगतान प्रणाली के उपयोग की जांच करने और उसे बढ़ावा देने वाली समिति के संबंध में निम्नलिखित में से कौन सा/से सत्य है/हैं?
   (1) इसमें सभी राज्यों/संघ राज्य क्षेत्रों के मुख्यमंत्री होते हैं।
   (2) समिति में नीति आयोग के उपाध्यक्ष भी शामिल होंगे।
   (a) केवल 1
   (b) केवल 2
   (c) दोनों 1 और 2
   (d) न तो 1 और न ही 2

11. निम्नलिखित में से कौन नीति आयोग के कार्य हैं?
   (1) सहकारी संघवाद को बढ़ावा देना।
   (2) अंतर-क्षेत्रीय और अंतर-विभागीय मुद्दों के समाधान के लिए मंच।
   (3) नीति-निर्माण में बाहरी विचारों को लाने का साधन।
   नीचे दिए गए कूटों में से सही विकल्प का चयन कीजिए:
   (a) 1, 3
   (b) 1, 2
   (c) 2, 3
   (d) उपरोक्त सभी

12. आरबीआई (भारतीय रिजर्व बैंक) के केंद्रीय निदेशक मंडल को _________ वर्षों की अवधि के लिए नियुक्त/नामांकित किया जाता है।
   (a) पांच
   (b) छह
   (c) तीन
   (d) चार

13. सातवाहन साम्राज्य की सरकार पारंपरिक तर्ज पर आयोजित की गई थी जहाँ राज्य को विभाजित किया गया था:
   (a) गुप्त वंश
   (b) जनपद
   (c) अमात्य
   (d) गामिका

14. विजयनगर के सबसे प्रसिद्ध शासक कृष्णदेव राय किस वंश के थे?
   (a) मौर्य
   (b) तुलुव
   (c) संगम
   (d) इनमें से कोई नहीं

15. सभी ग्रह सूर्य के चारों ओर _________ में चक्कर लगाते हैं।
   (a) वृत्ताकार पथ
   (b) आयताकार पथ
   (c) दीर्घ वृताकार पथ
   (d) अतिपरवलयिक पथ

16. वर्षा के वैश्विक वितरण के सन्दर्भ में निम्नलिखित कथनों पर विचार कीजिये।
   1. भूमध्य रेखा के उत्तर एवं दक्षिण में 35° और 40° अक्षांशों के पश्चिम की ओर जाने पर कम होती जाती है।
   2. लेकिन, भूमध्य रेखा के उत्तर एवं दक्षिण में 45° और 65° अक्षांशों के मध्य वर्षा पहले महाद्वीपों के पश्चिमी भाग में होती है, जो पूर्व की ओर जाने पर क्रमशः घटती चली जाती है।
   उपर्युक्त कथनों में से कौन सा सही है?
   (a) केवल 1
   (b) केवल 2
   (c) 1 और 2 दोनों
   (d) न तो 1 और न ही 2

17. स्टॉकहोम कन्वेंशन के बारे में निम्नलिखित कथनों पर विचार कीजिए।
   1. यह एक अंतरराष्ट्रीय संधि है जिसे राष्ट्रों के बीच खतरनाक कचरे के आंदोलनों को कम करने के लिए डिजाइन किया गया था।
   2. पीओपी को "रासायनिक पदार्थों के रूप में परिभाषित किया जाता है जो पर्यावरण में बने रहते हैं, खाद्य जाल के माध्यम से बायोकैम्बुलेट"।
   3. यह रेडियोधर्मी कचरे के आंदोलन को संबोधित नहीं करता है।
   ऊपर दिए गए कथनों में से कौन सा/से सही हैं?
   (a) केवल 1 और 3
   (b) केवल 2
   (c) 1, 2 और 3
   (d) केवल 2 और 3

18. निम्नलिखित में से कौन सही रूप से मेल नहीं खाता है?
   1. मधुबनी चित्रकारी: बिहार
   2. तंजावुर चित्रकारी: तमिलनाडु
   3. बानी थानी: राजस्थान
   4. वारली चित्रकारी: ओडिशा
   (a) केवल 1 और 3
   (b) केवल 2 और 4
   (c) केवल 2
   (d) केवल 4

19. निम्नलिखित में से कौन सी यक्षगान की विशेषताएं हैं?
   1. यक्षगान आंध्र प्रदेश का एक नृत्य रूप है।

2. यह एक मंदिर कला का रूप है जिसमें पौराणिक कहानियों को दर्शाया गया है।

3. टेनकुट्टिटु शैली इसकी उप-शैली है।

(a) 1 और 2   (b) 2 और 3

(c) 1 और 3   (d) उपरोक्त सभी

20. उड़ीसा के पट्टचित्र में किन प्रसिद्ध कविताओं की कहानियाँ हैं?

1. अग्निपथ

2. गीत गोविंद

3. परिचय

(a) केवल 1   (b) केवल 2

(c) केवल 2 और 3   (d) केवल 1 और 2

21. टी. शानिन के अनुसार निम्नलिखित में से कौन किसान समाज की विशेषताएँ हैं?

1. पारिवारिक श्रम

2. बाजार के लिए उत्पादन

3. कृषि जीवन पद्धति के रूप में

4. शहरी साधनों पर निर्भरता

5. दलित स्थिति

नीचे दिए गए विकल्पों में से सबसे उपयुक्त उत्तर चुनें:

(a) केवल 1, 2 और 3   (b) केवल 1, 3 और 5

(c) केवल 2, 3 और 4   (d) केवल 3, 4 और 5

22. मध्ययुगीन यूरोप के सामंती सम्पदा में निम्नलिखित तीन विशेषताओं में से कौन सी थी?

1. एक महत्व था।

2. सर्फ़दोम कम हो रहे थे।

3. राजनीतिक समूह थे।

4. श्रम का विभाजन था।

5. सर्फ़ों में न्याय की अपील करने की क्षमता थी।

नीचे दिए गए विकल्पों में से सबसे उपयुक्त उत्तर चुनें:

(a) केवल 1, 2 और 5   (b) केवल 1, 3 और 4

(c) केवल 4, 5 और 2   (d) केवल 3, 4 और 2

23. भारत में न्यूमोकोकल संयुग्मित टीकों के उपयोग का क्या महत्व है?

1. ये टीके निमोनिया के साथ-साथ मैनिंजाइटिस और सेप्सिस के खिलाफ भी प्रभावी हैं।

2. एंटीबायोटिक पर निर्भरता जो कि दवा प्रतिरोधी बैक्टीरिया के खिलाफ प्रभावी नहीं हैं, को कम किया जा सकता है।

3. इन टीकों का कोई दुष्प्रभाव नहीं है और न ही कोई एलर्जी होती है।

नीचे दिए गए कोड का उपयोग करके सही उत्तर चुनिए:

(a) केवल 1   (b) केवल 1 और 2

(c) केवल 3   (d) 1, 2 और 3

24. नासा के किस मिशन के तहत चंद्रमा पर पहला मानव भेजा गया?

(a) अपोलो प्रोग्राम   (b) जैमिनी प्रोग्राम

(c) मरकरी प्रोग्राम   (d) इनमे से कोई भी नहीं

25. अप्रैल 2023 में, भारतीय अंतरिक्ष अनुसंधान संगठन ने निम्नलिखित में से किस मिशन के लिए क्रू मॉड्यूल प्रोपल्शन सिस्टम के लिए L110 स्टेज और सिस्टम डिमॉन्स्ट्रेशन मॉडल टेस्ट के लिए दो महत्वपूर्ण परीक्षण- विकास इंजन परीक्षण अभियान को सफलतापूर्वक पूरा किया है?

(a) मंगलयान 2   (b) चंद्रयान 3

(c) गगनयान   (d) प्रज्ञान

26. निम्नलिखित में से कौन सा कंप्यूटिंग का एक नया रूप है जो सूचना को संसाधित करने के लिए क्वांटम बिट्स या क्यूबिट्स का उपयोग करता है?

(a) क्लाउड कंप्यूटिंग   (b) एज कंप्यूटिंग

(c) क्वांटम कंप्यूटिंग   (d) वितरित अभिकलन

27. हाल ही में लाइटइयर द्वारा विकसित सौर ऊर्जा से चलने वाले नए इलेक्ट्रिक वाहन का नाम क्या है?

(a) मॉडल एस   (b) आएरा

(c) ल्यूसिड एयर   (d) एक

28. अप्रैल 2023 में, भारत ने सोमालिया में अफ्रीकी संघ संक्रमण मिशन के समर्थन में संयुक्त राष्ट्र ट्रस्ट फंड को कितनी राशि प्रस्तुत की?

(a) USD 1 million   (b) USD 3 million

(c) USD 5 million   (d) USD 6 million

29. 3 अप्रैल, 2023 को किस भारतीय राज्य ने 'लोकतंत्र प्रहरी सम्मान अधिनियम' को निरस्त कर दिया?

(a) हिमाचल प्रदेश   (b) असम

(c) गुजरात   (d) राजस्थान

30. कौन सा एशियाई देश 4 साल की अवधि के लिए संयुक्त राष्ट्र सांख्यिकी आयोग के लिए चुना गया है?

(a) भारत   (b) श्रीलंका

(c) चीन   (d) बांग्लादेश

31. भूमि संसाधन विभाग, ग्रामीण विकास मंत्रालय के अप्रैल 2023 तक के आंकड़ों के अनुसार, कितने राज्यों/केंद्र शासित प्रदेशों ने भूमि रिकॉर्ड के लिए राष्ट्रीय सामान्य दस्तावेज़ पंजीकरण प्रणाली को अपनाया है?

(a) 20   (b) 18

(c) 22   (d) 28

32. ग्रीन चैनल रूट के तहत एमर्सन इलेक्ट्रिक कंपनी का अधिग्रहण करने के लिए किस कंपनी को भारतीय प्रतिस्पर्धा आयोग की मंजूरी मिली है?

(a) पटनम इनवेस्टमेंट्स

(b) बीसीपी एमराल्ड एग्रीगेटर एलपी

(c) कैपिटल ग्रुप

(d) जेपी मॉर्गन चेस एंड कंपनी

33. केंद्रीय कानून और न्याय मंत्री किरेन रिजिजु द्वारा 08 अप्रैल 2023 को भारत के संविधान का पहला संस्करण निम्नलिखित में से किस भाषा में जारी किया गया था?

(a) संथाली   (b) कश्मीरी

(c) डोगरी   (d) कोंकणी

34. 6 अप्रैल, 2023 को किस केंद्रीय मंत्रालय ने 'सूचना प्रौद्योगिकी (मध्यवर्ती दिशानिर्देश और डिजिटल मीडिया आचार संहिता) नियम, 2021' में संशोधन की पुष्टि की?

(a) गृह मंत्रालय

(b) इलेक्ट्रॉनिक्स और आईटी मंत्रालय

(c) विदेश मंत्रालय

(d) वित्त मंत्रालय

35. निम्नलिखित में से किस कंपनी ने लेह क्षेत्र (लद्दाख) में पहली हरित हाइड्रोजन माइक्रोग्रिड परियोजना स्थापित करने की योजना की घोषणा की है?

(a) अदानी ग्रीन एनर्जी लिमिटेड

(b) यूनिकॉप्स टेक्नोलॉजीज लिमिटेड

(c) रिलायंस इंडस्ट्रीज लिमिटेड

(d) लार्सन एंड टुब्रो लिमिटेड

Quantitative Aptitude and Numerical Skills

36. **निर्देश**: दिए गए समीकरण में X का मान ज्ञात कीजिए।

$8589 - X = 4434$

(a) 4155   (b) 2321

(c) 3155 (d) उपरोक्त कोई नहीं

37. निर्देश : प्रश्नवाचक चिह्न के स्थान पर क्या आएगा?

$617 + 6.017 + 0.617 + 6.0017 = ?$

(a) 62.96357 (b) 62963.57
(c) 6296.357 (d) 629.6357

38. एक कार्यालय में पूरे स्टाफ का औसत वेतन 120 रुपए प्रति माह है। अधिकारियों का औसत वेतन 460 रुपए है और गैर-अधिकारियों का औसत वेतन 110 रुपए है। यदि अधिकारियों की संख्या 15 है तो कार्यालय में गैर-अधिकारियों की संख्या ज्ञात कीजिए।

(a) 610
(b) 510
(c) 410
(d) निर्धारित नहीं किया जा सकता

39. 3 भाइयों की औसत आयु 23 वर्ष है। यदि उनकी आयु का अनुपात $9 : 8 : 6$ है। तो सबसे बड़े और सबसे छोटे भाई की आयु के बीच अंतर ज्ञात कीजिए।

(a) 12 वर्ष (b) 9 वर्ष
(c) 13 वर्ष (d) 27 वर्ष

40. $3\frac{1}{3} + 33\frac{1}{3^2} + 333\frac{1}{3^3} + 3333\frac{1}{3^4} + 33333\frac{1}{3^5} =$

(a) $33333\frac{5}{3^5}$ (b) 5
(c) $12345\frac{121}{3^4}$ (d) $37035\frac{121}{3^5}$

41. प्रतीक > या < या = का उपयोग करके निम्नलिखित अंश की तुलना करें-

$\left(\frac{3}{8}\right)$ और $\left(\frac{5}{11}\right)$

(a) $\left(\frac{3}{8}\right) > \left(\frac{5}{11}\right)$ (b) $\left(\frac{3}{8}\right) < \left(\frac{5}{11}\right)$
(c) $\left(\frac{3}{8}\right) = \left(\frac{5}{11}\right)$ (d) इनमे से कोई भी नहीं

42. यदि $a : b : c = \frac{1}{4} : \frac{1}{3} : \frac{1}{2}$ है, तो $\frac{a}{b} : \frac{b}{c} : \frac{c}{a} = ?$

(a) $12 : 9 : 8$ (b) $9 : 8 : 24$
(c) $8 : 9 : 24$ (d) $9 : 12 : 8$

43. हौंडा कंपनी अपने कार्यकर्ताओं की संख्या $7 : 4$ के अनुपात में घटाती है और उनकी मजदूरी $3 : 5$ के अनुपात में बढ़ाती है तो कुल मजदूरी पर पहले और अभी कंपनी के व्यय का अनुपात ज्ञात कीजिए।

(a) $21 : 20$ (b) $20 : 21$
(c) $4 : 5$ (d) $5 : 4$

44. स्कूल A के छात्रों की एक निश्चित संख्या एक परीक्षा में शामिल हुई और उनमें से 65% उत्तीर्ण हुए। स्कूल A के छात्रों की तुलना में 100% अधिक छात्र, स्कूल B से एक ही परीक्षा में उपस्थित हुए। यदि स्कूल A और B से उपस्थित हुए कुल छात्रों में से 75% उत्तीर्ण हुए, तो स्कूल से अनुत्तीर्ण होने वाले छात्रों का प्रतिशत क्या है?

(a) 25 (b) 20
(c) 18 (d) 15

45. किसी वस्तु को 436 रुपये में बेचे जाने पर वहन किया गया हानि प्रतिशत उस लाभ प्रतिशत के बराबर होता है जो इसे 464 रुपये में बेचने पर प्राप्त होता है। उस वस्तु का क्रय मूल्य ज्ञात कीजिए।

(a) 450 रुपये (b) 410 रुपये
(c) 478 रुपये (d) 465 रुपये

46. पीटर ने रुपये का निवेश करके एक खुदरा व्यवसाय शुरू किया। आठ महीने बाद सैम 30,000 रुपये की पूंजी के साथ उसमें शामिल हुआ। 2 वर्ष बाद उन्होंने 18,000 रुपये का लाभ कमाया। लाभ में पीटर की हिस्सेदारी क्या थी?

(a) 12,000 रुपये (b) 16,000 रुपये

(c) 10,000 रुपये (d) 20,000 रुपये

47. 2 साल के लिए एक निश्चित दर पर निवेश की गई एक धनराशि का साधारण ब्याज 1200 रुपये है। समान ब्याज दर पर 2 वर्षों के लिए उसी राशि का चक्रवृद्धि ब्याज 1290 रुपये है। मूलधन क्या था?

(a) 12000 रुपये (b) 16000 रुपये
(c) 6000 रुपये (d) 4000 रुपये

48. चक्रवृद्धि ब्याज पर 2 वर्ष में किस दर प्रतिशत प्रति वर्ष से 2304 रुपये की राशि 2500 रुपये होगी?

(a) $4\frac{1}{6}\%$ (b) $4\frac{1}{3}\%$
(c) $3\frac{1}{6}\%$ (d) इनमें से कोई नहीं

Ques (49-52): निर्देश: जानकारी का ध्यानपूर्वक अध्ययन कीजिये तथा निम्नलिखित प्रश्न का उत्तर दीजिये।

नीचे दिया गया बार-ग्राफ पांच अलग-अलग घरों ($P, Q, R, S,$ और T) द्वारा दो अलग-अलग महीनों (जून और जुलाई) में खपत की गई बिजली की इकाइयों के आंकड़ों को दर्शाता है।

बिजली के बिल पर शुल्क इस तरह से लगाया जाता है कि बिजली की इकाइयों की एक निश्चित सीमा तक शुल्क की दर (रुपए में) कम होगी, और उस सीमा से अधिक होने पर शुल्क की दर अधिक होगी।

नोट: प्रत्येक महीने की इकाइयों के लिए दर और सीमा अपरिवर्तित रहती है।

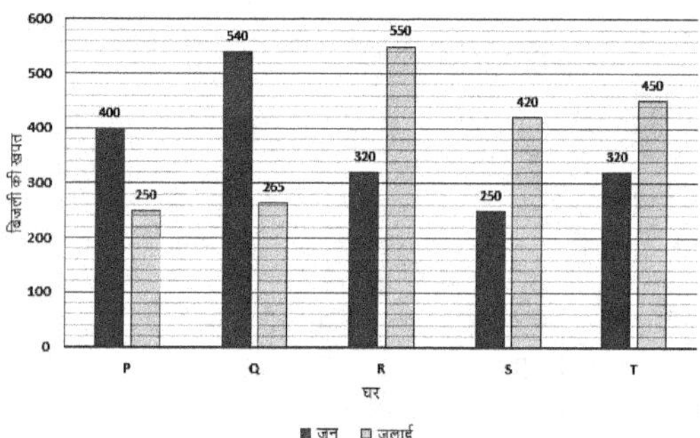

49. जून के महीने में, घर P द्वारा खपत की गई बिजली की इकाइयों की निश्चित सीमा तक की दर 3 रुपए प्रति इकाई है, जबकि उस सीमा से अधिक होने पर दर 5 रुपए प्रति इकाई है। यदि जून में घर P का कुल बिजली बिल 1600 रुपये है, तो बिजली की इकाइयों की वह संख्या ज्ञात कीजिये जिस पर शुल्क की दर 3 रुपए है।

(a) 150 (b) 200
(c) 180 (d) 160

50. घर Q के लिए, यदि जून और जुलाई के बिजली बिल के बीच का अंतर 1650 रुपए है और बिजली की इकाइयों की प्रारंभिक संख्या, जिसके लिए शुल्क की दर कम है, 120 इकाई है, तो बिजली की इकाइयों की संख्या की अधिक सीमा के लिए बिजली की दर ज्ञात कीजिये।

(a) 5.5 रुपए (b) 7 रुपए
(c) 6 रुपए (d) 6.5 रुपए

51. घर S में, अगस्त महीने में उपयोग की जाने वाली बिजली की इकाइयों की संख्या जून और जुलाई के महीने में उपयोग की जाने वाली बिजली की इकाइयों की संख्या का औसत है। अगस्त में उपयोग की जाने वाली प्रारंभिक 150 इकाई बिजली का शुल्क 3 रुपए प्रति इकाई की दर से लिया जाता है और शेष इकाइयों का शुल्क x रुपए प्रति यूनिट की दर से लिया जाता है। यदि अगस्त में भुगतान किया गया कुल बिल 1745 रुपए है, तो x का मान ज्ञात कीजिए।

(a) 6 (b) 5
(c) 8 (d) 7

52. घर R केवल दो प्रकार के उपकरण अर्थात भोजन और इलेक्ट्रॉनिक में बिजली का उपयोग करता है, जून के महीने में खाद्य उपकरणों और इलेक्ट्रॉनिक उपकरण द्वारा खपत की गई बिजली की इकाइयों की संख्या का अनुपात $2 : 3$ है, जबकि जुलाई के महीने में खाद्य उपकरण द्वारा इलेक्ट्रॉनिक उपकरण द्वारा खपत की गई बिजली की

इकाइयों का अनुपात 3 : 2 है। दोनों महीनों में एकसाथ घर R में खाद्य उपकरण द्वारा खपत बिजली की इकाइयों की कुल संख्या ज्ञात कीजिये।

(a) 438 इकाई
(b) 448 इकाई
(c) 458 इकाई
(d) 468 इकाई

53. **निर्देश:** दिए गए बार ग्राफ में, 2020 के अप्रैल महीने में तीन जिला चंबा, शिमला, कुल्लू और कांगड़ा से लॉकडाउन के कारण गरीबों की मदद के लिए पुरुषों और महिलाओं की संख्या ने स्वैच्छिक कार्य में भाग लिया।

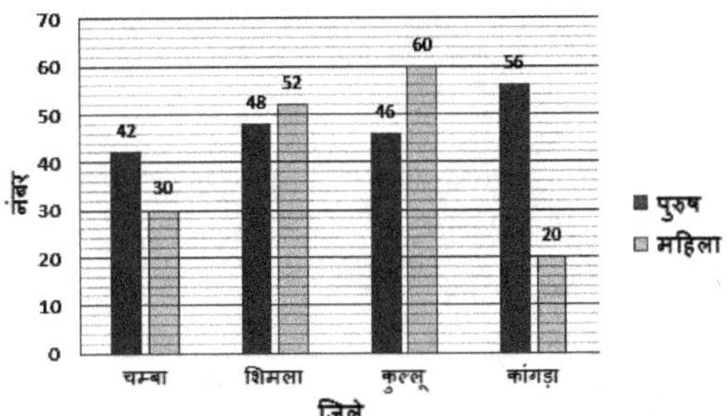

अधिकतम भागीदारी वाले जिले और न्यूनतम भागीदारी वाले जिले के बीच का अंतर ज्ञात कीजिए।

(a) 32
(b) 34
(c) 44
(d) 54

54. X, Y से 60% अधिक कुशल है और अकेले Y किसी कार्य को 80 दिन में कर सकता है। एक साथ कार्य करते हुए, X और Y उसी कार्य के 52% भाग को कितने दिन में पूरा करेंगे?

(a) 16 दिन
(b) 15 दिन
(c) 18 दिन
(d) 20 दिन

55. A, B की तुलना में 30% अधिक कुशल है और C, B की तुलना में 20% अधिक कुशल है। एक साथ काम करने पर, वे एक काम को 5 दिनों में पूरा कर सकते हैं। कुल काम के $\frac{3}{5}$ वें भाग को अकेला A कितने दिनों में पूरा करेगा?

(a) $\frac{90}{13}$ दिन
(b) $\frac{105}{13}$ दिन
(c) $\frac{100}{13}$ दिन
(d) $\frac{110}{13}$ दिन

Mental Ability and Logical Reasoning

56. नीचे दिए गए श्रृंखला में खाली स्थान पर क्या होगा?
C, e, G, i, K_______

(a) o, k
(b) m, O
(c) K, S
(d) M, K

57. नीचे दी गई श्रृंखला में खाली जगह के स्थान पर दिये गये सम्भावित उत्तर में से सही उत्तर चुनकर भरिये।
ACD, GIJ, _______

(a) MOP
(b) MNO
(c) MNP
(d) NOP

58. खाली स्थान में सही अक्षर भरें :
ABZ, BCY, CDX, DEW, ?

(a) EFW
(b) EGH
(c) FHG
(d) EFV

59. नीचे दिये गये विकल्पों में से सही विकल्प ढूंढ कर श्रृंखला को पूरा करो।
BAZ, DCY, FEX, ?

(a) FXW
(b) EFX
(c) FEY
(d) HGW

60. **निर्देश:** दिए गए शब्दों को उस क्रम में व्यवस्थित करें जैसे वे शब्दकोश में होते हैं।
1. Dutch
2. Dust
3. Dump
4. Dummy

(a) 4312
(b) 4213
(c) 4132
(d) 4321

61. **निर्देश :** दिए गये शब्दों को शब्दकोश क्रम के अनुसार व्यवस्थित कीजिये।
1. Education
2. Election
3. Earliest
4. Edition
5. Eclipse

(a) 3 4 2 5 1
(b) 5 4 2 3 1
(c) 5 3 1 2 4
(d) 3 5 4 1 2

62. दिये गये शब्दों को उनके शब्दकोश के क्रम में व्यवस्थित करने के बाद दूसरे स्थान पर आने वाले शब्द का चयन कीजिये।

(a) People
(b) Petal
(c) Pencil
(d) Peahen

Ques (63-65): निर्देश: निम्नलिखित प्रश्न में, एक कथन और उसके बाद I और II से अंकित दो निष्कर्ष दिए गये हैं। आपको दिए गये कथनों को सत्य मानना है, भले ही वे ज्ञात तथ्यों से अलग प्रतीत होते हों। निर्णय कीजिए कि दिये गये निष्कर्षों में से कौन-सा निष्कर्ष कथन का तार्किक रूप से अनुसरण करता है।

63. **कथन:** एक दिवसीय क्रिकेट मैच में, एक टीम द्वारा बनाए गए कुल रन 200 थे। इनमें से 160 रन स्पिनरों द्वारा बनाए गए थे।
निष्कर्ष:
I. टीम में 80% स्पिनर शामिल हैं।
II. शुरुआती बल्लेबाज स्पिनर थे।

(a) केवल निष्कर्ष I अनुसरण करता है।
(b) केवल निष्कर्ष II अनुसरण करता है।
(c) या तो I या II अनुसरण करता है।
(d) न तो I और न ही II अनुसरण करता है।

64. **कथन:**
टीम A और टीम B के बीच हुए एक टी -20 मैच में, हारने वाली टीम A द्वारा बनाया गया स्कोर 70/10 था।
निष्कर्ष:
I. टीम B की गेंदबाजी बहुत अच्छी थी।
II. टीम A की बल्लेबाजी बहुत खराब रही।

(a) केवल निष्कर्ष I अनुसरण करता है।
(b) केवल निष्कर्ष II अनुसरण करता है।
(c) या तो I या II अनुसरण करता है।
(d) न तो I और न ही II अनुसरण करता है।

65. **कथन:**
किसी भी छात्र के बुरे व्यवहार से उसकी और स्कूल की बदनामी होती है।
निष्कर्ष:
I. स्कूल में पालन किए जाने वाले नियम उचित नहीं हैं।
II. ऐसे छात्र को स्कूल से निकाल देना चाहिए।

(a) केवल निष्कर्ष I अनुसरण करता है।
(b) केवल निष्कर्ष II अनुसरण करता है।
(c) न तो I और न ही II अनुसरण करता है।
(d) I और II दोनों अनुसरण करते हैं।

66. कौन सी उत्तर आकृति प्रश्न आकृति में पैटर्न को पूरा करेगी?

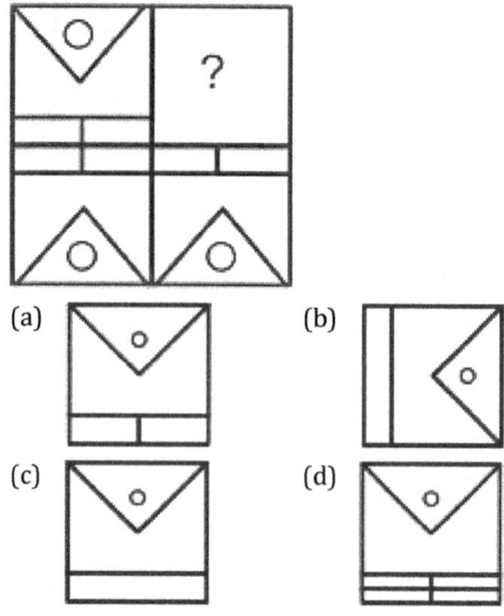

(a)   (b)

(c)   (d)

67. चार विकल्पों में से एक उपयुक्त आकृति का चयन कीजिए जो आकृति मैट्रिक्स को पूर्ण करेगा।

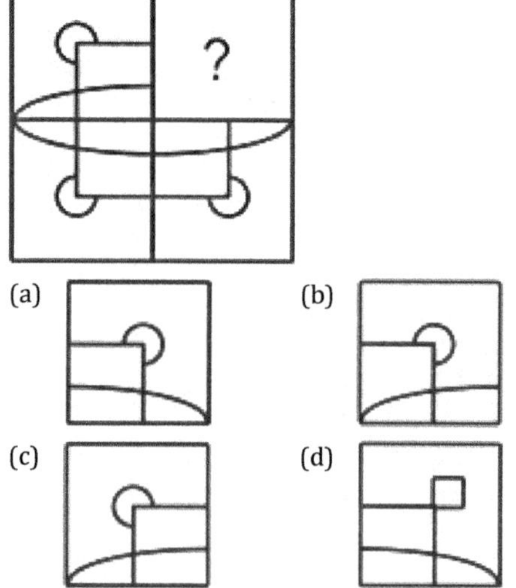

(a)   (b)

(c)   (d)

68. लड़कियों की एक पंक्ति में वाणी एक सिरे से छठे स्थान पर है और दूसरे सिरे से आठवें स्थान पर है। पंक्ति में लड़कियों की कुल संख्या ज्ञात कीजिए।
   (a) 15   (b) 12
   (c) 14   (d) 13

69. साहिल और गौरव व्यक्तियों की एक पंक्ति में खड़े हैं। साहिल बाईं ओर से 12वें स्थान पर है और गौरव दाईं ओर से 18वें स्थान पर है। यदि वे आपस में अपना स्थान बदल लेते हैं तो साहिल बाएं से 25वें स्थान पर आ जाता है। पंक्ति में खड़े व्यक्तियों की कुल संख्या कितनी है?
   (a) 42   (b) 52
   (c) 45   (d) 46

70. प्रत्येक अलग-अलग वजन वाले B , F , J , K और W में से, F केवल J से भारी है। B , F और W से भारी है किंतु K जितना नहीं, इनमें तीसरा सबसे भारी कौन है ?
   (a) B   (b) F
   (c) K   (d) W

71. A, B के उत्तर में खड़ा है और B, C के पूर्व में खड़ा है। A, C से मिलने के लिए किस दिशा में आएगा?
   (a) उत्तर पश्चिम   (b) दक्षिण पश्चिम
   (c) उत्तर पूर्व   (d) दक्षिण पूर्व

72. अमित 14 मीटर उत्तर की ओर गया, फिर 15 मीटर पश्चिम की ओर गया, फिर 10 मीटर उत्तर की ओर गया है। यदि वह अंततः 8 मीटर पूर्व की ओर गया, तो उसके प्रारम्भिक बिंदु और अंतिम बिंदु तक की दूरी क्या है?
   (a) 10 मीटर   (b) 24 मीटर
   (c) 25 मीटर   (d) 31 मीटर

73. छह व्यक्ति A, B, C, D, E और F हैं। C, F का भाई है। B, E के पति का भाई है। D, A का पिता और F का ग्रैंडफादर है। समूह में दो पिता, तीन भाई और एक माता है। माता कौन है?
   (a) A   (b) B
   (c) C   (d) E

74. A, B, C, D, E और F छह व्यक्ति हैं। C, F की बहन है। B, E के पति का भाई है। D, A का पिता और F का दादा है। समूह में दो पिता, तीन भाई और एक माँ है। माँ कौन है?
   (a) B   (b) E
   (c) A   (d) D

75. यदि V, L और M की माँ है। O, V का पुत्र नहीं है। M, O की मौसी है। V, E की पत्नी है। L और M बहनें हैं। E, O से कैसे संबंधित है?
   (a) चाचा/मामा/ताऊ/मौसा/फूफा
   (b) बेटा
   (c) भाई
   (d) ग्रैंडफादर

English Language Skills

Ques (76-80): Direction: Read the passage given below and answer the questions complete the statement that follow by choosing the correct options from the given ones.

Today's youth want name, fame and affluence without outing in required efforts. They run after jobs and expect high salaries. They are not willing to start a small business of their own. They can argue that it requires money. But banks are ready to fund their projects. The other argument can be that it require practical knowledge. But one can work part-time or as an intern to some firm in order to gain practical knowledge. Government also provides training to the entrepreneurs willing to start their own business. One's own business can range from a grocery shop, a coaching centre, a computer institute, or so. Success of the venture very much depends on entrepreneur's ability, hard work, dedication and grit. So, One should not wait for an ideal job, rather think of starting his/her own business. One has to climb the steps slowly and steadily to reach the apex. It may help them to load a stable and normal life and acquire a good carrier. We can also reduce unemployment by selfemployment. The youth should be job creator rather than job seeker. Parents and teachers should jointly own responsibility of children. Parents should be aware of their children's needs. They should gather information about the various areas that their children can venture into. Schools and colleges should invite the counsellors and professionals to guide the students. They can help them in choosing the right career. Future of the country lies in the hands of the youth. Their betterment would be tantamount to the betterment of the county ads a whole.

76. How can school/college help youth to choose the right career?
1. School/College may guide parents about their children's needs.
2. School/College should invite counsellors and professionals to guide the students.
3. School/Colleges should provide information to students about various areas
4. School/College may encourage students to get computer literate

(a) 1   (b) 2
(c) 3   (d) 4

77. To start a small business one requires:
(a) Money
(b) Training & skills
(c) Practical knowledge
(d) A long time
1. (a) and (b) but not (c)
2. (b) and (c) but not (a)
3. (c) and (d) but not (b)
4. (a) and (b) but not (d)
(a) 1   (b) 2
(c) 3   (d) 4

78. A successful venture depends on:
a. Practical knowledge
b. Training and experience
c. Well paid works
d. Huge funds
1. (a) and (b) but not (c)
2. (b) and (c) but not (d)
3. (c) and (d) but not (a)
4. (d) and (a) but not (b)
(a) 1   (b) 2
(c) 3   (d) 4

79. Youth should choose entrepreneurship as career option because:
1. It gives name, fame and affluence
2. It may help them to lead a stable and normal life
3. It is an easier career option
4. It can take them quickly to newer heights
(a) 1   (b) 2
(c) 3   (d) 4

80. 'The youth should be job creator rather than job seeker' How can this approach work for the betterment of the country:
1. It would generate huge money
2. It would reduce unemployment by self-employment
3. It would help youth to be business owners
4. It would boost up the youth's morale
(a) 1   (b) 2
(c) 3   (d) 4

Ques (81-85): Direction : The following items consist of a sentence, the parts of which have been jumbled. These parts have been labelled P, Q, R and S. You are required to re-arrange the jumbled parts of the sentence and mark your response accordingly.

81. And accurately displays spatial (P) / relationships between landforms and water bodies (Q) / the globe shows Earth's spherical shape (R) / and comparative distance between locations (S)
(a) PQRS   (b) RPQS
(c) SPQR   (d) QRPS

82. The function of the capillaries (P) / and other material to all the cells in (Q) / is to take nutrients, oxygen (R) / the body and to take away their waste material (S)
(a) PRQS   (b) RPQS
(c) SPQR   (d) QRPS

83. Like mine (P) / even to someone (Q) / with a tin ear (R) / her singing sounded pretty melodious (S)
(a) PRQS   (b) RPQS
(c) SQRP   (d) QRPS

84. You can't judge (P) / very intelligent, but (Q) / a book by its cover (R) / he doesn't look (S)
(a) SQPR   (b) QRSP
(c) RSQP   (d) QPSR

85. Membership and partisanship as well as (P) / can be found in the decline in party (Q) / evidence of a crisis in party politics (R) / in the rise of antiparty groups and movements (S)
(a) RQPS   (b) QRSP
(c) RSQP   (d) QPSR

Ques (86-87): Direction: In the following question, some parts of the sentence may have errors. Find out which part of the sentence has an error and select the appropriate option. If a sentence is free from error, select 'No Error'.

86. He lent me some money on the condition (A)/ that I should return the same (B)/ before November. (C)/ No Error (D)
(a) (A)   (b) (B)
(c) (C)   (d) (D)

87. The landlord made the boys (A)/ to do the garden (b)/ make over all over again. (C)/ No error (D).
(a) (A)   (b) (B)
(c) (C)   (d) (D)

88. Direction: Fill in the blanks with the most appropriate option as given.
Giving money to the poor is a/an _________ act of service to the poor.
(a) benevolent   (b) bemused
(c) atrocious   (d) bad

89. Among the following options, select the word that can best complete the given sentence.
When I met Ram yesterday, it was the first time I _________ him since my graduation.
(a) met   (b) had been meet
(c) have meet   (d) have been seeing

90. **Direction:** Select the most appropriate spelling that can substitute the underlined word in the given sentence.
<u>Compparision</u> with others is not always good.
(a) Comparisson   (b) Compasison
(c) Comparison   (d) Comparision

91. Select the incorrectly spelt word.
(a) Meritorious   (b) Traumatic
(c) Stigmatic   (d) Exggibitionistic

Ques (92-93): Directions : The question consist of an underlined word followed by four words (A), (B), (C), and (D). Select the option that is opposite in meaning to the underlined word and mark your response accordingly.

92. His <u>confidence</u> is high.
(a) Diffidence   (b) Eagerness
(c) Steadfastness   (d) Endurance

93. His integrity is noticed.
(a) Skilfulness   (b) Ability
(c) Dependability   (d) Dishonesty

94. **Direction:** Select the most appropriate word for the given group of words.
A particular form of a language which is peculiar to a specific region.

(a) dialect   (b) slang
(c) jargon   (d) lingo

95. Direction: Select the most appropriate word for the given group of words.

A young person tending to commit a crime, particularly minor crime.

(a) criminal   (b) derelict
(c) delinquent   (d) convict

Digital Literacy and Awareness

96. निम्नलिखित में से कौन-सी कुंजी का प्रयोग कम्प्यूटर को लॉक करने के लिए किया जाता है?

(a) विंडोज लोगो कुंजी + R   (b) विंडोज लोगो कुंजी + L
(c) विंडोज लोगो कुंजी + I   (d) विंडोज लोगो कुंजी + F

97. जब Microsoft Excel वर्कशीट के प्रकोष्ठों (सेल्स) में संख्याएँ प्रविष्ट की जाती हैं, तो वे पूर्व निर्धारित स्थिति (बाई डिफॉल्ट) द्वारा _________ होती है।

(a) बाईं ओर संरेखित   (b) केंद्र में संरेखित
(c) दाईं ओर संरेखित   (d) सम पार्श्वीय (जस्टिफाइड)

98. निम्नलिखित में से किस क्लाउड आधारीय संरचना (क्लाउड इंफ्रास्ट्रक्चर) में अनेक उपयोगकर्ताओं वाले किसी एकल संगठन (उदाहरण-व्यावसायिक इकाइयाँ) द्वारा अनन्य उपयोग करने का प्रावधान है? यह किसी संगठन, तीसरे पक्ष या दोनों के संयोजन द्वारा स्वामित्व में रखा, प्रबंधित और संचालित किया जा सकता है।

(a) प्राइवेट क्लाउड   (b) सामुदायिक क्लाउड
(c) सार्वजनिक क्लाउड   (d) संकर क्लाउड

99. निम्नलिखित में से कौन सा प्रोटोकॉल ई-मेल सर्वर से ई-मेल डाउनलोड करने के लिए उपयोग किया जाता है?

(a) एफ़टीपी   (b) पुश
(c) पॉप 3   (d) डीएनएस

100. मोबाइल संचार प्रणालियों के लिए फ्रीक्वेंसी मॉड्यूलेशन का आविष्कार _________ द्वारा किया गया था।

(a) डेविड बोहम   (b) निकोला टेसला
(c) अल्बर्ट आइंस्टीन   (d) एडविन आर्मस्ट्रांग

// स्मार्ट उत्तर पुस्तिका //

सही उत्तर — उन छात्रों का प्रतिशत जिन्होंने प्रश्न का सही उत्तर दिया।
छोड़ दिया — उन छात्रों का प्रतिशत जिन्होंने प्रश्न को छोड़ दिया।

प्रश्न संख्या	उत्तर	सही उत्तर	छोड़ दिया
1	C	65.8%	1.33%
2	D	30.35%	4.24%
3	D	45.13%	1.13%
4	B	17.71%	3.63%
5	A	44.29%	1.32%
6	D	59.7%	1.64%
7	C	31.16%	4.79%
8	C	42.51%	1.0%
9	D	41.17%	1.28%
10	B	59.57%	1.62%
11	D	64.75%	1.73%
12	D	50.08%	1.39%
13	B	52.71%	1.91%
14	B	77.66%	0.0%
15	C	65.11%	1.26%
16	C	18.12%	4.62%
17	B	16.11%	4.14%
18	D	10.32%	4.83%
19	B	19.9%	4.32%
20	B	26.22%	3.95%
21	B	66.97%	1.42%
22	B	43.07%	1.57%
23	B	66.9%	1.37%
24	A	81.53%	0.0%
25	C	32.22%	4.21%
26	C	52.72%	1.74%
27	D	56.5%	1.53%
28	C	44.07%	1.03%
29	A	60.22%	1.99%
30	A	52.65%	1.45%
31	D	58.19%	1.87%
32	B	57.26%	1.68%
33	C	49.88%	1.29%
34	B	46.73%	1.24%
35	B	11.53%	3.71%
36	A	79.73%	0.0%
37	D	68.98%	1.51%
38	B	76.71%	0.0%
39	B	87.82%	0.0%
40	D	57.06%	1.31%
41	B	50.03%	1.0%
42	B	41.94%	1.8%
43	A	43.37%	1.36%
44	B	50.24%	1.57%
45	A	68.24%	1.4%
46	C	46.61%	1.05%
47	D	40.15%	1.29%
48	A	44.56%	1.8%
49	B	48.49%	1.28%
50	C	57.03%	1.23%
51	D	50.98%	1.4%
52	C	61.07%	1.42%
53	B	44.0%	1.26%
54	A	27.57%	3.25%
55	B	17.67%	3.26%
56	B	59.02%	1.93%
57	A	59.45%	1.67%
58	D	67.25%	1.23%
59	D	50.98%	1.63%
60	D	84.19%	0.0%
61	D	43.79%	1.92%
62	C	80.32%	0.0%
63	D	54.67%	1.92%
64	C	64.18%	2.0%
65	C	58.18%	1.25%
66	A	66.1%	1.74%
67	A	81.46%	0.0%
68	D	62.34%	1.28%
69	A	61.54%	1.0%
70	D	65.99%	1.48%
71	B	76.34%	0.0%
72	C	59.98%	1.65%
73	D	47.6%	1.25%
74	D	61.66%	1.38%
75	D	61.48%	1.92%
76	B	77.4%	0.0%
77	D	47.86%	1.51%
78	A	47.56%	1.78%
79	B	62.37%	1.08%
80	B	20.41%	4.66%
81	B	24.24%	4.79%
82	A	43.72%	1.15%
83	C	43.54%	1.35%
84	A	46.85%	1.95%
85	A	79.5%	0.0%
86	D	58.5%	1.49%
87	B	68.72%	1.84%
88	A	43.0%	1.12%
89	A	44.4%	1.51%
90	C	57.59%	1.46%
91	D	47.55%	1.45%
92	A	56.03%	1.49%
93	D	65.06%	1.17%
94	A	55.87%	1.92%
95	C	55.09%	1.22%
96	B	47.75%	1.98%
97	C	65.38%	1.82%
98	A	87.05%	0.0%
99	C	15.39%	4.77%
100	D	62.78%	1.47%

// संकेत और समाधान //

1(C). एक द्विसदनीय विधायिका को एक विधायिका के रूप में संदर्भित किया जाता है जिसमें दो अलग-अलग विधानसभाएं, कक्ष या घर होते हैं। भारत में केंद्र और कुछ राज्यों (जिनमें विधानसभा और विधान परिषद हैं) में द्विसदनीय विधायिका है। द्विसदन को संघवाद की एक अनिवार्य विशेषता माना जाता है।

2(D). प्रजातंत्र लोगों द्वारा सरकार है जिसमें लोगों में सर्वोच्च शक्ति निहित है और उनके द्वारा प्रत्यक्ष या अप्रत्यक्ष रूप से उपयोग किया जाता है। भारत, अमेरिका, और नॉर्वे को लोकतंत्र माना जाता है। चीन एक साम्यवादी देश है जहाँ सत्ता एक सत्तारूढ़ दल के लिए केंद्रीकृत है।

3(D). राष्ट्रपति प्रणाली की विशेषताएं हैं: एकल कार्यकारी, गैर-जिम्मेदारी, राजनीतिक एकरूपता मौजूद नहीं हो सकती है, राष्ट्रपति का वर्चस्व, निचले सदन की कोई विघटन शक्ति नहीं और शक्तियों का पृथक्करण।

4(B). भारतीय संघीय व्यवस्था 'कैनेडियन मॉडल' पर आधारित है। निर्माताओं ने दो मुख्य कारणों, देश के बड़े आकार और इसकी

सामाजिक-सांस्कृतिक विविधता के कारण संघीय प्रणाली को अपनाया। उन्होंने महसूस किया कि संघीय प्रणाली न केवल देश के कुशल शासन को सुनिश्चित करती है बल्कि क्षेत्रीय स्वायत्तता के साथ राष्ट्रीय एकता को भी जोड़ती है।

5(A). संवैधानिक निकाय वे संगठन हैं जो भारत के संविधान से अपनी शक्तियाँ प्राप्त करते हैं। इसलिए उनकी शक्तियों में किसी भी संशोधन या परिवर्धन के लिए एक संवैधानिक संशोधन की आवश्यकता होती है। भारत में संवैधानिक निकाय चुनाव आयोग, भारत के अटॉर्नी जनरल, नियंत्रक और महालेखा परीक्षक, वित्त आयोग, अनुसूचित जाति के लिए राष्ट्रीय आयोग, अनुसूचित जनजाति के लिए राष्ट्रीय आयोग, भाषायी अल्पसंख्यकों के लिए विशेष अधिकारी, संघ लोक सेवा आयोग और राज्य लोक सेवा आयोग हैं।

6(D). बिहार विधान सभा एक स्थायी निकाय नहीं है और विघटन के अधीन है। बिहार विधानसभा में कुल 243 सीटें हैं। अवध बिहारी चौधरी बिहार विधान सभा के वर्तमान अध्यक्ष हैं।

7(C). गलत कथन धन विधेयक के अलावा अन्य विधेयक के मामले में विधान परिषद के पास इसे विलंबित करने की शक्ति है और बाद में सदनों की संयुक्त बैठक द्वारा गतिरोध का समाधान किया जाता है।
- विधानसभा की तुलना में परिषद की स्थिति लोकसभा की तुलना में राज्यसभा की स्थिति से बहुत कमजोर है।
- राज्य सभा के पास सरकार पर नियंत्रण के संबंध में और वित्तीय मामलों को छोड़कर सभी क्षेत्रों में लोकसभा के समान अधिकार हैं।

8(C). विधान परिषद या राज्य विधान परिषद उन राज्यों में उच्च सदन है जिनमें द्विसदनीय विधायिका है। विधान परिषद (MLC) के सदस्यों का कार्यकाल छह वर्ष का होता है। राज्य विधान परिषद के एक तिहाई सदस्य हर दो साल बाद सेवानिवृत्त हो जाते हैं। यह व्यवस्था भारत की संसद के ऊपरी सदन राज्य सभा के समान है।
- राज्य विधान परिषद की स्थापना को भारत के संविधान के अनुच्छेद 169 में परिभाषित किया गया है।
- 2022 तक, 28 में से 6 राज्यों में एक राज्य विधान परिषद है। ये हैं आंध्र प्रदेश, कर्नाटक, तेलंगाना, महाराष्ट्र, बिहार और उत्तर प्रदेश।

9(D). झारखंड राज्य विधानसभा ने नवंबर 2020 में सरना कोड पर प्रस्ताव पारित किया।
सरना कोड:
- सरना आदिवासी समुदाय के लिए पृथक कानून के प्रावधानों की संहिता।
- इसे झारखंड राज्य विधानसभा ने पारित किया था।
- यह आदिवासियों को एक अलग धार्मिक समुदाय से संबंधित होने के लिए खुद को पहचानने का अधिकार देता है।
- संहिता से पहले, उन्हें एक अलग धार्मिक श्रेणी के रूप में वर्गीकृत नहीं किया गया था।

10(B). नीति आयोग ने देश भर में डिजिटल भुगतान प्रणालियों के उपयोग की जांच और प्रचार करने के लिए विभिन्न राजनीतिक दलों का प्रतिनिधित्व करने वाले मुख्यमंत्रियों की एक समिति का गठन किया है।
यह कदम देश भर में पारदर्शिता, वित्तीय समावेशन और एक स्वस्थ वित्तीय पारिस्थितिकी तंत्र को बढ़ावा देने और जमीनी स्तर और छोटे व्यवसायों के लोगों द्वारा डिजिटल भुगतान प्रणाली को अपनाने को बढ़ावा देने के लिए सरकार की सोच के अनुरूप है। समिति में नीति आयोग के उपाध्यक्ष ; सीईओ, नीति आयोग; और विशेषज्ञ भी शामिल होंगे।
अत: विकल्प (B) सही है।

11(D). उपरोक्त के अलावा नीति आयोग के कार्य हैं:
- एक अत्याधुनिक संसाधन केंद्र बनाए रखने के लिए, सतत और न्यायसंगत विकास में सुशासन और सर्वोत्तम प्रथाओं पर अनुसंधान का भंडार होने के साथ-साथ हितधारकों को उनके प्रसार में मदद करना।
- विकास एजेंडा के कार्यान्वयन में तेजी लाने के लिए अंतर-

क्षेत्रीय और अंतर-विभागीय मुद्दों के समाधान के लिए एक मंच प्रदान करना।
- राष्ट्रीय और अंतर्राष्ट्रीय विशेषज्ञों, चिकित्सकों और अन्य भागीदारों के एक सहयोगी समुदाय के माध्यम से ज्ञान, नवाचार और उद्यमशीलता सहयता प्रणाली बनाना।
- ऐसा साधन बनना जिसके माध्यम से नीति-निर्माण में बाहर के विचारों को शामिल किया जाता है।
अत: विकल्प (D) सही है।

12(D). आरबीआई की समग्र दिशा 21-सदस्यीय केंद्रीय निदेशक मंडल के साथ है, जिसमें शामिल हैं: गवर्नर, चार डिप्टी गवर्नर, दो वित्त मंत्रालय के प्रतिनिधि, दस सरकार द्वारा नामित निदेशक, और चार निदेशक जो मुंबई, कोलकाता, चेन्नई और दिल्ली के लिए स्थानीय बोर्डों का प्रतिनिधित्व करते हैं।
भारत सरकार चार साल के कार्यकाल के लिए निदेशकों की नियुक्ति करती है।
भारतीय रिजर्व बैंक (RBI) भारत का केंद्रीय बैंक और नियामक निकाय है और भारतीय रुपये के मुद्दे और आपूर्ति और भारतीय बैंकिंग प्रणाली के नियमन के लिए जिम्मेदार है।
यह देश की मुख्य भुगतान प्रणालियों का प्रबंधन भी करता है और इसके आर्थिक विकास को बढ़ावा देने के लिए काम करता है।
अत: विकल्प (D) सही है।

13(B). सातवाहन साम्राज्य की सरकार पारंपरिक तर्ज पर आयोजित की गई थी जहाँ राज्य को जनपदों में विभाजित किया गया था।
सातवाहन साम्राज्य:
- सातवाहन वंश का संस्थापक सिमुक था।
- इसमें प्रमुख रूप से आंध्र प्रदेश, महाराष्ट्र और तेलंगाना के वर्तमान राज्य शामिल थे।
- उनके राज्य में गुजरात, कर्नाटक के साथ-साथ मध्य प्रदेश के कुछ हिस्से भी शामिल थे।

14(B). सही उत्तर तुलुवा है।
तुलुव
- यह विजयनगर साम्राज्य पर शासन करने वाला तीसरा राजवंश था।
- विजयनगर साम्राज्य के सबसे प्रसिद्ध शासक कृष्ण देव राय इसी वंश के थे।

15(C). सभी ग्रह सूर्य के चारों ओर दीर्घ वृताकार पथ में चक्कर लगाते हैं।
जब कोई वस्तु वृत्ताकार गति में नहीं बल्कि दीर्घ वृताकार पथ में दूसरी वस्तु के चारों ओर घूमती है, तो इसे दीर्घ वृताकार पथ या अण्डाकार कक्षा कहा जाता है।

16(C). सामान्य तौर पर, जैसे ही हम भूमध्य रेखा से ध्रुवों की ओर बढ़ते हैं, वर्षा लगातार कम होती चली जाती है। विश्व के तटीय क्षेत्र, महाद्वीपों के आंतरिक भागों की तुलना में अधिक मात्रा में वर्षा प्राप्त करते हैं। जल के महान स्रोतों होने के कारण महाद्वीपों की तुलना में महासागरों पर अधिक वर्षा होती है। भूमध्य रिसा के उत्तर एवं दक्षिण में 35° और 40° अक्षांशों के मध्य, पूर्वी तटों पर वर्षा की मात्रा अधिक होती है, जो पश्चिम की ओर जाने पर कम होती जाती है। लेकिन, पछवा पवनों के कारण भूमध्य रेखा के उत्तर एवं दक्षिण में 45° और 65° अक्षांशों के मध्य, वर्षा पहले महाद्वीपों के पश्चिमी भाग में होती है, जो पूर्व की ओर जाने पर कमश: घटती चली जाती है।

17(B). **सतत कार्बनिक प्रदूषकों पर स्टॉकहोम कन्वेंशन:**
- लगातार कार्बनिक प्रदूषकों पर स्टॉकहोम कन्वेंशन एक अंतरराष्ट्रीय पर्यावरण संधि है।
इसलिए कथन 1 सही नहीं है।
- 2004 में लागू हुआ।
- लगातार जैविक प्रदूषकों (पीओपी) के उत्पादन और उपयोग को खत्म करने या प्रतिबंधित करने का लक्ष्य।
- पीओपी को "रासायनिक पदार्थों के रूप में परिभाषित किया जाता है जो पर्यावरण में बने रहते हैं, खाद्य वेब के माध्यम से बायोकैमकुलेट करते हैं, और मानव स्वास्थ्य और पर्यावरण

पर प्रतिकूल प्रभाव पैदा करने का खतरा पैदा करते हैं"।
अतः कथन 2 सही है।

18(D). महाराष्ट्र में थाने जिले के वारली आदिवासी अपने घर की दीवारों को अपने जीवन को दर्शाने वाले चित्रकारी से सजाते हैं: पौधे लगाना, अनाज रखना, नाचना, बाज़ार की यात्रा करना और अपने दैनिक जीवन की अन्य नियमित गतिविधियों के लिए। इसलिए, युग्म 4 सही नहीं है। पौधों, जानवरों, कीड़ों, और पक्षियों के साथ-साथ सूरज, चंद्रमा और सितारों के प्रतीक जीवन के सभी रूपों के एकीकरण में अपना विश्वास दिखाते हैं। अनुष्ठान और औपचारिक अवसरों पर, वारली घर की दीवारों को गोबर से प्लास्टर किया जाता है। चावल के पेस्ट का उपयोग लाल गेरू के पाउडर के साथ कहानियों को बताने के लिए और प्रजनन क्षमता, पालघाट की उनकी देवी के आशीर्वाद के लिए किया जाता है। भीमबेटिका चित्रकारी में चित्रकारी का घनिष्ठ संबंध है।
अत: विकल्प (D) सही है।

19(B). यक्षगान कर्नाटक का एक पारंपरिक रंगमंच रूप है। इसलिए, कथन 1 गलत है। इसका शाब्दिक अर्थ है यक्ष का गीत। यह कर्नाटक के उडुपी जिले में विकसित हुआ। यह 10वीं और 16वीं शताब्दी के बीच उत्पन्न हुआ माना जाता है। यह एक मंदिर कला का रूप है जिसमें पौराणिक कथाओं, रामायण, महाभारत, भागवत और अन्य हिंदू महाकाव्यों को दर्शाया गया है। इसलिए, कथन 2 सही है। यह वैष्णव भक्ति आंदोलन से काफी प्रभावित है। यह बड़े पैमाने पर हेडगियर्स, विस्तृत चेहरे के मेकअप और जीवंत परिधानों और गहनों के साथ किया जाता है। यह आमतौर पर कन्नड़ में सुनाया जाता है। यह मलयालम के साथ-साथ तुलु में भी किया जाता है। यह आघाती उपकरणों जैसे चेंडा, मडालम, जगट्टा या चेंगिला, चकराता, आदि के साथ किया जाता है।
दो शैलियाँ
- टेनकुट्टिटु शैली। इसलिए, कथन 3 सही है।
- बडगुट्टिटु शैली
अत: विकल्प (B) सही है।

20(B). उड़ीसा के पट्टचित्र में प्राचीन कवियों, गायकों और लेखकों द्वारा प्रसिद्ध कविता गीत गोविंद और भक्ति छंदों की कहानियों को दर्शाया गया है। यह पारंपरिक, कपड़ा-आधारित स्क्रॉल चित्र के लिए एक सामान्य शब्द है। ये चित्र हिंदू पौराणिक कथाओं पर आधारित हैं और विशेष रूप से जगन्नाथ और वैष्णव संप्रदाय से प्रेरित हैं। कहानियों को ताड़ के पत्तों पर नक्काशी या कागज और रेशम पर चित्रों के रूप में चित्रित किया जाता है। इन चित्रों में गहरे लाल, गेरू, काले और खनिजों से समृद्ध नीले रंग, शैल, और कार्बनिक लाख का उपयोग किया जाता है। आधुनिक विकास ने उन्हें समकालीन उपयोग के लिए लकड़ी के बक्से, चित्र फ्रेम आदि पर पेंट करने के लिए प्रोत्साहित किया है।
अत: विकल्प (B) सही है।

21(B). टी. शानिन समाजशास्त्रीय सिद्धांत के इतिहास में प्रमुख समाजशास्त्रियों में से एक है। किसान समाजों पर अपने अध्ययन में, उन्होंने कुछ निम्नलिखित विशेषताएं दी हैं जो नीचे दी गई हैं:
पारिवारिक किसान प्रमुख आर्थिक इकाई है जिसके चारों ओर उत्पादन, श्रम, खपत का आयोजन किया जाता है।
भूमि पति कार्य के लिए न्यूनतम विशेषज्ञता और परिवार आधारित व्यावसायिक प्रशिक्षण के साथ संयुक्त मुख्य गतिविधि है।
स्थानीय ग्राम समुदाय पर आधारित जीवन का एक विशेष रूप से सुखद तरीका है जो सामाजिक जीवन और संस्कृति के अधिकांश क्षेत्र को कवर करता है और इसे शहरी जीवन से अन्य सामाजिक समूहों से अलग करता है।

22(B). सामंती प्रणाली एक प्रणाली थी जो 9 वीं और 15 वीं शताब्दी के बीच मध्यकालीन यूरोप में पनपी थी और कानूनी, आर्थिक और सांस्कृतिक रीति-रिवाज थी। सामंती सम्पदा प्रत्येक व्यक्ति के लिए एक स्थिति थी जो समाज में तीन स्थानों के अनुसार एक स्थिति बनाए रखती थी, जैसे कि कुलीनता, पादरी और किसान। अहसास भी राजनीतिक समूहों के समान थे और प्रत्येक समूह में श्रम विभाजन था। सर्फ़दोम वास्तव में उस समय बढ़ रहा था और

सर्फ़ के पास सामर्थ्यपूर्ण व्यवस्था में अपील करने की क्षमता नहीं थी कि वे अपनी आवाज़ निकाल सकें।

23(B). **न्यूमोकोकल रोग**
- यह बैक्टीरिया के कारण होता है जो फेफड़ों, रक्त और मस्तिष्क में संक्रमण पैदा कर सकता है।
- यह 5 वर्ष से कम आयु के बच्चों में स्वास्थ्य समस्याओं का कारण बनता है।
- संक्रमण का सबसे ज्यादा खतरा 2 वर्ष से छोटे बच्चों, 65 वर्ष से अधिक आयु के लोगों, कुछ चिकित्सकीय स्थितियों वाले लोगों और सिगरेट पीने वालों के लिए है।
- इन बीमारियों में निमोनिया, मैनिंजाइटिस, सेप्सिस, रक्त संक्रमण और कान के संक्रमण भी शामिल हैं।

24(A). नासा के अपोलो कार्यक्रम के तहत चन्द्रमा पर पहला इंसान भेजा गया। मिशन 1961 में शुरू किया गया था। इस मिशन की बदौलत नील आर्मस्ट्रांग चन्द्रमा पर उतरने वाले पहले व्यक्ति बने।

25(C). अप्रैल 2023 में, भारतीय अंतरिक्ष अनुसंधान संगठन ने महेंद्रगिरि, तिरुनेलवेली जिले, तमिलनाडु में गगनयान मिशन के लिए क्रू मॉड्यूल प्रोपल्शन सिस्टम के लिए L110 स्टेज के लिए विकास इंजन परीक्षण अभियान और सिस्टम प्रदर्शन मॉडल परीक्षण के दो महत्वपूर्ण परीक्षण सफलतापूर्वक पूरे किए।

26(C). क्वांटम कंप्यूटिंग कंप्यूटिंग का एक नया रूप है जो सूचनाओं को संसाधित करने के लिए क्वांटम बिट्स या क्यूबिट्स का उपयोग करता है। क्वांटम कंप्यूटर में शास्त्रीय कंप्यूटरों की तुलना में कुछ समस्याओं को बहुत तेजी से हल करने की क्षमता होती है और इन्हें क्रिप्टोग्राफी, सामग्री विज्ञान और दवा की खोज सहित कई प्रकार के अनुप्रयोगों के लिए विकसित किया जा रहा है।

27(D). जून 2022 में, लाइटइयर ने एक नए सौर ऊर्जा से चलने वाले इलेक्ट्रिक वाहन का अनावरण किया, जिसे वन कहा जाता है, जो एक बार चार्ज करने पर 450 मील तक की यात्रा कर सकता है और बैटरी को रिचार्ज करने के लिए सौर पैनलों का उपयोग करता है।

28(C). अप्रैल 2023 में, संयुक्त राष्ट्र में भारत की स्थायी प्रतिनिधि रुचिरा कंबोज ने सोमालिया में अफ्रीकी संघ संक्रमण मिशन के समर्थन में संयुक्त राष्ट्र ट्रस्ट फंड को 2 मिलियन अमरीकी डालर प्रदान किए।

29(A). 3 अप्रैल, 2023 को हिमाचल प्रदेश राज्य ने 'लोकतंत्र प्रहरी सम्मान अधिनियम' को निरस्त कर दिया है।

30(A). 06 अप्रैल 2023 को भारत 1 जनवरी, 2024 से शुरू होने वाले 4 साल के कार्यकाल के लिए संयुक्त राष्ट्र सांख्यिकी आयोग के लिए चुना गया है।

31(D). भूमि संसाधन विभाग, ग्रामीण विकास मंत्रालय के अप्रैल 2023 तक के आंकड़ों के अनुसार, 28 राज्यों/केंद्र शासित प्रदेशों ने भूमि रिकॉर्ड के लिए राष्ट्रीय सामान्य दस्तावेज़ पंजीकरण प्रणाली को अपनाया है।

32(B). 21 अप्रैल 2023 को, भारतीय प्रतिस्पर्धा आयोग ने ग्रीन चैनल रूट के तहत बीसीपी एमराल्ड एग्रीगेटर एलपी द्वारा एमरसन इलेक्ट्रिक कंपनी के जलवायु प्रौद्योगिकी व्यवसाय के अधिग्रहण को मंजूरी दे दी है।

33(C). कानून और न्याय मंत्रालय के केंद्रीय मंत्री किरेन रिजिजू ने 08 अप्रैल 2023 को जम्मू, जम्मू और कश्मीर विश्वविद्यालय में भारत के संविधान के डोगरी संस्करण का पहला संस्करण जारी किया।

34(B). 6 अप्रैल, 2023 को, इलेक्ट्रॉनिक्स और आईटी मंत्रालय ने सूचना प्रौद्योगिकी (मध्यवर्ती दिशानिर्देश और डिजिटल मीडिया आचार संहिता) नियम, 2021 में संशोधन की फिर से पुष्टि की है। ये नियम एक खुला, सुरक्षित, विश्वसनीय और जवाबदेह इंटरनेट बनाने की मांग करते हैं।

35(B). 24 अप्रैल 2023 को, हरित हाइड्रोजन और सौर विकास में विशेषज्ञता वाली दिल्ली स्थित कंपनी, यूनिकॉर्प्स टेक्नोलॉजीज

लिमिटेड ने लेह क्षेत्र (लद्दाख) में पहली हरित हाइड्रोजन माइक्रोग्रिड परियोजना स्थापित करने की अपनी योजना की घोषणा की।

36(A). दिया गया समीकरण है :

$8589 - X = 4434$

$\Rightarrow 8589 - 4434 = X$

$\Rightarrow X = 4155$

37(D). दिया गया समीकरण है :

$617 + 6.017 + 0.617 + 6.0017 = ?$

$= 617 + 6.017 + 6.6187$

$= 617 + 12.6357$

$= 629.6357$

38(B). माना गैर-अधिकारियों की संख्या $= a$

अधिकारियों की संख्या $= 15$

अधिकारियों का औसत वेतन 460 रुपए है

तो, अधिकारियों की कुल वेतन $= 15 \times 460 = 6900$

इसी तरह, गैर-अधिकारियों का कुल वेतन $= a \times 110$

अब हम सभी कर्मचारियों का कुल वेतन इस रूप में प्राप्त कर सकते हैं:

$\Rightarrow 120 \times (15 + a) = 6900 + 110a$

$\Rightarrow 1800 + 120a = 6900 + 110a$

$\Rightarrow 120a - 110a = 6900 - 1800$

$\Rightarrow 10a = 5100$

$\Rightarrow a = 510$

$\therefore$ कार्यालय में गैर-अधिकारियों की संख्या 510 है।

39(B). दिया है:

3 भाइयों की औसत आयु $= 23$

उनकी आयु का अनुपात $= 9 : 8 : 6$

माना तीन भाइयों की आयु $9x, 8x$ और $6x$ है।

प्रश्नानुसार,

$\Rightarrow \dfrac{(9x+8x+6x)}{3} = 23$

$\Rightarrow 23x = 69$

$\Rightarrow x = 3$

भाइयों की आयु 27, 24 और 18 वर्ष है।

$\therefore$ सबसे बड़े और सबसे छोटे भाई के बीच 9 वर्ष का अंतर है।

40(D). दिया गया है:

$= 3\frac{1}{3} + 33\frac{1}{3^2} + 333\frac{1}{3^3} + 3333\frac{1}{3^4} + 33333\frac{1}{3^5}$

$= (3 + 33 + 333 + 3333 + 33333) \times$
$\left(\frac{1}{3} + \frac{1}{3^2} + \frac{1}{3^3} + \frac{1}{3^4} + \frac{1}{3^5}\right)$

$= (37035) \times \left(\frac{3^4+3^3+3^2+3+1}{3^5}\right)$

$= (37035) \times \left(\frac{121}{3^5}\right)$

$= 37035\frac{121}{3^5}$

$\therefore$ अभीष्ट परिणाम $37035\frac{121}{3^5}$ है।

41(B). दिया है,

$\frac{3}{8}$ तथा $\frac{5}{11}$

8 और 11 का ल.स.प लेने पर

हम पाते हैं,

$8 \times 11 = 88$

अब हम दिए गए अंश को उसके समकक्ष अंश में परिवर्तित करते हैं, फिर वह बनता है,

$\frac{(3\times11)}{(8\times11)}$ तथा $\frac{(5\times8)}{(11\times8)}$

तो $\left(\frac{33}{88}\right) < \left(\frac{40}{88}\right)$

तो, $\left(\frac{3}{8}\right) < \left(\frac{5}{11}\right)$

42(B). दिया गया है,

$a : b : c = \frac{1}{4} : \frac{1}{3} : \frac{1}{2}$

प्रश्न के अनुसार

$= 12(\frac{1}{4} : \frac{1}{3} : \frac{1}{2})$ [(4, 3, 2) के ल.स. से गुणा करने पर]

$= 3 : 4 : 6$

अब,

$a = 3$ इकाई, $b = 4$ इकाई, $c = 6$ इकाई

इसलिए,

$\frac{a}{b} : \frac{b}{c} : \frac{c}{a} = \frac{3}{4} : \frac{4}{6} : \frac{6}{3}$

$= 12(\frac{3}{4} : \frac{4}{6} : \frac{6}{3})$ [(4, 6, 3) के ल.स. से गुणा करने पर]

$= 9 : 8 : 24$

$\therefore$ अभीष्ट अनुपात $9 : 8 : 24$ है।

43(A). दिया गया है:

घटे हुए कार्यकर्ताओं की संख्या का अनुपात $= 7 : 4$

हम जानते है कि,

कुल मजदूरी $=$ कार्यकर्ता की संख्या $\times$ प्रति व्यक्ति मजदूरी

अब,

कार्यकर्ताओं की कमी के पहले कुल मजदूरी
$= 7x \times 3y = 21xy$

कार्यकर्ताओं की कमी के बाद कुल मजदूरी
$= 4x \times 5x = 20xy$

मजदूरियों का अनुपात (पहले का : अभी)
$= 21xy : 20xy = 21 : 20$

44(B). माना स्कूल A में छात्रों की कुल संख्या 100 है और स्कूल B में अनुत्तीर्ण छात्रों की संख्या $x\%$ है।

स्कूल A में अनुत्तीर्ण छात्रों का प्रतिशत
$= 100 \times (\frac{35}{100}) = 35$

स्कूल A की तुलना में 100% अधिक छात्र, स्कूल B से समान परीक्षा में शामिल हुए।

स्कूल B में छात्रों की कुल संख्या $= 100 \times (\frac{200}{100}) = 200$

स्कूल A और B में छात्रों की कुल संख्या
$= (100 + 200) = 300$

स्कूल A और B में अनुत्तीर्ण होने वाले छात्रों की कुल संख्या
$= 300 \times 25\%$

$100 \times 35\% + 200 \times x\% = 300 \times 25\%$

$100 \times (\frac{35}{100}) + 200 \times (\frac{x}{100}) = 300 \times (\frac{25}{100})$

$35 + 2 \times x = 75$

$2x = 40$

$x = 20.$

45(A). दिया है:

किसी वस्तु को 436 रुपये में बेचे जाने पर वहन किया गया हानि प्रतिशत उस लाभ प्रतिशत के बराबर होता है जो इसे 464 रुपये में बेचने पर प्राप्त होता है।

हानि = क्रय मूल्य - विक्रय मूल्य

लाभ = विक्रय मूल्य - क्रय मूल्य

किसी वस्तु को 436 रुपये में बेचे जाने पर वहन किया गया हानि प्रतिशत

हानि = क्रय मूल्य - 436

वह लाभ प्रतिशत जो इसे 464 रुपये में बेचने पर प्राप्त होता है।

लाभ = 464 - क्रय मूल्य

प्रश्न के अनुसार,

$\Rightarrow$ क्रय मूल्य - 436 = 464 - क्रय मूल्य

$\Rightarrow 2 \times$ क्रय मूल्य $= 900$

$\Rightarrow$ क्रय मूल्य $= \frac{900}{2}$

$\Rightarrow$ क्रय मूल्य = 450 रुपये

46(C). दिया गया है:

पीटर ने 18,000 रुपये का निवेश करके एक खुदरा व्यवसाय शुरू किया।

आठ महीने बाद सैम 30,000 रुपये की पूंजी के साथ उसमें शामिल हुआ।

2 वर्ष बाद उन्होंने रुपये का लाभ कमाया।

प्रयुक्त सूत्र:

लाभ का अनुपात पूंजी और समय के गुणनफल के अनुपात के बराबर है

गणना:

पीटर की समय अवधि = 24 महीने

सैम की समय अवधि = 16 महीने

अब,

$25000 \times 24 : 30000 \times 16 = 5 : 4$

$\therefore$ पीटर का हिस्सा $= \left(\frac{5}{9}\right) \times 18000 = 10,000$ रुपये

47(D). माना कि मूलधन = $100x$ रुपये और ब्याज दर = $r\%$

2 साल के लिए साधारण ब्याज = 1200 रुपये

$\therefore$ 1 साल के लिए साधारण ब्याज $= \frac{1200}{2}$ रुपये = 600 रुपये

$\therefore$ पहले साल के लिए चक्रवृद्धि ब्याज = 600 रुपये

$\therefore$ दूसरे साल के लिए चक्रवृद्धि ब्याज = (1290 − 600) रुपये

= 690 रुपये

$\therefore$ दूसरे साल के लिए चक्रवृद्धि और साधारण ब्याज के बीच का

अंतर = (690 − 600) रुपये = 90 रुपये

प्रश्नानुसार,

$\Rightarrow 600 \times 1 \times \frac{r}{100} = 90$

$\Rightarrow 6r = 90$

$\Rightarrow r = 15$

$\therefore$ ब्याज दर = 15%

प्रश्नानुसार,

$\Rightarrow 100x \times 2 \times \frac{15}{100} = 1200$

$\Rightarrow 30x = 1200$

$\Rightarrow x = 40$

$\therefore$ मूलधन = (100 × 40) रुपये

= 4000 रुपये

48(A). दिया है-

2304 रुपये चक्रवृद्धि ब्याज पर 2 वर्ष में 2500 रुपये होगी।

मूलधन P = 2304 रुपये

मिश्रधन A = 2500 रुपये

समय T = 2 वर्ष

सूत्र के अनुसार-

$A = P\left(1 + \frac{R}{100}\right)^T$ जहां R दर प्रतिशत प्रति वर्ष है

$\Rightarrow 2500 = 2304\left(1 + \frac{R}{100}\right)^2$

$\Rightarrow \frac{2500}{2304} = \left(1 + \frac{R}{100}\right)^2$

$\Rightarrow \frac{625}{576} = \left(1 + \frac{R}{100}\right)^2$

$\Rightarrow \frac{25}{24} = \left(1 + \frac{R}{100}\right)$

$\Rightarrow \frac{1}{24} = \frac{R}{100}$

$\Rightarrow \frac{100}{24} = R$

$\Rightarrow \frac{25}{6} = R$

$\Rightarrow R = 4\frac{1}{6}\%$

49(B). दिया है:

जून में घर P के द्वारा खपत की गई इकाइयों की संख्या 400 है।

जुलाई में घर P के द्वारा खपत की गई इकाइयों की संख्या 250 है।

जून में घर Q के द्वारा खपत की गई इकाइयों की संख्या 540 है।

जुलाई में घर Q के द्वारा खपत की गई इकाइयों की संख्या 265 है।

जून में घर R के द्वारा खपत की गई इकाइयों की संख्या 320 है।

जुलाई में घर R के द्वारा खपत की गई इकाइयों की संख्या 550 है।

जून में घर S के द्वारा खपत की गई इकाइयों की संख्या 250 है।

जुलाई में घर S के द्वारा खपत की गई इकाइयों की संख्या 420 है।

जून में घर T के द्वारा खपत की गई इकाइयों की संख्या 320 है।

जुलाई में घर T के द्वारा खपत की गई इकाइयों की संख्या 450 है।

जून में घर P के द्वारा खपत की गई इकाइयों की कुल संख्या 1600 है।

प्रयुक्त अवधारणा:

कुल बिजली बिल = (इकाई की वह संख्या जिसके लिए शुल्क की दर कम होगी) × दर + (इकाई की वह संख्या जिसके लिए शुल्क की दर अधिक होगी) × दर

गणना:

जून में घर P के द्वारा खपत की गई इकाइयों की संख्या 400 है।

मान लीजिये कि 3 रुपए शुल्क की दर की इकाइयों की संख्या x है।

तो, इकाई की वह संख्या जिसके लिए शुल्क की दर 5 रुपए है = (400 - x)

जून में घर P के लिए कुल बिजली बिल 1600 रुपए है।

$\Rightarrow 3 \times x + 5 \times (400 - x) = 1600$

$\Rightarrow 3x + 2000 - 5x = 1600$

$\Rightarrow - 2x + 2000 = 1600$

$\Rightarrow - 2x = - 400$

$\Rightarrow x = 200$

$\therefore$ इकाई की वह संख्या जिसके लिए शुल्क की दर 3 रुपए है वह 200 इकाई है।

50(C). दिया है:

जून में घर Q द्वारा खपत इकाइयों की संख्या 540 है।

जुलाई में घर Q द्वारा खपत इकाइयों की संख्या 265 है।

जून और जुलाई के बिजली बिल का अंतर 1650 रुपए है।

बिजली की इकाइयों की प्रारंभिक संख्या जिसके लिए शुल्क की दर कम है, 120 इकाई हैं।

प्रत्येक महीने की इकाइयों के लिए दर और सीमा अपरिवर्तित रहती है।

प्रयुक्त अवधारणा:

कुल बिजली बिल = (इकाई की वह संख्या जिसके लिए शुल्क की दर कम होगी) × दर + (इकाई की वह संख्या जिसके लिए शुल्क की दर अधिक होगी) × दर

गणना:

बिजली की इकाइयों की प्रारंभिक संख्या जिसके लिए शुल्क की दर कम है, 120 इकाई हैं।

जून में घर Q द्वारा खपत इकाइयों की संख्या 540 है।

जून में बिजली की इकाइयों की वह संख्या जिसके लिए शुल्क की दर अधिक है = 540 - 120 = 420

जुलाई में घर Q द्वारा खपत इकाइयों की संख्या 265 है।

जुलाई में बिजली की इकाइयों की वह संख्या जिसके लिए शुल्क की दर अधिक है = 265 - 120 = 145

माना कि कम शुल्क की दर x है।

माना कि अधिक शुल्क की दर y है।

जून में बिजली का बिल = 120x + 420y

जुलाई में बिजली का बिल = 120x + 145y

जून और जुलाई के बिजली बिल का अंतर 1650 रुपए है।

$\Rightarrow 120x + 420y - (120x + 145y) = 1650$

$\Rightarrow 120x + 420y - 120x - 145y = 1650$

$\Rightarrow 275y = 1650$

$\Rightarrow y = 6$

$\therefore$ बिजली की इकाइयों की संख्या की अधिक सीमा के लिए बिजली की दर 6 रुपये प्रति इकाई है।

51(D). दिया है:

जून में घर S द्वारा खपत इकाइयों की संख्या 250 है।

जुलाई में घर S द्वारा खपत इकाइयों की संख्या 420 है।

अगस्त में उपयोग की जाने वाली प्रारंभिक 150 इकाई बिजली का शुल्क 3 रुपए प्रति इकाई की दर से लिया जाता है शेष इकाइयों का शुल्क x रुपए प्रति यूनिट की दर से लिया जाता है।

अगस्त महीने में उपयोग की जाने वाली बिजली की इकाइयों की संख्या जून और जुलाई के महीने में उपयोग की जाने वाली बिजली की इकाइयों की संख्या का औसत है।

अगस्त में भुगतान किया गया कुल बिल 1745 रुपए है।

प्रयुक्त अवधारणा:

कुल बिजली बिल = (इकाई की वह संख्या जिसके लिए शुल्क

की दर कम होगी) × दर + (इकाई की वह संख्या जिसके लिए शुल्क की दर अधिक होगी) × दर

गणना:

जून में घर S द्वारा खपत इकाइयों की संख्या 250 है।

जुलाई में घर S द्वारा खपत इकाइयों की संख्या 420 है।

अगस्त महीने में उपयोग की जाने वाली बिजली की इकाइयों की संख्या जून और जुलाई के महीने में उपयोग की जाने वाली बिजली की इकाइयों की संख्या का औसत है।

अगस्त महीने में घर S द्वारा खपत की गई बिजली की इकाइयों की संख्या $= \frac{(250+420)}{2} = 335$ इकाई

अगस्त में उपयोग की जाने वाली प्रारंभिक 150 इकाई बिजली का शुल्क 3 रुपए प्रति इकाई की दर से लिया जाता है।

शेष इकाइयों का शुल्क x रुपए प्रति यूनिट की दर से लिया जाता है।

अगस्त में भुगतान किया गया कुल बिल 1745 रुपए है।

$\Rightarrow 150 \times 3 + (335 - 150) \times x = 1745$

$\Rightarrow 450 + 185x = 1745$

$\Rightarrow 185x = 1295$

$\Rightarrow x = 7$

$\therefore$ x का मान 7 रुपए है।

52(C). दिया है:

जून में घर R द्वारा खपत इकाइयों की संख्या 320 है।

जुलाई में घर R द्वारा खपत इकाइयों की संख्या 550 है।

जून के महीने में खाद्य उपकरणों और इलेक्ट्रॉनिक उपकरणों द्वारा खपत की गई बिजली की इकाइयों की संख्या का अनुपात 2 : 3 है।

जुलाई के महीने में खाद्य उपकरण और इलेक्ट्रॉनिक उपकरण द्वारा खपत की गई बिजली की इकाइयों का अनुपात 3 : 2 है।

गणना:

जून में घर R द्वारा खपत इकाइयों की संख्या 320 है।

जून के महीने में इलेक्ट्रॉनिक उपकरणों और खाद्य उपकरणों द्वारा खपत बिजली की इकाइयों की संख्या का अनुपात 2 : 3 है।

जून के महीने में खाद्य उपकरणों द्वारा खपत बिजली की इकाइयों की संख्या $= \frac{2}{5} \times 320 = 128$

जुलाई में घर R द्वारा खपत इकाइयों की संख्या 550 है।

जुलाई के महीने में इलेक्ट्रॉनिक उपकरणों और खाद्य उपकरणों द्वारा खपत बिजली की इकाइयों की संख्या का अनुपात 3 : 2 है।

जुलाई के महीने में खाद्य उपकरणों द्वारा खपत बिजली की इकाइयों की संख्या $= \frac{3}{5} \times 550 = 330$

घर R में खाद्य उपकरण द्वारा खपत बिजली की कुल इकाइयों की संख्या $= 128 + 330 = 458$

$\therefore$ घर R में खाद्य उपकरण द्वारा खपत बिजली की कुल इकाइयों की संख्या 458 इकाई है।

Q.53 दिया है:

जिला	पुरुष	महिला
चंबा	42	30
शिमला	48	52
कुल्लू	46	60
कांगरा	56	20

53(B). चंबा जिला से कुल भागीदारी = 42 + 30 = 72

शिमला जिला से कुल भागीदारी = 48 + 52 = 100

कुल्लू जिला से कुल भागीदारी = 46 + 60 = 106

कांगड़ा जिला से कुल भागीदारी = 56 + 20 = 76

उपरोक्त जिलों से, कुल्लू से भागीदारी अधिकतम है, और चंबा से भागीदारी न्यूनतम है

$\Rightarrow$ अभीष्ट अंतर = 106 – 72 = 34

$\therefore$ अधिकतम भागीदारी वाले जिले और न्यूनतम भागीदारी वाले जिले के बीच का अंतर 34 है।

54(A). दिया गया है,

X, Y से 60% अधिक कुशल है।

Y अकेला एक कार्य को 80 दिनों में कर सकता है।

माना Y की दक्षता 100 है।

इसलिए, X की दक्षता 160 है।

दक्षता का अनुपात,

$X : Y = 160 : 100$

$X : Y = 8 : 5$

दक्षता समय के विपरीत होती है।

कार्य = दक्षता × समय

दक्षता का अनुपात = समय का अनुपात

$8 : 5 = 80 : X$

$8X = 80 \times 5$

$X = 50$

X एक कार्य को 50 दिनों में पूरा कर सकता है।

कुल कार्य (50 और 80 का लघुत्तम समापवर्तक) = 400

कार्य का 52% = 400 का 52%

$= \frac{400}{100} \times 52$

$= 208$ इकाई

समय = क्षमता / कार्य

$= \frac{208}{(8+5)}$

$= \frac{208}{13}$

$= 16$ दिन

$\therefore$ X और Y उसी कार्य के 52% भाग को 16 दिन में पूरा करेंगे।

55(B). दिया है:

A, B की तुलना में 30% अधिक कुशल है।

C, B की तुलना में 20% अधिक कुशल है।

कुल कार्य = दक्षता × समय

माना कि B की दक्षता 100 है।

दक्षता का अनुपात,

$A : B = 130 : 100$

$B : C = 100 : 120$

समीकरण (1) और (2) से, हम प्राप्त करते है,

$A : B : C = 130 : 100 : 120$

$\Rightarrow A : B : C = 13 : 10 : 12$

कुल कार्य = दक्षता × समय

कुल कार्य = (13 + 10 + 12) × 5 = 35 × 5 = 175

समय A = (कुल कार्य का $\frac{3}{5}$ वां भाग/A की दक्षता)

$\Rightarrow$ समय $_A = \frac{(\frac{3}{5}) \times 175}{13}$

$\Rightarrow$ समय $_A = \frac{105}{13}$ दिन

$\therefore$ कुल कार्य के $\frac{3}{5}$ वें भाग को अकेला 'A' $\frac{105}{13}$ दिन में पूरा करता है।

56(B). श्रृंखला निम्नवत है-,

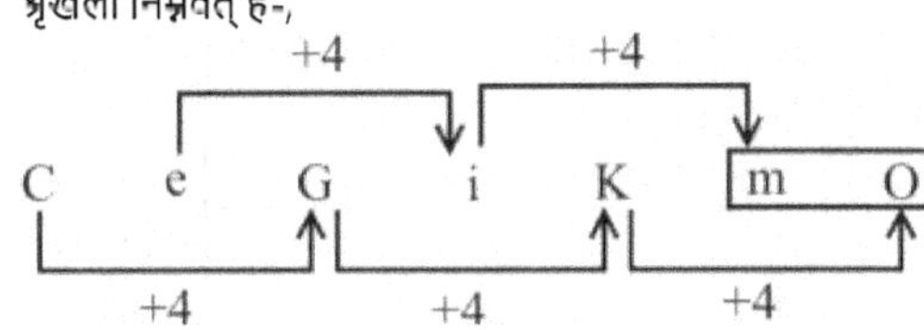

57(A). श्रृंखला निम्नवत है-

58(D). श्रृंखला निम्नवत है-

$A \xrightarrow{+1} B \xrightarrow{+1} C \xrightarrow{+1} D \xrightarrow{+1} \boxed{E}$

$B \xrightarrow{+1} C \xrightarrow{+1} D \xrightarrow{+1} E \xrightarrow{+1} \boxed{F}$

$Z \xrightarrow{-1} Y \xrightarrow{-1} X \xrightarrow{-1} W \xrightarrow{-1} \boxed{V}$

59(D). श्रृंखला निम्नवत है-

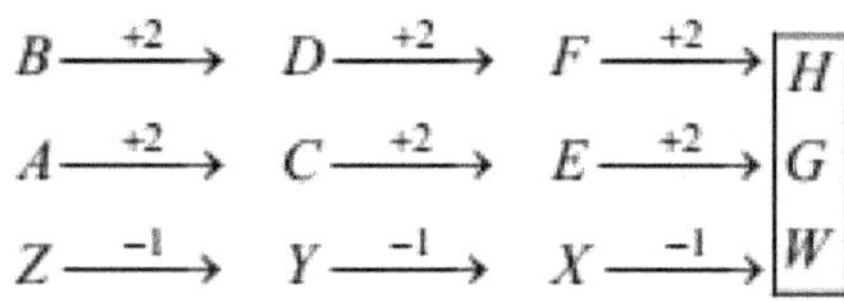

60(D). शब्दकोश के अनुसार,
4. **Dumm** y
3. **Dump**
2. **Du** st
1. **Dut** ch
इसलिए, "4321" सही क्रम है।

61(D). शब्दकोश के क्रमानुसार,
3. **Ea** rliest
5. **Ec** lipse
4. **Edi** tion
1. **Edu** cation
2. **El** ection
इसलिए "3 5 4 1 2" सही क्रम है।

62(C). शब्दकोश में क्रम के अनुसार:
Pea hen
Pen cil
Peo ple
Pet al
Pencil दूसरे स्थान पर आएगा।

63(D). कथन के अनुसार, कुल रनों का 80% स्पिनरों द्वारा बनाया गया था। इसलिए, I इसका पालन नहीं करता है। ओपनिंग बल्लेबाजों के बारे में कथन में कुछ भी उल्लेख नहीं किया गया है। तो, II भी अनुसरण नहीं करता है।

64(C). कथन में, हम देख सकते हैं कि सभी विकेट खोने से पहले हारने वाली टीम A द्वारा बनाए गए कुल रन 70 थे। इसलिए, या तो टीम A की बल्लेबाजी खराब थी या टीम B की गेंदबाजी बहुत अच्छी थी। तो, या तो निष्कर्ष I या तो II अनुसरण करता है।

65(C). निष्कर्ष:
I. स्कूल में पालन किए जाने वाले नियम उचित नहीं हैं → गलत (कठोर नियम होने पर भी कुछ छात्र ठीक से व्यवहार नहीं करते हैं)
द्वितीय. ऐसे छात्र को स्कूल से निकाल दिया जाना चाहिए → गलत (क्योंकि ऐसे कई छात्र हैं जो अनुचित व्यवहार करते हैं और एक छात्र को स्कूल से निकालने से उनका व्यवहार ठीक नहीं होता है)
इसलिए, न तो I और न ही II अनुसरण करता है।

66(A). वह आकृति जो दिए गए पैटर्न को पूरा करेगी वह है:

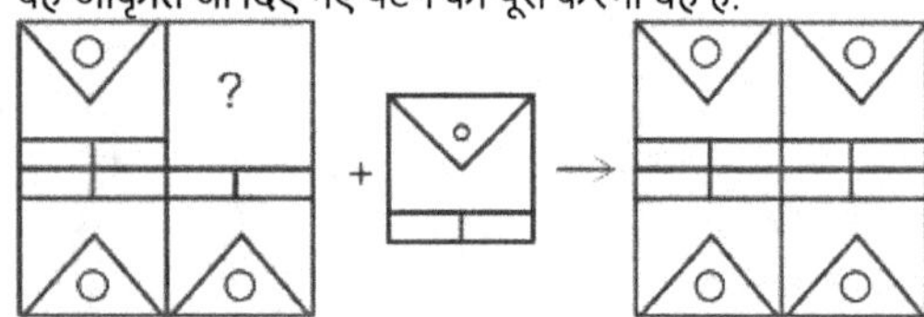

67(A). दिए गए पैटर्न को नीचे दिखाए अनुसार पूर्ण किया जा सकता है:

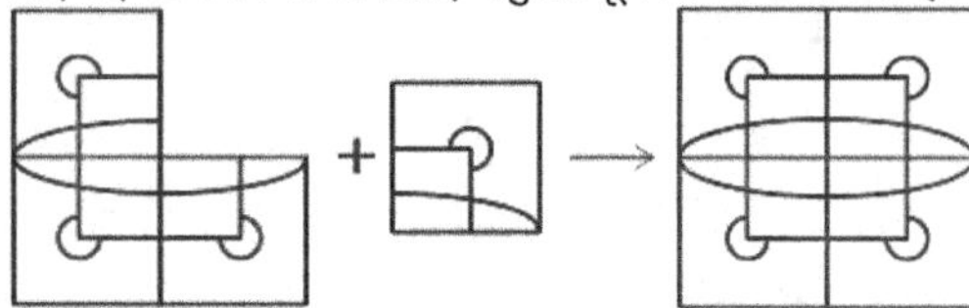

68(D). दिया गया है,
वाणी एक छोर से छठे और दूसरी छोर से आठवें स्थान पर है।
दी गई जानकारी के अनुसार,

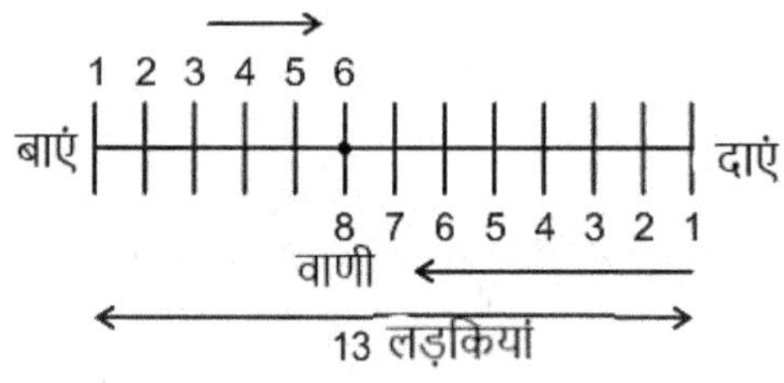

इसलिए, पंक्ति में लड़कियों की कुल संख्या = 13

69(A). दिया गया है,
साहिल और गौरव व्यक्तियों की एक पंक्ति में खड़े हैं। साहिल बाईं ओर से 12 वें स्थान पर है और गौरव दाईं ओर से 18 वें स्थान पर है।
बाएं से साहिल का स्थान = 25 (बदलने के बाद)
कुल व्यक्ति = बाएं से स्थिति + दाएं से स्थिति - 1
दायें से साहिल का स्थान = 18 (दायें छोर से साहिल की स्थिति वही है जो आपस में बदलने के बाद गौरव के समान है) −1
कुल व्यक्ति = 25 + 18 − 1 = 42
अत: पंक्ति में 42 व्यक्ति हैं।

70(D). दिया गया है,
प्रत्येक अलग-अलग वजन वाले B , F , J , K और W में से, F केवल J से भारी है। B , F और W से भारी है किंतु K जितना नहीं।
दी गई जानकारी के अनुसार, भार का आरोही क्रम :
J > F > W > B > K
इस प्रकार, W तीसरा सबसे भारी है।

71(B).

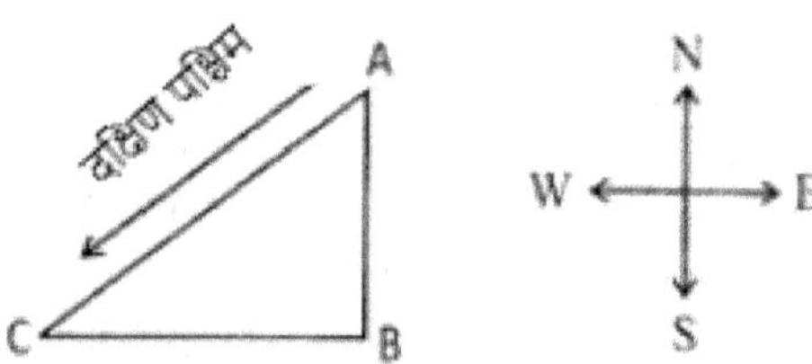

स्पष्ट रूप से, A, C से मिलने के लिए दक्षिण पश्चिम दिशा में आएगा।

72(C). हमारे पास दी गई जानकारी के अनुसार,

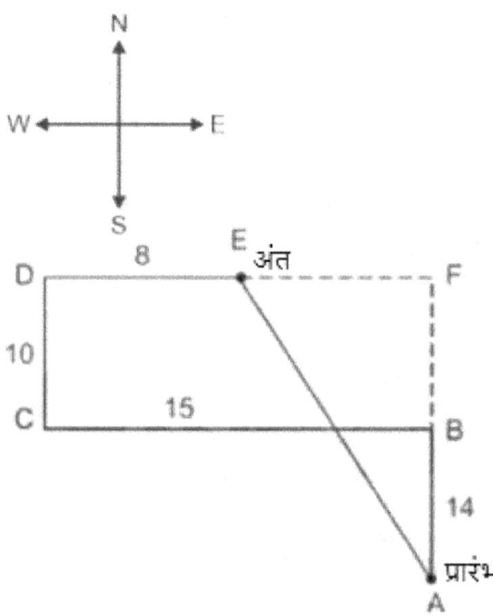

AE को ज्ञात करने के लिए = ?
⇒ BC = FD और CD = BF
⇒ AF = AB + BF = 14 + 10 = 24 मीटर
⇒ EF = FD − ED = 15 − 8 = 7 मीटर

अब, पाइथागोरस प्रमेय से

$AE^2 = AF^2 + EF^2$

$\Rightarrow AE^2 = 24^2 + 7^2$

$\Rightarrow AE^2 = 576 + 49 = 625$

$\Rightarrow AE = \sqrt{625}$

$\therefore AE = 25$ मीटर

73(D). वंश वृक्ष आरेख नीचे दिखाया गया है -

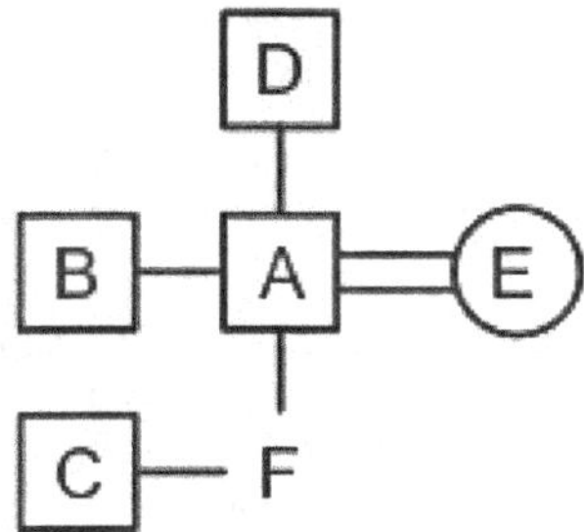

समूह में दो पिता, तीन भाई और एक माता है।

दो पिता :

1) D, B और A का पिता है

2) A, C और F का पिता है

तीन भाई :

1) A, B का भाई है

2) B, A का भाई ए

3) C, F का भाई है

एक माता :

1) E, C और F की माता है

इसलिए, E माता है।

74(D). नीचे दी गई सारणी में प्रतीकों का उपयोग करके, हम निम्नलिखित वंश वृक्ष बना सकते हैं:

आरेख में प्रतीक	अर्थ
○	महिला
□	पुरुष
═	विवाहित जोड़ा
─	भाई/बहन
│	पीढ़ी का अंतर

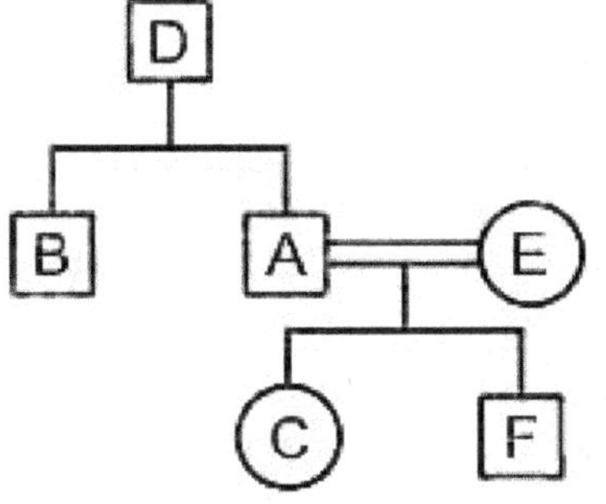

स्पष्ट रूप से, E माँ है।

75(D). नीचे दी गई तालिका में प्रतीकों का उपयोग करके, हम निम्नलिखित वंश वृक्ष को रेखांकित कर सकते हैं:

आरेख में प्रतीक	अर्थ
○	महिला
□	पुरुष
═	विवाहित जोड़ा
─	भाई/बहन
│	पीढ़ी का अंतर

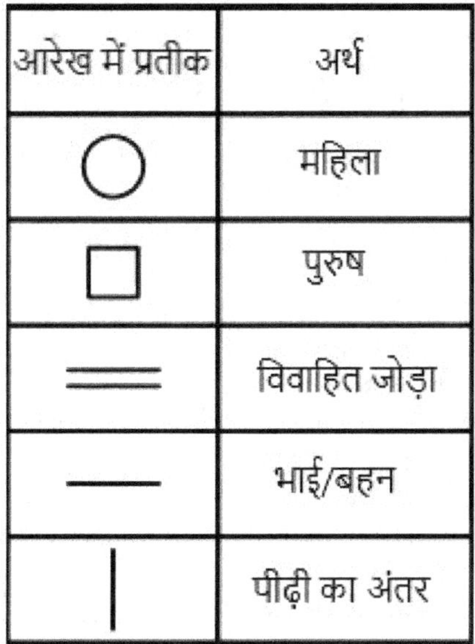

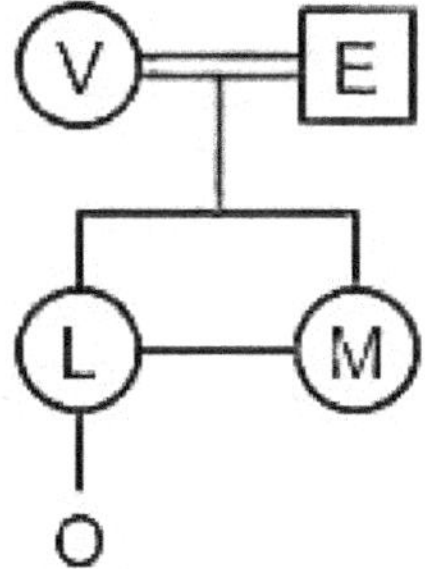

स्पष्ट रूप से, E, O का ग्रैंडफादर है।

76(B). According to the last third line of the passage, Schools and colleges should invite the counsellors and professionals to guide the students. They can help them in choosing the right career.

77(D). According to the passage, They can argue that it requires money. But banks are ready to fund their projects. The other argument can be that it requires practical knowledge. But one can work part-time or as an intern at some firm in order to gain practical knowledge. The government also provides training to the entrepreneurs willing to start their own business.

Thus, the correct answer is (a) and (b) but not (d).

78(A). According to the passage, Success of the venture very much depends on entrepreneur's ability, hard work, dedication, and grit.

So, for a successful venture, we require an entrepreneur's ability which includes practical knowledge and training, and experience not the well-paid work and huge funds.

Thus, the correct option is: (a) and (b) but not (c).

79(B). According to the passage, Success of the venture very much depends on entrepreneur's ability, hard work, dedication and grit. So, One should not wait for an ideal job, rather think of starting his/her own business. One has to climb the steps slowly and steadily to reach the apex. It may help them to load a stable and normal life and acquire a good carrier.

Thus, option (B) It may help them to lead a stable and normal life is the correct answer.

80(B). According to the passage, We can also reduce unemployment by self-employment. The youth should be job creators rather than job seekers.

In option (B) it would reduce unemployment by self-employment is right as 'it' refers to entrepreneurship and as the youth become entrepreneurs or job creators this approach work for the betterment of the country by reducing the unemployment in the country.

81(B). By reading the question, it is clear that 'R' will come first as we need a subject (The globe) to start our sentence. Part P will come next, as the verb (displays) agrees to the subject (globe). Q will follow P, as after the adjective (spatial) we need a noun (relationships).

In this way, 'RPQS' will form a grammatically correct sentence. The correct sentence is: The globe shows Earth's spherical shape and accurately displays spatial relationships between landforms and water bodies and comparative distance between locations.

82(A). By reading the question, it is clear that 'P' will come first as we need a subject (The function) to start our sentence. R will follow next, as after the singular subject (The function) we need a singular verb (is). Q will come next as it joins the noun (other material) with the conjunction 'and', and completes its meaning.

The only option that remains is S, thus it will come last. The correct sentence is: The function of the capillaries is to take nutrients, oxygen and other material to all the cells in the body and to take away their waste material.

83(C). By reading the question, it is clear that 'S' will come first as we need a subject (singing) to start our sentence. Q will be the next part as it shows to whom the singing sounded melodious. R will be the next part as it further states that it sounded melodious to someone with a tin ear. P is the last part.

In this way, 'SPQR' will form a grammatically correct sentence. The correct sentence is: Her singing sounded pretty melodious even to someone with a tin ear like mine.

84(A). By reading the question, it is clear that 'S' will come first as we need a subject (he) to start our sentence. Q will follow next, as we need an object (intelligent) after the verb (look). Part Q will follow P, as they together form an idiom 'you can't judge a book by its cover.'

In this way, 'SQPR' will form a grammatically correct sentence. The correct sentence is: He doesn't look very intelligent, but you can't judge a book by its cover.

85(A). By reading the question, it is clear that 'R' will come first as we need a subject (evidence) to start our sentence. Q will follow next as we need a verb (found) after the noun (evidence). Part S will follow P, as the conjunction (as well as) joins the noun party membership and antiparty groups.

In this way, 'RQPS' will form a grammatically correct sentence. The correct sentence is: Evidence of a crisis in party politics can be found in the decline in party membership and partisanship as well as in the rise of antiparty groups and movements.

86(D). "the same" is used as a pronoun as well.

We use "the same" to refer to something that has previously been mentioned or suggested.

Part (C) of the sentence requires the pronoun "it" to refer to the money, and not "the same". Therefore, the corrected part will be "that I should return it" and option (C) is correct because it points out the unusual part.

87(B). 'To' will not be used because – made indicates forcing someone to do something one does not want to do. The direct infinitive is used after the verbs like- let, bid, make, know, help, etc.

88(A). Giving money to the poor is a/an benevolent act of service to the poor. The act of official prohibition or order to stop something is called 'Bar'.

89(A). As the sentence is referring to an event that happened in the past, the past tense of the verb must be used. Thus, 'met' is the most appropriate verb that must be used to make the sentence correct.

90(C). **Comparison -** an act of comparing; a statement in which people or things are compared.

91(D). Exhibitionist which means a person who behaves in ways intended to attract attention or display their powers, personality, etc.

92(A). let's look at the meaning of the given word and the correct answer.

Confidence(noun): the quality of being certain of your abilities or of having trust in people, plans, or the future.

Example: She's completely lacking in confidence.

Diffidence(noun): the quality of being shy and not confident of your abilities.

Example: The biggest difficulty is overcoming natural British diffidence.

93(D). Let's look at the meaning of the given word and the correct answer.

Integrity (noun): the quality of being honest and having strong moral principles that you refuse to change.

Example: No one doubted that the president was a man of the highest integrity.

Dishonesty (noun): the quality or an act of not being honest.

Example: Her dishonesty landed her in prison.

94(A). The correct answer is 'dialect' .

'Dialect' is a particular form of a language which is peculiar to a specific region or social group .

Example : The play was hard to understand when the characters spoke in dialect.

95(C). The correct answer is 'delinquent' .

'Delinquent' means (typically of a young person) tending to commit a crime, particularly minor crime .

Example : His delinquent behavior could lead to more serious problems.

96(B).
- विंडोज लोगो कुंजी + L का प्रयोग कम्प्यूटर को लॉक करने के लिए किया जाता है।
- विंडोज लोगो कुंजी + I का प्रयोग सेटिंग को खोलने के लिए किया जाता है।
- विंडोज लोगो कुंजी + F का प्रयोग फ़ीडबैक हब को खोलने के लिए किया जाता है।
- विंडोज लोगो कुंजी + R का प्रयोग रन विंडो को खोलने के लिए किया जाता है।

97(C). Microsoft Excel में जब हम संख्या इंटर करते है तो वो डिफॉल्ट रूप से दाईं ओर संरेखित में होता है।

98(A). प्राइवेट क्लाउड, क्लाउड इन्फ्रास्ट्रक्चर को एक सिंगल संगठन द्वारा कई उपभोक्ताओं द्वारा अन्य उपयोग के लिए प्रावधान किया गया है।

99(C). पॉप 3 एक क्लाइंट/सर्वर प्रोटोकॉल है जिसमें ई-मेल आपके इंटरनेट सर्वर द्वारा आपके लिए प्राप्त और आयोजित किया जाता है। यह मानक प्रोटोकॉल सबसे लोकप्रिय ई-मेल उत्पादों, जैसे यूडोरा और आउटलुक एक्सप्रेस में बनाया गया है। पॉप 3 को सर्वर पर मेल को हटाने के लिए डिज़ाइन किया गया है जैसे ही उपयोगकर्ता ने इसे डाउनलोड किया है।

100(D). एडविन आर्मस्ट्रांग एक अमेरिकी इलेक्ट्रिकल इंजीनियर होने के साथ-साथ एक आविष्कारक भी थे। उनका जन्म 18 दिसंबर 1890 को हुआ था और उनकी मृत्यु 1 फरवरी 1954 को हुई थी। अपने पूरे जीवन में उन्होंने कई आविष्कार किए, और फ्रीक्वेंसी मॉड्यूलेशन फॉर्म मोबाइल संचार प्रणाली उनमें से एक है।

General Awareness

1. भारत के संविधान के किस अनुच्छेद के अनुसार राज्य के राज्यपाल के द्वारा मुख्यमंत्री को नियुक्त किया जाता है?
(a) अनुच्छेद 163   (b) अनुच्छेद 164
(c) अनुच्छेद 165   (d) अनुच्छेद 166

2. संविधान के किन अनुच्छेदों के अनुसार ओ.बी.सी. (अन्य पिछड़ा वर्ग) को आरक्षण के प्रावधान किए गए हैं?
(a) अनुच्छेद 13 (II) तथा 14
(b) अनुच्छेद 14 तथा 15
(c) अनुच्छेद 15 (IV) तथा 16 (IV)
(d) अनुच्छेद 17 तथा 18

3. निम्नलिखित में से किस समिति/आयोग ने न्याय पंचायतों के गठन की सिफारिश की है?
(a) बलवंतराय मेहता समिति   (b) अशोक मेहता समिति
(c) जी.वी.के. राव समिति   (d) सरकारिया आयोग

4. 'पंचायत राज' व्यवस्था का निम्न में से किसमें उल्लेख है?
(a) संघ सूची   (b) राज्य सूची
(c) समवर्ती सूची   (d) इनमें से कोई नहीं

5. निम्नलिखित कार्यों में से कौन सा कार्य स्थानीय स्वशासन से सम्बन्धित नहीं है?
(a) जन-स्वास्थ्य
(b) स्वच्छता का प्रबन्ध
(c) जन-उपयोगी सेवाएँ
(d) लोक-व्यवस्था का अनुरक्षण

6. बिहार विधानसभा की शक्तियां क्या हैं?
(a) कानून और कानून पारित करने के लिए
(b) राज्य के बजट को मंजूरी देना
(c) छताछ और बहस के माध्यम से सरकार को जवाबदेह ठहराना
(d) उपरोक्त सभी

7. राजस्थान विधानसभा के पहले सभापति और उप सभापति कौन थें?
(a) नरोत्तम लाल जोशी और लाल सिंह शेखावत
(b) निरंजन नाथ आचार्य और नरोत्तम लाल जोशी
(c) राम निवास और निरंजन आचार्य
(d) लाल सिंह सिंह शेखावत और नरोत्तम लाल जोशी

8. उत्तर प्रदेश से राज्यसभा की कितनी सीटें हैं?
(a) 31   (b) 32
(c) 552   (d) 245

9. भारत में एक नया राज्य बनाने के उद्देश्य से एक विधेयक पारित किया जाना चाहिए?
(a) संसद में एक साधारण बहुमत और दो-तिहाई राज्यों से अनुसमर्थन।
(b) संसद में एक साधारण बहुमत
(c) संसद में दो-तिहाई बहुमत और राज्यों के दो-तिहाई से कम होने से अनुसमर्थन।
(d) इनमे से कोई भी नहीं

10. भारतीय रिजर्व बैंक के बारे में निम्नलिखित में से कौन सा कथन गलत है?
(a) भारतीय रिजर्व बैंक ने 1935 में परिचालन शुरू किया।
(b) 1931 में, भारतीय केंद्रीय बैंकिंग जांच समिति ने भारतीय रिजर्व बैंक को भारत के लिए केंद्रीय बैंक के रूप में स्थापित करने के मुद्दे को पुनर्जीवित किया।
(c) 1929 में, हिल्टन यंग कमिशन ने 'भारतीय रिजर्व बैंक' कहे जाने वाले एक केंद्रीय बैंक की स्थापना की सिफारिश की।
(d) भारतीय रिजर्व बैंक अधिनियम 1934 में अधिनियमित किया गया था।

11. मौद्रिक नीति के संचालन की जिम्मेदारी _______ के पास है।
(a) विभिन्न बैंक   (b) भारतीय रिजर्व बैंक
(c) सेबी   (d) केंद्र सरकार

12. भारतीय रिजर्व बैंक ने कार्ड-ऑन-फाइल (CoF) टोकन की समय सीमा को निम्नलिखित में से किस महीने तक बढ़ा दिया है?
(a) मार्च 2022   (b) फ़रवरी 2022
(c) जून 2022   (d) सितंबर 2022

13. निम्नलिखित संस्थाओं पर विचार कीजिएः
1. बंगभाषा प्रकाशित सभा
2. लैण्डहोल्डर्स सोसायटी
3. बंगाल ब्रिटिश इंडिया सोसायटी
4. इण्डियन लीग इन संस्थाओं की स्थापना वर्ष के सही कालानुक्रम को निम्नलिखित कूट से चुनिए:
(a) 1, 2, 3, 4   (b) 1, 3, 2, 4
(c) 2, 1, 3, 4   (d) 2, 3, 4, 1

14. बुद्ध द्वारा रूपान्तरित निम्न व्यक्तियों में से कौन-सा अन्तिम था?
(a) आनन्द   (b) वसुमित्र
(c) गोशल   (d) सुभद्ध

15. निम्नलिखित में से कौन-सा एक गैर-न्यायोचित अधिकार है?
(a) पर्याप्त आजीविका का अधिकार
(b) शोषण के खिलाफ अधिकार
(c) आरोपी का अधिकार
(d) जीवन और व्यक्तिगत स्वतंत्रता का अधिकार

16. निम्नलिखित में से किस देश में ग्रीनविच मीन टाइम (GMT) से समय अंतर अधिकतम है?
(a) भारत   (b) नेपाल
(c) श्रीलंका   (d) भूटान

17. निम्नलिखित में से कौन सा कोयला क्षेत्र झारखंड में स्थित नहीं है?
(a) झरिया   (b) रामगढ़
(c) देवगढ़   (d) उमरिया

18. सबरीमाला मंदिर स्थित है:
(a) केरल   (b) कर्नाटक
(c) तमिलनाडु   (d) उड़ीसा

19. योसंग त्यौहार मुख्य रूप से किस राज्य में मनाया जाता है?
(a) मणिपुर   (b) सिक्किम
(c) त्रिपुरा   (d) अरुणाचल प्रदेश

20. बेहदीनखलम किस राज्य का पारंपरिक नृत्य त्यौहार है?
(a) छत्तीसगढ़   (b) तमिलनाडु
(c) गुजरात   (d) मेघालय

21. _______ की सिफारिश पर बैंकों के ब्याज का नियंत्रण आधारित है।
(a) चेलैय्या कमेटी   (b) दांतावाला कमेटी
(c) नरसिम्हा कमेटी   (d) इनमें से कोई नहीं

22. सामान्य रूप से मुद्रा नीति का प्रधान लक्ष्य है:

(a) मुद्रा आपूर्ति का नियन्त्रण करना
(b) निजी बैंकों का नियंत्रण करना
(c) शेयर बाजार का नियंत्रण करना
(d) बहुमूल्य धातु बाजार का नियंत्रण करना

23. कौन सी एक कोर तकनीक है/हैं जिसने आधुनिक जैव प्रौद्योगिकी के जन्म को सक्षम बनाया?
(a) अनुवांशिक अभियांत्रिकी
(b) रासायनिक अभियांत्रिकी में जीवाणुहीन परिवेश
(c) (A) और (B) दोनों
(d) ना तो (A) और ना ही (B)

24. निम्नलिखित में से कौन जनवरी 2023 में भारत में भूमिगत खानों में स्वायत्त ड्रोन उड़ाने वाली पहली भारतीय फर्म बन गई है?
(a) गोगटे समूह
(b) स्काड्रन
(c) जामिन फेरस
(d) डेम्पो

25. निम्नलिखित में से किस प्रकार की नवीकरणीय ऊर्जा बिजली उत्पन्न करने के लिए ज्वार पर निर्भर करती है?
(a) सौर
(b) हवा
(c) हाइड्रोइलेक्ट्रिक
(d) ज्वारीय

26. आधार से संबंधित प्रश्नों के लिए UIDAI द्वारा लॉन्च किए गए AI चैटबॉट का नाम क्या है?
(a) आधार दोस्त
(b) ई-आधार
(c) अल आधार
(d) आधार मित्र

27. निम्नलिखित कथनों पर विचार कीजिये:
1. क्रूज़ मिसाइलों को एकल प्रक्षेपण बल से प्रक्षेप्य के रूप में लक्षित किया जाता है जिसमें बहुत अधिक मार्गदर्शन नहीं होता है, जबकि बैलिस्टिक मिसाइलों में आम तौर पर एक मार्गदर्शन प्रणाली कार्य करती है।
2. बैलिस्टिक मिसाइल का उपयोग स्थलीय लक्ष्यों के विरुद्ध किया जाता है, जबकि क्रूज़ मिसाइल का उपयोग अतिरिक्त स्थलीय खतरों के विरुद्ध भी किया जा सकता है।
उपर्युक्त कथनों में से कौन-सा/से सही है/हैं?
(a) केवल 1
(b) केवल 2
(c) 1 और 2 दोनों
(d) न तो 1 और न ही 2

28. किस संस्था ने 'डिजिटल शक्ति अभियान 4.0' अभियान शुरू किया?
(a) नीति आयोग
(b) राष्ट्रीय महिला आयोग
(c) महिला एवं बाल विकास मंत्रालय
(d) विश्व आर्थिक मंच

29. सितंबर 2022 में जारी नमूना पंजीकरण प्रणाली (एसआरएस) 2020 के आंकड़ों के अनुसार, पिछले 10 वर्षों में भारत में सामान्य उर्वरता दर (जीएफआर) में ____ की गिरावट आई है।
(a) 15 प्रतिशत
(b) 30 प्रतिशत
(c) 25 प्रतिशत
(d) 20 प्रतिशत

30. भारत के साथ स्टॉकहोम में जून 2022 में संयुक्त नेतृत्व (लीडआईटी) के एक भाग के रूप में उद्योग संक्रमण संवाद की मेजबानी किसने की?
(a) यूएसए
(b) कनाडा
(c) ऑस्ट्रेलिया
(d) स्वीडन

31. 27 जनवरी 2023 को किसने राष्ट्रीय रसद पोर्टल (मरीन) का उद्घाटन किया?
(a) नरेंद्र मोदी
(b) पीयूष गोयल
(c) सर्बानंद सोनोवाल
(d) हरदीप सिंह पुरी

32. किस कंपनी ने भारत का पहला इंट्रा नेज़ल कोरोना वैक्सीन, iNCOVACC विकसित किया?

(a) बायोकॉन
(b) डॉ. रेड्डीज लेबोरेटरीज
(c) भारत बायोटेक
(d) सीरम इंस्टीट्यूट ऑफ इंडिया

33. किस राज्य ने एक तंत्र विकसित किया है, जिसका उद्देश्य इंटरसिटी और टाउन कनेक्टिविटी प्रदान करने के लिए राज्य भर में 80 से अधिक अप्रयुक्त हेलीपैड का उपयोग करना है?
(a) केरल
(b) तमिलनाडु
(c) तेलंगाना
(d) कर्नाटक

34. मार्च 2022 में, केंद्रीय पर्यावरण, वन और जलवायु परिवर्तन मंत्रालय ने हर साल 5 अक्टूबर को किस दिन के रूप में मनाने की घोषणा की है?
(a) राष्ट्रीय बाघ दिवस
(b) पृथ्वी दिवस
(c) राष्ट्रीय टीबी दिवस
(d) राष्ट्रीय डॉल्फिन दिवस

35. विद्या बालन को किस बीमा कंपनी का ब्रांड एंबेसडर नियुक्त किया गया है?
(a) ICICI लोम्बार्ड जनरल इंश्योरेंस
(b) टाटा ALA लाइफ इंश्योरेंस
(c) भारती AXA लाइफ इंश्योरेंस
(d) Max लाइफ इंश्योरेंस

Quantitative Aptitude and Numerical Skills

Ques (36-37): निर्देश: दिए गए व्यंजक को सरल कीजिए।

36. $33^2 \times 18 \div 27 + 8^3 + 122 = ?^3 - 368$
(a) 10
(b) 11
(c) 12
(d) 13

37. $\sqrt{[18^2 \times 320 \div 240 + 342 \div 3.8 \times 0.5 + 7]} = ? - (333 \div 37)$
(a) 30
(b) 22
(c) 31
(d) 29

38. 40 छात्रों की एक कक्षा की औसत आयु 12 वर्ष है। यदि शिक्षक की आयु भी शामिल होती है, तो औसत एक वर्ष से बढ़ जाता है। शिक्षक की आयु ज्ञात कीजिए।
(a) 54 वर्ष
(b) 55 वर्ष
(c) 53 वर्ष
(d) 52 वर्ष

39. तीन संख्याओं का औसत 36 है। पहली संख्या, दूसरा संख्या के तीन गुना है और दूसरी संख्या, तीसरी संख्या की दुगुनी है, तो पहली संख्या ज्ञात कीजिए।
(a) 64
(b) 72
(c) 75
(d) 81

40. दी गई संख्याओं का सही आरोही क्रम ज्ञात कीजिए।
$\left(\frac{3}{10}\right), \left(\frac{4}{15}\right), \left(\frac{1}{3}\right)$
(a) $\frac{3}{10}, \frac{4}{15}, \frac{1}{3}$
(b) $\frac{4}{15}, \frac{1}{3}, \frac{3}{10}$
(c) $\frac{1}{3}, \frac{3}{10}, \frac{4}{15}$
(d) $\frac{4}{15}, \frac{3}{10}, \frac{1}{3}$

41. यदि $P = 0.3 \times 0.3 + 0.03 \times 0.03 - 0.6 \times 0.03$ और $Q = 0.54$ है, तो $\frac{P}{Q}$ का मान ज्ञात कीजिए।
(a) 0.45
(b) 4.05
(c) 0.135
(d) 4.5

42. एक विशेष योग्यता परीक्षा में, महिलाओं और पुरुषों की संख्या का अनुपात 3 : 7 है। यदि महिलाओं की संख्या में 30% की वृद्धि हुई है

और पुरुषों की संख्या में 10% की कमी हुई है। तो नया अनुपात क्या होगा?

(a) 21 : 13   (b) 39 : 21
(c) 13 : 63   (d) 13 : 21

43. एक संख्या का 20% दूसरी संख्या का 40% है। पहली संख्या से दूसरी संख्या का अनुपात क्या है?

(a) 2 : 7   (b) 2 : 1
(c) 2 : 3   (d) 2 : 5

44. k का मान ज्ञात कीजिए, यदि 450 का 18% = k का 30%;

(a) 270   (b) 750
(c) 250   (d) 320

45. नीरज को ₹ 840 की कीमत वाले शर्ट पर कितना मूल्य अंकित करना चाहिए, ताकि अंकित मूल्य पर 16% छूट देने के बाद 18% का लाभ अर्जित किया जा सके?

(a) ₹ 1,180   (b) ₹ 1,200
(c) ₹ 1,240   (d) ₹ 1,160

46. एक वस्तु को 575 रूपये में बेचने पर जितना लाभ होता है उतनी ही हानि इसे 385 रूपये में बेचने से होती है। उस वस्तु का क्रय मूल्य क्या होगा?

(a) 496 रू.   (b) 400 रू.
(c) 480 रू.   (d) 475 रू.

47. यदि 2 वर्षों के लिए चक्रवृद्धि ब्याज 84 रुपये है और दो वर्षों के लिए साधारण ब्याज 80 रुपये है तब ब्याज की दर ज्ञात कीजिए।

(a) 12%   (b) 8%
(c) 10%   (d) 9%

48. यदि एक निश्चित राशि साधारण ब्याज पर 12 वर्षों में दुगनी हो जाती है, तो प्रति वर्ष ब्याज की दर क्या होगी?

(a) $8\frac{1}{3}$ (b) 10
(c) 12   (d) 14

Ques (49-53): निर्देश: निम्नलिखित ग्राफ का ध्यानपूर्वक अध्ययन करें और नीचे दी गई जानकारी के आधार पर प्रश्न का उत्तर दें।

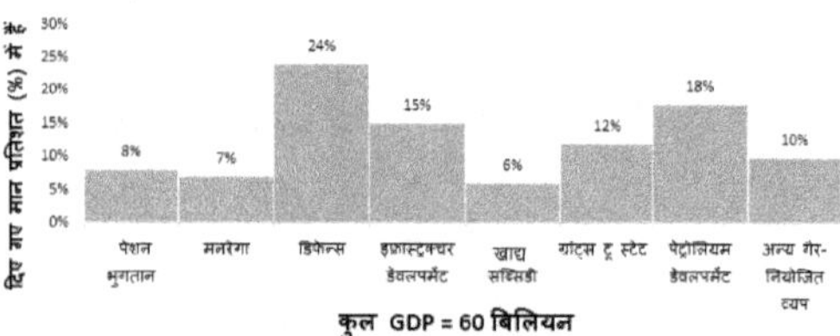

49. पेंशन भुगतान पर व्यय और खाद्य सब्सिडी पर व्यय का अनुपात कितना है?

(a) 4 : 5   (b) 8 : 3
(c) 4 : 3   (d) 5 : 4

50. पेंशन भुगतान, डिफेन्स और खाद्य सब्सिडी पर कुल व्यय का योग कितना है?

(a) 22.6 बिलियन   (b) 22.8 बिलियन
(c) 23.4 बिलियन   (d) 20.8 बिलियन

51. इंफ्रास्ट्रक्चर डेवलपमेंट और अन्य गैर-नियोजित व्ययों पर व्यप के बीच क्या अंतर है?

(a) 4 बिलियन   (b) 2 बिलियन
(c) 4.2 बिलियन   (d) 3 बिलियन

52. यदि रक्षा पर व्यय में 7% की कमी की जाती है, तो घटने के बाद उस पर कितना व्यय होगा?

(a) 1.33920 बिलियन   (b) 13.392 बिलियन
(c) 1.02 बिलियन   (d) 1.08 बिलियन

53. निम्नलिखित में से कौन सा निश्चित रूप से सत्य है?

(a) खाद्य सब्सिडी पर पेट्रोलियम डेवलपमेंट पर व्यय का अनुपात 3 : 1
(b) मनरेगा पर खर्च रु. 4.6 बिलियन
(c) पेंशन भुगतान और मनरेगा पर खर्च के बीच का अंतर 0.6 बिलियन रुपये है
(d) उपर्युक्त में सभी

54. A किसी विशेष कार्य को 6 दिनों में कर सकता है। B उसी कार्य को 8 दिनों में कर सकता है। A और B ने इसे 3200 रुपये में करने के लिए हस्ताक्षर किए। उन्होंने C की सहायता से 3 दिनों में काम पूरा किया। C को कितना भुगतान करना है?

(a) 500 रुपये   (b) 600 रुपये
(c) 450 रुपये   (d) 400 रुपये

55. 'A' 12 दिनों में किसी काम को पूरा कर सकता है। 'A' और 'B' उसी काम को एक साथ 8 दिनों में ही पूरा कर सकते हैं। 'B' अकेले उस काम को कितने दिनों में पूरा कर सकता है?

(a) 15 दिन   (b) 18 दिन
(c) 24 दिन   (d) 28 दिन

Mental Ability and Logical Reasoning

56. एक शृंखला दी गई है, जिसमें से एक पद लुप्त है। दिए गये विकल्पों में से वह सही विकल्प चुनिए, जो शृंखला को पूरा करेगा।
HJRN, JMTQ, LPVT, NSXW, ?

(a) QWYY   (b) QWYY
(c) PVZZ   (d) PVYZ

57. निम्नलिखित में से कौन से पद दी गई सूची की प्रवृत्ति का पालन करते हैं?
BBAAAAA, ABBAAAA, AABBAAA, AAABBAA, AAAABBA, ___________.

(a) BBAAAAA   (b) AABBAAA
(c) AAAAABB   (d) ABBAAAA

58. एक शृंखला दी गई है, जिसमें से एक पद लुप्त है। दिए गये विकल्पों में से वह सही विकल्प चुनिए, जो शृंखला को पूरा करेगा।
CPI, AME, YJA, WGW, ?

(a) UCT   (b) VDT
(c) VCS   (d) UDS

59. निर्देश: दी गई शृंखला को पूरा करने के लिए कौन सा अक्षर समूह प्रश्न चिह्न (?) के स्थान पर रखा जाएगा ?
VKQ, XMS, APV, ETZ, ?

(a) JYE   (b) KXE
(c) JXD   (d) KYE

60. निम्नलिखित शब्दों को तार्किक और सार्थक क्रम में व्यवस्थित कीजिये।
(i) सब्जी
(ii) बाजार
(iii) काटना
(iv) पकाना
(v) खाना

(a) (i), (ii), (iii), (iv), (v)   (b) (iii), (i), (ii), (v), (iv)
(c) (ii), (i), (iii), (iv), (v)   (d) (v), (ii), (i), (iii), (iv)

61. निर्देश : नीचे दिए गए शब्दों को अर्थपूर्ण क्रम में व्यवस्थित करें।
1. Key 2. Door 3. Lock 4. Room 5. Switch on

(a) 5, 1, 2, 4, 3   (b) 4, 2, 1, 5, 3
(c) 1, 3, 2, 4, 5   (d) 1, 2, 3, 5, 4

62. निर्देश : नीचे दिए गए शब्दों को अर्थपूर्ण क्रम में व्यवस्थित करें।
1. Income 2. Status 3. Education 4. Well-being 5. Job

(a)   3, 1, 5, 2, 4   (b)   1, 3, 2, 5, 4
(c)   1, 2, 5, 3, 4   (d)   3, 5, 1, 2, 4

Ques (63-65): निर्देश: निम्नलिखित प्रश्न में, एक कथन और उसके बाद I और II से अंकित दो निष्कर्ष दिए गये हैं। आपको दिए गये कथनों को सत्य मानना है, भले ही वे ज्ञात तथ्यों से अलग प्रतीत होते हों। निर्णय कीजिए कि दिये गये निष्कर्षों में से कौन-सा निष्कर्ष कथन का तार्किक रूप से अनुसरण करता है।

63. कथन: प्रधानमंत्री ने इस बात पर जोर दिया कि सरकार किसानों और ग्रामीण लोगों के विकास के लिए हर संभव प्रयास करेगी।

निष्कर्ष:

I. पूर्व सरकार ने इन लोगों के विकास के लिए गंभीरता से प्रयास नहीं किया था।

II. यह सरकार शहरी गरीबों के विकास के लिए गंभीरता से प्रयास नहीं करेगी।

(a)   केवल I अनुसरण करता है
(b)   न तो I और न ही II अनुसरण करता है
(c)   I और II दोनों अनुसरण करते हैं
(d)   या तो I या II अनुसरण करता है

64. कथन: भारत में बैंकिंग प्रणाली के चार स्तर हैं: (a) अनुसूचित वाणिज्यिक बैंक, (b) क्षेत्रीय ग्रामीण बैंक, (c) सहकारी बैंक, (d) भुगतान बैंक और छोटे वित्त बैंक।

निष्कर्ष:

I. अनुसूचित वाणिज्यिक बैंक भारत की बैंकिंग प्रणाली की सबसे महत्वपूर्ण श्रेणी हैं।

II. भारत अपने बैंकिंग नेटवर्क का विस्तार करने की योजना बना रहा है।

(a)   केवल I अनुसरण करता है
(b)   केवल II अनुसरण करता है
(c)   I और II दोनों अनुसरण करते हैं
(d)   न तो I और न ही II अनुसरण करता है

65. कथन: सभी मोबाइल ब्रांड्स में सैमसंग की बिक्री सबसे ज्यादा है।

निष्कर्ष:

I. अन्य मोबाइल ब्रांड्स का मार्केट शेयर पता चल जाता है।

II. कोई अन्य मोबाइल ब्रांड लोकप्रिय नहीं है।

(a)   केवल निष्कर्ष I अनुसरण करता है
(b)   केवल निष्कर्ष II अनुसरण करता है
(c)   या तो I या II अनुसरण करता है
(d)   न तो I और न ही II अनुसरण करता है

66. कौन-सी उत्तर आकृति, प्रश्न आकृति के स्वरुप को पूर्ण करेगी?

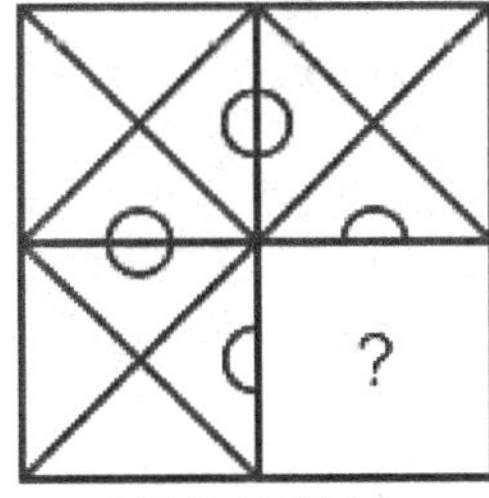

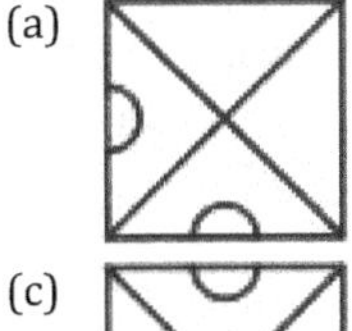
(a)

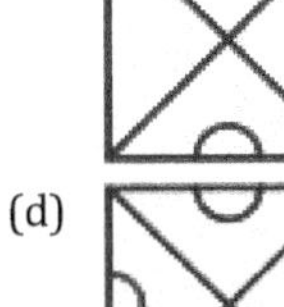
(b)

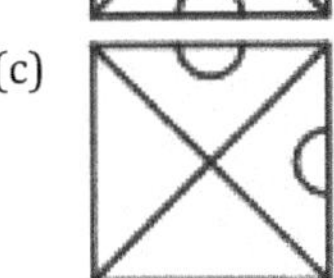
(c)

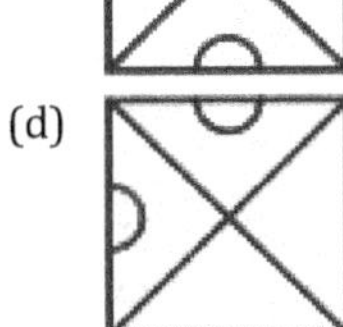
(d)

67. दिए गए विकल्पों में से सही स्वरूप का चयन करें जिसे दी गई आकृति निर्मित करने के लिए जोड़ा जा सकता है।

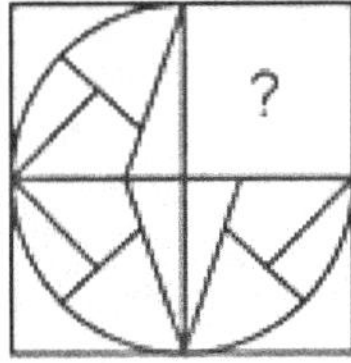

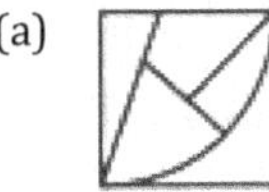
(a)

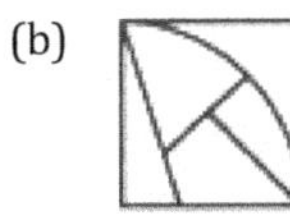
(b)

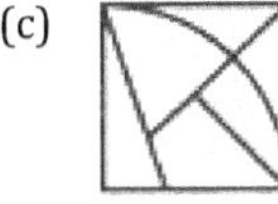
(c)

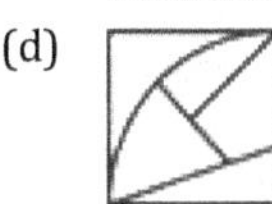
(d)

68. E, C से बड़ा है। D, C से बड़ा है परंतु E से छोटा है। A, B और C से छोटा है। C, B से बड़ा है। कौन सबसे छोटा है?

(a)   C   (b)   D
(c)   B   (d)   A

69. लड़कों की एक पंक्ति में, श्रीनाथ बाएँ से सातवाँ तथा वैंकट दाएँ से बारहवें स्थान पर है। यदि वे अपना स्थान अदल-बदल लेते हैं, तो श्रीनाथ बाएँ ओर से बाइसवाँ हो जाता है, तो पंक्ति में कुल कितने लड़के है-

(a)   19   (b)   31
(c)   33   (d)   34

70. 'सुरेश, अनिल से भारी है लेकिन उतना भारी नहीं है जितना कि राजू है। 'अनिल', जयेश से भारी है। 'कृष्णा', सुरेश से भारी है लेकिन 'राजू' से हल्का है। इनमें से सबसे हल्का कौन है?

(a)   कृष्णा   (b)   सुरेश
(c)   जयेश   (d)   राजू

71. एक व्यक्ति 3 किमी पूर्व की ओर चला और फिर दक्षिण की ओर मुड़कर 4 किमी चला प्रारम्भिक बिंदु से वह कितना दूर है?

(a)   5 किमी   (b)   6 किमी
(c)   2 किमी   (d)   10 किमी

72. रोहित ने पश्चिम की ओर चलना शुरू किया। वह 300 मीटर तक चला और पोस्ट ऑफिस से अपने दायीं ओर मुड़ गया। वहाँ से, वह 200 मीटर तक चला। इसके बाद वह बायीं ओर मुड़ा तथा कुछ कदम चला। रोहित अब किस दिशा के सम्मुख खड़ा है?

(a)   पूर्व   (b)   पश्चिम
(c)   उत्तर   (d)   दक्षिण

73. यदि आनंद बिमला का भाई है; बिमला चेतन की बहन है; और चेतन D का पिता है, D आनंद से कैसे संबंधित है?

(a)   भाई   (b)   नीस
(c)   नेफ्यू   (d)   बहन

74. कल्याण की ओर इशारा करते हुए श्रेया ने कहा, "उसकी माँ का भाई मेरे बेटे मनीष का पिता है।" कल्याण, श्रेया से किस प्रकार संबंधित है?

(a)   भाभी   (b)   भतीजा
(c)   भांजी   (d)   चाची

75. एक महिला की ओर इशारा करते हुए शाहरुख ने कहा, "वह मेरी दादी की इकलौती संतान की बेटी है।" महिला का शाहरुख से क्या संबंध है?

(a)   बहन   (b)   भांजी
(c)   चचेरा भाई   (d)   इनमें से कोई नहीं

English Language Skills

Ques (76-80): Direction: Read the passage given below and answer the questions that follow by choosing the correct/most appropriate options:

1. Scientists have for the first time quantified the amount of plastic waste dumped into our oceans. About eight million tons of plastic waste was dumped into the world's oceans in 2010 and researches warn that the cumulative amount could increase more than 10-fold in the next decade unless the international community improves its waste management practices.

2. Jena Jambeck from the University of Georgia in Athens along with scientists from the US and Australia studied the sources of ocean-bound plastic around the world and developed models to estimate their annual contributions. They suggest that coastal countries generated close to 275 million tons of plastic in 2010 and that 4.8 to 12.7 million of that plastic made its way to the oceans.

3. "Our estimate of 8 million metric tons going into the oceans is equivalent to five grocery bags filled with plastic for every foot of coastline in the world," said Jambeck. "This annual input increases each year, so our estimate for 2015 is about 9.1 million metric tons."

4. "In 2025 , the annual input would be about twice the 2010 input or 10 bags full of plastic per foot of coastline," she continued "So the cumulative input by 2025 would equal million metric tons."

76. Which poses the biggest threat to our oceans?
1. Pesticides used in agriculture flowing into the oceans.
2. Oil spills from water treatment plants
3. Affluents from factories and industrial plants
4. Plastic waste making its way to the oceans.
(a) 1   (b) 2
(c) 3   (d) 4

77. The steady degradation of our oceans can be effectively dealt with by:
1. Improving waste management practices.
2. Substantially reducing use of plastic.
3. Imposing heavy fines on defaulters.
4. Formulating more stringent laws.
(a) 1   (b) 2
(c) 3   (d) 4

78. Which of the following statements is not true?
The coastal countries are the biggest contributors to ocean pollution because they:
1. Did not implement the guidelines issued by W.H.O.
2. Didn't bother to set up adequate number of treatment plants.
3. Dumped millions metric tons of plastic waste into the oceans.
4. Did not take any action against polluting industries.
(a) 1   (b) 2
(c) 3   (d) 4

79. Read the following statements:
A. Statistics show that plastic waste management will be the biggest challenge before the world community in the coming years.
B. Scientist from the US and Australia have formuled plans to effectively control plastic waste.
1. A is false and B is true.
2. B is false and A is true.
3. Both A and B are false.
4. Both A and B are true.
(a) 1   (b) 2
(c) 3   (d) 4

80. Which of the following words is similar in meaning to the word, 'cumulative' as used in para 1 of the passage?
1. Threading
2. Increasing
3. Deteriorating
4. Prohibiting
(a) 1   (b) 2
(c) 3   (d) 4

Ques (81-85): Direction: Arrange the parts in the right order to form a meaningful sentence.

81. A: claimed that an "independent agency" found that
B: the Prime Minister, in a recent televised interview, misleadingly
C: 70 lakh Employees' Provident Fund Organisation (EPFO) accounts
D: were opened for persons aged 18–25 years
(a) BACD   (b) BCDA
(c) ADCB   (d) DBCA

82. A. Whose company designed and built the tower.
B. It was named after the engineer Gustave Eiffel.
C. The Eiffel Tower is an iron lattice tower.
D. Located on the champ de mars in Paris.
(a) B, D, A, C   (b) C, B, D, A
(c) C, A, B, D   (d) C, D, B, A

83. A. Translation is of immense importance today.
B. With rapid commercialization.
C. In the past, there used to be no communication among nations.
D. The narrow barriers between nations are fast disappearing.
(a) B, A, D, C   (b) A, B, D, C
(c) C, B, D, A   (d) A, B, C, D

84. A. His fear and anxiety were just imaginary.
B. worrying is a very common thing.
C. In his childhood, Alexander Fleming used to fear that his parents would die suddenly at night.
D. Every child worries as much as grown-up people.
(a) B, D, C, A   (b) A, B, D, C
(c) D, A, B, C   (d) C, A, B, D

85. A. Trees helps us in many ways.
B. They supply us with fresh oxygen.
C. Trees are also the harbingers of rain to produce crops in a cyclic order.
D. We know there is an eternal bond between man and trees.
(a) D, A, B, C   (b) A, C, D, B
(c) B, D, A, C   (d) C, A, D, B

Ques (86-87): Direction: The question has a sentence with three parts labelled (a), (b) and (c). Read each sentence to find out whether there is any error in any part. Indicate your response against the corresponding letter, i.e., (a) or (b) or (c). If you find no error, your response should be indicated as (d).

86. Rahim was one of that (a) / selected for (b) / the award (c) / No error (d)
(a) (a)   (b) (b)
(c) (c)   (d) (d)

87. If I will be the millionaire (a) / I would eradicate (b) / poverty from the country (c) / No error.
(a) (a)   (b) (b)
(c) (c)   (d) (d)

88. **Direction** : Fill in the blanks with a, an, or the.

Madhav left in _____ hurry after eating _____ bowl of porridge, and _____ orange.

(a) a, a, a (b) the, a, a
(c) the, the, a (d) a, a, an

89. **Direction** : Fill in the blanks with the correct tense from the following options:
Galileo _____ that the Earth _____ around the Sun.

(a) discovers, moved
(b) discovered, had moved
(c) discovered, moves
(d) discovers, has moved

90. **Direction:** Four words are given in each question, out of which only one word is correctly spelt. Find the correctly spelt word.

(a) Mountainer (b) Mountaineer
(c) Mounteener (d) Mountineer

91. **Direction:** Four words are given in each question, out of which only one word is correctly spelt. Find the correctly spelt word.

(a) Sentimantalist (b) Sentimentelist
(c) Sentimentalist (d) Santimentalist

Ques (92-93): Directions : The question consist of an underlined word followed by four words (A), (B), (C) and (D). Select the option that nearest in meaning to the underlined word and mark your response in your Answer Sheet accordingly.

92. After a good meal, it is important to pay a <u>compliment</u> to the chef.

(a) Tip (b) Praise
(c) Admonish (d) Revile

93. Raj is a <u>competent</u> carpenter.

(a) Capabl e (b) Exceptional
(c) Inadept (d) Clumsy

Ques (94-95): Direction: In the following question, out of the four alternatives, select the alternative which is the best substitute of the phrase.

94. A poem of fourteen lines.

(a) Ballad (b) Psalm
(c) Sonnet (d) Carol

95. An allowance made to a wife by her husband, when they are legally separated.

(a) Alimony (b) Parsimony
(c) Matrimony (d) Honorarium

Digital Literacy and Awareness

96. CPU _______ को नियंत्रित करता है।
(a) सभी इनपुट, आउटपुट और प्रोसेसिंग
(b) मेमोरी
(c) इनपुट डेटा द्वारा नियंत्रण
(d) इनमे से कोई भी नहीं

97. पॉवरपॉइंट में दस्तावेज में Ctrl + H का उपयोग _______ के लिए किया जाता है I
(a) चयनित टेक्स्ट छिपाने (b) टेक्स्ट को बदलने
(c) हाइपर टेक्स्ट बनाने (d) हेडर और फुटर दिखाने

98. क्रोम, सफारी और ऑपेरा के बीच क्या समानता है? ये सभी क्या है?

(a) वेब विचरक (वेब ब्राउजर्स)
(b) सर्च इंजन (सर्च एंजिंस)
(c) सोशल मीडिया विवरण- स्थल (साइट्स)
(d) वेब सेवाएँ

99. जिस फ़ाइल को हम जी-मेल में संलग्न कर सकते हैं उसका अधिकतम आकार क्या है?
(a) 15MB (b) 20MB
(c) 25MB (d) 10MB

100. विशिष्ट विशेषताओं वाले निम्नलिखित में से किस कोड में ट्रांसमिशन पर लागू किया जा सकता है?
(a) सीडीएमए (b) जीपीआरएस
(c) जीएसएम (d) ये सभी

// स्मार्ट उत्तर पुस्तिका //

सही उत्तर उन छात्रों का प्रतिशत जिन्होंने प्रश्न का सही उत्तर दिया।

छोड़ दिया उन छात्रों का प्रतिशत जिन्होंने प्रश्न को छोड़ दिया।

प्रश्न संख्या	उत्तर	सही उत्तर / छोड़ दिया	प्रश्न संख्या	उत्तर	सही उत्तर / छोड़ दिया	प्रश्न संख्या	उत्तर	सही उत्तर / छोड़ दिया
1	B	85.67% / 0.0%	2	C	51.15% / 1.4%	3	B	45.58% / 1.01%
4	B	54.72% / 1.7%	5	D	62.51% / 1.17%	6	D	42.16% / 1.19%
7	A	60.31% / 1.94%	8	A	68.78% / 1.88%	9	B	88.00% / 0.0%
10	C	41.16% / 1.44%	11	B	47.83% / 1.67%	12	D	49.04% / 1.7%
13	A	19.19% / 3.22%	14	D	50.54% / 1.15%	15	A	82.64% / 0.0%
16	D	52.31% / 1.31%	17	D	10.49% / 4.25%	18	A	14.93% / 4.75%
19	A	17.17% / 3.45%	20	D	25.16% / 4.03%	21	C	43.91% / 1.19%
22	A	53.96% / 1.46%	23	C	56.01% / 1.27%	24	B	80.97% / 0.0%
25	D	66.17% / 1.01%	26	D	55.22% / 1.64%	27	D	10.34% / 3.76%
28	B	46.47% / 1.65%	29	D	63.25% / 1.11%	30	D	42.45% / 1.34%
31	C	89.27% / 0.0%	32	C	22.9% / 4.1%	33	B	59.12% / 1.72%
34	D	47.61% / 1.24%	35	C	40.89% / 1.09%	36	C	40.74% / 1.38%
37	C	63.27% / 1.16%	38	C	83.96% / 0.0%	39	B	40.16% / 1.72%
40	D	88.86% / 0.0%	41	C	50.16% / 1.32%	42	D	64.94% / 1.72%
43	B	88.22% / 0.0%	44	A	69.29% / 1.68%	45	A	43.68% / 1.67%
46	C	82.96% / 0.0%	47	C	49.69% / 1.69%	48	A	83.45% / 0.0%
49	C	89.89% / 0.0%	50	B	68.77% / 1.23%	51	D	80.54% / 0.0%
52	B	61.03% / 1.2%	53	C	47.09% / 1.59%	54	D	24.82% / 4.57%
55	C	46.5% / 1.59%	56	C	45.1% / 1.54%	57	C	68.79% / 1.3%
58	D	57.55% / 1.24%	59	A	40.76% / 1.04%	60	C	47.32% / 1.42%
61	C	50.22% / 1.29%	62	D	61.67% / 1.73%	63	B	69.47% / 1.91%
64	D	69.13% / 1.04%	65	A	62.0% / 1.83%	66	D	60.78% / 1.48%
67	B	69.81% / 1.44%	68	D	44.87% / 1.32%	69	C	53.5% / 1.79%
70	C	68.24%	71	A	76.67%	72	B	46.28%

		1.84%			0.0%			1.42%
73	A	41.63% 1.72%	74	B	63.31% 1.05%	75	A	64.64% 1.36%
76	D	57.72% 1.9%	77	A	53.57% 1.77%	78	C	88.27% 0.0%
79	B	77.18% 0.0%	80	B	88.2% 0.0%	81	A	44.91% 1.9%
82	D	59.76% 1.48%	83	B	40.14% 1.75%	84	A	59.98% 1.79%
85	A	48.71% 2.0%	86	A	87.59% 0.0%	87	A	83.11% 0.0%
88	D	62.6% 1.53%	89	C	76.15% 0.0%	90	B	46.74% 1.74%
91	C	60.42% 1.17%	92	B	59.72% 1.49%	93	A	41.71% 1.1%
94	C	77.89% 0.0%	95	A	52.57% 1.48%	96	A	67.41% 1.51%
97	B	57.12% 1.65%	98	A	83.23% 0.0%	99	C	83.23% 0.0%
100	A	43.74% 1.2%						

// संकेत और समाधान //

1(B). भारत के संविधान के अनुच्छेद 164 के अनुसार, मुख्यमंत्री की नियुक्ति किसी राज्य के राज्यपाल द्वारा की जाती है।
अनुच्छेद 164:
मुख्यमंत्री की नियुक्ति राज्यपाल द्वारा की जाएगी और अन्य मंत्रियों की नियुक्ति राज्यपाल द्वारा मुख्यमंत्री की सलाह पर की जाएगी और मंत्री राज्यपाल के प्रसाद पर्यंत अपने पद पर बने रहेंगे।

2(C). अनुच्छेद 15 (IV) तथा 16 (IV) के तहत संविधान में ओ.बी.सी. जातियों के लिए आरक्षण व्यवस्था है।
अनुच्छेद 15: धर्म, मूलवंश, जाति, लिंग या जन्म स्थान के आधार पर भेदभाव का निषेध।
- खंड (4) इस अनुच्छेद या अनुच्छेद 29 के खंड (2) में कुछ भी राज्य को नागरिकों के किसी भी सामाजिक और शैक्षिक रूप से पिछड़े वर्गों या अनुसूचित जातियों और अनुसूचित जनजातियों की उन्नति के लिए कोई विशेष प्रावधान करने से नहीं रोकेगा।

अनुच्छेद 16: सार्वजनिक रोजगार के मामलों में अवसर की समानता।
- खंड (4): इस अनुच्छेद में कुछ भी राज्य को किसी भी पिछड़े वर्ग के नागरिकों के पक्ष में नियुक्तियों या पदों के आरक्षण के लिए कोई प्रावधान करने से नहीं रोकेगा, जो राज्य की राय में सेवाओं में पर्याप्त रूप से प्रतिनिधित्व नहीं करता है।

3(B). अशोक मेहता समिति ने न्याय पंचायतों की स्थापना की सिफारिश की थी।
समिति का गठन 1977 में किया गया था। न्याय परिषद भारतीय गांवों में एक प्रणाली हो सकती है जो विवाद को हल करती है यानी वे दीवानी और छोटे आपराधिक मामलों को हल करती हैं।

4(B). राज्य सूची के अंतर्गत पंचायत राज व्यवस्था का उल्लेख नीचे किया गया है।
भारत में आधुनिक पंचायती राज व्यवस्था को 1993 में 73वें संविधान संशोधन द्वारा पेश किया गया था, हालांकि यह भारतीय उपमहाद्वीप की ऐतिहासिक पंचायती राज व्यवस्था पर आधारित है और पाकिस्तान, बांग्लादेश और नेपाल में भी मौजूद है।

5(D). लोक-व्यवस्था का अनुरक्षण स्थानीय स्वशासन से सम्बन्धित नहीं है।
पुलिस अधिनियम, 1861 की धारा 31 "लोक-व्यवस्था का अनुरक्षण" शब्द को परिभाषित करती है, जिसके लिए यह आवश्यक है कि आदेश को सार्वजनिक स्थानों पर बनाए रखा जाए और इसे सभाओं और जुलूसों द्वारा रोका न जाए। सार्वजनिक व्यवस्था का रखरखाव मुख्य रूप से राज्य सरकार के अधिकार क्षेत्र में आता है।

6(D). बिहार विधान सभा के पास कानून और कानून पारित करने, राज्य के बजट को मंजूरी देने और पूछताछ और बहस के माध्यम से सरकार को जवाबदेह ठहराने की क्षमता सहित कई शक्तियाँ हैं। इसके अतिरिक्त, विधान सभा के पास बिहार के राज्यपाल और अन्य उच्च पदस्थ अधिकारियों के खिलाफ महाभियोग की कार्यवाही शुरू करने की शक्ति है।

7(A). राजस्थान विधानसभा के पहले अध्यक्ष और उपाध्यक्ष नरोत्तम जोशी और लाल सिंह शेखावत थे।
सभा की व्यवस्था बनाए रखना उनकी जिम्मेदारी होती है और वे सभा में सदस्यों से नियमों का पालन सुनिश्चित कराते हैं। सभा के सभी सदस्य अध्यक्ष की बात बड़े सम्मान से सुनते हैं। अध्यक्ष सभा के वाद-विवाद में भाग नहीं लेते, अपितु वे विधान सभा की कार्यवाही के दौरान अपनी व्यवस्थाएँ/निर्णय देते हैं।

8(A). उत्तर प्रदेश से राज्यसभा में 31 सीटें हैं। राज्यसभा की 31 सीटों के साथ, उत्तर प्रदेश में राज्यसभा की सबसे अधिक सीटें हैं। उत्तर प्रदेश में 80 लोकसभा निर्वाचन क्षेत्र हैं।
कुछ प्रमुख राज्यों की राज्यसभा सीटें:

• मणिपुर • मेघालय • मिज़ोरम • नगालैंड • सिक्किम • त्रिपुरा	1 सीट
पश्चिम बंगाल	16 सीट
उत्तराखंड	3 सीट
राजस्थान	10 सीट
तमिलनाडु	18 सीट

9(B). संसद में पेश किए जाने वाले बिल को नए राज्यों के निर्माण के लिए साधारण बहुमत से पारित किया जाता है।
- संसद के किसी भी सदन में विधेयक के पेश होने से पहले राष्ट्रपति द्वारा इसकी सिफारिश की जानी चाहिए।
- फिर राष्ट्रपति के संदर्भ को निर्दिष्ट अवधि के लिए राज्य के विधानमंडल में भेजा जाता है।
- राज्य विधानमंडल बिना किसी परामर्श के नए राज्य का निर्माण करने वाला विधेयक पारित करता है।
- संसद द्वारा राज्य विधानसभा द्वारा की गई राय का पालन करना अनिवार्य नहीं है।
- यदि राज्य विधानमंडल विधेयक को पारित नहीं कर सकता है या दिए गए समय में कोई राय नहीं बना सकता है, तो विधेयक संसद में निर्दिष्ट अवधि की समाप्ति के बाद पेश किया जाता है।

10(C). गलत कथन है, 1929 में, हिल्टन यंग कमीशन ने 'भारतीय रिज़र्व बैंक' कहे जाने वाले एक केंद्रीय बैंक की स्थापना की सिफारिश की।
भारतीय रिज़र्व बैंक देश का केंद्रीय बैंक है।
भारतीय रिज़र्व बैंक ने 1935 में परिचालन शुरू किया।
केंद्रीय बैंक अपेक्षाकृत हालिया नवाचार हैं और अधिकांश केंद्रीय बैंक, जैसा कि हम आज जानते हैं, बीसवीं शताब्दी की शुरुआत में स्थापित किये गए थे। जबकि हिल्टन आयोग ने 1926 में सुझाव दिया कि इम्पीरियल बैंक से अलग एक केन्द्रीय बैंक की स्थापना की जानी चाहिए।
भारतीय रिज़र्व बैंक अधिनियम, 1934 (1934 का भाग 2) बैंक के कामकाज का वैधानिक आधार प्रदान करता है, जिसने 1 अप्रैल, 1935 को परिचालन शुरू किया था।
भारतीय रिज़र्व बैंक की स्थापना 1 अप्रैल, 1935 को भारतीय रिज़र्व बैंक अधिनियम, 1934 के प्रावधानों के अनुसार की गई थी।
केंद्रीय कार्यालय वह स्थान है जहां गवर्नर बैठता है और जहां नीतियां तैयार की जाती हैं।
हालाँकि यह मूल रूप से निजी स्वामित्व में था, 1949 में इसके राष्ट्रीयकरण के बाद से, रिज़र्व बैंक पूरी तरह से भारत सरकार के स्वामित्व में है।

11(B). भारतीय रिजर्व बैंक (आरबीआई) भारत का केंद्रीय बैंकिंग

संस्थान है, जो भारतीय रुपये के जारी करने और आपूर्ति को नियंत्रित करता है। जब तक 2016 में मौद्रिक नीति समिति की स्थापना नहीं हुई, तब तक यह भारत में मौद्रिक नीति को नियंत्रित करती थी। इसने अपना परिचालन 1 अप्रैल 1935 को भारतीय रिजर्व बैंक अधिनियम, 1934 के अनुसार शुरू किया था। मूल शेयर पूंजी को 100 के शेयरों में विभाजित किया गया था। प्रत्येक पूरी तरह से भुगतान किया गया, जो शुरू में पूरी तरह से निजी शेयरधारकों के स्वामित्व में था। भारत की स्वतंत्रता के बाद 15 अगस्त 1947 , आरबीआई का राष्ट्रीयकरण 1 जनवरी 1949 को किया गया था। इसका मुख्यालय मुंबई में है।

12(D). भारतीय रिजर्व बैंक (आरबीआई) ने डेबिट और क्रेडिट कार्ड के टोकन के लिए समय सीमा तीन महीने बढ़ाकर सितंबर 30, 2022 तक कर दी, ताकि कार्डधारकों को व्यवधान और असुविधा से बचा जा सके।
यह कदम मर्चेंट पेमेंट्स एलायंस ऑफ इंडिया (एमपीएआई) और एलायंस ऑफ डिजिटल इंडिया फाउंडेशन (एडीआईएफ) जैसी डिजिटल भुगतान फर्मों द्वारा उद्योग की तत्परता पर चिंता व्यक्त करने के बाद आया है।
सही उत्तर है सितंबर 2022 है।

15(A). पर्याप्त आजीविका का अधिकार DPSP के अनुच्छेद 39 के अंतर्गत आता है। इसलिए, यह गैर-न्यायसंगत अधिकार है।

16(D). भूटान का ग्रीनविच मीन टाइम 6 घंटे 0 मिनट आगे है।

17(D). उमरिया। जिला मध्य प्रदेश के उत्तर पूर्व में स्थित है। जिले में व्यापक वन हैं। कुल क्षेत्रफल का लगभग 42% केवल वनों से आच्छादित है।

18(A). सबरीमाला, केरल के पेरियार टाइगर अभयारण्य में स्थित एक प्रसिद्ध हिन्दू मन्दिर है। यहाँ विश्व की सबसे बड़ा वार्षिक तीर्थयात्रा होती है जिसमें प्रति वर्ष लगभग 2 करोड़ श्रद्धालु सम्मिलित होते हैं।
सबरीमाला शैव और वैष्णवों के बीच की अद्भुत कड़ी है।
मलयालम में सबरीमाला का अर्थ होता है, पर्वत।
सबरीमला में भगवान अयप्पन का मंदिर है।

19(A). योसंग त्योहार मुख्य रूप से मणिपुर राज्य में मनाया जाता है
योसंग का त्योहार मणिपुर के प्रमुख त्योहारों में से एक माना जाता है। समारोह में हिस्सा लेने के लिए विभिन्न समुदायों के लोग एक साथ होते हैं। लमता महीने (फरवरी-मार्च) की पूर्णिमा के दिन (फरवरी-मार्च) पाँच दिवसीय कार्यक्रम मनाया जाता है। यह त्योहार आमतौर पर होली के रूप में मनाया जाता है।

20(D). बेहदीनखलम मेघालय का पारंपरिक नृत्य त्योहार है।
यह मेघालय का सबसे अधिक मनाया जाने वाला सांस्कृतिक त्योहार है। यह बुवाई की अवधि के बाद जुलाई में प्रतिवर्ष मनाया जाता है। यह त्योहार भगवान को एक निमंत्रण है, जो एक भरपूर फसल के लिए उनका आशीर्वाद मांगते है।

21(C). वित्तीय प्रणाली की संरचना, प्रणाली, कार्यों आदि के सभी पहलुओं की जांच करने के उद्देश्य से बैंकों के हितों का नियंत्रण नरसिम्हा समिति की सिफारिश पर आधारित है।

22(A). मौद्रिक नीति रिजर्व बैंक ऑफ इंडिया (RBI) के द्वारा लागू की जाती है-जिसका लक्ष्य होता है-स्फीति दबाव को कम करना। इसके लिए मुद्रा की आपूर्ति को नियंत्रित किया जाता है और इसके लिए बैंक दर, SLR, CRR आदि का उपयोग किया जाता है।

23(C). आधुनिक जैव प्रौद्योगिकी के जन्म को सक्षम करने वाली दो मुख्य तकनीकें इस प्रकार हैं:
अनुवांशिक अभियांत्रिकी: अनुवांशिक सामग्री (DNA और RNA) के रासायनिक प्रक्रिया को बदलने के लिए, इन्हें पोषक जीवों में प्रवेश करवाने और इस प्रकार पोषक जीव के फेनोटाइप को बदलने की तकनीक है।
ये अनुवांशिक अभियांत्रिकी की ऐसी तकनीकें हैं जिसमें पुनः संयोजक DNA का निर्माण, जीन क्लोनिंग का उपयोग और जीन स्थानांतरण सम्मिलित होता है।

24(B). स्काइड्रन जनवरी 2023 में भारत में भूमिगत खदानों में स्वायत्त ड्रोन उड़ाने वाली पहली भारतीय फर्म बन गई है। स्काइड्रन ने उदयपुर, राजस्थान में हिंदुस्तान जिंक लिमिटेड की भूमिगत खदानों में प्रूफ ऑफ कॉन्सेप्ट को सफलतापूर्वक पूरा किया।

25(D). ज्वारीय ऊर्जा एक प्रकार की नवीकरणीय ऊर्जा है जो बिजली उत्पन्न करने के लिए ज्वार की शक्ति का उपयोग करती है। यह टर्बाइनों का उपयोग करके किया जाता है जिन्हें पानी के नीचे रखा जाता है और ज्वार के बल से घुमाया जाता है।

26(D). फरवरी 2023 में भारतीय विशिष्ट पहचान प्राधिकरण (UIDAI) ने आधार से संबंधित प्रश्नों के लिए एक नया चैटबॉट 'आधार मित्र' लॉन्च किया। यह आधार नामांकन संख्या, PVC कार्ड ऑर्डर की स्थिति और शिकायत की स्थिति आदि से संबंधित प्रश्नों का उत्तर दे सकता है। यह अंग्रेजी और हिंदी दोनों भाषाओं में उपलब्ध है।

27(D). बैलिस्टिक मिसाइल सीधे पृथ्वी के वायुमंडल की उच्च परतों में लॉन्च किया गया है। इसे इनकी रेंज और धरती की सतह के जिस हिस्से से लॉन्च किया जाता है, वहाँ से उसके लक्ष्य तक की अधिकतम दूरी तक पेलोड को ले जाने के आधार पर कई श्रेणियों में विभाजित किया जाता है।
क्रूज मिसाइल मानव-रहित, सेल्फ प्रोपेल्ड यानी स्वचालित (प्रभाव के समय तक) गाइडेड व्हीकल है, जो एयरोडायनेमिक लिफ्ट के माध्यम से हवा में उड़ान भरती है।
इसलिए, दोनों कथन 1 और 2 सही नहीं हैं।

28(B). महिलाओं को किसी भी अवैध या अनुचित ऑनलाइन गतिविधि के खिलाफ खड़े होने के लिए जागरूक करने के लिए राष्ट्रीय महिला आयोग (NCW) ने 'डिजिटल शक्ति अभियान 4.0' शुरू किया।
यह साइबर स्पेस में महिलाओं को डिजिटल रूप से सशक्त और कुशल बनाने पर एक अखिल भारतीय परियोजना है। डिजिटल शक्ति अभियान 2018 में साइबरपीस फाउंडेशन और मेटा के सहयोग से शुरू किया गया था। कार्यक्रम का तीसरा चरण मार्च 2021 में शुरू किया गया था।

29(D). सितंबर 2022 में जारी नमूना पंजीकरण प्रणाली (एसआरएस) डेटा 2020 के अनुसार, पिछले एक दशक में भारत में सामान्य उर्वरता दर (जीएफआर) में 20 प्रतिशत की गिरावट आई है। जीएफआर एक वर्ष में प्रति 1,000 महिलाओं पर पैदा होने वाले बच्चों की संख्या को संदर्भित करता है। भारत में औसत जीएफआर 2008 से 2010 तक 86.1 था और 2018-20 के दौरान घटकर 68.7 हो गया है।

30(D). स्वीडन ने भारत के साथ स्टॉकहोम में जून 2022 में संयुक्त नेतृत्व (लीडआईटी) के एक भाग के रूप में उद्योग संक्रमण वार्ता की मेजबानी की।
भारत और स्वीडन ने अपनी संयुक्त पहल यानी लीडरशिप फॉर इंडस्ट्री ट्रांजिशन (लीडआईटी) के एक हिस्से के रूप में स्टॉकहोम में इंडस्ट्री ट्रांजिशन डायलॉग की मेजबानी की। लीडआईटी पहल उन क्षेत्रों पर विशेष ध्यान देती है जो वैश्विक जलवायु कार्रवाई में प्रमुख हितधारक हैं और विशिष्ट हस्तक्षेप की आवश्यकता है।

31(C). केंद्रीय बंदरगाह, नौवहन और जलमार्ग मंत्री, सर्बानंद सोनोवाल ने 27 जनवरी 2023 को राष्ट्रीय रसद पोर्टल (मरीन) का उद्घाटन किया।
पोर्टल का उद्देश्य लागत और समय की देरी को कम करके दक्षता और पारदर्शिता में सुधार के लिए सूचना प्रौद्योगिकी का उपयोग करके रसद समुदाय के सभी हितधारकों को जोड़ना है।
पोर्टल की शुरुआत जुलाई 2021 में एनएलपी मरीन के विकास के साथ हुई थी।

32(C). भारत के औषधि महानियंत्रक (DCGI) ने 18 वर्ष से अधिक आयु के लोगों में प्रतिबंधित आपातकालीन उपयोग के लिए देश के पहले इंट्रा नेज़ल कोविड -19 वैक्सीन को मंजूरी दी।
भारत बायोटेक द्वारा 'iNCOVACC' नाम का वैक्सीन विकसित किया गया था और यह चीन में कैनसिनो बायोलॉजिक्स वैक्सीन के बाद दुनिया का एकमात्र ऐसा वैक्सीन है, जिसे नियामकीय

मंजूरी मिली है। iNCOVACC एक चिंपैंजी एडेनोवायरस वेक्टरेड रीकॉम्बिनेंट नेज़ल वैक्सीन है जिसे नाक में बूंदों के माध्यम से डिलीवर करने की अनुमति देने के लिए तैयार किया गया है।

33(B). तमिलनाडु राज्य के तमिलनाडु औद्योगिक विकास निगम ने हेलीकॉप्टर (TN REACH) के माध्यम से तमिलनाडु क्षेत्रीय हवाई संपर्क नामक एक तंत्र विकसित किया है, जिसका उद्देश्य इंटरसिटी और टाउन कनेक्टिविटी प्रदान करने के लिए राज्य भर में 80 से अधिक अप्रयुक्त हेलीपैड का उपयोग करना है।

34(D). केंद्रीय पर्यावरण, वन और जलवायु परिवर्तन मंत्रालय ने हर साल 5 अक्टूबर को राष्ट्रीय डॉल्फिन दिवस के रूप में नामित किया है।
यह दिन डॉल्फिन के संरक्षण के लिए जागरूकता पैदा करने के लिए मनाया जाएगा।
डॉल्फ़िन को प्रकृति संरक्षण के लिए अंतर्राष्ट्रीय संघ की लाल सूची में लुप्तप्राय प्रजातियों के रूप में वर्गीकृत किया गया है।

35(C). बॉलीवुड अभिनेत्री विद्या बालन को भारती AXA लाइफ इंश्योरेंस का ब्रांड एंबेसडर नियुक्त किया गया है।
वह ब्रांड एंबेसडर के रूप में भारती एक्सा लाइफ इंश्योरेंस के डू द स्मार्ट थिंग चैंपियन को बढ़ावा देने में मदद करेंगी। भारती AXA लाइफ इंश्योरेंस भारत के अग्रणी बिजनेस ग्रुप भारती और वित्तीय सुरक्षा और संपत्ति प्रबंधन में दुनिया के अग्रणी संगठनों में से एक AXA का संयुक्त उद्यम है।

36(C). दिया है:
$33^2 \times 18 \div 27 + 8^3 + 122 = ?^3 - 368$
BODMAS नियम का पालन करने पर;
$1089 \times \frac{18}{27} + 512 + 122 + 368 = ?^3$
$726 + 512 + 122 + 368 = ?^3$
$1728 = ?^3$
$\therefore\ ? = 12$

37(C). दिया है:
$\sqrt{[18^2 \times 320 \div 240 + 342 \div 3.8 \times 0.5 + 7]} = ? - (333 \div 37)$
BODMAS नियम का पालन करने पर;
$\sqrt{[324 \times \frac{4}{3} + 90 \times 0.5 + 7]} = ? - 9$
$\sqrt{[432 + 45 + 7]} = ? - 9$
$\sqrt{484} = ? - 9$
$? - 9 = 22$
$\therefore\ ? = 31$

38(C). जैसा कि हम जानते हैं,
औसत = सभी प्रक्षेपणों का योग / प्रक्षेपणों की कुल संख्या
दिया गया है,
40 छात्रों की एक कक्षा की औसत आयु = 12 वर्ष
कक्षा की कुल आयु (केवल छात्र) = $40 \times 12 = 480$ वर्ष
यदि शिक्षक की आयु को भी शामिल कर लिया जाए, तो औसत एक वर्ष बढ़ जाता है।
इसलिए, कक्षा की कुल आयु (शिक्षक के साथ)
$= 41 \times 13 = 533$ वर्ष
शिक्षक की आयु = $533 - 480 = 53$ वर्ष

39(B). माना तीसरी संख्या a है।
$\therefore$ दूसरी संख्या $= 2a$
पहली संख्या दूसरी संख्या के तीन गुना है।
$\therefore$ पहली संख्या $= 3 \times 2a = 6a$
दिया गया है,
3 संख्याओं का औसत $= 36$
जैसा कि हम जानते हैं,
औसत = प्रेक्षणों का योग / प्रेक्षणों की कुल संख्या
$\Rightarrow \frac{a + 2a + 6a}{3} = 36$
$\Rightarrow 3a = 36$
$\Rightarrow a = 12$
$\therefore$ पहली संख्या $= 6a = 6 \times 12 = 72$

इसलिए, पहली संख्या 72 है।

40(D). दिया गया है,
$\left(\frac{3}{10}\right), \left(\frac{4}{15}\right), \left(\frac{1}{3}\right)$
हर 10, 15 और 3 का ल.स.प. $= 30$
प्रत्येक भिन्न को ल.स.प. से गुणा करने पर, हम प्राप्त करते हैं
$\left(\frac{3}{10}\right) \times 30 = 9$
$\left(\frac{4}{15}\right) \times 30 = 8$
$\left(\frac{1}{3}\right) \times 30 = 10$
उन्हें आरोही क्रम में व्यवस्थित करने पर, हम प्राप्त करते हैं
$8 < 9 < 10$
$\therefore$ सही आरोही क्रम $\frac{4}{15}, \frac{3}{10}, \frac{1}{3}$ है।

41(C). दिया गया है,
$Q = 0.54$
$P = 0.3 \times 0.3 + 0.03 \times 0.03 - 0.6 \times 0.03$
$\Rightarrow P = 0.09 + 0.0009 - 0.018$
$\Rightarrow P = 0.0729$
$\therefore \frac{P}{Q} = \frac{0.0729}{0.54} = 0.135$

42(D). दिया है:
महिलाओं और पुरुषों की संख्या का अनुपात $3 : 7$
माना कि महिलाओं और पुरुषों की संख्या क्रमशः $3a$ और $7a$ हैं।
महिलाओं की संख्या में 30% की वृद्धि हुई है और पुरुषों की संख्या में 10% की कमी हुई है।
महिला अभ्यर्थियों की नई संख्या $= \frac{130}{100} \times 3a = \frac{39a}{10}$
पुरुष अभ्यर्थियों की नई संख्या $= \frac{90}{100} \times 7a = \frac{63a}{10}$
महिला अभ्यर्थियों की नई संख्या और पुरुष अभ्यर्थियों की नई संख्या का नया अनुपात $= \frac{39a}{10} : \frac{63a}{10}$
$= 13 : 21$
$\therefore$ नया अनुपात $13 : 21$ होगा।

43(B). दिया हुआ:
एक संख्या का 20% = दूसरी संख्या का 40%
माना, पहली संख्या $= x$
दूसरी संख्या $= y$
$\Rightarrow x \times \left(\frac{20}{100}\right) = y \times \left(\frac{40}{100}\right)$
$\Rightarrow \left(\frac{x}{5}\right) = \left(\frac{2y}{5}\right)$
$\Rightarrow \left(\frac{x}{y}\right) = \frac{2}{1}$
$\therefore$ आवश्यक अनुपात $= 2 : 1$

44(A). दिया है:
450 का 18% = k का 30%
$\Rightarrow 0.18 \times 450 = 0.3 \times k$
$\Rightarrow 81 = 0.3k$
$\Rightarrow k = \frac{81}{0.3}$
$\Rightarrow k = 270$
$\therefore$ k का मान 270 है।

45(A). दिया गया है,
शर्ट की कीमत $= 840$ रुपये
16% की छूट की देने के बाद 18% का लाभ प्राप्त होता है।
$\Rightarrow \frac{CP}{MP} = (100 - \text{छूट}) / (100 + \text{लाभ})$
$\Rightarrow \frac{CP}{MP} = \frac{100 - 16}{100 + 18}$
$\Rightarrow \frac{CP}{MP} = \frac{84}{118}$
प्रश्न के अनुसार, एक वास्तु की क्रय मूल्य 840 रुपये है।
84 इकाई $= 840$
1 इकाई $= 10$
अंकित मूल्य $= 118 \times 10$
अंकित मूल्य $= ₹\ 1,180$

46(C). दिया है:
पुस्तक का विक्रय मूल्य = 575 रुपये
माना कि पुस्तक का लागत मूल्य a रुपये
⇒ लाभ = 575 - a
⇒ हानि = a - 385
तब,
⇒ 575 - a = a - 385
⇒ 2a = 960
⇒ a = 480
∴ पुस्तक का लागत मूल्य 480 रुपये है।

47(C). दिया गया है:
चक्रवृद्धि ब्याज = 84 रुपये
साधारण ब्याज = 80 रुपये
समय = 2 वर्ष
साधारण ब्याज प्रत्येक वर्ष के लिए समान रहता है।
इसलिए, पहले वर्ष के लिए साधारण ब्याज = दूसरे वर्ष के लिए
साधारण ब्याज $= \frac{80}{2}$ रुपये
⇒ 40 रुपये
पुनः, पहले वर्ष के लिए चक्रवृद्धि ब्याज = 40 रुपये
अब, दूसरे वर्ष के लिए चक्रवृद्धि ब्याज (84 − 40) रुपये
⇒ दूसरे वर्ष के लिए साधारण ब्याज $+ R\% \times$ पहले वर्ष के लिए
साधारण ब्याज = 44 रुपये
⇒ $40 + \left(\frac{R}{100}\right) \times 40 = 44$ रुपये
⇒ $\left(\frac{R}{100}\right) \times 40 = 4$ रुपये
⇒ $R = \frac{400}{40}$
⇒ $R = 10\%$
∴ वार्षिक दर प्रतिशत 10% है।

48(A). दिया गया,
समय = 12 वर्ष
साधारण ब्याज पर समय दोगुना है
माना कि,
मूलधन, $P = $ रु. 100
राशि, $A = $ रु. 200
ब्याज = रु. 100
ब्याज की दर = कुल ब्याज / दिया गया समय
$= \frac{100}{12}$
$= 8\frac{1}{3}\%$

49(C). दिया गया,
कुल GDP — 60 बिलियन
पेशन भुगतान = 8%
खाद्य सब्सिडी = 6%
अब,
पेशन भुगतान $= \frac{8}{100} \times 60$
$= \frac{48}{10}$
$= \frac{24}{5}$
खाद्य सब्सिडी $= \frac{6}{100} \times 60$
$= \frac{36}{10}$
$= \frac{18}{5}$
अब, आवश्यक अनुपात = पेशन भुगतान/खाद्य सब्सिडी
$= \frac{\frac{24}{5}}{\frac{18}{5}}$
$= \frac{24}{5} \times \frac{5}{18}$
$= \frac{4}{3}$
तो, अभीष्ट अनुपात = 4 : 3

50(B). दिया गया,
पेशन भुगतान = 8%
डिफेन्स = 24%

खाद्य सब्सिडी = 6%
अब,
आवश्यक व्यय,
60 बिलियन का $(8 + 24 + 6)\%$
= 60 बिलियन का 38%
$= \frac{38}{100} \times 60$ बिलियन
$= \frac{228}{10}$ बिलियन
= 22.8 बिलियन

51(D). दिया गया,
इंफ्रास्ट्रक्चर डेवलपमेंट $= 15\%$
अन्य गैर-नियोजित व्यप $= 10\%$
अब,
आवश्यक अंतर,
60 बिलियन का $(15 − 10)\%$
= 60 बिलियन का 5%
$= \frac{5}{100} \times 60$
= 3 बिलियन

52(B). दिया गया,
कुल GDP $= 60$
अब,
कमी से पहले व्यय = 60 बिलियन का 24%
$= \frac{24}{100} \times 60$ बिलियन
= 14.4 बिलियन
अब,
14.4 बिलियन का 7%
$= \frac{7}{100} \times 14.4$
= रु. 1.008 बिलियन
∴ डिफेन्स पर वर्तमान व्यय = रु. $(14.4 − 1.08)$ बिलियन
= रु. 13.392 बिलियन

53(C). दिया गया,
खाद्य सब्सिडी $= 6\%$
पेट्रोलियम डेवलपमेंट $= 18\%$
मनरेगा $= 7\%$
पेशन भुगतान $= 8\%$
अब,
विकल्पों को एक एक करके चेक करने पर,
(A) पेट्रोलियम सब्सिडी पर खाद्य सब्सिडी का अनुपात है:
6 : 18
= 1 : 3
तो, विकल्प (A) सही नहीं है।
(B) मनरेगा पर व्यय,
60 अरब का 7%
$= \frac{7}{100} \times 60$ बिलियन
$= \frac{42}{10}$ बिलियन
= रु. 4.2 बिलियन
तो, विकल्प (बी) सही नहीं है।
(C) पेंशन भुगतान और मनरेगा पर खर्च के बीच अंतर,
60 बिलियन का $(8 − 7)\%$
= 60 बिलियन का 1%
$= \frac{1}{100} \times 60$ बिलियन
= रु. 0.6 बिलियन

54(D). दिया गया है:
1 दिन में A द्वारा पूरा की जाने वाली काम की राशि = 1/6
1 दिन में B द्वारा पूरा की जाने वाली काम की राशि = 1/8
गणना :
1 दिन में $A + B$ द्वारा पूरा की जाने वाली काम की राशि
$= 1/6 + 1/8 = 7/24$
1 दिन में $A + B + C$ द्वारा पूरा की जाने वाली काम की राशि
$= 1/3$
1 दिन में C द्वारा पूरा की जाने वाली काम की राशि

$= 1/3 - 7/24 = 1/24$

1 दिन में A द्वारा पूरा किया गया काम : 1 दिन में B द्वारा पूरा किया गया काम : 1 दिन में C द्वारा पूरा किया गया काम

$\Rightarrow 1/6 : 1/8 : 1/24 = 4 : 3 : 1$

C को भुगतान की गई राशि $= 3200 \times (1/8) = $ Rs. 400

∴ C को भुगतान की गई राशि 400 रुपये है।

55(C). दिया है:

A का 1 दिन का काम $= \dfrac{1}{12}$

(A+B) का 1 दिन का काम $= \dfrac{1}{8}$

∴ B का 1 दिन का काम

$= \dfrac{1}{8} - \dfrac{1}{12} = \dfrac{3-2}{24} = \dfrac{1}{24}$

∴ B अकेले कार्य को 24 दिनों में कर सकता है।

56(C). पहला अक्षर : H (+2 अक्षर) = J (+2 अक्षर) = L (+2 अक्षर) = N (+2 अक्षर) = P

दूसरा अक्षर : J (+3 अक्षर) = M (+3 अक्षर) = P (+3 अक्षर) = S (+3 अक्षर) = V

तीसरा अक्षर : R (+2 अक्षर) = T (+2 अक्षर) = V (+2 अक्षर) = X (+2 अक्षर) = Z

चौथा अक्षर : N (+3 अक्षर) = Q (+3 अक्षर) = T (+3 अक्षर) = W (+3 अक्षर) = Z

57(C). इसका पालन किया गया पैटर्न यह है कि प्रत्येक पद में 5 A और 2 B हैं और प्रत्येक पद में, B लगातार पहले स्थान से शुरू होते हैं और एक स्थान को दाईं ओर स्थानांतरित करते हैं।

इस प्रकार, लुप्त पद में, अंतिम दो पद BB = AAAAABB

58(D). पहला अक्षर : C (-2 अक्षर) = A (-2 अक्षर) = Y (-2 अक्षर) = W (-2 अक्षर) = U

दूसरा अक्षर : P (-3 अक्षर) = M (-3 अक्षर) = J (-3 अक्षर) = G (-3 अक्षर) = D

तीसरा अक्षर : I (-4 अक्षर) = E (-4 अक्षर) = A (-4 अक्षर) = W (-4 अक्षर) = S

59(A). यहाँ तर्क निम्न प्रकार है:

वर्ण मा ला	A	B	C	D	E	F	G	H	I	J	K	L	M
स्था नीय मान	1	2	3	4	5	6	7	8	9	10	11	12	13
स्था नीय मान	26	25	24	23	22	21	20	19	18	17	16	15	14
वर्ण मा ला	Z	Y	X	W	V	U	T	S	R	Q	P	O	N

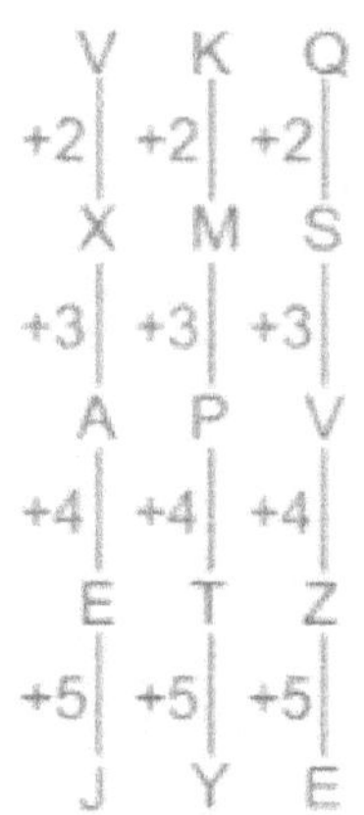

60(C). दिया है:

(i) सब्जी, (ii) बाजार, (iii) काटना, (iv) पकाना, (v) खाना

तार्किक क्रम निम्न होगा:

(ii) बाजार → हम पहले बाजार जाते हैं।

(i) सब्जी → फिर हम सब्जी खरीदते हैं।

(iii) काटना → फिर हम सब्जी काटते हैं।

(iv) पकाना → फिर हम सब्जी को पकाते हैं।

(v) खाना → फिर हम पकी हुई सब्जी को खाते हैं।

61(C). सही क्रम है:

Key, Lock, Door, Room, Switch on

$\Rightarrow 1, 3, 2, 4, 5$

62(D). सही क्रम है:

Education, Job, Income, Status, Well-being

$\Rightarrow 3, 5, 1, 2, 4$

63(B). दिया गया कथन: प्रधानमंत्री ने इस बात पर जोर दिया कि सरकार किसानों और ग्रामीण लोगों के विकास के लिए हर संभव प्रयास करेगी।

निष्कर्ष I:

I. पूर्व सरकार ने इन लोगों के विकास के लिए गंभीरता से प्रयास नहीं किया था।

वर्तमान सरकार की प्रतिबद्धता से यह निष्कर्ष नहीं निकाला जा सकता है कि पूर्व सरकार ने इन लोगों के विकास के लिए कुछ बड़ा नहीं किया। इसलिए, I अनुसरण नहीं करता है।

निष्कर्ष II:

II. यह सरकार शहरी गरीबों के विकास के लिए गंभीरता से प्रयास नहीं करेगी।

यह निष्कर्ष नहीं निकाला जा सकता है कि वर्तमान सरकार अन्य क्षेत्रों के विकास के लिए कुछ नहीं करेगी। इसलिए, II अनुसरण नहीं करता है।

इसलिए, न तो I और न ही II अनुसरण करता है।

64(D). कथन में कहा गया है कि भारतीय बैंकिंग प्रणाली में कई प्रकार के बैंक हैं जिनमें विभिन्न प्रकार के बैंक शामिल हैं। हालांकि, कथन में श्रेणियों के महत्व पर चर्चा नहीं की गई है। इसलिए, कथन I अनुसरण नहीं करता है।

कथन में भारत के अपने बैंकिंग नेटवर्क के विस्तार की योजनाओं पर चर्चा नहीं की गई है। इस प्रकार, कथन II अनुसरण नहीं करता है।

इसलिए, "न तो I और न ही II अनुसरण करता है" सही उत्तर है।

65(A). बयान "सभी मोबाइल ब्रांड्स में सैमसंग की बिक्री सबसे ज्यादा है" से, हम समझ सकते हैं कि सैमसंग मोबाइल फोन और अन्य सभी मोबाइल फोन के बीच तुलना हो रही है। चूंकि कथन इस प्रकार तुलना कर रहा है, हम यह निष्कर्ष निकाल सकते हैं कि "अन्य मोबाइल ब्रांड्स का मार्केट शेयर पता चल जाता है" लेकिन किसी अन्य ब्रांड की लोकप्रियता के बारे में कोई उल्लेख नहीं है, इस प्रकार, हम यह नहीं कह सकते कि "कोई अन्य मोबाइल ब्रांड लोकप्रिय नहीं है"। इसलिए, केवल निष्कर्ष I अनुसरण करता है।

66(D). वह आकृति जो दिए गए पैटर्न को पूरा करेगी वह है:

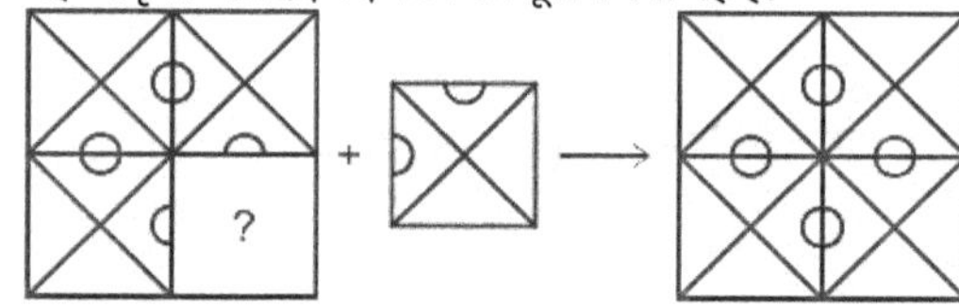

67(B). स्वरूप को पूरा करने के लिए आकृति:

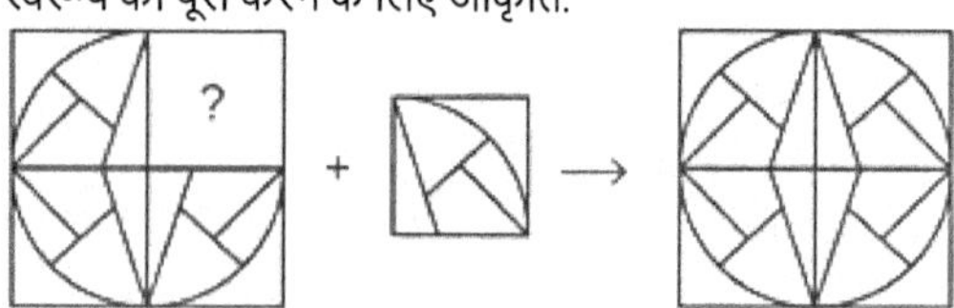

68(D). यहाँ अनुसरण किया गया तर्क है:

1. E, C से बड़ा है।

E > C

2. D, C से बड़ा है लेकिन E से छोटा है।
E > D > C
3. A, B और C से छोटा है।
B > A और C > A
4. C, B से बड़ा है।
C > B
सभी कथनों को संयोजित करने पर, हम प्राप्त करते हैं
E > D > C > B > A
स्पष्ट रूप से, A सबसे छोटा है।

69(C). श्रीनाथ बाएं से 7 वें और वेंकट दाएं से 12 वें स्थान पर हैं।
अब, यदि वे अपने पदों को बदलते हैं, तो श्रीनाथ बाईं ओर से 22 वें स्थान पर आ जाते हैं।
इसलिए, श्रीनाथ बाएं से 22 और दाएं से 12 हैं।
इस प्रकार, उसके पहले 21 लड़के हैं और उसके बाद 11 लड़के हैं।
अत: लड़कों की कुल संख्या = उससे पहले लड़कों की संख्या + उसके बाद लड़कों की संख्या + श्रीनाथ
=21+11+1=33
इस प्रकार, कुल लड़कों की संख्या 33 हैं।

70(C). दिया गया है,
'सुरेश, अनिल से भारी है लेकिन उतना भारी नहीं है जितना कि राजू है। 'अनिल', जयेश से भारी है। 'कृष्णा', सुरेश से भारी है लेकिन 'राजू' से हल्का है
क्रम निम्न प्रकार है,
राजू कृष्णा सुरेश अनिल जयेश
इस प्रकार सबसे हल्का 'जयेश' है।

71(A). दिया है:
एक आदमी पूर्व में 3 किमी की यात्रा करता है और दक्षिण की ओर मुड़ता है और 4 किमी चलता है।

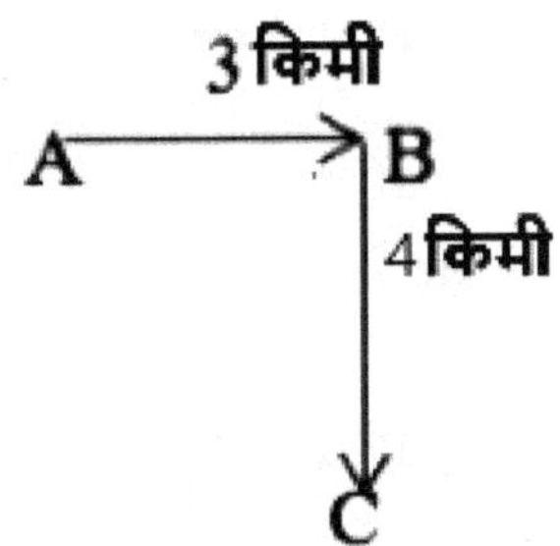

प्रारंभिक बिंदु से दूरी AC होगी।
पाइथागोरस प्रमेय के अनुसार
$AC^2 = AB^2 + BC^2$
$AC = \sqrt{9 + 16} = 5$ किमी

72(B). दी गई जानकारी के अनुसार, हम निम्नलिखित आरेख बना सकते हैं:

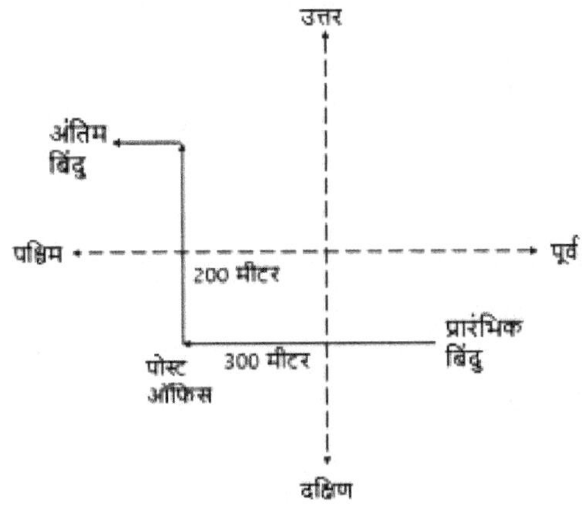

इसलिए, रोहित अब पश्चिम दिशा के सम्मुख खड़ा है।

73(A).

यहाँ पुरुष → '+' और महिला → '−'
चूंकि D का लिंग ज्ञात नहीं है इसलिए D या तो आनंद का नेफ्यू है या नीस है।

74(B). श्रेया के पुत्र का पिता - श्रेया का पति। तो, कल्याण श्रेया के पति की बहन का पुत्र है। इस प्रकार, कल्याण श्रेया का भतीजा है।

75(A). शाहरुख की दादी की इकलौती संतान - शाहरुख के पिता/माता।
शाहरुख के पिता/माता की बेटी - शाहरुख की बहन।

76(D). Plastic waste making its way to the oceans are the biggest threat to our oceans.
It is quantified that about 8 million ton of plastic waste was dumped into the world's oceans in 2010 Refer to the following lines from the passage: "Scientists have for the first time quantified the amount of plastic waste dumped into our oceans." "About eight million tons of plastic waste was dumped into the world's oceans in 2010 and researches warn that the cumulative amount could Increase more than 10-fold in the next decade unless the international community improves its waste management practices".

77(A). The steady degradation of our oceans can be effectively dealt by improving waste management practice. It was mentioned in the last line of the first stanza.

78(C). The statement that dumped millions metric tons of plastic waste into the oceans is not true.

79(B). The statement statistics show that plastic waste management will be the biggest challenge before the world community in coming year's is true, but the statement scientist from the US and Australia have formulated plans to effectively control plastic waste' is false.

80(B). The word "increasing" means growing larger or greater, enlarging and the meaning of the word "cumulative" is increasing or increased in quantity, degree, or force by successive additions. therefore the word 'increasing' is a synonym of the word 'cumulative' as they both share similar meaning.

81(A). The correct sequence is B-A-C-D.
The sentence 'B' is independent of any other sentence as it is giving general information about the noun 'Prime Minister'. Hence, 'B' is the first part.
The sentence 'A' refers back to the information mentioned in the sentence 'B' that here we are talking about that in a recent televised interview, the Prime Minister misleadingly claimed about the findings of an independent agency. Hence, 'A' follows 'B'.
In the sentence 'C', we are talking about 70 lakh Employees Provident Fund Organisation accounts i.e linked with the sentence 'A'. Hence, 'C' follows 'A'.
The sentence 'D' is the concluding sentence. Hence, 'D' is the last sentence.
Paragraph after rearranging the sentences: -
The Prime Minister, in a recent televised interview,

misleadingly claimed that an "independent agency" found that 70 lakh Employees' Provident Fund Organisation (EPFO) accounts were opened for persons aged 18–25 years.

82(D). The correct sequence is C, D, B, A

Let's look at the correct sequence of the passage.

Statement C is the opening sentence of the passage which explains the theme of the passage which is the Eiffel Tower and how it is made of.

Statement D is the second sentence of the passage which explains The location of the Tower.

Statement B is the third sentence of the passage, which explains How the tower was named and who was Gustave Eiffel. This Statement should come after Statement D.

Statement A is the passage's last sentence elaborating more about Statement B. So, it should come at the end.

The correct passage is C. The Eiffel Tower is an iron lattice tower. D. Located on the champ de mars in Paris. B. It was named after the engineer Gustave Eiffel. A. Whose company designed and built the tower.

83(B). The correct sequence is A, B, D, C.

Let's look at the correct sequence of the passage.

- Statement A is the opening sentence of the passage which explains the theme of the passage which is Translation and its importance.
- Statement B is the second sentence of the passage which is the starting part of Statement D explains the rapid commercialization of Translation.
- Statement D is the third sentence of the passage which is the next portion of Statement B, which explains that because of Translation the barriers to communication between nations are now coming to an end.
- Statement C is the last sentence of the passage which explains the past condition where was practically no communication between the countries.

The correct passage is: A. Translation is of immense importance today. B. With rapid commercialization. D. The narrow barriers between nations are fast disappearing. C. In the past, there used to be no communication among nations.

84(A). The correct answer is "B, D, C, A"

- Let's look at the correct sequence of the passage.
- Statement B is the opening sentence of the passage which explains that worrying is a very common thing.
- Statement D is the second sentence of the passage which explains that besides every adult children also suffer from anxiety.
- Statement C is the third sentence of the passage which explains Alexander Flemming's childhood fear of his parents.
- Statement A is the last sentence of the passage as it proves that his fear was just imaginary.

The correct passage is: B. worrying is a very common thing. D. Every child worries as much as grown-up people. C. In his childhood, Alexander Fleming used to fear that his parents would die suddenly at night. A. His fear and anxiety were just imaginary.

85(A). The correct sequence is D, A, B, C.

- Let's look at the correct sequence of the passage.
- Statement D is the opening sentence of the passage as it introduces the theme of the passage which is the Importance of Trees.
- Statement A is the second sentence of the passage as it starts to explain how we get benefits from trees.
- Statement B is the third sentence of the passage.
- Statement C is the last sentence of the passage. It closes the paragraph by telling about how trees bring rain and help corps to grow.

The correct passage is: D. We know there is an eternal bond between man and trees. A. Trees helps us in many ways. B. They supply us with fresh oxygen. C. Trees are also the harbingers of rain to produce crops in a cyclic order.

86(A). There is an error in (a). Instead of "one of that", it should be "one of those". "That" is used for a singular noun, whereas "those" is used for plural nouns.

87(A). The error is in (a). The correct sentence should be: "If I were the millionaire".

88(D). Madhav left in **a** hurry after eating **a** bowl of porridge, and **an** orange.

- 'A' is used with a singular countable noun that is random in nature and has a consonant sound.
- 'An' is used with a singular countable noun that is random in nature and has a vowel sound.
- 'The' refers to a particular object of which the reader is aware of.
- The words 'hurry' and 'bowl' start with a consonant, therefore an article 'a' is used. The word 'orange' starts with a vowel, therefore, an article 'an' is used.

89(C). Galileo **discovered** that the Earth **moves** around the Sun.

- The first part of the sentence must be in the Past Tense as it is talking about the discovery of Galileo which happened in the past. Therefore, the verb discovered is the correct choice for the first blank.
- The second part of the sentence is a universal truth. Therefore, it should be in the Present Tense. So, the verb moves is the correct choice for the second blank.

90(B). "Mountaineer" is correctly spelt.

91(C). "Sentimentalist" is correctly spelt.

92(B). Let's look at the meaning of the given word and the correct answer.

Compliment(noun): a remark that expresses approval, admiration, or respect.

Example: He complained that his husband never paid him any compliments anymore.

Praise(verb): to express admiration or approval of the achievements or characteristics of a person or thing.

Example: He should be praised for his honesty.

93(A). Let's look at the meaning of the given word and the correct answer.

Competent(adjective): able to do something well.

Example: I wouldn't say he was brilliant but he is competent at his job.

Capable(adjective): able to do things effectively and skilfully, and to achieve results.

Example: We need to get an assistant who's capable and efficient.

94(C). A poem of fourteen lines : Sonnet

95(A). An allowance made to a wife by her husband, when they are legally separated : Alimony

96(A). CPU सभी इनपुट, आउटपुट और प्रोसेसिंग को नियंत्रित करता है।

कंप्यूटर अपना प्राथमिक काम मशीन के एक हिस्से में करता है जिसे हम देख नहीं सकते, एक नियंत्रण केंद्र जो डेटा इनपुट को सूचना आउटपुट में परिवर्तित करता है। केंद्रीय नियंत्रण इकाई (सीपीयू) नामक यह नियंत्रण केंद्र, इलेक्ट्रॉनिक सर्किटरी का एक अत्यधिक जटिल, व्यापक सेट है जो संग्रहीत प्रोग्राम निर्देशों को निष्पादित करता है।

अत: विकल्प (A) सही है।

97(B). MS-पॉवरपॉइंट-2007 में शार्टकट कुंजी Control + H का उपयोग दस्तावेज़ में टेक्स्ट को बदलने के लिए किया जाता है।
चरण 1: होम > रिप्लेस पर जाएँ या Ctrl + H दबाएँ।
चरण 2: वह शब्द या वाक्यांश दर्ज करें जिसे आप खोज बॉक्स में खोजना चाहते हैं।

चरण 3: रिप्लेस बॉक्स में अपना नया टेक्स्ट दर्ज करें।
चरण 4: जब आप अपडेट करना चाहते हैं उस शब्द तक आने के लिए फाइंड नेक्स्ट चुनें।
चरण 5: रिप्लेस चुने। एक बार में सभी उदाहरणों को अपडेट करने के लिए, सभी को रिप्लेस आल चुनें।
अत: विकल्प (B) सही है।

98(A). क्रोम, सफारी और ऑपेरा तीनों ही वेब ब्राउजर है।

99(C). आप 25 MB तक अटैचमेंट में भेज सकते हैं। यदि आपके पास एक से अधिक अनुलग्नक हैं, तो वे 25 MB से अधिक नहीं जोड़ सकते हैं। यदि आपकी फ़ाइल 25 MB से अधिक है, तो जीमेल स्वचालित रूप से ईमेल में गूगल ड्राइव लिंक को एक अनुलग्नक के रूप में शामिल करने के बजाय जोड़ता है।
अत: विकल्प (C) सही है।

100(A). सीडीएमए (या कोड डिवीजन मल्टीपल एक्सेस) एक प्रकार का मल्टीप्लेक्सिंग है जो विभिन्न संकेतों को केवल ट्रांसमिशन चैनल पर कब्जा करने की अनुमति देता है। यह आमतौर पर एक कुशल तरीके से बैंडविड्थ के उपयोग को अनुकूलित करता है।

General Awareness

1. भारतीय संविधान की निम्नलिखित विशेषताओं का उनके अभिग्रहण से मिलान करें:

'विशेषताएं'	'अभिग्रहण'
A. संघवाद	I. कनाडा
B. मौलिक कर्तव्य	II. पूर्व सोवियत संघ
C. राज्य के नीति-निर्देशक सिद्रान्त	III. आयरलैंड
D. न्यायिक समीक्षा	IV. यूएस

(a) (A) - (I), (B) - (II), (C) - (III), (D) - (IV)

(b) (A) - (I), (B) - (III), (C) - (II), (D) - (IV)

(c) (A) - (III), (B) - (II), (C) - (IV), (D) - (I)

(d) (A) - (IV), (B) - (II), (C) - (III), (D) - (I)

2. निम्नलिखित में से कौनसा भारत के संविधान में सूचीबद्ध अनुसूचियों के संबंध में गलत है?

(a) कुल बारह अनुसूचियां हैं।

(b) अनुसूचियां XI और XII को क्रमशः 73 वें और 74 वें संवैधानिक संशोधनों द्वारा शामिल किया गया था।

(c) प्रथम संशोधन द्वारा संविधान में नौवीं अनुसूची जोड़ी गई।

(d) दलबदल विरोधी कानून संविधान की 10 वीं अनुसूची में है और इसे 42 वें संवैधानिक संशोधन द्वारा जोड़ा गया था।

3. भारत का सर्वोच्च न्यायालय कानून या तथ्य के मामले में राष्ट्रपति को सलाह देता है

(a) अपनी पहल पर

(b) केवल अगर वह ऐसी सलाह लेना चाहते हैं

(c) केवल अगर मामला नागरिकों के मौलिक अधिकारों से संबंधित है

(d) केवल अगर यह मुद्दा देश की एकता और अखंडता के लिए खतरा है

4. _______ की सिफारिश पर मौलिक कर्तव्यों को संविधान में शामिल किया गया था

(a) शाह आयोग

(b) प्रशासनिक सुधार आयोग

(c) संथानम समिति

(d) स्वर्ण सिंह समिति

5. राज्य विधानमंडल/संसद के एक सदस्य को भारत में दलबदल के आधार पर योग्यता के अपवाद के रूप में माना जाता है, निम्न में से किस स्थिति में?

(a) यदि वह स्वेच्छा से, राज्य विधानमंडल या संसद के किसी भी सदन के अध्यक्ष या उपाध्यक्ष के रूप में चुने जाने पर अपने मूल राजनीतिक दल की सदस्यता छोड़ देता है।

(b) यदि वह इस तरह के पद पर रहने के बाद राजनीतिक दल में शामिल हो जाता है।

(c) (A) और (B) दोनों

(d) इनमें से कोई नहीं

6. सभी केंद्रीय मंत्री किसके द्वारा नियुक्त किए जाते हैं?

(a) सुप्रीम कोर्ट के मुख्य न्यायाधीश

(b) राष्ट्रपति

(c) उप-राष्ट्रपति

(d) प्रधानमंत्री

7. भारत के राष्ट्रपति के निर्वाचक मंडल में निम्नलिखित में से कौन नहीं होते हैं?

(a) लोकसभा और राज्यसभा के निर्वाचित सदस्य

(b) राज्यों की विधान परिषदों के सदस्य

(c) दिल्ली और पुदुचेरी केंद्र शासित प्रदेशों की विधानसभाओं

के निर्वाचित सदस्य

(d) उत्तर पूर्व विधान सभाओं सहित राज्यों की विधानसभाओं के निर्वाचित सदस्य

8. निम्नलिखित में से कौन भारत के प्रधान मंत्री बनने से पहले मुख्यमंत्री नहीं थे?

(a) मोरारजी देसाई

(b) चरण सिंह

(c) इंदिरा गांधी

(d) वी.पी. सिंह

9. फेयर ट्रेड रेगुलेटरी अथॉरिटी सीसीआई ने एग्रोकेमिकल प्रमुख यूपीएल के साथ किस बीज फर्म के प्रस्तावित विलय को मंजूरी दी?

(a) एडवांटा लिमिटेड

(b) अद्वैत लिमिटेड

(c) एडवेंटा लिमिटेड

(d) इनमे से कोई भी नहीं

10. भारतीय दिवाला और शोधन अक्षमता बोर्ड (आईबीबीआई) के बारे में निम्नलिखित कथनों पर विचार करें:

(i) यह वित्त मंत्रालय के अधीन कार्य करता है।

(ii) इसे दिवाला और दिवालियापन संहिता के माध्यम से वैधानिक अधिकार दिए गए थे।

(iii) दिवाला और दिवालियापन संहिता व्यक्तियों को कवर नहीं करती है।

उपरोक्त में से कौन से कथन गलत हैं?

(a) केवल (i) और (ii)

(b) केवल (ii) और (iii)

(c) केवल (i) और (iii)

(d) इनमे से कोई भी नहीं

11. सीसीआई ने फेयरफैक्स फाइनेंशियल होल्डिंग्स के किस अधिग्रहण को मंजूरी दे दी है?

(a) आईसीआईसीआई प्रूडेंशियल

(b) आईसीआईसीआई बैंक

(c) आईसीआईसीआई लोम्बार्ड जीआईसी

(d) उपरोक्त में से कोई नहीं

12. हड़प्पा मुहरों के संदर्भ में, निम्नलिखित कथनों पर विचार कीजिये:

1. मुहर बनाने का उद्देश्य मुख्य रूप से वाणिज्यिक था।

2. मानक हड़प्पा मुहर एक वर्ग पट्टिका 2 × 2 वर्ग इंच थी, जिसे आमतौर पर नरम नदी के पत्थर, स्टीटाइट से बनाया गया था, लेकिन कोई भी मुहर सोने और हाथी दांत से नहीं बनी थी।

ऊपर दिए गए कथनों में से कौन सा सही है/हैं?

(a) केवल 1

(b) केवल 2

(c) 1 और 2 दोनों

(d) न तो 1 और न 2

13. गुप्त साम्राज्य के विघटन के लिए निम्नलिखित में से कौन जिम्मेदार नहीं था?

(a) प्रारम्भिक गुप्त काल के दौरान बहुत अधिक निर्माण गतिविधि के कारण कॉफ़र्स खाली हो गए।

(b) प्रशासनिक ढांचे के विघटन के परिणामस्वरूप इसके सामंतों पर नियंत्रण कमजोर हो गया।

(c) राजवंश में उत्तराधिकार की समस्या ने राजा के अधिकार और वैधता को कमजोर किया।

(d) राजस्व और प्रशासनिक अधिकारों के आत्मसमर्पण के साथ-साथ भूमि अनुदान की बढ़ती प्रथा के परिणामस्वरूप गुप्त खजाने को राजस्व का भारी नुकसान हुआ और सामान्य रूप से गुप्त प्राधिकरण को कम कर दिया गया।

14. पृथ्वी की आंतरिक संरचना के संबंध में निम्नलिखित कथनों पर विचार करें।

1. वह बिंदु जहाँ से ऊर्जा निकलती है, हाइपोसेंटर कहलाता है।

2. तीव्रता पैमाने की सीमा 1-8 से है।

3. बाथोलिथ मैग्मा कक्षों का ठंडा भाग होता है।

ऊपर दिए गए निम्नलिखित में से कौन सा/से कथन सही है/हैं?

(a) केवल 2 और 3

(b) केवल 1 और 3

(c) केवल 1 और 2

(d) उपरोक्त सभी

15. निम्नलिखित में से किस मृदा में, लवण की मात्रा इतनी अधिक होती है कि कुछ क्षेत्रों में लवण जल को वाष्पित करके साधारण नमक प्राप्त किया जाता है?

   (a) पीटमय मृदा   (b) जलोढ़ मृदा

   (c) लैटेराइट मृदा   (d) शुष्क मृदा

16. निम्नलिखित में से कौन उत्तरी प्रशांत महासागर की महासागरीय धाराओं का सही क्रम है।

   (A) पश्चिम हवा का बहाव

   (B) उत्तरी भूमध्यरेखीय धारा

   (C) कुरोशियो धारा

   (D) कैलिफोर्निया धारा

   नीचे दिए गए विकल्पों में से सही उत्तर चुनिए:

   (a) (A), (B), (C), (D)   (b) (C), (D), (B), (A)

   (c) (B), (C), (A), (D)   (d) (D), (A), (B), (C)

17. 'मटकी' निम्नलिखित में से कहाँ का लोकप्रिय लोक नृत्य है?

   (a) असम   (b) मध्य प्रदेश

   (c) बिहार   (d) राजस्थान

18. निम्नलिखित में से कौन उत्तराखंड का एक प्रमुख आदिवासी समूह है?

   (a) जौनसारी जनजाति   (b) थारू जनजाति

   (c) राजी जनजाति   (d) उपर्युक्त सभी

19. 'आलू पोस्तो' निम्न में से किस भारतीय राज्य का पारंपरिक व्यंजन है?

   (a) हरियाणा   (b) उत्तराखंड

   (c) गुजरात   (d) पश्चिम बंगाल

20. रंगराजन समिति के अनुसार गरीबी रेखा के अनुमान (2011-12) के लिए प्रति माह प्रति व्यक्ति व्यय है:

   (a) शहरी क्षेत्रों के लिए ₹ 1,407 तथा ग्रामीण होतों के लिए ₹ 972

   (b) शहरी क्षेत्रों के लिए ₹ 972 तथा ग्रामीण क्षेत्रों के लिए ₹ 1,407

   (c) शहरी क्षेत्रों के लिए ₹ 1,000 तथा ग्रामीण क्षेत्रों के लिए ₹ 872

   (d) शहरी व ग्रामीण दोनों क्षेत्रों के लिए ₹ 1,000

21. पूंजीवाद में उत्पादित वस्तुओं पर किसका स्वामित्व होता है?

   (a) सामूहिक स्वामित्व   (b) व्यक्तिगत स्वामित्व

   (c) सामाजिक स्वामित्व   (d) राज्य स्वामित्व

22. स्पेसएक्स द्वारा 2024 में लॉन्च किए जाने वाले मंगल ग्रह के पहले मानव मिशन का नाम क्या है?

   (a) लाल ग्रह वन   (b) मंगल वन

   (c) अरतिमिस   (d) स्टारशिप

23. तीसरी पीढ़ी के कंप्यूटर कौन सी तकनीक का उपयोग करते हैं?

   (a) वैक्यूम-ट्यूब   (b) ट्रांजिस्टर

   (c) माइक्रोप्रोसेसर   (d) इंटीग्रेटेड सर्किट

24. इंटरनेट के संदर्भ में, MAN का पूर्ण रूप क्या है?

   (a) मेकशिफ्ट एरिया नेटवर्क

   (b) मेट्रोपॉलिटन एरिया नेटवर्क

   (c) मैसिव एरिया नेटवर्क

   (d) मास्टर एरिया नेटवर्क

25. स्पुतनिक वी के बारे में निम्नलिखित कथनों पर विचार करें।

   1. यह एक वैक्सीन है जिसमें दो अलग-अलग मानव सामान्य कोल्ड वायरस का उपयोग किया जाता है।

   2. वैक्सीन, जिसे पहले सोवियत अंतरिक्ष उपग्रह के नाम पर रखा गया था, को मॉस्को के गेमलेया नेशनल रिसर्च इंस्टीट्यूट ऑफ एपिडेमियोलॉजी एंड माइक्रोबायोलॉजी द्वारा विकसित किया गया था।

   ऊपर दिए गए कथनों में से कौन सा सही है / हैं?

   (a) केवल 1   (b) केवल 2

   (c) 1 और 2 दोनों   (d) न 1 और न ही 2

26. किस प्रौद्योगिकी कंपनी ने 'फ्लडहब' नामक बाढ़ पूर्वानुमान प्रदर्शित करने वाला एक मंच लॉन्च किया है?

   (a) माइक्रोसॉफ्ट   (b) एप्पल

   (c) गूगल   (d) मेटा

27. मई 2022 में किस संस्थान की टीम ने एक उन्नत डेटा एन्क्रिप्शन और सुरक्षा उपकरण विकसित किया है?

   (a) भारतीय विज्ञान संस्थान   (b) आईआईटी मद्रास

   (c) आईआईटी गुवाहाटी   (d) दिल्ली विश्वविद्यालय

28. वेस्ट टू वेल्थ नामक मिशन के तहत दिल्ली के किस शहर में एक विकेन्द्रीकृत अपशिष्ट प्रबंधन प्रौद्योगिकी पार्क का उद्घाटन किया जाएगा?

   (a) घोंडा   (b) सोनिया विहार

   (c) नंद नगरी   (d) पूर्वी जाफराबाद

29. भारत के सबसे लंबे रबर बांध 'गयाजी बांध' का उद्घाटन किस राज्य/केंद्र शासित प्रदेश में किया गया?

   (a) सिक्किम   (b) उड़ीसा

   (c) अरुणाचल प्रदेश   (d) बिहार

30. विश्व स्वास्थ्य संगठन (WHO) ने किस देश में मारबर्ग रोग के पहले प्रकोप की पुष्टि की?

   (a) नाइजीरिया   (b) इक्वेटोरियल गिनी

   (c) इथोपिया   (d) डीआर कांगो

31. जनवरी 2023 में भारत का पहला समावेशी उत्सव "पर्पल फेस्ट: सेलिब्रेटिंग डाइवर्सिटी" किस राज्य/केंद्र शासित प्रदेश में शुरू हुआ?

   (a) लद्दाख   (b) जम्मू और कश्मीर

   (c) महाराष्ट्र   (d) गोवा

32. हुरुन रिसर्च इंस्टीट्यूट ने हुरुन रिचेस्ट सेल्फ मेड वूमेन इन द वर्ल्ड 2022 का 12वां संस्करण जारी किया है। सूची में कितनी भारतीय महिलाओं को रखा गया है?

   (a) 2   (b) 3

   (c) 4   (d) 5

33. जुलाई 2022 में कौन सा जिला देश का पहला 'हर घर जल' प्रमाणित जिला बन गया है?

   (a) रेवा   (b) गोरखपुर

   (c) कोयंबटूर   (d) बुरहानपुर

34. एनएसडीसी इंटरनेशनल (एनएसडीसीआई) और पेरदामन ने किस देश में भारतीय कुशल युवाओं और बाजार के अवसरों के बीच एक इंटरफेस बनाने के लिए भागीदारी की है?

   (a) ऑस्ट्रेलिया   (b) जापान

   (c) दक्षिण कोरिया   (d) न्यूजीलैंड

35. अक्टूबर 2022 में ऑकलैंड, न्यूजीलैंड में "मोदी@20: ड्रीम्स मीट डिलीवरी" पुस्तक का विमोचन किसने किया?

   (a) डॉ एस जयशंकर   (b) अमित शाह

   (c) नितिन गडकरी   (d) सर्बानंद सोनोवाल

Quantitative Aptitude and Numerical Skills

Ques (36-37): निर्देश : दिए गए व्यंजक को सरल कीजिए।

36. 275 का 48% + 480 का 55% = ? + 12 × 8

   (a) 100   (b) 300

(c) 450 (d) 600

37. $(\sqrt[3]{512} \times 5 \div 2) \times (8 \text{ का } 24 \div 3) + 5^2 = ?^3 - 26$

(a) 10 (b) 12
(c) 11 (d) 14

38. एक बाइक R से S तक 30 किमी/घंटा की गति से और S से R तक 20 किमी/घंटा की गति से यात्रा करती है। बाइक की औसत गति क्या है?

(a) 30 किमी/घंटा (b) 28 किमी/घंटा
(c) 32 किमी/घंटा (d) 24 किमी/घंटा

39. एक टीवी और मोबाइल का औसत मूल्य 15000 रुपए है। मोबाइल और ओवन का औसत मूल्य 8000 रुपए है। तीनों वस्तुओं का औसत मूल्य 12000 रुपए है। मोबाइल का मूल्य ज्ञात कीजिए।

(a) 10000 रुपए (b) 15000 रुपए
(c) 20000 रुपए (d) 6000 रुपए

40. दिए गए अंशों के लिए सही आरोही क्रम क्या है?

(a) $\frac{22}{7}, \frac{13}{17}, \frac{11}{19}, \frac{2}{3}$ (b) $\frac{11}{19}, \frac{2}{3}, \frac{13}{17}, \frac{22}{7}$
(c) $\frac{2}{3}, \frac{11}{19}, \frac{13}{17}, \frac{22}{7}$ (d) $\frac{2}{3}, \frac{13}{17}, \frac{11}{19}, \frac{22}{7}$

41. भिन्नात्मक रूप में $6.\overline{46}$ का सही व्यंजक है:

(a) $\frac{646}{99}$ (b) $\frac{64640}{1000}$
(c) $\frac{640}{100}$ (d) $\frac{640}{99}$

42. एक सभागार में, कुल 440 व्यक्ति हैं। उनमें से अध्यापक, छात्र और अतिथि 1 : 5 : 4 के अनुपात में हैं। सभागार में मौजूद अतिथियों की संख्या ज्ञात कीजिये।

(a) 44 (b) 176
(c) 220 (d) 240

43. रेखा को 75% अल्कोहल के घोल की कितनी लीटर मात्रा को 50% अल्कोहल के घोल की 40 लीटर की मात्रा में मिलाना चाहिए, यदि वह 60% अल्कोहल का घोल निर्मित करना चाहती है?

(a) 26.67 लीटर (b) 23.33 लीटर
(c) 25 लीटर (d) 30 लीटर

44. किसी कर्मचारी का वेतन पहले 50% बढ़ जाता है और उसके बाद 44% घट जाता है। उसके वेतन में परिवर्तन का कुल प्रतिशत कितना था?

(a) 6% वृद्धि (b) 16% कमी
(c) 16% वृद्धि (d) 6% कमी

45. कुछ फल 15 रुपये में खरीदे जाते हैं। 140 और समान संख्या में फल 10 पर 120 रुपये में यदि सभी फल 132 रुपये प्रति दर्जन पर बेचे जाते हैं, तो पूरे लेनदेन में लाभ प्रतिशत क्या है?

(a) $4\frac{1}{2}$ (b) $2\frac{1}{4}$
(c) $3\frac{1}{8}$ (d) 3

46. एक व्यक्ति एक वस्तु को बेचकर 20% का लाभ कमाता है। यदि वह वस्तुओं को 20% कम पर खरीदता है और 10% अधिक बेचता है, तो नया लाभ प्रतिशत क्या होगा?

(a) 65% (b) 8%
(c) 15% (d) 20%

47. एक निश्चित राशि में 2 वर्ष के लिए 15% प्रति वर्ष साधारण ब्याज पर 1800 रु. का ब्याज मिलता है। राशि ज्ञात कीजिए।

(a) 5000 रु (b) 4000 रु
(c) 8000 रु (d) 6000 रु

48. 6000 रुपये K वर्ष में साधारण ब्याज पर 8340 रुपये हो जाते हैं। यदि ब्याज की दर 13% प्रतिवर्ष है, तो K का मान क्या है?

(a) 2 वर्ष (b) 4 वर्ष
(c) 3 वर्ष (d) 5 वर्ष

49. A, 10 मीटर के एक चतुर्भुज खेत को 10 घंटे में जोत सकता है और यह B द्वारा 5 घंटे में किया जा सकता है। 50% बड़ी भुजा और वर्ग के आकार का एक नया क्षेत्र A और B कितने समय में एक साथ जोत सकते है?

(a) 6.5 घंटे (b) 9.5 घंटे
(c) 7.5 घंटे (d) 5.5 घंटे

50. पुरुषों के एक समूह ने 4 दिनों में एक काम करने का फैसला किया। लेकिन चूंकि हर दिन 20 पुरुष बाहर हो जाते हैं, इसलिए काम 7 दिन के अंत में पूरा हो जाता है। शुरुआत में कितने आदमी थे?

(a) 240 (b) 140
(c) 280 (d) 150

Ques (51-55): निम्न रेखा आलेख का अध्ययन कीजिए जो 2001 से 2006 तक छह वर्षों के दौरान प्रत्येक वर्ष की शुरुआत में कंपनी में शामिल होने और कंपनी छोड़ने वाले कर्मचारियों की संख्या दर्शाता है । (वर्ष 2000 के दौरान न तो कोई कर्मचारी कंपनी में शामिल हुआ है और न ही कंपनी छोड़कर गया है।)

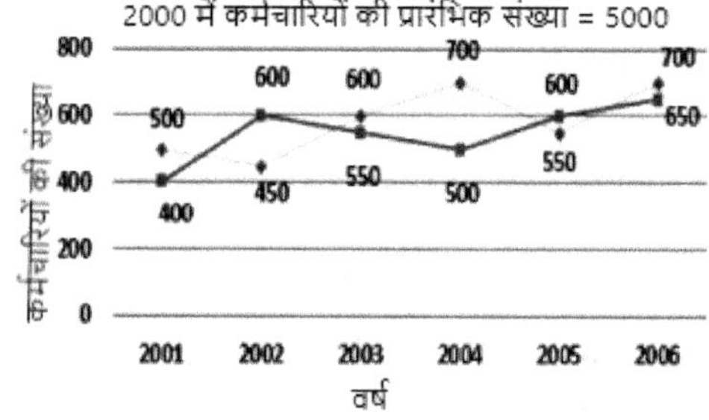

◆ कंपनी में शामिल होने वाले कर्मचारियों की संख्या

◆— कंपनी छोड़ने वाले कर्मचारियों की संख्या

51. 2003 के दौरान कंपनी में कार्यरत कर्मचारियों की संख्या कितनी थी?

(a) 4650 (b) 5000
(c) 5300 (d) 5500

52. दी गई अवधि के दौरान किसी भी वर्ष में कंपनी में शामिल होने वाले कर्मचारियों की न्यूनतम संख्या का कंपनी छोड़ने वाले कर्मचारियों की अधिकतम संख्या से अनुपात कितना है?

(a) $\frac{14}{13}$ (b) $\frac{9}{17}$
(c) $\frac{12}{17}$ (d) $\frac{9}{13}$

53. किस वर्ष में पिछले वर्ष की तुलना में कंपनी छोड़ने वाले कर्मचारियों की संख्या में प्रतिशत वृद्धि / कमी अधिकतम है?

(a) 2002 (b) 2001
(c) 2003 (d) 2004

54. 2002 से 2003 तक कर्मचारियों की संख्या में लगभग कितने प्रतिशत की वृद्धि/कमी हुई?

(a) 2% (b) 1%
(c) 3% (d) 4%

55. 2003 में कंपनी में काम करने वाले कर्मचारियों की संख्या, 2006 में कंपनी में काम करने वाले कर्मचारियों की संख्या का लगभग कितने प्रतिशत थी ?

(a) 96.15% (b) 93.75%
(c) 98% (d) 97.35%

Mental Ability and Logical Reasoning

56. वह अक्षर-समूह चुनें जो निम्नलिखित श्रृंखला में प्रश्न-चिन्ह (?) का स्थान ले सकता है।
LJB, NIY, PHV, RGS, TFP,?

(a) VEM   (b) VEN
(c) WEM   (d) VFM

57. दिए गए शब्दों को उस क्रम में व्यवस्थित कीजिए, जिसमें उन्हें एक विपरीत शब्दकोष में व्यवस्थित किया जाएगा और जो तीसरे शब्द को चुनिए।
1. Madness
2. Madam
3. Madden
4. Madtom
5. Madcap

(a) Madden   (b) Madcap
(c) Madam   (d) Madness

58. निर्देश : विकल्पों का प्रयोग कर रिक्त स्थानों की पूर्ति करें:
_ _ aba _ _ ba _ ab

(a) abbbb   (b) baabb
(c) bbaba   (d) abbab

59. अक्षरों के उस संयोजन का चयन कीजिये जिसे दी गई अक्षर श्रृंखला में रिक्त स्थानों पर क्रमिक रूप से रखने पर वह उस श्रृंखला को पूर्ण करेगा।
lkc_dlk_ _d_k_cdlk_c_

(a) clclcdc   (b) ccllcdc
(c) lclcdcc   (d) ccclccd

Ques (60-62): निर्देश: निम्नलिखित प्रश्न में, एक कथन और उसके बाद I और II से अंकित दो निष्कर्ष दिए गये हैं। आपको दिए गये कथनों को सत्य मानना है, भले ही वे ज्ञात तथ्यों से अलग प्रतीत होते हों। निर्णय कीजिए कि दिये गये निष्कर्षों में से कौन-सा निष्कर्ष कथन का तार्किक रूप से अनुसरण करता है।

60. कथन: भाग्य बहादुर का साथ देता है।
निष्कर्ष:
I. सफलता के लिए जोखिम जरूरी है।
II. डरपोक अपनी मृत्यु से पहले कई बार मरते हैं।

(a) या तो निष्कर्ष I या II अनुसरण करता है।
(b) केवल निष्कर्ष I अनुसरण करता है।
(c) केवल निष्कर्ष II अनुसरण करता है।
(d) न तो निष्कर्ष I न ही II अनुसरण करता है।

61. कथन: दिशा प्रकाशन ने अब तक 10000 से अधिक विभिन्न पुस्तकों को प्रकाशित किया है।
निष्कर्ष:
I: दिशा प्रकाशन एक प्रसिद्ध प्रकाशन कंपनी है।
II: दिशा प्रकाशन ने कई तरह की किताबें प्रकाशित की हैं।

(a) केवल निष्कर्ष I अनुसरण करता है।
(b) केवल निष्कर्ष II अनुसरण करता है।
(c) दोनों I और II अनुसरण करते हैं
(d) न तो I और न ही II अनुसरण करता है।

62. कथन: जब तक हमारा देश आर्थिक समानता प्राप्त नहीं कर लेता, तब तक राजनीतिक स्वतंत्रता और लोकतंत्र अर्थहीन रहेगा।
निष्कर्ष:
I. राजनीतिक स्वतंत्रता और लोकतंत्र साथ-साथ चलते हैं।
II. आर्थिक समानता वास्तविक राजनीतिक स्वतंत्रता और लोकतंत्र की ओर ले जाती है।

(a) केवल निष्कर्ष I अनुसरण करता है
(b) केवल निष्कर्ष II अनुसरण करता है
(c) या तो I या II अनुसरण करता है
(d) न तो I और न ही II अनुसरण करता है

63. विकल्पों में से उस आकृति का चयन कीजिये, जो नीचे दिए गए स्वरूप को सबसे बेहतर तरीके से पूर्ण करती है।

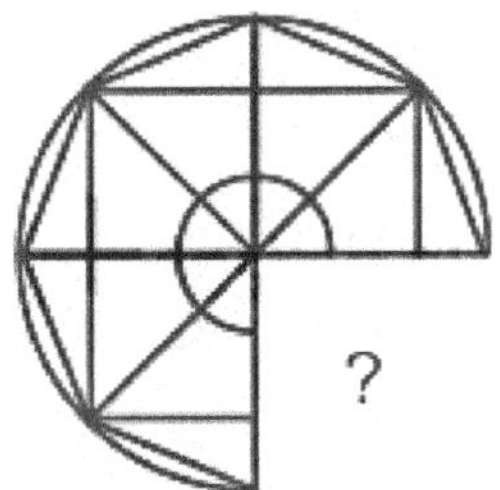

(a) 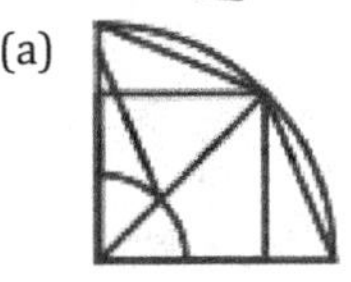   (b) 

(c) 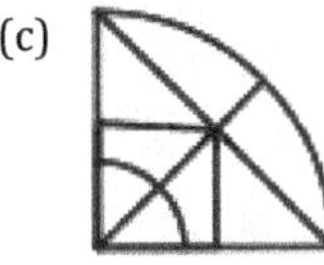   (d) 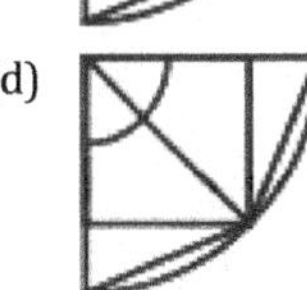

64. निम्नलिखित प्रश्न में, चार विकल्पों में से उस आकृति का चयन कीजिये जिसे आकृति (X) के खाली स्थान पर रखने पर इसके स्वरुप को पूर्ण करेगी।

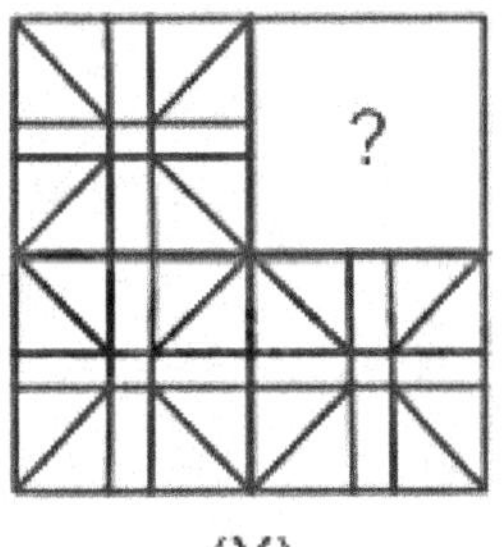

(X)

(a) 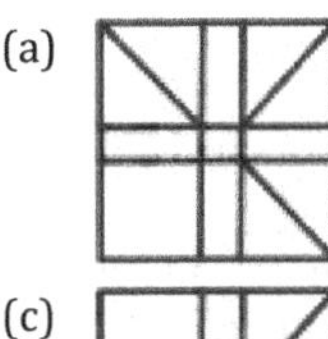   (b) 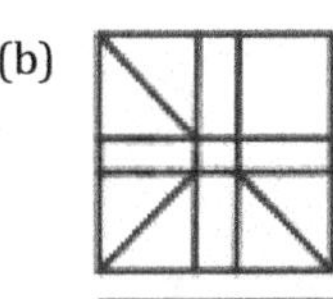

(c) 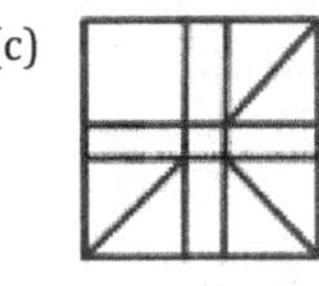   (d) 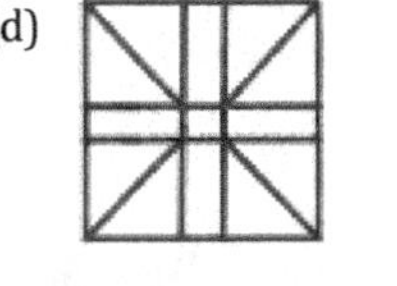

65. M आयु में R से बड़ा है। Q, R एवं N से छोटा है। N, M जितना बड़ा नहीं है। M, N, R एवं Q में से सबसे बड़ा कौन है?

(a) M   (b) R
(c) M या R   (d) N

66. लड़कियों की एक पंक्ति में, कमला बाईं ओर से नौवें और वीना दाईं ओर से 16 वें स्थान पर हैं। यदि वे अपने स्थान को बदल देती हैं। कमला बाईं ओर 25 वें स्थान पर हैं। पंक्ति में कितनी लड़कियाँ हैं?

(a) 34   (b) 40
(c) 36   (d) 41

67. पांच छात्र प्रशिक्षक के सम्मुख खेल के मैदान में एक के पीछे एक खड़े हैं। मालिनी, अंजना के पीछे, लेकिन गायत्री के आगे है। मीना, शीना के आगे, लेकिन गायत्री के पीछे है। मीना का स्थान क्या है?

(a) अंत से दूसरा   (b) सबसे पहला
(c) सबसे अंतिम   (d) प्रथम से दूसरा

68. यदि उत्तर उत्तर-पूर्व बन जाता है तो उत्तर-पूर्व क्या बन जाएगा?

(a) पूर्व   (b) पश्चिम
(c) उत्तर   (d) दक्षिण

69. शाम को 5 बजे विद्यालय से घर वापस आते समय केतकी की परछाई

उसके बायीं ओर बनती है। उसके घर से उसका विद्यालय किस दिशा में है ?

(a) उत्तर
(b) दक्षिण
(c) उत्तर -पश्चिम
(d) उत्तर -पूर्व

70. P, Q का भाई है। M, Q की बहन है। T, P का भाई है। Q का T से क्या रिश्ता है?

(a) भाई
(b) बहन
(c) भाई या बहन
(d) आकड़े अपर्याप्त हैं

71. P, L, T, B, N और D एक कारोबारी परिवार के छह सदस्य हैं। N, B का बेटा है, जो कि N की माँ नहीं है। L, B का भाई है। D और B विवाहित जोड़ा है। T, D की बेटी है जो P की बहन है। तो N का T से क्या संबंध है?

(a) बहन
(b) माँ
(c) पिता
(d) भाई

72. A, B का भाई है लेकिन B, C की बहन नहीं है। यदि D, A और C का पिता है और यदि E, B की माता है, तो दिए गए संबंध में से कौन सा संबंध सत्य नहीं हो सकता है?

(a) E, C की माता है।
(b) B, A की बहन है।
(c) A, C का भाई है।
(d) D, E का पति है।

73. उस श्रेणी का योग ज्ञात कीजिए जिसका nवाँ पद है:
$$n(n+1)(n+4)$$

(a) $\frac{(n+1)}{2}(3n^2 + 23n + 36)$

(b) $\frac{n(n+1)}{2}(3n^2 + 23n + 34)$

(c) $\frac{n(n+1)}{2}(n^2 + 23n + 34)$

(d) $\frac{n(n+1)}{2}(3n^2 + n + 34)$

74. दो अंकों की कितनी संख्याएँ 4 से विभाज्य हैं?

(a) 21
(b) 22
(c) 24
(d) 25

75. यदि एक समांतर श्रेणी के n पदों का योग 300 है, पहला पद 10 है और अंतिम पद 50 है, तो n किसके बराबर है?

(a) 6
(b) 8
(c) 9
(d) 10

English Language Skills

Ques (76-80): Direction : Read the passage given below and answer the questions that follow by choosing the correct/most appropriate options:

1. Chennai is on alert against quack doctors, whom officials say vex the city every year during its fever season. The news comes as a reminder of the epidemic of quackery in India: unqualified, unlicensed practitioners account for a staggering proportion of the country's healthcare workforce.

2. In the past decade, an estimated 1,500 quack doctors have been booked in the Tamil Nadu state capital but official say that despite making arrests, it is difficult to effectively crack down on the phenomenon. The main reason is lax penalties: "They get bail or pay fine and restart practice", said Dr. K. Kolandaisamy, director of public health in the city." The only way to stop this is to book quacks for an attempt to murder or murder charges," adds Dr. T. N. Ravi Shankar, former head of the Tamil Nadu chapter of the Indian Medical Association (IMA).

3. Quackery is not a problem limited to Chennai, or to Tamil Nadu where 50,000 quack doctors operate according to the IMA. It is endemic throughout India.

4. At the national level, 25 percent of the healthcare workforce in India lacks the qualifications required: a network of quacks,

"traditional birth attendants, faith healers, snakebite curers and bonesetters". Between one and 2.5 million people practice numerous other complications. One million Indians lose their lives to subpar healthcare every year, driven in part by a sizeable number of workers without training or qualifications. Often, these quack doctors are the only immediately available help for a significant proportion of India's population such as those in areas underserved by medical professionals. With a significant shortage of doctors, it is clear that the quackery epidemic did not originate in a vacuum - and as officials in Chennai point out, they can win over the trust of their patients.

76. According to the author many quack doctors in Chennai:
1. Are rendering a very useful service.
2. Correctly diagnose various ailments.
3. Send patients to private labs to help the latter to make money.
4. Vex the city during its fever season.

(a) 1
(b) 2
(c) 3
(d) 4

77. It is difficult to take effective measures against the quack doctors because:
1. They have the patronage of politicians.
2. They bribe the police to protect themselves.
3. They go underground when the authorities crack on them.
4. The laws of the land are not very strict.

(a) 1
(b) 2
(c) 3
(d) 4

78. The only way to curb these measure is to:
1. Chop off the hands of these quacks.
2. Hang them without trial.
3. To hang them publicly.
4. Book them for attempt to murder.

(a) 1
(b) 2
(c) 3
(d) 4

79. Read the following statements:
A. Quackery thrives in India because of less stringent laws.
B. There is an acute shortage of medical professionals in India.
1. A is true and B is false.
2. A is false and B is true.
3. Both A and B are false.
4. Both A and B are true.

(a) 1
(b) 2
(c) 3
(d) 4

80. The word "lax" used in para 2 means:
1. Lenient
2. Vague
3. Uncertain
4. Ambiguous

(a) 1
(b) 2
(c) 3
(d) 4

81. **Direction:** In the given question, the sentence is split into four parts and named (P), (Q), (R) and (S). These four parts are not given in their proper order. Read the sentences and find out which of the four combinations is correct and mark the respective option.

(P) While there is no denying that, it is important that you
(Q) recognize the signs of stress in your behaviour
(R) the world loves a winner
(S) and be healthy enough to enjoy your success

(a) RPQS (b) QRPS
(c) PQSR (d) QSPR

Ques (82-85): Direction: Sentences of a paragraph are given below in jumbled order. Arrange the sentences in the right order to form a meaningful and coherent paragraph.

82. A: National Common Mobility Card (NCMC), is an inter-operable transport card conceived by the Ministry of Housing and Urban Affairs of the Government of India.
B: The transport card enables the user to pay for travel, toll duties (toll tax), retail shopping, and withdrawal money.
C: It was launched on 4 March 2019.
D: Thus, this card is beneficial for the users in every aspect.
(a) ADBC (b) ACBD
(c) ABCD (d) BADC

83. A: Terrace farming is a method of farming that consists of different "steps" or terraces that were developed in various places around the world.
B. This method of farming uses "steps" that are built into the side of a mountain or hill.
C: On each level, various crops are planted.
D: When it rains, instead of washing away all of the nutrients in the soil, the nutrients are carried down to the next level.
(a) ABCD (b) ACDB
(c) ABDC (d) DCAB

84. A: His grandson Shah Jahan renamed the entire city "Allahabad".
B: The city was known as Prayag before 16th-century Mughal emperor Akbar built a fort near the confluence of the Ganga and the Yamuna and named it "Allahabad".
C: The matter had caused an uproar, with the Congress and the Samajwadi Party opposing the proposal.
D: Allahabad was renamed Prayagraj in October 2018, after the state Cabinet passed a resolution.
(a) BCDA (b) BACD
(c) DBAC (d) DCBA

85. A. While the leaders of an oligarchy need not be rich to command control.
B. Thus, plutocracies are always oligarchies, but oligarchies are not always plutocracies.
C. The terms oligarchy and plutocracy are often confused.
D. The leaders of plutocracy are always wealthy.
(a) DCAB (b) CDAB
(c) ADCB (d) CBAD

Ques (86-87): Direction: Each item in this section has a sentence with three parts labelled (a), (b) and (c). Read each sentence to find out whether there is an error in any part and if you find no error, your response should be indicated as (d).

86. The Eastern Ghats are home of 2600 plant species (a)/ and this habitat fragmentation (b) / can pose a serious threat to endemic plants. (c)/ No error (d)
(a) (a) (b) (b)
(c) (c) (d) (d)

87. Turbidity current is a fast-moving current (a)/ that sweeps down submarine canyons, (b)/ carrying sand and mud into the deep sea. (c)/ No error (d)
(a) (a) (b) (b)
(c) (c) (d) (d)

Ques (88-89): Direction: Choose the appropriate word to fill in the blank.

88. The thief _______ with the goods in broad daylight.
(a) run away (b) ran off
(c) run (d) run together

89. Bruce is an _____ who deceives others by claiming to be one of their relatives.
(a) wager (b) priest
(c) idol (d) imposter

90. Choose the correct spelling:
(a) ricieve (b) recieve
(c) riceive (d) receive

91. Choose the correct spelling:
(a) posess (b) possess
(c) posses (d) posseis

Ques (92-93): Direction: A sentence with an underlined word is given below. Select the most appropriate antonym for the underlined word.

92. She turned to <u>remonstrate</u> the idea put forward by her boss.
(a) Expostulate (b) Brace
(c) Downcast (d) Ecstatic

93. The one thing Nero lacked during his reign as the emperor was <u>prudence</u>.
(a) Coward (b) Indignance
(c) Sagacious (d) Asinine

Ques (94-95): Direction: Choose the one which can be substituted for the given words/sentences.

94. An act of misappropriation of money
(a) Debasement (b) Misconduct
(c) Corruption (d) Embezzlement

95. A person in charge of a musuem
(a) Philatelist (b) Curator
(c) Mayor (d) Architect

Digital Literacy and Awareness

96. जिन मेमोरी को केवल पढ़ा जा सकता है, उन्हें _______ कहा जाता है।
(a) RAM (b) ROM
(c) DRAM (d) वर्चुअल मेमोरी

97. किस ऑप्शन का उपयोग करने पर सभी स्लाइड एक साथ दिखाई पड़ते है?
(a) हैंडआउट्स (b) प्रिंट प्रीव्यू
(c) स्लाइड सॉर्टर (d) इनमे से कोई नहीं

98. निम्नलिखित में से कौन-सा TCP/IP प्रोटोकॉल एक मशीन से दूसरी मशीन पर एप्लिकेशन प्रोग्राम के लिए डाटाग्राम भेजने के लिए एप्लिकेशन प्रोग्राम की अनुमति देता है?
(a) UDP (b) VMTP
(c) X.25 (d) SMTP

99. SMS का तात्पर्य है?
(a) स्मॉल मैसेज सिस्टम (b) स्मॉल मेल सर्विस
(c) शॉर्ट मैसेज सर्विस (d) शॉर्ट मेल सिस्टम

100. निम्नलिखित में से कौन सेल्यूलर नेटवर्क पर पैकेट मोड डाटा ट्रांसफर सर्विस प्रदान करता है?

(a) टीसीपी　　　　　(b) जीपीआरएस
(c) जीएसएम　　　　(d) इनमें से कोई नहीं

// स्मार्ट उत्तर पुस्तिका //

सही उत्तर उन छात्रों का प्रतिशत जिन्होंने प्रश्न का सही उत्तर दिया।

छोड़ दिया उन छात्रों का प्रतिशत जिन्होंने प्रश्न को छोड़ दिया।

प्रश्न संख्या	उत्तर	सही उत्तर / छोड़ दिया	प्रश्न संख्या	उत्तर	सही उत्तर / छोड़ दिया	प्रश्न संख्या	उत्तर	सही उत्तर / छोड़ दिया
1	A	42.53% / 1.27%	2	D	65.85% / 1.48%	3	B	87.13% / 0.0%
4	D	78.43% / 0.0%	5	C	46.22% / 1.27%	6	B	54.32% / 1.8%
7	B	17.14% / 4.89%	8	C	12.4% / 4.35%	9	A	43.25% / 1.8%
10	C	59.81% / 1.22%	11	C	66.98% / 1.02%	12	A	66.12% / 1.23%
13	A	67.88% / 1.59%	14	B	51.68% / 1.17%	15	D	54.21% / 1.21%
16	C	49.43% / 1.88%	17	B	88.04% / 0.0%	18	D	76.55% / 0.0%
19	D	87.96% / 0.0%	20	A	53.7% / 1.17%	21	B	59.43% / 1.9%
22	D	56.66% / 1.76%	23	D	42.24% / 1.39%	24	B	63.04% / 1.94%
25	C	32.57% / 3.62%	26	C	65.92% / 1.5%	27	A	41.5% / 1.21%
28	D	58.53% / 1.27%	29	D	61.79% / 1.61%	30	B	41.13% / 1.95%
31	D	54.72% / 1.26%	32	B	30.01% / 3.47%	33	D	62.13% / 1.47%
34	A	25.06% / 3.87%	35	A	62.32% / 1.51%	36	B	80.81% / 0.0%
37	C	46.27% / 1.49%	38	D	85.55% / 0.0%	39	A	44.02% / 1.01%
40	B	19.24% / 3.53%	41	D	76.78% / 0.0%	42	B	65.1% / 1.17%
43	A	45.21% / 1.35%	44	B	47.13% / 1.57%	45	C	27.63% / 4.13%
46	A	69.75% / 1.79%	47	D	42.1% / 1.96%	48	C	46.54% / 1.3%
49	C	51.71% / 1.03%	50	B	45.51% / 1.72%	51	B	54.84% / 1.68%
52	D	69.55% / 1.03%	53	A	24.5% / 3.17%	54	B	65.63% / 1.67%
55	A	29.58% / 4.0%	56	A	57.06% / 1.7%	57	A	64.75% / 1.93%
58	D	49.71% / 1.12%	59	D	50.78% / 1.02%	60	D	84.8% / 0.0%
61	C	87.38% / 0.0%	62	B	59.54% / 1.47%	63	D	82.2% / 0.0%
64	D	87.07% / 0.0%	65	D	42.08% / 1.71%	66	D	47.51% / 1.8%
67	A	64.93% / 1.74%	68	A	76.04% / 0.0%	69	A	44.27% / 1.17%
70	C	42.93% / 1.58%	71	D	55.66% / 1.84%	72	B	56.48% / 1.48%
73	B	52.64% / 1.93%	74	D	63.44% / 1.95%	75	D	53.72% / 1.35%
76	D	88.41% / 0.0%	77	D	68.8% / 1.76%	78	D	78.59% / 0.0%
79	D	56.78% / 1.75%	80	A	82.8% / 0.0%	81	A	21.47% / 4.41%
82	B	22.43% / 4.65%	83	A	56.93% / 1.07%	84	D	45.2% / 1.38%
85	B	22.58% / 3.75%	86	A	20.33% / 3.42%	87	D	41.89% / 1.95%
88	B	87.95% / 0.0%	89	D	42.13% / 1.05%	90	D	85.69% / 0.0%

91	B	62.9% / 1.91%	92	B	16.98% / 4.71%	93	D	10.1% / 3.78%
94	D	62.53% / 1.58%	95	B	60.46% / 1.31%	96	B	49.18% / 1.78%
97	C	83.46% / 0.0%	98	A	52.51% / 1.48%	99	C	42.09% / 1.84%
100	B	48.01% / 1.72%						

// संकेत और समाधान //

1(A). भारतीय संविधान की कुछ विशेषताएं और इसके अभिग्रहण हैं:
- राज्य के नीति निर्देशक सिद्धांत (DPSP) का प्रावधान आयरिश संविधान से गृहीत की गई मुख्य विशेषता है।
- मौलिक कर्तव्यों का प्रावधान सोवियत संघ (यूएसएसआर) के संविधान ने दिया।
- संघवाद की अवधारणा कनाडा से ली गई है।
- न्यायिक समीक्षा का प्रावधान अमेरिकी संविधान से लिया गया है।

2(D). दसवीं अनुसूची में दलबदल के आधार पर अयोग्यता के प्रावधान शामिल हैं।
इसे संविधान (बावनवां संशोधन) अधिनियम, 1985 द्वारा जोड़ा गया था।

3(B). सर्वोच्च न्यायालय भारत के राष्ट्रपति के सलाहकार के रूप में तभी काम करता है जब राष्ट्रपति ऐसी सलाह मांगता है। यह राष्ट्रपति के लिए बाध्यकारी नहीं है।
- यह अनुच्छेद 143 के तहत है - सलाहकार क्षेत्राधिकार।
- सर्वोच्च न्यायालय में मूल, अपीलीय और सलाहकार क्षेत्राधिकार है।

4(D). 1975 की स्वर्ण सिंह समिति की सिफारिशों पर मौलिक कर्तव्यों का समावेश किया गया था।
- भारत के संविधान के भाग IVA में मौलिक कर्तव्य निर्धारित किए गए हैं।
- ये वैधानिक कर्तव्य हैं और कानून द्वारा लागू करने योग्य हैं।
- भारत के संविधान ने रूस के संविधान (पूर्व यूएसएसआर) से मौलिक कर्तव्यों को अपनाया।
- मौलिक कर्तव्यों को वर्ष 1976 में जोड़ा गया था।

5(C). राज्य विधानमंडल/संसद के एक सदस्य को भारत में दलबदल के आधार पर योग्यता के अपवाद के रूप में माना जाता है, निम्न स्थिति में:
- यदि वह स्वेच्छा से, राज्य विधानमंडल या संसद के किसी भी सदन के अध्यक्ष या उपाध्यक्ष के रूप में चुने जाने पर अपने मूल राजनीतिक दल की सदस्यता छोड़ देता है।
- यदि वह इस तरह के पद पर रहने के बाद राजनीतिक दल में शामिल हो जाता है।
- संविधान में दसवीं अनुसूची 1985 में 52 वें संशोधन अधिनियम द्वारा डाली गई थी।
- यह उस प्रक्रिया को समाप्त करता है जिसके द्वारा विधायकों को सदन के किसी अन्य सदस्य द्वारा याचिका पर आधारित विधायिका के पीठासीन अधिकारी द्वारा दलबदल के आधार पर अयोग्य ठहराया जा सकता है।

6(B). सभी केंद्रीय मंत्रियों की नियुक्ति राष्ट्रपति द्वारा की जाती है। अनुच्छेद 74 के अनुसार, केंद्रीय मंत्रियों को गोपनीयता की शपथ भारत के राष्ट्रपति द्वारा दिलाई जाती है।
सांसदों का वेतन संसद सदस्य, वेतन, भत्ता और पेंशन अधिनियम 1954 में शामिल है और इस अधिनियम में उल्लिखित नियमों और कानूनों को शामिल किया गया है। वे संसद द्वारा सामूहिक रूप से निर्धारित किए जाते हैं।

7(B). निर्वाचक मंडल में लोकसभा, राज्यसभा, राज्यों की विधानसभाओं और दिल्ली और पुदुचेरी के केंद्र शासित प्रदेशों की विधानसभाओं के निर्वाचित सदस्य होते हैं।
उन्हें एकल हस्तांतरणीय मतदान के माध्यम से आनुपातिक प्रतिनिधित्व के सिद्धांत द्वारा अप्रत्यक्ष रूप से चुना जाता है।

राष्ट्रपति भारत के उपराष्ट्रपति को अपना इस्तीफा सौंपता है।

8(C). इंदिरा गांधी भारत की प्रधानमंत्री बनने से पहले मुख्यमंत्री नहीं थीं। वे भारत की पहली और एकमात्र महिला (अब तक) प्रधान मंत्री थीं। 1999 में BBC द्वारा आयोजित एक ऑनलाइन पोल में उन्हें "वुमन ऑफ द मिलेनियम" नामित किया गया था। उन्हें टाइम पत्रिका द्वारा विश्व की उन 100 शक्तिशाली महिलाओं में भी नामित किया गया था जिन्होंने 2020 में पिछली शताब्दी को परिभाषित किया था।

- मोरारजी देसाई भारत के चौथे प्रधानमंत्री थे। वे 1952 में बॉम्बे राज्य के मुख्यमंत्री रहे थे।
- चरण सिंह भारत के 5वें प्रधानमंत्री थे। वे उत्तर प्रदेश के मुख्यमंत्री रह चुके थे।
- वी.पी. सिंह भारत के 7वें प्रधानमंत्री थे। वे उत्तर प्रदेश के मुख्यमंत्री भी रह चुके थे।

9(A). फेयर ट्रेड रेगुलेटरी अथॉरिटी सीसीआई ने एग्रोकेमिकल प्रमुख यूपीएल के साथ बीज फर्म एडवांटा लिमिटेड के प्रस्तावित विलय को मंजूरी दे दी है। यूपीएल ने एकल इकाई के माध्यम से कृषि समाधान उपलब्ध कराने की रणनीति के तहत एडवांटा के विलय की घोषणा की है। यूपीएल की एक ग्रुप कंपनी एडवांटा विकास के दायरे में है। खेत की फसल के साथ-साथ सब्जी के बीज का उत्पादन और बिक्री। सीसीआई ने प्रस्तावित लेनदेन को मंजूरी दे दी है और देश में बीज के लिए बाजार को एक प्रासंगिक बाजार के रूप में माना है।

10(C). भारतीय दिवाला और शोधन अक्षमता बोर्ड (आईबीबीआई) ने इसके साथ पंजीकृत सेवा प्रदाताओं के निरीक्षण और जांच के लिए विनियम अधिसूचित किए हैं।

- आईबीबीआई भारत में दिवाला व्यावसायिक एजेंसियों (आईपीए), दिवाला पेशेवरों (आईपी) और सूचना उपयोगिताओं (आईयू) जैसे सेवा प्रदाताओं की दिवाला कार्यवाही की निगरानी के लिए नियामक है।
- इसे दिवाला और दिवालियापन संहिता के माध्यम से वैधानिक अधिकार दिए गए थे। यह वित्त मंत्रालय के अधीन कार्य करता है।
- संहिता दिवाला कार्यवाही के बाजार-निर्धारित और समयबद्ध समाधान का प्रावधान करती है।
- इसमें व्यक्तियों, कंपनियों, सीमित देयता भागीदारी और भागीदारी फर्म शामिल हैं।
- यह दिवाला और दिवालियापन की कार्यवाही की प्रक्रिया को सरल बनाने और देश में तनावग्रस्त संपत्तियों के लिए समाधान प्रक्रिया को तेज करने का प्रयास करता है।

इसलिए गलत कथन (i) और (ii) हैं।

11(C). प्रेम वत्स ने फेयरफैक्स फाइनेंशियल होल्डिंग्स द्वारा आईसीआईसीआई लोम्बार्ड जनरल इंश्योरेंस कंपनी में अतिरिक्त नौ प्रतिशत हिस्सेदारी के अनुमानित अधिग्रहण के लिए अनुमानित रु. 1,550 करोड़ को सीसीआई से मंजूरी मिल गई है। लेन-देन के बाद, फेयरफैक्स की आईसीआईसीआई लोम्बार्ड में 35 फीसदी हिस्सेदारी होगी, जबकि आईसीआईसीआई बैंक के पास लगभग 64 फीसदी हिस्सेदारी होगी। प्रस्तावित लेनदेन कंपनी को रु. 17,225 करोड़ ($ 2.6 बिलियन), फेयरफैक्स ने कहा था। इससे पहले, विदेशी भागीदारों को एक बीमा उद्यम में केवल 26 प्रतिशत हिस्सेदारी रखने की अनुमति थी, जिसे इस वर्ष की शुरुआत में बीमा कानून (संशोधन) अधिनियम के पारित होने के बाद अब बढ़ाकर 49 प्रतिशत कर दिया गया है।

12(A). पुरातत्वविदों ने सिंधु घाटी के विभिन्न स्थलों पर हजारों मुहरों की खोज की है, जो आमतौर पर जानवरों की सुंदर आकृति, जैसे गेंडा बैल, गैंडा, बाघ, हाथी, जंगली बैल, बकरी, भैंस, आदि के साथ आमतौर पर स्टीटाइट से बने होते थे, और कभी-कभी अगेट, चर्ट, तांबा, फ़ाइनस और टेराकोटा से।

मुहर बनाने का उद्देश्य मुख्य रूप से वाणिज्यिक था। इसलिए, कथन 1 सही है।

ऐसा प्रतीत होता है कि मुहरों का उपयोग ताबीज के रूप में भी किया जाता था, जो उनके मालिकों के व्यक्तियों पर किए जाते थे, शायद आधुनिक दिनों के पहचान पत्र के रूप में। हर मुहर को एक चित्रात्मक लिपि में उकेरा गया है, जिसे अभी तक पढ़ना बाकी है। वे सभी कई प्रकार के रूपांकनों को सहन करते हैं, जिनमें अधिकतर जानवर बैल, कूबड़ के साथ या बिना कूबड़ वाले, हाथी, बाघ, बकरी और राक्षसों के साथ होते हैं।

13(A). प्रारम्भिक गुप्त काल के दौरान बहुत अधिक निर्माण गतिविधि के कारण कॉफ़र्स खाली हो गए।

- गुप्त साम्राज्य 320 और 550 ईस्वी के बीच उत्तरी, मध्य और दक्षिणी भारत के कुछ हिस्सों में फैला था।
- चंद्रगुप्त प्रथम, गुप्त साम्राज्य का पहला प्रसिद्ध राजा था।
- गुप्त काल को विज्ञान, प्रौद्योगिकी, इंजीनियरिंग, कला, साहित्य, तर्क, गणित, धर्म और दर्शन में व्यापक आविष्कारों और खोजों द्वारा चिह्नित करके, भारत के स्वर्ण युग के रूप में जाना जाता था।

14(B). जिस बिंदु पर ऊर्जा निकलती है उसे भूकंप का केंद्र और हाइपोसेंटर कहा जाता है। इसलिए, कथन 1 सही है।

भूकंप की तीव्रता मरकल्ली स्केल से मापी जाती है। इसका नाम इटली के भूकंपविज्ञानी मरकल्ली के नाम पर रखा गया है। यह भूकंप के दौरान निकलने वाली ऊर्जा को मापता है। तीव्रता का पैमाना घटना के कारण होने वाली दृश्य क्षति को ध्यान में रखता है। तीव्रता पैमाने की सीमा 1 से 12 है। इसलिए, कथन 2 गलत है।

बाथोलिथ मैग्मा कक्षों का ठंडा भाग होता है। यह मैग्मैटिक पदार्थ का एक बड़ा पिंड है जो बड़े गुंबदों के रूप में क्रस्ट मोल्ड्स की गहराई में ठंडा होता है। इसलिए, कथन 3 सही है।

15(D). शुष्क मिट्टी में नमक की मात्रा इतनी अधिक होती है कि कुछ क्षेत्रों में खारे पानी को वाष्पित करके सामान्य नमक प्राप्त किया जाता है। ढीली सामग्री या मेंटल रॉक की ऊपरी परत जिसमें मुख्य रूप से बहुत छोटे कण और ह्यूमस होते हैं जो पौधों की वृद्धि का समर्थन कर सकते हैं, को "मृदा या मिट्टी" के रूप में जाना जाता है।

मिट्टी का निर्माण विशिष्ट प्राकृतिक परिस्थितियों में होता है और प्राकृतिक वातावरण के प्रत्येक तत्व मिट्टी के निर्माण की इस जटिल प्रक्रिया "पेडोजेनेसिस" में योगदान देते हैं।

16(C). उत्तरी प्रशांत महासागर उत्तरी भूमध्यरेखीय धारा, कुरोशियो धारा, पश्चिम हवा का बहाव, कैलिफोर्निया धारा है।

महासागरीय धारा समुद्र के पानी के द्रव्यमान का एक निरंतर, निर्देशित गति है जो पृथ्वी की परिक्रमा करते हुए एक स्थान से दूसरे स्थान पर प्रवाहित होता है।

- अधिकांश सतही धाराएँ पानी को ऊपर की परत में क्षैतिज और ऊर्ध्वाधर दिशाओं में ले जाती हैं।
- ऊपर की परत के नीचे का पानी भी घूमता है लेकिन गति बहुत धीमी होती है।
- पानी की गति शुरू करने वाली ताकतें पवन, सौर ऊर्जा, घूर्णन और लवणता हैं।
- महासागरीय धाराओं को तापमान के आधार पर ठंडी धाराओं और गर्म धाराओं के रूप में वर्गीकृत किया जा सकता है।
- गर्म धाराएं गर्म पानी को ठंडे पानी के क्षेत्रों में लाती हैं और आमतौर पर महाद्वीपों के पूर्वी तट पर देखी जाती हैं।
- ठंडी धाराएँ ठंडे पानी को गर्म पानी वाले क्षेत्रों में लाती हैं। ये धाराएँ आमतौर पर महाद्वीप के पश्चिमी तट पर पाई जाती हैं।

17(B). मटकी मध्य प्रदेश का एक लोकप्रिय लोक नृत्य है।

- मटकी नृत्य रूप मध्य प्रदेश में खानाबदोश जनजातियों द्वारा विकसित किया गया है।
- एक छोटे से घड़े का उपयोग करके किया जाने वाला एक लोक नृत्य है जो मध्य भारत से उत्पन्न हुआ जिसे "मटकी नृत्य" के रूप में जाना जाता है।
- यह "घड़ा नृत्य" मध्य प्रदेश राज्य से संबंधित है, और मुख्य रूप से मालवा क्षेत्र में किया जाता है।

18(D). उत्तराखंड की जनजातियों में मुख्य रूप से जौनसारी जनजाति, थारू जनजाति, राजी जनजाति, बुक्सा जनजाति और भोटिया नाम के पांच प्रमुख समूह शामिल हैं।

- जनसंख्या की दृष्टि से, जौनसारी जनजाति राज्य का सबसे बड़ा जनजातीय समूह है।
- उत्तराखंड की जनजातियाँ राज्य में रहने वाले जातीय समूहों का प्रतिनिधित्व करती हैं।
- उत्तराखंड के हर जिले में आदिवासियों की आबादी का प्रतिशत कम या ज्यादा है।
- उत्तराखंड राज्य में, आदिवासी आबादी की मुख्य एकाग्रता ग्रामीण क्षेत्रों में है।
- रिकॉर्ड के अनुसार, कुल आदिवासी आबादी का लगभग 94.50 प्रतिशत ग्रामीण क्षेत्रों में रहता है और शेष प्रतिशत जनजातीय आबादी शहरी केंद्रों में रहती है।
- उत्तराखंड की इन जनजातियों को भारत के संविधान में निर्धारित किया गया है।

19(D). 'आलू पोस्तो' भारत के पश्चिम बंगाल राज्य का पारंपरिक व्यंजन है।

- बंगाली आलू पोस्तो एक साधारण व्यंजन है जो मसालेदार आलू के साथ बनाया जाता है और मिर्च, हल्दी और खसखस में पकाया जाता है। किसी भी अवसर के लिए एक बढ़िया सह भोजन या भोजन है।
- पश्चिम बंगाल के कुछ अन्य प्रसिद्ध व्यंजन- लुची-अलुर डोम, कोशा मंगशो, डाब चिंगरी, कीमार दोई बोरा, भेटकी माकर पटुरी, शुक्टो आदि है।

20(A). 2012 में भारत सरकार द्वारा नियुक्त रंगराजन समिति ने वित्तीय वर्ष 2011-2012 के लिए भारत में गरीबी रेखा के आकलन के लिए प्रति व्यक्ति व्यय प्रति माह ग्रामीण क्षेत्रों में ₹ 972 और शहरी क्षेत्रों में ₹ 1,407 होने का अनुमान लगाया। ये आंकड़े परिवारों के उपभोग पैटर्न के व्यापक अध्ययन पर आधारित थे और भारत के लिए गरीबी रेखा निर्धारित करने के लिए उपयोग किए गए थे।

21(B). पूंजीवाद में, उत्पादित वस्तुओं का स्वामी आमतौर पर वह व्यक्ति या व्यवसाय होता है जिसने उन्हें उत्पादित किया। पूंजीवाद एक आर्थिक प्रणाली है जो उत्पादन के साधनों के निजी स्वामित्व और लाभ के लिए वस्तुओं और सेवाओं के निर्माण की विशेषता है। इस प्रकार, हम कह सकते हैं कि व्यक्तिगत स्वामी पूंजीवाद में उत्पादित वस्तुओं का स्वामी होता है।

22(D). स्पेसएक्स द्वारा 2024 में लॉन्च किए जाने वाले मंगल ग्रह के पहले मानव मिशन को स्टारशिप कहा जाता है। इस मिशन का लक्ष्य मंगल ग्रह पर चार लोगों का एक दल भेजना है, जहां वे वैज्ञानिक अनुसंधान करेंगे और भविष्य में मानव अन्वेषण और उपनिवेशीकरण के लिए नींव रखेंगे।

23(D). कंप्यूटिंग में तीसरी पीढ़ी की अवधि 1965-1971 तक थी। इंटीग्रेटेड सर्किट (आईसी) का उपयोग ट्रांजिस्टर के बजाय तीसरी पीढ़ी के कंप्यूटरों में किया गया है। संबंधित सर्किटरी के साथ, एक एकल आईसी में कई ट्रांजिस्टर, प्रतिरोधक और कैपेसिटर होते हैं। जैक किल्बी नाम के एक अमेरिकी इलेक्ट्रिकल इंजीनियर ने आईसी का आविष्कार किया था।

24(B). MAN मेट्रोपोलिटन एरिया नेटवर्क है और आम भौगोलिक क्षेत्र में दो या अधिक LAN को जोड़ने के लिए उपयोग किया जाता है: शहर या इमारतों का समूह।
MAN 5 से 50 किलोमीटर व्यास की सीमा में फैल सकता है।
MAN आमतौर पर किसी एकल संगठन के स्वामित्व में नहीं होते हैं, वे उपयोगकर्ताओं के एक संगठन या एक एकल नेटवर्क प्रदाता के स्वामित्व में होते हैं जो उपयोगकर्ताओं को सेवा बेचते हैं।
यह एक भौगोलिक क्षेत्र या क्षेत्र में कंप्यूटर संसाधनों के साथ एक बड़े स्थानीय क्षेत्र नेटवर्क (LAN) से अधिक लेकिन एक व्यापक क्षेत्र नेटवर्क (WAN) के अन्तर्गत क्षेत्र को उपयोगकर्ताओं को परस्पर जोड़ता है।

25(C). स्पुतनिक वी एक वैक्सीन है जिसमें दो अलग-अलग मानव सामान्य कोल्ड वायरस का उपयोग किया गया है, जिसे संशोधित किया गया है, ताकि सर्दी का संक्रमण पैदा करने वाले जीन को हटा दिया जाए और इसके स्थान पर SARS-CoV-2 की 'स्पाइक

प्रोटीन'। इसलिए कथन 1 सही है।
वैक्सीन, जिसे पहले सोवियत अंतरिक्ष उपग्रह के नाम पर रखा गया था, का विकास मॉस्को के गेमलेया नेशनल रिसर्च इंस्टीट्यूट ऑफ एपिडेमियोलॉजी एंड माइक्रोबायोलॉजी द्वारा किया गया था। इसलिए कथन 2 सही है।

26(C). अमेरिकी प्रौद्योगिकी प्रमुख गूगल ने एक प्लेटफॉर्म लॉन्च किया है जो बाढ़ के पूर्वानुमानों को प्रदर्शित करता है, जिसका नाम 'फ्लडहब' है।
यह मंच लोगों को प्राकृतिक आपदा के बारे में सूचित करने के लिए उस क्षेत्र और समय को दर्शाता है जहां बाढ़ आ सकती है। Google ने कम डेटा उपलब्ध क्षेत्रों में काम करने के लिए ट्रांसफर लर्निंग नामक एआई तकनीक का उपयोग किया है।

27(A). भारतीय विज्ञान संस्थान ने मई 2022 में एक उन्नत डेटा एन्क्रिप्शन और सुरक्षा उपकरण विकसित किया है।
भारतीय विज्ञान संस्थान की टीम ने एक रिकॉर्ड-ब्रेकिंग टू रैंडम नंबर जनरेटर (TRNG) विकसित किया है। यह डेटा एन्क्रिप्शन में सुधार कर सकता है और संवेदनशील डिजिटल डेटा जैसे क्रेडिट कार्ड विवरण, पासवर्ड और अन्य व्यक्तिगत जानकारी के लिए बेहतर सुरक्षा प्रदान कर सकता है। इस उपकरण का वर्णन करने वाला अध्ययन 'एसीएस नैनो' पत्रिका में प्रकाशित हुआ है।

28(D). नई दिल्ली के पूर्वी जाफराबाद में एक विकेन्द्रीकृत अपशिष्ट प्रबंधन प्रौद्योगिकी पार्क, पूर्वी दिल्ली नगर निगम (ईडीएमसी) के सहयोग से, मोदी सरकार के प्रधान वैज्ञानिक सलाहकार के कार्यालय के तहत, द वेस्ट टू वेल्थ मिशन नामक एक पहल का उद्घाटन किया जाएगा।

29(D). बिहार के मुख्यमंत्री नीतीश कुमार ने बिहार में विष्णुपद मंदिर के पास फल्गू नदी पर देश के सबसे बड़े रबर बांध और स्टील पुल का उद्घाटन किया। सीएम नीतीश कुमार ने 22 सितंबर 2020 को इसका शिलान्यास किया था।
उन्होंने पितृपक्ष मेले के दौरान आने वाले आगंतुकों की सुविधा के लिए स्टील फुट उपरिगामी पुल का भी उद्घाटन किया। "बांध को IIT (रुड़की) के मार्गदर्शन में 324 करोड़ रुपये की अनुमानित लागत से बनाया गया है।

30(B). इक्वेटोरियल गिनी ने पहले मारबर्ग वायरस रोग के प्रकोप की पुष्टि की है। विश्व स्वास्थ्य संगठन (डब्ल्यूएचओ) ने फरवरी 2023 में इक्वेटोरियल गिनी में मारबर्ग रोग के पहले प्रकोप की पुष्टि की। मारबर्ग अत्यधिक संक्रामक है।

31(D). 6 जनवरी 2023 को, 'पर्पल फेस्ट: सेलिब्रेटिंग डायवर्सिटी' (पर्पल फेस्ट 2023), भारत का अपनी तरह का पहला समावेशी उत्सव गोवा के पणजी में एंटरटेनमेंट सोसाइटी ऑफ गोवा में शुरू हुआ।

- 'पर्पल फेस्ट: सेलिब्रेटिंग डायवर्सिटी', 6 से 8 जनवरी 2023 तक आयोजित किया गया, जिसका उद्देश्य यह दिखाना था कि सभी के लिए एक स्वागत योग्य और समावेशी दुनिया बनाने के लिए एक साथ कैसे आना है।
- केंद्रीय मंत्री डॉ वीरेंद्र कुमार ने "विकलांग व्यक्तियों के सशक्तिकरण से संबंधित मुद्दों" पर गोवा में पर्पल फेस्ट के सहयोग से 2-दिवसीय संवेदीकरण कार्यशाला का उद्घाटन किया।

32(B). हुरुन रिसर्च इंस्टीट्यूट द्वारा जारी हुरुन रिचेस्ट सेल्फ मेड इन द वर्ल्ड 2022 की सूची के अनुसार, विश्व में 124 स्व-निर्मित महिला अरबपति हैं। इस सूची में तीन भारतीय महिलाओं किरण मजूमदार-शॉ, नायका की फाल्गुनी नायर और जोहो की राधा वेम्बू शामिल किया गया है।

- नायका की संस्थापक और मुख्य कार्यकारी अधिकारी फाल्गुनी नायर 7.6 अरब डॉलर की संपत्ति के साथ 10 वें स्थान पर हैं। वह शीर्ष 10 में एकमात्र भारतीय हैं।
- जोहो की सह-संस्थापक और उत्पाद प्रबंधक राधा वेम्बू 3.9 बिलियन अमेरिकी डॉलर के साथ भारत में दूसरी सबसे अमीर स्व-निर्मित महिला अरबपति हैं और वैश्विक सूची में 25 वें स्थान पर हैं। राधा वेम्बू सबसे बड़े राइजर की सूची में भारत में शीर्ष पर और दुनिया भर में दूसरे स्थान पर हैं।

- किरण मजूमदार-शॉँ, कार्यकारी अध्यक्ष और बायोकॉन लिमिटेड और बायोकॉन बायोलॉजिक्स की संस्थापक, पिछले साल से दो स्थान नीचे 26 वें स्थान पर हैं। उनके पास 3.8 अरब अमेरिकी डॉलर की संपत्ति है।

33(D). मध्य प्रदेश का बुरहानपुर जुलाई 2022 में देश का पहला 'हर घर जल' प्रमाणित जिला बन गया है।
बुरहानपुर देश का एकमात्र जिला है जहां प्रत्येक 254 गांवों के लोगों को नल के माध्यम से सुरक्षित पेयजल उपलब्ध है।

34(A). एनएसडीसी इंटरनेशनल (एनएसडीसीआई) और पेरदामन ने भारतीय कुशल युवाओं और ऑस्ट्रेलिया में बाजार के अवसरों के बीच एक इंटरफेस बनाने के लिए भागीदारी की है। एनएसडीसीआई विदेशों में रोजगार के लिए राष्ट्रीय और अंतर्राष्ट्रीय भागीदारी को संचालित करने में भूमिका निभाता है। पेरदामन पश्चिमी ऑस्ट्रेलिया में स्थित एक बहुराष्ट्रीय समूह है, जिसका विभिन्न प्रकार के बाजारों में भागीदारी में लंबे समय से ट्रैक रिकॉर्ड है।

35(A). विदेश मंत्री डॉ एस जयशंकर ने 6 अक्टूबर 2022 को कीवी इंडियन हॉल ऑफ फेम अवार्ईस 2022 में भाग लिया और ऑकलैंड, न्यूजीलैंड में "मोदी@20: ड्रीम्स मीट डिलीवरी" पुस्तक का शुभारंभ किया। इस कार्यक्रम ने न्यूजीलैंड में भारतीय समुदाय के सदस्यों को उनकी असाधारण उपलब्धियों और योगदान के लिए सम्मानित किया।

36(B). गणना:
275 का 48% + 480 का 55% = ? + 12 × 8
132 + 264 = ? + 96
132 + 264 – 96 = ?
300 = ?
∴ ? का मान 300 है।

37(C). गणना:
$(\sqrt[3]{512} \times 5 \div 2) \times (8$ का $24 \div 3) + 5^2 = ?^3 - 26$
$(8 \times \frac{5}{2}) \times (24 \times \frac{8}{3}) + 25 = ?^3 - 26$
$20 \times 64 + 25 = ?^3 - 26$
$1280 + 25 = ?^3 - 26$
$1305 + 26 = ?^3$
$?^3 = 1331$
$?^3 = 11^3$
$? = 11$
∴ ? का मान 11 है।

38(D). दिया हुआ,
R से S तक एक बाइक की गति 30 किमी/घंटा है।
और S से R तक की गति से 20 किमी/घंटा है।
जैसा कि हम जानते हैं,
औसत गति $= \frac{2 \times S_1 \times S_2}{(S_1 + S_2)}$
औसत गति $= 2 \times 30 \times \frac{20}{50} = 24$ किमी/घंटा
∴ औसत गति 24 किमी/घंटा है।

39(A). जैसा कि हम जानते हैं,
औसत = पदों का योग / कुल पदों की संख्या
दिया गया है,
टीवी और मोबाइल का औसत मूल्य = 15000 रुपए
टीवी और मोबाइल का कुल मूल्य = 30000 रुपए
मोबाइल और ओवन का औसत मूल्य = 8000 रुपए
मोबाइल और ओवन का कुल मूल्य = 16000 रुपए
तीन वस्तुओं का औसत मूल्य = 12000 रुपए
तीनों वस्तुओं का कुल मूल्य = 36000 रुपए
टीवी का मूल्य = 36000 – 16000 = 20000 रुपए
मोबाइल का मूल्य = 30000 – 20000 = 10000 रुपए
∴ मोबाइल का मूल्य 10000 रुपए है।

40(B). सिद्धांत:

अंश को हर से विभाजित करने पर
$\frac{11}{19} = 0.57$
$\frac{2}{3} = 0.66$
$\frac{13}{17} = 0.76$
$\frac{22}{7} = 3.14$
$\Rightarrow 0.57 < 0.66 < 0.76 < 3.14$
$\therefore \frac{11}{19} < \frac{2}{3} < \frac{13}{17} < \frac{22}{7}$
अत: विकल्प (B) सही है।

41(D). दिया गया है:
$6.\overline{46}$
$= 6 + 0.\overline{46}$
$= 6 + \frac{46}{99}$
$= \frac{594 + 46}{99}$
$= \frac{640}{99}$

42(B). दिया है:
सभागार में व्यक्तियों की कुल संख्या = 440
और अध्यापकों, छात्रों और अतिथियों का अनुपात 1 : 5 : 4 है।
माना उभयनिष्ठ गुणन नियतांक x है।
∴ हम कह सकते हैं कि सभागार में X अध्यापक, $5X$ छात्र और $4X$ अतिथि हैं।
अब,
व्यक्तियों की कुल संख्या = अध्यापकों की कुल संख्या + छात्रों की कुल संख्या + अतिथियों की कुल संख्या
$440 = X + 5X + 4X$
$\therefore X = 44$
∴ अतिथियों की कुल संख्या $= 4X$
$= 4 \times 44$
$= 176$

43(A). 50% अल्कोहोल के घोल की 40 लीटर की मात्रा में होगा:
पानी = 20 लीटर
अल्कोहोल = 20 लीटर
माना 75% अल्कोहोल के घोल की x लीटर की मात्रा को उपरोक्त घोल में मिलाया जाता है।
75% अल्कोहोल के घोल में होगा:
अल्कोहोल $= \frac{75}{100} \times x$
$= \frac{3x}{4}$ लीटर
∴ पानी $= x - \frac{3x}{4}$
$= \frac{x}{4}$ लीटर
मिश्रण का नया आयतन $= (40 + x)$ लीटर
अल्कोहोल का नया आयतन $= \left(20 + \frac{3x}{4}\right)$ लीटर
पानी का नया आयतन $= \left(20 + \frac{x}{4}\right)$ लीटर
∴ मिश्रण की नयी मात्रा $= \frac{20 + \frac{3x}{4}}{40 + x} \times 100$
$60 = \frac{\frac{(80 + 3x)}{4}}{40 + x} \times 100$
$\Rightarrow \frac{60}{100} \times (40 + x) = \frac{80 + 3x}{4}$
$\Rightarrow 0.6 \times 4(40 + x) = 80 + 3x$
$\Rightarrow 96 + 2.4x = 80 + 3x$
$\Rightarrow 0.6x = 16$
$\therefore x = \frac{16}{0.6}$
$= \frac{80}{3}$
$= 26.67$ लीटर

44(B). अभीष्ट परिवर्तन $= x - y - \frac{xy}{100}$
$= 50 - 44 - \frac{50 \times 44}{100}$
$= 50 - 44 - 22$
$= -16\%$

इसलिए 16% की कमी होगी।

45(C). दिया है:

140 रुपये में 15 फल = 120 रुपये में 10 फल

132 रुपये प्रति दर्जन फल बिके

लाभ > हानि

लाभ = विक्रय मूल्य - क्रय मूल्य

लाभ प्रतिशत = लाभ/क्रय मूल्य $\times 100$

माना कि लाया गया कुल फल 10 और 15 का लघुत्तम समापवर्त्य है = 30

मान लीजिए कि 140 रुपये में 15 फल की दर से 30 फल खरीदे जाते हैं, तो 30 फलों का क्रय मूल्य $= \frac{140}{15} \times 30 = 280$ रुपये

120 रुपये में 10 फल की दर से 30 फल ही खरीदे जाते हैं, तो 30 फलों का क्रय मूल्य $= \frac{120}{10} \times 30 = 360$ रुपये

60 फलों का क्रय मूल्य = 280 रुपये + 360 रुपये = 640 रुपये

12 फलों का विक्रय मूल्य = 132 रुपये

1 फल का विक्रय मूल्य = 11 रुपये

60 फलों का विक्रय मूल्य = 11 रुपये $\times 60 = 660$ रुपये

लाभ = विक्रय मूल्य - क्रय मूल्य

= 660 रुपये − 640 रुपये

= 20 रुपये

लाभ प्रतिशत $= \frac{20}{640} \times 100 = 3\frac{1}{8}$

∴ अभीष्ट लाभ प्रतिशत $= 3\frac{1}{8}\%$

46(A). दिया है:

एक व्यक्ति लाभ अर्जित करता है = 20%

सूत्र:

लाभ% = लाभ/क्रय मूल्य × 100

माना कि व्यक्ति वस्तु को 100 रुपये में खरीदता है।

और चूँकि वह 20% लाभ अर्जित करता है, वह इसे 120 रुपये में बेचता है।

अब हम प्रश्न के दूसरे भाग की ओर चलते हैं, उसने 20% कम पर वस्तु को खरीदा

नया क्रय मूल्य $= 100 \times \frac{100-20}{100}$

नया क्रय मूल्य = 80 रुपये

नया विक्रय मूल्य $= \frac{120(100+10)}{100}$

नया विक्रय मूल्य = 132 रुपये

नया लाभ प्रतिशत $= \left(\frac{132-80}{80}\right) \times 100$

= 65%

∴ नया लाभ प्रतिशत 65 है।

47(D). माना कि राशि $100x$ रु है।

15% की वार्षिक दर पर 2 वर्ष में साधारण ब्याज = $2 \times (100x$ का $15\%) = 30x$ रु.

तो, प्रश्नानुसार,

$30x = 1800$

$\Rightarrow x = 60$

इसलिए, राशि $= 100x$ रु $= (100 \times 60)$ रु $= 6000$ रु

48(C). दिया है:

मूलधन = 6000 रुपये

मिश्रधन = 8340 रुपये

दर = 13%

समय = T

सूत्र :

साधारण ब्याज $= \frac{PRT}{100}$

प्रश्नानुसार,

साधारण ब्याज = 8340 − 6000 = 2340

सूत्र का उपयोग करने पर, हम प्राप्त करते हैं

साधारण ब्याज = $(6000 \times 13 \times T)100$

$\Rightarrow 2340 = 780 \times T$

$\Rightarrow 3 = T$

∴ T का मान 3 वर्ष है।

49(C). दिया है:

चतुर्भुज आकार के खेत की भुजा की लंबाई = 10 मी

खेत का हल जोतने के लिए A द्वारा लिया गया समय = 10 घंटे

खेत का हल जोतने के लिए B द्वारा लिया गया समय = 5 घंटे

नए वर्ग के आकार के खेत की भुजा में प्रतिशत वृद्धि = 50%

सूत्र:

वर्ग का क्षेत्रफल = (भुजा)^2

काम क्षमता = (कुल काम)/(कुल समय)

गणना:

जोतने के लिए खेत का क्षेत्रफल = (भुजा)^2 = 100 मी^{2}

खेत को जोतने के लिए A की दक्षता = (खेत का क्षेत्रफल)/(कुल समय)

$= \frac{100}{10} = 10$ मी^{2}/घंटा ---(1)

खेत का हल जोतने के लिए B की दक्षता = (खेत का क्षेत्रफल)/(कुल समय)

$= \frac{100}{5} = 20$ मी^{2}/घंटा ---(2)

नए खेत की लंबाई $= 10 + \left[10 \times \left(\frac{50}{100}\right)\right]$

= 10 + 5 = 15 मी

नए खेत का क्षेत्रफल = (भुजा)^2

$= 15^2$

= 225 मी^{2}

A और B की सामूहिक दक्षता = (10 + 20) मी^{2}/घंटा ---((1) और (2) जोड़कर)

= 30 मी^{2}/घंटा

A और B द्वारा जोतने के लिए लिया गया कुल समय = (खेत का क्षेत्रफल)/(A और B की सामूहिक दक्षता)

$= \frac{225}{30}$

= 7.5 घंटे

∴ नए खेत को जोतने के लिए A और B को 7.5 घंटे का समय लगेगा।

50(B). मान लीजिए X पुरुषों की प्रारंभिक संख्या है,

प्रश्न के अनुसार,

$4X = X + (X - 20) + (X - 40) + (X - 60) + (X - 80) + (X - 100) + (X - 120)$

$\Rightarrow 4X = 7X - 420$

$\Rightarrow 3X = 420$

$\Rightarrow X = \frac{420}{3}$

$\Rightarrow X = 140$ पुरुष

51(B). वर्ष 2000 के दौरान कंपनी में कार्यरत कर्मचारियों की संख्या = 5000; वर्ष 2001 के दौरान कंपनी में कार्यरत कर्मचारियों की संख्या = 5000 + (500 - 400)= 5100;वर्ष 2002 के दौरान कंपनी में कार्यरत कर्मचारियों की संख्या = 5100 + (450 - 600) = 4950; वर्ष 2003 के दौरान कंपनी में कार्यरत कर्मचारियों की संख्या = 4950 + (600 - 550) = 5000

52(D). वर्ष 2002 में कंपनी में शामिल होने वाले कर्मचारियों की न्यूनतम संख्या = 450; वर्ष 2006 में कंपनी छोड़ने वाले कर्मचारियों की अधिकतम संख्या = 650; अब अभीष्ट अनुपात: 450 : 650 ⇒ 9 : 13 (5 से विभाजित करने पर)

53(A). 2001 में: पिछले वर्षों में कंपनी छोड़ने वाले कर्मचारियों की जानकारी उपलब्ध नहीं है।2002 में: प्रतिशत वृद्धि/कमी $\Rightarrow \frac{(600-400)}{400} \times 100 = 50\%$ वृद्धि; 2003 में:प्रतिशत वृद्धि/कमी $\Rightarrow \frac{(550-600)}{600} \times 100 = 8.33\%$ वृद्धि; 2004 में: प्रतिशत वृद्धि/कमी $\Rightarrow \frac{(600-500)}{500} \times 100 = 20\%$ वृद्धि; 2006 में: प्रतिशत वृद्धि/कमी $\Rightarrow \frac{(650-600)}{600} \times 100 = 8.33\%$ वृद्धि; हम देख सकते हैं कि अधिकतम प्रतिशत वृद्धि/कमी वर्ष 2002 में थी।

54(B). वर्ष 2003 में कर्मचारियों की कुल संख्या:
$5000 + (500 − 400) + (450 − 600) + (600 − 550)$
$⇒ 5000 + 100 − 150 + 50 = 5000$
; वर्ष 2002 में कर्मचारियों की कुल संख्या:
$5000 + (500 − 400) + (450 − 600) ⇒ 5000 + 100$
$− 150 = 4950$
; 2002 से 2003 तक कर्मचारियों में वृद्धि:
$5000 − 4950 = 50$; कर्मचारियों में प्रतिशत वृद्धि:
$= (\frac{50}{4950}) × 100 = (\frac{1}{99}) × 100 ⇒= 1.01 = 1\%$

55(A). वर्ष 2003 में कर्मचारियों की कुल संख्या:
$5000 + (500 − 400) + (450 − 600) + (600 − 550)$
$⇒ 5000 + 100 − 150 + 50 = 5000$
; वर्ष 2006 में कर्मचारियों की कुल संख्या: 5000 (वर्ष 2003 में कर्मचारी)
$+(700 − 500) + (550 − 600) + (700 − 650) ⇒$
$5000 + 200 − 50 + 50 = 5200$
; अब अभीष्ट प्रतिशत:
$(\frac{5000}{5200}) × 100 ⇒ 96.153 × 100 = 96.15\%$

56(A). दी गई अक्षर समूह श्रृंखला इस प्रकार है:

$$L \xrightarrow{+2} N \xrightarrow{+2} P \xrightarrow{+2} R \xrightarrow{+2} T \xrightarrow{+2} V$$
$$J \xrightarrow{−1} I \xrightarrow{−1} H \xrightarrow{−1} G \xrightarrow{−1} F \xrightarrow{−1} E$$
$$B \xrightarrow{−3} Y \xrightarrow{−3} V \xrightarrow{−3} S \xrightarrow{−3} P \xrightarrow{−3} M$$

57(A). अंग्रेजी शब्दकोश क्रम के अनुसार दिए गए शब्दों को व्यवस्थित करना:
2. Madam
5. Madcap
3. Madden
1. Madness
4. Madtom
विपरीत क्रम होगा:
Madtom, Madness, Madden, Madcap, Madam.
विपरीत क्रम में तीसरा शब्द Madden है।

58(D). सभी विकल्पों को भरने का प्रयास करते हैं:
A. abbbb ⇒ a b aba b b bab ab ⇒ अर्थहीन
B. baabb ⇒ b a aba a b bab ab ⇒ अर्थहीन
C. bbaba ⇒ b b aba a b baa ab ⇒ अर्थहीन
D. abbab ⇒ a baba b a bab ab ⇒ अर्थपूर्ण है क्योंकि 'ab' को 6 बार लिखा गया है।
अतः विकल्प (D) सही है।

59(D). दी गई श्रृंखला:
lkc_dlk_ _d_k_cdlk_c_
श्रृंखला में 20 अक्षर हैं, जिसका अर्थ है कि श्रृंखला में 4 या 5 अक्षरों का पैटर्न होगा।
यदि हम रिक्त स्थानों पर 'clclcdc' रखते हैं, हमें प्राप्त होता है
lkccdlklcdlkccdlkdcd (यह कोई पैटर्न नहीं बनाता है)
यदि हम रिक्त स्थानों पर 'ccllcdc' रखते हैं, हमें प्राप्त होता है
lkccdlkcldlkccdlkdcc (यह कोई पैटर्न नहीं बनाता है)
यदि हम रिक्त स्थानों पर 'lclcdcc' रखते हैं, हमें प्राप्त होता है
lkcldlkcldckdcdlkccc (यह कोई पैटर्न नहीं बनाता है)
यदि हम रिक्त स्थानों पर 'ccclccd; रखते हैं, हमें प्राप्त होता है
lkccd lkccd lkccd lkccd (यह एक पैटर्न बनाता है)
इस प्रकार, 'ccclccd' श्रृंखला को पूर्ण करेगा।

60(B). दिया गया कथन एक नीतिवचन है जिसका अर्थ है 'एक सफल व्यक्ति वह होता है जो जोखिम उठाने को तैयार होता है।'
इसलिए, निष्कर्ष I अनुसरण करता है।
चूंकि कथन में कायरों के बारे में कुछ भी नहीं है, इसलिए, निष्कर्ष II अनुसरण नहीं करता है।
इसलिए, केवल निष्कर्ष I अनुसरण करता है।

61(C). उपरोक्त जानकारी से, हम आसानी से यह निष्कर्ष निकाल सकते हैं कि विवरण में उल्लेखित विशाल संख्या के कारण दिश प्रकाशन एक प्रसिद्ध प्रकाशन कंपनी है। इसलिए, निष्कर्ष I अनुसरण करता है।

इसी तरह, हम यह भी निष्कर्ष निकाल सकते हैं कि दिश प्रकाशन ने विभिन्न पुस्तकों को प्रकाशित किया है जैसा कि "10000 विभिन्न पुस्तकों" में वर्णित है। इसलिए, निष्कर्ष II भी अनुसरण करता है।

62(B). कथन में राजनीतिक स्वतंत्रता और लोकतंत्र के बीच संबंध के बारे में कुछ भी नहीं बताया गया है। इसलिए I पालन नहीं करता है। लेकिन II सीधे दिए गए कथन का अनुसरण करता है।

63(D). दिए गए स्वरूप को पूर्ण करने वाली आकृति है:

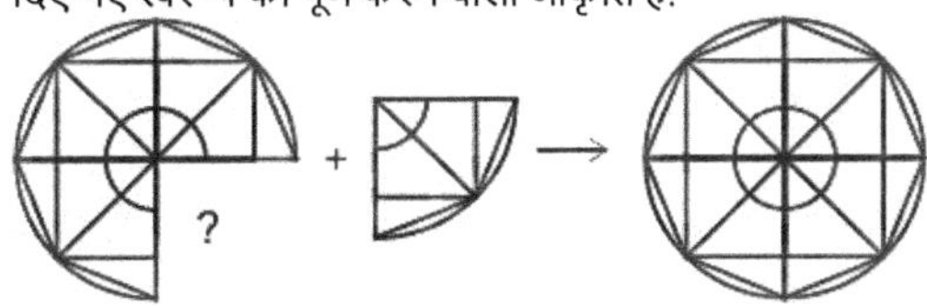

64(D). दिए गए स्वरुप को सबसे बेहतर तरीके से पूर्ण करने वाली आकृति नीचे दी गयी है:

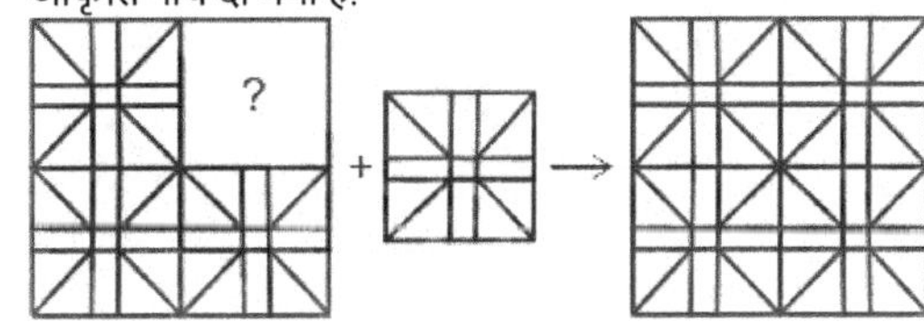

65(A). दिया गया है,
M आयु में R से बड़ा है। Q, R एवं N से छोटा है। N, M जितना बड़ा नहीं है।
दी गई जानकारी के अनुसार,
$R < M$
$Q < R, N$
$N < M$
तब,
$M > N/R > Q$

66(B). दिया गया है,
कमला बाईं ओर से नौवें और वीना दाईं ओर से 16 वें स्थान पर हैं।

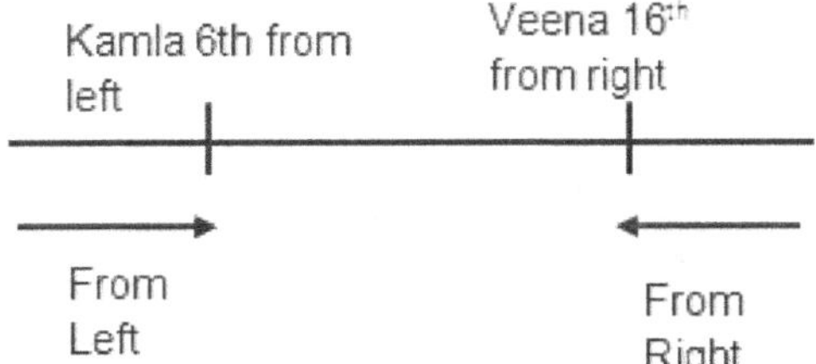

यदि वे अपने स्थान को बदल देती हैं। कमला बाईं ओर 25 वें स्थान पर हैं।
इसलिए एक पंक्ति में लड़कियों की कुल संख्या है:
$25 + 16 − 1 = 40$

67(A). (1) मालिनी, अंजना के पीछे, लेकिन गायत्री के आगे है।

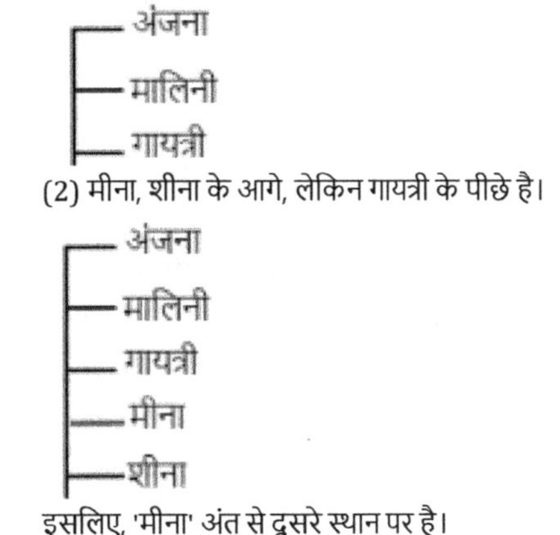

(2) मीना, शीना के आगे, लेकिन गायत्री के पीछे है।

इसलिए, 'मीना' अंत से दूसरे स्थान पर है।

68(A). चित्र बनाने पर,

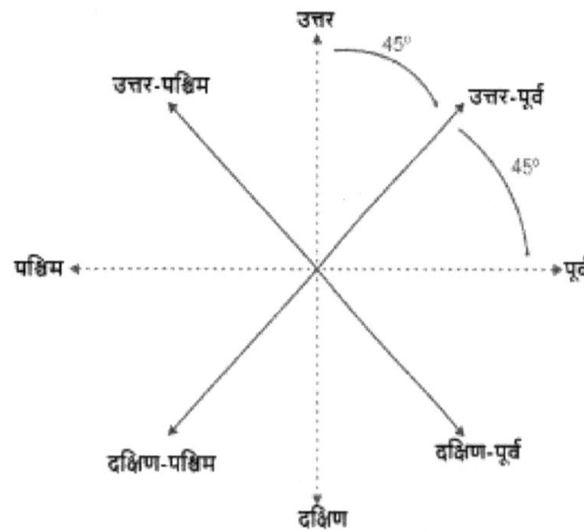

दिशा घड़ी की सुई की दिशा में 45° से खिसक गई है।
यदि उत्तर उत्तर-पूर्व हो जाता है, तो उत्तर-पूर्व पूर्व हो जाता है।

69(A). केतकी की परछाई को चित्रांकित करने पर:

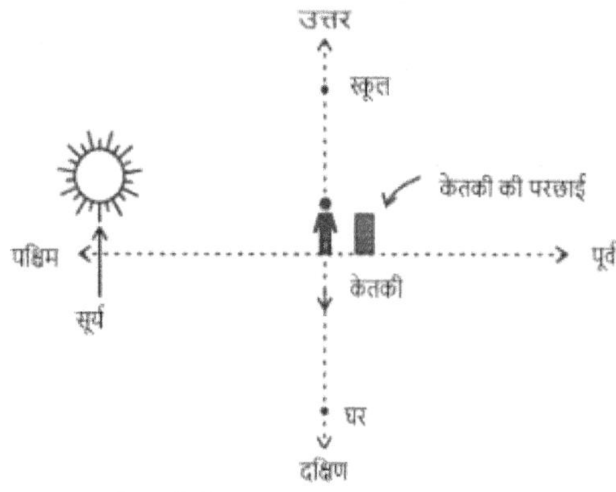

स्कूल उत्तर दिशा में है।

70(C). T एवं P, Q के भाई हैं
Q का जेंडर ज्ञात नहीं है।
इसलिए Q, T की या तो बहन है या भाई है।

71(D). निम्नलिखित प्रतीकों का उपयोग करके वंश वृक्ष तैयार करना:

चित्र में प्रतीक	अर्थ
○	महिला
□	पुरुष
═	शादीशुदा जोड़ा
—	भाई-बहन
|	एक पीढ़ी का प्रसार

संभावित वृक्ष आरेख होगा:

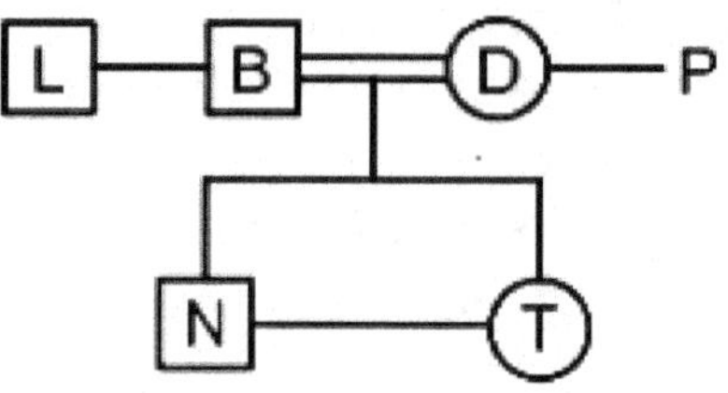

इसलिए, N, T का भाई है।

72(B). नीचे दी गई तालिका में प्रतीकों का उपयोग करके, हम निम्नलिखित वंश वृक्ष बना सकते हैं:

चित्र में प्रतीक	अर्थ
○	स्त्री
□	पुरुष
═	विवाहित जोड़ा
—	भाई/बहन
|	पीढ़ी का अंतर

1) A, B का भाई है लेकिन B, C की बहन नहीं है।
2) यदि D, A और C का पिता है और यदि E, B की माता है, तो निम्नलिखित वंश-वृक्ष आरेख इस प्रकार बनाया जा सकता है:

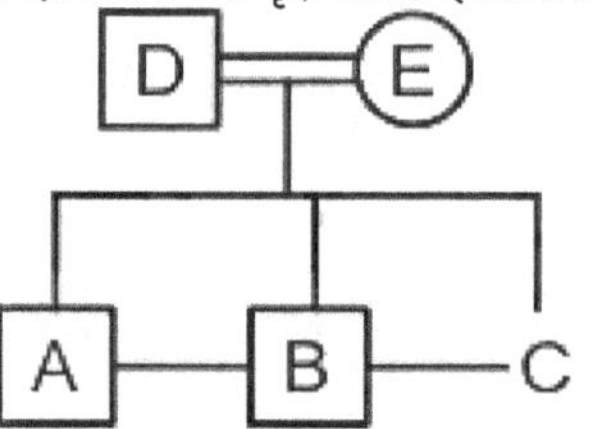

(B) B, A की बहन है → असत्य (चूँकि, B, A का भाई है)
(A) E, C की माता है → सत्य
(C) A, C का भाई है → सत्य
(D) D, E का पति है → सत्य

73(B). दिया गया है,
$$T_n = n(n+1)(n+4)$$
$$T_n = n^3 + 5n^2 + 4n$$
फिर, श्रेणी का योग,
$$S_n = \sum n^3 + 5 \sum n^2 + 4 \sum n$$
$$= \left[\frac{n(n+1)}{2}\right]^2 + \frac{5n(n+1)(2n+1)}{8} + \frac{4n(n+1)}{2}$$
$$= \frac{n(n+1)}{2}\left[\frac{n^2+n}{2} + \frac{5}{3}(2n+1) + 4\right]$$
$$= \frac{n(n+1)}{2}\left[\frac{3n^2+23n+34}{6}\right]$$

74(B). दो अंकीय संख्याएँ जो 4 से विभाज्य हैं, वे हैं: 12, 16, 20, ..., 96
एक समान्तर श्रेणी बनाती है, जिसका पहला पद $a = 12$, सार्व अंतर $d = 4$ और nवाँ पद $a_n = 96$ है।
$$\Rightarrow a_n = a + (n-1) \times d$$

$\Rightarrow 12 + (n - 1) \times 4 = 96$

$\Rightarrow n = 22$

75(D). दिया गया है,

समांतर श्रेणी का पहला पद = a = 10

समांतर श्रेणी का अंतिम पद = l = 50

समांतर श्रेणी के n पदों का योग = 300

चूँकि हम जानते हैं,

एक समांतर श्रेणी के n पदों का योग = $S_n = \frac{n}{2} \times [a + l]$

$\Rightarrow 300 = \frac{n}{2}(10 + 50)$

$\Rightarrow 300 = \frac{n}{2} \times 60$

$\Rightarrow 5 = \frac{n}{2}$

$\therefore n = 10$

76(D). According to the author many quack doctors in Chennai vex the city during its fever season.

77(D). It is difficult to take effective measures against the quack doctors because the laws of the land are not very strict.

78(D). According to the passage, the only way to curb these measures is to book them for an attempt to murder.

79(D). According to the Passage "it is difficult to effectively crack down on the phenomenon. The main reason is lax penalties: "They get bail or pay fine and restart practice", said Dr. K. Kolandaisamy, director of public health in the city."

80(A). The word "lax" used in para 2 means lenient.

81(A). The correct sequence is RPQS.

The sentence cannot start with (P) and (S) because we cannot have a comma (,) or 'and' after 'that' in the phrase 'While there is no denying that'.

Now, between the options (Q) and (R), (R) is the best fit as it is the meaningful explanation. Following (R) will be (P) as (P) starts with a comma (,) and it states what it is important.

After (P) would come (Q) and then (S). This is because we cannot have and after you where the sentence P is ending. (S) states what else is more important.

Correct sentence : The world loves a winner while there is no denying that, it is important that you recognize the signs of stress in your behaviour and be healthy enough to enjoy your success.

82(B). A is the first sentence because it acts as the introductory sentence and introduces the subject of the passage National Common Mobility Card 'NCMC'.

C tells us when it was launched. So, contextually, C would follow A.

Next is B as it mentions the uses of this card.

D starts with 'thus' and supports what is mentioned in B. So, BD is a pair and D concludes the topic in discussion.

Correct Sentence: National Common Mobility Card (NCMC), is an inter-operable transport card conceived by the Ministry of Housing and Urban Affairs of the Government of India. It was launched on 4 March 2019. The transport card enables the user to pay for travel, toll duties (toll tax), retail shopping, and withdrawal money. Thus, this card is beneficial for the users in every aspect.

83(A). A is the first sentence because it introduces the subject 'terrace farming'.

B uses the phrase 'this method', which refers to the method mentioned in A. So, B must follow A.

C mentions the term 'level', whereas in D the phrase 'the next level' is mentioned with the context that the crops are planted in each level of the steps and when it rains, instead of washing away all of the nutrients in the soil, the nutrients are carried down to the next level.

The 'washing away activity' would happen only after the planting of crops.

So, C comes in 3rd place and D in 4th.

Correct Sentence: Terrace farming is a method of farming that consists of different "steps" or terraces that were developed in various places around the world. This method of farming uses "steps" that are built into the side of a mountain or hill. On each level, various crops are planted. When it rains, instead of washing away all of the nutrients in the soil, the nutrients are carried down to the next level.

84(D). D is the first sentence because it introduces the subject of discussion, i.e. changing the name of Allahabad.

C mentions 'The matter had caused an uproar'. This uproar must have been caused due to the resolution that changed the name. So, C would follow D.

B mentions how Akbar had named Allahabad as Allahabad initially, which was further renamed as 'Allahabad' by his grandson Shah Jahan. So, chronologically, the name-changing incident in Akbar's era would precede that of Shah Jahan's. So, A would follow B.

Correct Sentence: Allahabad was renamed Prayagraj in October 2018, after the state Cabinet passed a resolution. The matter had caused an uproar, with the Congress and the Samajwadi Party opposing the proposal. The city was known as Prayag before 16th-century Mughal emperor Akbar built a fort near the confluence of the Ganga and the Yamuna and named it "Allahabad". His grandson Shah Jahan renamed the entire city "Allahabad".

85(B). The first sentence is always independent and introduces a topic. Here, only 'C' is independent and introduces the topic of Oligarchy and Plutocracy. 'C' must be the first sentence.

The sentences 'A' and 'B' begin with conjunctions 'while' and 'thus'; none of which can be used appropriately after sentence 'C', which is complete in itself.

Given the context, only sentence 'D' is appropriate here, as it talks about the individual terms introduced in sentence 'C'. So, 'CD' is the correct order.

Sentences after the arrangement: The terms oligarchy and plutocracy are often confused. The leaders of plutocracy are always wealthy. While the leaders of an oligarchy need not be rich to command control. Thus, plutocracies are always oligarchies, but oligarchies are not always plutocracies.

86(A). In part (a), 'home of' should be replaced with 'home to'.

'Home of' means a general term saying that usually, these plants live in such a habitat.

'Home to' means that currently, these plant species live in such a habitat.

Correct sentence: The Eastern Ghats is home to 2600 plant species and this habitat fragmentation can pose a serious threat to endemic plants.

87(D). The sentence is grammatically correct. So, there is no need for correction.

88(B). The thief ran off with the goods in broad daylight. Ran off means to steal things and run.

89(D). Bruce is an imposter who deceives others by claiming to be one of their relatives.
Imposter means a person who pretends to be someone else in order to deceive others, especially for fraudulent gain.

90(D). The correct spelling is 'receive'. 'Receive' means to get or accept something that somebody sends or gives to you. Ex- Did you receive my letter?

91(B). The correct spelling is 'possess'. 'Possess' means to have or hold as one's own; to own or have control over. It can also mean to have a particular characteristic or quality.

92(B). The above sentence means she angrily turned to forcefully protest the idea put forward by her boss.
Let's look at the meaning of the underlined word and the option:
- Remonstrate: To make a forcefully reproachful protest; to angrily reject.
- Brace: Prepare to accept something difficult or unpleasant.
Here we find that while remonstrate is to forcefully protest and reject something, to brace is to accept something unpleasant.
Let's look at the meaning of other words:
- Expostulate: Express strong disapproval or disagreement.
- Downcast: To feel and be in low spirits.
- Ecstatic: Feeling or expressing overwhelming happiness.

93(D). The above sentence means that the one thing the emperor Nero lacked was wisdom and judgment.
Let's look at the meaning of the option and the underlined word:
- Prudence: The quality of being prudent; cautiousness or well-judged, wise.
- Asinine: Extremely foolish or stupid.
Here we find that the word prudence and asinine are opposing terms.
Let's look at the meaning of other words:
- Coward: Excessively afraid or lacking in courage.
- Indignance: Feeling or showing anger at what is seen as unfair treatment.
- Sagacious: Having or showing keen good judgment; wise or shrewd.

94(D). Embezzlement occurs when someone steals or misappropriates what they were entrusted to manage or safeguard.

95(B). Curator: a person whose job is to look after the things that are kept in a museum.

96(B). जिन मेमोरी को केवल पढ़ा जा सकता है, उन्हें ROM कहते हैं। रीड-ओनली मेमोरी (ROM) एक प्रकार की नॉन वोलाटाइल मेमोरी है जिसका उपयोग कंप्यूटर और अन्य इलेक्ट्रॉनिक उपकरणों में किया जाता है। ROM में संग्रहीत डेटा को इलेक्ट्रॉनिक रूप से मेमोरी डिवाइस के निर्माण के बाद संशोधित नहीं किया जा सकता है।
अत: विकल्प (B) सही है।

97(C). स्लाइड सॉर्टर व्यू आपको थंबनेल फॉर्म में अपनी स्लाइड्स का दृश्य देता है। यह दृश्य आपके स्लाइड के क्रम को व्यवस्थित करना आसान बनाता है क्योंकि आप अपनी स्लाइड को प्रिंट करने के लिए तैयार करते हैं।
अत: विकल्प (C) सही है।

98(A). UPD (यूज़र डेटाग्राम प्रोटोकॉल) - यह एक ट्रांसपोर्टलेयर का प्रोटोकॉल है जिसका प्रयोग IP - नेटवर्क लेयर प्रोटोकॉल के साथ किया जाता है। यह TCP/IP प्रोटोकॉल एक मशीन से दूसरी मशीन पर एप्लिकेशन प्रोग्राम के लिए डाटाग्राम भेजने के लिए एप्लिकेशन प्रोग्राम को अनुमति देता हैं।

99(C). SMS (शॉर्ट मैसेज सर्विस) सबसे टेलीफोन, इंटरनेट और मोबाइल डिवाइस सिस्टम का एक टेक्स्ट संदेश सेवा घटक है। यह मानकीकृत संचार प्रोटोकॉल का उपयोग करता है जो मोबाइल उपकरणों को शॉर्ट टेक्स्ट संदेशों का आदान-प्रदान करने देता है।

100(B). सामान्य पैकेट रेडियो सर्विस (या जीपीआरएस) को मोबाइल संचार के लिए वैश्विक प्रणाली (या जीएसएम) के विस्तार के रूप में माना जा सकता है। यह एक प्रकार का पैकेट-ओरिएंटेड मानक है जो सेलुलर नेटवर्क पर पैकेट मोड डेटा ट्रांसफर सर्विस प्रदान करता है।

General Awareness

1. भारतीय संविधान के निम्नलिखित में से किन अनुच्छेदों के तहत "सांस्कृतिक और शैक्षिक अधिकार" प्रदान किए जाते हैं?
   (a) अनुच्छेद 14 से 18
   (b) अनुच्छेद 19 से 22
   (c) अनुच्छेद 29 से 30
   (d) अनुच्छेद 32 से 35

2. भारतीय संविधान के अनुच्छेद 352 में किस संवैधानिक संशोधन अधिनियम ने मूल वाक्यांश, 'आंतरिक अशांति' को 'सशस्त्र विद्रोह' के साथ बदल दिया था?
   (a) 1980 का 45वां संशोधन अधिनियम
   (b) 1975 का 38वां संशोधन अधिनियम
   (c) 1978 का 44 वां संशोधन अधिनियम
   (d) 1974 का 34वां संशोधन अधिनियम

3. भारतीय संविधान का कौन सा अनुच्छेद उच्चतम न्यायालय को, भारत के क्षेत्र में किसी भी न्यायालय/न्यायाधिकरण से 'अपील करने के लिए विशेष अनुमति प्रदान करने के लिए अधिकृत करता है?
   (a) अनुच्छेद 327
   (b) अनुच्छेद 251
   (c) अनुच्छेद 136
   (d) अनुच्छेद 125

4. भारतीय संविधान के निम्नलिखित में से किस अनुच्छेद में 'विधि का शासन' सन्निहित है?
   (a) अनुच्छेद 18
   (b) अनुच्छेद 19
   (c) अनुच्छेद 21
   (d) अनुच्छेद 14

5. एक धन विधेयक के मामले में अनुशंसा (यदि कोई हो) करने हेतु राज्यसभा के लिए निर्धारित अधिकतम अवधि क्या है?
   (a) 28 दिन
   (b) 21 दिन
   (c) 14 दिन
   (d) 7 दिन

6. निम्नलिखित में से किस केंद्र शासित प्रदेश में लोकसभा सीटों की संख्या सबसे अधिक है?
   (a) जम्मू और कश्मीर
   (b) दिल्ली (राष्ट्रीय राजधानी क्षेत्र दिल्ली)
   (c) पुदुचेरी
   (d) लद्दाख

7. किसी राज्य के राज्यपाल का कार्यकाल कितना होता है?
   (a) 65 वर्ष की आयु तक
   (b) 60 वर्ष की आयु तक
   (c) 5 वर्ष
   (d) 4 वर्ष

8. भारतीय संविधान का निम्नलिखित में से कौन सा अनुच्छेद राज्यपाल के कार्यकाल से संबंधित है?
   (a) अनुच्छेद 158
   (b) अनुच्छेद 156
   (c) अनुच्छेद 157
   (d) अनुच्छेद 161

9. प्रतिस्पर्धा अधिनियम की कौन सी धारा भारत के प्रतिस्पर्धा आयोग के अध्यक्ष और सदस्यों के लिए चयन समिति से संबंधित है?
   (a) प्रतिस्पर्धा अधिनियम की धारा 12
   (b) प्रतिस्पर्धा अधिनियम की धारा 9
   (c) प्रतिस्पर्धा अधिनियम की धारा 14
   (d) प्रतिस्पर्धा अधिनियम की धारा 20

10. प्रतिस्पर्धा अधिनियम की धारा 12 , ______ से संबंधित है।
    (a) कुछ मामलों में अध्यक्ष और अन्य सदस्यों के नियोजन पर प्रतिबंध
    (b) आयोग का गठन
    (c) महानिदेशक की नियुक्ति
    (d) आयोग की स्थापना

11. भारतीय प्रतिस्पर्धा आयोग (सीसीआई) के बारे में निम्नलिखित कथनों पर विचार करें
    1. सीसीआई एक वैधानिक निकाय है जिसे एकाधिकार और प्रतिबंधित व्यापार व्यवहार (एमआरटीपी) अधिनियम, 1969 के तहत स्थापित किया गया था।
    2. सीसीआई के अध्यक्ष और सदस्यों की नियुक्ति राष्ट्रपति द्वारा की जाती है।
    3 । इसका उद्देश्य उपभोक्ताओं के हितों और व्यापार की स्वतंत्रता की रक्षा करना है।
    नीचे दिए गए कूट का प्रयोग कर सही उत्तर चुनिए:
    (a) केवल 1 और 3
    (b) केवल 3
    (c) केवल 1 और 2
    (d) केवल 2 और 3

12. 1909 के मॉर्ले मिंटो सुधार के संबंध में निम्नलिखित कथनों पर विचार कीजिये।
    1. इसने इम्पीरियल लेजिस्लेटिव काउंसिल और प्रांतीय परिषदों दोनों में निर्वाचित सदस्यों की संख्या में वृद्धि की।
    2. इसने मुसलमानों, सिखों और ईसाइयों के लिए एक अलग निर्वाचक मंडल पेश किया।
    ऊपर दिए गए कथनों में से कौन सा सही है/हैं?
    (a) केवल 1
    (b) केवल 2
    (c) दोनों 1 और 2
    (d) न तो 1 और न ही 2

13. मेगस्थनीज के इंडिका के संदर्भ में, निम्नलिखित कथनों पर विचार कीजिये:
    1. यह कृषि कार्यों में दासों के रोजगार का वर्णन करता है।
    2. यह एक समिति के माध्यम से सैन्य-संबंधित मिशनों के समन्वय को इंगित करता है।
    3. विशेषज्ञ अधिकारियों द्वारा मौर्य काल में भूमि माप।
    नीचे दिए गए विकल्पों का उपयोग करके सही उत्तर चुनिए:
    (a) केवल 1 और 2
    (b) केवल 2 और 3
    (c) 1, 2 और 3
    (d) केवल 3

14. "लू" के बारे में निम्नलिखित कथनों पर विचार कीजिये:
    1. यह एक तेज, गर्म और शुष्क गर्मी की दोपहर की हवा है।
    2. यह उत्तर भारत और पाकिस्तान के ऊपर से बहती है।
    3. लू हवाएं संवहन प्रक्रिया का परिणाम हैं।
    निम्नलिखित में से कौन सा/से कथन सही हैं?
    (a) केवल 1
    (b) केवल 1 और 2
    (c) केवल 2 और 3
    (d) 1, 2 और 3

15. निम्नलिखित में से चीनी उद्योग के लिए कौन सा एक कच्चा माल नहीं है?
    (a) गन्ना
    (b) चुकंदर
    (c) मकई शरबत
    (d) गाजर

16. यह वर्ष भर गर्म और आर्द्र रहता है:
    (a) समशीतोष्ण क्षेत्र
    (b) भूमध्य क्षेत्र
    (c) ठंडा क्षेत्र
    (d) उष्ण क्षेत्र

17. निम्नलिखित ऐतिहासिक स्थलों पर विचार करें:
    1. अजंता की गुफाएँ
    2. लेपाक्षी मंदिर
    3. सांची स्तूप
    उपर्युक्त में से कौन से स्थल / भित्ति चित्रकला के लिए भी जानी जाती हैं?
    (a) केवल 1
    (b) केवल 1 और 2
    (c) 1,2 और 3
    (d) उपरोक्त में से कोई नहीं

18. पवकुथु के बारे में निम्नलिखित में से कौन सही है?
    1. पवकुथु तमिलनाडु का दस्ताने वाली कठपुतली का एक रूप है।

2. यह 18वीं शताब्दी के दौरान कथकली के प्रभाव के कारण अस्तित्व में आया।

3. सिर और हथियार लकड़ी के नक्काशीदार होते हैं और एक मोटे कपड़े के साथ एक साथ जुड़ जाते हैं, कट जाते हैं और एक छोटे बैग में सिले जाते हैं।

(a) 1 और 2   (b) 2 और 3

(c) 1 और 3   (d) उपरोक्त सभी

19. डोलू कुनिथा _____ का एक प्रसिद्ध ढोल नृत्य है।

(a) कर्नाटक   (b) केरल

(c) तेलंगाना   (d) तमिलनाडु

20. कौन सा ऐसा कर है जो केन्द्रीय सरकार द्वारा लगाया जाता है, लेकिन उससे प्राप्त आय को केन्द्र और राज्य में विभाजित कर दिया जाता है:

(a) केन्द्रीय शुल्क   (b) केन्द्रीय उत्पाद शुल्क

(c) निगम कर   (d) इनमें से कोई नहीं

21. भारतीय अर्थव्यवस्था का कौन-सा क्षेत्र सकल राष्ट्रीय उत्पादन में सबसे अधिक योगदान करता है:

(a) प्राथमिक क्षेत्र   (b) द्वितीयक क्षेत्र

(c) तृतीयक क्षेत्र   (d) सार्वजनिक क्षेत्र

22. किस संस्थान के शोधकर्ताओं ने 'पांचवीं पीढ़ी (5G) माइक्रोवेव अवशोषक' विकसित किया है?

(a) आईआईएससी बेंगलुरु   (b) आईआईटी मद्रास

(c) केरल विश्वविद्यालय   (d) आईआईटी बॉम्बे

23. एमीसैट (EMISAT) उपग्रह के संदर्भ में निम्नलिखित कथनों पर विचार कीजिये:

1. इसका लक्ष्य विद्युत चुम्बकीय स्पेक्ट्रम माप है।

2. यह रक्षा अनुसंधान और विकास संगठन के लिये एक इलेक्ट्रॉनिक खुफिया उपग्रह है।

3. इस उपग्रह को GSLV MK-III द्वारा लॉन्च किया गया।

उपर्युक्त कथनों में से कौन-सा/से सही है/हैं?

(a) केवल 1 और 2   (b) केवल 2 और 3

(c) केवल 3   (d) 1, 2 और 3

24. निम्नलिखित में से कौन सी एक नई वायरलेस तकनीक है जो मौजूदा 4G नेटवर्क की तुलना में तेज इंटरनेट स्पीड और अधिक बैंडविड्थ का वादा करती है?

(a) 5G   (b) एलटीई

(c) वाई-फाई 6   (d) ब्लूटूथ 5.0

25. वेब 3.0 के संदर्भ में निम्नलिखित कथनों पर विचार कीजिये:

1. वेब 3.0 तकनीक लोगों को अपने स्वयं के डेटा को नियंत्रित करने में सक्षम बनाती है।

2. वेब 3.0 दुनिया में, ब्लॉकचेन आधारित सोशल नेटवर्क हो सकते हैं।

3. वेब 3.0 एक निगम के बजाय सामूहिक रूप से उपयोगकर्ताओं द्वारा संचालित होता है।

ऊपर दिए गए कथनों में से कौन से सही हैं?

(a) केवल 1 और 2   (b) केवल 2 और 3

(c) केवल 1 और 3   (d) 1, 2 और 3

26. मंगल और बृहस्पति के बीच क्षुद्रग्रह बेल्ट का अध्ययन करने के लिए 2023 में लॉन्च किए जाने वाले नासा के नए अंतरिक्ष यान का नाम क्या है?

(a) ओसीरिस-रेक्स   (b) जूनो

(c) मानस   (d) लुसी

27. बिना पूरक ऑक्सीजन के माउंट एवरेस्ट फतह करने वाली पहली भारतीय महिला कौन बनी है?

(a) कामी रीटा शेरपा   (b) शेफाली सिंह

(c) प्रियंका मोहिते   (d) पियाली बसाक

28. फरवरी 2022 में, केंद्र सरकार ने केंद्रीय क्षेत्र के राष्ट्रीय साधन-सह-मेरिट छात्रवृत्ति (एनएमएमएसएस) को निम्नलिखित में से किस वर्ष तक जारी रखने की मंजूरी दी है?

(a) 2022 − 23   (b) 2029 − 30

(c) 2024 − 25   (d) 2025 − 26

29. फरवरी 2022 में भारत के उच्चायोग ने किस शहर में औपचारिक रूप से सुबोर्नो जयंती छात्रवृत्ति वेबसाइट लॉन्च की?

(a) काठमांडू   (b) पुरुष

(c) थिम्पू   (d) ढाका

30. निम्नलिखित में से किसने 23 फरवरी 2022 को डीसीआई (ड्रेजिंग कॉरपोरेशन ऑफ इंडिया) ड्रेजिंग संग्रहालय "निकर्षण सदन" का उद्घाटन किया है?

(a) सर्बानंद सोनोवाल   (b) हरदीप सिंह पुरी

(c) पीयूष गोयल   (d) राजनाथ सिंह

31. हाल ही में किस हवाई अड्डे ने (जून' 2022 में) चेक-इन लगेज को ट्रैक करने के लिए रेडियो-फ्रीक्वेंसी आइडेंटिफिकेशन (RFID) सक्षम टैग पेश किया?

(a) सरदार वल्लभभाई पटेल अंतर्राष्ट्रीय हवाई अड्डा, अहमदाबाद

(b) छत्रपति शिवाजी महाराज अंतर्राष्ट्रीय हवाई अड्डा, मुंबई

(c) केम्पेगौड़ा अंतर्राष्ट्रीय हवाई अड्डा, बेंगलुरु

(d) इंदिरा गांधी अंतर्राष्ट्रीय हवाई अड्डा, दिल्ली

32. कौन सा विश्वविद्यालय भारत में परिसर स्थापित करने वाला पहला विदेशी विश्वविद्यालय बन जाएगा ?

(a) कोलंबिया विश्वविद्यालय   (b) हार्वर्ड विश्वविद्यालय

(c) कैम्ब्रिज विश्वविद्यालय   (d) डीकिन विश्वविद्यालय

33. कॉलिन्स डिक्शनरी द्वारा किस शब्द को 'वर्ड ऑफ द ईयर 2022' के रूप में चुना गया है?

(a) लॉकडाउन   (b) पर्माक्राइसिस

(c) पैनडेमिक   (d) नॉन-फंगीबल टोकन

34. जनवरी 2023 में कांगेर घाटी राष्ट्रीय उद्यान के पराली बोडल गाँव में 'पेंटेड बैट' के रूप में जाना जाने वाला एक 'दुर्लभ नारंगी रंग का चमगादड़' देखा गया है। कांगेर घाटी राष्ट्रीय उद्यान किस राज्य में स्थित है?

(a) झारखंड   (b) छत्तीसगढ़

(c) उत्तराखंड   (d) तेलंगाना

35. किस राज्य सरकार ने "एक परिवार एक पहचान" के निर्माण के लिए पोर्टल लॉन्च किया?

(a) मध्य प्रदेश   (b) राजस्थान

(c) उत्तर प्रदेश   (d) हिमाचल प्रदेश

Quantitative Aptitude and Numerical Skills

36. निम्न में से कौन सा सत्य नहीं है?

(a) $\frac{8}{7} + \frac{3}{8} = \frac{3}{8} + \frac{8}{7}$ (b) $\frac{8}{7} \times \frac{3}{8} = \frac{3}{8} \times \frac{8}{7}$

(c) $\frac{8}{7} \div \frac{3}{8} = \frac{8}{7} \times \frac{8}{3}$ (d) $\frac{8}{7} - \frac{3}{8} = \frac{3}{8} - \frac{8}{7}$

37. $\sqrt{\sqrt{256} + \sqrt{81}}$ का मान है:

(a) 5   (b) 6

(c) 7   (d) 8

38. एक बल्लेबाज 10-वें मैच में 111 रन बनाता हैं और इस प्रकार प्रत्येक मैच में उसकी औसत 5 रन से बढ़ जाती हैं I 10-वें मैच के बाद उसकी औसत क्या होगी?

(a) 66 (b) 61
(c) 62 (d) 64

39. चार सतत विषम संख्याओं का औसत 34 है, तो इन संख्याओं में से उच्चतम और दूसरी निम्नतम संख्या का औसत होगा:

(a) एक सम संख्या (b) एक दशमलव संख्या
(c) संख्या 4 का गुणांक (d) एक विषम संख्या

40. अनवसानी आवर्ती संख्या $0.1\overline{23}$ के बराबर भित्र है।

(a) $\dfrac{123}{1000}$ (b) $\dfrac{41}{333}$
(c) $\dfrac{37}{300}$ (d) $\dfrac{41}{330}$

41. 95.75 और .02554 के गुणनफल में दशमलव बिंदु के दाईं ओर कितने अंक होंगे?

(a) 4 (b) 6
(c) 8 (d) इनमे से कोई भी नहीं

42. तीन संख्याएँ 5 : 4 : 8 के अनुपात में हैं। पहली संख्या और दूसरी संख्या का योग तीसरी संख्या और 18 के योग के बराबर है। तीसरी संख्या और दूसरी संख्या के बीच का अंतर ज्ञात कीजिए।

(a) 90 (b) 72
(c) 108 (d) 54

43. यदि किसी संख्या का 50% दूसरी संख्या के एक-तिहाई के बराबर है। तब दो संख्याओं के बीच अनुपात ज्ञात कीजिये।

(a) 1 : 3 (b) 1 : 1
(c) 3 : 2 (d) 2 : 3

44. एक उम्मीदवार को किसी चुनाव में 57% वोट मिलता है और वह दूसरे उम्मीदवार को 6,524 वोटों से हरा देता है। यदि वहाँ केवल दो उम्मीदवार हैं, तो हारे हुए उम्मीदवार को कितने वोट मिलते हैं?

(a) 46,600 (b) 20,038
(c) 26,562 (d) 41,200

45. दो वस्तुओं के विक्रय मूल्य का अनुपात 2 : 3 है। पहली वस्तु को 20% के लाभ पर और दूसरी को 20% की हानि पर बेचा जाता है। कुल लाभ या हानि प्रतिशत क्या है?

(a) $\dfrac{100}{13}$% लाभ (b) $\dfrac{100}{11}$% हानि
(c) $\dfrac{100}{11}$% लाभ (d) $\dfrac{100}{13}$% हानि

46. एक व्यक्ति को दो प्रकार की चीनी जिनका क्रय मूल्य 85 रुपये/किग्रा और 105 रुपये/किग्रा है, किस अनुपात में मिलानी चाहिए ताकि परिगामी मिश्रण जब 108 रुपये/किग्रा पर बेचा जाता है, तो 20% का लाभ होता है?

(a) 1 : 3 (b) 5 : 3
(c) 3 : 5 (d) 3 : 1

47. 4 फरवरी, 2005 से 18 अप्रैल, 2005 तक की अवधि के लिए 3000 रुपये पर $\dfrac{25}{4}$% प्रति वर्ष की दर से साधारण ब्याज ज्ञात कीजिए।

(a) 37.50 रुपये (b) 47.50 रुपये
(c) 44.50 रुपये (d) 50.50 रुपये

48. चक्रवृद्धि ब्याज पर एक मूलधन 3 वर्ष के बाद 6690 रुपये और 6 वर्ष के बाद 10035 रुपये हो जाता है। निवेशित मूलधन ज्ञात करें।

(a) 4460 रुपये (b) 4590 रुपये
(c) 4910 रुपये (d) 5000 रुपये

49. A, B से 30% अधिक दक्ष है। उस काम को साथ में पूरा करने में वे कितना समय लेंगे जिसे A अकेले 23 दिनों में कर सकता है?

(a) 11 दिन (b) 13 दिन
(c) $20\dfrac{3}{17}$ दिन (d) इनमें से कोई नहीं

50. 14 मजदूर 20 दिनों में एक दीवार का निर्माण कर सकते हैं, तो 20

मजदूर इस प्रकार के 2 दीवारों का निर्माण कितने दिनों में करेंगे?

(a) 20 दिन (b) 35 दिन
(c) 28 दिन (d) 21 दिन

Ques (51-54): निर्देश : निम्नलिखित लाइन ग्राफ का अध्ययन कीजिए और दिए गए प्रश्नों के उत्तर दीजिए।

निम्नलिखित लाइन ग्राफ विभिन्न देशों द्वारा किए गए कार्बन उत्सर्जन को वैश्विक स्तर पर किए गए कुल कार्बन उत्सर्जन के प्रतिशत के रूप में दर्शाता है। वर्ष 2015 में वैश्विक स्तर पर किया गया कुल कार्बन उत्सर्जन 3.6 करोड़ किलोटन था। निम्नलिखित तालिका प्रत्येक देश द्वारा किये गए प्रति व्यक्ति के द्वारा उत्सर्जन किये गए कार्बन (टन में) को दर्शाता है।

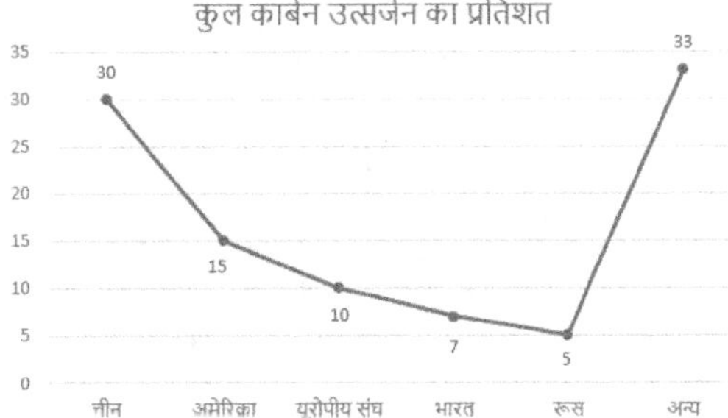

देश	प्रति व्यक्ति कार्बन उत्सर्जन (टन में)
चीन	7.5
अमेरिका	16
यूरोपीय संघ	7
भारत	2
रूस	12.5

प्रति व्यक्ति कार्बन उत्सर्जन = (देश का कुल कार्बन उत्सर्जन) / (देश की आबादी)

51. दी गयी जानकारी के अनुसार यूरोपीय संघ की अनुमानित आबादी क्या है?

(a) 54.45 करोड़ (b) 50.57 करोड़
(c) 51.42 करोड़ (d) 56.65 करोड़

52. दी गयी जानकारी के अनुसार अमेरिका और रूस की आबादी का अनुपात क्या है?

(a) 45 : 24 (b) 75 : 32
(c) 65 : 32 (d) 45 : 16

53. 2015 में वैश्विक स्तर पर प्रति व्यक्ति कार्बन उत्सर्जन 5 टन था और जापान की आबादी विश्व की आबादी का 1.75% है, तो जापान की आबादी ज्ञात कीजिए।

(a) 12.96 करोड़ (b) 12.80 करोड़
(c) 12.44 करोड़ (d) 12.6 करोड़

54. दी गयी जानकारी के अनुसार चीन की अनुमानित आबादी क्या है?

(a) 544 करोड़ (b) 144 करोड़
(c) 244 करोड़ (d) 146 करोड़

55. **निर्देश:** निम्न रेखा आलेख उन अभ्यर्थियों की संख्या को दर्शाता है जिन्होंने एक विशेष कॉलेज में प्रवेश के लिए आवेदन किया है। आलेख का अध्ययन कीजिए और निम्न प्रश्नों के उत्तर दीजिए।

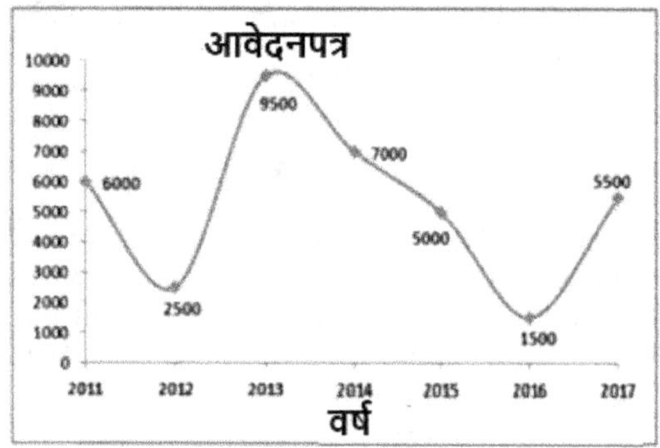

कौन से वर्ष में अभ्यर्थी पिछले वर्ष की तुलना में अधिक थे?

(a) 2012 (b) 2014
(c) 2015 (d) 2013

Mental Ability and Logical Reasoning

56. अक्षरों का कौन सा समूह खाली स्थानों पर क्रमवार रखने से दी गयी अक्षर श्रृंखला को पूरा करेगा?

_zy_zxy_yxzx_zyx_xy

(a) zxyzy (b) xyzzy
(c) yxzyz (d) yzxyx

57. दी गयी श्रृंखला के अंतराल में क्रमशः रखे गए अक्षरों का कौन सा सेट इसे पूरा करेगा?

_ hii _ gghi_hg_h_

(a) ggihh (b) ghiig
(c) ghigi (d) hgigh

58. निर्देश: एक श्रृंखला दी गई है जिसका एक पद लुप्त है। दिए गए विकल्पों में से सही विकल्प का चयन कीजिए जो श्रृंखला को पूरा करेगा।

KO, RK, YG, FC, ?

(a) HY (b) MY
(c) NY (d) OM

59. निर्देश : निम्नलिखित श्रृंखला में प्रश्नवाचक चिन्ह (?) के स्थान पर क्या आएगा?

HJ, KW, PL, ?, FV, QQ.

(a) QM (b) WC
(c) DG (d) IH

Ques (60-62): निर्देश: निम्नलिखित प्रश्न में, एक कथन और उसके बाद I और II से अंकित दो निष्कर्ष दिए गये हैं। आपको दिए गये कथनों को सत्य मानना है, भले ही वे ज्ञात तथ्यों से अलग प्रतीत होते हों। निर्णय कीजिए कि दिये गये निष्कर्षों में से कौन-सा निष्कर्ष कथन का तार्किक रूप से अनुसरण करता है।

60. कथन: गुणवत्ता का एक मूल्य टैग होता है। भारत शिक्षा के लिए बहुत सारा धन आवंटित कर रहा है।

निष्कर्ष:

I. भारत में शिक्षा की गुणवत्ता में जल्द ही सुधार होगा।

II. अकेले वित्त पोषण शिक्षा की गुणवत्ता को बढ़ा सकता है।

(a) केवल निष्कर्ष I अनुसरण करता है।
(b) केवल निष्कर्ष II अनुसरण करता है।
(c) या तो I या II अनुसरण करता है।
(d) न तो I और न ही II अनुसरण करता है।

61. कथन: सरकार द्वारा अगले महीने की शुरुआत से रसोई गैस पर मिलने वाली 33% सब्सिडी को वापस लेने का निर्णय लिया गया है।
- सरकार के एक प्रवक्ता।

निष्कर्ष:

I. लोगों को अब सरकार से इस तरह की सब्सिडी की आवश्यकता नहीं है क्योंकि वे रसोई गैस की बढ़ी हुई कीमत वहन कर सकते हैं।

II. अगले महीने से रसोई गैस की कीमत में कम से कम 33 प्रतिशत की वृद्धि होगी।

(a) केवल निष्कर्ष I अनुसरण करता है
(b) केवल निष्कर्ष II अनुसरण करता है
(c) या तो I या II अनुसरण करता है
(d) न तो I और न ही II अनुसरण करता है

62. कथन: पुरानी व्यवस्था बदलकर नई को अवसर देती है।

निष्कर्ष:

I. परिवर्तन प्रकृति का नियम है।

II. पुराने विचारों को त्यागें क्योंकि वे पुराने हैं।

(a) केवल निष्कर्ष I अनुसरण करता है
(b) केवल निष्कर्ष II अनुसरण करता है
(c) या तो I या II अनुसरण करता है
(d) न तो I और न ही II अनुसरण करता है

63. निर्देश: उस आकृति की पहचान करें जो पैटर्न को पूरा करती है।

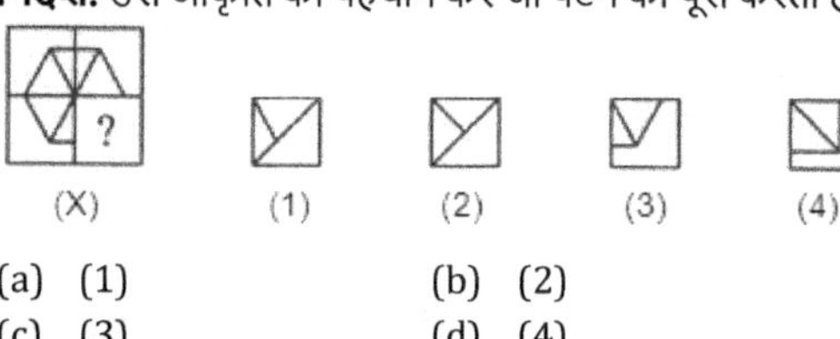

(a) (1) (b) (2)
(c) (3) (d) (4)

64. कौन-सी उत्तर आकृति निम्न प्रश्न आकृति में स्वरूप को पूर्ण करेगी?

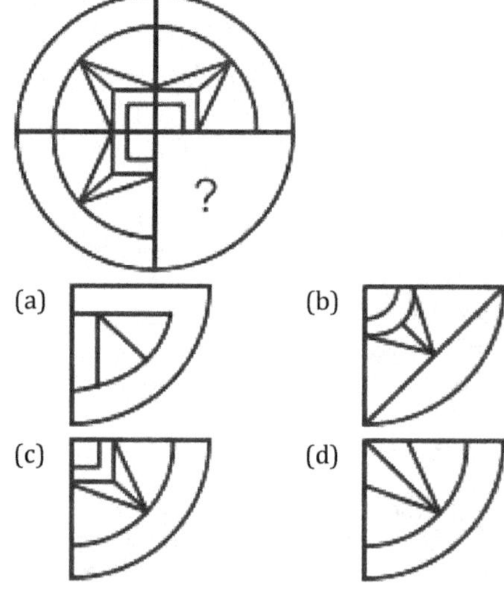

65. लड़कियों की एक पंक्ति में कमल आगे से 11वीं है। लीला, सुनीता से 3 स्थान आगे है, जो आगे से 22वीं है। इस पंक्ति में कमल और लीला के बीच कितनी लड़कियाँ हैं?

(a) 6 (b) 8
(c) 7 (d) 9

66. एक पंक्ति में सिन्धु अगले छोर से 15वें स्थान पर है और मधु पिछले छोर से 10वें स्थान पर है। यदि वे अपने स्थानों को प्रतिस्थापित कर लेते हैं तो सिन्धु और मधु के बीच 5 व्यक्ति होते हैं। पंक्ति में कुल व्यक्तियों की संख्या क्या है?

(a) 28 (b) 29
(c) 30 (d) 31

67. आरती, सौम्या से बड़ी है। मुस्कान, आरती से बड़ी है लेकिन कशिश से छोटी है। कशिश, सौम्या से बड़ी है। सौम्या, मुस्कान से छोटी है। गार्गी सबसे बड़ी है। कौन सबसे छोटी है?

(a) सौम्या (b) कशिश
(c) आरती (d) मुस्कान

Ques (68-69): निर्देश: निम्नलिखित जानकारी का ध्यानपूर्वक अध्ययन कीजिये और नीचे दिए गये प्रश्नों के उत्तर दीजिये।

आठ व्यक्ति P, Q, R, S, T, U, V और W एक पार्क में विभिन्न स्थितियों पर परस्पर कुछ दूरी पर बैठे हैं। सभी भिन्न पेशों से सम्बन्धित हैं जैसे कि वास्तुकार, बढ़ई, निदेशक, चिकित्सक, ड्राइवर, अभियंता, हेयर स्टाइलिस्ट और प्लम्बर।

i. Q चिकित्सक के 6 मीटर पूर्व दिशा में है, जो R के दक्षिण-पश्चिम दिशा में है।

ii. U, W के 9 मीटर पश्चिम दिशा में है, जो एक बढ़ई है।

iii. W, T के दक्षिण में है, जो S के दक्षिण दिशा में है।

iv. R, प्लम्बर के 10 मीटर उत्तर-पश्चिम दिशा में है, जो S के दक्षिण दिशा में है।

v. V, P और Q के मध्य में है, V एक चिकित्सक नहीं है।

vi. V, T के 9 मीटर पश्चिम दिशा में है, जो निदेशक के दक्षिण दिशा में है।

vii. R एक वास्तुकार है और वह S के 7 मीटर दक्षिण-पश्चिम दिशा में है। ना तो P और ना ही Q निदेशक है।

viii. P, U के उत्तर-पश्चिम दिशा में है। Q, R के दक्षिण दिशा में है। हेयर स्टाइलिस्ट अभियंता के 8 मीटर उत्तर दिशा में है।

68. V और U के मध्य में न्यूनतम दूरी क्या है?

(a) 7 मीटर   (b) 8 मीटर

(c) 5 मीटर   (d) 9 मीटर

69. निम्न में से प्लम्बर कौन है?

(a) U   (b) P

(c) S   (d) T

70. Ep, Js का पिता है जो Ke का भाई है। Ke, Ld की पत्नी है। Mo, Ld का पुत्र है। Ep का दामाद कौन है?

(a) Ke   (b) Mo

(c) Ld   (d) Js

71. अमित के पिता की माँ, संजय की माँ है और संजय की पत्नी, अक्षय के पिता की माँ की पुत्र-वधू है। अक्षय एवं अमित के बीच क्या संबंध संभावित है?

(a) कजिन   (b) चाचा

(c) पिता   (d) कोई संबंध नही

72. सुरेश की बहन राम की पत्नी है। राम रानी का भाई है। राम के पिता मधुर हैं। शीतल राम की दादी है। रेमा शीतल की बहू है। रोहित रानी के भाई का पुत्र है। रोहित, सुरेश का कौन है?

(a) बहनोई   (b) बेटा

(c) भाई   (d) भतीजा

73. ऐसी कितनी तीन अंकीय संख्याएँ हैं जो 9 से विभाज्य हैं।

(a) 98   (b) 99

(c) 100   (d) 101

74. यदि $y = x + x^2 + x^3 + \ldots$ अनंत पदों तक है जहाँ $x < 1$ है, तो निम्नलिखित में से कौन-सा सही है?

(a) $x = \dfrac{y}{1+y}$ (b) $x = \dfrac{y}{1-y}$

(c) $x = \dfrac{1+y}{y}$ (d) $x = \dfrac{1-y}{y}$

75. $1 + \dfrac{1}{2} + \dfrac{1}{4} + \dfrac{1}{8} + \dfrac{1}{16} + \ldots + \infty$ का मान क्या है?

(a) $\dfrac{1}{2}$ (b) ∞

(c) 2   (d) 1

English Language Skills

Ques (76-80): Direction: Read the given passage and answer the questions that follow.

Santiniketan embodies Rabindranath Tagore's vision of a place of learning that is unfettered by religious and regional barriers. Established in 1863 with the aim of helping education go beyond the confines of the classroom, Santiniketan grew into the Visva Bharati University in 1921, attracting some of the most creative minds in the country.

He developed a curriculum that was a unique blend of art, human values and cultural interchange. Even today, in every step, in every brick and in every tree at Santiniketan, one can still feel his presence, his passion, his dedication and his pride in the institution. In 1862, Maharishi Debendranath Tagore, father of Rabindranath, was taking a boat ride through Birbhum, the westernmost corner of Bengal, when he came across a landscape that struck him as the perfect place for meditation. He bought the large tract of land and built a small house and planted some saplings around it. Debendranath Tagore decided to call the place Santiniketan, or the 'abode of peace', because of the serenity it brought to his soul. In 1863, he turned it into a spiritual centre where people from all religions, castes and creeds came and participated in meditation.

In the years that followed, Debendranath's son Rabindranath went on to become one of the most formidable literary forces India has ever produced. He wrote in all literary genres but he was first and foremost a poet. As one of the earliest educators to think in terms of the global village, he envisioned an education that was deeply rooted in one's immediate surroundings but connected to the cultures of the wider world. Located in the heart of nature, the school aimed to combine education with a sense of obligation towards the larger civic community. Blending the best of western and traditional eastern systems of education, the curriculum revolved organically around nature with classes being held in the open air. Tagore wanted his students to feel free despite being in the formal learning environment of a school because he himself had dropped out of school when he found himself unable to think and felt claustrophobic within the four walls of a classroom. Nature walks and excursions were a part of the curriculum, special attention was paid to natural phenomena and students were encouraged to follow the life cycles of insects, birds and plants.

The rural paradise of Santiniketan, Tagore's erstwhile home, has become a thriving centre of art, education and internationalism over the years.

76. What did Santiniketan initially serve as?

(a) A classroom   (b) A summer house

(c) A spiritual centre   (d) A holiday resort

77. The curriculum designed for Santiniketan was a blend of:

(a) Spiritual and religious exchange

(b) Science and religion

(c) Human values, art and culture

(d) Western education and village practices

78. Tagore's 'erstwhile' home means:

(a) Serene abode   (b) Former home

(c) Rural retreat   (d) Magnificent house

79. Why did Rabindranath drop out of school?

(a) He found the curriculum too tough.

(b) He wanted a formal learning environment.

(c) He felt stifled within the classroom.

(d) He was not interested in studies.

80. With what aim was Santiniketan established?

(a) To nurture plants, birds and insects

(b) To attract the most creative minds

(c) To make it the perfect place for meditation

(d) To encourage education outside the classroom

Ques (81-84): Directions: The following are the parts of the sentence which have been jumbled. These parts have been labelled P, Q, R and S. Given below each sentence have four sequences namely (A), (B), (C) and (D). You are required to rearrange the jumbled parts of the sentence and mark your response accordingly.

81. was the victory secured by the women's hockey team (P) / in the arena of sport, perhaps (Q) / against Australia in the Tokyo Olympics (R) / the greatest moment in Indian Olympic history (S)
The correct sequence should be:
(a) SPQ R
(b) RPQS
(c) QSPR
(d) QRPS

82. of its rain-soaked verdure (P) / and on the other there are (Q) / on the one hand there is the immense beauty (R) / the artifacts of its visible modernity (S)
The correct sequence should be:
(a) PRQ S
(b) QRSP
(c) SPQR
(d) RPQS

83. are often rooted (P) / the causes (Q) / of extreme poverty (R) / in the inequalities of social systems (S)
The correct sequence should be:
(a) QRPS
(b) QRSP
(c) SRQP
(d) SRPQ

84. a person by the way (P) / he behaves and (Q) / you must judge (R) / not by the way he looks (S)
The correct sequence should be:
(a) RPQS
(b) QRSP
(c) RSQP
(d) QPSR

85. Direction: In each question below, there is a sentence of which some parts have been jumbled up. Rearrange these parts which are labelled P, Q, R and S to produce the correct sentence. Choose the proper sequence.

The police arrived a
P) and arrested him
Q) few minutes later
R) of his wife
S) for the murder
The proper sequence should be:
(a) QPSR
(b) SQRP
(c) PSQR
(d) RQSP

86. Direction : The following sentence has been divided into parts. One of them may contain an error. Select the part that contains the error from the given options. If you don't find any error, mark 'No error' as your answer.
It was / the very well-directed film / and we enjoyed it.
(a) It was
(b) No error
(c) the very well-directed film
(d) and we enjoyed it

87. Direction: The following sentence has been split into four segments. Identify the segment that contains a grammatical error.
Every / curious child / want to / rip open a toy.
(a) rip open a toy
(b) want to
(c) curious child
(d) Every

Ques (88-89): Direction : Choose the correct options to fill in the blanks.

88. Only one of the boys ___________ not done the homework.
(a) can
(b) could
(c) has
(d) have

89. He doesn't have _____ money to donate.
(a) much
(b) some
(c) a little
(d) many

90. Direction: Four words are given in each question, out of which only one word is correctly spelt. Find the correctly spelt word.
(a) Happened
(b) Happenned
(c) Hapened
(d) Hapenned

91. Direction: Four words are given in each question, out of which only one word is correctly spelt. Find the correctly spelt word.
(a) Laibertarian
(b) Libertarian
(c) Liebertarian
(d) Liberterian

Ques (92-93): Direction: Select the option that is opposite in meaning to the underlined word and mark your response accordingly.

92. She collected a handful of the material in <u>modest</u> protest.
(a) Unhappy
(b) Conceited
(c) Sullen
(d) Glum

93. Joe's <u>hapless</u> search for fun led him from one disappointment to another.
(a) Virulent
(b) Wistful
(c) Transient
(d) Fortuitous

Ques (94-95): Direction : Select the word which means the same as the group of words given.

94. A particular form of a language which is peculiar to a specific region.
(a) dialect
(b) slang
(c) jargon
(d) lingo

95. A young person tending to commit a crime, particularly minor crime.
(a) criminal
(b) derelict
(c) delinquent
(d) convict

Digital Literacy and Awareness

96. एक बटन जो कैरेक्टर को या तो अपर या लोअर केस में तथा संख्याओं को प्रतीकों में बदल देता है:
(a) मॉनीटर
(b) शिफ्ट की
(c) आइकन
(d) माउस

97. पूर्ववत (Undo) के लिए शॉर्टकट-कुंजी क्या है?
(a) कंट्रोल+A
(b) कंट्रोल+Y
(c) कंट्रोल+Z
(d) इनमे से कोई भी नहीं

98. कम्प्यूटर का पूर्ण रूप क्या है?
(a) कंपलसरी ऑपरेटेड मशीन प्राइवेटली यूज्ड फॉर टेक्नोलॉजी एजुकेशन एंड रिसर्च
(b) कॉमन ऑपरेटिंग मशीन पर्पजली यूज्ड फॉर टेक्नोलॉजी एंड एजुकेशन रिसर्च
(c) कन्वेनेंटली ऑपरेटेड मेथड पर्टिकुलर
(d) इनमें से कोई नहीं

99. ई-मेल में CC क्या दर्शाता है?
(a) कार्बन कॉपी (Carbon Copy)
(b) क्रिएट कॉपी (Create Copy)
(c) कैंसल कॉपी (Cancel Copy)
(d) इनमें से कोई नहीं

100. निम्नलिखित में से किस समय में विशेष रूप से कई टाइम स्लॉट में विभाजित किया गया है जो निश्चित पैटर्न में हैं?

  (a) सीडीएमए   (b) टीडीएमए

  (c) एफडीएमए   (d) ये सभी

// स्मार्ट उत्तर पुस्तिका //

| सही उत्तर | उन छात्रों का प्रतिशत जिन्होंने प्रश्न का सही उत्तर दिया। |
| छोड़ दिया | उन छात्रों का प्रतिशत जिन्होंने प्रश्न को छोड़ दिया। |

प्रश्न संख्या	उत्तर	सही उत्तर / छोड़ दिया	प्रश्न संख्या	उत्तर	सही उत्तर / छोड़ दिया	प्रश्न संख्या	उत्तर	सही उत्तर / छोड़ दिया
1	C	56.58% / 1.58%	2	C	48.42% / 1.6%	3	C	56.15% / 1.23%
4	D	49.42% / 1.31%	5	C	45.19% / 1.5%	6	B	50.37% / 1.77%
7	C	40.83% / 1.21%	8	B	47.02% / 1.89%	9	B	51.46% / 1.41%
10	A	67.84% / 1.01%	11	B	51.72% / 1.67%	12	A	64.64% / 1.97%
13	B	62.27% / 1.14%	14	B	59.45% / 1.06%	15	D	40.86% / 1.34%
16	D	64.95% / 1.9%	17	B	23.95% / 4.65%	18	B	18.72% / 3.11%
19	A	18.99% / 4.65%	20	B	65.0% / 1.04%	21	C	83.0% / 0.0%
22	C	65.0% / 1.75%	23	A	23.51% / 3.24%	24	B	49.1% / 1.83%
25	D	86.07% / 0.0%	26	D	61.69% / 1.03%	27	D	53.53% / 1.86%
28	D	43.9% / 1.52%	29	D	67.49% / 1.13%	30	A	18.28% / 3.39%
31	D	65.9% / 1.32%	32	D	60.94% / 1.33%	33	B	46.22% / 1.94%
34	B	42.86% / 1.79%	35	C	82.99% / 0.0%	36	D	87.26% / 0.0%
37	A	76.5% / 0.0%	38	A	56.51% / 1.71%	39	D	25.97% / 3.08%
40	C	60.88% / 1.99%	41	B	49.78% / 1.26%	42	B	49.93% / 1.55%
43	D	58.98% / 1.72%	44	B	45.65% / 1.77%	45	D	43.09% / 1.84%
46	D	31.1% / 3.63%	47	A	80.72% / 0.0%	48	A	17.92% / 3.96%
49	B	24.87% / 4.57%	50	C	84.77% / 0.0%	51	C	46.76% / 1.84%
52	B	83.52% / 0.0%	53	D	80.0% / 0.0%	54	B	81.12% / 0.0%
55	D	41.38% / 1.53%	56	C	81.57% / 0.0%	57	C	78.52% / 0.0%
58	B	45.9% / 1.95%	59	B	61.94% / 1.95%	60	A	78.02% / 0.0%
61	D	40.11% / 1.74%	62	A	48.78% / 1.1%	63	C	76.71% / 0.0%
64	C	53.77% / 1.48%	65	B	65.45% / 1.38%	66	C	80.41% / 0.0%
67	A	56.55% / 1.28%	68	B	14.84% / 4.41%	69	D	14.72% / 4.16%
70	C	68.51% / 1.06%	71	A	61.87% / 1.61%	72	D	50.35% / 1.63%
73	C	83.68% / 0.0%	74	A	65.57% / 1.11%	75	C	62.49% / 1.47%
76	C	43.75% / 1.6%	77	C	49.3% / 1.45%	78	B	24.74% / 3.14%
79	C	16.49% / 4.96%	80	D	60.13% / 1.66%	81	C	24.19% / 4.13%
82	D	48.14% / 1.8%	83	A	61.55% / 1.59%	84	A	78.96% / 0.0%
85	A	62.56% / 1.58%	86	C	60.32% / 1.38%	87	B	85.36% / 0.0%
88	C	62.24% / 1.9%	89	A	76.55% / 0.0%	90	A	62.46% / 1.74%
91	B	49.64% / 1.75%	92	B	60.36% / 1.74%	93	D	15.64% / 3.31%
94	A	49.48% / 1.73%	95	C	47.97% / 1.75%	96	B	55.9% / 1.77%
97	C	88.23% / 0.0%	98	B	78.12% / 0.0%	99	A	42.2% / 1.93%
100	B	68.48% / 1.78%						

// संकेत और समाधान //

1(C). भारतीय संविधान के अनुच्छेद 29 से 30 के तहत "सांस्कृतिक और शैक्षिक अधिकार" प्रदान किए जाते हैं।

- सांस्कृतिक और शैक्षिक अधिकार अल्पसंख्यकों के भाषाई, सांस्कृतिक और धार्मिक अधिकारों की रक्षा करते हैं।
- यह सभी समुदायों की संस्कृति और विरासत को संरक्षित करने का प्रयास करता है।
- अनुच्छेद 29 - अल्पसंख्यकों के हितों का संरक्षण।
- अनुच्छेद 30 - शैक्षिक संस्थानों की स्थापना और प्रशासन करने का अल्पसंख्यकों का अधिकार।

2(C). 44वां संशोधन अधिनियम, 1978, जनता पार्टी द्वारा अधिनियमित किया गया था।

- इस संवैधानिक संशोधन अधिनियम ने भारतीय संविधान के अनुच्छेद 352 में मूल वाक्यांश, 'आंतरिक गड़बड़ी' को 'सशस्त्र विप्रोह' से बदल दिया।
- यह प्रदान करता है कि आपातकाल की उद्घोषणा केवल तभी जारी की जा सकती है जब युद्ध या बाहरी आक्रमण या सशस्त्र विद्रोह द्वारा भारत या उसके किसी भी हिस्से की सुरक्षा को खतरा हो।

अतः विकल्प (B) सही है।

3(C). अनुच्छेद 136 सर्वोच्च न्यायालय द्वारा अपील करने के लिए विशेष अनुमति के बारे में है।

- यह प्रावधान करता है कि सर्वोच्च न्यायालय, अपने विवेकानुसार, भारत के क्षेत्र में किसी न्यायालय या न्यायाधिकरण द्वारा पारित या किए गए किसी भी कारण या मामले में किसी भी निर्णय, राजाज्ञा, निर्धारण, वाक्य या आदेश से अपील करने के लिए विशेष अनुमति दे सकता है।

4(D). भारत नेहरू, गांधीजी बनाम राज नारायण - 1975 के मामले में सर्वोच्च न्यायालय ने कहा कि अनुच्छेद 14 में सन्निहित विधि का शासन भारतीय संविधान की 'मूल संरचना' है और इसलिए इसे संविधान के अनुच्छेद 368 के तहत संविधान के संशोधन द्वारा भी नष्ट नहीं किया जा सकता है।

- हमारे संवैधानिक संस्थापक जनकों ने इग्लैंड से विधि के शासन को अपनाया और भारतीय संविधान में इतने सारे प्रावधानों को शामिल किया।
- भारत के संविधान के अनुच्छेद -14 के तहत विधि के शासन के एक पहलू के रूप में कानून के समक्ष समानता की गारंटी देता है।

5(C). राज्य सभा को धन विधेयक प्राप्त होने के चौदह दिनों की अवधि के भीतर लोक सभा को लौटाना होता है।

- धन विधेयक केवल लोक सभा में पेश किया जाता है और उस सभा द्वारा पारित किए जाने के बाद इसे राज्य सभा की सहमति या सिफारिश के लिए भेजा जाता है।
- राज्य सभा धन विधेयक में सीधे संशोधन नहीं कर सकती; वह केवल विधेयक में संशोधन की सिफारिश कर सकती है।

6(B). दिल्ली (दिल्ली का राष्ट्रीय राजधानी क्षेत्र) में लोकसभा सीटों की संख्या सबसे अधिक है।

- लोकसभा या लोगों की सभा में अधिकतम 550 सदस्य होते हैं (जनवरी 2020 तक इसमें 552 सदस्य थे)।
- 104 वें संवैधानिक संशोधन अधिनियम, 2019 ने एंग्लो-इंडियन समुदाय से नियुक्त किए गए दो अतिरिक्त सदस्यों को समाप्त कर दिया।

- लोकसभा की सदस्यता के लिए उम्मीदवार को भारत का नागरिक होना चाहिए और उसकी आयु 25 वर्ष से कम नहीं होनी चाहिए। लोकसभा का कार्यकाल पांच वर्ष का होता है।
- विपक्ष का नेता वह राजनेता होता है जो संसद के किसी भी सदन यानी राज्यसभा और लोकसभा में आधिकारिक विपक्ष का नेतृत्व करता है।

7(C). राज्यपाल को भारत के राष्ट्रपति द्वारा पांच साल के लिए नियुक्त किया जाता है और राष्ट्रपति के प्रसादपर्यंत पद धारण करता है।
- राज्यपाल राज्य सरकार का प्रमुख पद होता है, इसके सभी कार्यकारी कार्य राज्यपाल के नाम पर किए जाते हैं।
- भारतीय संविधान का अनुच्छेद 155 कहता है - "राज्य के राज्यपाल को राष्ट्रपति द्वारा उसके हाथ और मुहर के तहत वारंट द्वारा नियुक्त किया जाएगा"।
- राज्यपाल के रूप में नियुक्ति के लिए पात्र व्यक्ति भारत का नागरिक होना चाहिए और उसे 35 वर्ष की आयु पूरी कर लेनी चाहिए।

8(B). अनुच्छेद 156: राज्यपाल का कार्यकाल
- राज्यपाल राष्ट्रपति के प्रसादपर्यंत अपने पद पर बने रहेंगे। राज्यपाल, राष्ट्रपति को संबोधित अपने हस्ताक्षर के तहत लिखित रूप में, अपने पद से इस्तीफा दे सकता है।
- इस अनुच्छेद के पूर्वगामी प्रावधानों के अधीन, राज्यपाल अपने पद ग्रहण करने की तारीख से पांच वर्ष की अवधि के लिए पद धारण करेगा बशर्ते कि एक राज्यपाल, अपने कार्यकाल की समाप्ति के बावजूद, तब तक पद पर बना रहेगा जब तक कि उसका उत्तराधिकारी अपना पद ग्रहण नहीं कर लेता।

9(B). प्रतिस्पर्धा अधिनियम की धारा 9 , भारतीय प्रतिस्पर्धा आयोग के अध्यक्ष और सदस्यों के लिए चयन समिति से संबंधित है।
धारा 9 : आयोग के अध्यक्ष और सदस्यों के लिए चयन समिति- (1) आयोग के अध्यक्ष और अन्य सदस्यों की नियुक्ति केंद्र सरकार द्वारा एक चयन समिति द्वारा अनुशंसित नामों के एक पैनल से की जाएगी, जिसमें शामिल हैं -
(A) भारत के मुख्य न्यायाधीश या उनके नामित अध्यक्ष;
(B) कॉर्पोरेट मामलों के मंत्रालय में सचिव सदस्य;
(C) कानून और न्याय मंत्रालय में सचिव सदस्य;
(D) प्रतिष्ठित दो विशेषज्ञ जिन्हें अंतरराष्ट्रीय व्यापार, अर्थशास्त्र, व्यापार, वाणिज्य, कानून, वित्त, लेखा, प्रबंधन, उद्योग, सार्वजनिक मामलों या प्रतिस्पर्धा कानून और नीति सदस्यों सहित प्रतिस्पर्धा मामलों में विशेष ज्ञान और पेशेवर अनुभव है।
(2) चयन समिति का कार्यकाल और नामों के पैनल के चयन का तरीका ऐसा होगा जैसा कि निर्धारित किया जा सकता है।

10(A). कुछ मामलों में अध्यक्ष और अन्य सदस्यों के नियोजन पर निर्बंधन -अध्यक्ष और अन्य सदस्य उस तारीख से दो वर्ष की अवधि के लिए जिस पर वे पद धारण नहीं करते हैं, किसी भी उद्यम में या प्रबंधन या प्रशासन से जुड़े किसी भी रोजगार को स्वीकार नहीं करेंगे। इस अधिनियम के तहत आयोग के समक्ष एक कार्यवाही के लिए एक पार्टी: बशर्ते कि इस धारा में निहित कुछ भी केंद्र सरकार या राज्य सरकार या स्थानीय प्राधिकरण या किसी वैधानिक प्राधिकरण या किसी भी केंद्रीय द्वारा या उसके तहत स्थापित किसी भी निगम में किसी भी रोजगार पर लागू नहीं होगा, कंपनी अधिनियम की धारा 617 में परिभाषित राज्य या प्रांतीय अधिनियम या एक सरकारी कंपनी, 1956 (1956) का (1) । अध्यक्ष या सदस्य, उस तारीख से, जिस तारीख से वे पद धारण करना बंद करते हैं, दो वर्ष की अवधि के लिए, किसी ऐसे उद्यम के प्रबंधन या प्रशासन में या उससे संबंधित कोई रोजगार स्वीकार नहीं करेंगे, जो आयोग के समक्ष कार्यवाही का पक्षकार रहा हो। . हालांकि, रोजगार का ऐसा प्रतिबंध केंद्र सरकार या राज्य सरकार या स्थानीय प्राधिकरण या केंद्रीय, राज्य या प्रांतीय अधिनियम द्वारा स्थापित किसी वैधानिक प्राधिकरण या निगम के तहत या सरकारी कंपनी में किसी भी रोजगार के मामले में लागू नहीं होगा।

11(B). भारतीय प्रतिस्पर्धा आयोग (सीसीआई) एक वैधानिक निकाय है जिसे अधिनियम के प्रशासन, कार्यान्वयन और प्रवर्तन के लिए प्रतिस्पर्धा अधिनियम, 2002 के तहत स्थापित किया गया था।

सीसीआई में एक अध्यक्ष और 6 सदस्य होते हैं जिन्हें केंद्र सरकार द्वारा नियुक्त किया जाता है और मार्च 2009 में विधिवत गठित किया गया था।
आयोग के निम्नलिखित उद्देश्य हैं।
(i) प्रतिस्पर्धा पर प्रतिकूल प्रभाव डालने वाली प्रथाओं को रोकने के लिए।
(ii) बाजारों में प्रतिस्पर्धा को बढ़ावा देना और बनाए रखना।
(iii) उपभोक्ताओं के हितों की रक्षा करना और व्यापार की स्वतंत्रता सुनिश्चित करना।

12(A). इस सुधार से इम्पीरियल लेजिस्लेटिव काउंसिल और प्रांतीय परिषदों दोनों में निर्वाचित सदस्यों की संख्या में वृद्धि हुई। लेकिन ज्यादातर निर्वाचित सदस्यों को अप्रत्यक्ष रूप से चुना गया था। कथन 1 सही है।
मॉर्ले मिंटो सुधार ने मुसलमानों के लिए एक अलग निर्वाचक मंडल पेश किया, न कि सिखों और ईसाइयों के लिए। कथन 2 गलत है।

13(B). मेगस्थनीज मौर्य संस्थापक सम्राट चंद्रगुप्त मौर्य के दरबार में सेल्यूकस निकेटर का राजदूत था। सेल्यूकस निकेटर मैसिडोनिया के सिकंदर के जनरलों में से एक था। उसने सिकंदर के साम्राज्य के पूर्वी हिस्से पर शासन किया। मेगस्थनीज ने पाटलिपुत्र में निवास किया और मौर्य साम्राज्य के प्रशासन, सामाजिक-आर्थिक स्थिति और कई अन्य पहलुओं के बारे में लिखा। उन्होंने "इंडिका" पुस्तक लिखी, जिसमें उन्होंने न केवल पाटलिपुत्र बल्कि पूरे मौर्य साम्राज्य के इन पहलुओं का वर्णन किया।
मेगस्थनीज ने सैन्य-संबंधी गतिविधियों और मिशनों के समन्वय के लिए छह उप-समितियों वाली समिति का उल्लेख किया।
- इनमें से, 1 नौसेना बल के बाद देखा गया, 2 परिवहन और प्रावधानों में कामयाब रहा, 3 पैदल सेना के लिए जिम्मेदार था। घुड़सवार सेना के लिए चौथा, रथों के लिए 5 वां और हाथियों के लिए 6 वां स्थान है।
- अन्य उप-समितियों की गतिविधियाँ विविध थीं:
- उपकरण ले जाने के लिए बैलगाड़ी की व्यवस्था करना।
- सैनिकों के लिए भोजन की खरीद और पशुओं के लिए चारा।
- सैनिकों की देखभाल के लिए नौकरों और कारीगरों की भर्ती।
इसलिए, कथन 2 सही है।
- उन्होंने यह भी उल्लेख किया कि मौर्य साम्राज्य के विशेषज्ञ अधिकारियों ने मिस्र में भूमि को मापा।
- उन्होंने गांवों और भूमि के वितरण के लिए पानी के चैनलों का भी निरीक्षण किया।
इसलिए, कथन 3 सही है।
- मेगस्थनीज ने वर्णन किया कि उसने मौर्यकालीन भारत में किसी भी दास प्रथा पर ध्यान नहीं दिया।
- हालांकि, कौटिल्य के अर्थशास्त्री ने उल्लेख किया है कि मौर्य साम्राज्य में दास कृषि कार्यों में कार्यरत थे।
इसलिए, कथन 1 गलत है।

14(B). लू पश्चिम से आने वाली एक तेज, धूल भरी, तेज, गर्म और शुष्क गर्मी की हवा है जो उत्तर भारत और पाकिस्तान के पश्चिमी भारत-गंगा के मैदानी क्षेत्र में बहती है। इसलिए, कथन 1 और कथन 2 सही हैं।
- लू हवाएँ ईरानी, बलूच और थार रेगिस्तान से निकलती हैं।
- यह मई और जून के महीनों में विशेष रूप से बहती है।
- इसके बहुत अधिक तापमान (45 °C-50 °C या 115 °F–120 °F) के कारण, इसके संपर्क में आने से अक्सर घातक ऊष्माघात होते हैं।
- चूंकि यह बेहद कम आर्द्रता और उच्च तापमान का कारण बनती है, लू का वनस्पति पर भी गंभीर सुखाने का प्रभाव पड़ता है जिससे मई और जून के महीनों के दौरान इससे प्रभावित क्षेत्रों में व्यापक भूरापन होता है।
- उष्ण कटिबंधीय क्षेत्रों में, विशेषकर उत्तरी भारत में, गर्मी के मौसम में, स्थानीय हवाएँ जिन्हें 'लू कहा जाता है, अभिवहन प्रक्रिया का परिणाम हैं। इसलिए, कथन 3 सही नहीं है।

15(D). चीनी उद्योग के लिए गाजर कच्चा माल नहीं है।
गाजर महत्वपूर्ण स्वास्थ्य को बढ़ावा देने वाले गुणों के साथ कई

अन्य कार्यात्मक घटकों के सराहनीय स्तर के साथ-साथ कैरोटीनॉयड और आहार फाइबर जैसे जैवसक्रिय यौगिकों से भरपूर महत्वपूर्ण जड़ वाली सब्जियों में से एक है।

16(D). उष्ण क्षेत्र में, वर्ष भर गर्म और आर्द्र रहता है।

उष्ण क्षेत्र में विभिन्न प्रकार की स्थलाकृतिक विशेषताएं शामिल हैं जो जलवायु को प्रभावित करती हैं। गौर कीजिए कि कई रेगिस्तान और पहाड़ उष्ण क्षेत्र को परिभाषित करने वाले अक्षांशों के भीतर आते हैं। उष्णकटिबंधीय क्षेत्र के लिए वर्षावन अधिक विशिष्ट अनुमान हो सकते हैं, लेकिन इस क्षेत्र के भीतर बर्फ से ढके पहाड़ भी संभव हैं।

अत: **विकल्प** (D) सही है।

17(B). अजंता की गुफाओं एवं लेपाक्षी मंदिर में भित्ति चित्रकला के साक्ष्य एकदम स्पष्ट हैं परन्तु सांची स्तूप में भित्ति चित्रकला के साक्ष्य स्पष्ट नहीं हैं। स्तूप के चारों ओर लगे तोरण बुद्ध के जीवन की घटनाओं तथा जातक कथाओं के चित्रों से भरे हैं और नीचे से ऊपर तक अलंकृत हैं। तोरण स्तूप के भाग के रूप में नहीं माने जा सकते हैं।

18(B). केरल के पारंपरिक दस्ताने वाले कठपुतली नाटक को पवाकुथु कहा जाता है। इसलिए, कथन 1 गलत है।

यह कठपुतली प्रदर्शनों पर केरल के प्रसिद्ध शास्त्रीय नृत्य-नाटक कथकली के प्रभाव के कारण 18वीं शताब्दी के दौरान अस्तित्व में आया। इसलिए, कथन 2 सही है।

एक कठपुतली की ऊंचाई एक से दो फीट तक भिन्न होती है। सिर और हाथ लकड़ी के नक्काशीदार होते हैं और एक मोटे कपड़े के साथ जुड़ते हैं, कट जाते हैं और एक छोटे बैग में सिले जाते हैं। इसलिए, कथन 3 सही है। कठपुतलियों के चेहरे को पेंट, छोटे और पतले टुकड़ों के साथ सजाया जाता है, जिसमें टिन के पंख, मोर के पंख आदि होते हैं।

जोड़तोड़ करने वाला अपना हाथ बैग में डालता है और कठपुतली के हाथ और सिर को हिलाता है। प्रदर्शन के दौरान इस्तेमाल किए जाने वाले संगीत वाद्ययंत्र चेंदा, चेंजीलोआ, इलथलम और शंखे शंख हैं।

केरल में ग्लोव कठपुतली नाटकों का विषय रामायण या महाभारत के एपिसोड पर आधारित है।

अत: **विकल्प** (B) सही है।

19(A). डोलू कुनिथा कर्नाटक का एक प्रसिद्ध ढोल नृत्य है।

इसके साथ गायन होता है, यह शानदार विविधता और कौशल की जटिलता प्रदान करता है। बीरेश्वर या बीरलिंगेश्वर के पीठासीन देवता के लिए किया जाता है, जिन्हें मुख्य रूप से कर्नाटक के कुरुबा गौदास द्वारा पूजा जाता है और जिन्हें हलुमथस्थ भी कहा जाता है। यह मनोरंजन और आध्यात्मिक संपादन दोनों प्रस्तुत करता है।

20(B). केन्द्रीय उत्पाद शुल्क ऐसा कर है जो केन्द्रीय सरकार द्वारा लगाया जाता है, लेकिन उससे प्राप्त आय को केन्द्र और राज्य में विभाजित कर दिया जाता है।

21(C). भारतीय अर्थव्यवस्था का तृतीयक क्षेत्र सकल राष्ट्रीय उत्पादन में सबसे अधिक योगदान करता है। कृषि (प्राथमिक क्षेत्र) - 14%, उद्योग (द्वितीयक क्षेत्र) - 27%, सेवा (तृतीयक क्षेत्र) - 59%

22(C). केरल विश्वविद्यालय में भौतिकी के एक प्रोफेसर और अनुसंधान विद्वान विभाग ने पांचवीं पीढ़ी (5G) माइक्रोवेव अवशोषक विकसित किए हैं, जिनका उपयोग विद्युत चुम्बकीय विकिरण के खिलाफ एक प्रभावी ढाल के रूप में किया जा सकता है।

इलेक्ट्रोमैग्नेटिक इंटरफेरेंस (ईएमआई) को जीवों के स्वास्थ्य के लिए खतरनाक माना जाता है। यह उच्च अंत इलेक्ट्रॉनिक उपकरणों को भी प्रभावित करता है। उन्होंने उच्च आवृत्ति क्षेत्र में माइक्रोवेव अवशोषण के लिए नई परिरक्षण सामग्री, 'मेयनाइट इलेक्ट्राइड' का उपयोग किया।

23(A). एमीसैट (EMISAT) उपग्रह का लक्ष्य विद्युत चुम्बकीय स्पेक्ट्रम माप है। इसलिए, कथन 1 सही है।

इलेक्ट्रॉनिक इंटेलिजेंस सैटेलाइट (एमीसैट) का प्रक्षेपण DRDO के लिये किया गया है, जिसका उद्देश्य देश की सीमाओं पर इलेक्ट्रॉनिक या अन्य किसी तरह की मानवीय गतिविधियों पर नज़र रखना है। साथ ही यह सीमाओं पर तैनात दुश्मनों के राडार और सेंसर पर भी निगाह रखेगा। यह रक्षा अनुसंधान और विकास संगठन के लिये एक इलेक्ट्रॉनिक खुफिया उपग्रह है। इसलिए, कथन 2 सही है।

श्रीहरिकोटा के सतीश धवन अंतरिक्ष केंद्र से 1 अप्रैल की सुबह भारतीय अंतरिक्ष अनुसंधान संगठन (ISRO) के प्रक्षेपण यान PSLV C-45 ने एमिसैट सैटेलाइट (EMISAT) लॉन्च किया। इसलिए, कथन 3 सही नहीं है।

24(A). 5G एक नई वायरलेस तकनीक है जो मौजूदा 4G नेटवर्क की तुलना में तेज इंटरनेट स्पीड, कम विलंबता और अधिक बैंडविड्थ का वादा करती है। 5G नेटवर्क दुनिया भर में शुरू किए जा रहे हैं और उम्मीद की जा रही है कि वे सेल्फ-ड्राइविंग कार, संवर्धित वास्तविकता और इंटरनेट ऑफ थिंग्स सहित कई नए अनुप्रयोगों का समर्थन करेंगे।

25(D). वेब 3.0 इंटरनेट की आने वाली तीसरी पीढ़ी है जहां वेबसाइट और ऐप मशीन लर्निंग (एमएल), बिग डेटा, विकेंद्रीकृत लेजर तकनीक (डीएलटी), आदि जैसी तकनीकों के माध्यम से स्मार्ट मानव की तरह जानकारी को संसाधित करने में सक्षम होंगे। वेब 3.0 वर्ल्ड वाइड वेब के आविष्कारक टिम बर्नर्स-ली द्वारा मूल रूप से सिमेंटिक वेब कहा गया था, और इसका उद्देश्य अधिक स्वायत्त, बुद्धिमान और विवृत इंटरनेट होना था।

कथन 1 सही है: वेब 3.0 उपयोगकर्ताओं को उनके डेटा का नियंत्रण देता है। वेब 3.0 व्यक्तियों को न केवल अपने डेटा का स्वामित्व और नियंत्रण करने की अनुमति देता है बल्कि उनके ऑनलाइन समय के लिए प्रतिपूर्ति भी प्राप्त करता है। उपयोगकर्ता अपने व्यक्तिगत डेटा के बदले मुफ्त तकनीकी प्लेटफॉर्म का उपयोग करने के बजाय सीधे इंटरनेट प्रोटोकॉल के प्रबंधन में संलग्न हो सकते हैं, जो कि फेसबुक और इंस्टाग्राम जैसे प्लेटफॉर्म में है।

कथन 2 सही है: वेब 3.0 भी ब्लॉकचैन पर आधारित विकेंद्रीकृत इंटरनेट को संदर्भित करता है, क्योंकि वे अपने स्वयं को विकसित करने के लिए हैं।

कथन 3 सही है: वेब 3.0 अपने संचालन में ब्लॉकचेन प्रौद्योगिकी को शामिल करने पर आधारित होने के साथ, जो नया वर्ल्ड वाइड वेब बनाएगा वह विकेंद्रीकृत, भरोसेमंद (वेब 3.0 बिचौलिए को बाहर निकालता है), और अनुमति रहित होगा (कोई भी इसमें शामिल हो सकता है और किसी को कभी भी प्रतिबंधित नहीं किया जा सकता)।

26(D). मंगल और बृहस्पति के बीच क्षुद्रग्रह बेल्ट का अध्ययन करने के लिए 2023 में लॉन्च होने वाले नए नासा अंतरिक्ष यान को लुसी कहा जाता है। यह मिशन ट्रोजन क्षुद्रग्रहों की एक श्रृंखला का दौरा करेगा, जिनके बारे में माना जाता है कि वे शुरुआती सौर मंडल के अवशेष हैं और ग्रहों के निर्माण के लिए गुराग प्रदान कर सकते हैं।

27(D). पियाली बसाक बिना पूरक ऑक्सीजन के माउंट एवरेस्ट फतह करने वाली पहली भारतीय महिला बन गई हैं।

22 मई 2022 को पश्चिम बंगाल की पियाली बसाक बिना पूरक ऑक्सीजन के माउंट एवरेस्ट फतह करने वाली पहली भारतीय महिला बनीं। अक्टूबर 2021 में, पियाली बिना ऑक्सीजन सपोर्ट के माउंट धौलागिरी (8167 मीटर) पर चढ़ने वाली पहली महिला भी बनीं। उन्होंने माउंट अन्नपूर्णा 1 (8091 मीटर) के एक अंतरराष्ट्रीय अभियान में भारत का प्रतिनिधित्व भी किया है। माउंट अन्नपूर्णा 1 दुनिया की 10वीं सबसे ऊंची चोटी है।

28(D). सरकार ने सेंट्रल सेक्टर नेशनल मीन्स-कम-मेरिट स्कॉलरशिप (एनएमएमएसएस) को 5 साल यानी 2021 – 22 से 2025 – 26 तक जारी रखने की मंजूरी दे दी है। पात्रता मानदंड में मामूली संशोधन के साथ इसका वित्तीय परिव्यय 1827.00 करोड़ रुपये होगा। योजना का उद्देश्य आर्थिक रूप से कमजोर वर्ग के मेधावी छात्रों को छात्रवृत्ति प्रदान करना है।

29(D). ढाका में भारतीय उच्चायोग ने औपचारिक रूप से 24 फरवरी 2022 को सुबोर्नो जयंती छात्रवृत्ति वेबसाइट लॉन्च की।

बांग्लादेशी नागरिकों के लिए भारत में शिक्षा और व्यावसायिकता के अवसरों को साझा करने के लिए, छात्रों के लिए 1000 सबबोर्न जयंती छात्रवृत्ति (एसजेएस) की घोषणा 26 – 27 मार्च 2021 को पीएम मोदी की बांग्लादेश यात्रा के दौरान की गई थी।

30(A). केंद्रीय बंदरगाह, जहाजरानी और जलमार्ग मंत्री और आयुष सर्बानंद सोनोवाल (फरवरी 2022 तक) ने 23 फरवरी 2022 को डीसीआई (ड्रेजिंग कॉर्पोरेशन ऑफ इंडिया) ड्रेजिंग म्यूजियम का उद्घाटन किया। इसका उद्घाटन विशाखापत्तनम में डीसीआई परिसर में हुआ। उन्होंने कौशल विकास सुविधा-समुद्री और जहाज निर्माण में उत्कृष्टता केंद्र (सीईएमएस) का भी उद्घाटन किया।

31(D). भारत में पहली बार दिल्ली में इंदिरा गांधी अंतर्राष्ट्रीय हवाई अड्डे ने रेडियो-फ्रीकेंसी आइडेंटिफिकेशन (RFID) सक्षम बैगेज टैग पेश किए जो यात्रियों को उनके सामान के स्थान के बारे में वास्तविक समय की जानकारी देंगे। RFID तकनीक व्यक्तिगत होगी और आने वाले यात्रियों को उनके चेक-इन सामान पर नज़र रखने में मदद करेगी। बैग टैग को 'बैग ट्रैक्स' कहा जाएगा और यह न केवल घरेलू और अंतर्राष्ट्रीय आगमन यात्रियों को बल्कि उनके चेक-इन बैगेज को ट्रैक करने में भी मदद करेगा।

32(D). ऑस्ट्रेलिया का डीकिन विश्वविद्यालय गुजरात के गिफ्ट सिटी में एक स्वतंत्र परिसर के माध्यम से भारत में प्रवेश करने वाला पहला विदेशी विश्वविद्यालय बनने के लिए तैयार है।

33(B). कॉलिन्स डिक्शनरी द्वारा 'पर्माक्राइसिस' शब्द को 'वर्ड ऑफ द ईयर 2022' चुना गया है।
यह शब्द जलवायु परिवर्तन, यूरोप में युद्ध, जीवन की लागत के संकट और राजनीतिक अराजकता से उत्पन्न चुनौतियों से संबंधित है। यह पहली बार 1970 के दशक में अकादमिक संदर्भ में इस्तेमाल किया गया था। 2020 में, कॉलिन्स ने "लॉकडाउन" को वर्ष के अपने शब्द के रूप में चुना था और 2021 में "NFT-नॉन-फंगीबल टोकन" शब्द चुना था।

34(B). छत्तीसगढ़ के बस्तर में कांगेर घाटी राष्ट्रीय उद्यान के पराली बोडल गांव में 'पेंटेड बैट' के नाम से जाना जाने वाला एक 'दुर्लभ नारंगी रंग का चमगादड़' देखा गया है।
इस पेंटेड बैट का वैज्ञानिक नाम 'केरिवौला पिक्टा' है। इस प्रजाति को विश्व स्तर पर लुप्तप्राय की श्रेणी में रखा गया है। यह प्रजाति आमतौर पर बांग्लादेश, ब्रुनेई, बर्मा, कंबोडिया, चीन, इंडोनेशिया, थाईलैंड और वियतनाम में पाई जाती है। भारत में, यह पश्चिमी घाट, केरल, महाराष्ट्र और ओडिशा में पहले ही देखा जा चुका है।

35(C). उत्तर प्रदेश सरकार ने एक परिवार, एक पहचान के लिए पोर्टल लॉन्च किया। उत्तर प्रदेश सरकार ने फरवरी 2023 में "एक परिवार एक पहचान" के निर्माण के लिए पोर्टल लॉन्च किया। इसे 'एक नौकरी प्रति परिवार' प्रस्ताव को लागू करने के लिए एक इकाई के रूप में परिवारों की पहचान करने के लिए लॉन्च किया गया था।

36(D). दिया गया है:
$$\frac{8}{7} - \frac{3}{8} = \frac{3}{8} - \frac{8}{7}$$
$$\frac{43}{56} \neq -\frac{43}{56}$$

37(A). दिया गया है:
$$\sqrt{\sqrt{256} + \sqrt{81}}$$
$$\Rightarrow \sqrt{16 + 9} = \sqrt{25}$$
$$= 5$$

38(A). माना कि नौवें मैच तक औसत $= x$
$\therefore$ नौवें मैच तक बनाए गए रन $= 9x$
10 वें मैच में बनाए गए रन $= 111$
10 वें मैच तक कुल रन $= x + 5$
तो $\frac{9x+111}{10} = x + 5$
$9x + 111 = 10x + 50$
$x = 61$

10 वें मैच के बाद औसत $= x + 5 = 61 + 5 = 66$

39(D). दिया गया है:
चार सतत विषम संख्याओं का औसत $= 34$
हम जानते हैं कि:
औसत = (पदों का योगफल/पदों की संख्या)
माना संख्याएं $x, x + 2, x + 4$ और $x + 6$ हैं
तब औसत के सूत्र से,
$$औसत = \frac{x+(x+2)+(x+4)+(x+6)}{4}$$
$$\Rightarrow 34 = \frac{4x+12}{4}$$
$$\Rightarrow 34 = x + 3$$
$$\Rightarrow x = 31$$
$\therefore$ 31 निम्नतम संख्या है, तब,
$\Rightarrow$ दूसरी निम्नतम संख्या $= x + 2 = 31 + 2 = 33$
$\Rightarrow$ उच्चतम संख्या $= x + 6 = 31 + 6 = 37$
अब प्रश्न में वर्णित संख्याओं का औसत,
$$= \frac{(33+37)}{2}$$
$$= \frac{70}{2}$$
$$= 35$$
इन संख्याओं में से उच्चतम और दूसरी निम्नतम संख्या का औसत एक विषम संख्या होगी।

40(C). माना,
$x = 0.12\overline{3}$
अब, 100 और 1000 से गुणा करें
$100x = 12.\overline{3}$ ...... (1)
$1000x = 123.\overline{3}$ .... (2)
समीकरण (1) को समीकरण (2) से घटाने पर, हम प्राप्त करते है,
$1000x - 100x = 123.\overline{3} - 12.\overline{3}$
$\Rightarrow 900x = 111$
$\Rightarrow x = \frac{111}{900}$
$\Rightarrow x = \frac{37}{300}$

41(B). दशमलव स्थानों का योग $= 7$ है।
चूंकि अंतिम दाईं ओर का अंतिम अंक शून्य होगा ($5 \times 4 = 20$ से), इसलिए दशमलव बिंदु के दाईं ओर 6 महत्वपूर्ण अंक होंगे।

42(B). दिया गया है:
तीन संख्याओं का अनुपात $= 5 : 4 : 8$
पहले और दूसरे संख्या का योग = तीसरे संख्या और 18 का योग
अब,
माना कि तीन संख्याएँ क्रमशः $5x, 4x$ और $8x$ है।
पहली संख्या + दूसरी संख्या $= (5x + 4x)$
$= 9x$
तीसरी संख्या $+ 18 = 8x + 18$
अब,
$9x = 8x + 18$
$\Rightarrow x = 18$
तीसरी संख्या और दूसरी संख्या के बीच का अंतर $= 8x - 4x$
$= 4x$
$= 4 \times 18$
$= 72$

43(D). दी गयी जानकारी के अनुसार,
किसी संख्या का 50% दूसरी संख्या के एक-तिहाई के बराबर है।
माना पहली संख्या X और दूसरी संख्या Y है।
$\frac{X}{2} = \frac{Y}{3}$
$\Rightarrow \frac{3X}{2} = Y$
दो संख्याओं के बीच अनुपात ज्ञात करने के लिए,
$X : Y = 2 : 3$

44(B). जीते हुए उम्मीदवार को प्राप्त वोट $= 57\%$
हारे हुए उम्मीदवार को प्राप्त वोट $= (100 - 57)\% = 43\%$

$57\% - 43\% = 6524$

$14\% = 6524$

$1\% = \dfrac{6524}{14}$

$43\% = \dfrac{6524}{14} \times 43$

$= 20,038$

इसलिए, हारे हुए उम्मीदवार को प्राप्त कुल वोट $= 20,038$

45(D). दिया है:

दो वस्तुओं के विक्रय मूल्य का अनुपात 2 : 3 है। पहली वस्तु को 20% के लाभ पर और दूसरी को 20% की हानि पर बेचा जाता है।

सूत्र का उपयोग करते हुए,

लाभ% या हानि% = [(लाभ या हानि)/क्रय मूल्य] × 100

माना विक्रय मूल्य 2x और 3x है।

पहली वस्तु 20% लाभ पर बेची गई

विक्रय मूल्य 120% = 2x

क्रय मूल्य $= 2x \times \dfrac{100}{120} = \dfrac{5x}{3}$

दूसरी वस्तु को 80% पर बेचा गया

क्रय मूल्य $= 3x \times \dfrac{100}{80} = \dfrac{15x}{4}$

कुल क्रय मूल्य $= \dfrac{5x}{3} + \dfrac{15x}{4}$

$= \dfrac{65x}{12}$

कुल विक्रय मूल्य $= 2x + 3x = 5x$

क्रय मूल्य > विक्रय मूल्य

इसलिए, हानि होती है

$\dfrac{65x}{12} - 5x = \dfrac{5x}{12}$

हानि % $= \dfrac{\frac{5x}{12}}{\frac{65}{12}} \times 100$

$= \dfrac{100}{13}\%$ हानि

$\therefore \dfrac{100}{13}\%$ की हानि होगी।

46(D). दिया गया है:

पहले प्रकार की चीनी का क्रय मूल्य = 85 रुपये/किग्रा

दूसरी प्रकार की चीनी का क्रय मूल्य = 105 रुपये/किग्रा

मिश्रण का विक्रय मूल्य = 108 रुपये/किग्रा

लाभ प्रतिशत = 20%

प्रयुक्त सूत्र:

क्रय मूल्य = विक्रय मूल्य × [100/(100 + लाभ%)]

माना चीनी की दो किस्मों के बीच का अनुपात x : y है

क्रय मूल्य $= \dfrac{108}{120} \times 100 = $ रुपये 90 रुपये

$\Rightarrow 85x + 105y = 90(x + y)$

$\Rightarrow 85x + 105y = 90x + 90y$

$\Rightarrow 5x = 15y$

$\Rightarrow x = 3y$

$\Rightarrow x = 3, y = 1$

$\therefore$ जिस अनुपात में चीनी की दो किस्में मिलानी चाहिए, वह 3 : 1 है।

47(A). दिया है-

मूलधन $P = 3000$ रुपये

दर $R = \dfrac{25}{4}\%$ प्रति वर्ष

समय $T = 4$ फरवरी, 2005 से 18 अप्रैल 2005

दिनों की संख्या $= (24 + 31 + 18) = 73$

$T = \dfrac{73}{365} = \dfrac{1}{5}$ वर्ष

सूत्र के अनुसार-

$SI = \dfrac{P \times R \times T}{100}$ जहा SI साधारण ब्याज है

$\Rightarrow SI = \dfrac{3000 \times \frac{25}{4} \times \frac{1}{5}}{100}$

$\Rightarrow SI = 37.50$ रुपये

48(A). दिया है-

चक्रवृद्धि ब्याज पर एक मूलधन 3 वर्ष के बाद 6690 रुपये और 6 वर्ष के बाद 10035 रुपये हो जाता है।

माना कि निवेशित मूलधन P है।

3 वर्ष के बाद मिश्रधन $A_1 = 6690$ रुपये

$\Rightarrow 6690 = P\left(1 + \dfrac{R}{100}\right)^3$ --- (1)

जहां R ब्याज दर है

6 वर्ष के बाद मिश्रधन $A_2 = 10035$ रुपये

$\Rightarrow 10035 = P\left(1 + \dfrac{R}{100}\right)^6$ --- (2)

समीकरण (2) को समीकरण (1) से भाग देने पर हमें प्राप्त होता है,

$\Rightarrow \dfrac{10035}{6690} = \left(1 + \dfrac{R}{100}\right)^3$

$\Rightarrow \left(1 + \dfrac{R}{100}\right)^3 = \dfrac{3}{2}$

$\left(1 + \dfrac{R}{100}\right)^3 = \dfrac{3}{2}$ को समीकरण (1) में रखने पर, हमे मिलता है

$\Rightarrow 6690 = P \times \dfrac{3}{2}$

$\Rightarrow P = 4460$ रुपये

49(B). A और $B = 100 : 130 = 10 : 13$ द्वारा लिया गया समय का अनुपात

मान लीजिए कि B को कार्य करने में x दिन लगते हैं, तो,

$10 : 13 :: 23 : x$

$\Rightarrow x = \dfrac{23 \times 13}{10}$

$\Rightarrow x = \dfrac{299}{10}$

A का 1 दिन का कार्य $= \dfrac{1}{23}$

B का 1 दिन का कार्य $= \dfrac{10}{299}$

$A + B\text{'s}$ 1 दिन का कार्य $= \dfrac{1}{23} + \dfrac{10}{299}$

$= \dfrac{23}{299}$

$= \dfrac{1}{13}$

A और B मिलकर 13 दिनों में कार्य पूरा कर सकते हैं।

50(C). लिया गया समय = कुल कार्य / दक्षता

चूँकि, 14 मजदूर 20 दिनों में एक दीवार का निर्माण कर सकते हैं।

इसलिए, 1 मजदूर दीवार बना सकता है $20 \times 14 = 280$ दिन

$\Rightarrow 20$ मजदूर इस प्रकार के 1 दीवार $\dfrac{280}{20} = 14$ दिन में बना सकते हैं।

$\Rightarrow 20$ मजदूर इस प्रकार के 2 दीवार $14 \times 2 = 28$ दिन में बना सकते हैं।

$\therefore 20$ मजदूर इस प्रकार के 2 दीवारों का निर्माण 28 दिन में करते हैं।

51(C). दिया गया है,

देश यूरोपीय संघ द्वारा प्रति व्यक्ति कार्बन उत्सर्जन – 7 टन

वर्ष 2015 में वैश्विक स्तर पर किया गया कुल कार्बन उत्सर्जन = 3.6 करोड़ किलोटन

देश यूरोपीय संघ द्वारा कुल कार्बन उत्सर्जन का प्रतिशत = 10%

जैसा कि हम जानते हैं,

1 किलोटन = 1000 टन

यूरोपीय संघ का कुल कार्बन उत्सर्जन = (3.6 करोड़) × $\dfrac{10}{100}$

= (3.6 करोड़) × 0.1

= 0.36 करोड़ किलोटन

= 360 करोड़ टन

दिया गया है,

प्रति व्यक्ति कार्बन उत्सर्जन = (देश का कुल कार्बन उत्सर्जन) / (देश की आबादी)

$\therefore$ यूरोपीय संघ की अनुमानित आबादी $= \left[\dfrac{360}{7}\right]$ करोड़

= 51.42 करोड़

52(B). दिया गया है,

वर्ष 2015 में वैश्विक स्तर पर किया गया कुल कार्बन उत्सर्जन = 3.6 करोड़ किलोटन

देश अमेरिका द्वारा प्रति व्यक्ति कार्बन उत्सर्जन = 16 टन

देश अमेरिका द्वारा कुल कार्बन उत्सर्जन का प्रतिशत = 15%

देश रूस द्वारा प्रति व्यक्ति कार्बन उत्सर्जन = 12.5 टन
देश रूस द्वारा कुल कार्बन उत्सर्जन का प्रतिशत = 5%
जैसा कि हम जानते हैं,
1 किलोटन = 1000 टन
अमेरिका का कुल कार्बन उत्सर्जन = (3.6 करोड़) × $\frac{15}{100}$
= (3.6 करोड़) × 0.15
= 0.54 करोड़ किलोटन
= 540 करोड़ टन
दिया गया है,
प्रति व्यक्ति कार्बन उत्सर्जन = (देश का कुल कार्बन उत्सर्जन) / (देश की आबादी)
∴ अमेरीका में आबादी = $\left[\frac{540}{16}\right]$ करोड़
= 33.75 करोड़
रूस का कुल कार्बन उत्सर्जन = (3.6 करोड़) × $\frac{5}{100}$
= (3.6 करोड़) × 0.05 किलोटन
= 0.18 करोड़ किलोटन
= 180 करोड़ टन
∴ रूस की आबादी = $\left[\frac{180}{12.5}\right]$ करोड़
= 14.4 करोड़
∴ आवश्यक अनुपात = 33.75 : 14.4
= 75 : 32

53(D). दिया गया है,
वर्ष 2015 में वैश्विक स्तर पर किया गया कुल कार्बन उत्सर्जन = 3.6 करोड़ किलोटन
जैसा कि हम जानते हैं,
1 किलोटन = 1000 टन
∴ वर्ष 2015 में वैश्विक स्तर पर किया गया कुल कार्बन उत्सर्जन = 3600 करोड़ टन
और वैश्विक स्तर पर प्रति व्यक्ति कार्बन उत्सर्जन = 5 टन
दिया गया है,
प्रति व्यक्ति कार्बन उत्सर्जन = (देश का कुल कार्बन उत्सर्जन) / (देश की आबादी)
∴ विश्व की आबादी = $\left[\frac{3600}{5}\right]$ करोड़
= 720 करोड़
चूँकि जापान की आबादी विश्व की आबादी का 1.75% है।
∴ जापान की आबादी = 720 करोड़ × $\frac{1.75}{100}$
= 720 करोड़ × 0.0175
= 12.6 करोड़

54(B). दिया गया है,
देश चीन द्वारा प्रति व्यक्ति कार्बन उत्सर्जन = 7.5 टन
वर्ष 2015 में वैश्विक स्तर पर किया गया कुल कार्बन उत्सर्जन = 3.6 करोड़ किलोटन
देश चीन द्वारा कुल कार्बन उत्सर्जन का प्रतिशत = 30%
जैसा कि हम जानते हैं,
1 किलोटन = 1000 टन
चीन का कुल कार्बन उत्सर्जन = (3.6 करोड़) × $\frac{30}{100}$
= (3.6 करोड़) × 0.3 किलोटन
= 1.08 करोड़ किलोटन
= 1080 करोड़ टन
दिया गया है,
प्रति व्यक्ति कार्बन उत्सर्जन = (देश का कुल कार्बन उत्सर्जन) / (देश की आबादी)
∴ चीन की आबादी = $\left[\frac{1080}{7.5}\right]$ करोड़
= 144 करोड़

55(D). 2011 में आवेदन करने वाले छात्रों की संख्या = 6,000, 2012 में आवेदन करने वाले छात्रों की संख्या = 2,500, 2013 में आवेदन करने वाले छात्रों की संख्या = 9,500, 2014 में आवेदन करने वाले छात्रों की संख्या = 7,000, 2015 में आवेदन करने वाले छात्रों की संख्या = 5,000
हम कह सकते हैं कि 2013 में आवेदन पिछले वर्ष की तुलना में अधिक थे।

56(C). श्रृंखला है:
_zy_zxy_yxzx_zyx_xy
दी गई श्रृंखला निम्नलिखित प्रतिरूप का अनुसरण करती है:
y_zy/**x**_zx/y **z** y/xzx/ **y**_zy/x **z**_x/y

57(C). श्रृंखला है:
_ hii _ gghi_hg_h _
दी गई श्रृंखला निम्नलिखित प्रतिरूप का अनुसरण करती है:
g hi/i **hg** /ghi/ **i** hg/ **g** hi

58(B).

अक्षर	A	B	C	D	E	F	G	H	I	J	K	L	M
स्थानीय मान	1	2	3	4	5	6	7	8	9	10	11	12	13
स्थानीय मान	26	25	24	23	22	21	20	19	18	17	16	15	14
अक्षर	Z	Y	X	W	V	U	T	S	R	Q	P	O	N

यहाँ अनुसारित स्वरूप निम्न प्रकार है:

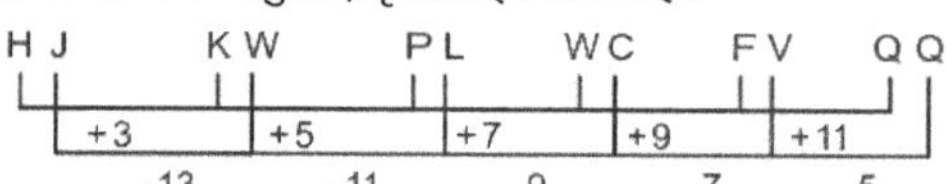

$$K \xrightarrow{+7} R \xrightarrow{+7} Y \xrightarrow{+7} F \xrightarrow{+7} M$$
$$O \xrightarrow{-4} K \xrightarrow{-4} G \xrightarrow{-4} C \xrightarrow{-4} Y$$

इसलिए "MY" सही उत्तर है।

59(B). यहाँ तर्क निम्न है :-

अक्षर	A	B	C	D	E	F	G	H	I	J	K	L	M
स्थानीय मान	1	2	3	4	5	6	7	8	9	10	11	12	13
स्थानीय मान	26	25	24	23	22	21	20	19	18	17	16	15	14
अक्षर	Z	Y	X	W	V	U	T	S	R	Q	P	O	N

वर्णिक क्रम के अनुसार, श्रृंखला इस प्रकार है :

H J   K W   P L   W C   F V   Q Q
  +3   +5   +7   +9   +11
   -13   -11   -9   -7   -5

इस प्रकार, सही उत्तर 'WC' है।

60(A). कथन के अनुसार, गुणवत्ता में सुधार के लिए फंडिंग जरूरी है और भारत शिक्षा के लिए फंड आवंटित कर रहा है। इसका मतलब है कि भारत में शिक्षा की गुणवत्ता में सुधार होगा। तो, I अनुसरण करता है। लेकिन गुणवत्ता बढ़ाने के लिए अकेले वित्त पोषण पर्याप्त है, यह सच नहीं है। इसलिए, II अनुसरण नहीं करता है।

61(D). सब्सिडी वापस लेने का निर्णय स्पष्ट रूप से हानि की भरपाई के लिए लिया गया है, न कि इसलिए कि लोग अब रसोई गैस के लिए अधिक भुगतान कर सकते हैं। तो, I अनुसरण नहीं करता है। साथ ही कथन में मौजूदा सब्सिडी का 33 फीसदी वापस लेने की बात कही गई है न कि वास्तविक कीमत को 33 फीसदी कम करने की। इसलिए II भी अनुसरण नहीं करता है।

62(A). स्पष्ट रूप से, निष्कर्ष I सीधे दिए गए कथन का अनुसरण करता है। साथ ही, यह भी उल्लेख किया गया है कि पुराने विचारों को नए विचारों से बदल दिया जाता है, क्योंकि विचार समय के साथ बदलती रहती है। अत: II अनुसरण नहीं करता है।

63(C). आकृति (3) पैटर्न को पूरा करेगी।

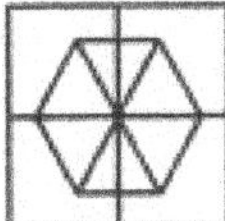

64(C). वह आकृति जो दिए गए पैटर्न को पूरा करेगी वह है:

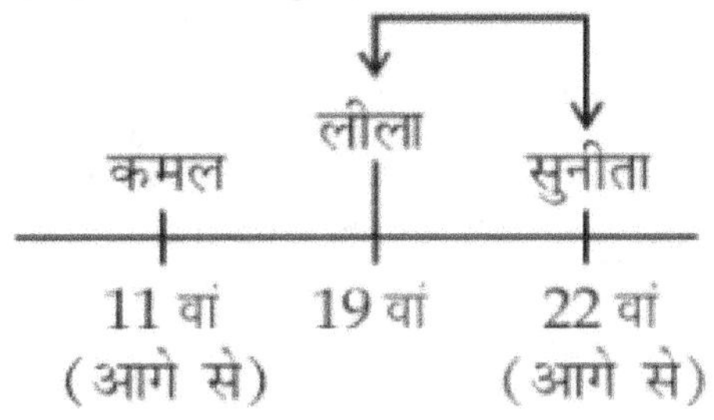

65(B). दिया गया है,

लड़कियों की एक पंक्ति में कमल आगे से 11वीं है। लीला, सुनीता से 3 स्थान आगे है, जो आगे से 22वीं है।

दी गई जानकारी के अनुसार,

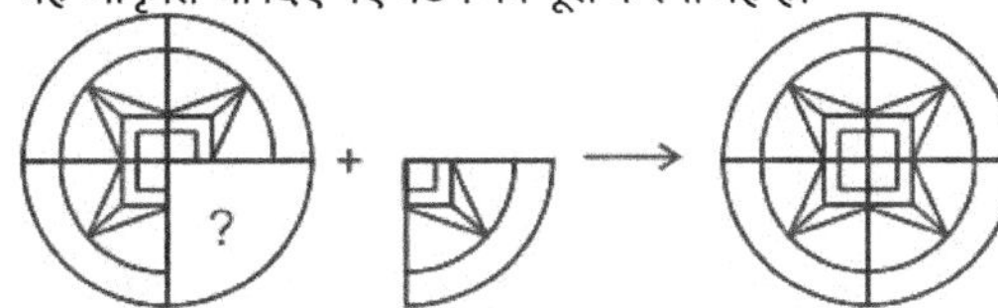

पंक्ति में कमल और लीला के बीच लड़कियाँ = 19 - 11 = 8

66(C). सिन्धु अगले छोर से 15वें स्थान पर है और मधु पिछले छोर से 10वें स्थान पर है।

कथनों के संयोजन से, हमें प्राप्त होता है,

(अगले छोर को शीर्ष पर लिया गया है और पिछले छोर को नीचे लिया गया है)

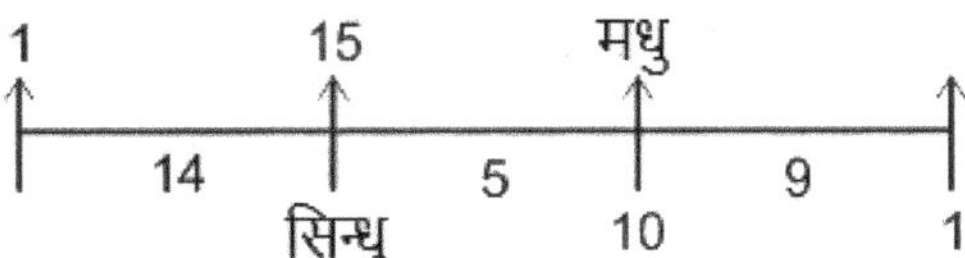

पंक्ति में कुल व्यक्तियों की संख्या 14 + 5 + 9 + 2 = 30 है।

67(A). व्यक्ति: आरती, सौम्या, मुस्कान, कशिश, गार्गी

i) आरती, सौम्या से बड़ी है।

आरती > सौम्या

ii) मुस्कान आरती से बड़ी है लेकिन कशिश से छोटी है।

कशिश > मुस्कान > आरती

iii) कशिश, सौम्या से बड़ी है।

iv) सौम्या मुस्कान से छोटी है।

कशिश > मुस्कान > आरती > सौम्या

v) गार्गी सबसे बड़ी है।

गार्गी > कशिश > मुस्कान > आरती > सौम्या

इसलिए, सौम्या सबसे छोटी है।

Ques (68-69): प्रश्न में दी गयी जानकारी के अनुसार, हम आरेख इस प्रकार बना सकते हैं,

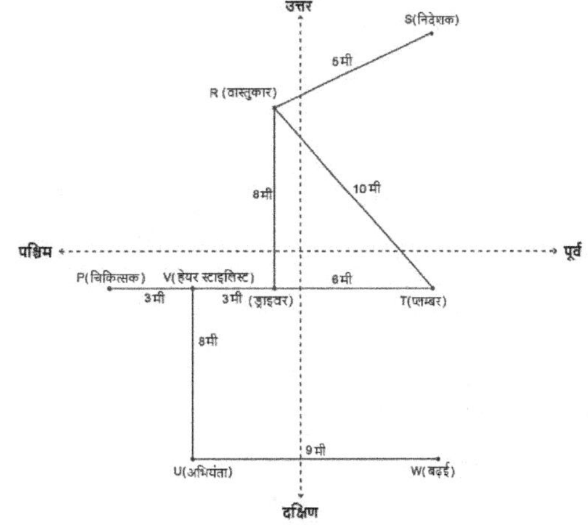

68(B). इसलिए, V और U के मध्य में न्यूनतम दूरी = 8 मीटर

इसलिए, 8 मीटर सही उत्तर है।

69(D). T एक प्लम्बर है।

इसलिए, T सही उत्तर है।

70(C). निम्न प्रतीकों का प्रयोग करके परिवार वृक्ष बनाते हैं:

चित्र में प्रतीक	अर्थ
○	महिला
□	पुरुष
═	शादीशुदा जोड़ा
—	भाई-बहन
│	एक पीढ़ी का प्रसार

संभावित वृक्ष आरेख होगा:

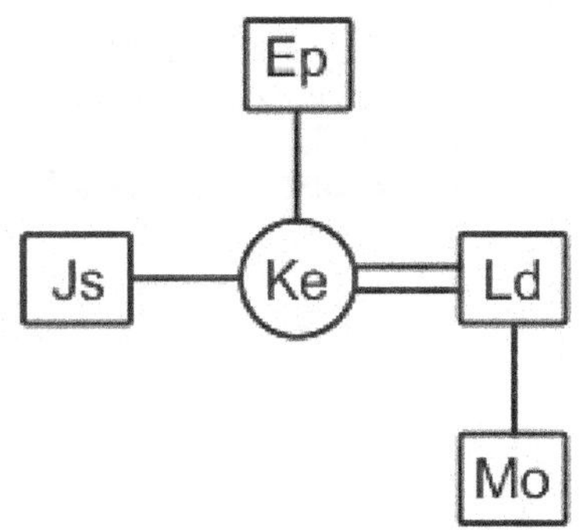

तो Ld, Ep का दामाद है।

71(A). दी गयी जानकारी के आधार पर हम निम्न वंश-वृक्ष बना सकते हैं:

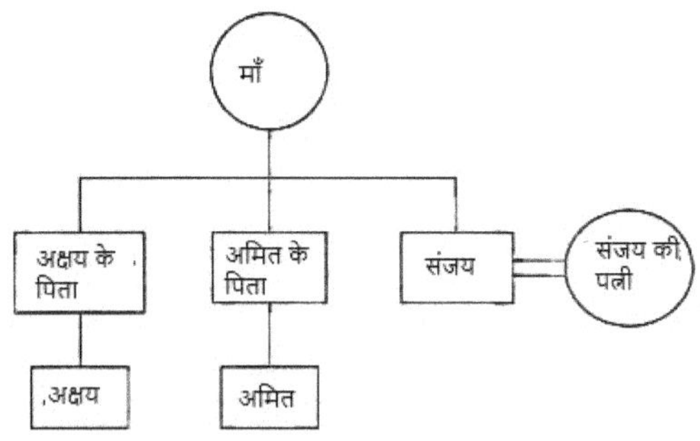

तो वंश-वृक्ष से हम आसानी से यह निष्कर्ष निकाल सकते हैं कि अमित एवं अक्षय कजिन हैं ।

72(D). हमारे पास दी गई जानकारी के अनुसार,

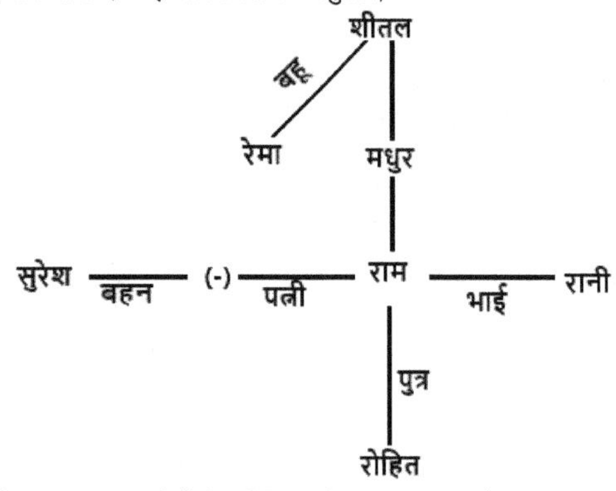

तो, अब हम जानते हैं कि रोहित सुरेश का भतीजा है।

73(C). तीन अंकों की संख्याएं 9 से विभाज्य हैं:
108, 117, 126 999
समान्तर श्रेणी:
108, 117, 126 999
$T_n = 999$
$a = 108$
$d = 117 - 108 = 9$
जैसा कि हम जानते हैं कि,
$T_n = a + (n - 1) d$
$\Rightarrow 999 = 108 + (n - 1) 9$
$\Rightarrow 891 = (n - 1) 9$
$\Rightarrow 99 = n - 1$
$\Rightarrow n = 100$

74(A). दिया गया है कि:
$y = x + x^2 + x^3 + \ldots\ldots$ से अनंत पदों तक
इसकी तुलना मानक अनंत गुणोत्तर श्रेणी के साथ करने पर, हमें
$a = x$ और $r = x$ प्राप्त होता है।
गुणोत्तर श्रेणी के अनंत पदों का योग निम्न दिया गया है:
$S_n = \frac{a}{1-r}$
$\Rightarrow S_n = \left(\frac{x}{1-x}\right)$
$\Rightarrow y = \left(\frac{x}{1-x}\right)$
$\Rightarrow y(1 - x) = x$
$\Rightarrow y - xy = x$
$\Rightarrow y = x + xy$
$\Rightarrow y = x(1 + y)$
$\Rightarrow x = \left(\frac{y}{1+y}\right)$

75(C). दिया गया है:
$1 + \frac{1}{2} + \frac{1}{4} + \frac{1}{8} + \frac{1}{16} + \ldots + \infty$
सार्व अनुपात $(r) = \frac{\frac{1}{2}}{1} = \frac{1}{2}, \frac{\frac{1}{4}}{\frac{1}{2}} = \frac{1}{2}, \frac{\frac{1}{16}}{\frac{1}{8}} = \frac{1}{2}$
यहाँ, सार्व अनुपात समान है इसलिए यह गुणोत्तर श्रेणी का एक उदाहरण है।

श्रेणी में $1 + \frac{1}{2} + \frac{1}{4} + \frac{1}{8} + \frac{1}{16} + \ldots + \infty$
$a = $ पहला पद $= 1$, और $r = \frac{1}{2}$
अब, हम गुणोत्तर श्रेणी के अनंत पदों का योग जानते हैं।
$S_\infty = \frac{a}{1-r}$
$= \frac{1}{1 - \frac{1}{2}}$
$= \frac{1}{\frac{1}{2}}$
$= 2$

76(C). According to the passage, Santiniketan initially served as a spiritual centre.
"In 1863, he turned it into a spiritual centre where people from all religions, castes and creeds came and participated in meditation."

77(C). According to the passage, The curriculum designed for Santiniketan was a blend of human values, art and culture.
- "Blending the best of western and traditional eastern systems of education, the curriculum revolved organically around nature with classes being held in the open air."
- "Nature walks and excursions were a part of the curriculum, special attention was paid to natural phenomena and students were encouraged to follow the life cycles of insects, birds and plants."

78(B). Tagore's 'erstwhile' home means former home.
Erstwhile: former or previous
Example: The border separated many schools and colleges from their erstwhile catchment areas.

79(C). Rabindranath drop out of school because he felt stifled within the classroom.
"Tagore wanted his students to feel free despite being in the formal learning environment of a school because he himself had dropped out of school when he found himself unable to think and felt claustrophobic within the four walls of a classroom."

80(D). Santiniketan was established to encourage education outside the classroom.
"Established in 1863 with the aim of helping education go beyond the confines of the classroom, Santiniketan grew into the Visva Bharati University in 1921, attracting some of the most creative minds in the country."

81(C). While arranging the parts of the passage given in the options, we have to find some grammatical or contextual connections between them, so let's find out.
The opener will be Q as it introduces the context of the paragraph.
PR is a pair as the word victory is followed by against and provides a complete meaning.
Correct sentence: In the arena of sport, perhaps the greatest moment in Indian Olympic history was the victory secured by the women's hockey team against Australia in the Tokyo Olympics.

82(D). While arranging the parts of the passage given in the options, we have to find some grammatical or contextual connections between them, so let's find out.
The opener will be R as it introduces the context of the paragraph.
P follows R because it's adding some more information.
Q follows P because of the presence of 'and.'

S is providing a conclusion to the context.
Correct sentence: On the one hand there is the immense beauty of its rain-soaked verdure and on the other there are the artifacts of its visible modernity.

83(A). While arranging the parts of the passage given in the options, we have to find some grammatical or contextual connections between them, so let's find out.
The opener will be Q as it introduces the context of the paragraph.
R follows Q with the help of 'of.'
P follows R because of the helping verb 'are.'
S is providing a conclusion to the context.
Correct sentence: The causes of extreme poverty are often rooted in the inequalities of social systems.

84(A). While arranging the parts of the passage given in the options, we have to find some grammatical or contextual connections between them, so let's find out.
The opener will be R as it introduces the context of the paragraph.
The verb judge should be followed by a noun therefore P follows R.
S is providing a conclusion to the context.
Correct sentence: You must judge a person by the way he behaves and not by the way he looks.

85(A). The given question is an example of 'QPSR'.
Here, Part Q will be the first sentence because 'The police arrived a' ends with the article 'a'. And Part P starts with 'few'. "A few minutes" specifically means "in a few minutes from now".
After the arrival of police the person was arrested. Hence, Part P will be the next sentence.
The person was arrested for a murder. Therefore, Part S will be the next sentence.
Lastly, Part R will be used because the person was arrested for the murder of his wife.
Correct Sentence: The police arrived a few minutes later and arrested him for the murder of his wife.

86(C). Here, 'a very well-directed film' should be used instead of 'the very well-directed film'.
The rule for the usage of " an " or " a " is, that if the word following has a vowel sound, " an " is used (e.g. An honor, A house).
If there's a consonant sound, " a " is used.
There are many examples of this in relation to "very".
- Example: That was a very nice house!
Correct Sentence: It was a very well-directed film and we enjoyed it.

87(B). Here, 'wants to' should be used instead of 'want to'.
We know that after 'each, every, everyone, someone, nobody, one' a singular verb, singular noun, singular adjective, and a singular pronoun is used.
- Example: Each student has come.
Correct Sentence: Every curious child wants to rip open a toy.

88(C). Only one of the boys **has** not done the homework.
Only one of the boys (Subject) is Singular. It will agree with a Singular Verb. So, has will be used

89(A). Here, in the given fill-in-the-blank the most appropriate answer is 'much'.
We use 'much' with 'singular uncountable nouns' and 'many' with 'plural nouns'.
Example:
- I haven't got much change. I've only got a ten euro note.
- Are there many campsites near you?
In the given sentence 'money' is a singular uncountable noun.
Correct Sentence: He doesn't have much money to donate.

90(A). "Happened" is correctly spelt.

91(B). "Libertarian" is correctly spelt.

92(B). The most appropriate antonym of the given word 'Modest' is 'Conceited'.
Modest: not talking too much about your own abilities, good qualities, etc.
- Example: She got the best results in the exam but she was too modest to tell anyone.
Conceited: excessively proud of oneself; vain.
- Example: He's so conceited he thinks he's the best at everything!

93(D). The meaning of the given word:-
- Hapless = unlucky.
- Virulent = extremely poisonous; full of hate.
- Wistful = sadly longing.
- Transient = not staying for a long time.
- Fortuitous = fortunate, happy.
Thus, 'hapless' and 'fortuitous' are opposite in meaning.

94(A). 'Dialect' is a particular form of a language which is peculiar to a specific region or social group .
Example : The play was hard to understand when the characters spoke in dialect.

95(C). 'Delinquent' means (typically of a young person) tending to commit a crime, particularly minor crime .
Example : His delinquent behavior could lead to more serious problems.

96(B). शिफ्ट की एक की बोर्ड पर एक संशोधक की है, जिसका उपयोग बड़े अक्षरों और दूसरे वैकल्पिक "अपर या लोअर" अक्षरों को टाइप करने के लिए किया जाता है। जब कैप्स लॉक की लगी होती है, तो शिफ्ट की का उपयोग कई ऑपरेटिंग सिस्टम पर लोअरकेस अक्षर टाइप करने के लिए किया जाता है।

97(C). किसी क्रिया को पूर्ववत् करने के लिए Ctrl + Z दबाएं। यदि आप अपना माउस इस्तेमाल कर रहें हैं, तो Quick Access Toolbar पर undo करें पर क्लिक करें। यदि आप कई चरणों को पूर्ववत करना चाहते हैं तो आप बार-बार undo करें (या CTRL + Z) दबा सकते हैं।

98(B). COMPUTER का पूर्ण रूप कॉमन ऑपरेटिंग मशीन पर्पजली यूज्ड फॉर टेक्नोलॉजी एंड एजुकेशन रिसर्च है। कंप्यूटर, एक प्रोग्राम में दिए गए निर्देशों के अनुसार, आमतौर पर बाइनरी फॉर्म में डेटा को स्टोर करने और प्रोसेस करने के लिए एक इलेक्ट्रॉनिक डिवाइस है।

99(A). CC का अर्थ कार्बन कॉपी होता है, जिसका अर्थ है कि CC: हेडर के बाद जिसका पता अंकित होगा उसे संदेश की एक प्रति प्राप्त होगी। इसके अलावा, CC हेडर प्राप्त संदेश के हेडर के अंदर भी दिखाई देगा।

100(B). टीडीएमए एक प्रकार की डिजिटल सेलुलर टेलीफोन कम्युनिकेशन टेक्नोलॉजी है। यह यूजर को बिना किसी हस्तक्षेप के समान आवृत्ति का उपयोग करने की अनुमति देता है। टीडीएमए (या टाइम डिवीजन मल्टीपल एक्सेस) में, समय को कई आवश्यक टाइम स्लॉट में विभाजित किया जाता है जो

निश्चित पैटर्न में होते हैं।